Research on the Rule of Law of Energy and Resources

· Part Three ·

能源与资源法治研究

·第三辑·

毕健　主编

贵州省法学会能源资源法学研究会
贵 州 贵 达 律 师 事 务 所　编著

法律出版社 LAW PRESS · CHINA
北京

图书在版编目（CIP）数据

能源与资源法治研究. 第三辑 / 毕健主编 ；贵州省法学会能源资源法学研究会，贵州贵达律师事务所编著. 北京 ：法律出版社，2024. -- ISBN 978 - 7 - 5197 - 9605 - 1

Ⅰ. D912. 604 - 53

中国国家版本馆 CIP 数据核字第 2024865GZ3 号

能源与资源法治研究(第三辑)
NENGYUAN YU ZIYUAN FAZHI YANJIU(DI-SAN JI)

毕　健　主编
贵州省法学会能源资源法学研究会
贵州贵达律师事务所　编著

策划编辑　邢艳萍
责任编辑　邢艳萍　石蒙蒙
装帧设计　汪奇峰

出版发行 法律出版社
编辑统筹 法律应用出版分社
责任校对 朱海波
责任印制 刘晓伟
经　　销 新华书店

开本 710 毫米×1000 毫米　1/16
印张 37.25　**字数** 620 千
版本 2024 年 11 月第 1 版
印次 2024 年 11 月第 1 次印刷
印刷 唐山玺诚印务有限公司

地址：北京市丰台区莲花池西里 7 号(100073)
网址：www.lawpress.com.cn
投稿邮箱：info@lawpress.com.cn
举报盗版邮箱：jbwq@lawpress.com.cn

销售电话：010 - 83938349
客服电话：010 - 83938350
咨询电话：010 - 63939796

书号：ISBN 978 - 7 - 5197 - 9605 - 1　**定价**：139.00 元

凡购买本社图书，如有印装错误，我社负责退换。电话：010 - 83938349

编审委员会

编辑委员会

前　言

党的十八大以来,以习近平同志为核心的党中央以前所未有的力度抓生态文明建设,全党全国推动绿色发展的自觉性和主动性显著增强,美丽中国建设迈出重大步伐。党的二十大报告明确指出:“我们要推进美丽中国建设,坚持山水林田湖草沙一体化保护和系统治理,统筹产业结构调整、污染治理、生态保护、应对气候变化,协同推进降碳、减污、扩绿、增长,推进生态优先、节约集约、绿色低碳发展。”由此可以看出,党和国家已经将“人与自然和谐共生的现代化”确定为“中国式现代化”的内涵之一,再次明确了新时代中国生态文明建设的战略任务,总基调是推动绿色发展,促进人与自然和谐共生。

在全面建设社会主义现代化国家新征程上,不断加强能源资源的地位,不断增强能源资源法治体系建设是美丽中国建设的应有之义。在我国的法治实践中,能源资源法治体系建设成绩斐然,形成了以《宪法》为核心,《民法典》《土地管理法》《农村土地承包法》《水法》《矿产资源法》《森林法》《节约能源法》《可再生能源法》《电力法》《环境保护法》《海洋环境保护法》等为主体,并附有相关行政法规的规范集群。此外,还有多部与能源资源开发密切相关的法律法规正在修订中,能源资源法治体系持续优化改善。但能源资源涵盖范围较广,随着社会的发展,能源资源的保护和开发利用也不断面临新的问题,亟待解决。

基于此,为解决如何平衡能源资源保护与开发利用的问题,更好地实现建设美丽中国、推进中国式现代化的目标,贵州省法学会能源资源法学研究会、贵州省国际法学研究会、贵州省企联法律服务中心作为主办单位,贵州贵达律师事务所作为承办单位,在贵州法学会和贵州省自然资源厅的指导下,围绕国内外土地资源、矿产资源、森林资源、水资源、能源等领域的国家政策、法律制度、司法实践等方面的热点、难点问题，地上地下空间开发利用法治问题等开展专题研究活动，汇聚各位专家的知识和智慧。为巩固第四届和第五届国际能源资源法治论坛的研究成果和促进研究成果转化，贵州省法学会能源资源法学研究会和贵州贵达律师事务所特选取优秀论文等分类汇编成本书，系统收录了土地资源、矿产资源、森林、水资源、能源、国土空间以及能源资源综合法治等研究领域的成果，以期为能源资源保护和开发利用的立法、执法、司法、用法提供参考，为能源资源法治建设贡献法治智慧和力量。

2024 年 4 月 18 日

目　　录

第一章　土地资源法治研究

【导读】

我国作为农业大国，土地不仅是农民生活的基石，更是关乎“三农”问题的核心要素。土地应始终作为我国发展的稳固基石，而当前土地制度改革的焦点集中于农地的权益问题。党的二十大报告明确指出，全面推进乡村振兴，深化农村土地制度改革，赋予农民更充分的财产权益，并鼓励依法、自愿、有偿的土地承包经营权流转。同时，要加快构建农业强国，逐步将永久基本农田转化为高标准农田，并深入实施种业振兴行动。

《民法典》《土地管理法》《农村土地承包法》已实现了“三权”分置在实体法层面的落实，因此，对这三部法律在实践中的实施效果进行审视显得尤为必要。此外，我国创新性地提出了田长制这一重要制度，我们也需要对其在耕地保护方面的实际效果进行观察和评估。经过深入检视与分析，我们发现土地征收、耕地保护、土地承包以及“三权”分置后的土地经营管理权等方面仍存在诸多问题，尚未达到政策和法律所设定的预期效果。

为解决上述问题，对土地资源法治问题进行深入研究显得尤为重要。在本章中，专家们通过实证分析与规范分析相结合的方法，从国土空间规划与耕地政策等角度切入，深入探讨了土地征收、耕地保护、土地承包以及“三权”分置后土地经营管理权等与民众生活紧密相连的热点问题，并提出了相应的解决路径。这些建议旨在为我国土地资源的合理利用与保护提供立法、执法、司法、用法等方面的法治智慧支持，助力中国式现代化建设，助力人与自然资源的和谐共生，促进人类命运共同体的构建。

田长制促进耕地善治:何以可能与何以可为*

李　杰**

摘　要:作为扎根于中国本土的耕地治理实践,田长制是打通耕地保护“最后一公里”的重要制度创新,是促进耕地善治的关键抓手。田长制促进耕地善治的可能空间在于,通过制度创新、理念塑造、利益表达、技术嵌入等方式形成田长领治、部门联治、上下同治、全民共治的耕地治理新格局。然而,在目前田长制促进耕地善治过程中,仍存在法律制度建设滞后、工具主义理念桎梏、多元共治格局缺失、技术赋能治理异化等制约因素,这就极大地限制了田长制的长效运行。为此,各地需要加强田长制的法律制度建设、夯实田长制的思想道德基础、提高田长制的社会参与程度、提升田长制的数据治理能力,方能保证田长制在“持续创新”进程中高质量推动耕地善治目标的达成。

关键词:耕地保护　耕地治理　耕地善治　田长制　地方政府

一、问题的提出:如何打通耕地保护“最后一公里”

万物土中生,有土斯有粮食。如何“像保护大熊猫一样保护耕地”,不仅是农业现代化转型的基本底线,还是人与自然和谐共生中国式现代化的内在要求,更是关系中华民族永续发展的全局性战略问题。为此,国家明确提出贯彻落实“最严格的耕地保护制度”。事实上,耕地保护制度贯彻落实的生命在于制度的有效执行,而制度有效执行的根本在于压实责任。国家为压实地方耕地保护主体的监管责任,形成了以耕地保护目标责任考核制度、党政同责制度、共同责任制度、粮食安全省长负责制等为代表的硬措施体系,并取得

---

* 获2023年12月第五届国际能源资源法治论坛优秀奖。

** 李杰:贵州大学法学院环境与资源保护法学博士研究生。

一定成绩。例如,以2022年12月31日为标准时点,全国耕地面积已连续两年实现耕地总量净增加,达到19.14亿亩。[1] 然而,需清醒认识到,当前耕地保护责任机制仍存在"上浮"倾向、耕地保护监管机制仍存在"迟滞"倾向、耕地保护信息机制仍存在"断层"倾向,[2] 由此衍生出耕地保护"最后一公里"问题。[3]

为打通耕地保护"最后一公里",实现耕地保护主体责任下沉,一些具有务实精神的地方政府通过借鉴河长制、林长制等成熟制度的创新经验,创造性地提出以责任分层控制为核心的田长制。例如,自2015年杭州市余杭区创设田长制以来,北京市、山东省、天津市、四川省、黑龙江省等多地相继出台田长制实施方案,可谓是一种"先试先行型"制度创新活动。然而,与实务界的繁荣景象不同的是,理论界鲜有学者对田长制进行系统探讨,并且已有研究成果也只是从局部观察田长制的实践问题,[4] 对于田长制如何促进耕地善治问题缺乏深度分析。鉴于此,本文立足于习近平生态文明思想,从可能空间、制约因素、可为路径三个层次系统解构田长制何以促进耕地善治命题,以期为进一步推动田长制的长效运行提供新的思想理念支撑与规范智慧指引。

二、田长制促进耕地善治的可能空间

(一)法治空间:制度创新

作为耕地治理的一项创新手段,田长制是各地政府在河长制、湖长制、林长制等成熟制度基础上,结合耕地治理的特殊性所建立的层级网格化耕地保

[1] 参见《2022年度全国国土变更调查初步结果显示:全国耕地面积连续第二年止减回增,实现净增加》,载自然资源部门户网站2023年3月3日,https://www.mnr.gov.cn/dt/ywbb/202303/t20230303_2777259.html。

[2] 参见姜海:《打通耕地保护机制"最后一米"——关于加快推进田长制的思路与建议》,载《中国自然资源报》2022年5月20日,第003版。

[3] 耕地保护"最后一公里"问题主要是指,目前耕地保护主体责任主要集中在省(自治区、直辖市)、设区的市、县(市)级政府,而乡镇(街道)、村(设区)的耕地保护主体责任压实不够、主动作为偏少。

[4] 参见吴克宁、郝士横、吕欣彤:《"田长制"相关问题分析》,载《中国土地》2021年第12期。

护长效新制度，其本质是具有中国特色的“行政发包制”[1]。田长制促进耕地善治的法治空间在于其制度创新，这种制度创新主要表现在以下三个方面：

其一，“田”的制度创新。这种创新表现为制度主题的创新，具体体现在现有田长制实施方案通过设置耕地数量保护、耕地质量保护、耕地生态保护、基本农田建设、粮食安全保障等治理目标正向牵引耕地保护主体的治理注意力。在耕地数量保护方面，强调严格按照耕地占补平衡要求落实耕地用途管制、耕地保护量等指标，严守耕地保护数量红线；在耕地质量保护方面，强调采取保护性耕作、退化耕地治理、耕地轮作休耕等措施，提升耕地地力等级；在耕地生态保护方面，强调推行规模化治污和技术治污，并加强固体废弃物污染防治和农村面源污染防治，以恢复耕地生态健康良好状态；在基本农田建设方面，强调规范农业生产活动，完善农业基础设施，实现高标准农田建设；在粮食安全保障方面，强调落实耕地利用优先序，防止耕地撂荒，遏制耕地“非农化”和防止耕地“非粮化”。

其二，“长”的制度创新。这种创新表现为制度结构的创新，即从“责任发包”到“责任链”的变革，[2]具体体现在现有田长制实施方案以落实耕地保护党政同责、主体责任和共同责任等为核心，在构建省、市、县、乡、村五级田长基础上，创造性地增设网格田长与户田长，以此避免因监管错位而导致耕地保护制度实施效率低下。[3]以黑龙江省为例，其按照属地管理和行政区划的原则提出进行省、市、县、乡、村、网格、户“5＋2”七级田长的设置，并且省、市、县、乡田长是该行政区耕地保护的第一责任人，网格田长和村田长是该网格、该村耕地保护的直接责任人。省、市、县、乡田长由本级政府主要负责人担任，网格田长由小组长或村民代表担任，村级田长由村（居）党支部书

---

[1] 参见陶国根：《国家治理现代化视域下的“林长制”研究》，载《中南林业科技大学学报（社会科学版）》2019年第6期。

[2] 参见周建国、熊烨：《“河长制”：持续创新何以可能——基于政策文本和改革实践的双维度分析》，载《江苏社会科学》2017年第4期。

[3] 参见王文旭、曹银贵、苏锐清等：《基于政策量化的中国耕地保护政策演进过程》，载《中国土地科学》2020年第7期。

记担任，户田长由农户担任。

其三，“制”的制度创新。这种创新表现为制度方式的创新，具体体现在现有田长制实施方案通过设置协同联动、执法监管、考核问责等程序性规范，以此保障自上而下“耕地保护责任链”的常态化运行。例如，北京市出台《北京市田长制调度制度》《北京市田长制考核制度》《北京市总田长令发布制度》《北京市田长制巡查检查制度》《北京市田长制信息报送治理》等相关配套制度；四川省出台《四川省田长巡田工作制度（试行）》《四川省田长制运行规则（试行）》《四川省田长制会议制度（试行）》等相关配套制度。

（二）德治空间：理念塑造

治理理念是治理行动的先导。[1] 事实上，治理理念的更新塑造与新制度的产生息息相关，作为精神建构产物的新制度会根据治理需求的变化重塑治理主体的价值理念。因此，田长制促进耕地善治的德治空间在于其理念塑造作用，这种理念塑造主要表现在以下三个方面：

其一，问题导向的理念塑造。“问题是事物矛盾的表现形式，我们强调增强问题意识、坚持问题导向，就是承认矛盾的普遍性、客观性，就是要善于把认识和化解矛盾作为打开工作局面的突破口。”[2] 耕地治理中的问题导向理念的实质在于将马克思主义发展观、马克思主义实践观、马克思主义矛盾观融为一体，把破解耕地保护难题、化解耕地保护矛盾作为耕地治理的突破口，在发现、分析、解决耕地保护问题中提升耕地治理效能。田长制是以目标导向、问题导向、结果导向为核心的新制度，旨在强调一切从实际出发，要求耕地治理主体认真审视耕地利用产出不充分、耕地资源有限性短缺等新情况、新问题，并着力解决这些新情况、新问题，直到问题彻底解决。

其二，系统治理的理念塑造。“必须坚持系统观念。万事万物是相互联系、相互依存的。只有用普遍联系的、全面系统的、发展变化的观点观察事

---

〔1〕 参见杨朝霞：《生态文明观的法律表达——第三代环境法的生成》，中国政法大学出版社2019年版，第308页。

〔2〕 习近平：《辩证唯物主义是中国共产党人的世界观和方法论》，载《思想政治工作研究》2019年第2期。

物,才能把握事物发展规律。"[1]耕地治理中的系统治理理念核心在于强调耕地保护是一项复杂的系统工程,耕地保护的实践应当把握好特殊与一般、当前与长远、主要矛盾与次要矛盾、全局与局部、宏观与微观的关系,以整体性、系统性、协同性推进耕地保护工作。田长制所塑造的系统治理理念主要表现在,树立耕地"三位一体"保护理念,开展全域土地综合整治,以建管护一体化、多规合一等举措,实现耕地保护的全局治理、协同治理以及整体治理。

其三,权责对等的理念塑造。"有权就有责,权责要对等。问责不能感情用事,不能有怜悯之心,要'较真''叫板',发挥震慑效应。"[2]耕地治理中的权责对等治理理念要点在于强调耕地保护过程中的每一个治理主体都有责任按照耕地保护目标的内在要求保质保量地完成耕地保护任务。与此同时,也应当赋予治理主体自主完成耕地保护任务所需要的权力。田长制所塑造的权责对等理念主要表现在,通过签订目标责任书、建立权责清单等方式,对田长巡查不到位、问题不制止等情况进行问责,对工作表现突出的田长予以表彰,以此实现耕地保护责任权利相统一。

(三)自治空间:利益表达

田长制作为一项将耕地保护从"管理"行动转变为"治理"行动的前沿探索,[3]必然会通过利益交互、角色确立、治理权分配的方式赋予社会主体参与耕地保护的权利,这意味着社会主体能够通过田长制获取耕地治理的参与空间。由此,田长制促进耕地善治的自治空间在于其利益表达,这种利益表达主要体现在:

一方面,拓展利益表达内容。检视以往耕地保护实践可知,社会主体参与耕地治理主要集中于耕地保护个人利益的表达。例如,耕地保护补偿利益

---

[1] 习近平:《高举中国特色社会主义伟大旗帜　为全面建设社会主义现代化国家而团结奋斗——在中国共产党第二十次全国代表大会上的报告(2022年10月16日)》,载《人民日报》2022年10月26日,第1版。

[2] 杨丽娜、常雪梅:《坚定不移推进党风廉政建设和反腐败斗争》,载人民网2018年1月13日,http://theory.people.com.cn/n1/2018/0103/c416126-29743028.html。

[3] 参见王园妮、曹海林:《"河长制"推行中的公众参与:何以可能与何以可为——以湘潭市"河长助手"为例》,载《社会科学研究》2019年第5期。

的表达。随着田长制的提出与实践，社会主体的利益表达不再仅局限于耕地保护个人利益，而是拓展到更为丰富的内涵——“耕地保护个人利益表达＋耕地保护公共利益表达”。耕地保护公共利益的表达主要表现为社会主体通过田长制深度参与耕地“非农化”、耕地“非粮化”、耕地生态破坏等耕地违法行为的治理空间中，以此实现多元共治式的耕地保护。

另一方面，丰富利益表达方式。事实上，社会主体在耕地保护过程中之所以能够有效进行利益表达，得益于健全的利益表达渠道，即利益表达方式。此前，社会主体主要通过将分散的个体利益诉求进行组织集中，并以社会组织为代表的方式进行利益表达。此种方式虽然能够对社会主体的利益诉求进行有序管理，但是却难以达到社会主体利益表达的最佳效果。田长制的出现为社会主体的利益表达方式的创新创造了条件。在利益表达方式上，社会主体不再仅局限于有组织方式的利益表达，而是可以通过“田长制”App、耕地“云保护”平台等手段进行分散式的表达，进而确保社会主体在耕地保护利益表达内容上的客观化和方式上的多元化。

（四）智治空间：技术嵌入

数字时代，将人工智能、云计算、区块链等数字技术嵌入耕地保护过程，有助于构建智慧高效的耕地保护信息化体系，有益于提升耕地治理的现代化水平。〔1〕田长制的出现，为数字技术嵌入耕地治理创设了空间，使数字技术能够与耕地保护深度融合。因此，田长制促进耕地善治的智治空间在于其技术嵌入，这种技术嵌入主要体现在：

一方面，治理效率维度的技术嵌入。田长制依托国土空间基础信息平台，能够集成运用卫星遥感、手机终端、无人机监测等技术手段，建立耕地地块档案，〔2〕并形成耕地“一张图”的综合监管模式，以此改变传统的耕地保护监管模式，从而有效提升耕地保护的时效性。此外，田长制还可以依托智慧

---

〔1〕参见刘琨、胡鞍钢：《中国式治理现代化的创新实践：以河长制、林长制、田长制为例》，载《海南大学学报（人文社会科学版）》2023年第5期。

〔2〕参见张峥、桑玲玲、刘宏涛：《完善“田长制”压实耕地保护责任》，载《中国农业综合开发》2022年第2期。

耕地网格化管理平台,实现耕地保护数据的融合与共享,这就有效促进耕地保护数据流通模式由单向传接的“金字塔”形垂直模式向多向交互的“网络”平行模式转变,[1]形成高效率的耕地治理格局。例如,益阳市提出建立田长制数字化网格化管理平台及“田长制”App,以优化耕地治理工作的运行效率。

另一方面,治理质量维度的技术嵌入。田长制依托耕地保护手机端、遥感影像等技术手段,极大地拓展了耕地保护定位显示、拍照举证、轨迹记录、搜索查询、法规查询、外业核查等功能,并形成了早发现、早制止、严查处的闭环式耕地保护监管机制,从而实现耕地保护工作的高质量发展。例如,山东省建立田长制“空天地一体化”监管系统,并将田长的基本信息与主要权责“上图”,力求打造耕地保护巡查轨迹实时查询、耕地保护监管任务层层传导、耕地保护线索处置闭环管理的立体化监管格局。

三、田长制促进耕地善治的制约因素

(一)法治因素:法律制度建设滞后

事实上,田长制理应是法治规则下的制度安排。然而,从实践来看,田长制的推广尚处于政策扩散的地方试点阶段,并非法治规则下的制度安排,其更多的是一种政策规则下的制度安排。这也直接导致田长制的法律制度建设呈现出滞后性,这种滞后性主要表现为:

一是立法确认缺乏。对田长制相关的法律法规文本进行梳理发现,除《农业农村部关于农业综合行政执法服务种子和耕地两个要害的指导意见》提出“鼓励地方探索建立耕地保护田长制”以及《自然资源部办公厅关于完善早发现早制止严查处工作机制的意见》提出“推动建立‘田长制’”之外,尚无其他国家层面的政策文件对田长制作出部署,更勿言将田长制纳入立法内容。事实上,当前田长制的立法确认还处于一种缺失状态,尚未形成成熟的

---

[1] 参见孙伟平、赵宝军:《信息社会的核心价值理念与信息社会的建构》,载《哲学研究》2016年第9期。

立法体系，[1] 这就直接导致田长制的实质效力整体偏弱，田长治田的动力尤为不足。

二是配套制度模糊。田长制的配套制度模糊主要体现在配套制度的实质性模糊和程序性模糊，前者是指耕地保护的约束性目标不明晰，后者是指耕地保护的执行过程不明朗。例如，目前有关田长制的政策方案虽然强调田长需要开展日常的巡查与检查，但是如何巡查检查、巡查检查内容、巡查检查的时间间隔应为多久等并未明确指出，这就容易诱发田长在耕地保护工作中的有限理性行为，最终衍生出选择性耕地保护执法、象征性耕地保护执法等执法乱象，由此抑制田长制的实践成效。

（二）德治因素：工具主义理念桎梏

推行田长制能够有效提高耕地保护效率和质量，使耕地保护工作在短期内产生成效，但这并不意味着田长制只是一种发现与纠正耕地保护违法行为的制度工具，其实质还是一种价值理性下的人文关怀。然而，在目前田长制促进耕地善治的德治空间中，大部分治理主体陷入工具主义的桎梏，这种桎梏主要表现为：

一是绿色政绩观缺位。绿色政绩观是生态文明时代领导干部应具备的党性思维、作风思维、政治思维，也是领导干部应具备的耕地保护事业长远发展的战略思维。然而，当前田长制的治理主体陷入了工具主义理论的桎梏，其绿色政绩观长期处于缺位状态。例如，部分治理主体在开展耕地保护工作时，只注重是否完成上级田长分配的任务以致盲目追求 GDP 的增长，却忽视耕地保护红线、粮食安全底线等是否牢牢守住，"'GDP 崇拜'在地方政府发展短期阶段内难以有效摒弃"[2]。尤其是在开展耕地生态保护工作时，部分治理主体还秉承"先污染后治理"的观念，这亦是绿色政绩观缺位的表现。

二是人本理念缺失。人本理念强调耕地保护工作应当以人为本，从人民的现实需求和根本利益出发，尊重人民耕地保护创造、站稳人民耕地保护立

---

〔1〕 参见赵晓宇、孙春强、李超等：《"田长制"的地方实践与对策》，载《中国土地》2023 年第 8 期。

〔2〕 参见詹国辉、熊菲：《河长制实践的治理困境与路径选择》，载《经济体制改革》2019 年第 1 期。

场、把握人民耕地保护愿望、集中人民耕地保护智慧，以此形成为人民所认同、所喜爱、所拥有的耕地治理格局。然而，当前田长制的治理主体陷入工具主义理论的桎梏，其人本理念长期处于缺失状态。例如，部分治理主体在开展耕地保护工作时，存在运动式、"一刀切"执法现象，即不考虑耕地违法行为的具体情况而选择进行机械性执法，这显然说明治理主体的人本理念还不够深入。

（三）自治因素：多元共治格局缺失

现阶段，田长制的运行逻辑主要依赖于政府耕地治理权主导路径（行政驱动），即以强化政府耕地治理权的方式来处理耕地保护任务，"中心—边缘"式耕地治理格局由此形成。在"中心—边缘"式耕地治理格局中，政府处于耕地治理的"绝对中心"地位，企业、公众处于耕地治理的"相对边缘"地位，政府在耕地治理的各个环节扮演着无所不能的角色，这一类型的治理格局展现出强烈的"命令管制"和"分散行动"特征。这就导致田长制中的政府耕地治理权过分强大，对企业、公众的耕地治理权构成一定挤压，企业、公众难以与政府共享耕地治理权，以致企业、公众在整个耕地治理过程中处于"集体失语"的状态，由此造成多元共治格局的缺失。这种缺失主要表现为：

一是企业长期缺位。就实践而言，在现实的田长制运行过程中，企业长期充当着被动守法者、受规制者的角色，再加上政府简政放权的不足，对企业参与耕地保护治理的自主性形成限制，引致企业在耕地保护治理工作中难以主动作为，从而造成田长制运行过程中企业长期缺位的窘境。例如，在田长制的激励引导机制建设过程中，目前主要依赖于政府财政的支出，社会资本和企业力量尚未被激活，"市场化"的激励政策还处于初级建设阶段，由此将影响耕地保护主体的主动性和积极性。

二是公众参与失灵。田长制作为中国式耕地治理现代化的制度创新实践，当前虽处于地方政策的横向扩散阶段，但不管是其具体的实施过程还是政策话语的倡导，都体现出一种将公众力量纳入耕地治理的趋势，并希望以此打破以往封闭的"中心—边缘"式耕地治理格局。但是，对于公众而言，实践探索和话语倡导所赋予的耕地治理权仅是基础，这并不能确保公众在耕地治理实践中的有效参与。例如，受技术环境、社会环境等因素的制约和影响，目前公众耕地治理利益表达渠道不畅、信息获取匮乏等问题时有发生，公众难以持续性、常态化地参与到耕地治理的决策、执行和监督过程，这就造成公众参与失灵的问题。

（四）智治因素：技术赋能治理异化

技术嵌入往往与治理风险相伴而生。虽然数字技术的应用优势高度契合田长制的内在要求，并能产生技术红利推动耕地治理模式的实践创新。但是由于当下耕地治理领域应用环境的不成熟，田长制中的技术嵌入必将面临认知风险、信任风险、算力风险、安全风险、隐私风险等一系列的治理风险，由此造成田长制中技术赋能治理的异化，这种异化主要表现为：

一是"只见数字不见人"。在田长制的实践过程中，数字技术可以把隐藏的耕地保护问题透明化、复杂的耕地保护问题简单化、低效的耕地保护问题高效化，这就充分凸显了耕地治理的技术理性。但是盲目推崇这种技术理性而忽略作为有着高阶独立思想的人的价值，则会出现耕地保护本末倒置的问题。一方面，单纯依赖技术理性往往容易忽视和遗漏诸多关键的耕地治理信息，产生"测量失灵"的问题，从而导致"简单化"式的执法。另一方面，数字技术在田长制中的滥用误用将压制田长结构的组织活性，使各级田长成为数字技术的傀儡。[1]

二是数字形式主义增加耕地治理负担。就实践而言，数字技术虽然在田长制中得到广泛推广和运用，但是治理主体的求真务实数智治理理念并未形成，由此诱发数字形式主义，增加耕地治理负担。例如，部分智慧耕地网格化管理平台被地方政府视为耕地治理创新的"政绩"，重建设轻运营，重投入轻运用，其并没有真正发挥智慧耕地网格化管理平台在提升耕地治理效能中的功能作用，由此形成新型"数字面子工程"。再如，由于缺乏数字技术赋能田长制的高位统筹和顶层设计，"各自为政"的智慧耕地网格化管理平台往往迫

---

〔1〕 参见容志：《技术赋能治理的异化风险及其防控》，载《人民论坛》2023年第3期。

使各级田长忙于填报各类报表,“技术赋能”沦为“技术负能”,[1]由此产生新型数字形式主义,继而催生虚假政绩。

四、田长制促进耕地善治的可行路径

(一)法治路径:坚持立法保障,加强田长制的法律制度建设

“只有实行最严格的制度、最严明的法治,才能为生态文明建设提供可靠保障。”[2]法治是耕地治理的基本方式,也是衡量耕地治理现代化水平的关键指标。不可否认,田长制的法治化进程仍受制于多方压力,远非一朝一夕之功,但坚持立法保障,加强田长制的法律制度建设是耕地保护治理现代化的必经之路,这就需要重点开展以下工作:

第一,逐步推动田长制入法。诚然,就国家立法而言,短期难以直接将田长制入法,但这并不代表田长制入法是不能实现的,换言之,田长制的入法亦可采取渐进式入法模式。具体而言:第一步,鼓励地方试点,积极提炼各地田长制试点的制度共性,在适当的时候出台国家层面的田长制实施(工作)方案;第二步,鼓励地方先行将田长制规范性文件上升为地方性法规,[3]为田长制提供地方立法保障;第三步,以耕地保护立法、生态环境法典编纂等为契机,在充分借鉴河长制、林长制等成熟制度入法的基础上,在未来耕地保护法、生态环境法典中确认田长制的法律地位。[4]

第二,积极出台田长制的配套制度。为减少田长制运行过程中的模糊性与冲突性,避免出现“象征性”执法,笔者建议,需积极出台田长制的相关配套制度,以此将抽象的政策文本转化为具体的操作文本。根据现有地方相关经验,可以出台《田长制联席会议制度》《田长制运行规则》《田长巡查检查工作

---

[1] 参见李熠煜、杨旭:《河长制何以实现“河长治”——基于街头官僚理论的分析视角》,载《中共天津市委党校学报》2021年第1期。

[2] 习近平:《论坚持人与自然和谐共生》,中央文献出版社2022年版,第44页。

[3] 参见齐世敬:《耕地保护田长制的实践探索与思考》,载《中国土地》2022年第5期。

[4] 至于田长制的具体条款,在未来耕地保护法中可拟为“国家建立耕地保护田长制,实现耕地保护利用责任全覆盖”。在未来生态环境法典中可拟为“国家建立河长制、湖长制、林长制、田长制等制度,分级分段组织领导、实施、协调本行政区域内的自然资源管理与保护工作”。

制度》《田长制信息制度》《田长制工作考核办法》等配套制度，从而“生产出与自身治理情境相匹配、能够比较清晰地指明行动方向或方式的政策行为”[1]。

（二）德治路径：坚持理念先行，夯实田长制的思想道德基础

在耕地治理现代化进程中，德治与法治是相辅相成的两个重要方面，耕地治理现代化的推进需要二者共同发挥功能作用。因此，田长制的推行不仅需要通过法治化为其提供制度保障，还需坚持理念先行，以此夯实其思想道德基础，这就需要重点开展以下工作：

一是树立绿色政绩观。事实上，在田长制运行过程中，田长常常在经济高效增长与耕地有效保护两难处境中处于博弈状态。并且由于经济高效增长可以带来政绩考核高指标，田长时常会有选择地规避不利于自身获益的耕地保护目标，进行“目标替代”[2]，最终诱使田长陷入结构性治理矛盾中。因此，只有田长树立以“绿色 GDP”为核心的政绩观，破除田长对 GDP 的盲目崇拜，才能突破田长治理的结构性治理困境。这就需要在政绩考核指标中不断提高 GDP 的“含绿量”，加强对各级田长的耕地保护教育，使其深刻地认识到开展耕地保护工作是关系中华民族永续发展的根本大计，以此切实增强各级田长的责任感和使命感。

二是强化人本理念。“人民对美好生活的向往，就是我们的奋斗目标”，“必须始终把人民放在心中最高的位置，始终全心全意为人民服务，始终为人民利益和幸福而努力奋斗”。[3] 因此，田长制的运行应当始终关注作为实践主体的人民，即应强化各级田长的人本理念。这就需要田长在具体的耕地保护工作中，永远保持对人民的赤子之心，并坚持贯彻群众路线，善于从人民的耕地保护发展要求中寻找耕地保护难题的解决办法，从而使田长作出的耕地保护决策以及对违法行为的处理充分体现民心民意。

---

[1] 参见杜其君：《政策细化：一种政策适应性的再生产方式》，载《公共管理评论》2023 年第 1 期。

[2] 参见郭珍、吴宇哲：《耕地保护制度执行过程中的“目标替代”——基于多任务代理模型的研究》，载《经济学家》2016 年第 6 期。

[3] 中共中央宣传部编：《习近平新时代中国特色社会主义思想学习纲要》，学习出版社、人民出版社 2019 年版，第 40 页。

（三）自治路径：坚持多元共治，提高田长制的社会参与程度

"认识到政府'命令—控制'式垄断性行使环境管理权的种种弊端，倡导从单向度的环境管理走向'多元合作共治'的环境治理道路，已经成为理论界的共识。"〔1〕然而，如何协调政府、企业以及公众在多元合作共治中的关系以及如何实现三者的"共知、共决、共行"，理论界并未形成具有共识性的方案。具体至田长制中，如何坚持多元共治，提高田长制的社会参与程度，同样是一个值得深究的问题，这就需要重点开展以下工作：

一是激活企业资本力量，加强政企合作。事实上，在田长制的运行过程中，企业不应当仅扮演耕地保护的被动守法者、受规制者的角色，在政府简政放权的当下，企业还应当以更加积极的姿态参与到耕地治理工作中。这就需要激活社会资本，建立多元化资金投入机制，制定"市场化"激励政策，不断探索"田长制＋PPP"的治理模式，〔2〕以此增加耕地保护补偿的运作资金。此外，政府还需要将企业视为耕地保护工作的合作者，有序引导企业以提供咨询建议的方式参与耕地治理决策，进而帮助各级田长进行科学决策。

二是拓展公众参与渠道，深化活动空间。公众作为耕地保护的直接接触者，其不仅对耕地保护的新情况新问题具有较强敏感性，而且在日常的生活实践中也对耕地保护工作形成了一定经验常识（地方性知识）。因此，要推动田长制的有序化和长效运行，公众参与不可或缺。这就需要政府通过信息公开、新闻媒体、政策宣传、社会化服务等多种渠道，营造"人人参与"的耕地保护氛围，以此提高田长制的社会认同度，从而塑造多元共治式耕地保护共同体。〔3〕此外，还可以借鉴"民间河长""民间林长""民间湖长"等实践经验，设立"民间田长"。"民间田长"主要从公众志愿者中选任，其职责在于开展日常巡田查田工作，收集群众耕地保护意见，并及时反馈给"官方"田长。

---

〔1〕参见史玉成：《流域水环境治理"河长制"模式的规范建构——基于法律和政治系统的双重视角》，载《现代法学》2018年第6期。

〔2〕参见任彬彬、周建国：《地方政府河长制政策工具模型：选择偏好与优化路径——基于扎根理论的政策文本实证研究》，载《中南大学学报（社会科学版）》2021年第6期。

〔3〕参见牛善栋、方斌：《中国耕地保护制度70年：历史嬗变、现实探源及路径优化》，载《中国土地科学》2019年第10期。

（四）智治路径：坚持技法融合，提升田长制的数据治理能力

与工业时代的纯粹“变法图强”风险治理模式不同，数字化时代的风险防范与治理，需要采取技术控制与法律控制相结合的综合治理模式。[1] 主要原因在于：数字化时代的风险已经具备新的特征——共生性，即数字化时代的风险是基于制度化风险和技术性风险而形成的，且两者处于共生状态。同样，在田长制中对技术赋能治理异化风险的防控也应坚持技法融合，提升田长制的数据治理能力，这就需要重点开展以下工作：

一是提升耕地数字化治理的“情感温度”。现代数字技术赋能耕地治理，可能会面临技术设计封闭化与单边化、交流空间压缩、反馈机制缺失等问题，[2] 由此造成田长制中技术赋能“只见数字不见人”的现象。因此，为避免田长制中技术赋能的“只见数字不见人”，需要提升耕地数字化治理的“情感温度”。这就要求耕地数字化治理平台建设应当依托现有的情感治理资源，时刻关注人民群众现实的情感空间，更好地推动自治与共治相结合。此外，还需要平衡制度创新与技术赋能的关系，尤其是清晰认识到田长制中的技术赋能仅是辅助手段，制度创新才是核心动力，以此破除“数字代替一切”的片面思维。

二是加强耕地数字化治理的顶层设计。“政务上云”时代，为迎合耕地保护数字指标的要求，部分田长难免会为了追求数据的“好看”，而重数量、轻质量，重痕迹、轻负担，由此造成田长制中技术赋能“数字形式主义”的现象。因此，为破除田长制中技术赋能的“数字形式主义”，首先，需要各级田长摒弃个体机会主义，坚持学习求真务实的数智治理理念，以此重塑各级田长的技术认知，从而帮助其树立正确的数字政绩观；其次，需要适时出台耕地数字化治理的政策实施方案，加大耕地保护领域数字应用投放的审核力度；最后，需要定期开展田长制中技术赋能疑难问题的专项整治活动，推动耕地数字化治理

---

〔1〕 参见吴汉东：《人工智能时代的制度安排与法律规制》，载《法律科学（西北政法大学学报）》2017年第5期。

〔2〕 参见刘京：《提升数字政府建设的“情感温度”》，载《光明日报》2023年4月28日，第11版。

平台优化升级。

五、结语：在田长制“持续创新”中迈向耕地善治

田长制作为推进耕地治理体系和治理能力现代化的重要制度创新，不仅是耕地保护党政同责的内在要求，也是打通耕地保护“最后一公里”的关键抓手。因此，基于耕地善治语境，对田长制展开系统研究具有极为重要的理论价值与实践意义。当然，田长制促进耕地善治是一项复杂的系统工程，仅依靠本研究的拓展探索难以“毕其功于一役”。因此，必须在田长制“持续创新”过程中推动耕地治理迈向善治。这就需要从以下方面推动田长制“持续创新”：

一是构建“一套制度”运行机制。以“党委领导、政府负责、部门协同、公众参与、上下联动”为基本遵循，制定田长制实施运行方案，并构建田长责任目标体系、田长容错纠错机制等配套机制，系统推动田长履职履责。二是突出“两个管控”工作任务。一方面，突出遏制耕地“非农化”任务。全面树立“零容忍”“严起来”的耕地保护工作导向，严格落实“六个严禁”要求，并将违法问题频发的地区列入重点监管对象名单。另一方面，突出管控耕地“非粮化”任务。加强耕地种粮情况实时监管，坚持耕地利用优先序，明确地方粮食生产面积底线。三是采取“三个结合”创新载体。首先，“田长制＋乡村振兴”。这就需要在乡村振兴考核内容中加入对田长制落实情况的考核，积极发挥乡村振兴工作队在治理耕地撂荒、打击违法建设、编制村庄规划等方面的引导作用。其次，“田长制＋基层党建”。这就需要号召基层党员干部在认领抛荒耕地、帮扶农业生产、开展义务巡田等方面发挥先锋模范作用。最后，“田长制＋全域旅游”。这就需要创新拓展“田长制＋民俗旅游”“田长制＋观光旅游”“田长制＋乡村旅游”等田长制载体，推动绿水青山变为金山银山。

乡村振兴背景下土地承包经营权流转的风险规避*

——以创设先予种植制度为视角

戴煜宸**

摘　要：乡村振兴背景下推进土地承包经营权流转是继家庭联产承包责任制后，农村地区的又一重要改革。但实践中，土地承包经营权流转纠纷发生后存在土地荒置、农户权益受损等风险。作为社会治理参与者、实践者和法律保障者的法院需积极贡献司法智慧，创设出先予种植制度以切实回应土地承包经营权流转纠纷的现实需求。本文从政策视域、主体视角及理论层面的合法性、合理性、效益性出发对先予种植制度的设立展开解释论证，并从适用原则和范围、流程规则、配套保障机制三个方面提出土地先予种植的制度设计。

关键词：土地承包经营　先予种植　可行性　制度设计

1978年安徽省凤阳县小岗村十八村民的壮举开创了家庭联产承包责任制先河，使我国形成了“人均一亩三分地，户均不过十亩田”的农业生产形式。随着社会经济的发展，在原先家庭联产承包“二权分置”的基础上，我国创设了土地承包权与经营权相分离的“三权”分置。〔1〕2013年至2024年连续12年的中央一号文件均特别强调积极推进土地承包经营权流转，其已成为乡村振兴背景下实现土地规模经营、培育现代化新型农业最主要的方式。然而，

---

* 获2022年12月第四届国际自然资源法治论坛优秀奖。

** 戴煜宸：浙江省温岭市人民法院大溪人民法庭员额法官。

〔1〕 2016年中共中央办公厅、国务院办公厅出台《关于完善农村土地所有权承包权经营权分置办法的意见》，提出“顺应农民保留土地承包权、流转土地经营权的意愿，将土地承包经营权分为承包权和经营权，实行所有权、承包权、经营权（以下简称‘三权’）分置并行”。

看到“三权”分置改革取得成效的同时，也应当看到积极推进土地承包经营权流转过程中所产生的一系列问题。在我国强调保护粮食安全和耕地红线的当下，法院需认真思考土地承包经营权流转纠纷发生时采取何种应对措施以更好地提供司法服务和保障，避免土地荒置的同时维护好各方主体的权益。

一、审视：乡村振兴背景下土地承包经营权流转之实然困境

推进土地承包经营权流转是实施乡村振兴的关键，亦是我国农业生产走向集约化、现代化的必然选择。但土地承包经营权流转飞速发展的同时也带来诸多难题，如何处理好土地承包经营权流转带来的问题，法院面临着巨大挑战。

（一）流转行为不规范，土地面临荒置风险

根据农业农村部的统计数据，截至 2017 年底，全国家庭承包耕地流转面积达到 5.12 亿亩，占家庭承包经营耕地总面积的 37%，[1] 但流转行为不规范导致土地面临荒置风险。首先，土地集约化经营是农村土地承包经营权流转的一个主要目的，但集约化发展本身就是一个风险因素。[2] 一方面，多个农户的土地承包经营权集中流转至同一经营权人，意味着农户的土地收益维系在单一经营权人手上，该经营权人的经济情况、经营能力和诚信度决定合同能否按约履行；另一方面，农户将土地承包经营权委托村集体流转，出于简化运行成本的目的，村集体采取与经营权人集中签订流转合同的办法，导致农户对合同履行风险缺乏预知。其次，供需双方订立的土地承包经营权流转合同不规范。法院审理发现，土地承包经营权流转合同协议不规范，权利义务约定过于简单，双方违约责任、承包土地附着物处置及后续土地维护义务等方面缺乏明确具体的规定。最后，土地承包经营权流转仍存在较多“口头合约”。虽然土地承包经营权流转正在朝市场化、规范化方向发展，但在部分

---

〔1〕 数据来自《关于政协十三届全国委员会第一次会议第 0297 号（农业水利 058 号）提案答复的函》。

〔2〕 参见汪跃平：《农村土地承包经营权流转的现实风险和法律防范》，载《农业经济》2020 年第 3 期。

农业大省调查发现土地承包经营权流转中“口头合约”占比达到四成。[1]

一方面，土地集约化流转导致纠纷发生后存在土地大面积荒置的高风险，另一方面，流转合同内容约定不明、合约格式不规范导致纠纷发生后的土地荒置后续问题难以及时有效解决。

（二）农户生存依赖土地，权益保障面临风险

土地承包经营权流转纠纷发生后，农户权益存在难以保障的风险。农户基本权益难以保障来自多方面因素：第一，农业本身的风险导致农户可期待利益受损。农业是依赖天气时令、存在较高风险的产业，经营权人除面对市场变动、经营决策的风险外，更多是面对旱灾、高温、霜冻等自然风险。只要经营权人的农业经营出现障碍，农户的可期待利益就处在风险之中。第二，农户对土地收入的过度依赖。近年来，土地大面积流转一方面一定程度上保障了农户的土地承包权收益，另一方面加重农户收入不足的风险，文化素质不高、不具备除体力劳动外就业技能的农户除去单一的土地租金无其他额外收入来源。第三，缺乏必要的社会保障体系。目前农村医疗养老等社会保障不足，一旦发生流转纠纷，农户的生活所需无法得到及时保障。

基于以上因素考虑，土地作为农户生存的重要依托，法院需认真思考在土地承包经营权流转纠纷发生后采取应对措施利用好土地，以保障农户的基本权益不受到损害。

（三）土地承包经营权流转案情复杂，审判执行遭遇阻力

土地承包经营权流转纠纷案情复杂、矛盾突出，进入诉讼程序后法院的审判执行工作遭遇重重阻力。从审判方面看，土地承包经营权流转纠纷牵涉村集体、承包人和经营权人等多方主体，合同关系可以发生在村集体与承包人、承包人与经营权人之间，同一类主体可能存在多人，流转程序不规范导致不同的法律关系错综复杂，故法院审理案件时需花费较长时间厘清矛盾，导致粮食种植难以长期维持稳定；从执行方面看，一是法院待案件判决后再执

---

〔1〕 参见王晓睿：《土地经营权流转中预付租金的实现逻辑》，载《吉首大学学报（社会科学版）》2019年第6期。

行容易延误农时，无法及时处置变现土地农作物以保障原告的胜诉权益；二是各主体之间矛盾突出使耕地抢种问题频发，法院执行除解决农户的个人财产损失外，还需解决好耕地资源破坏后的修复问题。

以甘肃省高台县法院马某与L公司、G公司土地承包经营权纠纷案为例。马某1995年至2008年系G公司员工，其丈夫杨某1995年至2002年系G公司法定代表人。1997年L公司向高台县土地管理局申请获得800亩土地并办理登记，2000年L公司与G公司签订协议流转土地，因流转程序不规范，杨某以节约单位资金为由向L公司提出由其与马某订立土地承包经营权流转协议，但G公司系标的土地的实际所有人，并在高台县土地管理局办理登记。2010年L公司起诉马某、杨某，要求其支付土地使用权转让费，后一审法院作出(2010)高民初字第485号民事调解结案。2011年马某起诉G公司要求其返还占有土地，一审法院作出(2011)高民初字第645号民事判决，判决认定马某无权要求G公司返还土地；2012年马某上诉后二审法院判决发回重审，2019年10月一审法院作出(2012)高民重字第01号民事判决，认定马某不享有土地承包经营权，马某上诉后二审法院维持原判。一审重审期间，高台县人民检察院于2016年2月向一审法院提出高检民监(2016)1号再审检察建议书，认为马某获得土地使用证行为违法，高台县土地管理局存在渎职行为，2016年3月一审法院对(2010)高民初字第485号案件进行再审，撤销原民事调解书。2015年因G公司未继续申请先予种植土地，马某将土地私自转包给善意第三人陈某、李某、张某等，后因双方抢种行为导致善意第三人与G公司之间发生财产损害赔偿纠纷并造成耕地资源的破坏(关联案件详见表1)。

表1　关联案件的案号和处理结果

序号	案号	处理结果
1	(2010)高民初字第485号	马某受让土地且需支付转让费
2	(2019)甘07民终100号	G公司受让土地且需支付转让费
3	(2011)高民初字第645号	马某无权要求G公司返还土地

续表

序号	案号	处理结果
4	(2012)张中民终字第 184 号	马某上诉后发回重审
5	(2012)高民重字第 01 号	马某不享有土地承包经营权
6	(2020)甘 07 民终 227 号	马某上诉后维持原判
7	(2015)高民初字第 1829 号	G 公司侵权,赔偿陈某损失
8	(2019)甘 07 民终 276 号	G 公司上诉后维持原判
9	(2015)高民初字第 1832 号	G 公司侵权,赔偿李某损失
10	(2019)甘 07 民终 283 号	G 公司上诉后维持原判
11	(2015)高民初字第 1834 号	G 公司侵权,赔偿张某损失
12	(2019)甘 07 民终 275 号	G 公司上诉后维持原判
13	(2015)高民初字第 1825 号	G 公司侵权,赔偿荆某损失
14	(2019)甘 07 民终 291 号	G 公司上诉后维持原判
15	(2015)高民初字第 1833 号	G 公司侵权,赔偿刘某损失
16	(2019)甘 07 民终 282 号	G 公司上诉后维持原判

二、奠基:流转纠纷中土地先予种植之存在解释

社会治理的重心在基层,难点也在基层,法院是社会治理实践的参与者、实践者和法律保障者。法院自身的各种司法创新实践,要从切实回应基层治理的现实需求出发。[1] 为化解土地承包经营权流转的困境,实现乡村振兴的战略目标,法院需在审理土地承包经营权流转案件中创设先予种植制度。所谓先予种植制度,指土地承包经营权流转纠纷中法院“未决而先执行”,以裁定的方式判令一方当事人先行种植土地的诉讼制度。该制度的设立可从政策视域、主体视角及理论层面的合法性、合理性、效益性进行解释论证。

(一)政策视域下土地先予种植之存在解释

1.“三权”分置制度下土地先予种植之必然

制度创新意味着各权利主体之间原利益关系被打破和新利益关系确立,

---

[1] 参见王国龙:《法院参与基层治理及其角色定位》,载《东岳论丛》2020 年第 4 期。

相关各方的权利和义务做相应的变动与调整。[1]“三权”分置背景下积极推动土地承包经营权流转，一方面改变了以往单一的家庭联产模式，增加了现代农业产业园、家庭农场等新型经营方式，经营方式的多样化引起生产方式变革，直接提升生产效率；另一方面土地权利主体的增多导致互动对象及互动关系的多样化，新生产关系反作用于生产力，间接提升生产效率。

然而，当“坚持集体所有权，落实农户承包权，放活土地经营权”的政策涉及利益关系调整时，必然会导致村集体、农户、经营权人之间因土地制度的“利己性”运用而发生冲突。从集体所有权看，国家不断赋予农户稳定且长久不变的土地承包权，农户以《农村土地承包法》来应对村集体对土地的调整，使现实中的集体所有权虚置。从农户承包权看，经营权的分离使农户仅享有收益权，实践中常存在农户为简化成本委托村集体集中流转土地的情形，处分权的丧失使农户利益难以得到保障。从土地经营权看，经营权进入市场必然受到市场因素的干扰，需承担市场风险。权利之间冲突必然导致矛盾发生，故在土地承包经营权流转纠纷发生后，司法强制力量需有效介入，以先予种植措施协调处理各方矛盾，从而保证“三权”分置制度有效运行。

2. 粮食安全及耕地保护战略下土地先予种植之必须

中国是一个人口大国，随着工业化、城市化进程的快速推进，中国的粮食生产和消费将长期处于紧平衡的状态。[2]世界第一粮食生产大国和世界第一粮食消费大国将成为我国较长时期内粮食供求状况的常态特征。

一方面，我国内部需坚守好粮食底线，保证好粮食生产安全。法院受理的土地承包经营权流转纠纷案件涉案标的土地面积广，2021 年浙江省基层法院判决的土地承包经营权纠纷案件中，标的土地面积绝大部分在 10 亩以

---

〔1〕 参见伊庆山：《“三权”分置背景下农地权利体系的重构、制度优势及风险规避》，《西北农林科技大学学报（社会科学版）》2017 年第 4 期。

〔2〕 参见曹宝明、唐丽霞、胡冰川等：《全球粮食危机与中国粮食安全》，载《国际经济评论》2021 年第 2 期。

上。[1] 不及时处理好土地承包经营权流转纠纷，大面积的土地撂荒或延误时令耕种将影响正常的农业生产，对我国的粮食产量安全造成不利影响。

另一方面，土地撂荒、长期不耕种将导致耕地存在土地质量下降甚至荒漠化的风险。耕地资源的稀缺性、不可再生性决定了追求和实现耕地资源可持续利用的重要性与必要性，这是实现社会、经济和生态环境全面持续发展的关键和基础。[2] 土地承包经营权流转纠纷案件有必要采取先予种植救济措施来对耕地进行及时种植或是清理维护，保证现有耕地质量并坚守住耕地红线。

3. 人民法院司法服务和保障定位下土地先予种植之必要

在全面深化改革的关键期，我国经济体制深刻变革、社会架构深刻变动、利益分配深刻调整，农村土地制度改革既关系到广大农民的切身利益也影响着我国社会主义制度的实践发展。推进农村土地承包经营权流转作为我国的一项重大公共政策，法院需积极履行好政治职能与司法职能。

首先，人民法院作为政治机关，要旗帜鲜明讲政治，政治上坚决拥护党中央决策部署，为党中央的政策落实提供司法智慧与司法力量。法院需准确把握中央有关农村土地"三权"分置改革的政策内涵和措施安排，推进土地经营权有序流转；依法维护进城落户农民的土地承包权、集体收益分配权，支持其依法自愿有偿转让上述权益。[3]

其次，人民法院作为审判机关，需充分发挥自身的审判职能作用，为全面推进乡村振兴、加快农业农村现代化提供有力的司法服务和保障。司法实践中法院要充分发挥能动司法功能，通过执法办案解决纠纷的同时创新出符合实际需要的司法举措以服务大局发展，在确保农村土地承包关系稳定前提

---

〔1〕 详见(2021)浙0602民初7263号、(2021)浙0602民初5699号、(2021)浙0702民初4831号、(2021)浙0683民初1727号、(2021)浙0683民初2350号、(2021)浙0683民初2818号、(2021)浙0782民初6330号、(2021)浙0782民初6336号、(2021)浙0681民初3443号判决等。

〔2〕 参见谢花林、黄萤乾：《非农就业与土地流转对农户耕地撂荒行为的影响——以闽赣湘山区为例》，载《自然资源学报》2022年第2期。

〔3〕 参见江必新：《司法审判保障"十三五"规划实现的重点、盲点与亮点——兼论人民法院司法审判工作如何为经济社会发展做好司法服务和法治保障》，载《法律适用》2016年第5期。

下，积极创设先予种植制度解决土地种植问题并保障村集体、农户和经营权人的权益免遭不必要损失。

（二）主体视角下土地先予种植之存在解释

根据利益相关者理论，土地承包经营权流转纠纷涉及利益主体主要包括国家、村集体、农户、经营权人，不同主体的利益诉求各不相同。如何使土地承包经营权"三权"分置制度创新持续发挥作用，关键是兼顾和满足各方利益，尤其要协调、平衡好农户和经营权人之间的利益关系。

1. 先予种植保障农户的基本权益

首先，先予种植避免农户遭受诉累。在土地承包经营权流转关系中，农户是天然的弱势群体，其因土地承包经营权流转行为不规范或是经营权人违约而被迫进入诉讼，同时因长期审理而遭受土地撂荒的损失。为满足自身生活所需，农户可申请先予种植土地。其次，先予种植补位社会保障的不足。农村养老、医疗、社会救助等社会保障体系不健全，土地收入成为许多农民解决看病、上学、养老等问题的重要经济来源。〔1〕为解决农户的生活困难问题，法院有必要设置相应的诉讼救济措施。最后，先予种植增加额外收入。土地承包经营权流转纠纷中农户收回土地自行耕种，既可以享受到农作物种植的可期待性收益，也可以从政府获得额外的农业补贴，增加额外收入。

2. 先予种植救济经营权人的风险损失

同一经营权人与多个农户签订土地使用权转让合同，一方面农业生产成本增加使经营权人承担较大压力，另一方面经营权人面临市场不稳定和气候难预测的风险。虽然国家倡导农业融资和农业保险政策对农业种植给予支持，但其存在滞后性难以及时救济，故土地租金违约纠纷案件中作为被告的经营权人可向法院申请先予种植，在获得后期收益后履行给付义务。一方面，先予种植制度将农户与经营权人的权利义务关系加以延续，维持土地承包经营权流转关系的稳定；另一方面，先予种植制度赋予有意向履约但暂时

---

〔1〕 参见杨璐璐：《农村土地经营权流转的现实困境与制度性原因分析》，载《西北大学学报（哲学社会科学版）》2015 年第 4 期。

丧失履行能力的经营权人继续履约的可能,避免经营权人进入强制执行程序后沦为被执行人,进一步扩大双方损失。

3. 先予种植强化村集体的主体地位

家庭联产承包制实施以来,村集体长期处于“虚置”困境,土地承包关系中土地的直接经营性收益全部由承包农户所得,被赋予稳定且长久不变的土地承包权的农户时常以土地承包关系对抗村集体对土地的调整。为发挥村集体对土地所享有的调整、监督和收回等权利,村集体作为土地承包经营权流转纠纷案件中的原告方,可以申请先予种植以防止承包农户或经营权人毁损、闲置和浪费土地资源。村集体通过诉讼方式落实集体所有权以强化对土地的知情权、监督权和保护功能,强化自身的主体地位,发挥土地集体所有的优势和作用。

4. 先予种植落实国家的战略目标

当前我国面临耕地面积可能大幅减少、耕地质量令人担忧、土地承包经营权流转纠纷,接连不断发生涉及耕地面积广且存在撂荒的潜在高风险,只有解决好耕地问题方能实现经济发展、国家安全和社会稳定。土地承包经营权流转纠纷中各主体发生利益冲突后难以协调,司法强制力介入可以避免国家遭受不必要损失。先予种植制度是国家在司法领域的自我救济,亦是实施乡村振兴战略、实现“藏粮于地”目标的强有力的司法保障。

（三）理论层面土地先予种植之可行性分析

1. 合法性:先予执行的理解适用

我国《民事诉讼法》第 109 条和第 110 条对先予执行的适用进行了规定。[1] 从适用类型上看,《民事诉讼法》第 109 条第 1 项、第 2 项的规定明确先予执

〔1〕《民事诉讼法》第 109 条规定,人民法院对下列案件,根据当事人的申请,可以裁定先予执行:(一)追索赡养费、扶养费、抚养费、抚恤金、医疗费用的;(二)追索劳动报酬的;(三)因情况紧急需要先予执行的。

《民事诉讼法》第 110 条规定,人民法院裁定先予执行的,应当符合下列条件:(一)当事人之间权利义务关系明确,不先予执行将严重影响申请人的生活或者生产经营的;(二)被申请人有履行能力。人民法院可以责令申请人提供担保,申请人不提供担保的,驳回申请。申请人败诉的,应当赔偿被申请人因先予执行遭受的财产损失。

行适用于追索赡养费、扶养费、抚养费、抚恤金、医疗费用和劳动报酬案件,第3项"情况紧急"是兜底条款。土地承包经营权流转纠纷案件涉及农业生产种植,亦涉及农民的生活保障,具有时间上的紧迫性和特殊性,故土地承包经营权流转纠纷案件中影响土地耕种符合"情况紧急"的情形。从适用目的来看,先予执行制度设计初衷在于及时并有效地保护当事人的合法权益。[1]一方面,先予执行的及时性要求当事人的合法权益无须等到裁判生效后方能获得救济,而是在权利义务关系明确前提下满足一定条件后当事人即可申请事先"预支";另一方面,先予执行的有效性要求当事人合法权益的保护需取得顺利实现的效果。

法院受理的土地承包经营权流转纠纷案件大部分是因为经营权人履行能力不足、违约后合同约定内容不明确或是流转程序存在瑕疵而引发纠纷,此情况下为避免耕地撂荒无人耕种,同时保障发包方农户的生活和生产经营,在农户申请后法院可以裁定其先予种植。对"被申请人有履行能力"的理解并非要求被申请人给付金钱,而是要求其行为配合,即申请先予种植一方收回原先土地进行种植,另一方需排除妨害、处置原先耕种在土地上的农业附着物或是搭建的农用设施。

2. 合理性:诉讼主体的利益平衡

从利益衡量论角度分析,民事诉讼规则的利益衡量不单单局限于案件原被告双方之间的财产或价值分配上的利益,其更多地考量原被告在利用制度时的利益、法院采取民事程序措施的利益及公共利益。先予种植制度作为土地承包经营权流转纠纷中的司法救济措施,可以实现多方诉讼主体之间的利益平衡。

就原告角度而言,土地承包经营权流转纠纷中的原告往往是村集体或是发包方农户,因被告无力履行给付义务或是违反流转合同约定而起诉,从保障村集体的土地所有权或是农户的土地承包权出发,原告采取先予种植一方面避免耕地荒置造成权益受损,另一方面可获得耕地种植的额外收益;就被

---

〔1〕 参见杨春华:《对我国先予执行制度立法定位的思考》,载《河北法学》2008年第11期。

告角度而言，无论是由原告还是被告提出先予种植均可使被告获益，一是由原告先予种植耕地可减轻被告过多承担因土地荒置造成的损失，二是由被告先予种植耕地除减少损失承担外还可获取收益来履行债务，化解纠纷；就法官角度而言，采取先予种植制度可以避免因审理时长延误农时造成耕地资源浪费，减轻法官办案压力的同时有助于厘清案件矛盾；就社会角度而言，先予种植可发挥耕地资源的最大效用，维护整体利益。故构建先予种植制度可以实现原、被告和法院三主体之间的利益分配公正，同时保护部分公共利益。

3. 效益性：成本收益的相互适应

土地承包经营权流转纠纷发生并进入诉讼程序后，土地承包经营权流转纠纷双方均需承担因诉讼产生的经济成本。从成本收益角度来看，法院应尽量避免纠纷对收益产生的不利影响，降低纠纷成本以防止当事人的可期待利益受损，实现降低和控制案件及案件外社会成本的作用，体现诉讼的效益。[1] 在案情复杂且花费长时间审理的土地承包经营权流转纠纷中采取先予种植制度是实现成本收益相适应的关键。

实行先予种植体现诉讼经济原则。诉讼经济原则可以理解成为保证诉讼目的实现，法院合理设置民事诉讼程序，以最低的诉讼成本获取最大诉讼收益的程序法原则。一方面，从诉讼经济原则的合理性来看，法院创设先予种植制度直接降低诉讼成本，减少当事人因诉累导致的可期待利益受损，如马某与L公司、G公司案中G公司缴纳保证金对耕地先予种植两年，避免了因耕地荒置造成经济损失；另一方面，从诉讼经济原则的合目的性来看，先予种植有利于实现公平正义的实效：一是有助于法官积极化解双方矛盾，息争止讼；二是保证土地承包经营权流转中的农户、经营权人及村集体等多方权益不受损失。如在上述案例中G公司未停止先予种植，则可以有效避免与善意第三人之间的财产损害纠纷，避免引发不必要的矛盾和耕地资源的破坏。先予种植制度既具有促进当事人有效行使诉权的作用，又具备实现经济合理性、合目的性的深意，降低诉讼成本，体现诉讼效益。

---

〔1〕 参见马胜军：《纠纷成本与诉讼效益分析》，载《现代法学》2000年第6期。

三、构建：乡村振兴背景下土地先予种植之制度设计

实施乡村振兴战略，关键是处理好土地承包经营权流转的问题。针对我国积极推进土地承包经营权流转过程中纠纷频发导致土地撂荒存在潜在高风险的问题，结合我国基本国情，法院可在土地承包经营权流转纠纷案件中构建先予种植制度，具体如下：

（一）明确适用原则和范围

1. 先予种植之基本原则

一是有效救济原则。对当事人的合法权益采取及时且有效的保护措施，是设置先予种植制度的应有之义。出于保护自身合法权益的需要，当土地承包经营权流转中的当事人提起诉讼以寻求保护时，先予种植作为临时性保障措施，应取得实质性救济效果。二是兼顾公正与效率原则。先予种植制度具有保证诉讼公正和效率的双重功能，一方面对各方主体权益进行平衡，实现公正；另一方面为避免申请人遭受诉累而对其提前进行救济，追求效率。三是平等保护原则。先予种植制度不单是保护申请人利益，在自身利益遭受损害时被申请人针对先予种植裁定可以提出复议。例如，被申请人认为申请人先予种植会造成自身经济损失或是行为不当，可向法院提出反对意见。

2. 先予种植之适用范围

目前先予执行规定过于狭隘，在生活或基本经营遭受严重影响情况下当事人才能提出申请，并且司法实践中先予执行的适用范围基本是给付义务之诉，对行为履行之诉缺乏适用导致先予执行的施行存在局限性。先予种植制度的适用，一方面需明确除土地承包租金等给付之诉外，对要求返还承包地或是恢复耕地防止“非农化”“非粮化”等行为之诉亦在其适用范围之内。另一方面需进一步明确先予种植的适用主体范围：一是因生产、生活情况紧急而申请先予种植的具有承包权的农户；二是因经营所需或是为减少经济损失亦可提出先予种植申请的经营权人；三是作为土地承包经营权流转纠纷案件审理主体的法官。诉讼中双方当事人均未提出申请，出于保护国家或社会公共利益免受损失目的，法院可以成为先予种植的启动方。

(二)构建完善的流程规则

1. 程序启动

启动条件方面,现有制度下先予执行需由当事人提出申请并缴纳执行保证金。土地承包经营权流转纠纷案件当事人往往由于需要救济而提出先予种植申请,涉及双方多以农民为主,缴纳保证金可能加重其经济负担,故对经济条件确实困难的案件当事人可予以免交保证金。参照日本的假执行制度,《日本民事诉讼法》明确宣告假执行有当事人申请和法院依职权两种途径,故先予种植的启动除当事人申请外可由法院依职权启动。〔1〕 在原被告权利义务关系明确且土地种植存在明显紧迫需求时,法院在充分考量原被告双方经济实力和土地现有耕种条件后可依职权裁定一方先予种植。法院作出先予种植裁定的同时可以要求执行人缴纳保证金或免交保证金抑或是后补保证金。

2. 实施过程

为及时且有效地保护申请人与被申请人的合法权益,先予种植制度需制定完整的审查和审理程序。一是非情况紧急的审查。非因紧急情况进行审查时,原则上需经过双方言词辩论。先予种植程序启动后,法院需通知各方当事人并采取听证程序,充分听取并询问双方意见后方可作出先予种植裁定。二是情况紧急的审查。因情况紧急进行审查时,申请人提交相应证据或是法官充分调查实际情况后,法院可以不组织听证而对符合条件的案件直接作出先予种植裁定。三是审理实质内容需围绕紧急性和必要性展开。一方面法院需判断当事人是否存在生活或生产上的急需、撂荒土地是否存在保护的紧迫等情况;另一方面法院如不立即采取先予种植措施将给当事人乃至国家利益造成不可挽回的损失。

3. 目标效果

先予种植制度直接解决土地撂荒和由谁耕种的问题。从当事人角度来看,农户基于承包权而产生的可期待收益得到保护,而且申请先予种植的经

〔1〕 详见《日本民事诉讼法》第259条。

营权人可以减少自身损失并提高自身履行债务能力。从法院角度来看,先予种植减少诉讼成本,减轻法官审理土地承包经营权流转纠纷案件的后顾之忧,使各方主体的合法利益得到公平有效的保护。从国家角度来看,先予种植是国家在司法领域的自我有效救济,避免了土地承包经营权流转纠纷中耕地无人耕种或是多方抢种问题,一定程度上保护了国家的耕地资源和粮食安全。

(三)建立配套保障机制

1. 完善权利救济制度

借鉴域外假执行规定,先予种植制度需赋予被申请人的救济权利。首先,被申请人可以申请法院免予执行。申请"救济"需满足以下条件:一是被申请人需提供保证;二是被申请人需证明不会对申请人利益造成损失;三是被申请人需证明采取先予种植可能会给自身造成无法弥补的损害。其次,被申请人可以通过复议或上诉来申请救济。裁定先予种植后被申请人可以向作出裁定的法院申请复议或是向上一级法院提起上诉。

2. 实行第三方参与执行制度

法院作出的先予种植裁定具有法律效力,但为避免裁定效力空置未落到实处,可以在土地种植过程中引入第三方参与执行。一是村集体参与。村集体作为土地的所有权人,具有对土地承包权调整、收回和监督的权利,可以将先予种植裁定送达村委会由其负责执行。二是政府参与。改革开放以来我国的农业行政执法体系不断发展完善,可以利用行政有效力量来保障先予种植裁定的有效执行。

3. 强化违法惩戒力度

法院作出的先予执行裁定需被各方遵照执行,如在执行过程中有当事人故意阻挠或妨碍申请人耕种土地,为达到维护司法权威和司法公信力的目的,法院可以视不同情况采取罚款、拘留或者联合农业行政部门限制侵权人从事农业生产活动等惩戒措施。

四、结语

乡村振兴背景下推进土地承包经营权流转是实现土地规模经营、农业产业化发展的必然选择,有利于提高农业生产效率,对增加农民收入、保障粮食安全和实现农业农村现代化具有重要意义。但仍需重视土地承包经营权流转过程中因利益冲突导致的一系列风险,本文就此提出法院在审理土地承包经营权流转纠纷案件中创设先予种植制度这一较为可行的解决方法,制度设计可能过于简单与理想,期待理论界与实务界对此进行进一步的完善。

第二章　矿产资源法治研究

【导读】

矿产资源作为不可再生稀缺资源，其开发利用在国民经济中具有重要作用。矿产资源的开发利用水平和保护能力在很大程度上反映了一个国家的综合实力。因此新中国成立以来各个时期都强调矿产资源的开发利用和保护，建立了系列配套的法律、法规、政策措施等。《宪法》《民法典》《矿产资源法》均规定了矿产资源国家所有制度，《矿产资源法》等规定了探矿权、采矿权的设置、取得的方式和程序，实行探矿权、采矿权和矿产资源勘查开采作业许可证制度，《物权法》（已废止）及《民法典》均规定探矿权、采矿权为用益物权。国家推动了一系列的探矿权、采矿权和矿产资源勘查开采作业许可的制度改革与实践，将探矿权、采矿权的取得与矿产资源勘查开采作业许可相对分离，更加适应生产力和经济社会的发展。因此，需要贯彻创新、协调、绿色、开放、共享的新发展理念，对《矿产资源法》及其相关的行政法规、规章、规范性文件规定的探矿权，采矿权的取得、流转、登记、延续、保留、收回等制度进行改革和完善，对矿产资源勘查开采作业许可和矿区修复制度进行重构，建立矿产地、产能、产品的储备应急制度，才能充分发挥探矿权、采矿权的用益物权效能，才能适应新质生产力和经济社会的高质量发展。

本章深入浅出地分析了矿产资源保护和开发利用的热点、焦点、痛点、难点问题，着重针对矿产资源开发利用中长期存在的难点问题进行了分析研究，并提出建设性意见和建议，以供立法、执法、司法、用法参考。

《“区域”内矿物资源开发规章草案》中的数据保护规则演进与中国应对*

岳树梅　丛　文**

摘　要：数据是“区域”内矿物资源开发的关键要素，数据权益是新时代发展权益，数据规则是平衡“区域”保护与开发的重要杠杆。数据规则涵盖数据流通规则、数据本地化规则、数据保护规则等。《“区域”内矿物资源开发规章草案》通过设置机密数据保护实体与程序条款确立了“区域”数据保护规则，其数据分享优先下有条件的数据保护规则设计引发承包者及利益攸关方就海洋数据权益保护的激烈讨论。海洋数据权益保护关系全球海洋治理与国家海洋权益的实现。本文立足于我国海洋强国战略，从维护数据权益、优化数据利益分配、健全数据争议解决机制角度深入参与“区域”内数据保护规则制定，为海洋命运共同体视域下的海洋数据保护规则构建与完善贡献中国观点恰逢其时。

关键词：“区域”内数据保护　数据分享　数据权益　争议解决

海洋资源是自然赐予人类的天然瑰宝。海洋数据资源价值关涉生态资源开发与数据权益保护之平衡。在人类的共同继承财产原则下，《“区域”内矿物资源开发规章草案》(以下简称《草案》)设置了“合作义务与资料交换”专门条款，认可了“区域”内数据在推动海洋科学研究、国际贸易均衡增长、人类生存与发展等过程中的独立价值。为兼顾承包者在“区域”内活动中的专属商业性权益，《草案》引入了平衡海底管理局、承包者、利益攸关方的数据分

---

* 本文刊发于《太平洋学报》2023 年第 7 期，第 59 ~ 71 页。
获 2023 年 12 月第五届国际能源资源法治论坛优秀奖。

** 岳树梅：西南政法大学教授，博士生导师；丛文：西南政法大学博士研究生。

类保护机制，经多次修改形成《草案》数据保护基本规则。“区域”内数据公共环境价值与私人商业价值的双重属性引发各方就数据公开与数据保护的观点碰撞。本文梳理《草案》数据保护规则形成历程及相关评论意见，总结归纳《草案》数据保护规则现存主要争议，结合我国已提交的评论意见及各方合理观点，从明确基本立场和实体与程序角度形成《草案》框架下数据保护规则的中国应对思考。

一、《草案》数据保护规则的基本阐释

对《草案》数据保护规则进行阐释需首先明晰“区域”内数据的概念以便为后续研究确定基本范围。“区域”内数据保护规则的理论生成根植于海洋科学研究需求，发端于数据共享理论，后伴随数据主权意识勃兴，数据安全理论融入海洋数据治理框架，形成由实体内容和程序设计构成的蕴含保护与开发、公共利益与商业价值多对利益平衡以及价值选择在内的《草案》数据保护基本规则。

（一）“区域”内数据的概念阐发

1. “区域”内数据的内涵与外延

关于数据的概念讨论，[1]笔者从信息载体与生产要素两个维度，结合《草案》文本表述，尝试总结并阐发“区域”内数据的基本内涵，按照《联合国海洋法公约》（以下简称《公约》）第十一部分和《关于执行1982年12月10日〈联合国海洋法公约〉第十一部分的协定》（以下简称《协定》），将其初步概括为在“区域”内资源开发过程中获取的、能够借助载体固定并记录的一切信息均为“区域”内数据。

---

〔1〕 伴随大数据技术应用，“数据”为多学科关注，涌现出关于数据概念的多重视角解构。其中，时建中从法学视角阐述了数据从信息载体到生产要素的意涵演进。李维明从信息技术应用视角解读了数据的信息载体与生产要素属性。此外，《中共中央关于坚持和完善中国特色社会主义制度推进国家治理体系和治理能力现代化若干重大问题的决定》中指出：“健全劳动、资本、土地、知识、技术、管理、数据等生产要素……”由此，数据作为一种生产要素为我国所承认。数据的信息载体与生产要素两大功能在现有文件及学理研究中被广泛提及并认可，为本文从信息载体与生产要素角度尝试阐发“区域”内数据的内涵与外延提供思路。

笔者依“区域”内数据在“区域”内矿物资源开发过程中发挥的功用，以数据的信息载体功能向生产要素功能过渡为视角，打破数据的信息载体功能的物理属性，从价值角度延伸数据内涵，以生产要素价值功能为纽带尝试厘清“区域”内数据的外延。首先，就信息载体功能而言，“区域”内可及的各类信息均属“区域”内数据。其次，就生产要素功能而言，在“区域”内矿物资源开发过程中产生的有助于世界经济的健全发展和国际贸易的均衡增长、推动国际合作、保护海洋环境免受开发可能产生的有害影响、促进共同继承财产发展、造福人类等的各类可及信息均应属于“区域”内数据的外延范畴。

2.“区域”内数据的要素属性

对《草案》文本进行梳理，“区域”内数据可划分为环境数据、具有商业价值的数据和其他数据。[1] 就数据作为信息载体而言，上述三类“区域”内数据均须具备数据可获得、可固定、可加工的基本要素。就数据作为生产要素而言，三类“区域”内数据的要素属性则有不同，并由此引出后文对《草案》数据保护规则理论生成与价值选择的讨论。

“区域”内环境数据具有公共产品要素属性。《草案》第2(e)(5)条将“允许获得与保护和保全海洋环境的数据和信息”确定为基本政策和原则，在此基础上，《草案》第44(d)条规定了“区域”内活动影响评估中环境数据的及时提供与获取。由此可知，《草案》将“区域”内环境数据定位为有益于保护海洋环境免受“区域”内活动影响，推动海洋科学研究，便于公众公平获取的非排他性数据，[2] 旨在通过环境数据共享推动人类共同继承财产发展，具有显著的公共产品要素属性。

“区域”内具有商业价值的数据资本属性突出。通过梳理《公约》第13条合同的财政条款对“承包者收益”的规定，可将“区域”内资源的开采、运

---

〔1〕“环境数据”的表述见《草案》第四部分保护和保全海洋环境。“具有商业价值的数据”见2016年《“区域”内矿产资源开发条例和标准合同条款初稿》第46.2(a)条“机密数据”定义。“其他数据”则是对《草案》所提及的除环境数据、具有商业价值数据之外的其他数据之概括。

〔2〕“区域”内环境数据的探明仰赖巨大的资金、技术等投入，需处于掌握资金与技术等优势地位的主权国家或组织承担海洋环境数据探明与分享的“公共成本”。[美]罗伯特·吉尔平:《全球政治经济学:解读国际经济秩序》，杨宇光、杨炯译，上海人民出版社2006年版，第71～86页。

输、生产、加工活动开展以及实现商业生产收益最大化所依托的数据认定为具有商业价值的数据，从生产要素维度来观察，此类数据所蕴含的信息本身便属于具有商业价值的数据资本。[1] “区域”内具有商业价值的数据既然具有资本属性，接下来便需探讨该类数据的权属问题。从《草案》文本出发，《草案》第 89.2(d)条使用了承包者将数据披露至国际海底管理局(以下简称海管局)之表述，第 89.5 条使用了承包者将数据转让给海管局的表述，第 89.4 条又规定了海管局对数据的保管义务。由此可推知，《草案》系肯定了承包者对数据的持有权，明确了海管局对数据的保管权，数据控制权则伴随数据“转让”行为由承包者转移至海管局。但《草案》并未明确回应“区域”内具有商业价值数据的所有权问题。

“区域”内其他数据涉及与个人数据隐私相关的人事事项，与知识产权持有人相关的技术数据信息等，现有民商事法律框架能够对此调整，且与“区域”内数据保护的理论生成与价值选择核心点关联性相对较弱，本部分暂不赘述。

3.“区域”内数据相关主体的权利与义务

“区域”内数据的多重要素属性使其成为法律意义上的利益载体，[2] 由此延伸出基于《草案》文本从“区域”内活动主体角度出发对数据权利、数据义务及数据行为法律效果的思考。

首先，《草案》规定了承包者的数据权利与义务。在义务层面，承包者需履行数据披露义务、数据交换与合作义务、数据报告义务、数据移交义务，数据保管义务等。在权利层面，《草案》承认并保护承包者对机密数据的协商权以及书面通知权。[3]

---

〔1〕 “区域”内具有商业价值的数据在“区域”活动过程中产生的剩余价值与增值符合马克思对于资本的论述。中共中央马克思、恩格斯列宁斯大林著作编译局编译：《马克思恩格斯选集》(第 3 卷)，人民出版社 1995 年版，第 546～564 页。

〔2〕 参见时建中：《数据概念的解构与数据法律制度的构建——兼论数据法学的学科内涵与体系》，载《中外法学》2023 年第 1 期。

〔3〕 International Seabed Authority Council, “Draft Regulations on Exploitation of Mineral Resources in the Area”, ISBA/25/C/WP. 1, 2019, p. 11.

其次,《草案》明确了海管局的数据权利与义务。"区域"资源的开发由海管局代表全人类的利益进行,海管局的数据权利指海管局秘书长、理事会、委员会委员、秘书处工作人员等海管局管理下的主体有权行使的权利,包含数据持有权、数据使用权以及机密资料指定权等。同样地,海管局也需履行数据管理义务、机密数据保管义务、数据交换与合作义务等。[1] 总体来讲,海管局享有的"区域"内数据权利更易于行使。

再次,《草案》涉及了担保国的数据权利与义务。《草案》设置了担保国的数据知情权以及数据交换合作义务。[2] 其中,数据知情权指担保国有权从海管局获得一切可及的电子监测数据,以充分了解承包者"区域"内活动的进展。数据交换合作义务则能够调动担保国共同参与"区域"内活动的积极性。

最后,《草案》关注了利益攸关方的数据权利。利益攸关方作为"区域"内活动的重要参与主体,对非机密数据享有数据知情权,而对于机密数据则享有申请披露权。《草案》对于利益攸关方及其他相关各方的"区域"内数据权利总体上以鼓励数据分享、支持数据合作为总基调,与《草案》为维护全人类共同利益之目标相契合。

《草案》肯定了区域内数据的价值,以《草案》文本为基础,阐发"区域"内数据的内涵与外延、要素属性及各主体的数据权利与义务,进而框定了《草案》数据保护规则研究的基本范畴。

(二)《草案》数据保护规则的理论生成

《公约》为平衡海洋保护与开发实践,明确保护优先、有序开发为基本遵循,[3]决定了"区域"数据资源保护应当兼具数据共享与数据安全双重意蕴。经《"区域"内多金属结核探矿和勘探规章》、《"区域"内多金属硫化物探矿和

---

〔1〕 International Seabed Authority Council, *Draft Regulations on Exploitation of Mineral Resources in the Area*, ISBA/25/C/WP. 1, 2019, p. 52.

〔2〕 International Seabed Authority Council, *Draft Regulations on Exploitation of Mineral Resources in the Area*, ISBA/25/C/WP. 1, 2019, p. 60.

〔3〕 参见贾宇:《以〈联合国海洋法公约〉促进海洋及其资源的养护和可持续利用》,载《太平洋学报》2022 年第 8 期。

勘探规章》及《“区域”内富钴铁锰结壳探矿和勘探规章》实践证成，数据保护规则理论在发展过程中经历了强调数据共享、兼顾数据安全以及数据保护理论生成三重阶段。

1.“区域”数据共享理论

“区域”数据共享理论立足于人类共同继承财产原则。《公约》阐明了“区域”及其资源的法律地位，[1] 奠定了“区域”数据共享的理论基础。伴随海洋数据共享在海洋环境保护、生物多样性分析、海洋科学研究与海洋资源开发中的作用凸显，海洋数据管理与综合利用需求增强，基于数据共享的海洋科学数据治理理论逐渐形成。在可持续发展目标下，通过“区域”数据共享实现海洋环境的保护和保全，推动构建海洋命运共同体理念进一步丰富了“区域”数据共享理论。[2] 鉴于“区域”数据资源的特殊价值以及勘探与开发经济利益的现实需求，在《公约》确立的海底平行开发机制下，部分成员开始关注“区域”数据安全问题。

2.“区域”数据安全理论

“区域”数据安全理论根植于国家主权原则，革新于商业数据权与数据财产权理论。国家对本国数据行使属地及属人管辖权成为国家主权原则下的基本权利。[3] 在“区域”内数据共享过程中，数据访问、数据本地化及他国非法获取与使用数据都将涉及国家安全问题，[4] 故“区域”数据安全理论提出应尊重国家主权在“区域”数据领域的适用，对“机密”数据加强保护以保证国家在参与开发过程中的基本国家安全。伴随数据的商业价值凸显，数据财产权理论得到发展。部分学者提出将商业数据视为新型工业产权，应综合商

---

〔1〕《公约》第137条第2项规定，“区域”内资源的一切权利属于全人类，由管理局代表全人类行使。

〔2〕习近平总书记于2019年出席中国人民解放军海军成立70周年多国海军活动中，提出海洋命运共同体理念，指出海洋的和平安宁关乎世界各国安危和利益，需要共同维护，倍加珍惜。

〔3〕参见齐爱民、祝高峰：《论国家数据主权制度的确立与完善》，载《苏州大学学报（哲学社会科学版）》2016年第1期。

〔4〕参见孙南翔、张晓君：《论数据主权——基于虚拟空间博弈与合作的考察》，载《太平洋学报》2015年第2期。

业数据的相关属性界定权利，由此引出对数据商业安全保护的理论探讨。[1]《草案》资料机密性条款一定程度上体现了对数据安全的关注。

3."区域"数据保护理论

"区域"数据保护理论在数据共享理论、数据安全理论的发展碰撞与交融过程中逐渐成形。梳理《公约》、探矿及勘探规章及《草案》等文件，"区域"数据保护规则可归纳为以数据共享为基础的机密数据保护规则。《公约》明确了人类共同继承财产原则下的商业开发模式，通过对工业秘密、专有性资料、其他秘密情报的专门保护，确立了"区域"数据共享下的分类保护理论。此后，三部探矿及勘探规章通过细化"数据和资料的机密性"以及"确保机密性的程序"条款发展了数据共享下的数据安全理论。《草案》延续三部探矿及勘探规章文本体例，通过机密数据保护实体与程序条款落实了"区域"数据保护理论。

（三）《草案》数据保护规则的价值选择

"区域"数据保护规则的价值选择经历了由强调数据分享到兼顾数据保护再到追求实现数据分享与保护平衡三重阶段。

1. 强调数据分享

在人类共同继承财产原则下，《公约》确立以"区域"内数据与技术分享为首要价值选择。《公约》中的资料与技术转让条款明确经营者、探矿者及合同申请者需履行向海管局转让资料之义务，承包者需履行技术转让承诺义务，由海管局保管数据资料并促进技术转让。尽管在此部分《公约》肯定了经营者、探矿者及合同申请者的"数据专有者"身份，但并未就专有者的数据权利进行进一步的阐述。从《公约》文本来看，此阶段以"重数据分享"为优先价值选择，旨在鼓励各方参与数据分享以推进"区域"内资源的开发进程。

2. 兼顾数据权益保护

为更好地执行《公约》第十一部分，1994年《协定》对先驱投资者保护、收

---

〔1〕 参见孔祥俊：《商业数据权：数字时代的新型工业产权——工业产权的归入与权属界定三原则》，载《比较法研究》2022年第1期。

益分配、技术转让、审查机制等部分作出了调整。其中，就技术转让部分，《协定》设置企业部和其他第三方获取“区域”内技术的承包者合作机制，明确《公约》附件三第 5 条承包者技术转让承诺条款在《协定》项下不适用，一定程度上恢复了承包者对包含数据在内的技术控制权。[1] 随后出台的三部勘探和探矿规章中通过设置机密数据保护的实体与程序条款确立了数据分类保护规则，呈现出在遵循《公约》数据分享要求前提下兼顾数据权益保护的价值选择。

3. 追求数据分享与数据保护之平衡

回到“区域”内矿物资源开发领域，机密数据的实体保护内容初见 2016 年《“区域”内矿产资源开采条例和标准合同条款初稿》，同年海管局讨论文件中重申了“区域”矿物资源开发数据和信息管理项下对工业秘密、专有性资料和人事信息的保护。[2] 经过两年的发展完善，2018 年《“区域”内矿物资源开发规章修订草案》细化了确保数据机密性的程序，实体与程序条款兼备的数据保护规则初步形成。《草案》修订历程呈现出其通过完善实体条款辅之以程序条款保障，实现“区域”数据保护向数据共享与数据保护平衡的价值选择过渡的特点。

（四）《草案》数据保护规则的基本内容

《草案》数据保护规则由实体与程序两部分构成，第 89 条规定了机密资料的实体内容，第 90 条对确保资料机密性进行了程序设计。上述两条并未直接使用数据保护表述，但其内容完整呈现出《草案》对“区域”内活动产生的数据资料的实体与程序保护，共同构成了“区域”内数据保护规则的基本内容。

1. 实体内容

一是确立了机密数据的范围。《草案》在资料的机密性条款中以“正面

---

〔1〕 参见林家骏、李志文：《深海技术商业化机制初探》，载《太平洋学报》2018 年第 7 期。

〔2〕 Data and Information Management Considerations Arising Under the Proposed New Exploitation Regulations, ISA (Jun. 26, 2023) https://www.isa.org.jm/wp-content/uploads/2022/12/DP2.pdf.

规定＋除外事项”的方式厘定机密数据基本范围。在正面规定中,《草案》设置了“协商＋指定”、单独列明、“指定＋确认”三种确定机密资料的方式。在除外事项中,《草案》以封闭式列举的方式列明了不属于机密数据的 9 项事由。[1]

二是明确了机密数据保护期。《草案》规定机密数据原则上享受 10 年保护期。为兼顾承包者权益,《草案》设置了承包者商定权,即承包者可以与秘书长就最长保护期进行商定。

三是设置了机密数据披露规则。《草案》确立绝密保管原则[2]以及两类数据公开的例外情形。[3] 针对例外情形,《草案》规定承包者不应不合理地拒绝披露、附加条件同意披露或者推迟披露,即承包者只有在具有合理理由的情况下才能够拒绝来自海管局或其他第三方的数据披露请求。

2. 程序设计

一是确立了机密数据保管程序。《草案》规定秘书长负责机密数据的保密管理并制定符合《公约》规定程序的数据保密管理规范,制定安全程序规则与数据接收和分类规则,有效保管机密数据以确保数据安全。

二是明确了机密数据取用程序。数据取用程序包含授权与声明两部分。授权程序指取用机密数据须经秘书长书面授权。声明程序指经授权取用数据的主体需在秘书长或授权代表的见证下作出声明,声明应包含取用人依《公约》和《草案》承担不泄露数据的法律义务,以及同意遵守数据保密的规章与程序之必要内容。

三是设置了数据性质争议解决程序。《草案》数据性质争议解决程序由“书面通知—协商—提交诉讼或仲裁”构成。具体来说,承包者向海管局移交

---

〔1〕 具体包括众所周知、数据所有人先前披露、海管局已掌握且不负保密义务、保护海洋环境或人类健康安全需要、海管局指定保护和保全海洋环境与安全规章所需、涉及保护和保全海洋环境、相关裁决和判决、承包者同意披露以及数据不属于开发合同覆盖范围等数据。

〔2〕 《草案》第 89.4 条规定,机密资料将由海管局和承包者根据《草案》第 90 条以绝对保密方式加以保管。

〔3〕 一类是经承包者明确事先书面同意,另一类是为秘书长或其授权的工作人员行使权力所必要。

数据时可书面通知秘书长将其指定为机密数据，秘书长若持反对意见则启动各方协商程序。协商期间理事会有权进行政策指导，协商不成则依《公约》第十一部分提交诉讼或仲裁解决。

二、《草案》数据保护规则的发展演进

据海管局官方公布文本，《草案》历经四次修改，分别为2016年2月《“区域”内矿产资源开发条例和标准合同条款初稿》（以下简称《初稿》）、2017年8月《“区域”内矿产资源开发规章草案》（以下简称《矿产草案》）、2018年6月《“区域”内矿产资源开发条例修订草案》（以下简称《修订草案》）以及2019年3月《“区域”内矿物资源开发规章草案》。历次修改围绕数据保护范围、数据保护期限、数据性质争议解决及程序设计四个主要方面，呈现出《草案》数据保护规则发展演进的基本脉络。

（一）《草案》数据保护范围有限限缩

2016年《初稿》以开放式正面列举的方式规定了“区域”数据保护的范围，列举了四类应当划归机密的数据。[1] 一是工业秘密、专有数据和其他有商业价值的数据以及涉及个人隐私的数据；二是经协商由秘书长指定的数据；三是《公约》项下与人事信息相关的数据；四是经承包者向秘书长指定并经秘书长确认且披露将会导致严重商业不公的数据。另设置兜底条款，规定将根据开发条例应当视为机密数据的其他数据列入机密数据保护范围。

2017年《矿产草案》依旧采用开放式列举的方式划定机密数据的范围。与《初稿》不同的是，在机密数据的正面列举中不再将工业秘密、专有数据、其他有商业价值的数据以及涉及个人隐私的数据当然视为机密数据，仅保留经秘书长指定、人事信息及承包者向秘书长指定并经确认的三类机密数据。[2]

---

〔1〕 International Seabed Authority Council, *First Working Draft of the regulations and Standard Contract Terms on Exploitation for Mineral Resources in the Area*, 2016, p. 37.

〔2〕 International Seabed Authority Legal and Technical Commission, *Draft Regulations on Exploitation of Mineral Resources in the Area*, ISBA/23/LTC/CPR., 2017, p. 40.

兜底条款调整为,依据担保国法律属于机密数据的其他数据[1]应列入数据保护范围。

2018 年《修订草案》在体例设计上承袭《初稿》及 2017 年《矿产草案》,增加了一项机密数据的正面列举,即理事会列为机密的数据,也属于《修订草案》机密数据保护范围。[2]

2019 年《草案》在前述基础上,删除了兜底条款,仅保留四类机密数据的正面列举,包括协商后由秘书长指定、人事事项、理事会列明、承包者有充足理由指定后由秘书长确认的数据。[3] 除此之外,其他无论依据《草案》还是担保国法律属机密等级应予以保护的数据,均应由秘书长指定或理事会列明方能享受机密数据保护。

梳理上述各版《草案》可知,《草案》以分类保护的方式,对机密数据进行绝密保护,任何第三方获取数据须经承包者同意并经授权;对非机密数据,原则上向任何第三方公开。关注焦点在于,何种数据属于机密数据?依目前保留的"资料的机密性"条款来看,数据能否享受机密等级保护的决定权已收归海管局秘书长和理事会,承包者有权与秘书长就数据的性质进行协商,为未来实践中数据保护范围的确定创造了解释空间。故数据保护范围并非绝对限缩,而是有限限缩。

(二)《草案》数据保护期限例外放宽

2016 年《初稿》以原则加例外的方式确定了机密数据的保护期限。《初稿》第 46.4(j)项规定,原则上机密数据保存 5 年后将不再被视为机密数据,例外情况是,若承包者能够向秘书长证明该数据仍属开发条例项下的机密数据并经秘书长同意,则该数据可获得额外保护期。

2017 年《矿产草案》承袭《初稿》数据保护期限确定的方式,区别在于最

---

[1] 原文表述为:"Other data and information deemed to be Confidential Information under the law of the sponsoring State。"

[2] International Seabed Authority Legal and Technical Commission, *Revised Draft Regulations on Exploitation of Mineral Resources in the Area*, ISBA/24/LTC/WP. 1, 2018, p. 48.

[3] International Seabed Authority Council, *Draft Regulations on Exploitation of Mineral Resources in the Area*, ISBA/25/C/WP. 1, 2019, p. 52.

长保护期延长时的起算点得到了明确。2017 年《矿产草案》第 75.1 条规定，原则上机密数据自承包者提交给秘书长保存 10 年后将不再被视为机密数据，10 年期的起算点为提交之日。2018 年《修订草案》对于数据保护期限及其例外规定与 2017 年《矿产草案》相同。

2019 年《草案》在 2018 年《修订草案》基础上，例外事由显著放宽。《草案》第 89.3(i)条规定原则上机密数据最长保护期为 10 年，自承包者将其提交于秘书长时起算。例外的情况是，若承包者与秘书长另有商定或属于人事相关数据则不受 10 年保护期限制。关于 2019 年《草案》的数据保护期限的例外规定，方式上以承包者与秘书长商定取代向秘书长提交具有说服力的证明材料；例外依据上通过承包者与秘书长商定为数据保护期限的确定创造了解释空间。

综上所述，《草案》中机密数据保护期限经历了最长保护期延长与例外事由放宽的演进。原则上最长保护期从 5 年延长至 10 年，例外事由中赋予了承包者更为平等的协商地位。2019 年《草案》之前，承包者需向秘书长证明并说服其同意将数据保护期延长。2019 年《草案》更加尊重承包者权利，将证明说服义务调整为协商权利，为承包者争取数据保护期限提供更为宽广的例外空间。

（三）《草案》数据性质争议解决价值倾斜

2016 年《初稿》规定了数据性质争议解决前置程序，对数据性质争议予以明确定性，并规定了数据性质争议的解决方式。首先，承包者与秘书长协商是数据性质争议解决的前置程序。《初稿》第 46.6 条规定承包者可在向秘书长提交数据时指示机密数据，秘书长若持相反观点则进入数据性质的协商程序。其次，《初稿》将数据性质争议定性为技术争议并规定了专家组解决方式，即承包者与秘书长协商不成，则提交双方共同确定的专家组解决。

2017 年《矿产草案》在《初稿》基础上新设数据性质争议解决的承包者撤回权。其中第 75.2 条规定，承包者可就数据性质与秘书长协商，协商不成由双方共同提交专家组解决，若专家组认为该数据不属于机密数据，则承包者有权撤回向海管局提交的数据。此外，关于数据性质的争议不再明确定性为技术争议,为争议解决方式的选择创造了更广范围。[1]

2018 年《修订草案》保留协商作为前置程序,取消数据性质争议定性以及承包者撤回权,加强了理事会在争端解决程序中的作用。《修订草案》第 87.4 条规定,承包者与秘书长协商期间,秘书长应考虑理事会的任何相关政策指导。[2]

2019 年《草案》数据性质争议的解决程序及方式与 2018 年《修订草案》相同,未作修改或调整。

综上所述,《草案》数据性质争议解决在实体层面对承包者数据权利的保护经历了相对保护承包者数据商业价值到向保护数据公共价值的倾斜。在程序层面从专设专家组解决到诉诸《公约》解决。值得注意的是,承包者的数据撤回权仅在 2017 年《矿产草案》中短暂存在,2018 年之后或出于保护海底人类共同继承财产考虑,而不再允许承包者自行撤回。因此整体来看,《草案》数据性质争议解决将强调数据的公共产品属性,追求《草案》与《公约》最大化一致性的价值倾斜。

（四）《草案》数据保护程序设计显著细化

2016 年《初稿》对于确保数据机密性的程序规定较简略,仅规定了秘书长负责按照海管局信息管理相关政策和程序,对机密数据进行管理以确保其机密性。2017 年《矿产草案》采用与《初稿》相同的表述对机密数据进行程序管理。

2018 年《修订草案》对数据的机密性保护从数据保存、数据取用、职责规定等方面进行了程序细化。关于数据保存程序,《修订草案》确定了秘书长负责制,并建立了安全程序及分类记录程序;关于数据取用,《修订草案》规定有权或经授权取用机密数据的主体需在秘书长或授权代表见证下作出书面声明;关于职责规定,《修订草案》分款对委员会、秘书长及海管局工作人员保密

[1] International Seabed Authority Legal and Technical Commission, *Draft Regulations on Exploitation of Mineral Resources in the Area*, ISBA/23/LTC/CPR. ,2017, p. 41.

[2] International Seabed Authority Legal and Technical Commission, *Revised Draft Regulations on Exploitation of Mineral Resources in the Area*, ISBA/24/LTC/WP. 1 ,2018, p. 49.

职责及惩戒机制进行了明确。[1]

2019 年《草案》承继《修订草案》，形成了《草案》机密数据认定的基本程序。具体而言，数据机密性的初步认定包括秘书长指定与理事会列明两种方式。承包者有权在向海管局披露数据时将该数据指定为机密数据。若秘书长反对承包者的机密数据指定则应在 30 日内通知承包者，进而启动各方就数据性质的协商程序，在此期间由理事会提供政策指导。若各方协商不成则提交《公约》解决。[2]

综上所述，自 2018 年起《草案》对数据机密性保护程序给予了更多关注，细化了数据保存程序、数据取用程序，明确了相关工作人员的保密职责及惩戒措施。值得注意的是，此前在 2017 年《矿产草案》“机密资料”定义中被删除的工业秘密、专有性资料和其他秘密情报，在 2018 年“确保机密性的程序”中再次出现，不同的是 2018 年《修订草案》将其纳入海管局工作人员、秘书长及理事会成员的保密职责范围，与《公约》第 163 条、第 168 条保持一致，并规定了惩戒措施，体现海管局依托程序正义实现实体数据权利保护的目标。

三、《草案》数据保护规则的现存争议

海洋数据蕴含丰富的科研价值与经济价值，各利益攸关方在《草案》拟定之初便敏锐地对海底数据的获取、传输与保护保持高度关注，并逐渐划分为支持数据分享和立足国家安全与商业利益强调数据保护两大阵营，就《草案》数据保护范围确定、数据保护期限适用、数据性质认定程序优化等方面各抒己见，展开了多轮讨论。

（一）数据保护范围确定之争

《草案》数据保护范围与“机密资料”的定义紧密相关。列入机密资料的数据将获得机密保护，而未能列入机密资料的数据则将以便于任何第三方获

〔1〕 International Seabed Authority Legal and Technical Commission, *Revised Draft Regulations on Exploitation of Mineral Resources in the Area*, ISBA/24/LTC/WP. 1, 2018, p. 50.

〔2〕 International Seabed Authority Council, *Draft Regulations on Exploitation of Mineral Resources in the Area*, ISBA/25/C/WP. 1, 2019, p. 53 – 54.

取的方式公开。就机密数据的判断标准,修订历经2016年《初稿》具有明确定义到《草案》取消固定标准定义而由秘书长指定的过程。对此,一种立场侧重强调海底数据分享的科研价值,该立场在海管局文件中有迹可循;另一种立场则倾向于保护稳定可预测的承包者参与环境,详情可见德国等成员提交的评论意见。

关于第一种立场,2020年《国际海底管理局支持联合国海洋科学促进可持续发展十年的行动计划》明确,未来10年内"区域"内的矿物资源开发将围绕海洋观测与保护、海洋科学研究展开。海洋数据分享将成为实现发展目标的重要方式,《草案》取消对机密数据的标准定义能够为海底数据分享、海底科学研究推进提供数据便利。

关于第二种立场,围绕机密资料的认定,部分观点从透明度层面关注,例如,德国在2019年提交的关于《草案》的评论意见中提出,应当提高现有机密资料认定的结果可预期性和程序透明度。具体来讲,实体层面应当为被视为机密或公开的数据建立明确的定义,程序层面应当确保秘书长指定机密数据程序的绝对透明度,保证各承包者公平获得数据保护。[1]

以上两种立场实则是海底保护与开发中各相关方权利与义务的协调与平衡之争。海管局2020年发布的十年工作计划重申"区域"内数据对推动科学进步以及开展"区域"内商业活动的重要作用,肯定了"区域"内数据的公开与保护双重价值。但结合《草案》文本及海管局具体行动计划透明度承诺中对非机密信息披露与获取的要求,海管局未来将更侧重于通过鼓励数据分享推动海底科学研究,承包者的数据商业权利在数据商业化大背景下能够受到《草案》数据保护规则何种程度和类型的保护仍需各利益攸关方未来共同讨论。

(二)数据保护期限适用之争

《草案》关于机密数据保护适用"原则十年保护+例外商定"的数据保护

〔1〕 International Seabed Authority Council, *Comments on the draft regulations on exploitation of mineral resources in the Area Submitted by the delegation of Germany*, ISBA/25/C/29, 2019, p. 6.

期限规则。《草案》通过协商程序的设置扩大了数据保护期限的例外范围。但仍有观点对最长保护期的适用持优化意见,另有观点认为数据保护期限规则应弥合《草案》与三部探矿和勘探规章中数据保护期限适用之差异。

关于第一种观点,中国在2019年向海管局提交的《草案》评论意见中指出,依《草案》第89条规定,机密数据在提交给秘书长10年后,将自动不再视为机密数据,但结合《草案》第20条开发合同的期限规定,开发合同的最高初始期限为30年。开发合同与数据保密期限安排不协调将对承包者的合同权益造成不利影响。因此建议对该条款进行调整,确保最长保护期限的适用与合同期限一致,原则上除非承包者另有表述,机密数据在合同存续期间都应当保密。在秘书处2020年整理《草案》评论意见的说明中支持了上述观点,说明指出至少应保证机密数据保护期与开发合同期限相适应。[1]

关于第二种观点,2018年关于《草案》评论意见秘书处的说明指出,仍需注意协调与三部探矿和勘探规章机密数据保护期适用可能存在的冲突。[2] 三部探矿和勘探规章中就机密数据保护期限安排一致,规定机密数据在提交给海管局之日起10年后或与合同期满之后不再视为机密数据,以较晚发生者为准,以及此后每隔5年,秘书长和承包者应审查数据以确定是否应保持其机密性。如果承包者确认公开数据和资料很可能造成重大和不公平的经济损害,则应继续保持这些数据和资料的机密性,且在承包者有合理机会用尽根据《公约》第十一部分第五节可以使用的所有司法救济方式之前,任何此种数据和资料均不得公开。[3] 目前《草案》仅规定了原则最长10年保护期及协商例外,并未就定期审查、商业例外以及与司法救济的衔接作出与三部探矿与勘探规章相同的详尽规定,需进一步微调。

(三)数据性质认定程序优化进路之争

《草案》经多次修订形成了包含数据机密性初步认定以及数据性质异议

〔1〕 International Seabed Authority Council, *Comments on the draft regulations on the exploitation of mineral resources in the Area*, ISBA/26/C/2, 2020, p. 12.

〔2〕 International Seabed Authority Council, *Comments on the draft regulations on the exploitation of mineral resources in the Area*, ISBA/25/C/2, 2018, p. 8.

〔3〕 详见《"区域"内多金属结核探矿和勘探规章》第36.4条,《"区域"内富钴铁锰结壳探矿和勘探规章》第38.4条,《"区域"内多金属硫化物探矿和勘探规章》第38.3条规定。

处理两大核心部分的数据性质认定程序。梳理《草案》各方评论意见及相关文件，就《草案》目前公布的机密数据认定程序，各方整体持接受态度，但就该程序是否需要优化，从何处优化，相关评论意见从程序透明度、行政程序设置以及理事会在数据认定程序中的权利义务角度提出了不同观点。

关于数据性质认定程序透明度，德国在其提交的评论意见中表明，数据性质认定程序应保证最大透明度，至少应当保证能够追踪拥有被指定为机密资料的实体，以便在日后获得授权时能够查阅这些资料。[1] 但就 2022 年共同主持人的修订文本[2]以及 2023 年海管局理事会机构事项非正式工作组报告[3]来看，该项意见尚未得到明确回应。

关于行政程序设置，《草案》评论意见秘书处的说明在汇总已提交的 39 份评论意见基础上指出有建议称，就《草案》第 89 条资料的机密性应确立行政程序，适用于反对将资料指定为机密资料的情形。[4] 但通过梳理工作组嗣后进行的多轮讨论文件来看，该项行政程序的设置并未受到工作组关注或激起更多讨论。

关于理事会在数据认定程序中的权利与义务，《草案》评论意见秘书处的说明中指出有观点表明应明确理事会在数据认定程序中的保密义务。在义务设置上，针对《草案》第 90 条确保数据机密性的程序，除适用于秘书处和法律与技术委员会的不披露程序外，还应当明确理事会成员的不披露程序。此外，理事会成员在具体起草建议中提出在《草案》第 89. 3(f)条中增加理事会在机密数据披露特殊情形下的知悉权，发挥理事会在数据性质认定程序中的

---

〔1〕 International Seabed Authority Council, *Comments on the draft regulations on exploitation of mineral resources in the Area Submitted by the delegation of Germany*, ISBA/25/C/29, 2019, p. 6.

〔2〕 International Seabed Authority Council, *Draft regulations on exploitation of mineral resources in the Area*, ISBA/27/C/IWG/IM/CRP. 1/Rev. 1, 2022, p. 1.

〔3〕 International Seabed Authority Council, *Statement of the President on the work of the Council of the International Seabed Authority during the first part of the twenty-eighth session*, ISBA/28/C/11, 2023, p. 8.

〔4〕 International Seabed Authority Council, *Comments on the draft regulations on the exploitation of mineral resources in the Area*, ISBA/26/C/2, 2020, p. 12.

监督职能。[1]

总体来说，各方对于《草案》关于数据性质认定的程序设置并无反对意见，仅就其优化进路提出了不同观点。梳理工作组历年及最新文件发现，《草案》工作组更倾向于通过明确理事会在数据性质认定过程中的权利与义务实现程序优化，对于程序最大透明度及行政程序设置的提法并未作出更多回应。

四、《草案》数据保护规则下的中国应对

《草案》数据保护条款历年修订情况及利益攸关方对数据机密性条款的观点意见可知，关于数据权益的讨论已由陆上经济贸易领域延伸至海底资源开发领域。海洋数据治理不同于传统数字治理，数据分享与数据保护、科学研究贡献与经济效益维护等多对关系间的冲突更为显著。《草案》确定了“区域”内矿物资源开发的数据保护基本规则，因利益攸关方对数据利益分配与平衡产生意见分歧故尚存在讨论空间。以此为背景，本文在坚定保护我国数据权益立场下为“区域”内数据治理规则优化贡献观点，积极参与人类命运共同体理念下的海洋数据治理，开辟并提升我国在海洋领域数据规则制定方面的话语权。

（一）坚定立场，牢牢把握我国海洋数据权益

1. 正视全球海洋治理困境

海洋蕴含着丰富的战略资源，为国家发展提供稳定可持续的战略基础。目前全球海洋治理存在着“国家主义”突出、治理规则模糊、治理机制碎片化等诸多显性缺陷。部分国家片面追求本国利益而不愿提供公共产品，以参与全球海洋治理之名争夺海洋资源；部分国家凭借其海洋实力滥用甚至歪曲现有海洋治理规则，加剧了全球海洋治理的公信力危机。从公共产品角度剖析，海洋治理主体供给意愿和能力不足、现有治理体系缺乏具有强制约束力

---

〔1〕 International Seabed Authority Council, *Draft regulations on exploitation of mineral resources in the Area Collation of specific drafting suggestions by members of the Council Prepared by the Secretariat*, ISBA/26/C/CRP. 1, 2019, p. 70.

的国际规制、主权国家间对于海洋治理的目标差异突出等因素的交叠加剧了全球海洋治理困境。[1]

面对全球治理困境,我国应在海洋强国战略目标指导下,逐步形成新时代海洋治理体系,在人类命运共同体理念下推动海洋可持续治理,积极参与全球海洋治理议题,维护以规则为基础的海洋秩序,加快海洋科技创新与海洋经济发展步伐,通过提升海洋综合实力实现我国在全球海洋治理中的角色转换。[2] 在既有海洋治理现状下正视问题并提出中国方案,从规则的遵守者和维护者转换为制定者和引导者,提升我国在国际海洋治理中的话语权和影响力。

2. 重视我国海洋数据权益

海洋权益是海洋权利与海洋利益的合称。[3] 国家海洋权利强调在国际法框架下确认和维护海洋利益,从国家基本权利层面申明追求和维护合法海洋利益的正当性,同时要求获取海洋利益需承担与之相对应的海洋保护义务。[4] 海洋数据权益兼具国家主权与财产权特殊属性,数据权益又是经济社会转型与科技发展迭代下的新兴权利与利益诉求,由此决定了海洋数据权利至少包含海洋数据可平等获取、数据参与者权利的公平配置、数据有序使用等主要方面。海洋数据利益则更多强调通过海洋数据秩序的建立实现各相关方对海洋数据的公平可获取。

海洋数据是发展海洋经济、维护海洋权益的关键抓手。当前海洋数据流动秩序体系、权益归属机制都未完全建立,海洋数据制度与规则话语权正逐步建立。我国在积极参与全球海洋治理的同时有必要考量传统海洋权益中以数据为代表和载体的新要素类型,以维护我国海洋权益为落脚点,树立海

---

〔1〕 参见崔野、王琪:《全球公共产品视角下的全球海洋治理困境:表现、成因与应对》,载《太平洋学报》2019 年第 1 期。

〔2〕 参见廖民生、刘洋:《新时代我国海洋观的演化——走向“海洋强国”和构建“海洋命运共同体”的路径探索》,载《太平洋学报》2022 年第 10 期。

〔3〕 See Vito De Lucia, *Ocean Commons, Law of the Sea and Rights for the Sea*, Canadian Journal of Law & Jurisprudence, Vol. 32: 1, p. 45 –57 (2019).

〔4〕 参见[英]埃里克·格罗夫:《海权的未来》,王哲文、吕贤臣译,上海人民出版社 2021 年版,第 287 ~293 页。

洋数据保护意识，维护我国海洋数据权益。

（二）积极参与，助力保护优先与商业利益平衡

1. 数据保护范围之公平界定

界定“区域”内数据保护范围是《草案》数据保护规则的关键部分。《草案》设置机密数据认定的实体与程序条款，但未对机密数据进行明确定义，而是将机密数据认定的实体权利划归秘书长和理事会，通过秘书长指定和理事会列明程序，实现《草案》数据保护范围的个案厘定。《草案》此种设计存在其有益之处却也暗含隐患。有益之处在于，一是伴随数据技术与数据要素次生迭代，准确定义机密数据尚为时过早，二是通过秘书长指定的方式可为机密数据保护创造更广泛空间。其隐患在于：一是缺乏明确定义的机密数据在实践中或将引发个案认定不公问题，二是现存条款中未就秘书长指定程序设置透明度或监督程序，潜在承包者对于《草案》数据权益保护的疑虑难以回避。

为此，我国可在当前《草案》数据保护范围界定模式下提出优化思路。一是提升秘书长指定程序的透明度。依据数据性质作出秘书长指定的透明度安排。对于秘书长决定指定为机密数据的部分，仅公开秘书长指定的工作程序及非涉及实体保密部分的数据内容；对于秘书长决定指定为非机密数据的，则在承包者无异议或有关数据性质争议解决后一并公布秘书长指定工作的程序及实体内容。二是设置秘书长指定程序的多方参与听证程序。对于承包者提交数据时指定而秘书长认为不应列为机密数据的，可在承包者与秘书长就数据性质协商期间新增由秘书长、承包者、利益攸关方、专家学者及理事会共同参与的听证程序，秘书长和承包者就数据性质发表观点，利益攸关方及专家学者亦可展示观点。参与听证各方有义务保证依《草案》对所知悉的信息及数据予以保密。

2. 数据保护期限之合理确定

数据保护期限是保护优先与商业利益平衡目标能否有效实现的重要决定因素，合理把控不同性质数据的保护期限有利于保护与开发双轨推进。一方面，合理的数据保护期限能够有效保护承包者等利益攸关者的数据权益，

起到鼓励各方参与"区域"内开发的作用。另一方面,在合理数据保护期外公开数据,亦能实现海底环境保护与科学研究目标。

我国在此前提交至海管局的评论意见中便指出,《草案》现有数据保护期的适用将导致承包者开发合同项下的权益受损,有必要在确定数据保护期时适用开发合同期限,并通过个案调整保护相关方数据权益。在此基础上,可从以下角度入手细化评论意见中数据保护期建议方案。一是确立与开发合同期限相适应的数据保护期限。保留原则上10年最长保护期的同时增加对合同期限的考虑,即以合同期限和10年期二者后发生时间为数据公开起算点,以此确保在开发合同期内数据能够得到保密管理。二是增加机密数据定期复核程序。基于海底科学研究与生态保护的需要,设置承包者和秘书长共同参与的数据性质定期复核程序。三部探矿与勘探规章中规定了每5年的审核机制,故《草案》也可设置5年为期的定期复核程序,由承包者与秘书长共同参与复核,对于公开不会造成重大不公平的数据予以公开,弥合《草案》与探矿与勘探规章数据保护期限差异的同时提升数据保护期限的灵活度。

(三)勇于创新,提出数据性质争议解决机制优化的中国方案

1. 数据性质争议解决的类审查机制

数据性质争议解决机制是《草案》不同于三部探矿与勘探规章的点睛之笔,其方式伴随审查机制的存废而经历了由专设专家组到统一诉诸《公约》解决的调整。诚然,《草案》审查机制的废除有维护《公约》权威之正当考量,[1] 但放置于数据性质争议解决场景下,有必要重新思考构建类似审查机制的争议解决方式之合理性与可行性。

首先,数据性质争议具有专业性。开发合同项下数据涉及海底实测、遥感、再分析数据等,与海洋科技紧密相连,"区域"内数据采集、保存、传输与汇集各环节都涉及对其性质进行定义与保护的问题,故"区域"内数据性质争议

---

〔1〕 参见周江、向伦:《〈"区域"内矿产资源开发规章草案〉中"审查机制"的制度沿革及其启示》,载《太平洋学报》2021年第12期。

专业性要求更高。

其次，数据性质争议更追求高效便捷解决。海洋数据具有快速流转和高价值的特征，“区域”数据性质争议高效便捷解决能够最大限度保持数据价值，保护数据免于因数据流转而对海洋科学研究以及海底资源开发造成巨大损失。

最后，数据性质争议现已具备类审查倾向。2019 年《草案》在确定机密数据性质与其争议解决条款中均增加了理事会参与的内容。一是理事会有权将数据列为机密数据，二是理事会在承包者与秘书长就数据性质协商期间有权提出政策指导。实际上此种设计系将理事会视为类审查模式中的监督者与指导者角色，引入理事会作为第三方推动数据争议高效解决。

基于上述讨论，可从以下角度创设数据性质争议解决类审查机制以推动保护与开发目的价值实现。首先，明确数据争议的类审查机制性质。即此种审查不具有强制性，更注重促成相关各方数据争议的公平友好解决。其次，在实体设计上，可在现有《草案》第 89.5 条协商程序中加入类审查机制安排，保留理事会在协商过程中的政策指导权利，由承包者与秘书长就数据性质在审查机制中陈述立场。最后，在程序设置上，设置审查机制审限并以此作为承包者与秘书长协商的终止期。经类审查机制后各方对数据性质仍存争议则诉诸《公约》解决。通过将审查与协商相融合，提升协商效率与审查作用，推动数据性质争议高效解决。

2. 数据性质争议中非争议方参与及透明度安排

“区域”内数据价值高、专业性强的特点使数据性质争议的解决有必要纳入利益攸关方、专家学者等非争议方参与并设置透明度安排条款，实现数据自由与数据保护、海底资源分享与有效开发的双向互动平衡。

非争议方参与系指非案件争议方有权参加案件并提交书面意见书。在《国际海洋法法庭规则》第 84 条和第 133 条中均规定了非案件当事方的国家和政府间国际组织可以法庭之友的身份在书面审理程序终结之前向法庭提交针对本案的意见书。[1] 基于该项机制设计,可在《草案》现有数据性质协商程序中设置非争议方参与机制。在参与主体上,非争议方可以是专家学者个人、法人、主权国家或国际组织;在参与决定权分配上,由秘书长和承包者共同认可非争议方参与,并通知理事会;在参与程序上,明确非争议方在数据性质协商过程中书面提交参加申请之权利;在参与实体内容上,明确非争议方仅有权就与本案数据性质争议相关事项发表立场观点。

非争议方参与下的透明度安排是保证数据争议公平解决的关键难点。一方面,非争议方参与数据争议解决使其有机会获取机密数据,需对其保密义务进行更为严格有效的规制;另一方面,非争议方参与可打消外界对数据性质认定过程中的实体与程序公正的疑虑,非争议方此时发挥着一定的监督功能。

基于此,可从以下角度考虑:一是明确非争议方参与的保密义务。要求非争议方参与需依《草案》第 90.2 条规定作出书面声明,确认根据《公约》和《草案》承担不泄露机密资料的法律义务,同意遵守为确保数据资料的机密性而制定的程序。非争议方参与应依《草案》第 90.5 条接受海管局对其采取的适当行动,并对利益受损方承担相应责任。二是设置特殊透明度安排。明确在承包者用尽《公约》第十一部分第五节规定的救济方式之前,任何争议相关实体数据均不得公开,以此兼顾非争议方参与的有效性以及利益攸关方对争议解决透明度问题的关注。

五、结语

“区域”内矿物资源蕴含着丰富的潜在价值,数据是“区域”内矿物资源开发的关键要素。《草案》为“区域”内数据保护制定了实体与程序规则,关注通过数据共享促进海底科学研究与生态保护,致各相关方就“区域”内数据权益展开实体与程序上的讨论,以寻求数据共享与数据保护、可持续开发与

[1] 参见赵海峰、高立忠:《论国际司法程序中的法庭之友制度》,载《比较法研究》2007 年第 3 期。

商业利益保留的多重平衡。海洋与数据是新时代重要的两大战略资源，当前"区域"内数据保护规则尚处于草案完善阶段，我国应以此为契机，以共同参与海洋命运共同体建设和保护我国海洋数据权益为出发点和落脚点，在《公约》框架下提出《草案》数据保护规则优化的中国观点。

贵州"富矿精开"的法治问题及对策建议

毕 健*

摘 要:贵州明确,要以"富矿精开"为关键抓手,全省上下动员,汇聚加快推进"富矿精开"的强大合力,用好"贵地宝藏",释放黔矿价值,把矿产资源优势转化为产业优势、经济优势、发展胜势。奋力在新时代西部大开发上闯新路,加快推动贵州矿业高质量发展取得新进展新突破,为推进中国式现代化贵州实践提供坚实支撑。但是,实践中在矿产资源产权体系的科学构建、所有权人收益设置和保障、矿业权市场配置和退出、矿业权人权益保障等方面仍存在诸多迫切需要解决的法治问题。建议在矿产资源保护和开发利用领域科学立法,大力推进贵州省矿产资源条例的制定和实施,并严格执法、公正司法、大力普法,为"富矿精开"提供法治保障,促进"富矿精开"目标顺利实现。

关键词:贵州 富矿精开 法治问题 对策建议

公开资料显示,贵州已发现各类矿产 137 种,占全国 173 种的 79.19%;查明有资源储量的矿产 93 种,占全国 162 种的 57.4%。其中,52 种位居全国总量前十位,29 种排前五位,23 种排前三位。[1]

贵州矿产资源具有储量大、种类多、分布相对集中的相对富有的优势,但是长久以来,贵州矿产资源的优势没有充分发挥出来,更没有转化为经济优势、发展优势。对 2022 年全国煤炭资源产量与储量排名前十的省区

---

* 毕健,贵州贵达律师事务所高级(管理)合伙人、考监委主任,兼任贵州省人民政府立法咨询专家、贵州省司法厅规范性文件审查专家、贵州省法学会能源资源法学研究会副会长兼秘书长等社会职务。本论文在贵州省法学会行政法学研究会"中国式现代化贵州省实践的法治保障"征文活动中荣获二等奖。

〔1〕 数据来源:《"富矿精开",贵州底气何在?》,载贵州省自然资源厅门户网站 2024 年 4 月 16 日,https://zrzy.guizhou.gov.cn/wzgb/xwzx/xtyw1/202404/t20240410_84187629.html。

进行比较分析（如表1所示），贵州的煤炭资源产量和储量虽然都居全国第5位，但是产量与储量比却排在第10位，远远落后于排在贵州之后的安徽、河南、宁夏等地。与排在前四的山西、陕西等地比较，无论是产量，还是产量与储量比，均与贵州的矿产资源优势不匹配，矿产资源开发利用严重不足。

表1　2022年全国前十省区煤炭资源产量与储量比较〔1〕

地区	煤炭资源储量（万吨）	煤炭资源产量（万吨）	产量与储量比例（%）	产量与储量比排位
山西省	4831000	130714.6	2.71	2
内蒙古自治区	4112200	121354.3	2.95	1
陕西省	2909700	74604.5	2.56	4
新疆维吾尔自治区	3418600	41282.2	1.21	9
贵州省	1373000	12813.6	0.93	10
安徽省	572500	11176.9	1.95	6
河南省	444300	9772.8	2.20	5
宁夏回族自治区	541800	9355.4	1.72	8
山东省	328500	8753.1	2.66	3
黑龙江省	366800	6951.8	1.90	7

2022年底，贵州省委经济工作会议明确了“富矿精开”的工作要求。2023年1月，贵州省《政府工作报告》强调，坚持“富矿”必须“精开”，规范有序进行资源开发。2023年7月，中共贵州省委十三届三次全会上提出，要抓“富矿精开”，在精查探矿、精准配矿、精深加工、精细开发上发力，更好把资源优势转化为产业优势、经济优势。贵州省委、省政府又于2024年2月9日印发了《中共贵州省委、贵州省人民政府关于强力推进“富矿精开”加快构建富

〔1〕 数据来源于https://www.maigoo.com/top/438857.html。

有贵州特色现代化产业体系的意见》(以下简称《意见》),并于同年 2 月 19 日召开全省“富矿精开”推进大会。意见和大会均强调,紧紧围绕建设“六大产业基地”,强力推进精确探矿、精准配矿、精细开矿、精深用矿的“富矿精开”,更好地将资源优势转化为产业优势、经济优势,推动全省经济社会高质量发展。

人类社会发展的历史,就是将矿产资源等自然资源进行开发利用转化成社会财富的历史,掌握开发利用自然资源技术多而精的国家和地区,将矿产资源等自然资源开发利用转化成社会财富就多而优,能够引领世界或者推动地区经济社会高质量发展。贵州省委、省政府深入研究了贵州具有矿产资源优势和开发利用严重不足的现状,决定以“富矿精开”为关键抓手,符合人类社会发展的规律。

矿产资源储量大、种类多、分布相对集中的相对富有的优势,不仅为贵州承接产业转移提供了原料支撑,也为把资源优势转为经济优势、发展优势提供了条件。习近平总书记深刻指出,一个地区的经济发展必须通过发挥比较优势来实现。贵州省委、省政府深入贯彻习近平总书记关于保障国家能源资源安全的重要论述和重要指示批示精神,决定强力推进“富矿精开”,加快构建富有贵州特色,在国家产业格局中具有重要地位的现代化产业体系,必将不断提高能源资源供应保障能力,推动经济社会高质量发展。

然而,推进“富矿精开”,必将面临矿产资源资产权体系科学构建、所有权人收益设置和保障、市场配置和退出机制、矿业权人权益保障和维护、行政监管保护制度等方面存在的诸多迫切需要解决的法治问题。只有解决好这些法治问题,才能助力“富矿精开”事业达到预期的目标。

一、矿产资源制度建设及其在贵州实施的基本情况

矿产资源制度建设及其在贵州实施的基本情况,大体可分为六个阶段:

第一阶段为 1986 年至 1996 年,典型特点是《矿产资源法》颁布实施,矿产资源开发利用进入有专门法律规范的法治轨道,矿业权以申请有偿授予方式取得,探矿权、采矿权的物权性质存在争议,并且该权利禁止转让。法律规

定“在勘查、开发、保护矿产资源和进行科学技术研究等方面成绩显著的单位和个人，由各级人民政府给予奖励”，矿产资源开发利用在促进社会经济发展中起到了重要作用。

第二阶段为1996年至2000年，典型特点是《矿产资源法》大幅度修正，对矿业权的取得、流转、处分、保护等作了较为详细的规定。矿业权出让以有偿授予方式取得，矿业权物权性质认识倾向明显，可以有条件转让，即探矿权人在完成规定的最低勘查投入后经依法批准可以转让其探矿权，准许采矿权人在企业合并、分立，与他人合资、合作经营，企业资产出售，其他变更企业资产产权等情形出现时，可依法转让。让优良资本和管理能力较强的人有条件地参与矿产资源的开发利用，在促进社会经济发展中发挥了重要作用。但法律仍然明确规定禁止将矿业权倒卖牟利的行为，矿业权的物权效用功能受到限制。

第三阶段为2000年至2012年，典型特点是2000年自然资源部明确规定“探矿权、采矿权为财产权，统称为矿业权，适用于不动产法律法规的调整原则。”“矿业权人依法对其矿业权享有占有、使用、收益和处分权”。矿业权出让以招标、拍卖挂牌（以下简称招拍挂）有偿取得为主，明确规定了批准申请、协议、招标、拍卖、挂牌为主的矿业权出让方式，矿业权经批准可以转让等。2007年《物权法》（已失效）将矿业权规定为用益物权，矿业权的物权性质争议不再存在。贵州2000年颁布《贵州省矿产资源条例》，贵州矿产资源开发利用进入有地方性法规规范的法治轨道，但是贵州规定有限责任公司的股权、合伙企业的合伙份额等的转让属于矿业权转让，需要批准才能转让，阻碍了具有优良资本和管理能力较强的人参与矿产资源的开发利用，对矿产资源的开发利用具有负面影响。

第四阶段为2012年12月至2019年2月，典型特点是贵州推行煤矿企业兼并重组，规定煤矿矿业权必须登记到兼并重组主体名下，实行关闭一个矿开一个矿。2016年国务院《关于煤炭行业化解过剩产能实现脱困发展的意见》后，贵州实行关闭矿山等量置换后才能开采煤炭资源的政策。国家2016年推行全民所有自然资源资产有偿使用制度改革，要求建立探矿权占用费累进动态调整机制，利用经济手段有效遏制“圈而不探”等行为。[1] 贵州尚没有建立矿业权占用费累进动态调整机制。

第五阶段为2019年2月至2024年2月，典型特点是中共中央办公厅、国务院办公厅印发《关于统筹推进自然资源资产产权制度改革的指导意见》强调各类市场主体依法平等使用自然资源资产等。[2] 贵州探索了“矿业权出让+登记”制度，并纠正了2012年规定的煤矿矿业权必须登记到兼并重组主体名下的错误，规定煤矿矿业权可以登记到保留煤矿设立的独立法人公司（子公司）名下。

第六阶段为2024年2月至今，典型特点是《矿产资源法（修订草案）》列入全国人大常委会二审；贵州省将制定“矿产资源条例”列入立法计划；省委、省政府印发《意见》决定，把“富矿精开”作为新时代西部大开发闯新路的关键抓手，强力推进精确探矿、精准配矿、精细开矿、精深用矿。开启全省上下动员，汇聚加快推进“富矿精开”的强大合力，把资源优势转化为产业优势、经济优势，把比较优势转化为发展胜势的崭新阶段。

二、贵州“富矿精开”的法治问题

（一）矿产资源产权体系的科学构建问题

1994年的《矿产资源法实施细则》规定探矿权、采矿权是在许可证规定

---

〔1〕《国务院关于全民所有自然资源资产有偿使用制度改革的指导意见》规定，“进一步扩大矿业权竞争性出让范围，除协议出让等特殊情形外，对所有矿业权一律以招标、拍卖、挂牌方式出让。严格限制矿业权协议出让，规范协议出让管理，严格协议出让的具体情形和范围。完善矿业权有偿占用制度，将探矿权、采矿权使用费调整为矿业权占用费。合理确定探矿权占用费收取标准，建立累进动态调整机制，利用经济手段有效遏制‘圈而不探’等行为”。“稳妥推进矿业权出让制度等各相关改革试点。试点重点在国家生态文明试验区、健全国家自然资源资产管理体制试点地区和其他具备条件的地区进行，其中确需突破现行法律、行政法规、国务院文件和国务院批准的部门规章的，要按程序报批，取得授权后实施。各相关部门要加强指导，做好总结评估，发现问题及时纠偏”。

〔2〕《关于统筹推进自然资源资产产权制度改革的指导意见》规定，“保证自然人、法人和非法人组织等各类市场主体依法平等使用自然资源资产、公开公平公正参与市场竞争，同等受到法律保护”。“系统总结我国自然资源资产产权制度实践经验，开展国内外比较研究和国际交流合作，加强相关学科建设和人才培养，构建我国自然资源资产产权理论体系”。“对自然资源资产产权制度改革涉及的具体内容，现行法律、行政法规没有明确禁止性规定的，鼓励地方因地制宜开展探索，充分积累实践经验”。

的范围内勘查、开采矿产资源的权利。取得探矿权、采矿权许可证的单位或个人为探矿权人、采矿权人。[1] 界定了探矿权、采矿权是行政许可权，禁止转让。2000年自然资源部将探矿权、采矿权界定为财产权，统称为矿业权，矿业权人依法对其矿业权享有占有、使用、收益和处分权。[2] 矿业权人可以依法转让矿业权。[3] 2006年《物权法》（已失效）和2020年《民法典》规定探矿权、采矿权为用益物权。经过几十年的探索和总结，法律明确规定矿产资源探矿权、采矿权为用益物权，但是存在矿业权用益物权与行政许可权的衔接和矿产资源产权体系的科学构建问题。贵州探索的“矿业权出让＋登记”制度仍然没能解决矿业权用益物权与行政许可的衔接和矿产资源产权体系的科学性问题。由此，矿业权的取得、登记、期限、转让、保留、延续、收回的管理制度缺乏科学性，取水、河海湖内取沙等权利和监管职能重叠，矿产资源勘查开采利用与环境生态保护之间的矛盾难以解决，导致矿业权的物权效能发挥受限、产权纠纷多发、行政监管不到位等问题。因此《意见》要求健全完善“矿业权出让＋登记”制度。

（二）所有权人收益设置和保障问题

国家作为矿产资源的所有人，在矿产资源所有权上设置用益物权矿业权，需要科学设置矿产资源所有权人的收益。法律没有规定矿产资源所有权人收益设置和征收制度，根据行政法规、规章和规范性文件规定，矿产资源所有权人设置用益物权矿业权的收益，由矿业权出让收益、矿产资源补偿费、矿业权使用费、矿业权占用费、资源税组成。其中矿业权出让收益由探矿权出让收益与采矿权出让收益组成，探矿权的出让收益在探矿权出让时通过评估

---

〔1〕《矿产资源法实施细则》第6条第1款、第2款规定：“《矿产资源法》及本细则中下列用语的含义：探矿权，是指在依法取得的勘查许可证规定的范围内，勘查矿产资源的权利。取得勘查许可证的单位或者个人称为探矿权人。采矿权，是指在依法取得的采矿许可证规定的范围内，开采矿产资源和获得所开采的矿产品的权利。取得采矿许可证的单位或者个人称为采矿权人。”

〔2〕《矿业权出让转让管理暂行规定》第3条第1款规定：“探矿权、采矿权为财产权，统称为矿业权，适用于不动产法律法规的调整原则。”第2款规定：“依法取得矿业权的自然人、法人或其他经济组织称为矿业权人。”第3款规定：“矿业权人依法对其矿业权享有占有、使用、收益和处分权。”

〔3〕《矿业权出让转让管理暂行规定》第6条第1款规定：“矿业权人可以依照本办法的规定采取出售、作价出资、合作勘查或开采、上市等方式依法转让矿业权。”

竞争出让确定，评估的资源量在探转采时等量扣除不再计算采矿权出让收益，存在探矿权评估时与探转采时出让收益资源量评估单价不一致的问题；采矿权的出让收益由采矿权出让时的市场竞争价款和按照办理采矿许可证时计算动用的资源量及其此时计算采矿权出让收益的资源量单价确定的出让收益两部分组成。在采矿许可证存续期间，当矿产资源产品市场不景气时，存在多数矿业权人欠缴采矿权出让收益的问题，以及在处置采矿权时采矿权抵押权与欠缴的采矿权出让收益谁优先受偿，多数情况是国家作为矿产资源所有人的采矿权出让收益没有保障的问题。矿产资源补偿费目前将征收率调整为零。矿业权使用费按照政策改为征收矿业权占用费，矿业权占用费由于没有财政收入科目又没有法定征收标准，贵州没有征收。

（三）矿业权市场配置和退出机制问题

《意见》在有序推进精准配矿中要求"在矿业权出让时，明确矿产资源精深加工及矿业产业配套等相关要求"，与"充分发挥市场在资源配置中的决定性作用"之间存在矛盾；还可能违背2019年中共中央办公厅、国务院办公厅《关于统筹推进自然资源资产产权制度改革的指导意见》[1]要求的"各类市场主体依法平等使用自然资源资产"以及参与市场竞争的主体"竞而不取"等问题。《意见》还要求"按照市场化方式，依法依规引导优势资源向承担行业初级产品保供任务的集中采购供给平台集聚，向支撑我省重点产业集群发展的重大项目集聚，向具有全链条深加工能力的优强企业集聚"。"富矿精开"需要解决如何按照市场化方式依法依规引导优势资源集聚，以及优势资源集聚后矿业权人"圈而不探、占而不采"等的退出机制等法治问题。

---

〔1〕《关于统筹推进自然资源资产产权制度改革的指导意见》规定："保证自然人、法人和非法人组织等各类市场主体依法平等使用自然资源资产、公开公平公正参与市场竞争，同等受到法律保护。"

(四)矿业权人权益保障问题

1994 年《矿产资源法实施细则》规定了探矿权人、采矿权人的权利。[1]然而,实践中存在矿山用地与耕地、生态保护区、政府规划的其他项目重叠等种种原因导致无地可用或者用地困难,矿业权被压覆、被侵占等不能获得市场价值补偿,矿业权人开采的矿产品依法销售省外被征收出境费,修复中必然产生的矿产品如何处置,涉矿纠纷在司法机关长时间空转,不能及时定纷止争以及错误判决、执行等问题。

(五)行政监督制度完善和依法执法问题

贵州省 2013 年制定了《贵州省矿产资源监督检查条例》加强对矿产资源保护和开发利用的监督检查。但是,实践中仍然存在矿业权人已经拥有的探矿权因为没有纳入矿产资源规划不能探转采等问题。

三、贵州“富矿精开”法治问题的对策建议

贵州“富矿精开”的法治问题纷繁复杂,有的是全国性的法律、行政法规规定不足的问题,有的是贵州立法、执法、司法、用法问题。本文贯彻《国务院关于全民所有自然资源资产有偿使用制度改革的指导意见》和《关于统筹推进自然资源资产产权制度改革的指导意见》精神,结合贵州《意见》的指导思想、主要目标和具体意见和全省“富矿精开”推进大会精神,针对前面梳理的五个方面的主要问题,立足贵州的立法、执法、司法、普法实际,提出以下对策

[1] 《矿产资源法实施细则》第 16 条第 1 款规定:“探矿权人享有下列权利:(一)按照勘查许可证规定的区域、期限、工作对象进行勘查;(二)在勘查作业区及相邻区域架设供电、供水、通讯管线,但是不得影响或者损害原有的供电、供水设施和通讯管线;(三)在勘查作业区及相邻区域通行;(四)根据工程需要临时使用土地;(五)优先取得勘查作业区内新发现矿种的探矿权;(六)优先取得勘查作业区内矿产资源的采矿权;(七)自行销售勘查中按照批准的工程设计施工回收的矿产品,但是国务院规定由指定单位统一收购的矿产品除外。”第 2 款规定:“探矿权人行使前款所列权利时,有关法律、法规规定应当经过批准或者履行其他手续的,应当遵守有关法律、法规的规定。”第 30 条第 1 款规定:“采矿权人享有下列权利:(一)按照采矿许可证规定的开采范围和期限从事开采活动;(二)自行销售矿产品,但是国务院规定由指定的单位统一收购的矿产品除外;(三)在矿区范围内建设采矿所需的生产和生活设施;(四)根据生产建设的需要依法取得土地使用权;(五)法律、法规规定的其他权利。”第 2 款规定:“采矿权人行使前款所列权利时,法律、法规规定应当经过批准或者履行其他手续的,依照有关法律、法规的规定办理。”

建议。

（一）科学立法，为“富矿精开”提供强有力有效的法治制度保障

坚持问题导向、需要导向、目标导向，按照《立法法》关于地方性法规立法的规定，大力推进已经列入立法计划的“贵州省矿产资源条例”（以下简称“条例”）的制定和颁布实施，科学构建矿产资源产权体系等，为“富矿精开”提供地方性法规支撑和保障。

一是将矿业权物权设置和管理与矿产资源的勘查、开采作业的行政许可相对分离，健全完善“矿业权出让＋登记”制度。矿产资源属于不动产物权，在不动产物权上设定的用益物权矿业权，按照不动产物权的规定设置和管理，充分发挥矿业权的物权资本效能。将矿产资源的勘查、开采作业纳入行政许可管理范围，让勘查、开采作业活动的监管到位有力。将矿业权物权设置和管理与矿产资源的勘查、开采作业行政许可相对分离，可以解决矿业权物权与行政许可长期混管不清的状况。“条例”规定：（1）矿业权的受让人或者矿业权人授权的人凭与出让矿业权的机构签订的出让合同或者授权批准文件依法申请登记后，取得矿业权，登记机构将矿业权信息登记于矿业权登记簿，并核发矿业权证书；（2）矿业权人开展矿产资源的勘查、开采作业的，应当依法取得勘查许可证、采矿许可证。

二是在“条例”中科学构建矿产资源产权和行政许可的制度体系。遵循不动产物权设置规律，在矿业权物权设置中，不规定矿业权物权的期限、延续、保留、收回制度；遵循行政许可设置规律，在开展矿产资源勘查、开采作业行政许可中规定行政许可的期限、延续、收回行政许可证的制度。矿业权人没有获得勘查、开采作业的行政许可，不影响其拥有矿业权，让矿业权人有“恒权”，才有“富矿精开”的恒心。

三是在“条例”中科学设置矿产资源所有权人的收益和保障制度，让拟参与“富矿精开”的市场主体可以合理评估预期利益，保障矿产资源所有权人——国家的收益。“条例”参照其他的国家规定，矿产资源所有权人设置用益物权矿业权的国家收益，由矿业权出让收益、矿业权占用费、资源税组成。其中，矿业权出让收益由矿业权人开采出的矿产品或者矿产品销售收入的分

成所得和出让矿业权时竞价结果所得两部分组成，分成所得规定一定比例（比如采出的矿产品或者矿产品销售收入的10%，也可以规定不同开采方式的不同比例）在采出矿产品时征收，竞价结果所得出让收益在矿业权登记时征收，让拟参与“富矿精开”的市场主体可以合理评估预期利益，让矿业权人可以有计划投入资金进行矿产资源的开发利用；矿业权占用费按照《国务院关于全民所有自然资源资产有偿使用制度改革的指导意见》建立累进动态调整机制，利用经济手段有效遏制“圈而不探、占而不采”行为，大力推动“富矿精开”，盘活存量资源；资源税按照国家规定征收。借鉴超级优先权理论，“条例”规定国家在矿业权人欠缴纳的矿业权出让收益、矿业权占用费和资源税范围内对矿业权享有优先于抵押权等的优先受偿权，让抵押权人在设定抵押权时有预期，又让矿产资源所有权人——国家的收益有保障。同时，通过拍卖矿业权实现国家收益，矿业权不退出，矿业权人依法退出，让矿业权充分发挥物权效用，把矿产资源价值“吃干榨尽”，助力贵州“富矿精开”。

四是完善矿业权市场配置和竞得人退出机制，引导矿产资源按照《意见》要求集聚，推动矿产资源产业和产业链高质量发展。“条例”规定，按照《意见》要求引导矿产资源集聚的市场主体在矿业权招拍挂中，在同等条件下优先确定为竞得人，这样既不会因为“在矿业权出让时，明确矿产资源精深加工及矿业产业配套等相关要求”可能违背市场主体同等受到法律保护的规定，又可保障国有收益不因明确相关要求遭受损失，达到《意见》要求按照市场规则引导矿产资源集聚的目标。“条例”中规定，在矿业权竞争出让中，竞得人收到成交确认书后“竞而不取”的，以第二名竞买人为竞得人，依次类推；两名竞得人之间的最高报价的差价，作为放弃竞得资格人应当赔偿的损失。完善矿业权竞争出让中竞得人的退出机制，维护矿业权竞争出让交易秩序，推动矿产资源产业和产业链高质量发展。

五是完善矿业权人权益保障制度，让矿业权人的权益得到切实保障，充分调动市场主体参与“富矿精开”的积极性、主动性。“条例”规定，经专家论证采取国土空间分层管控，合理安排勘查、开采作业方式和时序等不影响法定禁止勘查、开采目的的，可以设置矿业权，矿业权人可以进行勘查、开采矿产资源作业;矿业权人取得勘查、开采作业行政许可的条件的规定,让市场主体提前有预期;政府没有依法保障矿山用地和对符合勘查、开采作业行政许可法定条件的不予许可或者迟延许可时,给矿业权人造成损失的,需要承担赔偿责任;矿业权被压覆、被侵占等按照市场价值补偿;矿业权人开采的矿产品依法按照市场规则销售;矿区修复中必然产生的矿产品依法按照矿业权出让收益标准缴纳出让收益后可以依法销售;行政机关、司法机关办理涉矿产权、侵权等纠纷,必须在法定期限内办结等,否则依法追究责任,等等。矿业权人的权益只有获得法律法规的制度性保障,才能调动市场主体投资矿产资源开发利用的积极性、主动性,才能更好助力贵州"富矿精开"。

六是把"富矿精开"监督政策上升为地方性法规,完善监督制度,以制度保障矿产资源保护和开发利用的全过程全方位监督。"条例"规定了国家机关的纵向横向监督纠错制度、社会监督制度等,只有实行矿产资源保护和开发利用的矿产资源规划,矿业权设置、出让、登记、转让,矿产资源勘查开采作业、矿区修复、矿产品利用和矿业权人权益保障等全过程全方位监督制度,才能保障"富矿精开"政策落地生花。

(二)严格执法、公正司法、大力普法,让科学立法的成果转化为"富矿精开"切实的法治制度保障和强大动力

再好的法律法规,没有严格执法、公正司法、大力普法,也是一张废纸。因此,必须严格执法、公正司法、大力普法,才能将科学的"条例"立法成果转化为"富矿精开"切实的法治制度保障和强大动力。在这方面本文赞同杨军和徐超老师发表的《为"富矿精开"提供有力法治保障》[1]的观点和论述,在此不再赘述。

综上所述,贵州实现"富矿精开",必将面临矿产资源资产权体系科学构建、所有权人收益设置和保障、市场配置和退出机制、矿业权人权益保障和维

---

〔1〕 参见杨军、徐超:《为"富矿精开"提供有力法治保障》,载《贵州日报》2024年4月10日,第8版。

护、行政监管保护制度等方面存在的诸多迫切需要解决的法治问题。只有科学立法、严格执法、公正司法、大力普法，才能助力“富矿精开”事业达到预期的目标。

国际海底区域采矿规章谈判：理念更新与制度完善*

高　颖**

摘　要：科技进步推动全球海洋治理体系变革，不断冲击现行海洋法的有关规定，法律滞后问题普遍存在。深海技术的进步使区域采矿成为现实，制定国际海底区域采矿规章迫在眉睫。现阶段，《"区域"内矿物资源开发规章（草案）》历经三稿，结构趋近合理，内容不断完善。但是，各国在缴费与惠益分享机制、担保国责任、海洋环境保护等核心议题上仍存在较大争议。当下，需要在平等协商、合作共赢的"海洋命运共同体"理念指引下，统筹完善缴费机制和惠益分享机制，逐步完善担保国责任的归责原则和责任范围，构建全方位、多层次的海洋环境保护制度。我国应当更新理念，深入研究规章的具体制度并完善国内深海法律制度，为商业开采提供法律保障。

关键词：国际海底区域　采矿规章　海洋命运共同体　海洋治理

一、国际海底区域采矿规章与勘探实践

国际海底区域（以下简称"区域"）是指国家管辖范围以外的海床、洋底及其底土。因"区域"蕴藏着丰富的矿产资源，其已成为21世纪各国瞩目的新疆域。目前，国际社会已经形成以人类共同继承财产原则为核心，以《联合国海洋法公约》（以下简称《公约》）及《关于执行1982年12月10日〈联合国海洋法公约〉第十一部分的协定》（以下简称《执行协定》）为基础的深海法律

---

* 获2022年12月第四届国际自然资源法治论坛优秀奖。

论文介绍：该论文发表于《阅江学刊》2020年第1期，并在现有资料上进行了补充与修改。由于第26届、第27届海管局对规章的谈判进展较为缓慢，文中所谈核心问题仍然是当下的争议焦点。

** 高颖：重庆大学法学院博士研究生。

体系。针对勘探活动，以多金属结核、多金属硫化物、富钴铁锰结壳三种主要矿产资源为代表的探矿和勘探规章也已经颁布。科学技术迅猛发展，陆地矿产资源日益耗竭，深海活动正逐步从勘探阶段过渡到开采阶段。西方发达国家利用其资金和技术优势，已经做好了开采的准备，但是深海矿产开采活动具有特殊的法律属性和商业属性，不仅需要科学技术，更需要完善的法律规范以协调各方利益。在勘探向开采过渡的关键期，必须坚持立法先行。

2011 年，在第 17 届国际海底管理局（以下简称海管局）大会上，斐济代表团提出了拟定“区域”内开采规章的建议，被理事会采纳。2012 年，第 18 届海管局大会提出了《关于拟订“区域”内多金属结核开发规章的工作计划》，[1] 并将其作为海管局的优先事项展开谈判。2017 年召开的第 23 届海管局大会正式公布了《“区域”内矿物资源开发规章草案》（1.0 版本），[2] 并邀请利益攸关方提出反馈意见。2018 年，第 24 届海管局大会充分考量了各方意见，修订后的《“区域”内矿物资源开发规章草案》（2.0 版本）问世。[3] 2019 年，第 25 届海管局大会公布了《“区域”内矿物资源开发规章草案》（3.0 版本），[4] 并要求利益攸关方于 2019 年 10 月 20 日之前提出反馈意见。2021 年 12 月 7 日、8 日、9 日和 10 日，理事会审议了关于“区域”内矿产资源开采规章草案现状的报告、2022 年和 2023 年拟议路线图（ISBA/26/C/44），以便在 2023 年 7 月前敲定《“区域”内矿产资源开采规章草案》。因此，及时跟踪“国际海底区域采矿规章”（以下简称“采矿规章”）的谈判进程，把握主

---

〔1〕《关于拟订“区域”内多金属结核开发规章的工作计划》，载国际海底管理局理事会官网 2012 年 4 月 12 日，https://ran-s3.s3.amazonaws.com/isa.org.jm/s3fs-public/files/documents/isba-18c-4_1.pdf。

〔2〕 *Draft Regulations on Exploitation of Mineral Resources in the Area*, International Seabed Authority (Aug. 8, 2017), https://ran-s3.s3.amazonaws.com/isa.org.jm/s3fs-public/documents/EN/Regs/DraftExpl/ISBA23-LTC-CRP3-Rev.pdf。

〔3〕 *Draft Regulations on Exploitation of Mineral Resources in the Area*, International Seabed Authority (Jul. 9, 2018), https://ran-s3.s3.amazonaws.com/isa.org.jm/s3fs-public/files/documents/isba24_ltcwp1rev1-en_0.pdf。

〔4〕 *Draft Regulations on Exploitation of Mineral Resources in the Area*, International Seabed Authority (Mar. 22, 2019), https://ran-s3.s3.amazonaws.com/isa.org.jm/s3fs-public/files/documents/isba_25_c_wp1-e.pdf。

要争议点,进而提出兼顾我国利益的完善方案,对于提升我国深海规则制定话语权具有重要意义。当下,需要在"海洋命运共同体"理念的指引下,突破《采矿规章》谈判的制度困境,统筹完善缴费机制和惠益分享机制,构建全方位、多层次的海洋环境保护制度,促使规章尽快通过,为商业开采提供制度保障。

二、国际海底区域采矿规章谈判的理念更新

现阶段,在科学技术推动下,产生了诸如"区域"商业开采、公海保护区、海洋生物多样性养护与可持续发展等新问题,以《公约》为核心的全球海洋治理体系正在经历新一轮变革。被称为《公约》最有争议的第十一部分"区域"制度,通过《执行协定》对其争议条款修改后,《公约》才得以通过。以"人类共同继承财产"原则为核心的"区域"制度本身就存在缺陷,再加上"区域"采矿规章制定中产生的缴费与惠益分享机制、担保国责任、海洋环境保护等新规定需要新的理念,因此需要重新审视"人类共同继承财产",原则为该原则赋予新的时代内涵。中国倡议的"海洋命运共同体"理念契合全球海洋治理体系变革的现实需求,"合作共赢、惠益共享"的核心思想正是对"人类共同继承财产"理念的继承与发展。因此,将"海洋命运共同体"理念引入国际立法,指导"采矿规章"的制定,不仅是对"人类共同继承财产"理念的继承与发展,而且契合新时代全球海洋治理体系变革的现实需求。

(一)从"公海自由原则"到"人类共同继承财产"的理念更新

16 世纪,"国际法之父"格劳秀斯提出了海洋自由的主张,这是公海自由理念的重要理论基础。1603 年,格劳秀斯为荷兰船只在马六甲海峡捕获葡萄牙商船的行为进行辩护,并在 1605 年完成了《论捕获法》的辩护词。1609 年,该辩护词的第 12 章公开发表,即《海洋自由论》。[1] 公海自由原则是指公海不得被某个(或某些)国家独占,所有国家,无论是沿海国还是内陆国,均

---

〔1〕 参见张磊:《论公海自由与公海保护区的关系》,载《政治与法律》2017 年第 10 期。

有权利自由利用公海。[1] 当然,毫无疑问,公海自由原则并不是无限制的,已有的国际条约中大多含有对公海自由的合理限制条款,无限制的公海自由理念必然会引起巨大争议。例如,美国坚持,勘探和开发海底资源属于“公海自由”,这一基本立场与发展中国家的主张相去甚远,难以达成一致。1968年,英国学者加勒特·哈丁(Garrett Hardin)在《公地的悲剧》中阐释了“公地悲剧”理论,他认为资源用尽和环境污染问题都源于人们获取资源的动机,当没有人可以禁止他人使用公共资源或将污染物排放至“公地”时,有限的资源最终会被用尽,污染不可避免,只有限制进入和使用“公地”方能避免“公地悲剧”。[2] 实际上,在国际海底矿产资源勘探开发中,“公地悲剧”正在日益显现。为了预防公海自由原则被过度使用,1963年,马耳他驻联合国大使帕多提出,在国家管辖范围以外海域的海床和洋底区域应该适用“人类共同继承财产”理论。1970年,联合国大会通过《关于各国管辖范围以外海床洋底及其底土的原则宣言》,宣布“区域”属于人类共同继承财产。至此,“人类共同继承财产”理论成为国际社会共同坚持的法律信念,并且在“区域”落地成为一项法律原则。[3] 1982年,《公约》以条约形式确认“区域”及其资源是人类共同继承财产。[4]

(二)从“人类共同继承财产”理论到“海洋命运共同体”理念

尽管《公约》确定了“人类共同继承财产”理念,然而《公约》并没有就“人类共同继承财产”理念给出明确的界定,而且,以美国为首的发达国家拒绝签署或批准该《公约》。时至今日,美国仍然未批准《公约》。美国是世界最大的海洋强国,却未参与《公约》,这对“人类共同继承财产”理念的有效性造成

---

〔1〕 参见王勇:《论“公海保护区”对公海自由的合理限制——基于实证的视角》,载《法学》2019年第1期。

〔2〕 See Hardin G, *The Tragedy of the Commons*, Science, Vol. 162, No. 3859(1968).

〔3〕 参见邱文弦:《论人类共同继承财产理论的新发展——基于“一带一路”倡议的促动》,载《浙江工商大学学报》2019年第4期。

〔4〕 参见夏春利:《论人类共同继承财产——兼谈世界资源的公平分享》,载《理论与改革》2014年第1期。

了重大挑战。[1] 在此背景下,国际社会需要引入新的理念,以摆脱“人类共同继承财产”理念的适用困境。笔者认为,可以将现阶段中国倡议的“海洋命运共同体”理念引入海洋国际立法。其一,“海洋命运共同体”理念是“人类命运共同体”理念在具体领域的延伸。2019 年 4 月 23 日,习近平主席出席中国人民解放军海军成立 70 周年会议时提出了“海洋命运共同体”理念,这是中国参与全球海洋治理的基本立场与方案。[2] 其二,“海洋命运共同体”理念是对“人类共同继承财产”原则的继承与发展,蕴含着合作共赢、可持续发展的理念,这些思想不仅与资源共享、责任共担的“人类共同继承财产”原则是吻合的,而且还对其有所发展。其三,“区域”是全人类的共有物,国际社会要在“海洋命运共同体”理念的指导下合作共赢、惠益分享,避免零和博弈。随着我国综合国力的增强,在国际规则的制定过程中贡献了更多的中国智慧。“海洋命运共同体”理念可以唤醒国际社会的“命运共同体”意识,在资源共享、规则共建、责任共担、问题共解的伦理目标指引下,“区域”采矿规章的制定过程将更加公平正义。

(三)“海洋命运共同体”理念契合全球海洋治理体系变革的现实需求

当前,科学技术不断更新升级,陆地资源逐渐枯竭,各国在开发和利用海洋资源时提出了不同的利益主张和权利追求,争议难以得到有效解决。出现这种局面的原因众多,包括权利变迁等历史因素和资源枯竭等现实难题,导致“毕其功于一役”的合作方案很难顺利实施,有关海洋的争议和危机在所难免。因此,坚持平等协商对妥善解决分歧具有重要意义。习近平主席提出“海洋命运共同体”理念,这是中国主动承担引领国际海洋新秩序重构重任的重要表现。倡导“海洋命运共同体”理念,构建海洋合作伙伴关系,体现出中国为积极推动全球海洋治理体系变革作出的努力。“海洋命运共同体”理念指导海洋秩序与规则的重构,其中包含了全球海洋治理体系变革的新方案,

---

[1] 参见张志勋、谭雪春:《论人类共同继承财产原则的适用困境及其出路》,载《江西社会科学》2012 年第 12 期。

[2] 参见姚莹:《“海洋命运共同体”的国际法意涵:理念创新与制度构建》,载《当代法学》2019 年第 5 期。

如切实加强国际协调，追求各方共赢等。提出“海洋命运共同体”理念，是中国深化“一带一路”倡议，开展海上合作实践的进阶思考，旨在实现“维护海洋和谐、服务全人类利益”的宏伟目标。中国始终遵守《联合国海洋法公约》等文件，在各项事务中有效落实国际法规。当前，“海洋命运共同体”是引领全球海洋治理体系变革的重要理念，各国坚持以开放包容、合作共赢理念为引领，加强国家间的对话与协调，可以促进海上互联互通和各领域务实的功能性合作，合力维护海洋和平安宁，共同增进海洋福祉。[1]

三、国际海底区域采矿规章谈判的最新进展及主要争议

自 2011 年海管局第 17 届会议决定启动“采矿规章”的制定工作以来，其已修改三稿，三次征求利益攸关方意见。由于发达国家与发展中国家存在不同的利益诉求，“采矿规章”仍未生效。从“采矿规章”谈判的进程来看，规章的内容趋近完善，结构不断优化。但是，缴费机制、惠益分享、担保国责任、海洋环境保护等相关制度争议是阻碍“采矿规章”生效的主要难题。

（一）国际海底区域采矿规章谈判的最新进展

对比前两个版本的草案，《采矿规章草案》(3.0 版本）主要取得了以下三个方面的进展。其一，结构趋近合理，由分到总再不断整合。海管局需要制定一部简要、综合、灵活性强的开采规章，避免出现重复的条文，减少冗杂的监管流程。《采矿规章草案》1.0 版本采取综合立法的形式，包括 14 章、94 条和 10 个附件，涵盖了请求核准计划书、承包者义务、核准计划的审查和修改、财务条款、行政费用、检查、执法和争端解决等规定。[2]《采矿规章草案》2.0 版本在 1.0 版本的基础上增加了目录、承包者的权利条款，整合了管理局的检查执法章节，同时合并了年费、行政费和其他有关收费的全部条款。在 2.0

---

〔1〕 参见卢晓燕、廖国祥：《践行海洋命运共同体重要理念 加强海洋生态环境保护与综合治理》，载《环境保护》2019 年第 15 期。

〔2〕 *Draft Regulations on Exploitation of Mineral Resources in the Area*, International Seabed Authority (Aug. 8, 2017), https://ran-s3. s3. amazonaws. com/isa. org. jm/s3fs-public/documents/EN/Regs/DraftExpl/ISBA23 – LTC-CRP3 – Rev. pdf.

版本的基础上,《采矿规章草案》3.0 版本的结构不断优化。其二,内容趋近完善,着眼于具体制度的谈判。在谈判中,关于环境保护的内容不断得到细化。比如规定了环境履约保障金;设立环境责任信托基金,规范了基金的适用范围;拟订了环境管理和监测计划评估的程序细节,制订了区域环境管理计划;以附件的形式明确了环境影响报告书的具体内容等。关于缴费机制的讨论也有所突破,增加了激励条款。2019 年 3 月,法律与技术委员会以及财务委员会联合举办了第一次关于财政条款的讨论,取得了明显进展。美国麻省理工学院提交的财务模型报告进一步推动了缴费机制的建立。同时,财务委员会的报告首次提及惠益分享的问题。其三,侧重于具体内容的细节完善。当前,海洋环境保护的内容更加具体化,增加"制定环境标准""环境管理系统"等内容,将"环境责任信托基金"修改为"环境补偿基金",目的在于解决承包者履行不能所造成的责任缺口问题。此外,用语更加标准化,将"沿海国的权利"改为"与沿海国有关的保护措施",旨在协调承包者义务、沿海国权利以及海管局的监督检查权,共同促进商业开发有序进行,共同保护沿海国利益和海洋环境。[1] 综上,经过三次修订,《"区域"内矿物资源开采规章草案》结构趋近合理,内容趋近完善,用语更加严密标准,总体取得了很大进展。但是,利益攸关方对于规章核心制度的争议,比如缴费机制和惠益分享机制、担保国责任、海洋环境具体标准等,成为阻碍规章通过的主要难题。

(二)国际海底区域采矿规章谈判的主要争议点

如上所述,《"区域"内矿物资源开发规章草案》已经取得很大进展。2019 年 7 月,海管局第 25 届会议仍然将经济模型与财务条款、区域环境管理计划、预防性办法、独立专家审查环境计划、标准与准则的制定等内容作为规章制定的优先领域,[2] 这也是阻碍规章生效的关键领域。受疫情影响,近两

---

〔1〕 *Draft Regulations on Exploitation of Mineral Resources in the Area*, International Seabed Authority (Mar. 22, 2022), https://ran-s3. s3. amazonaws. com/isa. org. jm/s3fs-public/files/documents/isba_25_c_wp1 - e. pdf.

〔2〕 国际海底管理局理事会:《关于"区域"内矿物资源开发规章草案的评论意见》,载国际海底管理局理事会官网 2022 年 8 月 15 日,https://ran-s3. s3. amazonaws. com/isa. org. jm/s3fs-public/files/documents/25c - 2 - c_3. pdf。

次规章谈判进展较小。显然，“区域”矿产资源开采的商业属性和高风险性不可避免地涉及利益分配和海洋环境保护等难题。因此，本文主要分析缴费机制、惠益分享机制、担保国责任以及海洋环境保护机制的主要争议，并提出浅显的对策。

1. 关于缴费机制的争议

缴费机制就是规定承包者就其矿产开发的获益而向海管局缴纳的费用、缴费方式和途径等制度。基于“区域”及资源属于“人类共同继承财产”原则，相比于勘探活动，海底矿产的开发将面临所有权转移和商业利益分配等问题。要确立缴费机制，不仅要平衡代表全人类的海管局和代表部分人的承包者之间的利益，还要考虑海底采矿活动对陆地采矿者利益的潜在影响，这些因素导致缴费机制一直是一个备受争议的问题。《公约》附件三第 13 条确定了合同财务条款的指导原则：确保海管局从商业生产收益中获得最佳收入，吸引投资和技术用于勘探和开发，确保承包商的财务待遇和可比财务负担平等。《执行协定》第 8 节也规定了制定合同财务条款的规则与基本原则，例如，付款率应在陆上采矿的通行范围内，避免赋予深海海底采矿者拥有人为的竞争优势或使他们陷入竞争劣势之中；缴费系统不应复杂，也不应当使海管局或承包商产生重大的行政费用；可以考虑采用特许权使用费制度，或将特许权使用费制度和利润分享制度结合起来，由承包者选择合理的机制。[1] 2018 年，第 24 届海管局大会将缴费机制作为重要议题进行了深入讨论，并委托麻省理工学院对财务模型进行对比并提出相应的方案。2019 年，第 25 届海管局大会举行了两次不限成员名额的会议，进一步对缴费机制进行讨论。总体而言，关于缴费机制有三种可供选择的方案：第一，固定费率仅从价特许权使用费机制；第二，两级仅从价特许权使用费机制；第三，从价特

[1] 参见《关于执行 1982 年 12 月 10 日联合国海洋法公约第十一部分的协定》第 8 节规定。

许权使用费和基于利润相结合制度。[1] 现阶段,各国对上述三种方案仍然争论不休,大多数国家的代表支持从价,但是关于一级从价和二级从价仍有争论。以德国为代表的国家提出累进从价机制,但是有代表认为这一机制过于复杂,违背了《执行协定》;非洲集团向海管局大会提交了高缴费率的缴费方案;另外还有部分国家认为,在保障海管局商业利益的同时可提供多种方案供承包者选择。总而言之,当下关于缴费机制的方案以及缴费率仍然没有定论,需要海管局在坚持《公约》和《执行协定》原则的基础上,加强谈判,尽可能满足各方的利益,确立公平合理的方案。

2. 关于惠益分享机制的争议

惠益分享机制是指海管局分配承包者缴纳费用的机制,其目的是更好地落实"人类共同继承财产"原则。如果说缴费机制的目的是处理承包者和海管局的关系,那么惠益分享机制的目的则是解决全人类利益的分配问题,其中法律关系的复杂性无须多言,因此,惠益分享机制理应成为开发规章的核心内容。《公约》第 140 条规定:"'区域'活动为了全人类利益,在无歧视的基础上公平分配从'区域'内活动取得的财政及其他经济利益"。《执行协定》第 8 节提出,财务委员会应制定规则、规章和程序,公平分配从"区域"内活动取得的财政收入及其他经济利益。但是,开发规章草案仅对缴费机制进行了框架性规定,对惠益分享问题只字未提。中国代表团始终认为,惠益分享是规章不可或缺的内容,如果单纯地强调收益而不分享收益,不仅在逻辑上是混乱的,从内容来看也不完整。2019 年 7 月第 25 届海管局大会上,财务委员会编写了公平分享从深海海底采矿所获财政及其他经济利益的标准的报告供大会审议。与会代表一致认为该报告是惠益分享机制的起点,并指出,支付海管局行政开支后的剩余资金才能作为惠益分享资金。但是,目前讨论建立惠益分享机制的考虑因素、备选方案等建议为时尚早,后续工作仍

---

〔1〕 国际海底管理局理事会:《主席关于理事会就〈联合国海洋法公约〉附件三第 13 条第 1 款和〈关于执行 1982 年 12 月 10 日第十一部分的协定〉附件第 8 节下合同财务条款的制定和谈判问题而设不限成员名额工作组第二次会议成果的报告》,载国际海底管理局理事会官网 2019 年 7 月 15 日,https://ran-s3. s3. amazonaws. com/isa. org. jm/s3fs-public/files/documents/isba _ 25 _ c _ 32 – 1912014c_0. pdf。

需在充分讨论、协商一致的基础上循序推进。[1] 在海管局成立25周年纪念会议上,我国自然资源部海洋发展战略研究所张丹副研究员在边会上作报告,阐述了在"人类共同继承财产"原则指引下建立惠益分享机制应遵循的指导原则,惠益分享的方式,并再次强调惠益分享机制的重要性。[2] 总之,惠益分享是发达国家和发展中国家相互妥协的产物,已经得到了海管局的重视。建立惠益分享机制应当考虑的因素,如何平衡分配各方利益等仍是未来需要讨论的重要事项。

3. 担保国责任方面的争议

《公约》规定:如果从事"区域"内活动的主体为自然人或法人时,应当获得公约缔约国的担保。[3] 缔约国协助海管局确保"区域"开发活动有序进行。《公约》规定:缔约国采取一切必要措施。简短的规定导致了担保国责任存在模糊性,关于担保国责任的归责原则和责任范围仍无定论。就最新版《"区域"内矿物资源开发规章草案》(2019版草案)而言,仍然延续了"担保国应采取一切必要和适当措施"这一模糊规定。[4] 国际海洋法法庭第17号"咨询意见案"确立了担保国的"确保义务"和"直接义务",显然突破了"尽职"义务的规定。但是,该咨询意见并没有法律约束力,同时也存在诸如免责条件、发达国家与发展中国家同等义务等不足之处。[5] 虽然咨询意见为国际社会提供了重要参考,但是最新草案仍然延续了《公约》的模糊性规定,争议依旧存在。至此,关于担保国的归责原则与责任范围的相关规定尚无

---

〔1〕 国际海底管理局理事会:《财务委员会的报告》,载国际海底管理局理事会官网2019年1月12日,https://ran-s3.s3.amazonaws.com/isa.org.jm/s3fs-public/files/documents/isba25_a10c31-c_0.pdf。

〔2〕《我在牙买加唱响"合作、贡献与人类命运共同体"主旋律——中国大洋协会在国际海底管理局25届大会期间举行主题边会》,2019年7月25日,http://www.comra.org/2019-07/25/content_40841338.htm,2022年10月4日。

〔3〕 参见《联合国海洋法公约》第153条2(b)款规定。

〔4〕 国际海底管理局理事会:《"区域"内矿物资源开发规章草案(Draft regulations on exploitation of mineral resources in the Area. Prepared by the Legal and Technical Commission)》,载国际海底管理局理事会官网2019年3月22日,https://ran-s3.s3.amazonaws.com/isa.org.jm/s3fs-public/files/documents/isba_25_c_wp1-c.pdf。

〔5〕 参见李文杰:《也谈国际海底区域担保国的法律义务与责任——以国际海洋法法庭第17号"咨询意见案"为基点》,载《河北法学》2019年第1期。

定论。

4. 关于海洋环境保护机制的争议

确保深海开发利用和海洋环境保护的平衡是“采矿规章”应遵循的基本原则。《公约》规定：海管局有义务采取措施，确保海洋环境不受“区域”内活动可能产生的有害影响。不可否认，“采矿规章”关于海洋环境保护的基本原则、环境影响评价和监测制度、环境损害事故的应对和预防、相关主体的权利义务等规定取得了较大进展。区域环境管理计划（Regional Environmental Management Plan，REMP）是海管局独特的环保措施，作为一种政策工具，规章是否要对区域环境管理计划进行明确规定，各国就此展开辩论。2019 年 7 月，英国、德国、荷兰和一些非洲国家的代表提出，区域环境管理计划应当是采矿活动的先决条件，主张“无 REMP，不开发”；〔1〕以中国为代表的另一种声音却认为区域环境管理计划不应成为阻碍商业开发的绊脚石。目前，关于区域环境管理计划的标准和准则、区域环境管理计划与规章的关系、相关条款的设置等，各国依然存在争议。有关环境的争议还包括建立审查机制、制定独立审查员名册等。同时，也应注意到区域环境管理计划是 2019—2023 年战略计划的重要内容。目前，以克拉利昂—克利伯顿区的区域环境管理计划为模型，各国开始讨论西太平洋、大西洋中脊、印度洋等区域的区域环境管理计划制度。

四、国际海底区域采矿规章谈判的制度完善进路

“区域”及其资源属于全人类共同继承的财产，“区域”开发需要依据法律协调各方利益。而开发规章的制定涉及多方利益的协调，重要制度的谈判进展相对缓慢。因此，尽管经历了三个版本，规章仍未生效。“采矿规章”必须在充分协商的基础上突破全人类关切的各项重要制度，至少制度的设计应当满足各方利益关切。中国拥有 3 种资源，5 块勘探矿区，是先驱投资者之

〔1〕《国际海底管理局第 25 届会议第二期会议综述》，载国际海底管理局官网 2019 年 8 月 2 日，http://www.comra.org/2019-08/02/content_40851580.htm，2022 年 9 月 4 日。

一，应积极在规章谈判中发出声音、贡献智慧，提出具体的有针对性的方案，提升国际海洋规则制定话语权，落实海洋强国战略。

《采矿规章》作为海管局的优先事项，在立法形式上宜采用总体立法，适时针对3种资源分别立法。[1] 显然，目前的立法工作遵循由分到总的模式，主要原因是分别立法耗时耗力。但是，勘探合同的15年期限陆续到期，当前的情况是现实需求急切而立法滞后于实践。在具体制度上，开发的商业性决定了惠益分享机制是规章的重要内容，海底矿产开发对海洋环境可能造成深层次破坏，因此，海洋环境保护是贯穿规章始终的关键部分。制定开发规章是海管局的优先事项，而惠益分享、海洋环境保护是制度完善工作的重中之重。正如中国代表团在海管局第23届大会理事会的发言中指出，开发规章在内容上应服务于最紧迫的现实需要，优先规定基本法律框架和原则，并根据实践的发展而演变，逐步细化和完善相关具体规则。[2] 我们认为，《采矿规章》谈判的制度应该沿着以下进路逐步完善。

（一）统筹完善缴费机制和惠益分享机制

惠益分享与缴费机制密不可分，两者本质上都是对"区域"内活动所产生收益的处置和再分配，因此，对完善建议应一并讨论。"人类共同继承财产"原则要求海管局成为"区域"的保管人，或如帕尔多大使所说的"托管人"，并确保今世后代能够公平分享任何利益（例如保护海洋环境）。[3] 为达到此目的，海管局必须进一步详细拟订惠益分享机制的参数。开采深海矿产资源可以看作自然资本向金融资本的转化，惠益分享机制可谓分享这种转变产生的利益的最直接方法。其一，惠益分享宜采用混合型的缴费机制，以权利金为中心，辅以产量分成安排的缴费体系。[4] 固定年费可以按照开采量来确定，

---

〔1〕 参见王勇：《国际海底区域开发规章草案的发展演变与中国的因应》，载《当代法学》2019年第4期。

〔2〕《中国代表团在海管局第23届会议理事会"开发规章草案"议题下的发言》，载中国常驻国际海底管理局代表处官网，isa. china - mission. gov. cn/hyyfy/202208/t20220819_10746366. htm.

〔3〕 See Jaeckel A, Ardron J A, Gjerde K M, *Sharing Benefits of the Common Heritage of Mankind-Is the Deep Seabed Mining Regime Ready*?, Marine Policy, Vol. 70, No. 8 (2016).

〔4〕 参见林家骏、李志文：《国际海底区域采矿规章的惠益分享财政制度取向》，载《理论探索》2019年第5期。

与从价权利金交替选择能更好地协调承包者与海管局之间的利益。其二,在《公约》的设想中,最大胆地将惠益分享制度化的措施就是创建企业,即成立海管局的商业分支。而企业部门的独立运作是保障惠益分享公平的前提。[1] 因此,现阶段不仅要解决惠益分享的问题,更重要的是保障企业部门的独立运作。因此,需要改变《公约》规定的平行开发机制,明确股权,或组成合资企业作为平行开发制的替代方案,这将影响"人类共同继承财产"原则的实施。[2] 股权或合资企业方案也有可能为企业部门提供比保留区更稳定的收益,从而可能为发展中国家提供收入来源。同时,企业部门的独立运作应遵循成本效益原则、渐进原则、健全的商业原则以及发展中国家优惠待遇的原则。其三,缴费机制应体现灵活性和透明度。《执行协定》规定了特许权使用费、特许权使用费和盈利分享相结合的可选择模式,而目前的开发规章倾向于固定缴费机制。《采矿规章》的制定应当遵循《公约》及其《执行协定》的规定,体现灵活性,符合各方利益需求。对于缴费制度而言,透明度至关重要。理想的缴费机制是由最佳结构和信息需求驱动的。[3] 如果无法获得可靠和有代表性的各类信息,则必须对制度进行调整。成本信息的潜在缺乏,相关国际税务和会计准则的缺乏,与海管局有关的税务条约的缺乏都限制了理想缴费制度的形成。其四,2018 年第 24 届海管局大会开始重视惠益分享的问题,各方利益冲突严重且机制不成熟,现阶段的《采矿规章》应适当提及惠益分享,具体规则可留待后续讨论,[4] 也可以选择以附件或准则的形式进行具体规定。

---

〔1〕 See Nijen K V, Passel S V, Brown C G, et al., *The Development of a Payment Regime for Deep Sea Mining Activities in the Area through Stakeholder Participation*, The International Journal of Marine and Coastal Law, Vol. 34, No. 7 (2019).

〔2〕 See Jaeckel A, Ardron J A, Gjerde K M, "Sharing Benefits of the Common Heritage of Mankind-Is the Deep Seabed Mining Regime Ready?", *Marine Policy*, Vol. 70, No. 8 (2016).

〔3〕 See Nijen K V, Passel S V, Brown C G, et al., *The Development of a Payment Regime for Deep Sea Mining Activities in the Area through Stakeholder Participation*, The International Journal of Marine and Coastal Law, Vol. 34, No. 7 (2019).

〔4〕 参见王勇:《国际海底区域开发规章草案的发展演变与中国的因应》,载《当代法学》2019 年第 4 期。

（二）逐步完善担保国责任的归责原则和责任范围，协调海管局管理“区域”开发活动

担保国责任是确保资源开发和海洋环境保护的重要内容，直接影响采矿规章的制定进程。然而，2019 版《采矿规章》对于担保国责任的规定毫无进展，当下需明确担保国责任的归责原则和责任范围。

首先，担保国责任宜采用无过错责任原则，主要理由有三点。第一，根据《公约》第 139 条规定缔约国承担过错责任，如此会导致责任缺口，造成受害者无法得到救济，海洋环境无法得到保护。第二，外空领域与核领域已经形成国家无过错责任的习惯法，而且“区域”活动可能造成重大环境损害，具有特殊危险性，无过错责任的发展趋势可以为规章的制定提供借鉴与参考。[1] 第三，实践中存在承包者无力赔偿而担保国无须赔偿的情况，这将导致“区域”损害无法得到补救，因此可以借鉴国内法中有关环境保护的强制责任保险和赔偿基金制度。[2]

其次，担保国宜承担充分赔偿责任。根据“污染者付费”原则，承包者在获得商业开发带来的利益的同时也应承担损害海洋环境的后果。担保国起到监督和管理作用，承包者若无力赔偿，担保国应当予以充分赔偿以补救海洋环境破坏造成的损害。另外，国际海洋法法庭对于担保国责任的咨询意见认为：国家充分赔偿已经发展成为国际习惯法，并且被《国际责任条款草案》接受，[3] 这对于“区域”采矿规章制定具有重要指导作用。因此，在平等协商的基础上完善担保国责任条款，协调商业开发和海洋环境保护之间的平衡，将直接影响到规章的生效。

（三）全方位、多层次构建海洋环境保护制度

保护海洋环境需要全方位、多层次的制度进行事前预防、事中监管、事后

---

〔1〕 参见魏妩媚：《国际海底区域担保国责任的可能发展及其对中国的启示》，载《当代法学》2018 年第 2 期。

〔2〕 参见张辉：《论国际海底区域开发担保国责任制度》，载《人民论坛 · 学术前沿》2017 年第 18 期。

〔3〕 参见张辉：《论国际海底区域开发担保国责任制度》，载《人民论坛 · 学术前沿》2017 年第 18 期。

保障。现阶段,海洋环境保护要想突破制度困境,不能仅关注事后保障。因此,海洋环境保护制度的未来出路可以从以下三个方面予以考虑。

其一,引入多层级治理模式。多层级治理源于欧盟,同样适用于海洋环境保护。〔1〕 海洋环境保护涉及多方利益,一般难以协调,多层级治理模式可以提供解决此问题的途径。在"区域"海洋环境保护方面,多层级治理模式中的规则不仅包括海管局制定的全球性治理规则,还包括作为承包商的担保国的国内法(如关于海洋环境保护的规则),私人投资者的内部治理条例,等等。多层级治理具有独特的治理结构,可以发挥多方约束的作用,但是仍然需要协调治理的冲突。

其二,区域环境战略计划发挥事中监管优势。当前,关于海底矿产开采对海洋环境的确切影响,研究成果尚不丰富,关于消除这些不利影响的科学知识及相应对策也比较有限,这些问题都是制定开采条例的关键挑战。鉴于存在风险的不确定性,需要制定战略性的方法进行环境监管。应当鼓励有针对性的研究,开展"区域"环境影响评估,制定监管保障措施,确保海底矿产开发的环境损害不超过商定的阈值。2018 年 7 月,海管局迈出了重要一步,通过了《区域环境战略计划》。该计划规定了 2019—2023 年的战略方向,力求使海管局的工作符合联合国提出的可持续发展目标。区域环境战略计划在事中监管中具有重要的优势。此外,区域环境管理计划的有关标准应与《联合国海洋法公约关于保护和可持续利用国家管辖范围以外区域海洋生物多样性的协定》相协调,同时应明确现有规章条款中"良好行为惯例""最佳科学和预防原则"等具体标准,将环境标准作为标准和准则路线图的首批制定事项。

其三,适应性管理是平衡深海采矿和海洋环境保护的重要工具。〔2〕 适应性管理需要灵活的程序机制,需要不断调整环境标准,达到协调的局面。

---

〔1〕 参见全永波:《全球海洋生态环境多层级治理:现实困境与未来走向》,载《政法论丛》2019 年第 3 期。

〔2〕 See Jaeckel A, *Deep Seabed Mining and Adaptive Management: The Procedural Challenges for the International Seabed Authority*, Marine Policy, Vol. 70, No. 8 (2016).

目前,缺乏调整环境标准的综合机制是适应性管理面临的障碍之一,而海管局可以调整环境标准的方式是通过区域环境管理计划。原因有二:一是区域环境管理计划由海管局集中管理,可以单独修改,无须承包者同意;二是把区域环境管理计划纳入《采矿规章》,赋予其法律约束力。[1] 现存问题不在于海管局是否具有应用适应性管理的能力,而在于是否应当建立程序和机制以应对适应性管理的挑战。因此,将环境标准纳入《采矿规章》或区域环境管理计划,可以确保这些标准得到非歧视性应用,并为海管局提供具有一定执行力度的问责制。此外,承包商必须提前制定预防方法,以实现最佳环境实践。这些一般义务可以通过海管局的建议和区域环境管理计划而被赋予具体含义。

五、"海洋命运共同体"理念下的中国回应

2019 年 7 月 15 日,海管局第 25 届理事会核准了北京先驱高技术开发公司提交的多金属结核勘探矿区申请,我国已成为拥有 3 种资源、5 个专属勘探矿区的先驱投资者,兼具缔约国、承包者和担保国三重身份,深度参与《采矿规章》的谈判,掌握规则制定的引领权。凝聚中国智慧的海洋治理方案是构建"海洋命运共同体"的重要内容。现阶段,我国在海洋技术和法律层面已经取得了重大进展,研发制造了以"蛟龙"号载人潜水器、"海龙"号无人缆控潜水器、"潜龙"系列无人无缆潜水器等为代表的深海勘查技术装备,为开发和利用深海资源提供了技术支持。[2] 我国还颁布了以《深海海底区域资源勘探开发法》为核心,以《深海海底区域资源勘探开发许可管理办法》《深海海底区域资源勘探开发样品管理暂行办法》等为配套规定的深海法律体系。因此,在《采矿规章》谈判的关键阶段,在"海洋命运共同体"理念的指导下,我国应及早提出切实可行的中国方案。

---

〔1〕 See Jaeckel A, *Deep Seabed Mining and Adaptive Management: The Procedural Challenges for the International Seabed Authority*, Marine Policy, Vol. 70, No. 8 (2016).

〔2〕 参见孔庆江:《深海资源开发:国际投资法新疆域》,载《人民论坛·学术前沿》2017 年第 18 期。

(一)推动"海洋命运共同体"理念的实施,凝聚"区域"开采的"共进"思维

"海洋命运共同体"理念契合《采矿规章》谈判的现实需求,争议较大的缴费机制、惠益分享机制、海洋环境保护机制等都可以在"海洋命运共同体"理念的指导下达成共识。"海洋命运共同体"理念具有丰富的国际法内涵,平等协商、互利共赢、可持续发展等与"区域"作为全人类共有物的属性相契合,可以为解决《采矿规章》的具体制度争议提供新思路。此外,在人类命运共同体理念被各国普遍认可的背景下,中国为"区域"开采谈判提供"海洋命运共同体"的新理念,正是我国引领国际规则制定话语权的重要体现。近期,《中国自然资源部与国际海底管理局关于建立联合培训和研究中心的谅解备忘录(草案)》已通过,从联合培训和研究中心的建设出发,加大宣传力度,可以让"海洋命运共同体"的理念走深走实。

(二)积极参与"区域"开采具体制度的研究和制定,提升国际海洋规则制定话语权

在《采矿规章》制定过程中,我国应发挥引领国的作用,在制度设计上突出中国方案,这就需要深入具体制度进行研究。现阶段,我国提交的评论意见主要从宏观视角出发,缺乏对具体制度的掌控。例如,关于 2018 年草案,中国主要针对财务条款发表了自己主张;关于缴费机制,中国坚持《执行协定》的有关规定,坚持特许权使用费与盈利分享相结合的缴费制度,建议考虑采用分阶段缴费和随金属价格变化的浮动缴费率;关于区域环境管理计划,中国原则上同意将该计划作为深海商业开发的前提,但是强调不能以此为借口阻碍申请开发工作计划和签订开发合同。中国认为,《采矿规章》应针对区域环境管理计划这一重要环保事项制定具体规定;区域环境管理计划的确立不仅需要海管局发挥引领作用,还需要承包者之间的合作;有关标准应与《联合国海洋法公约关于保护和可持续利用国家管辖范围以外区域海洋生物多

样性的协定》相协调。[1] 此外，关于《采矿规章》谈判的基本立场，我国一直鼓励和促进开发，兼顾海洋保护，循序渐进，稳步推进《采矿规章》制定工作，以保证公平公正，惠及各方利益。未来，我国应更加注重具体制度方案的研究。

关于缴费机制与惠益分享机制，目前美国麻省理工学院的学者在进行支出模型、金属价格预估模型、现金流模型三种模型的对比研究，目的是分析从量、从价、从利缴费机制的利弊，罗斯先生认为混合模型是可行的。[2] 但是，模型中未考虑保险相关支出、社会福利以及对陆上和深海采矿的不利影响。我国可以采用麻省理工学院的模型进行模式设计，成立专门研究组拟定具体方案，因此，需要既懂法律又懂会计的复合型人才。区域环境管理计划是最新制定的海洋环境保护制度，其法律性质、具体内容等尚不明确。我国可以利用先发优势，及早对区域环境管理计划进行具体研究。

（三）完善国内深海法律制度，为商业开发做好国内法律保障

目前，我国已经形成以《深海海底区域资源勘探开发法》为核心，以《深海海底区域资源勘探开发许可管理办法》《深海海底区域资源勘探开发样品管理暂行办法》为配套规定的国内深海法律体系。但是，《深海海底区域资源勘探开发法》对有关内容仅作了原则性规定，有关制度的出台则需要制定实施细则才能更好地付诸实践。首先，制定"区域"开发环境保护管理办法，坚持《公约》中海洋环境保护的基本原则，参考海管局勘探规章和开采规章中关于环境保护的相关规定，并借鉴其他国家深海立法的环境保护规则，为《深海海底区域资源勘探开发法》中环境保护的原则性规定制定具体的操作细则。[3] 其次，构建深海信息共享机制及运行指南。[4] 《深海海底区域资源

---

〔1〕 参见黄惠康：《国际海洋法前沿值得关注的十大问题》，载《边界与海洋研究》2019 年第 1 期。

〔2〕 *Comments on the draft regulations on the exploitation of mineral resources in the Area*, International Seabed Authority（Dec. 4, 2018）, https://ran-s3. s3. amazonaws. com/isa. org. jm/s3fs-public/files/documents/25c – 2 – e_3. pdf，2019 年 8 月 15 日。

〔3〕 参见王超：《国际海底区域资源开发与海洋环境保护制度的新发展——〈"区域"内矿产资源开采规章草案〉评析》，载《外交评论（外交学院学报）》2018 年第 4 期。

〔4〕 参见张梓太：《构建我国深海海底资源勘探开发法律体系的思考》，载《中州学刊》2017 年第 11 期。

勘探开发法》第 16 条规定，建立深海公共平台，为深海科学研究、资源调查提供专业服务。可以考虑由中国大洋矿产资源研究开发协会牵头，由国家提供资金支持搭建深海公共平台。最后，做好国内法与国际法的衔接工作，《采矿规章》尚在制定中，我国需及时关注规章的制定动态，履行负责任大国的义务。

浅谈涉煤矿企业破产清算案件中生态修复及矿山遗留问题的处理

——以贵州某涉煤矿企业破产案件为例*

徐　骏　赵寿申**

摘　要:破产管理人在办理涉煤矿企业破产清算案件过程中,要妥善处理好矿山生态修复、矿区历史遗留问题等涉及生态环境债权确认和清偿工作的问题,《民法典》《企业破产法》《环境保护法》等诸多法律法规对此均有明确要求,但具体到生态环境债权调整、清偿顺位、相关费用保障等实践操作问题上,均缺乏明确规定,且实践争议较大,影响了破产管理人职能的发挥和破产程序的高效运行。本文以个案的办理经验为切入点,坚持问题导向,通过分析实践中遇到的阻碍和解决方案,和同业共同讨论完善该类问题的处置方案。

关键词:破产管理人　涉煤矿破产企业　破产清算程序　生态修复　矿区历史遗留问题

近年来随着"两山"理念的实践深入,贵州省持续大力推进煤矿整顿关闭和煤炭资源整合工作:2007 年,关闭年产 3 万吨以下煤矿;2010 年,关闭年产 9 万吨以下煤矿;2017 年,关闭年产 15 万吨以下煤矿;2019 年,关闭年产 30 万吨以下煤矿。大量中小型煤矿面临着关停、被兼并重组的抉择,走向破产清算的涉煤矿企业数量也在逐年递增。破产管理人在办理此类案件过程中,必然要妥善好处理矿山生态修复、矿区历史遗留问题等涉及生态环境债权确认和清偿工作的问题,其核心是破产企业对生态环境保护责任的承担,破产

---

* 获 2022 年 12 月第四届国际自然资源法治论坛积极参与奖。

** 徐骏:贵州贵达律师事务所专职律师;赵寿申:贵州贵达律师事务所专职律师。

程序绝不是破产企业脱责的避风港。然而现实情况中,生态环境损害本身具有隐蔽性强、潜伏期长、成因复杂、波及面广等特点,且矿区生态修复问题与历史遗留问题又多面临着迁延时间长、矿群矛盾突出等复杂情况。破产管理人在遇到以上问题时,往往不能第一时间确定其类别、难度、真实状况,若简单轻率地按照一般破产清算的法定程序履职,必然会遭遇这些问题的"突袭",从而导致破产清算程序受阻,甚至是严重拖延乃至停摆,不但破产案件无法顺利推进,更会进一步影响地区营商环境。因此,破产管理人在办理涉煤矿破产企业清算案件时,处理涉及生态环境保护责任的问题时不可不慎。

笔者选择以"浅谈涉煤矿企业破产清算案件中生态修复及矿山遗留问题的处理"为题作文,以办理个案的经验为切入点,坚持问题导向,通过分析实践中遇到的阻碍和解决方案,和同业共同讨论完善该类问题的处置方案。

一、问题的提出

2021 年,某人民法院受理甲企业的破产清算申请,并指定了破产管理人。破产管理人接管甲企业后,查明甲企业主要资产为 A 矿山采矿权,甲企业债务金额为 1 亿余元。根据《国务院关于煤炭行业化解过剩产能实现脱困发展的意见》《贵州省人民政府关于煤炭工业淘汰落后产能加快转型升级的意见》《贵州省人民政府办公厅关于印发贵州省 30 万吨年以下煤矿有序退出方案的通知》,A 矿山关闭后可向当地政府申请 1200 万元奖补资金。此外,破产企业还有矿山生态恢复治理保证金、安全生产风险抵押金等少量其他资金留存于当地自然资源局等行业监管部门,以上资金在优先用于职工安置后,剩余部分可依法用于企业化解债务等相关支出。破产管理人与相关部门沟通后,确定破产企业在获取上述资金前,需要完成 A 矿山全部关闭验收工作,其中就包括矿山生态修复和矿区历史遗留问题的处置。然而《企业破产法》及相关司法解释对于以上问题的处理缺乏具体规定,当地也无系统性的行业规范或案件办理指引,破产程序推进缓慢。经笔者了解,多数破产管理人在遇到这些问题时会按照破产程序的一般规则,或破产企业相关行业"惯例",或行业部门某年的"通知"来概括性地进行处理,缺乏统一的标准和尺度。贵州省作为煤炭行业占工业产值较重的省份,普遍存在上述问题。随着煤炭行业优化调整的深入和破产司法保障能力的提升,探索规范以上问题在破产程序中的处理方案是急需和必要的。

二、生态修复、历史遗留问题处置的必要性

本文所讨论的矿山生态修复、矿区历史遗留问题,是指煤炭矿山在确认关闭退出后,企业依照规定向能源局、工业和信息化(厅)局等行业监管部门申请工业企业结构调整中央专项奖补资金或政府支持落后煤矿产能关闭退出的一次性奖补政策资金(以下简称"奖补资金")前,应当依照规定妥善处理煤矿在建设开采过程中产生的一系列问题。该类问题主要包括采矿井筒的物理封闭、矿山整体环境生态的恢复治理〔1〕、职工安置、受地灾影响房屋的损害赔偿、土地占用引发的债务等,在破产清算程序中,处理该类问题的必要性主要源于以下几个方面。

(一)法律、法规的要求

在煤矿开采过程中,开采行为会对矿区自然生态、地质结构、水源、大气等造成持续性改变或损害,基于此,《环境保护法》《土地复垦条例》《水污染防治法》等相关法律法规均对煤矿企业的生态环境保护责任作出了较为严格的要求。例如,《土地复垦条例》第3条规定:"生产建设活动损毁的土地,按照'谁损毁,谁复垦'的原则,由生产建设单位或者个人(以下简称土地复垦义务人)负责复垦。但是,由于历史原因无法确定土地复垦义务人的生产建设活动损毁的土地(以下简称历史遗留损毁土地),由县级以上人民政府负责组织复垦。自然灾害损毁的土地,由县级以上人民政府负责组织复垦。"《水污染防治法》第42条规定:"兴建地下工程设施或者进行地下勘探、采矿等活动,应当采取防护性措施,防止地下水污染。报废矿井、钻井或者取水井等,应当实施封井或者回填。"由此可见,涉煤矿破产企业关闭煤矿退出市场前所

〔1〕 参见《矿山生态环境保护与恢复治理技术规范(试行)》(标准号:HJ 651—2013)"3.2 矿山生态环境恢复"。

需要处理的矿山生态修复、矿区历史遗留问题是法定义务。破产管理人是破产程序的主要推动者和破产事务的具体执行者,[1]法律法规要求企业履行的上述义务,无疑也是破产管理人勤勉尽责,忠实执行职务的必然要求。

（二）行业监管部门的要求

采矿权通常是涉煤矿破产企业唯一或最主要的具备变价价值的破产财产。实践中,大量的涉煤矿破产企业会在停止生产或资源枯竭相当长的一段时间(甚至若干年)后,方由其债权人或其自行申请进入破产清算程序。此时,矿区内的厂房、设备、地下巷道等固定资产多因年久失修、保管维护不当,价值严重贬损甚至灭失。部分煤矿保留较完整的固定资产,也会由于技术迭代、煤矿企业需向水务局、电力局移交水利电力设备、房屋下的土地非因划拨或土地使用权未取得、临时政策规定不可撤回[2]等多种客观因素,最终导致固定资产无法变价或变价成本远高于收益,此类情况在现实中大量存在。

因此,采矿权的变价对于破产企业的清算、破产债权的分配清偿至关重要。若破产管理人能够通过资源指标置换、出卖产能的方式变价的,则不在本文讨论之列。实践中,破产管理人面临的多数情况是,破产企业的采矿权无法通过资源指标置换的方式变价,市场上也寻求不到买家,只能在自行关闭煤矿后通过申领"奖补资金"的方式实现对采矿权的变价。

但涉煤矿破产企业通过申领"奖补资金"的方式来实现对采矿权的变价系依托于工业企业结构调整的政策性规定,因此存在诸多的前置条件。依据财政部印发《工业企业结构调整专项奖补资金管理办法》(已失效),"奖补资金"是指中央财政预算安排用于支持地方政府和中央企业推动钢铁、煤炭等行业化解过剩产能工作的以奖代补资金。最高人民法院在《关于对工业企业结构调整专项奖补资金不宜采取财产保全措施和执行措施的通知》中明确,该资金专项用于相关国有企业职工以及符合条件的非国有企业职工的分流安置工作,目的在于去除钢铁、煤炭等行业的过剩产能,推进供给侧结构性改

〔1〕 参见《全国法院破产审判工作纪要》第三部分"管理人制度的完善"。

〔2〕 例如,《贵州省能源局、贵州煤矿安全监察局关于深刻吸取近期多起事故教训切实加强煤矿安全生产工作的紧急通知》中"对于回撤设备的矿井要立刻停下来,严禁人员入井"的规定。

革。具体到贵州省，破产管理人申领“奖补资金”的主要政策依据为《贵州省人民政府关于煤炭工业淘汰落后产能加快转型升级的意见》《关于加快推进兼并重组煤矿分类处置促进煤炭产业转型升级发展的通知》《关于涉煤矿破产案件若干问题的会议纪要》。

以贵州省为例，行业监管部门通常要求煤矿企业在申领“奖补资金”之前，必须完成数项考核验收工作。如贵州省能源局《关于开展2019年度煤炭行业化解过剩产能关闭煤矿验收工作的通知》中，就将“关闭煤矿验收报告（含意见表）”“经批复的关闭煤矿闭坑报告”“关闭煤矿债务处置情况说明”等内容作为考核验收的评价内容，矿山生态修复、矿区历史遗留问题的处置方案也必须列入闭坑报告的编制一并报批。因此在实践中，破产管理人欲通过申领“奖补资金”的方式实现采矿权变价，则必须先完成矿山生态修复、矿区遗留问题处理等工作。

（三）社会责任的要求

《关于推动和保障管理人在破产程序中依法履职进一步优化营商环境的意见》要求“……管理人应当勤勉尽责，忠实履职，切实维护职工、债权人、投资者、破产企业及相关利益主体合法权益，切实维护社会公共利益……”，破产管理人在依法履职、维护债权人利益的基础上，也应当切实维护社会公共利益，而对于矿山生态恢复、矿区遗留问题的处理，正是破产管理人承担社会责任最直接的体现。

对于涉煤矿破产企业而言，其发展不仅要靠自身拥有的资本、技术、劳动力等生产要素，同时还高度依赖地区自然资源、生态环境和矿区群众的支持，因此企业在追求经济利益的同时，也应该承担维护和改善当地生存环境的社会责任。

三、生态修复、历史遗留问题处置费用的探讨

破产管理人处置矿山生态修复、矿区历史遗留问题时，费用支出主要来自招募专业机构编制闭坑方案、矿山生态修复方案、实施物理闭坑及矿山恢复治理，以及对因煤矿生产活动受损的被侵权人的赔偿，对开采作业占用集

体土地的补偿等产生的费用。当"奖补资金"作为涉煤矿破产企业唯一或主要破产财产时,就必须确定以上费用的性质。无论是将其作为普通债权、破产费用、共益债务,还是其他性质的受偿权利,对于整体破产债权的清偿均具有重大影响。笔者将结合法律规定、实践经验、立法本意及公平原则,作以下探讨。

(一)职工安置费用

一般而言,破产企业职工安置费用均应依照《企业破产法》第113条第1款第1项之规定,纳入职工债权统一清偿。但需要特别注意的是,如果破产财产中包含了"奖补资金",则职工安置费用首先应当在"奖补资金"的范围内优先获得清偿,其原因在于《工业企业结构调整专项奖补资金管理办法》(已失效)第13条、《贵州省人民政府办公厅关于印发贵州省30万吨/年以下煤矿有序退出方案的通知》中均明确了"奖补资金"无论是由中央财政预算拨付还是贵州省地方财政支持,都应当优先用于职工的安置处理。

(二)关闭煤矿必要工作产生的费用

如前文所述,涉及闭坑、矿山生态修复、赔偿煤矿生产活动造成的损害、补偿土地占用费等工作所产生的费用或债务应该如何定性?其答案将直接决定上述费用在破产清算程序中的清偿顺序。

第一种观点认为,该类费用应归属于普通债权。其原因在于《最高人民法院关于审理企业破产案件若干问题的规定》第55条第1款第11项之规定债务人在破产宣告前因侵权、违约给他人造成财产损失而产生的赔偿责任属于破产债权。从侵权责任的视角出发,该结论固然符合现行法律规范的规定,但明显缺乏良好的社会效果,也往往与现实脱节。在现实情况中,普通破产债权的清偿率通常较低甚至债权人无法获得清偿,将该类费用归入普通债权将引发以下问题:

首先,破产企业可以通过破产程序"逃单",有限的环境资源将成为破产企业"免费"的商业成本,易诱发部分企业为规避生态修复和历史遗留问题赔偿责任而恶意破产的道德风险。同时,自然资源和生态环境部门也几乎不可能在煤炭企业不妥善处理生态修复和历史遗留问题的情况下同意煤矿的关闭验收工作。

其次,煤矿关闭、矿山生态修复、环境治理等工作具备极强的专业性,破产管理人必须依靠招募专业的编制单位、施工机构推进相关工作,若将该部分费用作为普通债权处理,则破产管理人实际上将无法获得资金保障用于上述工作,关闭煤矿的工作实质上将无法完成,破产程序恐将深陷泥潭。

最后,将该类费用归于普通债权意味着债权人必须按照《企业破产法》的规定向破产管理人申报债权。然而现实中,采煤活动引发的地质灾害所造成的房屋损害、水污染、耕地破坏等情况,会危及当地群众的基本生存权利。但由于矿山多位于山区,被侵权人多是文化水平较低,法律素养严重不足,长期分散居住或离乡打工的村民。因此,若要求其严格依据《企业破产法》的规定向破产管理人申报债权,这些被侵权人将无法凭借自己的力量依据破产程序依法获得应有的赔偿。这种情况下,一则造成实质上的不公平,二则易激化原有矿群矛盾,诱发群体性事件。因此,将该类费用归属于普通债权的做法在实际操作中将会难以推行。

第二种观点认为,生态修复相关费用应优先于普通债权受偿。其理由在于,如果将生态修复责任单纯归属于侵权责任,那么在私法责任的理论框架下,其难以得到圆满解释和适用。[1] 例如,在土壤污染治理中,行政机关可以单方面决定责任人的法律义务或责任,因此将生态修复责任解释为公法责任更合理。基于此,生态修复责任的私法属性表现在它仍然是债,但同时它的公法属性则体现为公益性,和税收债权一样,应优先于普通债权受偿。

该观点的缺陷在于,从公益性角度出发,生态修复费用比照税收债权优先受偿的方案有其合理性,但无法律依据。《企业破产法》及相关司法解释对于优先债权的设计,采取了封闭列举的方式,其中并无生态修复和环境侵权相关债权,其他部门法中对生态修复责任的受偿地位也无特别规定。笔者认为,破产债权的清偿顺序,本质上属于权利冲突,确认破产债权清偿顺序系法

---

〔1〕 参见康京涛:《生态修复责任的法律性质及实现机制》,载《北京理工大学学报(社会科学版)》第5期。

定权利位阶规则,是确保全体债权人都能够依法得到合理清偿的基础,从《企业破产法》对此采取了封闭列举的方式即可见一斑。因此,破产管理人对于优先债权的认定应当遵循严格解释,更不宜类推适用。

此外,《全国法院破产审判工作会议纪要》第28条确定了"……对于法律没有明确规定清偿顺序的债权……私法债权优先于公法债权……原则合理确定清偿顺序"。基于此,即便强调了生态修复责任的公法属性,但在现行破产法律制度下,生态修复费用也不能当然优先于普通私法债权受偿。

第三种观点认为,该类费用应作为破产费用或共益债务优先受偿。回到本文第一部分问题中的案例,破产企业甲的主要资产是A煤矿的采矿权,其债权人获得清偿的主要资金来源是A煤矿关闭后所申领的"奖补资金"。但行业监管部门在煤矿关闭验收的具体要求中,早已列明了煤矿所属企业要完成对矿山的生态修复和历史遗留问题处理。因此,妥善处理上述问题是破产管理人取得"奖补资金"的前置条件,同理,该类费用的支出,也是其他债权获得清偿的前置条件,即便无法被认定为破产费用,至少也应当归属于共益债务。在面对实践中出现的与法律规定的范围不一致,却具有相当程度合理性的共益债务,破产管理人应从目的解释的角度出发,适当地扩大对共益债务的认定范围,其核心就是要把握住全体债权人的共同利益。

笔者认为该观点存在以下不妥之处:第一,根据《最高人民法院关于适用〈中华人民共和国企业破产法〉若干问题的规定(二)》第3条第2款之规定:"对债务人的特定财产在担保物权消灭或者实现担保物权后的剩余部分,在破产程序中可用以清偿破产费用、共益债务和其他破产债权。"破产费用和共益债务落后于别除权的行使,当别除权完全覆盖采矿权价值时,破产管理人同样面临因破产费用实际无法支付而不能完成煤矿关闭工作的困境。第二,相关问题的处置费用是基于煤矿生产过程中所产生的"环保及矿山修复义务""侵权损害赔偿"等原因而形成的,因此此类费用一般发生在破产案件申请受理之前,将其列为共益债务明显不符合"破产案件申请受理之后"这一程序要件,缺乏基本的法律依据。

第四种观点认为,此类费用应当在"奖补资金"的范围内优先清偿,这也是笔者认为最符合实际情况,最便于破产清算程序推进的观点。其原因在于,“奖补资金”是破产管理人无法通过其他手段对采矿权进行变价时采取的无奈之举,其也是相当一部分涉煤矿破产企业唯一能够选择的变价方式。严格来说,采矿权是指“在依法取得的采矿许可证规定的范围内,开采矿产资源和获得所开采的矿产品的权利。取得采矿许可证的单位或者个人称为采矿权人”〔1〕。“奖补资金”源自国家财政补贴,可以理解为是在采矿权无法通过出卖、置换产能等形式变现时,采矿权人在满足取得条件后方能获得的、特殊的采矿权的财产表现形式。以贵州省为例,涉煤矿破产企业获取“奖补资金”的主要政策依据为贵州省能源局等多部门联合印发的《关于加快推进兼并重组煤矿分类处置促进煤炭产业转型升级发展的通知》《贵州省人民政府关于煤炭工业淘汰落后产能加快转型升级的意见》,这些政策体现了取得“奖补资金”的对价是关闭落后产能,而关闭落后产能又须满足各行业主管部门的验收需求。在此基础上,就不难理解相关问题处置费用应当在“奖补资金”的范围内优先受偿的原因了。就煤矿关闭、矿山生态修复工作而言,由于其是满足煤矿关闭验收的程序性工作、执行破产事务所必需的“聘用工作人员”的费用,在扣除“矿山生态恢复治理保证金”等抵押金后,应当被列为破产费用随时清偿。对煤矿生产活动占用集体用地引发地质灾害导致的房屋损害、农田污染、耕地破坏等矿区历史遗留问题的妥善处理,同样是满足煤矿关闭验收条件的要求之一,是获得“奖补资金”的前提,应在获得的“奖补资金”中预先扣除。

值得注意的是,当此类问题所涉及的煤矿企业存在担保权等优先受偿权(别除权)时,笔者也更倾向于此类费用优先于别除权而受偿。结合上文,此类采矿权作为担保物要实现其财产价值,必然走向采矿权注销的结果,根据《民法典》第 390 条“担保期间,担保财产毁损、灭失或者被征收等,担保物权人可以就获得的保险金、赔偿金或者补偿金等优先受偿……”之规定,别除权人可以就采矿权注销后的“奖补资金”优先受偿。但也正因前文所述,“奖补

---

〔1〕《矿产资源法实施细则》第 6 条第 2 款。

资金”的取得应预先扣除相关问题的处置费用，这也进一步为相关问题的处置费用优先于普通债权受偿提供了法律依据。

2021 年 11 月 29 日，贵州省高级人民法院、贵州省自然资源厅、贵州省能源局、贵州省财政厅联合印发了《关于涉煤矿破产案件若干问题的会议纪要》，其中第四部分明确了“对于关闭煤矿，由于煤矿主体企业破产而没有资金处理建设过程中产生的房屋损害赔偿、征地赔偿等债权债务纠纷的，地方政府及部门应优先将省级下发的关闭煤矿奖补资金统筹用于闭坑工作……”，无疑是对第四种观点的实践运用。

四、生态修复、历史遗留问题处置过程中的主要工作、部分难点问题

在处理矿山生态修复、矿区历史遗留问题的过程中，受煤矿关闭进度和煤矿所在地行业监管部门的要求不同、贵州省煤炭能源政策调整，以及当年煤炭市场整体行业情况波动等多种因素的影响，破产管理人在处置相关问题时所采取的具体方法可能会存在差异，但综合多地实践经验，笔者认为主要有以下几个方面工作。

（一）矿井井筒物理封闭

矿井井筒物理封闭是指煤矿企业依照国家法律规定、行业技术规范以及各地行业管理部门的工作指导要求，对通往井下的主要出入口及通道填充符合技术标准的砂石材料，并按照符合法律规定和行业技术规范的工程方案进行施工回填的工作。该项工作需要井下作业，仅是在封闭施工过程中对井下瓦斯突出、污染物泄露、爆炸物遗留等安全事故的防治，都涉及破产管理人所不具备的专业知识。所以破产管理人在推行该项工作时，应当在经过法院、债权人会议同意的基础上，招聘专业机构先行编制闭坑方案，并报送行业主管部门批准，待方案通过后，再招聘专业施工机构按照获批方案严格进行施工、监理。需要特别注意的是，破产管理人应当要求施工机构对施工过程进行全程不间断录像，并对重点部位拍照留存。

（二）矿山生态修复

矿山生态修复主要包括三项基础工作：一是矿山整体生态修复，要对当前存在的生态问题进行判断和识别，并招聘专业机构编制修复方案后报送自然资源管理部门批准通过；二是严格按照获批方案施工，工程内容包括但不限于复垦复绿、地灾隐患修复、地面房屋设备拆迁、移交或再利用等方面；三是积极排查矿区已存在的污染问题和可能存在的污染隐患，并及时与所在地生态环境部门沟通，确定治理方案。以上工作专业性极强，同样需要破产管理人在推行该项工作前，在经过法院、债权人会议同意的基础上，招聘专业机构来完成。同时，此项工作具备一定的灵活性，如依据自然资源部制定的《历史遗留矿山核查技术规程》，历史遗留矿山存在的主要生态问题为地质环境问题、土地损毁和植被破坏等。根据现场破坏情况，生态修复方式主要有以下四种：（1）自然恢复，指采矿损毁土地依靠生态系统的自我调节能力能够逐步得到恢复，不需进行工程干预；（2）辅助再生，指采矿损毁土地表土不适合植被生长，需要进行土地平整、表土覆盖和培肥才能使受损生态系统逐步恢复；（3）生态重建，指采矿损毁土地需要采取工程措施消除矿山地质环境问题隐患，进行地貌重塑、土壤重构、植被重建等；（4）转型利用，指采矿损毁土地可恢复为耕地等用于农业生产，或恢复为城乡建设用地用于各类建设活动。因此，破产管理人应当以节约破产成本、高效推进破产清算程序、快速出清“僵尸”企业作为工作指导原则，积极与编制方案的专业机构、当地主管部门沟通协商，制定合适的修复方案，以求更高效、更节约地完成各项矿山修复工作。

（三）历史遗留问题处理

煤矿企业在漫长的生产建设过程中，通常会产生并积累大量的“矿群问题”，主要包括生产活动引发地质灾害导致的房屋损坏、征地（补）赔偿、无偿保供煤炭、职工安置等内容。这些都是破产管理人在关闭煤矿过程中必须妥善处置的问题，行业内一般称之为“历史遗留问题”。此类问题由于形成时间较长、涉案群众人数众多且涉及群众基本生存，破产管理人在工作中要特别注意方式方法，防止群体性事件的发生。同时，该项工作的难点在于收集基础债务数据、设置鉴别和赔偿标准、组织协商谈判、执行赔偿方案等。因此破产管理人在推行此项工作时，需要争取当地政府和基层自治组织的认可和配合，特别是在（补）赔偿事宜的谈判中，需要破产管理人挑选有丰富社会工作经验和基本共情能力的人员从事具体工作，以便加快推进本项工作。

（四）其他必要事项

以贵州省为例，为满足闭坑验收的要求，破产管理人还需要完成煤矿基础资料收集（采矿许可证、安全生产许可证、开采方案初步设计批复、安全设施设计批复、关闭公告、采掘工程平面图等技术图纸），依法注销采矿许可证、安全生产许可证、获得开采方案初步设计批复、安全设施设计批复等许可，向供电公司、水务公司注销供电、供水账户，向公安机关申请对民用爆炸品停供、清退等工作。这些工作需要破产管理人在短时间内同时与多个行业监管部门进行沟通，因此破产管理人应在确认开展闭坑工作前，提前做好人员调配，高效推进本项工作开展，以免在申请多部门联合验收时，因为遗漏相关工作而导致验收失败，延误工作进度。

（五）对部分难点问题的思考处理

上文提及的工作内容，涉及多个细项，破产管理人需及时辨明其中事项的轻重缓急，对部分难点问题要充分重视，以免一处受困导致整体工作受阻。笔者结合实践经验，对部分难点问题试做以下归纳和思考。

1. 资金未获保障，闭坑工作停摆。如前文所述，通常情况下“奖补资金”是涉煤矿破产企业唯一或主要破产财产，而负责监管闭坑工作和资金下发的行业监管部门又要求破产企业在完成闭坑工作后才能申领“奖补资金”，这就陷入“缺乏资金开展闭坑工作——无法完成闭坑工作——无法申领‘奖补资金’——缺乏资金开展闭坑工作”的悖论循环之中。即使主管部门会在闭坑报告批复后下发“奖补资金”的10%作为前期启动资金，但在面临上述多项工作内容时，这些资金无异于杯水车薪。

笔者在实践中曾根据具体情况，采取过沟通专业机构垫资工作、分期取酬等解决方法，但这些方法都存在不灵活、不确定的因素，且实践中会对破产管理人招聘专业机构、制订谈判策略造成阻碍，最终工作效果不甚理想。对此，笔者建议通过“府院联动”机制，在法院或行业主管部门的监管下，设立独立的账户(或直接使用破产管理人账户)先行接收全部“奖补资金”,破产管理人再根据债权人会议通过的财产管理方案和法院批准的财务制度使用“奖补资金”完成各项关闭煤矿的工作。破产管理人在对有限的可用资金进行全面评估,确定或预留好各项工作所需资金后,就可以及时制定和执行财产分配方案,这样更有利于破产程序的高效推进。

2. 历史遗留问题难以推动。煤矿企业在生产建设过程中产生的历史遗留问题常常是复杂且敏感的,多触及当地民生问题,绝不能简单粗暴地处理。被侵权村民大多受限于文化水平较低、法律素养不够、当地基层法律从业人员匮乏等问题,无法依靠自己的力量地通过法律维权。但煤矿企业所产生的损害又确实关乎其生产生活的基础,因此多年来村民与煤矿企业的纠纷解决和维权过程往往伴随着激烈的冲突和矛盾,导致破产管理人接管破产企业后无法及时深入当地群众,更无法取得群众的信任。因此双方就赔偿方案或鉴定、评估方案的谈判极其困难,常常陷入各执一词、寸步难让的境地。同时,贵州省作为人口净流出的省份(这一点同样适用于部分矿产资源型省份),特别是煤炭行业发达的毕节、黔西南等地区,常见涉及历史遗留问题的山村人员因外出打工而产生基础赔偿数据难以收集的情况。此类历史遗留问题大多形成时间漫长,多数矛盾的爆发早于破产程序启动,通常需要破产管理人花费大量的时间和工作收集证据。

对此,破产管理人可在接管破产企业档案资料的基础上,主动与村干部、村民组长进行访谈,多方收集历史赔偿方案或协议等资料,结合破产企业的会计账簿、付款凭证,到地灾办调取历史房屋损害鉴定报告及价格评估报告,综合还原出一个尽量贴合事实的历史遗留问题原貌。根据这个事实,破产管理人再充分依托当地政府及基层自治组织,采用“收集数据—分析甄别—鉴定评估—协商谈判”的工作步骤,逐步化解历史遗留问题。

但在这种工作方案下,破产管理人的工作量和破产费用开支无疑会大大增加,不利于破产案件快速、高效推进。因此,笔者建议可以参照环境公益诉讼的相关规定,由地方政府或基层自治组织牵头,为矿区村民选择合适的公益组织参与到破产程序中来,辅助缺乏实际参与能力的村民申报债权。这样的做法,有利于真正实现对所有债权人的公平清偿,也能有效避免遗漏相关债权人的风险。

最后,破产管理人可将与当事人谈判确认签订协议后向主管部门申请确定,或取得当地政府的赔偿工作会议纪要及执行结果确认的证明,作为完成该项工作的依据。

历史遗留问题事关当地民生,因此笔者认为对于该问题的处置,无论是当地政府部门、案件承办法院还是破产管理人,都应当特别重视。对此,笔者建议人民法院、破产管理人协会、各地政府部门应当在"府院联动"工作机制下,突破对个案处理的局限,针对此类问题建立常态化、规范化的协调处理机制,才能确保在涉煤矿破产企业的审判工作中,有效满足涉案各利益主体的程序正义需求和效率需求。[1]

3. 环保问题的"突袭"。涉煤矿破产企业的环境保护及污染治理问题是关闭煤矿的必要工作,然而该类问题常常以"突袭"的形式出现在破产管理人的工作中。其原因在于煤矿企业的环保问题具有潜伏期长、隐蔽性高的特点,通常难以通过矿区表面现状提前识别,时常会在矿井封闭完成或生态修复的过程中偶然暴露,杀得破产管理人一个"措手不及"。

在面对这个难点问题时,笔者认为较好的解决方案是早期介入、及时识别、提前预判。破产管理人不能被矿区的表面现象麻痹,应在确定选择领取"奖补资金"这个方向不变后,就立即着手开展招聘专业的环境保护治理机构,并将需要识别的事项提交债权人会议表决等工作。在聘用专业机构后,应及时要求其就常规环境问题制作处理方案,对于初期不能识别的环境问题应制作应急预案,并与当地环境保护管理部门保持沟通协调,时刻做好准备。笔者认为,该项工作同样需要在"府院联动"工作机制的支持下,由人民法院或生态环境部门牵头,针对环境问题的识别、处理,相关费用的使用、监管,制定具体的操作规范或联动工作机制,以便此类问题的妥善处理。

---

〔1〕 参见范文汛:《房地产开发企业破产中附院联动的必要性——从贵州省破产管理人视角出发》,载《破产管理人探索与实践》2021 年 4 月第 1 版,第 3 页。

五、结语

由以上问题扩展开，目前《企业破产法》《环境保护法》《水污染防治法》等现行法律法规以及司法解释对于涉煤矿企业破产案件中矿山生态修复及矿区历史遗留问题处理的规定和衔接仍存在大片空白，尚不能为破产管理人处理相关案件提供具体的操作指引。《企业破产法》是典型的实体法和程序法相结合的法规，应当具有极强的可操作性，但受到条文限制，不可能穷尽各种情形。因此，一方面要通过修改完善法律规定、制定配套的司法解释，加强对破产企业生态环境责任的规制，明确生态修复的资金来源和使用保障，引入生态修复效果作为办案水平的评价机制，等等；另一方面也要充分发挥"府院联动"机制的整体效应、协同效应，通过建立企业环境信息共享机制、引入环境损害和生态修复治理技术支持、加强对案件的专业化指导和评价等举措，推动破产程序科学高效运行，引导涉煤矿破产企业依法有序退出市场，协力优化地区营商环境。

第三章　森林、水资源法治研究

【导读】

党的二十大为美丽中国建设擘画新蓝图：我们要推进美丽中国建设，坚持山水林田湖草沙一体化保护和系统治理，统筹产业结构调整、污染治理、生态保护、应对气候变化，协同推进降碳、减污、扩绿、增长，推进生态优先、节约集约、绿色低碳发展。随着我国“双碳”目标的持续推进，发展林业成为应对气候变化的战略选择。在碳交易市场快速发展的背景之下，林业碳汇在碳交易市场中扮演着重要角色的同时也带来了收益的争议，甚至纠纷。

可持续发展是世界自然资源保护的重要理念内容。日本核污水排放事件与可持续发展理念相悖，不仅会对海洋资源造成不可逆转的损害，还会造成国际核电安全问题。如何运用现有法律体系有效制止日本核废水排放入海，探索建立有效的国际核电安全法律机制，“以可持续发展为目标”进行海洋综合立法研究，对我国乃至世界海洋安全和海洋资源保护利用具有重要的现实意义。

在本章中，专家学者从我国以及国际的角度出发，对林业碳汇发展、日本核污水排放事件等热点问题进行研究，采用规范分析和实证分析方法，为促进国内、国际自然资源可持续发展，并为进一步完善全球环境法治体系提出中国方案，为人与自然资源和谐发展、人类命运共同体建设助力。

林业碳汇收益纠纷及其解决

——以黔东南苗族侗族自治州为例*

王 娜 唐 钊**

摘 要:随着我国“双碳”目标的持续推进,发展林业成为应对气候变化的战略选择。在碳交易市场快速发展的背景之下,林业碳汇在碳交易市场中扮演着重要角色的同时也带来了收益纠纷。笔者对黔东南州林业碳汇发展情况进行探索,在分析林业碳汇收益纠纷的基础上,提出黔东南州林业碳汇收益纠纷解决的难点及对策,旨在助力贵州省林业碳汇发展,促进我国“双碳”目标的实现。

关键词:林业碳汇 收益纠纷 解纷机制

我国致力于在2030年之前完成碳达峰的目标,故在2021年针对温室气体排放问题,我国政府制定了较多具体可行的方案,旨在进一步优化能源结构和产业结构。林业碳汇具有经济、生态和社会等方面的价值,可谓是一座将林业与具有市场导向的生态补偿机制紧密联系起来的便捷桥梁。2022年10月16日,党的二十大报告强调,要加快碳排放达峰后稳中有降,全面推进乡村振兴,坚持农业农村优先发展,全面深化改革,坚持可持续发展。实现“双碳”目标和乡村振兴是一场广泛而深刻的变革,也是一项长期任务。《京都议定书》明确指出,林业碳汇是应对全球气候变化的一种有效手段。因此,林业碳汇自然而然就成了众所瞩目的领域,其可以提高二氧化碳的吸收能力,从而有效地减缓全球气候变化。

作为一个负责任的大国,中华民族始终致力于节约减碳。在拥有丰富的

---

* 获2023年12月第五届国际能源资源法治论坛优秀奖。

** 王娜:贵州财经大学法学院2022级硕士研究生;唐钊:贵州财经大学法学院副教授。

森林资源和巨大的林业碳汇储量的情况下，林业碳汇市场的需求潜力巨大，但开发水平仍然较低，开发程度也相对较低。然而，黔东南苗族侗族自治州（以下简称黔东南州）林业碳汇交易的有序开展正是以现阶段各方条件为坚实基石的。自国家提倡"绿水青山就是金山银山"的发展理念以来，中国未来经济发展中不可忽视乃至是至关重要的一个方向便是生态经济，而林业碳汇交易工作则将为此提供强大的支持，以促进经济可持续发展。

一、黔东南州林业碳汇发展概况

黔东南州位处东经107°17′20″—109°35′24″、北纬25°19′20″—27°31′40″，属中亚热带季风性湿润气候区。区域内地形复杂多样，土壤类型丰富，夏无酷暑、冬无严寒、雨热同季，这样的自然地理条件，适宜诸多树种生息繁衍。[1] 故黔东南州森林资源丰富，是我国南方的重点集体林区之一，也是贵州省最主要的用材林基地，全省10个林业重点县，有8个在黔东南州。截至2022年8月，黔东南州拥有3269万亩的林地，森林面积3009万亩，森林覆盖率达到了67.98%；森林中乔木林2779万亩、灌木林199万亩、竹林31万亩；林地上拥有2755万亩的乔木林，其中包括天然林941万亩和人工林1814万亩，合计林业碳汇资源1251.95万亩，可开发国家核证自愿减排量（Chinese Certified Emission Reduction，CCER）林业碳汇资源约900万亩。黔东南州丰裕的森林资源自然是给林业碳汇项目的发展提供了不可多得的良好条件。

林业碳汇是指通过森林保护、湿地管理、荒漠化治理、造林和更新造林、森林经营管理、采伐林产品管理等林业经营管理活动来稳定和增加碳汇量的过程、活动或制度。[2] 林业碳汇作为一种技术，使用森林来捕捉和存储大气中的二氧化碳，这些二氧化碳会存留在植物和土壤之间，从而减少对环境的污染。这种技术通过种植新的树木和进行绿色建设，从而达到减少二氧化碳的目的。林业碳汇不仅能够帮助我们应对全球气候变暖的挑战，同时还能够

---

〔1〕 参见张坤美：《历史时期黔东南地区的林业变迁研究》，贵州大学2016年硕士学位论文。
〔2〕 参见李怒云编著：《中国林业碳汇》（修订版），中国林业出版社2016年版，第5~6页。

改善我们的环境,如净化空气、减少雾霾、防止水土流失、保护生物多样性、改善土地质量等。此外,从经济成本方面考虑,增加林业碳汇成本较少,实施起来也比较方便,因此它是国家目前应该采取的最佳的森林能源管理措施。

近年来,黔东南州积极践行“绿水青山就是金山银山”理念,开展了一系列林业碳汇工作,走出一条“点碳成金”的新路子。2017 年,黔东南州剑河县在原中央财经领导小组办公室帮扶支持下由贵州省发展和改革委出资 70 万元聘请贵州碳索技术服务有限公司为剑河县开发林业碳汇项目,剑河县 2017 年第一批(2006 ~ 2016 年)碳汇项 32.27 万亩,已经取得项目开发设计文件(PDD),并在中国自愿减排交易信息平台上进行了公示。2017 年 3 月,由于国家关停了 CCER 市场,导致该项目一直停在公示阶段没有新进展。

2021 年 8 月 27 日,贵州省林业局将黔东南州剑河县和铜仁江口县作为省林业碳汇开发试点,省、州、县林业局、生态环境局、金融部门共同协助剑河县探索林业碳汇开发。剑河县借鉴了福建省三明市、贵州省毕节市的做法,2022 年 6 月 1 日,由中共剑河县委办公室、剑河县人民政府办公室联合印发了《剑河县林业碳票管理办法(试行)》,由林业部门向业主单位颁发林业碳票,该碳票属于地方性质的核证减排量(Certified Emission Reduction, CER),是在国家 CCER 市场还没有开放情况下,地方对于林业碳汇开发的一种探索。

2022 年 6 月 14 日,在各级部门和剑河县委县政府的共同努力下,剑河县发行全州第一张碳票,由剑河县林工商公司持有,面额为 1700 万元,涉及林地面积 3.85 万亩。经州金融办的统筹协调,剑河县林工商公司以碳票作为抵押担保,使贵州银行黔东南州分行向剑河县新盛林业投资开发有限责任公司(与剑河县林工商公司同为国有资本运营公司的子公司)发放授信流动资金贷款 1000 万元。为支持剑河县碳汇试点取得实效,黔东南州林业局积极指导剑河县申报国家林草碳汇试点县,通过试点建设实施方案争取国家级、省级资金支持,力争开发规模在 32 万亩以上,进一步提升生态产品的价值。

在“绿水青山就是金山银山”发展理念的指引下,为充分发挥黔东南州优良生态环境这个最大的发展优势和竞争优势,围绕新国发 2 号、黔府发 7 号、黔党发34号三文件规定的支持政策,黔东南州积极探索林业碳汇项目。然而,林业碳汇的存在依赖于林木和林地,林权权属问题势必会引发林业碳汇收益纠纷。由此可见,黔东南州林业碳汇发展潜力巨大,但也存在林业碳汇收益纠纷问题,因此值得深入该领域进行研究探索,寻求黔东南州解决林业碳汇收益纠纷的对策。

二、林业碳汇收益扶持及纠纷

(一)林业碳汇收益扶持

黔东南州基于得天独厚的地理环境,自然资源丰富,有着悠久的林业发展史,在生态文明建设方面积累了不少经验。作为贵州省东南部一个重要地区,黔东南州少数民族众多,经济发展相对缓慢,农村人口众多,贫富差距较大。由于土地分散、技术落后、资金匮乏,农户深受其困,缺少稳定的收入来源,往往依靠上天维持生计。当农户因重大自然灾害受伤或突发疾病时,更是难以谋生。单凭政府一味地拨款来帮助农户并不是长久之计,而且很容易让受助人产生依赖心理,进退失据。因此,在我国乡村振兴大背景下,黔东南州充分利用农民和集体资源,实施资产收益扶持。林业碳汇与资产收益扶持可以相互促进,实现生态保护与农户致富的长期双赢。

林业碳汇收益扶持是林业碳汇和资产收益扶持的融合,将财政扶贫资金和其他涉农资金投入到林业企业、林业合作社等,实施主体和市场参与者通过造林、再造林、森林经营等发展林业碳汇,收益分配向贫困户倾斜。[1] 林业碳汇项目的最大特点就是周期长且初始投资高。在财政资金的加持下,林业碳汇不但可以吸引大型企业的投资,还能吸引社会资本和人才,形成林下经济和生态旅游相结合的发展模式,兼顾长短期利益的同时,促进林农增收和致富。林业碳汇收益扶持项目不仅可以有效地改善环境、应对气候变化,而且能够切实缓解农户贫困,带领其发家致富,故而,该项目也主要是在山区一些相对落后的村部开展。林业碳汇是项目的主要收入来源,该项目的实施

〔1〕 参见唐钊:《林业碳汇收益扶持机制研究》,载《农村经济与科技》2020年第23期。

在一定程度上促进了扶持由“输血型”向“造血型”的转变。农户可以一边发挥积极性，一边利用现代技术、庞大资本、集体力量和自身的实践经验，发展林业碳汇实现增收致富。在生态文明建设和林权改革深化的关键时期，林业碳汇收益扶持有利于生态改善和林农可持续增收。

（二）林业碳汇收益纠纷

林业碳汇收益扶持纠纷属于广义的林权纠纷，往往与传统林权纠纷密切相关。依据实践中对林业碳汇收益扶持情况的调研，林业碳汇收益纠纷主要是由林业碳汇产权归属不明、林业碳汇计量标准、交易规则不统一、政府部门监管不足引起的。随着林业碳汇市场的壮大，林业碳汇收益纠纷不减反增，这些纠纷主要发生在农户、村集体、政府和企业之间。

1. 林业碳汇交易中产权界定和归属不明引发纠纷

不管是拥有或者是经营森林、林木资源的农户、村集体，还是企业以及有关单位都能够成为林业碳汇供给主体。林业碳汇产权是供给主体参与交易的必要前提，如果林业碳汇产权不明晰，就会制约林业碳汇项目的开展，限制林业碳汇项目的落实，〔1〕从而导致林业碳汇游离于社会经济系统之外，无法发挥其对供给主体的激励作用，更无法为国家“双碳”目标的实现作出贡献。〔2〕

林业碳汇作为一种能够实现经济价值的生态服务和碳交易的具体对象，目前，国内法律还没有明确规定其产权归属，也没有对碳汇产品的产权属性进行准确定位。在林地所有权问题上，《民法典》“物权”编和《森林法》都作出了明确规定，即林地属于国家所有和集体所有。《民法典》“物权”编有关森林和林木的所有权问题，也明确规定林木是属于国家和集体所有的。《森林法》规定：对农民集体合法使用的国有或者集体所有的林地实行承包经营的，承包者享有林地承包经营权和林地上的林木所有权。若合同另有约定，

〔1〕 参见王宏巍、李顺龙：《我国林业碳汇交易法律制度问题及对策》，载《东北林业大学学报》2015 年第 6 期。

〔2〕 参见姚仁福、胡珠珠等：《森林碳汇与经济增长的互动关系》，载《林业经济问题》2022 年第 1 期。

则按照约定；在国家所有的、集体承包的或者个人承包的林地中所造的林木，属于集体或者个人所有。林业碳汇凝聚着劳动人民的心血，理应由所有者依法取得。若林地或林木既有所有权人又有用益物权人的，依法由用益物权人取得所有权，当事人若对所有权另有约定的，从其约定。而碳减排量究竟是自然资源、《民法典》"物权"编中的无实体客体、林木所生的孳息、经营树木所得的收益，还是一种新型的权利客体等迟迟没有定论。实际上，对林业碳汇权归属引发的不同见地就是由这些争论不休的问题造成的，比如在广西壮族自治区珠江流域造林项目中，集体和项目实施方共同拥有集体林权下的林业碳汇收益。北京市顺义区碳汇造林项目文件却清楚写明"项目产生的核证减排量归项目业主所有"，参与的林农仅仅获得务林的劳动收益。[1] 林业碳汇项目实践中的不同利益分配方式将我国林业碳汇法律规定的不完善现状反映得淋漓尽致。

林地在一定程度上是林业碳汇的基础，无林地，便无林业碳汇可言。从理论上来说，林权囊括了林业碳汇产权。林地所有权与林业碳汇所有权分别由不同的供给主体所有时，在这种情况下，就容易产生林业碳汇产权归属不明，通过林业碳汇交易所得的收益难以分配，更别说是保证林业碳汇活动的稳定性。众所周知，目前我国现行立法对林业碳汇的产权归属并没有进行规定，这就导致林业碳汇的产权归属在法律层面上缺乏确实依据。各供给主体的林业碳汇产权收益会因为产权归属利益交叉而受到影响，这种影响会产生连锁反应，比如收益分配不统一就会引发产权纠纷，纠纷一旦发生，林业资源就会不可避免地被搁置和浪费，碳汇交易的成本和风险增加不说，还会使供给主体参与碳汇交易的积极性受到抑制。综上所述，在现行法律法规之下，当林地和林木的所有权依法定或约定的方式被归属于不同主体时，依附林地和林木而生的林业碳汇的归属必然会产生混淆，林农、集体、企业等供给方对林业资源所享有的产权权益会因此产生纷争。

---

〔1〕 参见陈娟丽：《我国林业碳汇存在的障碍及法律对策》，载《西北农林科技大学学报（社会科学版）》2015 年第 5 期。

2. 林业碳汇认定和计量标准不一引发纠纷

农户经营碳汇项目不同于普通的林业生产，它的主要目的是增加林业碳汇，而且在不同环节具有一定的特殊性：首先，需要监测、核查碳汇的产生量。农民经营森林产生的碳汇并不都是可交易的，还具备进行碳汇项目活动产生的净碳汇超过基线碳储量变化的附加条件，也只有符合该种情况才可进行交易。农民经营森林产生的净碳汇质量需要得到保证和控制，这就离不开科学的测量和有效的监测。其次，需要对交易对象进行正规登记。碳减排量，即国家核证自愿减排量作为林业碳汇的交易对象，是为了交易机制所创造出来的一种碳减排量表征。碳减排量是经营森林所产生的，最大特征就是它的无形性，因此，农户在转让碳减排量来达到碳汇权的转让等交易过程中，需要有形的凭证作为交易或确权的依据，这种凭证需要通过登记、发证等方式取得。再次，需要第三方交易平台来促进交易的实现。如果把林业碳汇作为一种商品进行出售，那么在现实中，这种抽象的商品无法进行传统意义上的物物交换，必须借助第三方交易平台来连接买卖双方，从而为交易双方提供真实、可靠、中立、客观的交易服务。在实施林业碳汇项目过程中，为了降低交易成本、控制交易风险，第三方中介机构对其测量、监测、登记、认证等过程的参与必不可少。

林业碳汇生态效益需要借助严格的计量方法学才能得到量化，且通过严格的设计、审定、计量和核证程序后的碳汇才被产权化。[1] 因此，林业碳汇产权界定的基础是计量林业碳汇。核证减排量就是林业碳汇计量和交易的主体，其原理是运用一连串技术手段和项目方法论来定量验证，定量验证的正是林业碳汇项目的独立温室气体减排效果，该项综合性技术应用涉及不同学科，比如林学、统计学等。项目方法学存在高标准化，相较于小型企业的林业碳汇项目，更适合大型企业。因为像村集体和林农这种小规模的经营者，一方面对项目方法论的熟悉度不高，另一方面又缺乏相关专业知识，因此在林业碳汇交易中，自身的产权利益非但得不到该有的保障，还很有可能面临

〔1〕 参见简娟、邹冬生：《林业碳汇的法律制度设计》，载《价值工程》2010 年第 34 期。

无法挽回的损害。在开展林业碳汇项目过程中,小规模经营者的发展潜力会因为缺少对高标准化项目方法论的适应性产生不可小觑的影响,当这种影响力波及更大范围时,引发林业碳汇收益纠纷是在所难免的。

3. 林业碳汇交易规则欠缺引发纠纷

碳汇交易是一个复杂的过程。虽然自愿交易是原则,但在实践中,农户往往会因为欠缺谈判能力而处于不被公平对待的境地,又或者在协议达成的过程中,由于交易双方没有进行充分的沟通和积极的协调,达不成明确的交易结果。除了必要的技术要求外,同林业碳汇交易相关的市场交易和监管规则是现行法律和政策所缺失的,这种法律漏洞会让交易中的定价、合同履行、绩效评价、违约责任、争议救济等重要环节出现法律保障不到位的局面。实践表明,即使农户是基于自愿的意思表示参与到林业碳汇的经营交易中,林业碳汇的经营交易也不是凭空创造、发展起来的,而是依托政策推动和外部援助的共同作用。由于林业碳汇交易具有公益性,市场需求和交易价格并非不受外力影响而自然产生,所以说,如果只是基于交易双方自愿原则而订立法律关系,还远不足以保证交易双方的风险和利益公平分配,特别是当交易的一方是农户时。在林业改革中,要想让农户获得诸如来自生产资料的可持续性经济效益,让林业碳汇的附加性和持久性等公益目标得到有效保证,就不得不考虑让制度规则发挥作用,否则纠纷将伴随整个交易过程。

4. 政府监管不足引发纠纷

我国针对林业碳汇交易相继出台了《国家林业局关于推进林业碳汇交易工作的指导意见》《建立市场化、多元化生态保护补偿机制行动计划》等政策文件。然而,笔者走访调研发现,黔东南州的林业碳汇收益并没有得到有效保障,导致参与林业碳汇交易的主体之间纷争不断,究其原因在于林业碳汇交易中监管部门的监管不足。目前,林业碳汇交易制度过于复杂,交易过程难以规范,对基本权利的保护过于薄弱,制约了农户参与林业碳汇交易项目的议价能力。

在一些森林资源丰富的地区,由于缺乏林业碳汇交易制度,农户在参与林业碳汇交易中的基本权益无法得到保障。在实践中,自然资源的经济价值和农户的碳汇收益之间无法保持良性互动,各交易主体行使权利的成本得不到良性控制,这都反映了政府监管部门相应措施的不足。在我国要达到碳中和目标的背景之下,林业碳汇交易作为一种新型途径,可以称得上是改变像黔东南州这种森林资源丰富地区农户贫困状况的"灵丹妙药"。

三、黔东南州林业碳汇收益纠纷解决难点及对策

(一)黔东南州林业碳汇收益纠纷解决难点

黔东南州凭借地理优势,在实施乡村振兴战略的大背景下,国家推动着包括少数民族同胞在内的贫困群众逐步摆脱贫困、走上小康之路。随着国家对少数民族地区扶持力度的持续加大、项目的不断进入,[1]林地、林木价值逐年上升引起了林业碳汇收益纠纷案件的频发。资源价值的上升给个人、集体、国家带来了"幸福的烦恼",防止少数民族地区因林业碳汇收益纠纷滋生各种社会问题,是解决黔东南州林业碳汇收益争议的关键所在。

纠纷解决过程中有规则和社会环境两个因素在起作用,其中,社会环境的一个重要方面即纠纷解决的社会结构。纠纷解决的社会结构分析将考察在纠纷的发生、纠纷解决方式的选择、纠纷解决的过程和结果等现象中社会结构所发挥的作用和影响。[2]

美国学者布莱克有过一个研究理论,即分析案件的社会结构。我们在对林业碳汇收益纠纷的社会结构进行分析时,可以适当参考此分析理论。布莱克认为,对于任何一个现实案件,除法律原则被运用于案件外,还有一个举足轻重的因素,即诸如"谁控告谁?谁处理这一案件?还有谁与案件有关?每一案件至少包括对立的双方,并且可能还包括一方或双方的支持者及第三方。这些人的社会性质构成了案件的社会结构。"[3]由此可见,当我们在分

---

〔1〕 参见李平:《团结村林权纠纷问题研究——习惯法与国家法关系的微观阐释》,贵州民族大学2021年博士学位论文,第8页。

〔2〕 参见李继扬:《纠纷解决的社会结构与调解——基于剑河县林权纠纷的调解实践》,载《贵州民族研究》2020年第2期。

〔3〕 [美]唐·布莱克:《社会学视野中的司法》,郭星华等译,法律出版社2002年版,第2~6页。

析真实案件时,必定会把社会结构作为一项重要考量因素,因为其反映了纠纷在社会空间中的方位,其中,案件结构受到双方当事人及其一方支持者与第三人的社会地位、相互关系等影响。针对这一问题,布莱克进一步指出:“法律的量随时间而变化……法律的量的变化也存在于所有的社会、社区、邻里、家庭和各种关系之中。法律的量随着谁控告谁、法官是谁和诉讼的其他当事人是谁而变化;随着这些……的不同而变化……还可以对法律的样式作出解释。”〔1〕在实际生活中,纠纷作为社会生活的一个小缩影,在纠纷解决过程中会受到多种因素的影响,比如当事人之间的差异、关系以及社会的政治、经济、文化等,同时纠纷解决的社会结构对法律也有着举足轻重的影响。如同布莱克所说:“每一个案件都是社会地位和社会关系的复杂结构……案件的社会结构可以预测和解释案件的处理方法。”

(二)黔东南州林业碳汇收益纠纷解决对策

1. 明确林业碳汇交易中产权界定和归属

保障林业碳汇供给主体的产权权益,通过清晰界定林权发挥产权制度的激励和约束功能,整合林业资源,推动林业碳汇生产正外部性内部化,有利于保证林业碳汇供给的持续性和高质量。〔2〕林农作为小规模供给主体,位于林业碳汇交易利益链的末端,如能切实保障其产权权益,必将有力地促进林农以多种组织形式进入碳汇交易市场,从而推进“双碳”目标的实现。〔3〕

首先,明确林业碳汇在《民法典》“物权”编中的法律属性,通过法律界定林业碳汇的“无形物”属性。其对策是,参考“物权”编中不动产确权登记形式,对林业碳汇产权的占有进行登记。只有经过登记认证过的林业碳汇才能被转让、抵押和质押,供给主体才能享有林业碳汇的产权。其次,将林业碳汇这一概念引入到《森林法》中,以法律条文的形式对其属性进行原则性的规

〔1〕[美]唐纳德·J. 布莱克:《法律的运作行为》,唐越、苏力译,中国政法大学出版社2002年版,第4页。

〔2〕参见陈英:《林权改革与林业碳汇供给法律促进机制的耦合与对接路径探究》,载《西南民族大学学报(人文社科版)》2020年第8期。

〔3〕参见杨博文:《“资源诅咒”抑或“制度失灵”?——基于中国林业碳汇交易制度的分析》,载《中国农村观察》2021年第5期。

定。在实际的森林分类中，将固碳林划分为一种新型林种，进而完善造林、封山养林、退耕还林等方面的制度，明确固碳林的法律地位。林业碳汇产权归属应体现在《森林法》的立法中，让林业碳汇的功能得以实现。再次，加强林业碳汇配套立法的有效性。填补林业碳汇产权规定在现行法律中的空缺，明确林业碳汇产权的三要素，即主体、客体和内容，可以制定《林业碳汇管理条例》。最后，为协调林业碳汇和林权法律规定，可以整合现行法律法规中对林地流转和林权确认的规定，并使之成为林业碳汇产权转让的相关规定。

作为天然孳息的林业碳汇，其产权归属的确定也可依据《民法典》"物权"编的有关规定。林业碳汇产权不同于林权，一旦碳产品进入碳交易市场，就需要分离林业碳汇产权和林权，界定林业碳汇权益。在碳汇交易中自由流通的商品，必须是经过认证的碳汇产品，包括林地使用权、林木所有权和林木使用权。在我国，国家可以是林业碳汇的供给主体，因为主要是国家和集体拥有森林和林木的所有权。国家拥有管理者和财产所有者的双重身份，应该更侧重其管理者的身份。农户作为集体林地的主要经营者，自然也是林业碳汇项目中的参与者之一。因此，在碳汇交易中，农户、村集体和企业的产权应加以明确。当存在权益层叠时，为保证利益的合理分配，可以建立林业碳汇产权共有制度，在合同中约定林业碳汇产权归属。

农户作为经营森林的重要主体，对在自留地、自留山等指定地点种植的林木享有所有权，同样能够获取林业碳汇交易的收益。如果企业受农户委托代为经营林业碳汇项目，那么，林业碳汇产权不再只是农户的，企业也有一定产权。实握经营权的企业可以和农户通过协议约定林业碳汇项目收益分配。考虑到像黔东南州偏远山区的农户长期致力于林业碳汇项目的种植、作业、维护和照料，兼顾控制温室气体排放，在林业碳汇产权协议分配中可以给予农户更多的分成，以此来增加农户收入和就业机会，帮助经济欠发达地区农户增收致富。

将集体林地承包或出租给农户和企业是村集体作为森林、林木所有权主体之一的权利。村集体在和第三方企业或者农户签订有关林地承包经营合同时，就取得了国家规定的林业碳汇产权，可以根据合同的具体约定内容与承包方进行利益分配。继而，村集体就成为农户、承包企业和政府部门间的“桥梁”，关联着三方主体。虽然村集体只能算是小规模经营者，但是其在林业碳汇交易市场中发挥的作用却是不容小觑的。在现实操作中，农户和承包企业可以在村集体的组织下聚集起来，共同参与到林业碳汇项目的合作建设中。在集体林权改革背景下，考虑到林业碳汇规模需求的特点，需要真正改变现有不利于林业碳汇服务供给的分散式经营模式。

作为项目承包商，企业可通过签订购买、租赁林木合同的方式来成为林木产权主体，进而享有林业碳汇产权，获取林业碳汇收益。在投资林业碳汇项目时，企业可综合考虑选择一种最有利的方式，比如可以在集体承包林地投资种植碳汇林；根据协议，农户或村集体先取得林业碳汇产权，企业经核证减排登记后，按协议取得林业碳汇产权。再如，企业可以聘请专业的项目负责人承包林地，并与其签订林地承包经营合同。至于林业碳汇的产权权属问题，可由缔结合同的双方自行约定，归企业所有；承包方也可以先取得林业碳汇产权，再由企业按照合同约定取得林业碳汇产权。

2. 完善林业碳汇产权登记制度

林业碳汇交易的实质是碳减排权的转让，不管是林业碳汇还是碳减排量都不同于一般商品，无形性是其最大的特点，因此交易就需要凭证，或者说需要一定形式进行碳汇交易。相关权属记录，也就是日常所说的登记，便充当着交易凭证和直接形式的角色。林业碳汇项目和林业碳汇注册制度是当前我国所实行的一种形式。如果林业碳汇想在我国碳汇网站上公布，就得进入国家林业和草原局的林业碳汇注册系统，而基本的操作流程是，林业碳汇首先需要到有资质的机构进行测量、监测。还有一些省市级单位有自己的林权登记机构，并需要在此平台对林业碳汇进行登记，进而才给发放碳汇权证。但从法律层面上来说，这些登记同《民法典》“物权”编中关于财产登记公示的规定并不完全相吻合，无论是登记程序、登记效力，还是登记机关的法律责任都各有出入。那么，在法律之下，要想让林业碳汇权的转让和变更既能契合当事人的期望，又能不违反法律的规范，就有必要建立林业碳汇权证登记制度，当然，这种制度的建立也得依据《民法典》“物权”编的相关规定。基于此，林业碳汇权证登记将作为碳汇权变更的有效条件。

就碳交易市场监管层面而言，政府监管部门应当制定相关政策来对造林进行规范，就林业碳汇的监测制定交易监测计量规则。以环境影响评价制度的内容为参照，林业草原主管部门可以明确要求不管是林业代理公司，还是其他企业，只要是从事林业碳汇交易，就要肩负起一份责任，即对第三方认证机构的碳汇测量和监测结果负责。同时，企业若是想取得碳汇权证书，就要获取碳汇测量和监测结果。农户可以委托第三方认证机构进行测量、监测，并报林业草原主管部门审批。在多元化的组织形式之下，农户参与到林业碳汇交易中来，其重要节点是碳汇权证书的发放，碳汇权证书的发放也是确定林木固碳量的最终形式。企业以合同形式认购和转让碳汇权证书，实现碳排放总量控制。

3. 规范林业碳汇交易合同规则

林业碳汇交易是一种买卖合同，买卖双方都需在履行义务的基础上获取相应的权利，即买方支付价款，卖方交付约定数量和质量的林业碳汇，并将所有权转让给买方。考虑到林业碳汇项目对森林资源和生态环境的影响，以及林业碳汇交易对象的特殊性，除适用《民法典》对买卖合同的一般规定外，法律还应对合同的有关事项作出以下规定：

（1）在合同效力方面，交易应设定前置程序，比如碳汇项目审核通过、项目减排审核认证注册，只有满足这些要求才可推进合同签订工作。此外，运行周期长作为林业碳汇项目的一大特点，鉴于此，对合同的订立形式也有要求，即书面形式，并且要以登记为生效条件，这样双方的具体权利义务就能得以明确。

（2）在合同履行方面，应明确碳汇交易的履行方式。买卖双方可以在合同范围内自由选择履行方式，并对支付方式、支付时间、合同抗辩权利、违约责任等作出清晰规定，特别是后期林业碳汇供应的数量、质量以及时间。对于未来风险的承担，双方应在合理预见的范围内进行分担。例如，为了避免或减少风险的发生，在合同中就应规定买方有权全面参与碳汇项目的运营。

（3）在合同转让方面，森林碳汇交易义务的转让受到碳汇对象特性的限制。在转让对林业碳汇的提供义务前，卖方不仅需要取得买方的书面同意，还需要提交债务持有人的具体情况和履约保证。此外，作为销售者的农户不仅要承担碳汇权的正式转让义务，还要承担相应数量的碳汇储存量和持续经营义务。这就需要各方当事人通过法定或约定的方式进行，从客观层面上来说，这可能会阻碍农户林权转让。

(4)在违约责任方面，如果一方当事人因自身原因不能继续履行合同义务，应先采用替代履行的方式来承担违约责任。由于林业碳汇交易具有公益属性，买卖双方可以通过转移一方当事人的林业碳汇信用指标，或是将一方当事人明年的林业碳汇量优先用来弥补已违约部分，亦可要求一方当事人从市场上购买同等数量的信用指标以继续履行合同。[1]

(5)在免责事由方面，允许交易双方在合同中约定一些灵活的救济措施来规避或降低风险，如暂缓、终止协议等；当因人力不可控的因素，如自然灾害、法律法规的调整、变更等不可抗力，或者预先采取紧急措施仍旧导致合同履行不能的情况发生时，合同当事人不承担民事赔偿责任。

4. 建立林业碳汇交易制度的保障机制

为促进自然资源资产权利经济价值的有效发挥，中国林业碳汇交易监管部门应提高林业碳汇交易体系供给的有效性。为了保证制度供给的有效性，有必要将企业碳排放总量控制目标与农民碳汇收入最大化目标进行匹配。一方面，在环境效益最大化的总体布局下，企业会因为违规操作而需要支付高额的罚款费用，那么，企业就需要进行减排，而如何减排可以根据总量控制目标选择购买碳汇凭证。另一方面，农民在保证林业碳汇产量和碳汇项目低风险的同时，可以最大限度地从自然资源资产权利中获得货币利益。为实现生态振兴的目标，地方政府应推动林业碳汇交易制度的变革，让林业碳汇交易主体的权利得到保障。此外，对于高效率制度的建立也刻不容缓，该制度的建立可以约束企业的投机行为，还能保证农户在碳汇交易中实现收益最大化。

---

〔1〕 参见陈英：《林业碳汇交易法律制度研究》，西南政法大学2011年博士学位论文。

农户利益在一定程度上受到林业碳汇交易市场中价格变动的影响,这种价格变动或多或少使农户利益受损,政府监管部门为了避免农户利益损失,建立林业碳汇交易补偿机制也迫在眉睫。这种补偿机制在于政府根据不同级别划分向交易主体提供补偿,类似于国家补偿和地方补偿,以此来调动更多交易主体参与林业碳汇交易的积极性。

对于碳汇价格过度变化引发的纠纷,农民往往无法诉诸法律。由此看来,政府监管部门在救济方面应当建立诸如非司法申诉机制来保护农民碳汇交易的权益。这种机制的建立是对现有制度的补充,即强化农户采用非司法手段应对问题能力,如碳汇价格变动和交易价格干预等,体现着政府合作治理的理念。在纠纷解决的实践中,公众和非政府组织的参与很大程度上减少了救济费用。弥补农户碳汇交易损失并非司法申诉机制被建立的根本目的,政府监管部门的根本目的是通过参与治理模式来降低农户参与林业碳汇交易的成本,增强林业碳汇交易的稳定性,实现资源配置的制度优化设计。

四、结语

我国林业碳汇发展潜力巨大,碳汇项目数量众多。根据我国制定的碳达峰、碳中和目标,到 2025 年,森林覆盖率达到 24.1%;到 2030 年,森林覆盖率达到 25% 左右,未来 10 年造林达到 1881.6 万公顷的产量,如果按照 4.42 吨/(公顷·年)计算的话,每年造林产生碳减排量多达 8317 万吨,以 50 元/吨的价格计算,年碳汇价值高达 42 亿元。我国高度重视生态振兴,利用资源富集区的资源优势来推动经济发展,推进农户增收,以便扶贫惠农,是林业碳汇交易的目的所在。同时,作为一种将自然资源转变为经济价值的创新方式,林业碳汇交易无疑是行之有效的。黔东南州需要通过完善林业碳汇交易市场,运用合理的对策来应对林业碳汇收益中的纠纷,促进交易主体积极参与林业碳汇交易,实现将“绿水青山”转化为“金山银山”的目的,以此在我国的碳汇市场中占据上风。

我国要坚持绿色发展的原则,把保护环境、改善民众福祉放到首位,努力营造一个可持续的社会环境。贵州省作为生态文明建设先行区,要把握好经济社会可持续发展的机遇,加强对环境保护的宣传教育,深入开展"绿水青山就是金山银山"等一系列环保活动,努力营造一个可持续的社会环境,同时,因地制宜地带动当地经济的发展,助力农户发家致富。

论核电安全的国际法规制

——以日本核废水排放事件为视角*

刘雨宵**

摘　要：日本核废水排放事件引发国际社会就核电安全相关问题的热烈讨论，该事件深刻反映了核电领域国际法律机制存在的安全标准不统一、信息披露与国际合作相关规定过于原则化、核事故预防与监管模式不完善以及争端解决机制缺失的问题，急需通过制定协调统一的核排放标准、加强国际合作、优化核电监督管理秩序、建立核电领域争端解决处理机制等措施，构建稳定互信、合作共赢的国际核电安全大环境，形成以国际原子能机构为组织核心的行之有效的国际核电安全法律机制。

关键词：核电安全　安全标准　监管模式

一、问题的提出

2011 年 3 月 11 日，日本近海发生里氏 9.0 级地震并引发大规模海啸，导致东京电力公司旗下的福岛核电站发生爆炸，爆炸中断了福岛第一核电站的电力传输，造成重大核泄漏事故。事故产生的大量核废水，之后以每天 140 吨左右的速度增加，到 2022 年核污水储存罐的存储容量已达到饱和状态。已累计的 100 多万吨核废水的去向一直悬而未决，这不仅是日本国内巨大经济和安全压力的来源，同时也是世界各国广泛关注的重要国际问题。十余年间，日本政府致力于寻求核废水的处理方案，包括地下封存、增加存储空间、优化存储系统、直接排放入海等。直至 2021 年 4 月 13 日，日本政府召开内阁会议单方面决定以排海方式处置福岛核电站事故核废水，并于 2 年后开始

---

* 获 2023 年 12 月第五届国际能源资源法治论坛优秀奖。

** 刘雨宵：海南大学博士研究生。

实施。从决定作出至今，日本当局尚未向国际社会提供具有说服力的核废水成分构成要素、环境评价报告以及监管措施，等等，亦未与周边国家就排海事宜协商，该排放决定的合法性以及排放行为的可行性等问题引发国际社会热烈讨论。

核污染水的排放，对海洋生态环境及人类生命健康的影响都存在不确定性和潜在危险性。目前世界上绝大多数核电站皆沿江沿海兴建，核电的开发利用必然会产生大量的“核处理水”，考虑到我国身为核电利用大国的实际情况，排海方式的科学性、必要性、可行性等问题都需要经过详加验证后再做定论。而且，此次福岛核废水排放事件，不仅事关日本一个国家，而是所有有核国家乃至可能遭受核污染的世界各国共同面临的问题，是全球生态环境与人类安全健康需要迎接的一次严峻挑战。透过该事件可以看出在节能减排、新能源快速发展的背景下，现有核电法律体制已无法满足国际社会核电利用与发展的现实需求，急需新的体制对世界范围内核电站的建设和运作进行全过程的监督和约束。不止针对日本的排海决定，今后国际社会发生的其他类似事件应如何应对？核电治理存在的制度性短板应如何消解？都是目前乃至未来亟待解决的，国际法秩序需要面临的新问题、新挑战。本文拟从世界核电发展概况以及现有核电法律制度出发，聚焦当前国际核电安全法律体制存在的缺陷与面临的困境，放眼全球治理与国际合作大局，从实际出发，建设性地提出应对国际核电安全问题的解决思路和具体措施。

二、世界核电发展局势及相关国际法规则梳理

（一）世界核电发展现状及趋势

1. 发展现状

从 20 世纪 50 年代第一个商业核电站开始运营，至今已经经历了一代、二代、二代改进型、三代等技术发展阶段，如今作为全球第二大低碳能源来源，核能从全世界 400 多个反应堆中为全球提供了约 10% 的电力。国际原子能机构（International Atomic Energy Agency，IAEA）在 2020 年版《直至 2050 年的能源、电力和核电估计》中预测，全球核能发电量将从 2019 年的

392GWe增加到2040年的622GWe,2050年达到峰值715GWe。核电的巨大开发潜力,使其长期居于实现世界资源能源可持续发展的核心地位,全球范围内对核电的利用与生产一直呈上升趋势,在建以及计划中的核反应堆数量亦是稳步增加(具体数据见表1)[1]。

表1 目前世界主要国家核电运行状况

序号	国家	可操作机组数量(台)	在建机组数量(台)	总发电量(TWh)	总装机容量(GWe)
1	美国	93	2	809.4	95523
2	法国	56	1	382.4	61370
3	中国	50	17	330.1	48498
4	俄罗斯	38	2	195.5	28578
5	日本	33	2	65.7	31679
6	韩国	24	4	138.8	23172
7	印度	23	6	40.7	6885
8	加拿大	19	0	94.9	13554
9	英国	15	2	51	8923
10	德国	6	0	71.9	8113
11	巴基斯坦	6	1	9.1	2332
12	捷克斯洛伐克	4	2	14.2	1814
13	白俄罗斯	1	1	0	1110
14	土耳其	0	3	0	0
15	孟加拉国	0	2	0	0

2.发展趋势

从表1以及相关资料可以看出,未来国际核电呈如下发展趋势:

(1)以我国、美国以及法国为代表的传统核电大国在反应堆数量、装机容量、发电量方面依旧处于世界领先地位。我国核电事业多年来持续呈高速发

[1] 资料来源于 https://www.world-nuclear.org/information-library/facts-and-figures/world-nuclear-power-reactors-and-uranium-requireme.aspx,2021年5月21日访问。

展势态，从技术引进到自主建设，经历了吸收借鉴到产业创新的过程，核电产量仅次于美国和法国，位居世界第三。美国现有 93 台机组运行，2 台机组在建，核能发电占比一直保持在 20% 左右，虽然美国目前没有大规模兴建核电站的计划，但其致力于核电运行水平的提升，核电有效利用率极佳。法国当前共 56 台机组在运行，1 台机组在建，核能发电在其本国能源规划中所占比例居于世界首位，始终保持在 75% 左右，长期以来，核电作为法国大力支持的重要低碳能源产业之一得到稳步发展。

（2）以白俄罗斯、孟加拉国、土耳其等国为代表的新型核电国家纷纷涌现。从核电生产的发展趋势来看，除发达国家外，越来越多的发展中国家正在朝着利用核电的发展方向迈进，土耳其和孟加拉国都在建设本国第一座核电站。这些新兴国家多陷于本土能源发展困境，通过与我国、俄罗斯以及日本等国以技术合作或签订工程承包合同等方式，逐步开启了本国的核电建设事业。

（3）世界核电发展呈现出从北美、西欧到亚洲、东欧地区转移的趋势。近年来，诸如中国、韩国、巴基斯坦、印度等国在建以及投入运行机组数量持续增加，核电发展势头正盛，各国都将提高核电能力作为发展大规模基础设施计划的一部分，继续推进核反应堆的兴建工作。直至 2021 年初，全球在建的 55 座核电反应堆中有 17 座位于中国、6 座位于印度、4 座位于韩国。日本受福岛核事故的影响，有 9 座反应堆恢复了在线运行，另有 17 座正在重新启动审批过程中。

此次日本排放福岛核废水的行为，引起了国际社会对核电安全的再度审视，同时也暴露了支撑全球能源政策的市场与规划、路径依赖与恢复能力以及能源价值之间的紧张关系，〔1〕但这并不能导致核电开发政策的转向，多数国家依旧按照原计划继续兴建核电站。因此，深入研究国际核电安全法律制度，加强核电监管与治理，对于确保全球核电的安全利用以及良性发展至关重要。

---

〔1〕 See Lincoln L. Davies & Alexis Jones, *Fukushima's Shadow*, Vanderbilt Journal of Transnational Law, p. 1086(2015).

（二）相关国际法规则梳理

国际社会上发生的一系列核事故表明，核损害具有跨国性和不可预估性。如何大幅压缩核事故出现概率，如何在不对环境和人类构成危害的前提下有效利用核电，都是国际社会面临的重大安全与发展问题，基于此，国际原子能机构应运而生。国际原子能机构是同联合国存在紧密联系，以促进国家间核知识核技术的传播，加强对涉核活动管理与规制的政府间科学技术合作机构。作为一个旨在促进核电安全利用的协调中心，该机构先后主持制定了一系列保障核电安全方面的国际公约，为建立健全放射性物质管理以及核事故法律制度规则作出了突出贡献，同其他核损害赔偿公约、《联合国海洋法公约》（United Nations Convention on the Law of the Sea）等共同构成了当今国际社会核电安全以及核污染防治法律体系的重要组成部分。

1. 放射性物质处置、处理的国际公约

继美国三哩岛、法国圣洛朗以及苏联切尔诺贝利核事故后，为了消除核电站安全隐患，增强后续国家建造运营核电站的信心，加强国际合作，切实提高核电安全水平，国际原子能机构发起制定了第一个论及世界范围内核设施安全运行的国际法律文件——《核安全公约》（Convention on Nuclear Safety），该公约明确各缔约国应通过立法建立符合国际标准的监管框架以及进行国际合作的基本原则，强化了对各国核电安全以及核废物处置法律制度构建的指导，促进了国家间核能利用技术的合作与援助，是预防核损害、推进国际核电安全体系建立的重要一环。被视为《核安全公约》姊妹篇的《乏燃料管理安全和放射性废料管理安全联合公约》（Joint Convention on the Safety of Spent Fuel Management and on the Safety of Radioactive Waste Management Documents）（以下简称《联合公约》）与其相似之处在于，二者都采取鼓励机制，要求缔约国根据公约的规定按时向国际会议作出报告；不同之处在于，《联合公约》更注重通过加强国际合作，在全世界范围内实现并保持乏燃料核放射性废物管理的高水平安全，确保在管理的所有阶段都能有效防范潜在危险，阻止或减轻辐射后果。此外，《防止倾倒废物及其他物质污染海洋的公约》（Convention on the Prevention of Marine Pollution by Dumping of Wastes and Other Matter)(以下简称《伦敦公约》)是一份严格控制强放射性物质向海洋倾倒的国际公约,其以最低放射性水平为倾倒标准,对于防止危险或损害在区域之间转移、扩散起到关键作用。

2. 核事故应急和响应的国际公约

为了加强国际社会核电利用领域的沟通与合作,最大限度减小核事故的跨境损害,以及在发生核泄漏或者其他核事故时得以有序进行紧急国际援助等,国际原子能机构主持制定了《及早通报核事故公约》(Convention on Early Notification of a Nuclear Accident)和《核事故或辐射紧急情况援助公约》(Convention on Assistance in the case of a Nuclear Accident or Radiological Emergency)。《及早通报核事故公约》首次将及时通报制度具体化并以国际公约的形式规定下来,其适用于缔约国管辖范围内已经或大概率会发生的核泄漏事故,以及可能对其他国家造成影响的排放性事件,发生事故的国家第一时间将所涉信息、情报、资料上报国际原子能机构,以便国际社会共同应对,及时作出处理方案,从而降低核事故的发生概率和损害程度。此外,产生于同一背景的《核事故或辐射紧急情况援助公约》详细规定了救援的主体、对象、程序、条件以及申请标准,在缔约国之间形成了普遍约束力,同时还要求国际原子能机构针对缔约国的请求制定核事故或辐射相关紧急应对措施,共建及时高效的国际核事故救援体制。

3. 其他相关国际公约

鉴于建立全球性核事故损害赔偿责任制度的需要,《核损害补充赔偿公约》(Convention on Supplementary Compensation for Nuclear Damage)在国际原子能机构的主持下与旨在消除《关于核能领域第三方责任的巴黎公约》(Convention on Third Party Liability in the Field of Nuclear Energy)(以下简称《巴黎公约》)与《关于核损害的民事责任的维也纳公约》(Vienna Convention on Civil Liability for Nuclear Damage)(以下简称《维也纳公约》)之间法律冲突的《关于适用〈维也纳公约〉和〈巴黎公约〉的联合议定书》(Joint Protocol Relating to the Application of the Vienna Convention and the Paris Convention)(以下简称《联合议定书》)一起通过。《联合议定书》扩大了基于《巴黎公

约》与《维也纳公约》所建立起来的民事损害赔偿责任制度,并规定在两公约发生冲突时只能适用其中一个。此外,《核损害补充赔偿公约》中关于资金统筹、适用范围以及争端解决方面的相关规定,进一步完善了跨国损害赔偿机制。另外,除了核电安全与治理方面的国际公约,《联合国海洋法公约》第十二部分亦明确规定了各国有保护和保全海洋环境以及避免将损害进行区域转移的义务,同时要求各国应以切实可行的方法防止、减少、控制任何来源的海洋环境污染,对于即将或者已经发生的损害,及时通知可能遭受此种损害影响的国家或主管国际组织。并且规定各国应加强国际合作,共同制订或发展海上救援应急计划,积极应对海洋环境污染事故以消除影响或减少损害。

三、核电安全国际法规制的问题审视

核废水排放行为及其衍生后果涉及法律、科学、环保等多个领域,日本此番声明作出后立刻成为国际社会共同关注的焦点。单就日本此次排海决定而言,切实存在值得商榷的问题:首先,日本在作出将500万吨核废水排入海洋决定之前,并未及时通知我国、韩国、俄罗斯、朝鲜等周边国家并与之就此事进行协商,而是提前征求美国的同意,在得到美国的"许可排放"的决定后,联系国际原子能机构就此事共同在国际社会上发声。该程序显然违反了《及时通报核事故公约》与《联合国海洋法公约》中的及时通知义务与防止危险物跨境转移义务。其次,日本政府声称利用本国多核素去除设施水处理技术可以处理掉除"氚"以外的所有放射性核元素,但国际环保组织绿色和平日本办公室的资深核电专家肖恩·伯尼(Shaun Burnie)发出声明,其指出东京电力公司的多核素去除设施水处理技术不仅无法去除"氚"元素,而且碳-14、铯-137、锶-90、钌-106等放射性同位素亦无法有效净化。可以看出,日本对此次核废水排放事件的公布显然没有做到公开透明,这种不透明十分不利于国际社会对日本核废水排放行为进行监督与管控;此外,日本政府一直坚持,其核污染水的排放符合国际标准且经过严格检验程序,不会对人类及环境产生有害影响,而且有控制地向海洋排废,是全世界核电站的惯常做法。但需要明确的是,日本此次排放的不仅是核电站正常工作运行中产生的核处理水，而是福岛核泄漏事故产生的核污染水，并且排放时间之长，排放量之大可谓罕见，无论是对环境承载力还是科学技术的要求都不可能与通常情况下的核处理水一概而论。因此遵循日本政府所谓的“符合国际标准”是否就意味着可以避免损害，国际标准是否具有普遍适用性与权威性，国际相关机构又能否对此次事件承担足以令人信服的监管职能以及提供可靠的信息技术支持都是有待考证的问题。概言之，除日本本国在核污染水排放事件中不负责任的态度外，国际核电安全法律机制在约束国家行为以及保障他国利益的可操作性与执行性方面也存在相当程度上的缺失。〔1〕

（一）缺乏协调统一的国际核排放安全标准

核设施的运行与维护、核废料的运输与排放以及放射性物质的使用与管理无一不需要遵守严格的安全标准。国际原子能机构致力于核能的国际合作以及尽可能地减轻核污染对人类健康和生存环境的危害，自 1975 年以来便开始计划制定一系列核电站操作准则和安全标准，逐步形成了国际核电安全法规体系。国际原子能机构制定的安全标准以出版物的形式印发，包括《安全基本法则》、《安全要求》和《安全导则》。《安全基本法则》规定了基本的安全概念、目标和原则以及特殊情况下采取必要措施的理由和依据。《安全要求》则明确列出了针对人员健康和环境保护所必须满足的基本要求，即使缔约国不能按照规定的安全标准来执行，也需采取相应替代措施达到规定的安全水平。同时，为了帮助缔约国找到等效替代措施，《安全导则》则以国际经验和国家实践为基础，为缔约国提供了具有借鉴意义的相关意见，并确立了在不能寻找到切实可行的执行方案时，须以《安全导则》中的相关规定为基本处理原则。国际原子能机构制定的这些安全标准，在相当程度上为各个国家和地区制定相关国际核电安全利用法律规范提供了法律以及技术方面的参考与指导，而且有些准则已被纳入国内法律和国家间的双边或多边协定之中。但是，虽然经国家承认并确立为法律的安全标准具有法律拘束力，但在不同国家间所确立的安全标准各异，安全性水平参差不齐，实践中难以协

〔1〕 参见岳宗凤、李小辉：《从日本核泄漏看国际机制的缺失》，载《理论观察》2018 年第 6 期。

调统一,十分不利于国际核电安全法律制度的发展。就此次日本核污染水排放事件而言,日本政府声称其核废水排放完全符合相应标准,不会对海洋环境产生任何不利影响,但其所谓的标准是依据本国法制定的国内标准,达到本国国内标准并不意味着达到可能受损害波及之利益相关国的排放标准,而且即使符合日本本国法律规定的排放标准也不能保证可以完全避免损害的发生。另外针对不同情况、不同污染程度的核废水以相同排放安全标准的法律进行规范不乏存在些许不合理之处。

(二)信息披露与国际合作相关规定过于原则化

日本在此次核废水排放过程中在信息、数据的公布以及具体处置方案的透明度等问题上都难以得到国际社会的认同,除了日本当局的消极态度外,核电法律制度固有的缺陷亦为其不履行相应国际义务提供了土壤。首先,无论是《核安全公约》还是《联合国海洋法公约》,无论是对于安全标准的规定还是国际义务的承担都停留在原则性层面,缺乏具体细致的法律规范,这种原则概括性规定缓和了国家主权、国家秘密与信息数据共享之间的矛盾,为各国自定义并结合本国实际情况进行规则的制定提供了依据和条件。然而,以《及时通报核事故公约》为例,其虽明确规定缔约国应向实际或可能受到影响的国家和国际原子能机构通报该核事故的发生时间、地点和性质,即履行及时通报义务,但令人遗憾的是,公约没有对通报顺序、通报时间作严格规定,而是将选择权赋予了缔约国,缔约国可以根据本国实际情况灵活选择是否通报、何时通报、具体通报内容以及信息披露程度,等等。这种模糊不清的规定深刻影响着信息传递的时效性和真实性。其次,国际合作相关内容的缺失在某种程度上亦为核损害事态与后果的升级埋下了安全隐患。国际合作除了国家间就核事故共同面对、协商和共同解决外,还包括核电利用技术、资金、科学管理机制的分享与合作。目前,不只是发达国家,越来越多的发展中国家开启了开发利用核电的热潮,由于其在技术、运营以及管理等方面的不成熟,安全隐患越发显现。在现阶段,即使《联合公约》等相关国际条约一直强调国际合作的重要意义,但发达国家过分追求垄断核能产业带来的经济效益,不愿进行技术分享与资金援助,缺乏国际合作精神与人类安危共同意识,加剧了国际合作的松散性和不稳定性，不利于维护世界核电安全的协同良性发展。

（三）核事故预防与监管模式尚不完善

在核电利用的早期，突发事件的应对往往是通过制定详细的技术安全措施完成的，相关技术安全措施的监管和授权在一定程度上深受大众怀疑。一系列核电事故的发生给全球核电监管机构敲响了警钟，使其逐渐意识到，此种以安全措施为依托的监管模式似乎排除了法律报告、监管、授权、正当程序等内容，操作范围非常狭窄有限。[1] 核损害的全球性和灾难性特征要求国际社会必须对核电站的建立和运行实施全方位全过程的管理和监督，从核电站的布局、选址到中期评估以及制定切实可行的应急方案，每个阶段都需要监管机构严格把关，积极审核相关措施的科学性和可适用性。国际原子能机构提出：要在核设施生命周期和活动期间实现和维持高水平安全需要以健全法律和监管框架为根本。国际原子能机构通过其制定的安全标准和提供的审查服务帮助成员国加强预防与监管框架建设。但从现有国际公约来看，该机构对核电安全监管的法律条文规定过于笼统，可操作性、监管范围、监管程度都十分有限。这主要是基于核电安全问题牵涉国家秘密与国家主权，各国普遍对其持保守态度。因此国际原子能机构在提供监管服务领域起到的只是辅助作用，具体监管机构的设立和运行都以本国法律规定为主导。例如，《联合公约》和《核安全公约》都规定了缔约国应以国家报告书的形式向缔约方会议阐明本国监管义务履行情况，相关信息的提交以及由此所产生的政策的预期应用固然为国际监管提供了依据，但报告书内容的真实性和透明度都无从考证，流于形式的审查无法达到预防核事故发生的效果。因此，此种单纯依靠本国国内机构的监管路径选择，使监管的独立性和有效性大打折扣。从日本福岛核事故中便可以看出，核电站的选址、设计、防范措施、运营与管理等都存在问题，日本当局在明知存在严重安全隐患情况下，出于经济、政治等多重因素考量，针对安全问题始终持掩饰和回避态度，而国际社会又无法

---

〔1〕 See Sanmuel Obeng Manteaw, *Redefining Nuclear Safety Using An Integative Concentric Paradige For Effective Nuclear Power Regulation*, University of Chana Law Journal, p. 58 (2015).

依靠具体法律制度对其进行制裁和管理，没能通过事前预防及事中监管有效避免损害的发生。

（四）欠缺有针对性的争端解决机制

国际核污染争端是指在一国在开发利用核能过程中，由于自然或人为因素导致核泄漏或核爆炸，造成本国或者其他国家、地区环境污染或人身损害，国际法主体间就责任承担、损害赔偿等问题存在争议，从而引发国际争端。这类争端具有复杂性、不确定性以及多样性特征。首先，核污染争端不仅是政治或法律争端，也有可能是事实争端，其涵盖领土主权、国家行为、国家责任以及事实认定等问题，涉及国家间政治、经济、军事、环保等多方面利益纠纷。而且，由于损害后果的跨国性、潜在威胁性和长期性特征，使损失的界定、证据的收集、因果关系的确定都变得异常困难，同一般的国际法争端相比无论从实体还是程序上都更为烦琐复杂。其次，目前国际上核污染争端的解决路径，除了谈判协商等政治手段外，还可以通过仲裁和司法的方法要求加害方履行国际义务，承担相应损害赔偿责任。但是，国际仲裁机构案件受理范围有限，其多为国际商事纠纷，核污染争端技术性强、专业要求程度高，在尚不存在专门用于解决核污染争端的组织机构的前提下，仲裁的科学性和公正性尚且存疑。而且，无论是仲裁还是诉诸国际司法程序，都需要争端当事国的配合，如果当事国拒绝仲裁或者拒绝法院的管辖，争议仍然无法得到有效解决。最后，目前仅有的涉及核污染争端解决问题的《及早通报核事故公约》和《核事故辐射紧急情况援助公约》，适用范围只局限于因国家履行通知义务和援助义务而产生的争议，无法为其他核污染纠纷提供法律依据。综上所述，建立起一套有针对性的聚焦核污染争端解决问题的实体法规则和程序规则，对于有效应对现在以及未来日益频发、愈加复杂的核污染核排放争端具有深刻的理论价值和现实意义。

四、核电安全国际法规制的完善路径

（一）制定协调统一、与时俱进的国际核排放标准

核电利用安全问题一直以来都是国际社会重点关注的内容，任何核电活

动的开展都需要坚持安全优先,将安全视为实现核电可持续发展的前提条件和基本保障。因此,国际法律规制应该平衡经济需求与开发利用之间的关系,在确保安全的前提下,积极推动国际核电发展。纵观既有核电安全方面的国际立法,大多集中在事后通知、报告以及处理制度方面。而要全面推进国际核电安全良性发展,不仅应强调事后的处置与解决,还应将介入措施前移,提前对核电开发利用加以法律规制,从而提高全球核电安全水平。具体来讲,可以通过制定国际统一的核排放标准对世界范围内核电运行过程中产生的放射性废物进行严格规范,从源头上避免核污染的扩散,确保全球核电运行系统的稳定与安全。现有的核电安全标准虽然在一定程度上为各国制定本国核电立法提供了基本安全指引,但其不具有法律拘束力,不能化解各国在核电安全措施方面的分歧,亦无法确保核废料排放的安全性与合规性。

首先,国际原子能机构应补充核电安全标准,将其确立为国家核电运行必须遵守的基本安全要求,充分参考核电、环保等方面专家、技术人才的意见,确保排放标准兼具科学性与可行性,并同时约定各国可以根据本国相关规定以更高标准排废,而不能低于机构要求的标准进行排废。其次,机构所制定的排废标准应定期更新,即针对不同时期的核电发展需要,及时解决现实国际核电运行需求。英国《工作健康和安全法》中就规定了合理可行的低风险(As Low As Reasonably Practicable, ALARP)原则,ALARP 是一个不断变化的标准,如果数据或相关实证表明现阶段所面临风险大于预设风险时,有必要采取新安全标准加以应对。[1] 此次日本核污染水排海事件便深刻体现了由于缺乏科学统一、与时俱进的核废水处置标准,各国虽然对排放后果表示深刻担忧,但无法拿出强有力的科学依据和排废标准对其行为进行限制和约束,一直处于被动地位。因此,只有在国际层面建立统一的核排放标准,才能形成全面、系统、综合的治理格局,[2] 才能防止核污染,强化核电运行安

---

〔1〕 See Sam Emmerects & *Christian Raetake*, *Benjamin Okra Legal and Regulatory Aspects of Long-term Operation of Nuclear Power Plants in OECD Member Countries*, Nuclear Law Bulletin, p. 45 (2011).

〔2〕 参见高翔:《论国际海洋石油开发环境污染法律救济机制的构建》,载《中国海商法研究》2014 年第 2 期。

全,构建协调规范的国际核电法律机制。

(二)强化核电安全领域的国际合作

1.落实信息分享与报告制度

核污染的全球性和长期性特征决定了污染的治理不能仅依靠单个国家一己之力,需要国际社会共同应对。从事先预防到事中、事后监管,从核设施的建设运营、常规管理到核污染的风险防范、监督治理都应该立足国际合作,通过国际合作提高核电利用的科学性与稳定性,减少污染发生概率,积极应对突发事件。

首先,国际核电安全领域合作的基础是各国核电活动的透明度。国际法律应加强对各国在信息公开方面的行为指导,通过细化合作规则确立国家合作义务,推动国际核电安全协作机制建设。具体来讲可以要求国家定期提供核电运行相关信息、数据资料。重大核事故发生时,无特殊理由不得拒绝提供信息情报,不得拒绝国际援助和国际合作。[1] 其次,尝试区域性或全球性信息交流平台建设,即在坚持平等自愿的基础上,通过此种非正式的国家对话形式,强化核电领域经验交流与技术分享。同时,该平台还可以作为一个数据收集中心,通过收集整理国家提供的情报,及时发布核污染相关信息,为核事故的应急处置和后续救助提供便利。

2.加强核电安全相关技术转让规则建设

国家间的双边、多边核技术转让协议是国际社会核电技术转让的主要方式,但对于核电领域的科学技术合作来讲,国际原子能机构一直以来都是促进国际核电合作、推行技术援助的关键渠道。[2] 国际原子能机构的技术合作计划作为机构向其成员国转让核电技术的主要机制,通过能力建设、知识共享、网络支持等方式帮助成员国提高核电运作技术水平,为改善世界的辐射安全以及核安全保障工作作出了突出贡献。其进行的技术转让主要包括

---

〔1〕 参见段小松:《论国际海上核污染法律制度的完善——以日本海上核污染为例》,载《特区经济》2011年第10期。

〔2〕 参见PauloM. C. Barretto:《国际原子能机构的技术合作:加强技术转让》,载《国际原子能机构通报》1995年第1期。

国际核信息系统(International Nuclear Information System,INIS)、研究中心和实验室、会议和出版物以及技术合作项目等相关活动。目前,核电技术转让的重点应落实在减少核电活动、核应用对环境的影响,维持全球高水平核电安全上。具体来讲,首先,国际原子能机构应积极推进核废料处置方法达成技术性国际共识,通过提供指导意见和技术援助等方式协助国家核安全主管部门加强核电安全建设。其次,强调发达国家在核电安全领域的国际责任,促进发达国家同发展中国家积极开展核电合作与技术转让活动,并将其视为一种“环境有益技术”进行强制转让。最后,补充细化《国际原子能机构规约》中关于技术援助相关规定,构建一个有效实施、保障充分的国际援助法律控制机制,[1]鼓励并支持跨国界核电技术合作,为核安全治理以及国际核电开发利用提供理论依据和战略指导。

(三)构建国际社会核电作业全程监督管理秩序

1. 增强国际核电监管的可操作性与适用性

纵观既有国际核能监管相关法律规定,普遍存在鼓励色彩大于强制色彩的现象,原则性规范较多,强制力度以及可操作性严重不足。针对核电安全领域监管机制缺失问题,首要任务是明确并强化相关机构的监管权力,明晰各国应履行的监管义务,通过国际条约的规定将机构的监管职权落到实处,在核电站规划、设计、制造、施工、运行到退役的每个生命周期中充分发挥监管机构的主导作用,以高质量的监管控制保障公共安全。并且,将监管目标重点聚焦在一般核电安全、辐射防护以及技术转让管制上,同时加强国际监管在“同行评审”[2]服务中的适用度,通过同行压力和公众监督,提高国家不遵守制度的成本,捕捉同行评审过程中的合议性和道德压力,最大限度地避免对国家主权以及国家秘密的干涉,制定标准、建立共识,在核电安全领域为

---

〔1〕 参见甘继刚:《核能安全的国际法规制》,载《湖南警察学院学报》2012 年第 2 期。

〔2〕 同行评审广义上来讲是指某一或若干领域的一些专家共同对涉及该领域的一项知识产品或实践进行评价的活动,其通过会议、学术讨论、交换意见等方式来运作,在医疗、科学和学术领域应用较为广泛。同行评议的模式因领域而异,核电安全领域的“同行评审”可作为一种平等、合议、制度化的有效激励机制在国家履行核电安全监管义务上发挥作用。目前,国际原子能机构根据核安全标准,提供综合监管评审服务、安全运行评审服务和应急准备审查等同行评审服务。

国家履行监管义务的同时得以自主决策提供适度的渐进途径。[1] 此外，还要坚持监管程序公平、公开、透明，并且将核文化建设融入核电安全监管体制之中。运用定期安全审查等监管手段，不断改善全球核电监管环境，从态度和制度两个方面提高核电安全认识，加强管理政策的执行力，促进核电安全监管体系、监管能力现代化，为国际核电事业的安全高速发展保驾护航。

2. 确立完整高效的核电安全管理评估机制

除强化国际核电安全体系法治化、规范化建设外，还可以通过在国际原子能机构中设立专门性核电安全监管平台的方式，健全核电安全的事前预防、事中评价、事后监测管理机制，推进全球核电安全治理体制系统化、信息化。[2] 首先，在项目起始阶段，对于核电站的选址、布局，需要严格考虑评估地质、自然灾害等因素，确保核设施的运行环境、运行条件符合监管机构的安全要求和营运限值。其次，在国家报告书中增添开展跨界环境影响评价项目，对一系列风险进行跨学科评估，其中应涵盖“针对重大环境影响进行充分、公平讨论”的内容，并告知监管机构以及公众合理的解决方式和替代方案。[3] 同时还应由监管平台对评价内容、评价方法、义务履行情况进行监督，确保评价制度的顺利实施。再次，提高对成员国事故预警和应急方案的干预度，加强风险事故系统化处理能力建设，并结合发展需求及时审查应急方案的可行性、合理性，对于其中存在的不科学之处提供理论指导和技术支持。最后，加强对核污染事故的后期环境监测，监测主体包括本国、可能受污染危害的周边国家以及国际组织，监测内容涉及大气、陆地、受影响海域的放射性污染程度，全方位反映污染的波及范围和影响后果。同时还应明确污染国对其他国家和国际组织的定期、持续报告义务，并针对事态发展趋势进行合理预测。

---

〔1〕 See Monica. J. Washington, *The Practice of Peer International Nuclear Safety Regime*, New York University Law Review, p. 446(1997).

〔2〕 参见杨国栋:《核安全文化与核安全监管思路及对策》,载《产业与科技论坛》2021 年第 4 期。

〔3〕 See Katherine A. Trisolini, *Decisions, Disasters, and Deference: Rethinking Agency Expertise After Fukushina*, Yale Law&Policy Review, p. 341(2015).

(四)以国际原子能机构法律框架为基础建立核污染争端解决机制

在核电高速发展的背景下,国际核污染形势越发严重,逐渐成为国际社会普遍关注的全球性法律问题。鉴于核污染争端固有的复杂性、专业性等特征,以及既有争端解决条款在程序、实体方面存在的局限,有必要建立起一套兼具拘束力和针对性的核污染争端解决机制。该机制主要可以从以下三个方面进行规范:

第一,在国际条约的制定上,为了突破《核事故及早通报公约》与《核事故或辐射紧急情况援助公约》关于争端范围的限制,协调国际核污染争端解决法律体系,可以在《核安全公约》中增加关于核污染争端解决机制的相关规定。这是因为《核安全公约》不仅具有相当数量的缔约国,而且该公约的适用范围和规范内容更为普遍具体,相较之下具有更强的可接受性和可操作性。同时,通过增加、修订相关法律规定,确保争端解决机制的强制适用,在促使缔约国积极履行国际义务的同时为受核污染损害的相关国家提供有效的救济渠道。

第二,在争端解决机构的设定上,国际原子能机构作为世界范围内核电安全法律机制构建的核心组织,拥有大量兼具核电安全知识与法律专业知识的人才,一直是世界范围内最权威、最能得到广泛认同的国际组织,具有承担起解决核电安全、核污染领域系列争端的能力。具体来讲,可以在该机构下增设一个针对核污染及相关问题的争端解决部门,专门负责处理核电领域专业性、技术性强的核电争端。此外,还可以在机构内部设立一个核损害纠纷和解委员会,吸纳法律、医学、科学、核电专家等对核污染争端进行事实认定。[1]

第三,在争端解决程序的制定上,可以规定首先需要争议方将争议提交至和解委员会,由委员会对争议方就事实问题进行调解,同时将"磋商"确立为进行争端解决的必经程序,即各国有义务就争议进行有效的沟通商议。若

〔1〕 See Eric A. Feldman, *Fukushima: Catastrophe, Compensation, And Justice In Japan*, DePaul Law Review, p. 342(2013).

在合理期间内无法达成合意则需要将争端提交国际原子能机构,由机构内部争端解决部门对其进行审理,作出有拘束力的判决。至于管辖权、救济程序、诉讼时效等程序性规定亦应由各国协同商议、协同制定,积极发挥国际原子能机构在争端解决规则构建中的重要作用,进一步推动国际核电安全法律制度的发展与完善。

第四章　能源法治研究

【导读】

在新时代背景下，能源的合理利用与保护对于推动社会生产生活方式的变革、构建现代化经济体系具有至关重要的战略意义。能源格局的变迁与绿色能源的国际合作成为全球关注的焦点。

本章收录了对能源制度的建立和完善，特别是对“一带一路”倡议下的能源投资争端解决机制，用能权的法律属性、界定、交易制度，国际合作的国内法依据，国际投资规则与环境公约的冲突，用能权交易制度在碳达峰、碳中和目标中的作用等方面的研究成果，以飨读者。

论“双碳”目标下用能权的法律属性*

王怡昕**

摘　要:强化能源消费强度和总量双控是促进碳达峰、碳中和目标实现的重要举措和路径,而用能权交易制度的有效建立和运行是实现“双控”目标的关键。用能权是用能权主体在能源消费总量控制背景下,由国家初始分配和通过市场交易取得的以能源消费量为核心内容的权利。然而,现有法规和政策文件对于用能权这种新兴权利缺乏明确的界定,学术界对用能权法律属性也存在较大争论,致使各地对用能权交易制度的设计千差万别,用能权交易实践中形成的权利义务关系凌乱复杂,影响了用能权交易制度的健康发展和功效发挥。基于用能权的公共性、公法性、有限财产性的本质和特性,用能权应是一种特许权。从制度价值的层面审视,将用能权界定为特许权对用能权交易制度的稳定推行、技术创新动力的持续生成、能源结构的优化转型以及相关配套制度完善的指引都具有重要价值。

关键词:碳达峰　碳中和　用能权　用能权交易　用能权法律属性　特许权

一、用能权法律属性问题的提出

强化能源消费强度和总量双控(以下简称“双控”)是实现碳达峰、碳中和目标(以下简称“双碳”目标)的重要举措和路径。2021 年 9 月,中共中央、国务院发布的《关于完整准确全面贯彻新发展理念做好碳达峰、碳中和工作的意见》明确提出“强化能源消费强度和总量”的“双控”目标,并将建立“用能权有偿使用和交易制度”作为实现这一目标的关键举措进行部署。那么,

---

* 获 2023 年 12 月第五届国际能源资源法治论坛一等奖。

** 王怡昕,中共陕西省委党校(陕西行政学院)讲师、法学博士。

为有效发挥该制度的价值功能，应如何建构“用能权有偿使用和交易制度”呢？这首先得从明晰用能权法律属性的重要意义谈起。

一直以来，作为理性经济人，经济主体强调自身经济效益的最大化，无限制地使用与消耗煤炭、石油、天然气、电力等能源，简单地将企业能耗作为一种生产成本进行经济核算，不会考虑生产过程中所造成的社会资源耗竭效应与负外部效应。一般来说，对于负外部性的解决途径是实施“庇古税”等公共政策或采用科斯定理为代表的产权制度。用能权交易制度的核心在于实现能源消费量定型化、量度化，并充分利用市场的资源配置能力去平衡用能单位的私人成本和社会成本的关系，促进用能单位能源利用率的提升，实现节能减排效果。基于此，“推行用能权交易制度”成为《生态文明体制改革总体方案》中健全环境治理与生态保护市场体系的重要内容。国家发展和改革委员会（以下简称发改委）于 2016 年颁布的《用能权有偿使用和交易制度试点方案》首次对用能权交易制度的核心问题进行了总体部署，涉及用能权的初始分配、核查、交易等环节，并明确在浙江省、福建省、河南省和四川省开展用能权有偿使用和交易试点工作。[1]随后，非试点省市也积极开展用能权制度探索，形成了大量的地方规范性文件。《中华人民共和国国民经济和社会发展第十四个五年规划和 2035 年远景目标纲要》（以下简称“十四五”规划）强调把推进用能权市场化交易作为目前推动绿色发展，促进人与自然和谐共生的有力抓手。随着 2030 年实现碳达峰、2060 年实现碳中和的“双碳”目标的提出，我国用能权交易制度的发展进程也在逐渐加快。作为节约能源的法律制度之一，用能权交易制度在一定程度上能抑制化石能源消耗，提高能源效率，促进清洁能源发展，进而实现控制温室气体排放的效果。

然而，虽然用能权这一概念从诞生至今已经有数年时间，但是仍然没有法律对用能权进行明确规定。目前，我国用能权交易的主要依据是 2016 年

---

〔1〕 本文将《用能权有偿使用和交易制度试点方案》中的“用能权有偿使用和交易”制度简称为“用能权交易”制度。

国家发改委发布的《用能权有偿使用和交易制度试点方案》，该方案只是对科学合理确定用能权指标提出了要求，并没有对用能权的属性及内容进行清晰界定。[1] 法律和中央政策文件对用能权缺乏明确界定，不仅导致社会对用能权缺乏正确理解，也妨碍了用能权交易制度的顺利发展和功能发挥，主要体现在以下几个方面：

首先，影响了用能权交易制度试点方案的顺利推进和发展。由于法律和中央政策文件对用能权缺乏明确界定，在试点实践中，对用能权的认识和规定比较混乱，严重影响了用能权交易制度的健康运行。从各试点省市的规范性文件来看，不少地区将用能权界定为“使用各类能源消费量的权利”。例如，作为试点省份的浙江、四川、福建、河南均在其用能权管理办法中对用能权作“能源消费量权利或权属”表述，[2] 其中河南省还提出了用能权配额的概念。[3] 有少数地区在能源消费量的基础上对能源的类型进行具体的界定，如河北省有关用能权的规范性文件将用能权定义为使用各类能源总量限额的权利，这里的能源包括电力、煤炭、焦炭、蒸汽、天然气等。[4] 还有地区的规范性文件对用能权作“能源消费量指标”表述。[5] 目前各试点省市的地方规范性文件对“能源消费量”“用能权指标”“能源消费量指标”“用能权配额”含义的表述含混不清，使缺乏相应制度保障的用能权充满了不确定性。[6]

---

〔1〕 根据《用能权有偿使用和交易制度试点方案》规定，用能权交易制度中能源消费量不包括用能单位自产自用可再生能源，国家鼓励可再生能源的生产和使用。

〔2〕《浙江省用能权有偿使用和交易管理暂行办法》(2019)第2条第1款，《四川省用能权有偿使用和交易管理暂行办法》(2018)第3条第1款，《福建省用能权交易管理暂行办法》(2020)第2条第2款，《河南省用能权有偿使用和交易管理暂行办法》(2019)第3条第1款。

〔3〕《河南省用能权有偿使用和交易管理暂行办法》(2019)第3条第2款规定：“用能权配额，是指用能权交易主管部门分配给重点用能单位指定时期内的能源消费额度。用能权指标，是指重点用能单位用于交易的能源消费额度的数字表现形式，是用能权配额的凭证和载体。”

〔4〕《河北省用能权、用煤权交易管理办法(试行)》第2条规定：“本办法所称用能权，是指企业年度使用各类能源(包括电力、煤炭、焦炭、蒸汽、天然气等)总量限额的权利……”

〔5〕《东阳市用能权有偿使用和交易管理办法(试行)》(2016—2018)第2条规定：“本法所称用能权是在能源消费总量控制的背景下，企业经核定或交易取得、允许其使用和投入生产的年度能源消费总量指标。”

〔6〕 参见杨本研、方堃：《碳排放权的法律属性研究》，载《环境保护》2021年第16期。

其次，不利于用能权交易市场规则的建立。从长远来看，用能权交易制度若仅依靠与用能权现货交易有关的各项交易机制，恐怕难以促进交易效率的提升，需要大量社会资本的投入以实现自然资本增值和获取能效收益的目标，这表明用能主体有着强烈的投资融资需求，目前碳市场的发展实践即例证。但是，用能权概念的不确定性，将直接导致投资者保护存在不稳定性，进一步阻碍用能权金融产品的创新，影响用能权市场金融化的深入发展。而用能权市场金融化则是实现环境利益恢复、节能减排目标的关键之处。〔1〕

最后，容易造成法律规范的冲突和混乱。用能权交易制度不仅包括本身的市场制度设计，还涉及财税、金融以及国有资产管理等法规的整合与更新，缺乏统一的概念和明确的定性可能导致不同法律部门之间由于调整对象的不一致而使相互之间的规定产生冲突。

从地方的规范性文件来看，其均是基于一种现象描述——用能权是在国家控制能源消费总量的背景下，用能权主体通过国家初始分配和市场交易所取得的以能源消费量为主要内容的权利。至于用能权到底是何种法律属性的权利则缺乏明确规定。用能权法律属性的界定不仅是单纯的学理之争，它直接关系到用能权交易一级市场的正当性和二级市场的有效性。对用能权交易一级市场而言，用能权法律性质的确定有助于调整政府和用能权指标持有者的法律关系；对用能权交易二级市场而言，用能权法律性质的确定有助于树立用能权交易主体的市场信心，维持用能权市场的稳定发展。〔2〕因此，对准确理解、把握用能权交易机制进而构建与之配套的相关制度来说，明晰用能权法律属性至关重要。

二、关于用能权法律属性的理论争论及评析

对用能权作出明确的定性描述是建立用能权交易规则和市场的基础。

---

〔1〕 参见陈志峰：《我国用能权交易制度研究》，华东政法大学 2020 年博士学位论文，第 115～116 页。

〔2〕 参见曹明德：《中国碳排放权交易法律制度研究》，中国政法大学出版社 2016 年版，第 2 页。

然而,作为一项新兴权利,学术界对用能权缺乏深入探讨,特别是对其法律属性问题,尚未形成统一认识。从现有文献来看,关于用能权法律属性的主要观点有基于私法的财产权学说以及偏向公法的规制权学说。

（一）用能权物权学说及其评析

将用能权纳入物权体系进行理论分析和制度构建主要基于以下三个原因。首先,我国法律体系倾向于大陆法系,债权和物权的二分结构已经深入民法财产权体系,而在既定的物权演绎框架下,将用能权视为物权是通过解释用能权客体符合物权的特定性客体的要求予以实现的。[1] 这里存在两种解释路径:第一,通过对能源消费量的扩大解释将其视为特定"物",实现用能权与物权的对接;[2] 第二,通过对用能权指标的全面支配性解释,[3] 将其纳入物权的框架体系。[4] 其次,采用物权化手段有助于能源的优化配置,实现社会效率。最后,用能权物权学说认为明确用能权的物权地位有助于实现社会成本内部化,解决能源环境问题。因为赋予用能单位以物权,可以充分调动其积极性以保护其"物"并使之增值。

但实际上,作为用能权客体的能源消费量无法满足物权客体的特定性要求。能源消费量概念由政府创造,其边界由于能源节约的边际成本无法界定以及节能技术的发展难以预测等而具有模糊性。尽管每年的能源消费量可以参考能效技术提升的潜力和历史能源消费总量大致确定,但即便如此仍然不能将变动不居的诸多环境经济利益囊括其中。若强行将能源消费量纳入物权调整范围,不仅不利于用能权保护,反而会破坏物权体系的统一秩序,造成民法物权的理论解释、指导力度的不足。

此外,有学者通过采取多视角模式、时空结合观、宽严相济的弹性标准等

---

〔1〕 参见王立明:《物权法论》,中国政法大学出版社2008年版,第12页。

〔2〕 参见倪受彬:《碳排放权权利属性论——兼谈中国碳市场交易规则的完善》,载《政治与法律》2022年第2期。

〔3〕 用能权指标是用能单位能源消费量的数字表现形式,是能源消费量的凭证和载体,其实质均是指在能源消费总量约束下用能单位所获得的消费的能源数量的多少。

〔4〕 参见李遐桢、王虹玉:《论用能权的法律属性》,载《广西社会科学》2018年第3期。

方式对物权客体特定性理论进行反思与拓展，[1]认为用能权是与典型物权有所不同的准物权，但并非物权以外的权利。[2] 需要注意的是，能源具有强烈的公共性、系统性、自然性特征，这些特征所涵摄的公共利益及其保障需求已成为当今能源消耗与能源治理中的一个基础性、优先性命题。在民法框架下的用能权物权化模式中落实公共利益保障目标存在较难克服的逻辑局限，更难以直接、合理地实现公益保障目标的制度内化。

（二）用能权新财产权学说及其评析

当社会变迁产生新客体时，原有的物权体系就可能不敷应用，需要创设新的财产权类型，这种权利行使和种类的膨胀现象被美国一些法学家称为"权利的爆炸"。那么当用能权在既有的物权框架中无法找到栖身之所时，通过进一步扩大财产权体系的外延，将用能权定位为新财产权就成为界定用能权法律属性的方案选择。[3] 主要有两种观点：第一种观点认为用能权符合新型权利所具备的基础条件。[4] 首先，根据利益论的观点，用能权所代表的消费公益在目前环境资源要素日益稀缺的态势下具有相当的重要性。其次，随着生态文明建设的日益深入，一系列的政策方案更是厉行资源节约，用能权作为一项被多数社会成员认可、社会评价为正当的权利应该是毫无疑问的。最后，总体上看，用能权应该具备被保护的合理性。目前各试点省市已经陆续颁布有关用能权有偿使用和交易的地方规范性文件，具备了一定法制基础。与此同时，国外关于白色证书交易的实践也已证明，用能权交易这种以能源存续性利用为主要行为模式的制度符合节约社会成本的需要，也可以为政治现实所容纳。第二种观点认为借鉴英美法系的新财产理论来解释用能权，认为它是政府应该保护的公众利益和财富，无法纳入传统的财产权范

---

〔1〕 参见崔建远：《准物权研究》，法律出版社2012年版，第15～21页。

〔2〕 参见邓海峰：《环境容量的准物权化及其权利构成》，载《中国法学》2005年第4期。王明远：《论碳排放权的准物权和发展权属性》，载《中国法学》2010年第6期。

〔3〕 参见邓海峰：《排污权——一种基于私法语境下的解读》，北京大学出版社2008年版，第218～229页。

〔4〕 参见雷磊：《新兴（新型）权利的证成标准》，载《法学论坛》2019年第3期。

围。[1]新财产理论认为新财产源于政府的馈赠,其已日渐成为个人非常重要的财产形态,而所谓的新财产旨在强调政府福利保障,诸如劳务、资源使用权、专营许可等。美国学者认为,个人所享有的上述政府福利是“新财产权”。[2]但是,将上述财富视为财产权面临着将公共资源私有化的嫌疑,原因在于,公共资源中的财产权配置容易导致公共资源在私人逐利性的驱使下集中到少数人手中,使公共资源丧失原本可为公众提供生活资本和潜在收入的可能。

物权学说和新财产权学说看似不同,实则相同,均认为财产权是用能权的最佳安身之处。物权学说是一种解释论思路,该论点打算在现行的《民法典》“物权”编框架下为用能权寻找容身之所;新财产权学说是一种立法论的思路,该学说打算另起炉灶,为用能权搭建栖身之地。在用能权新财产权学说看来,以私法的手段赋予用能权指标持有者以财产权,可以保障权利人的合法权益,激励投资和制约行政权力的滥用,在某种程度上来说具有一定优势。但是这一学说的主要劣势在于:首先,面临着用能主体的道德性风险,出现大众对“用能单位利用能源实现经济效益,却让全社会承担环境污染的负面影响”的道德质疑,并且伴随着这种污染可以变成被买卖的商品,就会面临着剔除污染本身的道德污名之嫌。[3] 同时作为财产权,配额内的免费获取方式也因其具有较大的累退性而备受诟病。[4] 免费分配难以平衡公平和效益,容易导致现有产能和新增产能的利益失衡。其次,“双碳”目标下,受气候变化的影响,能源政策的调整呈现一定的波动性。当用能权交易主管部门为了公共利益的需要征收或者变更用能权指标时,则要承担信赖利益补偿责任,也就是说能源消费量政策调整所带来的不确定风险,将完全由行政机关承担,这将造成过高的行政负担,甚至造成政府缩手缩脚,影响节能减排目标

---

〔1〕 参见王社坤:《环境容量利用:法律属性与权利构造》,载《中国人口·资源与环境》2011 年第 3 期。

〔2〕 参见高秦伟:《政府福利、新财产权与行政法的保护》,载《浙江学刊》2007 年第 6 期。

〔3〕 参见王慧:《论碳排放权的法律性质》,载《求是学刊》2016 年第 6 期。

〔4〕 参见累退性原意是指纳税人随着收入的增加负担变小。这里指低收入者所消费的能源价格不会因能源指标的免费分配而降低,能源价格反而会上升。因为削减用能权指标或者购买用能权指标都会导致企业的成本上升,而这部分成本会转嫁到消费者身上。

的达成。[1] 正是出于这一考虑，许多国家的立法通常不会赋予此类权利以财产权地位。再次，鉴于用能权市场是政府理性建构的市场，需要政府对用能权交易过程实施监管，以最大限度地增加公共利益，实现市场平稳发展。若用能权被定位为财产权，"私权"的神圣不可侵犯性将可能阻碍政府灵活调整功能的发挥，从而面临可能出现的用能权价格剧烈波动、供需失衡等问题，政府难以有所作为。最后，用能权市场的高度专业性需要政府予以监管，否则容易出现类似用能单位囤积用能权指标进行不正当竞争等破坏市场秩序的行为，这将阻碍用能主体自由参与用能权交易。

（三）用能权规制权学说及其评析

上述的财产权学说实际上体现的是一种传统自由主义市场思想，该学说认为基于市场配置规律可以实现用能权交易制度效率。而规制权学说认为用能权是相关环境政策的工具之一，是一种管制性权利，是公法属性优先并兼顾私法属性的权利。在注重政府公正、公平和透明的分配和管理权力的同时保障权利人的财产利益。[2] 实际上规制权学说认为用能权指标持有者享有的是一种不同于私有财产的由政府创设的管制性财产，可以通过用能权市场进行交易，但是这些财产最终的分配和管理权力是属于政府的，[3] 规制权学说更多地聚焦于政府管制目的的实现。将用能权定位为规制权学说存在以下两个问题。第一，增加了制度运行的成本。规制权作为美国学术界的说法，不属于我国现有的权利话语体系。从私法权利的角度来说，由于其具有强烈的政府"规制性"色彩，强行纳入私权体系将会扭曲传统私法的规则，造成自治和管制的"两败俱伤"。从公法的角度来说，我国已存在特许权规范，《行政许可法》的良好运行保障了特许权的法制实践基础。规制权与特许权在权利内涵和特征上极为相似，若此时选择规制权而放弃特许权，不仅需要相对较长的时间才可能使公众和社会对其了解，也容易导致公众和社会的认

[1] 参见肖泽晟.《公物法研究》，法律出版社2009年版，第317页。

[2] 参见刘明明：《论构建中国用能权交易体系的制度衔接之维》，载《中国人口·资源与环境》2017年第10期。

[3] 参见韩英夫、黄锡生：《论用能权的法理属性及其立法探索》，载《理论与改革》2017年第4期。

知混乱，这无疑会增加用能权交易制度运行的成本。第二，降低了用能权指标持有者的稳定预期，难以保证社会效率。目前由于规制权并非传统、既得、稳定的权利，这在一定程度上增加了用能权指标持有者的风险，即由于能源消费量的不确定性所带来的用能权指标的变更或撤销风险将完全由权利人承担，降低了用能权指标持有者的稳定预期，损害了用能权指标持有者的合法权益，难以实现社会效率。

综上分析，基于"双碳"目标对用能权法律属性进行考察，应明确用能权的核心价值功能在于维护可持续发展的公共利益。现有的财产权学说难以直接、合理地实现公益保障目标的制度内化，而规制权学说难以自洽地纳入现有的权利话语体系，公共保障的制度功能发挥受阻。

三、用能权的特许权本质和特性

（一）用能权的公共性

用能权表征上是对稀缺用能权指标予以保障性控制，通过节能技术创新的成本与用能权市场交易成本之间的博弈来实现"双控"任务。实质上，用能权是政府在确定能源消费总量目标下配置用能权指标（能源消费量）的一种方式，借助对个体的赋权和控制双重手段，在高效利用能源行动中落实可持续发展的公共利益。而维护公共利益是公共行政的元价值，也是公共行政的生成机理所在。行政特许权作为政府配置资源的一种重要的公法性手段，承载着保障经济基本发展、平衡个人自由和国家干预的实质功能，增进与分配公共利益。〔1〕可以说用能权的价值取向与特许权是一致的，即维护公共利益，这体现了与私权、私法"以优先保障私益"的明显差别。与此同时，用能权除基础性、优先性地维护公共利益外，还要确保资源利益的公平公正分配。

（二）用能权的合法性

1. 用能权的资源社会性理论根源

在传统的能源理论中，经济效率和能源效率具有一致性，将能源的问题

〔1〕 参见张牧遥：《自然资源特许使用权之公法财产权论》，载《学术探索》2022年第1期。

理解为经济的问题，一定程度上忽视了能源作为社会性资源本身具有的生态性与安全性。[1] 资源社会性理论认为能源资源属于全社会成员所有，能源资源的使用理应契合全体社会成员的公共利益目标。政府通过对用能权的管理促进全社会合理公平利用能源、提高能源利用效率、节约能源，实现能源利益的平衡。可以说资源社会性理论是从社会整体的高度强调能源的公共价值属性，反对将能源视为用能权主体的确定无疑的财产，这与公权的价值取向一致。因为依据财产权学说，即便用能单位免费获得用能权指标，如果政府因调整政策而缩减用能单位的用能权指标，那么政府需要通过公开透明的程序对用能单位进行赔偿，而政府向用能单位支付的赔偿款需要全体纳税人买单，这会造成人们道义上的无法接受。尽管目前用能单位主要以免费的方式获得用能权指标，看似与用能权财产权学说面临相同的道德困境，但是将用能权定位为特许权说可以确保政府在调整用能单位免费获得用能权指标时向用能单位支付的是补偿而非赔偿。由于目前用能权交易仍处于试点阶段，推动制度平稳有效运行应是首要的任务，未来可考虑通过"招拍挂"等市场方式逐步有偿使用用能权。从"双碳"目标实现的法治行动框架来看，用能权指标（能源消费量）的赋予根据外部的气候环境变化进行动态调整无疑是最具适应性的策略之一，因为其要求法律调整保持不断变化，而并非仅调整到一个新的平衡状态。[2]

2. 用能权的公法规范依据

从试点省份的用能权管理办法及相关细则中关于用能权指标（能源消费量）确定和配额管理的规定，可以为用能权的特许权规范找到依据。特许权是根据《行政许可法》第 12 条第 2 项规定产生的权利，有其特有的法律特征。[3] 第一，从权利来源上看，行政特许权源于国家对资源的所有权。第二，从权利的创设和取得方式来看，特许权是依据行政机关特别许可所取得的权

〔1〕 参见黄锡生、峥嵘：《论资源社会性理念及其立法实现》，载《法学评论》2011 年第 3 期。

〔2〕 参见郝莉·德瑞默斯、巩固：《气候变化与财产权的进化》，载《环境法评论》2018 年第 8 期。

〔3〕 参见王克稳.《行政许可中特许权的物权属性与制度构建研究》，法律出版社 2015 年版，第 78 页。

利。第三,从权利内容来看,特许权具有优先保障资源公平公正配置与兼顾相对人资源使用收益的内容。从这个角度来看,特许权中带有使用收益的财产利益属性。

而用能权完全可以归入行政特许权。一方面,其符合特许权的法律特征。首先,用能权来源于国家配置能源消费量的所有权。其次,用能权是依据行政机关确认、核定能源消费量(用能权指标)等方式取得的权利。根据《行政许可法》第 12 条第 2 项规定实施特别许可的领域限于有限自然资源利用、公共资源特别使用以及公用事业领域。而作为用能权客体的能源消费量依附于一定能源而存在,属于可以通过行政机关行政特许配置的自然资源。[1] 最后,用能权不仅优先承载着能源消费公益,同时亦要兼顾对用能权主体的个人的财产利益的保障。[2] 另一方面,用能权交易制度的确定过程具有浓厚的公法色彩。首先,用能单位的确定是政府所做的选择,这一过程更多地体现政府的决策过程,政府有权确定主体资格的范围。其次,政府确定管辖行政区域内的用能权指标总量(能源消费总量),这在用能单位数目有限的情况下意味着用能权价值的大小由政府确定。往往政府发放的指标数量越大,用能权的市场价值会趋小,而当用能权指标数量越小,用能权的市场价值会趋大。再次,用能权的分配方案是由政府制定的,这意味着用能单位的利益将直接受到政府分配方案的影响。因此,政府可以根据用能单位的情况变化重新核定用能权指标,这意味政府有权干预用能单位的用能管理,用能单位的能源管理措施将直接受制于政府的行为。最后,政府有权对用能权交易价格实施干预。针对可能出现的用能权交易市场价格的剧烈浮动,政府有权动用专门的资金来稳定市场局势,实现用能权交易平稳运行。概括来讲,用能权交易市场作为政府主动创造的市场,政府的角色和作用贯穿于用能权交易市场创设、配置、交易及监管保护的全过程,其方方面面均受政府公

---

〔1〕 这里需要注意的是,一次能源中的煤炭、石油、天然气属于自然资源,至于水电、火电等二次能源可通过千瓦时与标准煤的换算(1 千瓦时相当于 0.123 千克标准煤发生的热量)界定为广义的自然资源。

〔2〕 参见张立锋:《用能权相关法律问题辨析》,载《河北科技大学学报(社会科学版)》2017 年第 4 期。

权力的影响。

(三)用能权的有限财产性

用能权以优先维护公共利益保障需求的用能主体公平公正获得用能权指标为核心。可以说,其权利内涵包含有限的财产利益特性,即有条件、有能力的用能主体对用能权指标(能源消费量)进行高效利用的财产利益,这与一般意义上的特许权具有的有限财产属性相契合。

一方面,用能权指标持有者对指标享有事实上的有限支配,可以对其所拥有的指标进行使用、交易并获取收益,其他人不能侵害,但要受到政府行政权的约束,例如,用能权须在特定的场所、须用特定的方式交易,其交易的指标比例须受政府的严格限制,等等。这并非自由商品市场基于意思自治的完全财产权交易。而特许权是基于政府许可而产生的,具有部分财产利益属性,在二级市场上使用、交易,但其交易因须以公共利益的保障为边界而受到限制,例如,典型的采矿权的转让,须对受让主体资质进行严格审查,并进行登记,等等。

另一方面,用能权指标持有者拥有有限的可交易财产利益。具体是指财产利益的内容是基于政府的利益衡量而确定的,并负有多种公法上的义务。用能权指标是经由国家公权力的介入,通过能源主管部门的核定、确认的方式取得,其利益的价值取决于政府能源消费总量的确定。基于“双碳”目标,用能权的行使负有多种公法上的义务以保障实现可持续发展的公共利益,例如,应使用节能降耗技术进行生产,降碳减污。而特许权因为政府公权力的介入,各种公共资源的“有偿使用”往往难以真正以市场价值为基准,并且其行使的过程中通常负有节约资源、保护环境的公法义务。

与此同时,用能权指标持有者拥有的财产利益同样可以运用公法的方式予以保护。鉴于行政特许可能会赋予政府较大的权力,在一定程度上会降低用能权指标持有者的稳定预期,打击用能权指标持有者参与用能权市场的积极性,损害用能权指标持有者的合法权益,这或许是人们不愿将用能权界定为特许权的重要理由。但事实上,问题的关键不在于用什么样的法律关系来规范资源利用关系。如果政府可以依据用能权法律规范进行调整,那么用公法中的行政法律关系来保障用能权指标持有者的合法权益也未尝不可。从法律规范的层面来看,一方面,《行政许可法》第12条、第18条、第46条、第53条等条文,明确了政府在管理资源过程中并不是恣意妄为,而是通过限制政府权力行使来保障用能权指标持有者的合法权益。另一方面,《行政许可法》第7条、第8条、第69条等条文,赋予用能权指标持有者对政府实施的行政许可享有申辩权、陈述权,有权依法提起行政诉讼或申请行政复议,以及当其合法权益受到行政机关侵犯(撤销已经生效的特许权、违法侵犯特许权)时有权要求补偿。另外,用能权指标持有者还可以依据最高人民法院《关于审理行政许可案件若干问题的规定》第15条要求政府对变更征收行为进行财产补偿。用能权指标持有者的合法权益是完全可以得到保障的。

可见,将用能权界定为行政特许权并不意味着用能权指标持有者的权益保护被弱化。针对资源的开发和保护领域,特许确实是有效的治理工具。[1]我们也不能否认用能权的特许权定位有助于产生信息、控制风险和配置资源。[2] 立足于"双碳"目标,政府综合考虑社会的能源消费总量以及分配方案对用能权指标进行初始分配,确保它的社会价值最大化,这是一个政治主导的决策过程,并借助法律法规制度化。

综上所述,对用能权法律属性的界定,不是不能,而是难为。这源于用能权交易制度表象上涵盖了政府的"初始分配"和市场的"交易转移"两大内容,这往往需要我们透过表象深入本质进行思考。基于用能权的公共性、公法性以及有限财产性的本质和特性,用能权应是一种特许权。公共性表明用能权旨在促进可持续发展的公共利益实现;公法性表明用能权具备公法性的资源社会性理论根源和公法上的《行政许可法》规范依据;有限财产性主要是指用能权支配有限和内容有限。而特许权是政府依据公法规范产生的旨在促进公共利益实现的一种公法上的权利(不以私人利益为必不可少的核心要

---

〔1〕 参见高富平:《浅议行政许可的财产属性》,载《法学》2000年第8期;陈端洪:《行政许可与个人自由》,载《法学研究》2004年第5期。

〔2〕 参见汪永清主编:《行政许可法教程》,中国法制出版社2011年版,第5~7页。

素），[1]其对应的是政府的义务，且反射到民事领域时具有部分的财产利益属性，其内容和边界的确定往往基于政府的利益衡量，并运用公法上的方式予以保护。[2] 可以说，二者具有高度的契合性。

四、用能权作为特许权的制度价值

基于"双碳"目标可持续发展的公共利益保障，立足于用能权的公共性、公法性以及有限财产性的本质和特性，可以赋予用能权以特许权的定位。从制度价值的层面审视，将用能权界定为特许权更有利于用能权交易制度价值功能的发挥，充分实现节能减排降碳的实效。

（一）保障用能权交易制度的稳定推行

将用能权定位为特许权，有利于用能权交易制度的完善和推行，落实公共利益保障目标。

一方面，立足于用能权交易市场与我国政府的关系，赋予用能权以特许权的定位，可以充分发挥政府的管制功能，维持用能权交易市场的稳定。其一，相较于其他已日益发展成熟的市场来说，用能权交易市场具有新兴市场兼具环境市场、能源市场甚至部分金融市场（能源金融市场、绿色金融市场）的特点。该市场领域的风险性较高，专业性和技术性较强，在缺乏政府管制的情况下易发生滥用市场势力、价格操纵、虚假交易等损害市场竞争、破坏市场秩序的行为，将其定位为特许权，政府"名副其实"的管制有助于保持用能权交易市场的稳定。其二，用能权市场并非自发形成的自由市场，而是由政府理性建构的市场。尽管目前从试点省份的情况来看，有些试点省市通过市场实现了一定效率的能源配置，但是，不可否认的是，一些关键性要素还是由政府控制的。例如，能源消费总量的确定需政府根据社会的发展水平、产业结构和布局、节能潜力以及资源禀赋等因素加以考量合理确定。用能权指标

---

〔1〕 参见徐以祥：《行政法学视野下的公法权利理论问题研究》，中国人民大学出版社 2014 年版，第 21 页。

〔2〕 参见肖泽晟：《论公共资源特许使用权转让之限制》，载《苏州大学学报（哲学社会科学版）》2018 年第 1 期。

(能源消费量)的分配需要政府根据能源消费总量目标进行分解。其三,“双碳”目标存在的时间节点、碳减排目标量的不确定性、市场失灵可能导致的剧烈价格波动等问题将会直接影响用能权交易市场的稳定,从而影响社会效率。鉴于用能权市场与碳市场具有高度的相似性,我们可以通过考察总结碳市场的运行经验来完善用能权市场制度。欧盟的碳市场曾出现过大量市场风险,主要包括利用碳市场交易洗钱、增值税舞弊、网络钓鱼欺诈以及内部操纵与交易等问题。因此,将用能权定位为特许权,可以更好地贴合政府监管者、服务者和支持者的角色,赋予政府对用能权交易市场的管制空间,便于政府通过各种手段参与用能权交易和用能权的价格形成,既没有破坏市场稳定,保障了基本的经济秩序,又没有使用能权的价格过高或过低,实现了用能权交易的意义。

另一方面,基于气候议题的不确定性,将用能权定位为特许权,赋予政府灵活的调整机制有利于用能权交易制度的科学性建构,便于制度的后续推行。[1] 具体来说,其一,气候公约框架下各国的碳削减目标量因国际政治博弈而具有不确定性。从各国的立法经验来看,德国《联邦气候保护法》、英国《气候变化法案》等均根据不同时期的实际情况设置了灵活的碳减排目标调整机制,可以说,上述机制对实现气候应对与经济发展至关重要。[2] 其二,能源消耗与减碳之间具有密切关系。根据 2016 年世界资源研究所和《气候观察》联合发布的数据,全球 73.2% 的温室气体来源于能源消耗,控制能源消耗是减碳的应有之义。那么受碳减排目标量波动的影响,能源消费总量也随之波动,随之而来的便是用能权配置指标发生变化。将用能权定位为特许权可以将用能权指标调整下的赔偿(财产权)转为补偿(特许权),减轻财政负担,也可以为后续的改革减少阻力。

(二)促进技术创新动力的持续生成

将用能权定位为特许权有助于促进技术创新,提升能源利用效率,为“双

---

〔1〕 参见王慧:《论碳排放权的特许权本质》,载《法制与社会发展》2017 年第 6 期。

〔2〕 英国《气候变化法案》以及德国的《联邦气候保护法》均设置了灵活的碳减排目标调整机制,对不同主管部门在不同时期的碳减排任务进行了规定,各主管部门可根据实际情况对不同时期的碳减排任务进行必要调整。

控”目标的实现提供有力支持。技术创新作为重要的生产力，可以在一定程度上节能增效，即通过提升能源利用效率降低单位产品能源消耗量，这对于“双控”目标任务的实现具有重要作用。部分经济学家的实证研究表明，美国酸雨计划成功的主要原因是依赖技术创新。[1] 用能权交易制度的内在逻辑是通过市场机制实现节能技术创新成本与市场交易成本之间的博弈。可问题在于用能权交易市场并非完全的自由市场，单纯依靠市场机制难以真正作用于技术创新，需要政府管制以提高用能单位的违法成本，促进用能单位节能技术创新动力的生成。理由在于用能单位的节能技术创新具有选择性，取决于节能边际成本与用能权指标交易成本之间的博弈结果。不同的用能单位节能边际成本不同，所做的选择自然不同。对出售用能权指标的用能单位来说，其节能的边际成本往往较低，用能权指标交易所获得的收益大于节能减排技术创新的成本。[2] 对于购买用能权指标的用能单位来说，由于节能边际成本较高，往往会选择成本较低的用能权指标来满足生产需要，这在某种程度上并不能更多地激励创新，[3] 因为其可以通过购买用能权指标省去创新的成本，短期内保证其利益的增加。因此，需要政府通过行政管制来限制用能单位的用能权交易指标的最高转让比例。对购买指标的用能单位来说，限制指标的最高购买比例，可以在一定程度倒逼企业不得不进行节能技术的创新，不能单纯依靠购买指标来解决问题。此外，对出售指标的用能单位来说，限制最高转让比例可以减少二级市场的“倒卖”“投机”行为，保障市场交易秩序的稳定。

（三）推动能源结构的优化转型

“双碳”目标的关键在于推动能源革命，实现能源结构的优化转型。将用能权界定为特许权，有利于促进清洁能源的发展，加速能源结构的转型节奏，

---

〔1〕 SMITH P. Can the success of carbon emission cap – and – trade market be predicted based on the EPA's acid rain program? [J]. Appalachian natural resources law journal, 2012(1):57.

〔2〕 技术创新大致分为短期社会成本较高但远期社会收益较高的技术创新和短期社会成本较低且远期社会收益较低的技术创新。这里所指称的技术创新则是后者。

〔3〕 技术创新大致分为短期社会成本较高但远期社会收益较高的技术创新和短期社会成本较低且远期社会收益较低的技术创新。这里所指的技术创新则是前者。

为“双碳”目标法治保障提供重要的制度供给。受经济发展的客观需求影响，我国仍将在较长时期内保持“以化石能源为主”的能源消费格局。[1] 根据国际经验，在碳达峰阶段（2030 年）不会过分强调能源消费总量控制，但会严格考核“单位生产总值能耗下降率”以保证能耗强度逐年降低。但是在碳达峰之后、碳中和之前，能源消费总量控制指标逐渐加强，这将导致用能权配置指标逐步减少，用能权交易价格逐步上升。而随着国家大力发展清洁能源，清洁能源的使用成本会逐步趋小，在这个过程中通过市场机制调节用能权交易成本与清洁能源使用成本之间的博弈，逐步实现能源节约、优化能源结构，最终完成清洁能源对传统化石能源的稳步有效替代，促进“双碳”目标实现。

（四）有助于相关配套制度的完善

实际上，由于国家的政策性规范文件并未明确用能权的法律属性，地方规范性文件也未对用能权的法律属性予以确认，相关制度的设计缺乏明确的法律属性保障，难以真正发挥用能权交易制度的价值功能。将用能权明确界定为特许权，有助于用能权相关配套制度的完善。

一是有利于用能权总量控制制度的完善。将用能权界定为特许权，可以保障用能权总量控制指标的实质合理性和形式正当性，保障政府灵活调整功能的发挥。一方面，将用能权界定为特许权，可以保障用能权总量控制指标具有实质合理性。理由在于，根据《行政许可法》的规定，行政许可的设定需要综合考虑公共利益和社会秩序，促进经济、社会和生态环境的协调发展。而行政特许作为行政许可的一种，其实质也是需要满足上述合理性设定的。将用能权界定为特许权，有利于保障用能权总量控制目标的确立是统筹考虑政治、经济、社会、环境等诸多因素的合理结果。另一方面，行政特许的程序保障可以确保用能权总量控制目标的形式正当性，即经发改委会同相关部门、行业专家以及相关用能主体共同研究确定。与此同时，受“双碳”目标下各国碳削减目标量的不确定性影响，用能权总量控制目标具有波动性，需要

---

〔1〕 参见张璐：《“双碳”目标对我国可再生能源立法的影响及其应对》，载《北方法学》2022 年第 2 期。

赋予政府灵活的调整机制保障用能权交易制度功能的实现。特许权界定恰恰契合政府灵活的调整目标,能减少政府财政负担,促进用能权总量控制制度有效运行。

二是有利于用能权初始分配制度的完善。将用能权界定为特许权,可以保障初始分配制度的公平和效率,实现分配程序的公正。一方面,鉴于特许权具有基础性、优先性地维护公共利益与兼顾保障用能主体权益的功能,在特许权的界定下,用能权的初始分配可以更加兼顾公平与效率,既鼓励先进用能单位推动能源结构的优化与转型,又充分发挥内在激励的作用,让用能单位认识到能耗与能效的差距,努力通过技术创新、企业管理、市场等多种手段实现能源利用效率提升,达到节能减排降碳的目的。另一方面,作为特许权的用能权的初始分配,可以保障其按照“标准公开—企业申请—第三方机构评估—听证—批准”的流程设置,确保分配程序的公正性。[1]

三是有利于用能权市场交易制度的完善。将用能权界定为特许权,用能权指标持有者可以实现财产利益,促进市场配置效率提升。鉴于特许权具有有限财产性,可以通过市场机制设计来实现用能权指标资源的配置效率,只不过有限的财产性会使其受到政府的行政管制。而通过法律的规定可以对政府行使权力予以限制,以保障用能权指标持有者在优先维护公共利益需求的同时实现个体的财产利益。

四是有利于用能权监管保障制度的完善。将用能权界定为特许权,可以充分发挥政府的监管职能,落实可持续发展的公共利益保障功能,维持用能权交易市场的稳定,保障用能权持有者的合法权益,推动用能权交易制度的稳定推行。

五、结语

对于用能权法律属性的探讨可以从多个角度展开,但是所有学理上的讨

〔1〕 参见徐以祥、冯翠华:《碳排放权初始分配法律制度的基本构造》,载《学习论坛》2013 年第 7 期。

论都内含一个前提,即用能权交易制度是我国政府实现节能减排降碳目标的重要工具。因此,对用能权法律属性的界定应当符合我国国情,契合我国法律制度环境,充分实现制度的价值功能。将用能权界定为特许权,不仅与其公共性、公法性及有限财产性特征更为契合,具有深厚的理论基础,而且更容易将其融入我国现有的法律制度环境,充分发挥其在保障用能权交易制度平稳推行、促进节能技术创新、推动能源结构优化转型以及完善相关配套制度指引上的价值属性。因此,应以特许权为基本定位,完善用能权交易制度,促进用能权交易市场的发展,充分保障用能权的实现。

绿色能源国际合作的法治建构与路径选择*

吴应甲**

摘　要:随着130多个国家提出“碳中和”目标,全球绿色能源国际合作蓬勃发展。法治是规范合作程序、解决合作争端和保护合作成果的重要方式,但在实施过程中存在缺乏推动国际合作的国内法依据、国际投资规则与国际环境公约存在冲突、国际合作的灵活性与规范性难以平衡、第三方政策不明导致利益纷争丛生、救济制度缺位导致争端难以解决以及环评审查监督力度不够等问题。建议通过夯实国际合作的国内法基础、在国际投资规则中明确环境公约的优先效力、构建“软硬兼备”的合作法治体系、依托多边平台完善第三方政策查明机制、推进绿色能源纠纷解决平台建设和强化环评审查监督等方式加以解决。绿色能源国际发展合作的法治建设方向,应在推动疫后经济复苏中促进绿色低碳转型、在融入全球治理体系中实现绿色发展公平和在应对世界气候变化中增加绿色治理韧性。

关键词:绿色能源　国际合作　法治现代化　路径探索

推动绿色能源国际合作是践行绿色发展理念、促进生态文明建设和构建人类命运共同体的内在要求。近年来,我国与许多国家进行了风电、水电、太阳能发电等能源项目合作,有效保障了东道国的能源需求。随着全球130多个国家提出“碳中和”目标,绿色低碳将成为国际能源合作的主要方向。据国际能源署(International Energy Agency ,IEA)2022年12月6发布的《2022年可再生能源报告》预计,受能源危机推动,全球可再生能源安装明显提速,未来5年全球可再生能源发电装机容量将增加2400吉瓦,占全球电力增量的

---

* 获2023年12月第五届国际能源资源法治论坛三等奖。

** 吴应甲:法学博士,公安部郑州警察学院副教授。

90%以上，中国增量将占全球增量近一半。《BP世界能源统计年鉴2022》显示，全球能源需求增长5.8%，中国仍然是太阳能和风能发电能力增长的主要驱动力，分别占全球新增发电能力的36%和40%。

我国作为全球生态文明建设的重要参与者、贡献者和引领者，[1]始终高度重视绿色能源国际发展合作。2020年11月，习近平主席在亚太经合组织工商领导人对话会上提出“加强绿色发展合作，为推动世界共同发展、构建人类命运共同体贡献力量”。2021年4月，习近平主席在“领导人气候峰会”上宣布：“中方还将生态文明领域合作作为共建‘一带一路’重点内容，发起了系列绿色行动倡议，采取绿色基建、绿色能源、绿色交通、绿色金融等一系列举措，持续造福参与共建‘一带一路’的各国人民。”[2]2022年3月，国家发展和改革委员会等部门联合发布《关于推进共建“一带一路”绿色发展的意见》，明确提出统筹推进绿色发展重点领域合作，其中包括加强绿色能源、绿色贸易、绿色金融和应对气候变化等合作，并强调“强化生态环保法律法规和国际通行规则研究”。

本文将从加强绿色国际合作法治建构的现实背景出发，以绿色能源领域为切入点，深入剖析绿色能源国际合作中存在的法律问题，推动制定完善国际规则，促进全球能源可持续发展。

一、加强绿色能源国际合作法治建构的现实必要

随着我国参与绿色能源国际合作逐渐增多，亟须完善相关法律制度，以法治方式规范合作程序、解决合作争端和巩固合作成果，努力推动构建公平合理、合作共赢的全球能源体系。

（一）规范绿色能源国际合作程序的基本要求

后疫情时代，世界经济增长放缓，国际单边主义和保护主义屡屡抬头，各方势力博弈白热化，能源问题逐渐成为利益纷争的切入口。随着多国提出

---

〔1〕 参见吕忠梅：《习近平法治思想的生态文明法治理论》，载《中国法学》2021年第1期。

〔2〕 参见万喆：《“碳中和”背景下“绿色丝绸之路”危机中育新机》，载《中国经济评论》2021年第5期。

"碳中和"的目标,能源绿色转型成为世界共识,它对于推动"一带一路"共建国家绿色发展、构建人类命运共同体和实现全球可持续发展发挥着重要作用。中国积极参与全球能源治理,倡导国际社会坚持多边主义立场,按照"共同但有区别的责任"原则设置减碳目标,[1] 遵循互利共赢原则开展能源合作,在国际多边合作框架下推动全球能源市场安全稳定与绿色转型。

2012 年以来,中国在绿色能源合作领域取得快速发展,先后成为国际可再生能源署成员国、《能源宪章条约》(Energy Charter Treaty,ECT)签约观察国和国际能源署联盟国,并积极推动亚太经合组织可持续能源中心、金砖国家能源研究合作平台和国际效能中心的设立,中国—东盟清洁能源能力建设计划、中国—阿盟清洁能源培训中心、中国—非盟能源伙伴关系框架、中国—中东欧国家能源项目对话与合作中心、亚太经合组织可持续能源中心等多个区域合作机制相继成立。[2] 随着不断融入世界多边能源治理体系,我国有必要加强国际标准与规则的制定、持续完善政策支撑体系和夯实必要的法律基础,为绿色能源国际合作提供程序规范。

(二)解决绿色能源国际合作争端的必然选择

俄罗斯因受经济制裁,对于传统化石能源的依赖度更高,实现"碳中和"目标的概率大大降低。能源危机使欧洲开始重塑能源转型,试图降低对俄罗斯的能源依赖。美国拜登政府为了争夺全球气候治理的领导权而重返《巴黎协定》,并与加拿大、欧盟、日韩、澳大利亚等发达国家或地区形成"气候联盟",固化全球分工体系,在绿色国际合作问题上奉行单边主义、保护主义和逆全球化的态度,为垄断能源技术设置各种绿色标准,试图再次收割新能源市场,约束发展中国家尤其是中国在全球绿色能源市场中的发展进程,与中国在能源投资、科技和外交等诸多领域展开激烈的竞争与博弈。

中国在国际绿色能源领域具有重要地位,是全球最大的绿色能源设备制造国,与发达国家或地区在绿色能源技术和工业升级减碳等领域存在巨大合

---

〔1〕 参见李素荣:《碳排放权的法律属性分析——兼论碳排放权与碳排放配额的关系》,载《南方金融》2022 年第 3 期。

〔2〕 参见庞昌伟:《绿色转型开创中国能源国际合作新格局》,载《人民论坛》2022 年第 14 期。

作潜力和广泛共同利益。在竞争与合作共存的博弈中，以中国为代表的发展中国家强烈要求改变机制规则，力图推动国际能源合作多边主义和公平正义的经济全球化，以凸显广大发展中国家利益。因此，有必要完善绿色能源国际争端解决制度，以法治途径保障绿色能源国际合作安全顺畅和互利共赢。

（三）巩固绿色能源国际合作成果的重要保障

中国与广大发展中国家休戚与共，面临同样的发展任务和相似的环境问题，在促进绿色能源合作方面有着良好基础。从统计数据来看，"一带一路"共建国家碳排放总量占全球排放量的28%，如果继续采用传统的经济发展路径，在其他国家达到2050年"2℃温升目标"所要求的减排量前提下，前述28%的比例将提高至66%，[1]因此发展绿色能源刻不容缓。2014年11月，我国表示将在"南南合作"的框架基础之上为太平洋岛国提供应对气候变化的必要支持，通过提供再生能源设备和节能环保物资等方式开展合作。2015年10月，我国在巴黎气候大会上再次表示，将设立200亿元人民币的中国气候变化南南合作基金，并着手启动在发展中国家开展10个低碳示范区、100个减缓和适应气候变化项目及1000个应对气候变化培训名额的合作项目，推动清洁能源、气候适应型农业和生态保护等领域的合作。[2]

目前，我国承建了海外70%的水电项目，光伏产业为全球市场供应了58%的多晶硅、93%的硅片，风机产量约占全球50%。2014～2020年，我国企业签约境外风电、光伏、生物质等清洁能源发电项目564个，项目金额527.9亿美元，年均增速达到37.9%，加速了项目所在国能源绿色转型进程。进入新时代以来，我国在绿色能源领域取得了一系列成绩，更加需要通过法治方式巩固和保障国际合作的可持续发展。

二、绿色能源国际合作的主要法治障碍

当前，应对气候变化和全球能源转型已成为共识。美国的页岩革命和欧

〔1〕参见清华大学与Vivid Economics课题组、马骏、谢孟哲：《支持"一带一路"低碳发展的绿色金融路线图》，载《金融论坛》2020年第7期。

〔2〕参见习近平：《论坚持推动构建人类命运共同体》，中央文献出版社2018年版，第268～293页。

盟的再生能源革命使世界能源市场布局发生重大变化,美国一跃成为全球最大的天然气和石油生产国,[1]应对气候变化的《巴黎协定》将减排义务扩大到所有国家,[2]中国加强绿色能源国际合作的迫切性凸显,在维护能源安全和平衡环境保护方面任务艰巨,同时面临诸多问题。

(一)缺乏推动绿色能源国际合作的国内法依据

绿色能源国际合作通常涉及国家较多,矛盾纠纷重重。以"一带一路"倡议为例,它是我国推动绿色能源国际合作的重要抓手,但"一带一路"共建国家风俗习惯各异,法律制度不同,我国既有的涉外能源法律尚不能给能源企业提供充分法律支持。

一是法律供给不足。首先,缺乏绿色能源领域提纲挈领的法律规范。尽管国家能源局已于2020年4月向社会公布了《能源法(征求意见稿)》,全国人大常委会也将"能源法"的审议纳入2023年的立法议程,但从意见稿可以看出,关于国际能源合作的内容只有6条,[3]涉及绿色能源国际合作的条款更是凤毛麟角,亟须加强完善。其次,石油天然气是重要的战略性能源,我国也相继出台了《矿产资源法》和《石油天然气管道保护法》等相关法律法规,但只有个别零星条款涉及国际合作内容,且不成体系,无法在国际能源合作中发挥实际效用。最后,既有规划涉及国际能源投资和销售的内容较少。绿色能源国际合作是一个产业链,包括投资、生产、运输、销售等各个环节,但根据国家发展和改革委员会和能源局发布的《中长期油气管网规划》、《石油天然气规划管理办法》和《"十四五"现代能源体系规划》等文件可以看出,现有规划侧重于绿色能源的生产运输环节,而对投资和销售环节的国际合作涉及较少,尚难形成全链条的国际能源合作格局。

二是立法普遍滞后。我国自2013年提出"一带一路"的倡议以来,得到

---

[1] 参见赵觉珵:《特朗普:美国已经是全球最大石油和天然气生产国》,载环球时报—环球网2023年8月2日,https://world. huanqiu. com/article/9CaKrnKhMX4。

[2] 参见吕江:《〈巴黎协定〉:新的制度安排、不确定性及中国选择》,载《国际观察》2016年第3期。

[3] 参见《国家能源局关于〈中华人民共和国能源法(征求意见稿)〉公开征求意见的公告》,载国家能源局官网,http://www. nea. gov. cn/2020-04/10/c_138963212. htm,2023年8月6日访问。

"一带一路"共建国家的积极响应，绿色能源领域的国际合作步伐也陡然加快，造成现有的立法普遍滞后，无法适应新的国际能源合作需求。例如，《矿产资源法》于1986年10月施行，最近一次修正是在2009年8月；《石油天然气管道保护法》于2010年10月施行，一直未作修改。进入新时代以来，国际形势瞬息万变，传统能源格局发生剧烈变化，新型能源应用更加普遍，虚拟能源的出现也给绿色能源国际合作带来新的挑战，[1]原有的能源法律无法对这些新兴领域作出及时调整。

（二）国际投资规则与国际环境公约存在冲突

目前，国际环境公约普遍遵循"共同但有区别的责任"原则，但与国际投资规则中通行的"国民待遇"、"最惠国待遇"和"公平公正待遇"等内容相冲突。

首先，如果东道国的投资方既有发展中国家，也有发达国家，按照国际环境公约"共同但有区别的责任"原则，发达国家理应承担比发展中国家更多的减排义务，而发展中国家绿色减排技术和经济实力都不及发达国家，应当执行比发达国家更低的减排标准。但是根据国际投资规则中的"国民待遇"原则，发达国家投资方可以要求东道国给予其不低于本国投资者的相关待遇，其中当然包括绿色减排义务上的"国民待遇"，这样相当于是把本应由发达国家承担的减排义务无形中又转嫁给了东道国，造成绿色能源国际投资的实质不平等。此外，根据投资类型不同，可以把投资分为气候友好型和非气候友好型，[2]前者往往享受更多的税收和政策优惠。例如，同样是发电厂投资，采用清洁能源项目能比传统燃煤项目享受更多的税收和政策优惠。但国际投资规则将同一市场项目中具有竞争关系的投资认定为"相似情形"，并且须给予其国民待遇，导致两者发生冲突。

---

〔1〕 如虚拟电厂，是指利用先进的计量、通信、协调控制等技术，聚合分布式电源、储能系统柜、可控负荷、电动汽车等各类分布式资源形成有机整体，实现大量分布式能源的协同优化运行。虚拟电厂可以看作一种先进的区域性电能集中管理模式，为配电网和输电网提供管理和辅助服务。

〔2〕 See Rudolf Dolzer & Christoph Schreuer, *Principles of International Investment Law*, Oxford University Press, 2008, p. 122; Jeswald W. Salacuse, *The Law of Investment Treaties*, Oxford University Press, 2010, p. 218 – 219.

其次,国际贸易中普遍遵循“最惠国待遇”原则,即只要东道国和任何第三方签署了更为优惠的协定,其他投资者自动享有这种优惠条件。但这种贸易原则会对环境公约的履行造成一定冲击。例如,A 和 B 两国在东道国投资汽车制造项目,A 国制造的是绿色新能源汽车,而 B 国制造的是传统燃油汽车,A 国因此获得力度更大的税收政策优惠。但是 B 国可以“相似情形”为由,要求东道国对其采取与 A 国同样的税收政策优惠,否则将以违反“最惠国待遇”原则将其诉诸仲裁。此外,还可能造成投资者滥用“最惠国待遇”原则破坏环境条款的施行。因为“最惠国待遇”原则可以使投资者永远选择有利于自己的条款,而放弃原有协定中不利于自己的条款。假如原有协定中存在环境条款,必定造成其投资基础设施成本、减排成本和税收成本增加,而投资者为了降低这些成本,就会以“最惠国待遇”为由去查找东道国签署的没有环境条款的类似协定,并以此对抗东道国,以达到逃避履行环境条款的目的。

最后,公平公正原则被视为国际投资法的“黄金规则”。国际仲裁庭在判断国际投资是否公平公正时通常依国际习惯法是否对最低待遇作出宽泛和扩大的解释,这些解释认为最低待遇应符合投资者的合理预期。比如国际常设仲裁庭于 2016 年 6 月根据《联合国国际贸易法委员会仲裁规则》审理了“阿罗德诉巴巴多斯政府环境措施投资争端案”,仲裁庭就认为国际投资中的“公平公正”包括投资者的合理预期,这将给环境公约的履行带来挑战。东道国若依据国际环境公约采取减碳等绿色举措,一般会给非气候好友型投资造成严重影响,增加其成本,减少其预期收益。投资者如果依据公平公正原则要求东道国赔偿,可能如上述案例一样受到仲裁庭的支持。尤其在基础设施和大型能源项目投资中,由于投资规模大和周期长,投资者一般会与东道国签订项目进行不受政策法律变化等影响的稳定性条款,如若东道国为了落实环境公约,制定了绿色减碳的法律法规,要求投资者强制执行,那么就超出了投资者的合理预期,会受到投资者的控诉。

（三）国际合作过程中灵活性与规范性难以平衡

我国关于绿色能源国际合作的形式比较丰富,根据缔约方数量不同,可分为双边合作和多边合作;根据缔约性质不同,可分为联合声明和备忘录等;

根据缔约类型不同,可分为对接式和纲要式等。此外,在组织形式上也比较灵活,采取定期或者不定期的方式举办区域论坛,例如"一带一路"清洁能源发展论坛、中国—东盟电力合作与发展论坛、中阿能源合作高峰论坛和中非新能源合作论坛等。由此可见,我国绿色能源国际合作并没有囿于固定模式,而是比较机动灵活。一方面是考虑到不同区域国家的合作诉求和习惯,比如哈萨克斯坦和俄罗斯等欧亚经济联盟国家,更倾向于采取"对接"形式与中国进行能源合作,而非洲和中东一些国家则多采用合作论坛的方式加强沟通;另一方面,丰富多样的合作方式使我国可以因地制宜、因势利导,与相关国家更快地建立合作关系,更早地步入到合作实践中去。

然而,随着绿色能源国际合作的深入推进,规范性不足的弊端也逐渐凸显。首先,全球绿色能源合作体系本身就缺乏相应规范。1998 年 4 月生效的 ECT 是目前唯一将能源生产国和消费国等同时纳入治理范畴的国际规范性文件,但因俄罗斯和美国等油气大国并没有参与该条约,造成其效力范围明显减弱;[1]而在欧盟宣布碳中和目标并采取措施逐步淘汰化石能源后,部分跨国公司借助 ECT 中的投资者诉东道国争端解决机制提出仲裁申请,向荷兰、德国、西班牙等国政府索赔。为避免 ECT 相关条款危及欧盟绿色转型目标,以法国为首的部分成员国政府呼吁欧盟考虑退出 ECT。

其次,规范的缺位影响合作的稳定性。尽管绿色发展是全球各国的共同愿望,绝大多数国家进行能源合作的初衷是善良的,秉持合作共赢的基本准则,但在合作过程中总会有始料不及的争端出现,而协商有时候并不能覆盖双方的各自意愿,健全的规范就成为处理争端的必要前提。显而易见,若无前提性规范来对合作各方进行约束,发生争端时各执一词,将增加合作成本,[2]危及合作的稳定性。

最后,规范的缺位可能被第三方所诟病,导致合作关系恶化。在没有规

---

〔1〕 See Patricia Park, *International law for energy and the environment*, Boca Raton: CRC Press, 2013, p. 67 – 68.

〔2〕 参见[德]罗伯特·阿列克西:《法:作为理性的制度化》,雷磊编译,中国法制出版社 2012 年版,第 107 页。

范约束的情况之下,发生争端时往往采取协商的方式解决,而这种没有严格约束的解决方式可能造成权利义务不对等,缺乏规则所具备的透明度和时效性,其结果也容易受到国际社会质疑。随着中国的崛起,绿色能源布局已成为国家战略的重要组成部分,一些心怀诡意的国家可能借此为由渲染生非,影响绿色能源国际合作关系的健康发展。

(四)第三方政策不明导致矛盾纠纷和利益冲突

第三方政策,一般是指我国在绿色能源国际合作中涉及第三方的法律政策。[1] 随着我国在绿色能源领域的不断发展,对外合作的项目逐渐增多,客观上与寻求国际能源合作的其他国家形成了竞争关系,甚至会打破原有的能源合作关系或直接进入既有能源寡头势力范围。以"一带一路"能源合作为例,"一带一路"共建国家覆盖亚欧非三洲,一边是充满活力的东亚地区经济圈,另一边是高度发达的欧洲国家经济圈,处于中间广袤腹地的国家发展空间巨大,能源利益格局复杂。在这片连接发达国家和发展中国家的土地上,自然资源丰富多样、资源权属错综复杂、环保规则不尽相同,如果不能提前查明东道国的政策法律及其与第三方的合作情况,就可能引发矛盾纠纷和利益冲突。

统计数据表明,2014~2020年我国仅在绿色电力领域签约的国际光伏、风电和生物质等清洁能源项目就高达564个,项目总金额近528亿美元。[2] 绿色能源国际合作的开展,推动了东道国绿色能源转型进程,同时也可能直接或者间接打破原有的利益格局。近年来,我国风电和光伏等清洁能源合作项目屡遭"双反"调查,比如2018年欧洲电力设备制造商基于自身利益出发,多次对我国在塞尔维亚和波黑投资的环保达标项目进行攻击;2020年韩国以对光伏企业进行低碳认证为由,将我国项目排挤出韩国市场。以上案例充分说明,在进行绿色能源国际合作过程中,我们要提前做好充分准备,掌握东道国的政策法律和对外合作情况,最大限度地制定符合多方利益的发展战略,

〔1〕 参见吕江:《"一带一路"能源合作(2013—2018)的制度建构:实践创新、现实挑战与中国选择》,载《中国人口·资源与环境》2019年第6期。

〔2〕 参见田原、李晓星:《加快我国绿色能源国际合作的对策》,载《中国外资》2021年第21期。

营造共赢格局。

(五)救济性法律制度缺位导致能源争端难以解决

国际司法和国际仲裁是国与国之间常用的纷争解决方式。多边环境公约以及双边投资条约为国家之间的诉讼或仲裁提供了必要的法律基础。但是,国际公约中有关国家责任的规定往往是框架式的,缺乏具体的操作实施方案。尽管联合国国际法委员会(International Law Commission,ILC)已着手研究制定关于国家责任的公约草案,但一直没有结果。在国际法庭和国际仲裁实践中,也出现了国家环境损害赔偿的相关案例,但是法律基础并不系统牢靠,判例中确立的国家环境损害赔偿理论也比较模糊。

受害者认为通过司法途径无法解决环境争端时,往往希冀于通过国际司法或者国际仲裁的权威来获得救济。但国家之外的"个体"是否能够获得国际公法的救济支持,饱受争议。《国际法院规约》第 34 条第 1 款明确规定:"在法院得为诉讼当事国者,限于国家。"近几十年来,国际法庭和国际仲裁机构还未有支持私人救济的先例。[1] 世界贸易组织(World Trade Organization, WTO)争端解决机制也只处理成员国之间的投资纷争,将个人与国家之间的纷争排除在外,遑论个人之间的纷争。国际投资争端解决中心(International Centre for Settlement of Investment Disputes, ICSID)尽管受理私人投资者和东道国之间的纷争,但也排除了私人投资者和东道国个人之间的纷争。综上所述,投资企业和个人无法在国际司法中享有与东道国一样的诉权,若投资企业母国代替其参与诉讼,就意味着将纷争上升到国家层面,不利于国际合作的持续开展。

(六)海外能源投资环评审查和过程监督力度不够

海外能源投资环境影响评价(以下简称环评)包括母国"准出"和东道国"准入"两个方面,而这两个方面都存在诸多问题,亟待解决。

一方面,我国作为投资母国来讲,仅有关于环评方面的指导性意见,而无

〔1〕 参见赵海乐:《论跨国公司在他国环境侵权的国际追偿——以美国〈外国人侵权法〉为视角》,载《东方法学》2009 年第 4 期。

明确具体的直接规定,导致“准出”环评流于形式。尽管我国在《企业境外投资管理办法》第41条、《境外投资管理办法》第20条、《对外投资备案(核准)报告暂行办法》第13条第1款等部门规章中规定了环境保护相关内容,但规定太过宽泛,缺乏可操作性且约束力较弱,难以督促我国对外投资企业实施严格的“准出”环评。此外,我国发展和改革委员会和商务部等部门于2017年12月联合发布了《民营企业境外投资经营行为规范》,共6大部分36条内容,其中专设一部分共6条内容来对企业保护资源环境、开展环评、申请环保许可、制定环境事故应急预案、开展清洁生产和重视生态修复作出具体规定,但该规范没有设置相关责任条款,也仅是要求“民营企业结合自身实际参照执行”,不具有实际约束效力。

另一方面,东道国的环评“准入”制度也存在差异,甚至部分国家没有环评制度,比如位于南美洲的苏里南共和国。而存在环评制度的国家的立法模式也存在差异,总体来说主要分为三类:第一类是在环境法中纳入环评制度,然后再制定实施细则,比如泰国、巴基斯坦、孟加拉国等;第二类是出台专门的环评法,比如德国、俄罗斯、老挝等;第三类是以指导意见和发展纲要等政策形式加以规定,比如柬埔寨等国家。总体来说,发展中国家相对于发达国家,环评制度普遍不够完善,过程监督缺位,执行力度不足,比如老挝虽有环评法,但是因为项目管理能力不足、专业人员缺乏和档案建设信息化建设滞后等原因,致使环评法实施并不顺利。[1] 事实上,“准入”后的过程监督才是绿色投资的重中之重,投资企业的“准出”制度相当于形式审查,并不能对企业在东道国的行为进行实时监管,而“准入”后有效的过程监督才能约束企业遵守规定,防范污染产生。

三、绿色能源国际合作的法治建构

2020年,我国对“一带一路”共建国家的绿色清洁能源投资已超过能源

〔1〕 See Wayakone S, Makoto I and Harashina S, *Environmental Impact Assessment in Lao PDR: A Comparative Study on the Gaps between Procedures and Practice with Reference to Japan*, International Journal of Environmental Sciences, Vol. 6:3, p. 2080(2013).

基础设施总投入的一半。绿色能源国际合作给我国带来新的机遇和挑战，它推动了世界清洁能源产业融合，促进了区域能源转型和升级，引领了绿色能源科技的传播，有着重大的现实意义和长远意义。因此要从法律制度建设入手，形成可持续发展的保障机制。

（一）夯实绿色能源国际合作的国内法律基础

全国人大常委会已于2023年9月将"能源法"纳入立法规划审议议程，应将绿色合作元素纳入"能源法"的制定过程中，增加相关条款数量，真正发挥其提纲挈领的统帅作用，更好地促进绿色能源国际合作向纵深领域发展。此外，还要修订更新现有法律法规，提高其时效性和实操性，具体而言：

首先，紧跟国际局势发展，提高能源立法时效性。相关部门应结合全球政治、经济发展态势和我国绿色能源的发展现状，不断完善绿色能源领域的国际合作法律法规。加强对绿色能源国际合作的重视程度，尽快制定顺应新兴能源市场变化的规划政策，确定专门管理部门，明确职能职责，及时应对绿色能源国际合作过程中出现的新问题，有效应对因国别法差异而引发的连锁反应，最大程度上维护我国的能源利益。当前我国针对能源国际合作的政策法律多偏向于基础设施领域，关于绿色低碳和环境保护的内容偏少，不利于实现国际能源合作的可持续发展。应从长远发展和维护我国国际声誉的角度出发，将绿色理念融入国际能源合作的投资、生产、运输和销售等各个环节，在为全球低碳减排作出贡献的同时，也有助于提升我国的国际声誉和国际话语权。

其次，完善配套法律法规，增强能源法规的实操性。目前在绿色能源的国际合作过程中，已经出现投资陷阱、商业圈套和绿色欺诈等突出问题，在一定程度上反映了既有法律法规规定过于原则宽泛，缺乏具体的细则和可操作性。由于我国能源管理体制的特殊性，尤其是在石油天然气领域，中央企业实际上既拥有生产经营权，也有部分行政管理权，造成了企业自我约束不足，在没有强制性规范保障的情况下，很可能引发一系列危机风险。除了在双边或多边合作协议中细化相关条款之外，我国还应整合专门法、部门法和综合法中的涉及绿色能源国际合作的内容，使之统一化和体系化。在整合完成之前,还可以参考集体招标制度,[1]统一相关部门的思想认识,明确各自的职责分工,确保配套规范执行的一致性。在提高实操性方面,也可采取激励措施,以行政奖惩和财税激励等手段量化规划目标,从而达到强化法律法规执行效果的目的。

（二）在国际投资规则中明确环境公约的优先效力

据前所述,国际投资规则和国际环境公约存在一定的冲突,只有准确把握两者关联,厘清两者之间的逻辑顺位,才能更好地解决冲突。

首先,共同但有区别的责任、可持续发展等国际公约确定的国际环境法基本原则,已经成为一般国际法的重要组成部分。[2] 关于绿色发展的许多国际环境法原则已成为全球共识,因此应当赋予其强行法效力,将其效力提升至高于国际投资协定的地位。目前,只有《北美自由贸易协定》第104条规定了其与环境协定的关系,并赋予环境协定优于投资协定的地位,但是要求东道国在履行环境协定规定的义务时,尽量避免与投资协定发生冲突。还有少数投资协定规定了环境问题处理的优先性,但并未就投资协定和环境协定的关系作出具体规定。[3] 此外,许多国际环境规则实际上已经演变为国际习惯法中的一般性法律原则,比如从20世纪80年代开始,许多国际环境协定中开始加入环评制度,世界大多数国家也以国内法的形式将环境评价义务纳入立法,[4]这种全球环境实践逐渐达成共识,[5]应当赋予环境协定优先于国际投资协定的特殊地位。

其次,若对国际投资协定和国际环境协定进行系统协调修订,将是一个艰巨的任务,因为据不完全统计,全世界签订的国际投资协定就高达3000余

---

[1] 参见卫德佳、王佳佳:《"一带一路"背景下油气国际合作法律制度的完善》,载《西南石油大学学报(社会科学版)》2019年第5期。

[2] 参见张辉:《国际法效力等级问题研究》,中国社会科学出版社2013年版,第82页。

[3] 比如美国2012BIT范本第12条第3款的规定:"缔约国承认在行使管制、遵守、调查和公诉问题上,以及作出与执行其他具有较高优先顺序的环境问题有关的资源分配的决定方面,每一缔约方保留有自由裁量权。"

[4] 如我国于2003年9月1日施行并于2018年12月29日修正的《环境影响评价法》。

[5] 参见邓华:《环境影响评估制度在国际法中的演进和实施》,载《中山大学法律评论》2015年第3期。

个。因此,可以考虑在具体适用中,对国际投资协定和国际环境协定采取一体化解释方法,换而言之,在解释国际投资协定时,可以参照国际环境协定的具体内容。其一,可以把国际环境协定中的一般性法律原则作为解释依据适用,比如东道国采取减碳措施造成投资者损益或成本增加时,面对投资者提起的补偿诉讼,仲裁庭在解释投资协定相关条款时,可以援引国际环境法中的"污染者付费"原则进行解释,支持东道国采取的减排措施,阐明投资者承担环境污染补偿义务的合理性。其二,可以赋予国际环境协定中相关概念的通用解释权,国际投资协定中针对环境事宜用词模糊或者语焉不详时,可以援用国际环境协定中的相关概念予以解释,例如,由印度、巴基斯坦、泰国和马来西亚等国向美国提起的"龟虾案"中,WTO 上诉机构在认定龟虾是否属于"可竭尽天然资源"时,就引用了《生物多样性公约》、《里约环境与发展宣言》和《联合国海洋法公约》中相关条款作为解释依据。

最后,由于国际投资协定纷繁众多,缺乏整体系统性,会给仲裁员适用理解相关条款造成一定偏差,尤其是涉及绿色条款时,仲裁员的理解程度和解释意见更成为重中之重,若差之毫厘,则谬以千里,在实践中甚至出现仲裁案例完全相反的情形。例如,在"圣埃伦娜公司诉哥斯达黎加"一案中,〔1〕哥斯达黎加政府援用《世界遗产公约》中的自然保护义务对抗圣埃伦娜公司,但仲裁庭予以否定;而在"SPP 公司诉埃及"一案中,〔2〕埃及政府同样援用《世界遗产公约》对抗 SPP 公司,以履行国际环境公约为由取消金字塔绿洲相关项目,仲裁庭则予以支持。上述完全相反的两个案例,说明即使在投资协定考虑适用环境条款的前提下,由于不同主体理解不同,造成的结果可能大相径庭。因此,有必要就国际投资协定与国际环境协定一体化解释问题达成一个多边宣言,进一步阐明《维也纳条约法公约》中规则解释的具体含义,承认国际环境协定条款优于国际投资协定条款的基本原则,为相关问题的适用提供具体的"解释指南"。〔3〕

---

〔1〕 See Santa Elena v. Costa, supra note, par. 71.

〔2〕 See SPP v. Egypt, ICSID Case NO. ARB/84/3 (Award), May 20, 1992, par. 78.

〔3〕 参见周海燕:《国际投资协定的作用及其与气候政策的协同》,载《对外经贸》2015 年第 2 期。

（三）构建“软硬兼备”的国际合作法治体系

在绿色能源国际合作中，“软法”和“硬法”各自具有独特优势，在功能上体现为互补关系。[1] 尽管“软法”的规范效力相对较弱，是对“硬法”缺位时的一种补充和被动认可，但在一定程度上也具有不可替代的灵活性特征。与我国进行绿色能源合作的国家，既有发展中国家也有发达国家，他们在法律规范的接受程度上不尽相同、莫衷一是，不可能形成放之四海而皆准的统一规范。在这种情况之下，可以先形成一部较低限度的“硬法”，在绝大多数国家可以接受的范围内执行；与此同时，再形成较高限度的“软法”，供合作国家自行选择协商适用，将来随着合作的深入发展和共识的逐步增多，渐渐将“软法”提升为“硬法”，以增强规范的总体强度。按照该思路，绿色能源国际合作法治体系的构建应遵循“较低限度‘硬法’——较高限度‘软法’——‘软硬兼备’法治体系”的发展进路。

首先，达成较低限度的“硬法”共识。当前，绿色能源国际合作的总体法律框架尚未形成，存在大量的“软法”，这些“软法”通常被认为是在“硬法”缺位的情况下，充当临时性、暂时性规范，以填补“硬法”的空白。[2] 犹如计算机中的临时性缓存多了会影响整体运行效率一样，“软法”过多过杂时要及时予以清理，去糙存精、去劣留优，并使其运行规范化，最终形成较低限度的“硬法”。同时，合作各方还要从国内法和国际渊源中对既有“硬法”进行归纳提炼，加快推进“硬法”的体系化。

其次，构建较高限度的“软法”框架。“软法”是一种较为柔和的方式，其制定时间短、内容灵活度高，且耗费的制度成本比“硬法”低，更易于合作各方接受。“软法”可以迅速弥补绿色能源国际合作中有关国际规范缺位的短板，有利于维护合作关系的平稳，减少摩擦和纠纷。尤为重要的是，“软法”的实现条件比“硬法”宽松得多，尤其是在能源领域，当“硬法”涉及合作一方放弃或者限制自己国家的权利时，合作双方无法达成共识，“软法”可以为这种冲

〔1〕 参见曹炜：《国际环境法造法机制研究》，载《中国人民大学学报》2016 年第 5 期。

〔2〕 参见罗豪才：《软法与公共治理》，北京大学出版社 2006 年版，第 8 页。

突的调和提供另外一种选择。

最后，形成“软硬兼备”的绿色能源国际合作法治体系。“软法”和“硬法”的混合并非只存在立法阶段的意义，法律实施中“软硬法”的结合更具有现实意义。[1]在国际法的立法路径和司法路径创制过程中，相较于立法路径，司法路径对中国更有利，[2]更有利于推动绿色能源国际合作。因为在法律实施过程中，执法司法机关可以把“软法”和“硬法”结合适用，将较高限度的“软法”框架和较低限度的“硬法”共识融为统一体系，以“软法”为导向牵引“硬法”内容的最终实现。[3]

（四）依托多边平台完善第三方政策查明机制

当前绿色能源国际合作缺乏统一的适用规则，在新兴能源规则的构建过程中，必定会触动传统能源利益，对原有能源格局产生剧烈影响。传统“南北问题”是规则构建的分歧所在。但随着“南南合作”的深入推进，发展中国家更多地参与到绿色能源国际合作之中，发展中国家之间的能源纠纷也逐步增多。由于发达国家在国际能源市场深耕多年，熟悉市场规则和规律，且拥有经验丰富的法律队伍，在新兴绿色能源的国际规则构建中处于优势地位，更容易获得主动权；而发展中国家由于缺乏规则查明路径和预判能力，往往处于劣势地位。“南北”之间的实力不对等和信息不对称，造成冲突频发；而“南南”之间由于规则缺位和互信缺乏，造成纷争不断。在这种背景之下，建立国际能源法律咨询中心可以有效弥补发展中国家在政策查明方面的劣势，也可减少发达国家在绿色能源领域的矛盾纷争，是建立惠及南北各国利益最大公约数的必要之举。

国际能源法律咨询中心的定位是政策查明、法律咨询和争端预防。如果

---

〔1〕 See Trubek, David M. & Louise G. Trubek, *New Governance & Legal Regulation: Complementarity. Rivalry, and Transformation*, The Columbia Journal of European Law, Vol. 100, p. 549 - 550(2007).

〔2〕 参见刘敬东、王路路：《“一带一路”倡议创制国际法的路径研究》，载《学术论坛》2018年第6期。

〔3〕 See Korkea-Aho & Emilia, *EU Soft Law in Domestic Legal Systems: Flexibility and DiversityGuaranteed*, Maastricht Journal of European and Comparative Law, Vol. 16, p. 271 - 290(2009).

另起炉灶,联合世界各国发起成立一个国际能源法律咨询中心,显然难度太大,前期设立和后期运营均存在诸多问题,难以调和。因此可以设想依托现有国际社会认可的平台,以“搭便车”的形式借助该平台的资源、渠道和运营经验等构建国际能源法律咨询中心,该中心可以是全球性也可以是区域性的,全球性的可以考虑以WTO法律咨询中心为基础构建,而区域性的可以考虑以区域多边合作机构为基础构建。首先,以WTO法律咨询中心为基础构建国际能源法律咨询中心具有可行性,因为WTO法律咨询中心是规模较大且世界较为认可的机构之一,可以依托该平台的管理模式和运营机制,直接衍生出国际能源法律咨询中心。但目前存在的问题是其运行经费主要来自发达国家的资助,可能会造成咨询中心对发展中国家的服务力度减弱的问题,如若让发展中国家承担与发达国家一样的资助额度,又恐给发展中国家增加新的负担。其次,区域性的法律咨询中心可以考虑以亚洲基础设施投资银行(以下简称亚投行)为基础构建。[1] 世界已经形成“地区化”或者说“区域化”的发展格局,区域间的合作协调越发重要。[2] 亚投行是促进发展中国家经济增长的重要区域性机构,截至2021年底,其成员已达104个,[3]覆盖亚欧非、南北美洲和大洋洲,具有广泛的信用基础和认可度,以此为基础衍生法律咨询中心,将符合区域国家的多边利益需求。

(五)持续推进绿色能源纠纷解决平台建设

《“一带一路”生态环境保护合作规划》中提到,到2025年要完善生态环保合作平台建设,夯实生态环保合作基础。早在2017年7月,国务院就批复同意北京市的扩大开放试点方案,支持国际知名争端解决组织在北京设立相

---

〔1〕 参见单文华、夏伯琛:《论“国际投资法律咨询中心”的构建:基础、功能与路径》,载《法学论坛》2021年第3期。

〔2〕 参见唐世平:《国际秩序变迁与中国的选项》,载《中国社会科学》2019年第3期。

〔3〕 参见刘珊:《亚投行成立六周年 成员数已经过百|助力多国发展 改善当地民生》,载央视网,https://news.cctv.com/2021/12/25/ARTIShPIkQnX9jDUtOrWY3yH211225.shtml。

关机构,[1]拉开了在我国本土建立国际纠纷解决平台的序幕。2018年1月,中共中央办公厅、国务院办公厅《关于建立"一带一路"国际商事争端解决机制和机构的意见》(以下简称《意见》),提出设立符合"一带一路"建设参与国国情特点并被广泛接受的国际商事争端解决机制和机构。在机构设置上,《意见》提出最高人民法院设置国际商事法庭,并组建国际商事专家委员会,在广东省深圳市设立"第一国际商事法庭"、在陕西省西安市设立"第二国际商事法庭",支持具有良好声誉的仲裁和调解机构开展国际商事仲裁调解活动;在法律适用上,《意见》提出可以由当事人选择适用纠纷解决方式,也可协议选择本国法或者第三国法律,并尊重当事人选择国内外法律专家解决纠纷的权利。可见,我国关于国际纠纷解决平台的建设是包含调解、仲裁和诉讼"三位一体"的多元模式,这有利于提升我国在国际争端解决领域的国际竞争力和国际规则制定领域的话语权,对于改善全球生态环境和推介我国司法改革成果也起着重要作用。

尽管经济全球化使彼此联系更加紧密,但在国际环境纠纷调解领域仍然面临跨境取证困难、当事人距离遥远等问题。我国应抓住数字化潮流的有利时机,抓紧建设国际在线调解、在线仲裁和在线诉讼平台,制定细化相关规则,适当扩大司法确认的范围,将环境调解协议纳入其中,为世界提供纠纷解决的中国方案,全面提升我国在国际纠纷解决领域的国际影响力和号召力。

关于仲裁机构的选择,除了位于华盛顿的国际投资争端解决中心,还可以考虑在亚投行设置仲裁机构,以服务于"一带一路"共建国家和广大发展中国家。该仲裁机构可以作为亚投行内设机构而产生,这样可以由亚投行理事会直接决定,而不必发动众多国家签署多边条约予以确认,且在短期内就可以发挥效用。关于仲裁人员的选择,可以采取常设委员会的模式,当事人双方可以分别选择两名仲裁员,并共同选择第五名仲裁员担任主席。争端诉至

---

〔1〕 2017年6月25日国务院批复同意的《深化改革推进北京市服务业扩大开放综合试点工作方案》第22条:"……支持国际知名商事争议解决机构在符合京津冀协同发展战略总体要求的前提下,在北京设立代表机构,鼓励市场主体通过平等协商、第三方调解、商事仲裁、诉讼等多种方式解决纠纷,促进多元化商事争议解决机制建设。"

仲裁机构时,先由常设委员会进行调解,当调解不成且争议符合仲裁规则时,可由争议双方在仲裁员名册中按照既定规则选择仲裁员进行仲裁。

(六)强化海外能源投资环评审查和过程监督制度建设

当前,我国海外能源投资规模渐增,为了更好实现2030年可持续发展目标,有必要完善国内法中关于海外投资的环评规定,同时加强过程监督,以促进绿色投资健康发展。

如前所述,我国对企业"准出"环评要求不严、约束力较弱。联合国贸易和发展会议曾专门强调,投资企业母国应加强对企业"准出"的规范和监督,促使对外投资更加符合公众环境利益,同时也有利于引导企业在东道国从事可持续发展产业。因此,我国有必要适当完善"准出"环评的相关内容。首先,在环评主体方面,商务部作为对外投资主管部门,可作为环评牵头单位和责任主体,必要时可请生态环境部和外交部等单位协助进行。对于环评的受托主体,可借鉴世界银行的做法,委托有资质、经验丰富且与审批主体和投资企业不发生任何利益关系的第三方机构进行。这种做法也正好契合我国《环境影响评价法》的相关规定,2018年12月修正后的《环境影响评价法》取消了关于环评资质的许可事项,规定建设方可委托符合资质的技术单位开展环评,可以自行进行环评。但自行环评的结果容易受到质疑,缺乏公信力,因此适宜以第三方环评为主。其次,在环评内容方面,应首先遵照东道国的规定进行,若东道国无环评规定或者环评标准低于投资企业母国时,应当在区域通行环评标准和投资者母国环评标准中择较严格的标准予以执行。而且,我国可建立与东道国的环评联系点制度,方便投资企业办理相关手续,促进与东道国的交流,增进公众的认同,并充分发挥环评监督作用。最后,在环评程序方面,可参照世界银行和亚投行的相关规定,由主管部门对投资项目进行环境影响分类:A类为严重环境影响,B类为中度环境影响,C类为轻度环境影响。根据相应分类等级,A类投资项目需要按照相关规定进行环评,并将环评报告交由主管部门监管审查;B类投资项目应制定环境影响消除或缓解方案,并交由主管部门备案审查;C类投资项目则无须向投资母国主管部门提供环评报告。

除了提高“准入”门槛，加强后续的过程监管也非常关键。商务部将监管重心放在对外投资项目审批方面，而往往忽视后续的投资活动监管。[1] 现实中，对外投资企业远离母国，如果没有切实有效的监管措施，加之东道国环境标准较低，那么不可避免就会产生环境污染现象。因此，主管部门应主动作为，强化监管。首先，应在建立东道国环评联系点的基础上，在企业中增加环境监察专员，负责对环境相关事宜的处理，目的是加强投资企业与母国主管部门和东道国的交流沟通，增强合作互信，减少环境纠纷。其次，按照投资项目进度和环境相关要求，企业应及时报送环保方案和改进措施的执行情况，以便主管部门掌握情况、跟进监管；主管部门可制定相同区域、类似项目的案例指导制度，将主要流程、关键节点和注意事项等信息提供给投资企业，为企业规范化运营提供具体指引。[2] 最后，建立投资企业母国和东道国的生态环境风险应急预警机制，发现危险时及时预警，以便投资企业母国和东道国采取最优措施，减少企业投资损失和东道国的生态环境损害，最终达到绿色合作“效益最大化、损益最小化”的共赢结果。

四、绿色能源国际合作的法治路径展望

进入新时代以来，我国在推进绿色能源国际合作方面取得了一系列成绩，这离不开法治的有力保障。展望未来，法治建设仍然是保障我国“双碳”目标和联合国2030年可持续发展目标实现的重要途径。

（一）在推动疫后经济复苏中促进绿色低碳转型

新冠肺炎疫情的反复肆虐，给全球经济发展和绿色能源国际合作带来严峻的挑战。在后疫情时代，我国更要坚持构建“双循环”的发展格局，坚定实施“南南合作”计划，以“一带一路”倡议为抓手，积极落实《巴黎协定》，持续推进绿色能源国际合作向前发展。2022年1月，生态环境部联合商务部印发

---

〔1〕 参见张中元：《中国海外投资企业社会责任：现状、规范与展望》，载《国际经济合作》2015年第12期。

〔2〕 参见张生：《国际投资法制发展的反思与抉择——评卡尔·萨望和斐德瑞卡·奥尔蒂诺的〈完善国际投资法律和政策体制：未来路径选择〉》，载《国际法研究》2015年第1期。

《对外投资合作建设项目生态环境保护指南》，鼓励项目采用国际通行标准或中国更严格标准开展生态环境保护相关工作；同年3月，国家发展和改革委员会等部门发布了《关于推进共建“一带一路”绿色发展的意见》，旨在通过制度指引促进我国环保标准、技术和产业国际化，帮助“一带一路”共建国家提高环境治理水平，推动传统高耗能、高污染产业向绿色低碳产业转型，以绿色能源、绿色贸易和绿色金融等领域的高质量发展引领全球经济绿色复苏。

（二）在融入全球治理体系中实现绿色发展公平

近年来，美国在环境公约的履行上奉行单边主义，欧盟因碳边境税问题饱受质疑，全球环境治理格局正发生着重要变化。在缺乏主导力量的情况下，中国向世界作出了“碳达峰”和“碳中和”的庄严承诺，并出台一系列制度予以细化，向世界各国表明了积极态度。我国在未来的政策法律制定中，应继续坚守多边主义的立场，坚持倡导“共同但有区别的责任”原则，在国际合作中维护广大发展中国家的环境利益，改变发展中国家长期以来在全球环境治理体系中的从属地位，改善发展中国家发言权受阻、参与度不高和资源分配不公等诸多问题，切实履行好发展中大国的国际责任和担当，强化我国在全球环境治理体系中的引领作用。此外，还应旗帜鲜明地反对环境合作领域的保护主义和单边主义，恪守国际环境公约义务，全力维护联合国环境规划署等组织作出的倡议和决定，严格落实《2030年可持续发展议程》的各项规定，推动形成新的全球能源格局，倡导构建兼容并包、公平正义的能源体系。〔1〕

（三）在应对世界气候变化中增加绿色治理韧性

全球已经有100多个国家作出了减碳承诺，共同应对气候变化已经成为国际社会的共识。〔2〕然而，当今世界正经历百年未有之大变局，经济发展和环境保护都面临着新一轮大变革和大调整，人类社会面临的不确定、不稳定

〔1〕参见郑军：《“十四五”生态环境保护国际合作思路与实施路径探讨》，载《中国环境管理》2020年第4期。

〔2〕参见薄燕：《全球气候治理中的中美欧三边关系：新变化与连续性》，载《区域与全球发展》2018年第2期。

因素依然很多,实现“碳达峰”和“碳中和”的目标需要长远谋划、久久为功。在国际层面,以人类命运共同体构建为指引,全面统筹战略布局和发展规划,研究制定绿色能源国际合作的基本原则,部署实施绿色能源国际合作的专项行动,构建高级别绿色能源国际合作平台,进一步提高履行国际环境公约能力,增强国际履约与国内行动的协同效应,加强与国际组织及非政府机构的合作交流,共同努力突破节能减碳关键技术,健全完善应对气候变化的配套政策法规;在国家层面,以讲好中国故事为指引,坚持共商、共建、共享的原则,持续将“一带一路”倡议打造成绿色能源国际合作的战略高地,坚持多边主义立场积极参与全球环境治理,建设完善区域性的环境数字平台,共享环境保护标准、环境政策法规和环境监管数据等相关信息,谋划建设国际性的环境争端解决机构,为绿色能源国际合作提供高效的救济性保障。

碳达峰目标下用能权初始分配制度的完善研究*

裴欣羽**

摘　要:我国创设性地提出“碳达峰、碳中和”两阶段减排奋斗目标,碳达峰目标的实现,要求在控制能源消耗总量和强度的前提下,提升重点耗能行业的能源利用效率和非化石能源的消费比重。用能权的有偿使用和交易是运用市场化手段倒逼企业完成能耗“双控”指标的重大举措。用能权初始分配作为能源要素市场化改革有效开展的前提,碳达峰目标的实现对用能权初始分配的科学性提出了要求。我国当前的用能权初始分配制度尚不完善,存在能源消费总量目标设定规则不完善、分配方式难以兼顾公平性与效率性以及初始分配的监督与救济机制不健全等问题。有必要通过明确总量目标分解机制、规范多元化的分配方式、纳入行政许可的监督方法实现科学的用能权初始分配,从源头端推动建立绿色低碳高效的能源消费体系。

关键词:“双碳”目标　碳达峰　用能权　初始分配制度

用能权是指在控制区域用能总量的前提下,用能单位经各级人民政府节能主管部门的初始配额分配,在一定时期内依法取得可使用、可交易的能源消费量的权属。在中共中央、国务院2015年印发的《生态文明体制改革总体方案》中,用能权首次以推行用能权交易制度的形式被提出;2016年,国家发展和改革委员会(以下简称国家发改委)印发《用能权有偿使用和交易制度试点方案》,明确了在四个省份开展用能权有偿使用和交易试点工作,标志着用能权交易制度开始由理论走向实践。2021年,国务院印发《2030年前碳达峰行动方案》,提出完善用能权有偿使用和交易制度,做好与能耗双控制度的

---

* 获2023年12月第五届国际能源资源法治论坛优秀奖。

** 裴欣羽:中国海洋大学法学院环境与资源保护法学硕士研究生。

衔接。碳达峰目标的提出,使用能权交易制度的建设更具现实紧迫性。

在我国,用能权交易制度已经产生并运行多年,关于用能权交易市场构建及运行的研究较多,但是作为能源要素市场化改革有效开展的前提,对用能权初始分配制度的研究却极其有限。碳达峰目标的提出,对我国的节能降碳工作提出了更高的要求,仅关注用能权交易的市场运行环节难以实现最大的节能降碳成效,必须从用能权市场交易开展的基点入手,探索构建科学的用能权初始分配制度。〔1〕

一、提出要求:碳达峰目标要求科学的用能权初始分配

我国碳达峰目标于2020年首次提出,该目标的实现必然伴随着能源消费领域的革命。降低化石能源消费总量、提升非化石能源消费比重是碳达峰的重要指标,该目标同时要求调整能源消费结构,生产排放逐步由高碳转向低碳。从能源消费侧一方的角度来看,节能减排目标的落实要求政策与市场的共同推动:首先通过能耗双控进行政策约束,实现碳排放量总量和强度的"双控",这要求加强重点领域节能减排,实施节能减排工程,强化节能减排技术支撑和服务体系建设,优化产业和能源结构;其次建立和完善节能减排市场机制,推动用能权交易的开展。第一步就是用能权初始配额的科学分配,在各用能主体获取合理用能配额的基础上,进一步发挥市场的激励作用,控制温室气体产生的源头。碳达峰目标的设立将用能权的作用提升至新的高度,也对用能权初始分配的科学性提出了更高的要求。

碳达峰目标的实现,要求探索建设科学的用能权初始分配制度:既要符合分配正义的理念要求,保证分配规则的公平性;也要遵循效率原则,以最小成本取得最大收益,实现配额资源的最优配置。

首先,科学的用能权初始分配意味着初始额度的分配规则符合社会正义的要求。在实现碳达峰的目标导向下,只有科学权衡不同的客观条件和利益

〔1〕 参见陈英达:《"双碳"目标下用能权交易制度的法律检视》,载《西北民族大学学报(哲学社会科学版)》2023年第1期。

诉求，以产权交易机制在能源使用领域确保各个主体获取合理的用能额度，保障不同区域间、行业间、企业间的用能公平，才能保障用能权交易制度的稳定运行，从而持续实现节能减碳的效果。综观用能权的初始分配流程：首先，国家制定能源消费总量目标后，会进行各地方能源消费总量的分配；然后，各地方制定能源消费总量目标后，要把该目标转化为用能权初始分配额度，对各行业、企业等用能主体进行层层分配。由此可见，用能权初始分配的末端在于各个用能主体，科学的分配规则应当综合考量各用能主体的现有能源效率水平、行业能源效率、产品结构、技术能力等情况，使各用能主体分配到合理的用能额度，从而实现微观层面上的能源公平配置，在产权激励的动力下倒逼企业转型升级，提升能源利用效率，以微观节能助力宏观减排。

其次，科学的用能权初始分配还要求遵循效率原则。作为资源配置的一种市场机制，“分配正义”的探讨必须要和一定社会的生产方式结合起来，也就是寻求最佳平衡点，以最少的制度成本取得最大的节能减排成果。〔1〕用能权初始分配制度作为用能权交易制度的重要组成部分，追求的是用能权交易制度整体运行效率的提升，以最优的初始分配规则取得最大的用能权交易成果。在具体内容上，用能权初始分配的效率价值以“提高资源利用效率”为目标导向，以追求人与自然和谐为最终价值，以用能权交易制度整体层面追求的制度效率为重要目标，以拓展用能主体整体节能降耗减排能力效率为主要诉求，可为碳达峰目标的实现贡献一分力量。〔2〕

二、制度检视：用能权初始分配制度梳理与分析

完善的、与时俱进的法律供应是制度平稳运行的重要保障。用能权初始分配的法律一方面来自中央规范性文件，另一方面来自地方性法规。中央规范性文件对用能权的初始分配进行宏观层面的指导，地方性法规根据各地的实际情况因地制宜约束当地的用能权初始分配工作。

---

〔1〕 参见颜景高：《分配正义的演变逻辑探析》，载《天津师范大学学报（社会科学版）》2020年第1期。

〔2〕 参见王清军：《公平与效率视野下排污权初始分配》，载《社会主义研究》2012年第4期。

（一）中央规定

从中共中央、国务院到国务院各部委，都对用能权进行过或多或少的规定，但是规定的详细程度以及侧重点不同。通过对相关的代表性中央规范性文件进行梳理（见表1）可以发现，用能权相关的中央规范性文件主要对用能权领域作出了宏观层面的规定，多为原则性、倡导性规定。

表1　用能权代表性中央规范性文件梳理

法律文件	制定机关	相关内容	文件性质
《生态文明体制改革总体方案》	中共中央、国务院	推行用能权和碳排放权交易制度。开展项目节能量交易，并逐步改为基于能源消费总量管理下的用能权交易	党内法规制度
《2030年前碳达峰行动方案》	国务院	建设全国用能权交易市场，完善用能权有偿使用和交易制度	国务院规范性文件
《“十四五”节能减排综合工作方案》		深化用能权有偿使用和交易试点，加强用能权交易与碳排放权交易的统筹衔接	
《要素市场化配置综合改革试点总体方案》		支持试点地区进一步健全用能权交易机制，探索建立用能权指标有偿取得机制	
《工业节能管理办法》	工业和信息化部	科学确立用能权、碳排放权初始分配，开展用能权、碳排放权交易相关工作	部门规章
《用能权有偿使用和交易试点方案》	国家发展和改革委员会	科学合理确定用能权指标	部门规范性文件
《财政支持做好碳达峰碳中和工作的意见》	财政部	充分发挥碳排放权、用能权、排污权等交易市场作用，引导产业布局优化	
《关于促进石化产业绿色发展的指导意见》	国家发展和改革委员会、工业和信息化部	探索建立水权、用能权等环境权益交易市场	

其一，从法律位阶上看，用能权相关法律文件位阶较低，且缺乏上位法的

支持和指导。目前在用能权领域的法律文件中，最高的法律位阶仅为部门规章，即由工业和信息化部于 2016 年制定的《工业节能管理办法》。其中数量占比最大的是位阶较低的其他规范性文件，该类文件的制定主体主要是国务院及其各部门。用能权因其在节能减排工作中所起到的重要作用而被各部门重视和应用，比如财政部为实现碳达峰、碳中和的目标，从财政支持角度对其进行了工作部署，其中提及“支持完善绿色低碳市场体系。充分发挥碳排放权、用能权、排污权等交易市场作用，引导产业布局优化”，为用能权的权利配置提供财政后盾。

其二，从内容上看，用能权相关法律文件侧重于用能权的市场建构和交易开展，对用能权初始分配的重视程度不足。用能权交易制度属于资源环境交易制度，旨在通过市场化机制实现稀缺环境资源的高效配置和解决环境资源使用的外部性问题，降低能源使用总量，降低污染物质和温室气体的排放。〔1〕在用能权开展市场化探索的整体系统中，包含权利的初始分配、审核管理、交易开展以及监督管理四个组成部分，初始分配是用能权交易制度发挥作用的前提，也是用能权具体进行市场构建和交易开展的前置条件。但是目前针对用能权初始分配的专门性规范较少，比如对初始分配进行原则性规范的法律文件有：《工业节能管理办法》提出“科学确立用能权、碳排放权初始分配”，《用能权有偿使用和交易制度试点方案》提出“科学合理确定用能权指标”。其他涉及用能权初始分配的法律文件侧重点在分配方式上：《要素市场化配置综合改革试点总体方案》指出“探索建立碳排放配额、用能权指标有偿取得机制”。与此形成鲜明对比的是众多法律文件对于“建设用能权交易市场”的重视程度，在多数法律文件中用能权多以“用能权交易”的形式出现，且与碳排放权交易、排污权交易、水权交易并列成为环境权益交易市场的重要组成部分。

（二）地方规定

2016 年，国家发改委印发《关于开展用能权有偿使用和交易试点工作的

---

〔1〕 参见张立锋：《用能权相关法律问题辨析》，载《河北科技大学学报（社会科学版）》2017 年第 4 期。

函》，其附件《用能权有偿使用和交易制度试点方案》提出，在浙江、福建、四川、河南四个省份开展用能权有偿使用和交易制度的试点工作。为规范地方用能权交易工作的开展，各试点省份对用能权初始分配进行了具体规定（见表2），对能源消费总量目标设定、分配主体、分配方法、配额监督等事项进行了规定。

表2　用能权初始分配试点地方性法规梳理

省份	代表性法律文件	总量设定	分配方式		配额监督
浙江	《浙江省用能权有偿使用和交易试点工作实施方案》	目标总量	单位工业增加值能耗高于0.6吨标准煤/万元的新增用能量均需通过用能权交易有偿获得用能权指标，不涉及用能权指标的免费分配	全省统一的初始用能权确权技术规范	日常监管
福建	《福建省用能权交易管理暂行办法》 《福建省用能权指标总量设定和分配办法（试行）》		先期以免费为主，适时引入有偿指标	产业基准法+历史总量法	申请复查
四川	《四川省用能权有偿使用和交易管理暂行办法》		免费分配和有偿分配相结合的方式，试点初期以免费分配方式为主	产业基准法+历史强度下降法	收集监督意见
河南	《河南省用能权有偿使用和交易确权管理暂行办法》		试点初期以免费分配方式为主，适时引入有偿分配方式，并逐步提高有偿分配的比例	实发配额+预留配额，历史总量法+产业基准法	日常监管

其一，从分配方式上看，各试点省份普遍采取多元化的分配方法，采用有偿与无偿结合、历史法与基准法并用的分配方法，只是各试点的具体制度设

计存在一定的差异性。首先，关于取得配额的分配方式，试点改革初期多以免费分配方式为主，适时引入并逐步增加有偿分配的比例。与其他三个试点省份不同，浙江省按照用能单位的工业增加值能耗进行分配指标的划分，规定单位工业增加值能耗高于0.6吨标准煤/万元的新增用能量均须通过用能权交易有偿获得用能权指标，这样更有利于优化配置增量用能。其次，关于用能权的确权方式，不同试点省份的制度设计与实际应用存在较大的差异，比较有特色的是浙江省和河南省。浙江省按照全省统一的初始用能权确权技术规范对试点企业新增能耗指标、淘汰落后产能和压减过剩产能腾出的能耗指标、节能量指标进行确权，并引入第三方机构用以审核企业通过节能技术改造实际产生的节能量。福建省将用能权配额划分为"实发配额和预留配额"，预留配额主要是用于新增产能和市场调节的配额，有利于政府对用能权交易市场的总体调控；实发配额则采用历史总量法和产业基准法对企业进行配额的发放。河南省通过政府采购委托相关公司开展用能权配额分配设计工作，最终采取历史总量法和产业基准法设定行业指标总量，优先适用产业基准法分配指标，对于生产情况较为复杂的企业则基于企业历史能源消费总量分配其用能权指标。四川省采用了行业基准法和历史强度下降法进行配额的确定，用能权指标由清洁能源和非清洁能源组成，对产能过剩和需要扶持的行业、企业进行区分，分别采取行业线禁止和行业准入值。

其二，从对用能权配额的监督来看，不同试点地区的监督方式和力度差异较大，难以形成有效的用能权初始分配监督机制。在各试点省份中，福建省的用能权配额监督机制是最为完善的，在《福建省用能权指标总量设定和分配办法（试行）》的"指标分配"章节中明确规定了用能单位对指标分配有异议的救济途径为"申请复核"，除了明确救济途径，还对复核期限的时间进行了明确规定，确保用能单位对用能权指标分配结果公平性与科学性的监督。而浙江省和河南省的用能权配额监督机制则存在较大的空白，并未明确规定用能单位针对配额产生异议的救济途径和监督渠道，仅粗泛地指出由人民政府节能主管部门对用能权交易活动进行日常监督管理。但是政府内部自上而下的监督方式存在独立性较差的问题，难免产生"既当裁判又当运动员”的现实困境,属于监察体制的缺失,难以保证用能权初始配额分配的科学性与公平性。

三、问题分析:碳达峰目标下的用能权初始分配制度障碍

经过对现行法律文件的梳理分析,可以发现我国用能权初始分配制度存在诸多现实问题,将会导致用能权交易制度无法发挥应有的节能降碳效用,难以助力碳达峰目标的实现。宏观层面的中央法规位阶较低,且多为原则性、倡导性规定,可操作性差;微观层面的地方性法规由于缺乏上位法的指导和约束,具体内容的差异性较大,出现“一区一规”的现状。具体而言,用能权初始分配制度的缺陷表现为三个方面。

(一)能源消费总量目标设定规则不完善

能源消费总量控制是用能权实现节能减排目标的具体量化。当前我国各地方的能源消费总量控制指标由各地区根据当地的实际情况自行确定,该目标的设定并无明确的参考规则,自由程度过大。当国家能源消费总量目标确定后,接下来就是将国家能源消费总量分解下发给各地方,再由各地方根据当地行业、企业的发展与节能状况进行地方能源消费目标的层层分解,最终将能源消费总量目标分配给各个用能主体,形成用能主体依法取得的能源消费量权属,完成用能权的初始分配过程。在这个过程中,能源消费总量目标的设定是一个非常复杂的过程,需要考量到许多因素,但具体应当考虑哪些因素、如何考量、不同因素之间如何协调等问题,目前尚未进行明确规制。国家能源消费总量目标的设立需要考虑到国家经济发展质量与增长速度、产业结构的变革、新能源技术的发展以及国际减排目标中承担的责任等因素;地方能源消费总量目标的设立应当考虑各地方的经济发展水平、环境容量、资源禀赋以及产业结构和能耗水平等因素。

由于用能主体的节能潜力难以实现科学准确的预估,用能主体的边际节能成本也比较模糊,用能权交易在减少温室气体排放的过程中起到的作用无法量化,能源消费总量目标的设定难以保证最佳科学性。这种较为模糊、自由度过大的目标设定模式为地方保护主义、企业“搭便车”等不良现象的出现

提供了可能性。地方为寻求经济增长,吸引更多企业入驻,可设定较为宽松的能源消费总量控制目标,从而导致用能权交易的需求降低,减损用能权指标的市场利用效率。

（二）分配方式难以兼顾公平性与效率性

用能权的初始分配包括有偿分配和无偿分配两种方式,有偿分配主要包括政府定价法和拍卖法,无偿分配主要包括历史法和基准法。《用能权有偿使用和交易制度试点方案》中指出"制定科学的初始用能权确权方法",并明确提出"减少自由裁量权"和"推进用能权有偿使用",规定从行业是否产能过剩、是否高耗能、是否为重点用能单位、是否为新增产能等角度进行用能权的确权区分。基准法适用于产能严重过剩行业、高耗能行业,即结合近年来产量、行业能效"领跑者"水平以及化解过剩产能的目标任务,确定初始用能权;历史法适用于其他用能单位,即通过近几年综合能源消费量平均值确定初始用能权。虽然中央对于用能权初始分配的确权进行了宏观指导,但是落实到各地方的具体实践却出现了诸多问题。

首先,各地方用能权的有偿分配比例较低,无偿分配占据主导地位,造成效率价值高于公平价值。虽然无偿分配的执行效率占据优势,但是却存在激励不足的问题,而且这种分配模式会在几个主体之间产生不公平的情况:其一,相比于高能耗企业,无偿分配对已经实现节能减排的企业并不公平;其二,相比于原有高耗能企业,无偿分配对新建企业不公平;其三,由于稀缺的环境资源应当属于社会公众,企业无偿取得能源使用指标并进行污染物或温室气体的排放,实际上是损害了社会公众的环境利益。[1] 而有偿分配虽然运行成本更高,也可能因为"资本垄断效应"而造成更大的能源消耗。但是市场化、开放性的定价可以保障新用能者权利,使更多社会资本和节能技术参与到用能权市场中,对用能企业实现更有效的激励,也是"污染者负担原则"的外化制度实现方式。

其次,在目前占主导地位的无偿分配模式中,历史法和基准法的协调与

〔1〕 参见王彬辉:《我国碳排放权交易的发展及其立法跟进》,载《时代法学》2015年第2期。

取舍有待加强。历史法的分配方式与碳交易中的“祖父条款”相对应,立足于制度的推行,借助成本转嫁,让渡配额收益于企业,属于以公平性的牺牲换取了制度的效率性。[1] 基准法以本地区经济活动的单位能源消费基准作为初始分配的主要依据,保证了对同行业企业用能分配指标的科学性,可以在一定程度上提升分配的公平性。但是由于基准法对于技术的要求更高,计算过程比较复杂,加之政府部门和用能主体之间存在信息不对称的问题,基准法所需投入的成本较大,使用能权初始分配的效率性降低。可见,两种无偿分配方法各有优劣,不能仅采取单一的分配方法,如何将两种分配方法有机结合、协调应用,则给各地方提出了新的问题。

(三)初始分配的监督与救济机制不健全

法律正义的追寻与权利救济密不可分,而权力监督不仅为权利救济提供了制度通道,也是权利救济的有力保障。在我国用能权的初始分配中,无论是中央层面的法律规定,还是地方层面的政策法规,监督和救济机制并不健全。监督和救济机制的缺陷使政府部门在用能权初始配额的分配中出现的问题难以被纠正和问责,也使各用能单位自身的合法权益难以得到保障。

在中央层面的法律规定中,并未对用能权初始分配的监督和救济进行专门规定。仅有的与监督和救济有关的法规限定在“节能监察”以及用能权交易整体的“监督管理”,不仅规定极其有限,而且内容不够细致,可操作性较差,无法对地方的用能权初始分配监督和救济工作起到指导作用。

在地方层面的用能权初始分配工作中,普遍存在监督和救济机制不健全的问题。这体现出地方政府部门缺乏主动规范权力、制约权力、监督权力的意识。以试点省份为例,福建省作为四个试点省份之一,用能权初始分配的监督和救济机制相对来说是最为完善的,采取“申请复核”的救济途径,为用能主体监督政府用能权指标分配、保障自身合法权益提供了途径。但是其他试点省份的监督与救济机制却普遍存在缺失。四川省规定了“收集监督意

---

〔1〕 参见魏庆坡:《碳交易中的“祖父条款”与污染者付费原则》,载《湖北社会科学》2015 年第 10 期。

见”，但是收集意见的收集时限、处理时限、意见回复等事项均未进行明确规定，这就意味着信息收集后是否处理、是否回复的主动权掌握在政府部门手中，即使为用能主体创造了监督和救济的渠道，监督效果和救济效力也不能保证。浙江省和河南省仅规定了“日常监管”，这属于政府部门的内部监督，权力出自政府，而监察也出自政府，是监察体制的缺失，存在独立性较差的问题，由于行政机关上下级之间具有很强的从属性，内部联系紧密，产生“既当裁判又当运动员”的问题，所以改正力度有限。[1]

四、制度优化：用能权初始分配制度的完善建议

用能权交易制度自从2015年首次提出，至2023已运行8年，该制度目前尚不完善，尤其是初始分配制度存在较多的制度缺陷，导致在现实的分配环节存在诸多问题，亟待进行完善，规范用能权的初始分配环节，为用能权的市场交易奠定良好的基础。本文针对用能权初始分配制度存在的问题，分别提出以下三个制度完善建议。

（一）完善总量目标设定规则，明确总量目标分解机制

鉴于目前我国并未对能源消费总量目标的设定进行具体规定，在以后的用能权制度完善中应当对总量目标设定和分解落实规则进行补充性规定。

关于中央和地方的额度分配模式，建议摒弃如今的“地方上报，中央分配”的模式，而是采取“自上而下”的分配方式。中央先行确定国家能源消费总量目标，然后再综合各省份上年度能源生产和消费总量报告、经济发展水平、节能减排成效以及节能潜力等因素，对各地方的用能总量进行分配。若地方对于中央分配的用能额度有异议，则在规定时间内向分配部门上交证明材料提起申诉，中央分配部门需要在规定时间内进行审核处理，并公开作出回应。同时，为了激励各地方积极开展节能减排工作，中央在对各地方年度能源消费总量进行统计之后，对于用能总量目标盈余的省份进行奖励，该奖

〔1〕 参见刘清生：《论环境决策公众参与制度》，载《大连理工大学学报（社会科学版）》2022年第1期。

励应当平衡地方在开展节能减排工作中付出的成本与获得的收益，为各地方持续开展工作提供动力。

关于能源消费总量目标的设定，建议除了优化目标设定标准，还要加强环境信息公开力度。首先，在每年度公布总量目标时，同时公布目标设定标准与细则，落实政务公开，使目标的设定接受监督，保障目标设定的科学性。其次，在目标设定规则上，应当更加注重技术性，从而保证科学性。在考虑经济发展水平、区域发展差异、节能减排成效、环保技术发展等可量化指标的同时，通过科学的测算方法对用能权的节能潜力进行指标量化。虽然用能权交易与排污权、碳排放权交易不同，难以准确界定用能权所交易的环境利益，但是相比于命令控制型制度，用能权交易制度只需对节能潜力进行合理量化，仍然可以通过产权激励机制实现制度效率。可以通过三个因素对节能潜力进行测算：其一，根据各个工业部门公布的具体数据计算出行业技术的节能潜力；其二，通过产业结构调整、淘汰高耗能企业、新能源产业和节能环保技术发展情况预测出结构转型的节能潜力；其三，企业遏制能源浪费所挖掘出的节能潜力。

（二）平衡公平与效率价值，规范多元化的分配方式

一般而言，对于用能权交易制度下的初始分配规则体系来说，没有简单且唯一的价值目标，蕴含在用能权初始分配规则体系中的价值追求应当是复合的，且可以根据整体政策进行优先顺位调整。〔1〕不同的分配规则具有不同的生态、社会与经济效应，关于地方能源消费总量目标的分解落实，应当考量优劣各异的多种分配方式，平衡公平与效率两种制度价值，综合确定“因地制宜”的最优分配方式。这就要求用能权的初始额度分配规则首先必须接受正当性之检验，使之符合社会正义的要求，〔2〕然后再从制度运行的效率性出发，实现最优的用能权初始分配。

首先，各地逐步落实并规范有偿分配模式，实现有偿分配与无偿分配的

〔1〕 参见王清军：《我国排污权初始分配的问题与对策》，载《法学评论》2012 年第 1 期。

〔2〕 参见胡中华、吴帅帅：《社会正义视域下碳排放权初始额度分配规则之选择》，载《吉首大学学报（社会科学版）》2020 年第 1 期。

最优搭配。在用能权制度试点的运行初期，由于考虑到要降低制度运行成本、激励企业加入节能减排行列以及避免“资本垄断效应”，各地试点多采取无偿分配模式。这在一定的历史时期固然具有合理性，但是对比无偿分配和有偿分配的优劣之处，可以发现有偿分配作为“污染者负担原则”的外化制度运行方式，更有利于对企业产生激励作用，也是实现社会公平的必由之路。所以，不能始终保持无偿分配的方式，应当逐步完善有偿分配方式，细化政府定价和《拍卖法》的规则，逐渐落实无偿与有偿并行的分配模式。对于高能耗、高污染企业采取有偿分配方式，以此倒逼企业进行节能技术改造和产业转型升级；对于积极采用新型环保技术、节能减排效果显著的企业给予奖励，可以采取无偿分配的模式，使激励优势充分发挥，抵消企业偏高的运行成本。

其次，构建“政府—产业—企业”的多层分配模式，对不同产业制定差异化的具体分配方法。由于不同产业在经济体系中的重要性、节能潜力以及竞争力都存在差异，所以非常容易出现形式上额度分配公平，事实上却分配不公的问题。所以，将产业纳入政府和企业的分配关系之间，由产业综合自身情况制定出具体的分配方法，再由政府进行审核与监督，既可以减轻政府部门对不同企业进行资料调查以及额度分配的压力，解决信息不对称的问题，也能够有效平衡产业部门之间的差异，准确地反映产业内部企业的配额需求，避免产业之间的竞争扭曲。〔1〕 这种分配模式虽然牺牲了一部分效率性，但是却能获取更大的公平性。

（三）完善监督和救济机制，纳入行政许可的监督方法

鉴于政府部门内部的上下级监督方式有效性不足，当前我国用能权初始分配并不存在有效的监督与救济机制，有必要进行制度的创新，将行政许可的监督方法纳入用能权初始分配的监督机制中。

虽然用能权具有可交易的属性，但是作为一项确定性权利，其仍具强烈的公权属性，从能源消费总量的控制到额度分配，都依靠政府生态环境部门

---

〔1〕 参见潘晓滨、史学瀛：《碳排放交易配额初始分配基本规则的构建》，载《当代经济》2015年第18期。

的履职。所以,用能权初始分配环节与排污许可制度具有极高的相似性,实际上都具有行政许可特征,属于具体行政行为。综观当前试点地区对用能权的定义,用能配额可以表述为用能单位经各级人民政府节能主管部门核定、分配而取得的能源消费量的凭证,是用能权交易的标的。这体现了用能配额发放分配的过程与行政许可的过程非常相似,用能权的初始分配具有行政许可的特征。[1] 诚然用能权的初始分配过程并不是严格意义上的行政许可,因为用能权配额的发放并不需要用能主体主动提起申请,但是行政许可监督的制度设计对于用能权初始分配监督机制的完善却具有借鉴意义。

若将行政许可的监督方法纳入用能权初始分配的监督机制中,便可以使用能主体拥有更有效的监督和救济渠道。依据《行政许可法》第7条规定,公民、法人或者其他组织对行政机关实施的行政许可,享有陈述权、申辩权,有权依法申请行政复议或者提起行政诉讼。所以如果用能主体对额度分配有异议,既可以向行政机关申请行政复议,也可以向人民法院提起行政诉讼。而依据《行政复议法》第20条以及《行政诉讼法》第46条均对各主体主张权利的时效进行了具体规定,进一步保障了用能主体的监督及救济权利。

五、结语

在当前我国力争实现“碳达峰、碳中和”战略部署的时代背景下,用能权交易是实现碳达峰目标的必由之路。为了保障用能权交易的顺利进行,有必要从用能权交易制度的起点出发,不断完善用能权初始分配制度,使这一制度成为兼顾公平与效率的分配机制,从而可以利用市场化手段,倒逼企业转型升级,促进能源消费结构优化,提升能源利用效率,最终达到节能减排的效果,构建清洁低碳高效的能源消费体系,助力实现我国的碳达峰目标。

---

〔1〕 参见郑爽:《碳排放权性质评析》,载《中国能源》2018年第6期。

“一带一路”共建国家能源投资争端解决机制研究*

许中好**

摘　要:欧亚大陆长期以来呈现出的“西重东轻”的能源格局正在改变,“一带一路”共建国家所处区域也已成为全球最大的能源消费中心。通过案例研究发现,东道国和投资者之间争议解决机制的实体与程序的争议焦点渐渐呈现,这也将为“一带一路”共建国家未来参与能源类投资争端解决尤其是仲裁提供相应的参考。所有“一带一路”共建国家需共同检视现有能源投资争端解决机制并制定相关的完善措施,推进各个能源生产国和消费国之间的合作和共同治理。

关键词:“一带一路”共建国家　能源投资　争端解决机制

一、问题的提出

石油和油气贸易及流向呈现东移的趋势,“一带一路”共建国家成为全球核心能源区域,但现有的贸易投资规则难以满足区域能源合作的需求,跨国能源投资领域缺乏有效的多边规则,双边协定往往较为陈旧且可操作性差。

国际多边规则方面,WTO 规制范围难以覆盖跨国能源运输,只有乌克兰等少数国家在加入 WTO 时承诺开放管道运输,乌兹别克斯坦、伊朗等国甚至还没有加入 WTO。《能源宪章条约》(Energy Charter Treaty)以开放、竞争市场和可持续发展为原则,在能源投资、贸易和跨境运输方面具有较为完整的规则,其宗旨是通过创造由所有参与方政府遵守的规则加强能源领域的法制建设,降低与能源相关的投资和贸易风险,在能源净出口商和进口商相互影响加深的背景下,被认为是能源投资国际合作的有效的框架。但中国仅为《能

---

* 获 2022 年 12 月第四届国际自然资源法治论坛积极参与奖。

** 许中好:暨南大学法学院博士研究生。

源宪章条约》的观察国，俄罗斯也因“尤科斯”事件退出了《能源宪章条约》，[1]故而该条约的影响力有限。

从实际情况看，目前还有不少资源国国内法没有与国际规则进行衔接，对能源领域贸易和投资的限制较多。这就造成现有的能源合作多是基于项目的特殊安排，而不是基于完善的国际法和国内法保障。比如中哈石油天然气管网项目，就是根据中国与哈萨克斯坦政府间协议来投资运营的，该项目管网投资主体和管网输送价格的安排与哈萨克斯坦国内法是不一致的，并且缺乏国际法的保护，蕴藏着较大的法律风险。故而分析“一带一路”相关能源投资争端解决机制并探索一条适合“一带一路”共建国家发展的路径势在必得。

二、“一带一路”能源投资争端解决机制概述

（一）“一带一路”能源投资争端现状

高昂的燃料价格、通胀压力和供应链“瓶颈”、加快能源行业向净零排放转型的迫切需要以及俄乌冲突，都使能源投资争端数量激增。根据国际投资争端解决中心（International Centre for Settlement of Investment Disputes，ICSID）案件数量统计表（见表1）中更新的历史案件量和2021年的概况，可以看出关于石油、天然气、矿产资源、电力和其他能源以及水资源等能源投资争端案件占比46%；登记的案件涉及的缔约国有接近1/3是“一带一路”共建国家（见表2）。

表1　ICSID案件类型占比

ICSID案件类型	百分比（%）
石油、天然气与采矿业	3
电力与其他能源产业	4
建筑业	7
交通运输业	7

〔1〕 参见毛晶慧：《时报聚焦“一带一路”丨权威专家智说“合作”（2）》，载搜狐网2017年5月6日，https://www.sohu.com/a/138660308_115495。

续表

ICSID 案件类型	百分比(%)
金融业	8
信息与通信业	8
水务、卫生与防洪保护	17
农业、渔业与林业	10
旅游业	11
服务与贸易业	25

表 2 ICSID 案件的地理分布情况占比

地区类别	百分比(%)
东欧及中亚	5
南美洲	26
撒哈拉以南非洲	7
中东及北非	8
西欧	8
南亚及太平洋地区	11
中美洲及加勒比地区	22
北美洲(加拿大、墨西哥及美国)	15

(二)“一带一路”能源投资争端主要解决机构

1. ICSID 于 1966 年根据《关于解决国家与其他国家国民之间投资争端的公约》成立。《国际投资争端解决中心公约》是由世界银行执行董事制定的一项多边条约,以进一步实现世界银行促进国际投资的目标。ICSID 是一个独立的、非政治化的和有效的争端解决机构。它为投资者和国家提供服务,通过争议解决过程增加投资者和国家的信任,有助于促进国际投资。ICSID 规定通过调解、调停、仲裁或事实调查来解决争端。ICSID 程序的设计考虑到了国际投资争端和所涉各方的特殊性,在投资者和东道国的利益之间保持了谨慎的平衡,每个案件都由一个独立的调解委员会或仲裁庭在听取各方的证据和法律论证后进行审议,每个案件都有一个专门的 ICSID 案件小组,并在整个过程中为各方提供专家协助。依据 2021 年 ICSID 年报,到 2021

年6月,ICSID已经受理了900多个案件。到2021年末,ICSID拥有164个ICSID公约签署国,其中155个是公约缔约国。自ICSID于1966年成立以来,成员数量一直在增加,这反映了其作为唯一以支持解决国际投资争端为主要任务的机构的全球相关性和作用。其中"一带一路"共建国家参与度也非常高。

2. 斯德哥尔摩国际商会仲裁院(The Arbitration Institute of the Stockholm Chamber of Commerce, SCC)成立于1917年,是斯德哥尔摩商会的一部分,但独立于该商会。SCC由一个董事会和一个秘书处组成,为瑞典和国际各方提供有效的争端解决服务。20世纪70年代,SCC被美国和苏联承认为解决东西方贸易争端的中立中心。同时,中国也在同一时期承认SCC是解决国际争端的一个论坛。此后,SCC扩大了其在国际商业仲裁方面的服务,并成为全世界最重要和最经常使用的仲裁机构之一。近年来,向SCC提交的案件数量——包括国内和国际案件大幅增加,每年有多达30~40个国家的当事人使用SCC的服务。瑞典和SCC在为全球双边和多边投资保护而建立的国际体系中也发挥着独特的作用。在目前的双边投资条约(Bilateral Investment Treaty,BITs)中,至少有120个条约将瑞典或SCC作为解决投资者和国家之间争端的论坛来引用。今天,SCC是世界上第二大投资争端机构。[1] 因此SCC是世界上非常重要的能源投资争端解决机构,在"一带一路"共建国家中有许多争议案件也在通过SCC进行解决,如2003年9月1日Petrobart v. Kyrgyz Republic天然气输送合同一案、2008年5月30日Mohammad Ammar AL-Bahloul v. Tajikistan油气勘探许可证一案等。

3. 联合国国际贸易法委员会(United Nations Commission On International Trade Law, UNCITRAL)是联合国体系处理国际贸易法问题的核心机构。在商事仲裁领域,1976年通过的《国际贸易法委员会仲裁规则》,创造了一套统一完整的仲裁规则。该规则不仅适用于临时仲裁与机构商事仲裁,也适用于

〔1〕 参见斯德哥尔摩仲裁院网,https://sccinstitute.com/about-the-scc/,最后访问日期:2022年10月1日。

国家之间的仲裁以及投资仲裁。基于其普遍的实用性和灵活性，UNCITRAL的仲裁规则在国际商事领域得到广泛认可。在投资仲裁方面，UNCITRAL 工作组一直致力于解决国家投资者仲裁的透明度问题，起草了以条约为基础的投资者国家仲裁透明度规则，并在工作组报告中作出了说明。

可见解决能源投资争议的三种常见选择是：ICSID 或 ICSID 附加便利规则、UNCITRAL 规则下的独任仲裁员或临时仲裁庭、向 SCC 仲裁机构申请仲裁。其他投资者可以寻求的争端解决方式包括在争端东道国法院进行诉讼或采用行政争端解决程序。如果无法友好解决争端，投资者可以选择当地法院或仲裁庭、先前同意的争端解决机制或者 ECT 仲裁。仲裁庭应当根据 ECT 及可适用的规则以及国际法原则裁决争端。国际仲裁裁决对争端各方具有明确且不可违抗的约束力，各缔约国应确保此类裁决在其管辖领域内得到承认，并具备有效执行的法律效力。[1]

三、“一带一路”能源投资争端主要争议焦点

（一）管辖权焦点：如何定义“投资”

“投资”的定义是国际能源投资争端的一个核心问题，被认为是在请求中属物（ratione materiae）要素的一部分。对于投资争端的裁决者而言，确定“投资”的存在是一个管辖权依据问题，简单来说，如果没有明确“投资”的定义，仲裁员将没有权限来处理案件。投资保护法律的出现是因为其自身的灵活性，国家可以将“投资”条款本身定义在其投资条约文本中，以及扩展外国投资者财产的保护范围。[2] 当条款模糊不清时，仲裁庭可以自己去解释东道国义务的明确范围。

《能源宪章条约》中第 1 条第 6 项对“投资”的定义较为宽泛：“投资”指投资者直接或间接拥有或控制各种资产，包括：（a）有形资产和无形资产、动

---

〔1〕 See P Cameron, *International Energy Investment Law*, Oxford University Press, 2010, p. 160.

〔2〕 ［德］鲁道夫 · 多尔查、［奥］克里斯托弗 · 朔伊尔：《国际投资法原则》，中国政法大学出版社 2014 年版，第 60 页。

产和不动产、产权,以及任何财产权如租赁、贷款、扣押和抵押;(b)一个公司或企业的股份、股票,或参与一个公司或企业的其他形式股本,公司或企业的债券和其他债务;(c)对金钱的索求权,以及依照合同对有经济价值且与投资有关的绩效的债权;(d)知识产权;(e)收益;(f)由法律或合同或凭借任何许可证授予的任何权利,以及根据法律授予的从事能源领域任何经济活动之许可。〔1〕

在瑞士罗姆公司诉乌兹别克斯坦〔2〕案中,仲裁庭对于"投资"的定义进行了多方面的讨论。首先仲裁庭在马里公司诉埃及案中提到典型的国际投资协定对"投资"的定义,指出"这一定义并没有过多地强调一方行为所作出的贡献,这种贡献为其产生了权利和资产"。〔3〕这是否意味着投资的定义主要对申请方有利?随后,仲裁庭又就"关于商标是一种投资吗"进行讨论。这个问题出现在普利司通诉巴拿马案中。〔4〕该案的申请方拥有使用"Firestone"商标的许可证,虽然东道主同意将商标本身视为一项投资,但否认使用另一个商标的许可也是一项投资。仲裁庭在分析过程中,亦明确指出了投资所固有的特性。在该案中,仲裁庭首先裁定,商标允许公司从消费者对带有商标的产品的信念所产生的商标中获利。然而,这种善意需要投入资源和时间来创造和保持。同时仲裁庭驳回了"仅仅注册一个商标"就相当于一项投资的观点,商标的使用是通过制造、推广和销售带有商标的商品而对其加以利用的。利用商标、以商标为中心的活动符合投资的特点,这些将涉及资源的投入,这也可能涉及售后服务和保修。这种对商标的开发也将有利于母国的发展,促进和支持销售活动将有利于东道国经济,东道国的消费者通常也会受益。因此,仲裁庭认为"注册商标可以构成合格的投资,前提是商标所有人通过与商标相关的正常投资活动进行利用"。根据这一裁决,仲裁庭随后裁定,"如果被许可人像所有者一样利用商标,那么该商标使用许可也

〔1〕　参见能源宪章网,https://www.energychartertreaty.org/treaty/energy-charter-treaty/,最后访问日期:2022年10月3日。

〔2〕　PCA案件编号AA280,联合国贸易法委员会,裁决(2009年11月26日)。

〔3〕　ICSID案件编号ARB/08/18,裁决,第108段(2011年2月7日)。

〔4〕　ICSID案件编号:ARB/16/34。

可以是一项投资”。在本案中，当事方的许可证是当地法律规定的可强制执行的权利，公司正在利用该许可证。因此，仲裁庭认定 Bridgestone 在条约定义范围内进行了投资。

究竟如何确定“投资”？在萨利尼诉摩洛哥一案的仲裁庭采用的四要素测试法也被称为“Salini 标准”（“萨利尼标准”）的方法，被 ICSID 和非 ICSID 仲裁庭都广泛认可与采用。“Salini 标准”主要是从经济视角分析什么是“投资”，具体为：(a)资产的贡献；(b)持续的时间；(c)风险；(d)对经济发展的贡献。最近的仲裁裁决表明仲裁庭对“Salini 标准”的依赖正在减弱，最近仲裁庭主要关注的是资产的贡献、期限和风险，对于那些希望进一步减少争端解决风险的国家来说，“投资”的范围可以通过企业调整而不是通过资产方法加以限制。[1]

（二）实体法焦点：征收与公平公正待遇

从习惯国际法发展而来的征收的法律标准是正当的、具有补偿性的和具有公共目的的不歧视程序。[2] 然而，间接征收没有被普遍接受的定义。根据 ICSID 法庭的形成的判断标准：东道国采取了一系列措施剥夺投资者的利益，却未能取得投资所有权，实质上非法地剥夺了投资者对投资财产的享有和投资财产的经济适用价值。[3] 在彼得巴特公司诉吉尔吉斯共和国案中，原告声称，根据《欧洲联盟条约》第 13 条的规定，投资应被征收或采取同等措施。然而，法庭认为，原告并没有正式征收彼得巴特公司的投资，尽管彼得巴特公司受到了负面影响，但吉尔吉斯斯坦共和国或国家机构没有采取任何行动直接针对彼得巴特公司的投资或试图将彼得巴特公司经济价值转移到吉尔吉斯共和国。仲裁庭考虑到彼得巴特公司的合法期望在吉尔吉斯共和国作为投资者采取的步骤中没有得到认同，故这并不构成事实上的征

---

〔1〕《印度双边投资条约范围》第 1.6 条。

〔2〕 See A Bjorklund & A Reinish, *International Investment Law and Soft Law*, Edward Elgar, 2012, p. 279.

〔3〕 See M Kinnear etc., *Building International Investment Law: The First 50 Years of ICISD*, Wolters Kluwer, 2016, p. 357.

收。[1] 在约安尼斯·卡尔达索普洛斯诉格鲁吉亚案中,法庭讨论了约安尼斯·卡尔达索普洛斯先生的投资是否被征收。从索赔人的角度来看,约安尼斯·卡尔达索普洛斯先生的财产被实质性地剥夺了,这表明了明显的歧视性征收,违背了正当程序。通过回顾《能源投资宪章》第13(1)条显示,卡尔达索普洛斯先生所主张的情况是间接征收的典型例子。第178号法令在未实际行使国家权力的情况下,剥夺了他在早期石油管道项目中的利益。在仲裁庭看来,本案是格鲁吉亚政府为处理各种外国投资者的投资而作出的尝试,它符合非歧视标准,其正当程序审查至少是透明的。但是仲裁庭坚持认为,任何违反征收标准的行为都会违反该条款,因此认为第178号法令规定的征收行为是非法的,不符合《欧洲联盟条约》第13条第1款的规定。

双边投资条约以各种模式规定了公平和公正的待遇。[2] 结合国际法原则的个别条款列举了侵权行为,包括任意性和歧视性做法,以及给予投资者提供充分的保护和安全。要证明违反公正和公平待遇的行为,需要满足一定条件。东道国的行为违反了公平和公正待遇的适用条款,给投资者造成了直接损失。[3] 在约安尼斯·卡尔达索普洛斯诉格鲁吉亚案中,富克斯、乔治娅和伊斯雷尔之间的双边投资条约第2(2)条包含了公平的工资水平,而格鲁吉亚从1997年到2004年的不同措施都违反了义务,包括违反投资者的合法期望,采取任意的、被忽视的或无效的行动,在行政决定中缺乏正当程序以及与外国投资者意见不一。根据《维也纳条约法公约》(以下简称《公约》)第31条第1款的规定,仲裁庭根据双边投资条约的目标对其内容进行了总体解释,并引用了以往的相关案例。通过结合所有的证据,仲裁庭认为申请人在赔偿过程中没有得到公平和公正的对待,申请方违反了格鲁吉亚和以色列之

---

〔1〕 Petrobart Limited v. The Kyrgyz Republic, SCC Arbitral Award No. 126/2003, p. 77.

〔2〕 See I Tudor, *The Fair and Equitable Treatment Standard in the International Law of Foreign Investment*, Oxford University Press, 2008, p. 24.

〔3〕 See Alexandra Diehl, *The Core Standard of International Investment Protection: Fair and Equitable Treatment*, Wolters Kluwer, 2012, p. 325 – 326.

间的双边投资协定第2(2)条的规定。[1] 爱依斯电力公司诉哈萨克斯坦案中，仲裁庭认为，有必要针对申请人关于公平和公正待遇的主张确定三个关键问题。第一，稳定性问题，即申请人是否享有稳定的法律和监管环境，以及哈萨克斯坦通过颁布和适用竞争法的变化是否违反了稳定性保障。第二，合理预期问题，即申请人所持有的合理预期是什么，这些预期是否落空，以及预期落空是否构成条约项下的索赔。第三，其他违法行为的问题，即是否可以将哈萨克斯坦法律的适用视为违反相关条约标准，以及前述稳定性和合理预期问题对这一判断的影响。根据仲裁庭的最终裁决，在2009年1月1日至2012年电力关税修正法生效期间，实施"关税交换投资"政策的做法违反了《能源投资宪章》第10条第1款中关于公平和公正待遇的规定，同时驳回了申请人其他关于公平和公正待遇的请求。

四、"一带一路"能源投资争端解决机制路径

(一)"一带一路"能源投资争端解决机制检视

能源投资争议是指外国投资者与东道国之间关于能源投资产生的争议。目前，前述争议主要经由ICSID、SCC以及UNCITRAL等国际机构进行裁决。这些仲裁机构在处理国际投资争端时常常出现一个重要问题：耗时较长且仲裁裁决互不协调甚至相互冲突，案情相似且适用相同条约但得到截然不同的仲裁裁决的案例时有发生，投资仲裁的不一致性与不可预见性广受诟病。此外，这些争端解决机构同样具有浓厚的"普通法"色彩，反映的是西方的文化与价值观。西方发达国家采用的普通法的规则与程序，对法系与之相去甚远的"一带一路"共建国家相关争端处理存在适用冲突、水土不服等问题。"一带一路"能源投资逐年增加，若适用目前的国际投资争端机制处理相关能源投资争端，可能会导致投资者与东道国之间的法律理解不一致，进而影响争端解决的效率和公平性。

---

[1] Ioannis Kardassopoulos and Ron Fuchs v. The Republic of Georgia, ICSID Case Nos. ARB/05/18 and ARB/07/15 Award, para. 452.

“一带一路”共建国家的法律传统和法律体系复杂，大陆法系、英美法系和伊斯兰法系并存，且多数“一带一路”共建国家为发展中国家，受制于经济水平和社会条件，法制建设滞后、法律体系单薄，因此，“一带一路”能源争端适用现有的争端解决机制存在诸多局限。故而，构建一个与“一带一路”共建国家适配的能源投资争端解决机制迫在眉睫。

（二）“一带一路”能源投资争端解决机制改革建议

1. 构建调解优先的多元化能源投资争端解决机制

“一带一路”倡议“和平合作、开放包容、互学互鉴、互利共赢”的核心理念，在推进构建能源投资争端解决机制的过程中也应鼓励“一带一路”共建国家优先采用非对抗性方式处理各类能源投资纠纷。调解作为化解纠纷的非对抗性方式，发源于我国，被称为“东方经验”。因此“一带一路”优先适用调解作为争端解决的前置程序意义重大。将调解作为争端解决的前置选择程序，主要基于以下原因：首先，“一带一路”能源投资以追求共同的能源利益，实现互利共赢为目标，调解方式可以提供社会和心理上的利益。[1] 从短期来看，调解程序的当事方对争端的结果具有控制权，有利于灵活解决“一带一路”争端、推进“一带一路”能源合作项目的实施。从长期来看，调解程序能够为能源投资方与东道国继续合作创造良好的氛围，有利于维护“一带一路”能源合作的持续性与稳定性。其次，多数“一带一路”共建国家在缔结双边投资保护条约时，将友好协商规定在投资争议解决程序中，这表明多数“一带一路”共建国家在选择争端解决方式时更倾向于调解方式，对此的接受度更高。

调解作为前置程序，此时调解员的作用不言而喻。“一带一路”能源投资争端解决机制中的调解程序应当注重调解员的培养与选任，选择专业技能较强、实践经验丰富、为人公正不阿的人员作为“一带一路”能源争端解决中心的调解员，并对其进行定期培训与考察。在处理“一带一路”能源投资争端时，调解员应当保持绝对的中立，并尽到保密义务，不得对外透露争端当事方在调解程序中提交的证据或作出的声明。

---

〔1〕 See A Al Faruque, *Judicial mediation: Can it make difference*? The Daily Star, Mar 28 2004.

此外，为了充分发挥调解的作用，调解规则应规定调解员和调解各方都有严格的保密义务。各方提交的证据，任何一方的立场，以及各方在调解阶段做出的让步，不得在仲裁阶段作为证据使用。[1]

2. 提升投资仲裁的透明度

在法律语境下，透明度包括：信息和程序对双方当事人和公众公开、决策者为他们作出的决定负责、为批评或投诉提供可得到救济的途径。2014 年 4 月 1 日生效的《联合国国际贸易法委员会投资者与国家间基于条约仲裁的透明度规则》及 2015 年 3 月 17 日开放签字的《联合国投资人与国家间基于条约仲裁透明度公约》，都说明增加透明度已成为投资争端解决的必然趋势。“一带一路”仲裁若在此方面作出表率，如“一带一路”共建国家率先签署并通过前述文件，则其对能源投资仲裁及能源交易与合作的贡献将不可估量。

首先，争端本身是否被公之于众，是有关透明度一个非常重要的因素。ICSID 在此方面的做法尤为先进，即确保争端双方当事人的信息最大限度上对外公开。[2] 因此“一带一路”共建国家政府应在他们的条约中订入通知发布条款。如美国在 2004 年的示范双边投资条约中规定有“仲裁程序透明度”的条款，该条款要求“被申请方”向母国发出仲裁通知（除此之外还包括其他通知）并“使之公开”。[3]

其次，在制定上诉程序时，应研究 WTO 上诉机构的规则、惯例和程序，欧盟提出的投资法院规则，以及 ICSID 的撤销程序的做法。这些规则应旨在纠正投资仲裁制度的缺陷，特别是仲裁庭任意行使自由裁量权、擅自扩大管辖权、不重视或不充分重视合同方的意图等问题。规则还应该授权“一带一路”上诉法庭主要就法律问题作出裁决。如果在案件中出现了在最初的法庭审理中无法发现的证据，上诉机构应有权根据这些新证据核实相关事实和证据。

---

〔1〕 参见王贵国等主编：《“一带一路”争端解决机制》，浙江大学出版社 2017 年版，第 48 页。

〔2〕 根据 ICSID 第 22(1) 项规定，秘书处需将提交的档案公之于众。该列表每日在网络上进行更新，并提供了对申请的简要概述。即便仲裁裁决的公布需经双方当事人同意而未予公开，但此等级别的透明度仍使公众得以了解提起何种仲裁请求以及向何方提出。此类信息本身即具有价值。

〔3〕《美国双边投资条约范本》(2012 年)，第 29(1) 条。

最后,有些能源贸易和投资方面的国际条约执行不力是一个需要紧急解决的问题。替代方案包括可以将赔偿(如投资仲裁赔偿)与报复(如世贸组织的报复机制)相结合。如果采用这种替代方案,可以减少"一带一路"协议执行不力的风险。

3. 建立科学的能源投资风险管理体系

众所周知,在世界范围的争端解决机制中,"一带一路"沿线发展中国家常受制于资源和专门人才的缺乏及其他系统性的缺陷,有时会作出不能令人满意的决定,产生不公正的结果。而发达经济体复杂而昂贵的争端解决机制,常常导致这样不公平的结果:富有的、资源充足的以及配备专业律师团队的争辩方,往往以牺牲经济实力较弱一方的利益为代价,来获得期望的结果。此外,基于普通法规则和先例的复杂能源传统争端解决机制势必拉长争端解决的战线,以致"迟来的正义非正义"。

其一,需做好投资风险评估。在能源部门,政策制定者采取措施来提高该部门的投资流入。虽然短期内所做的工作的情况是乐观的,但与此同时,政府也必须着眼于未来。立法者需要评估他们将如何实现国家和全球清洁能源的长期目标,调动所需的投资,并给予投资者法律和政策的可预测性。

其二,需要进一步发挥海外投资保险制度的保障功能。政治风险保险的目的是保护外国投资者免受政治风险的影响。投资者与保险机构签订合同,确定投保的风险和范围,保险公司承诺对因东道国干预项目造成的损失进行赔偿。[1] 传统的政治风险保险保单为投资者提供了三类通常被接受为"政治风险"的基本事项或情形:(a)对投资的没收、征收或国有化;(b)货币不可兑换;(c)政治动乱、战争或内乱产生的损失。[2] 近期,第四项风险被加入多数保单范围中:违约,包括违反合同。[3] 从投资母国和投资者的角度来看,与海外投资有关的行业由于其敏感性和特殊性,总是面临着强烈的政治和商

---

〔1〕 Robert Ginsburg, *Political Risk Insurance and Bilateral Investment Treaties: Making the Connection*, 14 World Investment and Trade (2013) 947.

〔2〕 恐怖主义有时候但不总是被列入到政治动乱的范围中。

〔3〕 Kausar Hamdani: *An Overvien of Political Risk Insurance*, http://www. bis. org/publ/cgfs22fedny3. pdf.

业风险,因此,对海外能源投资进行保险尤为重要。此外,海外投资保险制度的建立,不仅有利于补偿投资者的损失,还可以实现开放能源市场、促进融资的功能。

五、结语

"一带一路"倡议是国家战略的重要体现,其中投资争端解决机制是"一机两翼"中的重要一翼。构建运转良好的投资争端解决机制也是各国在 G20 会议上达成的共识之一。随着大量外国直接投资流向世界各地,国际投资环境比以往更加复杂——发展中经济体不仅是外国直接投资输入地,也逐渐成为输出地。[1] 我们正从全球能源治理的边缘走向舞台中央,从跟随者逐步变成影响者。[2] 我国作为"一带一路"倡导者应研究能源投资争端裁决,分析相关争议焦点,建立和完善"一带一路"能源投资争端解决机制,切实保护投资者权益,营造公平合理的贸易秩序,促进法治引领"一带一路"能源投资高质量发展。

---

〔1〕 参见[瑞]克里斯塔·纳达尔夫卡伦·舍费尔:《国际投资法　文本案例及资料》(第三版),张正怡、王丹等译,上海社会科学院出版社 2021 年版,第 10 页。

〔2〕 景春梅:《加强国际能源合作的思考》,http://www.china-nengyuan.com/news/121400.html,最后访问日期:2022 年 10 月 3 日。

第五章　国土空间开发利用法治研究

【导读】

党的二十大报告提出“优化国土空间发展格局”。国土空间是国家主权与主权权利管辖下的自然、地理、经济、社会、文化等全要素所构成的实体空间范围，其兼具空间和资源属性，其布局优化的关键在于实现城镇、农业与生态空间合理配置，重点是以最少的资源消耗支撑经济社会持续发展。在空间冲突加剧、资源约束趋紧背景下，高效率开发利用国土资源成为决策部门对国土空间开发与保护整体谋划时考量的基本依据。同时，统筹开发和保护的关系始终是国土空间治理的核心命题，也是管理机构权衡决策时的主要难点。因此，在国土资源配置成效视域下科学权衡国土空间开发保护方案，构建宜居适度的城镇空间、塑造集约高效的农业空间、保护山清水秀的生态空间成为国土空间布局优化的基本议题。

国土空间发展格局事关经济发展、社会福祉与生态安全，而资源效率成为空间冲突加剧、资源约束趋紧背景下科学优化国土空间布局的基础支撑。有限的地表空间，已经不适应新质生产力和社会经济发展的需求，各国均在探索地下地上空间的保护和开发利用，我国雄安新区的地下空间开发利用已经成为世界典范。但是，我国还没有国家层面的地下地上空间开发利用的法律制度，建立该制度已经迫在眉睫。

本章收录了各位专家通过运用实证分析和规范分析相结合的方法，对国土空间规划的制度体系、法律体系、价值目标，建立地下地上空间开发利用的法律制度的必要性、可行性、迫切性及其制度构架等方面的研究论文和成果，为国土空间规划、地下地上空间开发利用法律制度的建立和完善提供参考。为实现高质量国土空间发展格局与美丽国土愿景提供法治理论的智慧和力量。

规划环境影响评价与国土空间规划衔接：理论耦合、制度困境与规范重构*

田亦尧　许亚舟**

摘　要：规划环境影响评价改革的一项重要内容是与“多规合一”目标下的国土空间规划相衔接。囿于当前国土空间规划与规划环境影响评价在衔接过程中显现出的评价范围不明晰、介入时机晚、分区管控手段冲突、评价技术路线重叠、衔接法律效力较弱等问题，在下一阶段立法中有必要作出回应：通过采取类型化方式确定国土空间规划环境影响评价的范围，建立规划环境影响评价全过程参与国土空间规划的衔接路径和方法以填补立法空白；通过建立部门协同立法模式，明确“三区三线”与“三线一单”的功能衔接以消解立法的冲突；通过明确规划环境影响评价的行政监督属性、建立规划环境影响评价否决权并健全法律责任，以强化规划环境影响评价的法律约束力，并最终实现规划环境影响评价与国土空间规划的有机衔接。

关键词：环境影响评价　规划环评　多规合一　国土空间规划

在《环境影响评价法》实施的20多年里，强化规划环境影响评价（以下简称规划环评）一直是环评改革的重要方向。作为规划环评的对象——处在“多规并行”状态下的各类规划，其编制、实施、监督程序相互独立且自成体系，加之行政条块分割体制下部门业务的划分，究竟针对哪些规划做环评成为横亘在规划环评改革进程中的一个障碍。而随着“多规合一”目标下的国土空间规划改革，规划环评改革可借此机会与国土空间规划改革相衔接，实

---

* 获2022年12月第四届国际自然资源法治论坛一等奖。本文已发表于《干旱区资源与环境》2022年第10期（CSSCI）。

** 田亦尧：天津大学法学院副教授，院长助理；许亚舟：北京兰台（天津）律师事务所律师。

现规划环评对象的统一化、体系化和规范化。从顶层设计角度看,2019 年 5 月的中共中央、国务院《关于建立国土空间规划体系并监督实施的若干意见》和 2021 年 11 月的中共中央、国务院《关于深入打好污染防治攻坚战的意见》先后明确了各类国土空间规划应当做好环境影响评价的目标和任务。由此,以《环境影响评价法》启动新一轮修改研究和“国土空间规划法”开展立法研究的现实需求为契机,论证规划环评和国土空间规划的衔接思路及其法制建构进路适逢其时。

一、规划环评与国土空间规划衔接的基本理论

“衔接”一词从文义解释上看,有保持意义上的连贯、行文的流畅等系统功能的含义,在规划环评与国土空间规划衔接的语境下,要求二者实现立法机制旨趣、调整对象、法律概念、权责设定的有机衔接。

(一)现行规划环评中的“多重规划”

规划环境影响评价(planning environmental impact assessment, PEIA)是指在规划编制过程中,对规划的实施可能造成的环境影响进行分析、预测和评价,进而提出风险或损害的防范对策或者替代方案的程序。在 2002 年出台的《环境影响评价法》中,规划环评从法律层面被确认为环境管理基本制度。历经多年实践发展,我国目前已形成“一法 + 一条例 + 一规章 + 技术导则”的规划环评规范体系。其中“一法”是指《环境影响评价法》,在该法中,现行规划环评中“规划”的范围包括三个方面:一是各级各类土地利用规划以及区域、流域、海域的建设、开发利用规划;二是涉及工业、农业、畜牧业、林业、能源、水利、交通、城市建设、旅游、自然资源开发等领域的专项规划;三是上述各专项规划中的指导性规划。这里需要指出的是,以上所谓规划环评中的“一地三域十专项规划”,无论是在规划理论还是在规划实践中,均不应被视为一种体系进行解读,因为这仅是立法过程中各部门经协调后而形成的一种制度安排。“一条例”是指《规划环境影响评价条例》。“一规章”指《环境影响评价公众参与办法》。“技术导则”指《规划环境影响评价技术导则　总纲》《规划环境影响评价技术导则　流域综合规划》《规划环境影响评价技术

导则　煤炭工业矿区总体规划》《规划环境影响评价技术导则　产业园区》等部门工作文件,所以我国的规划环评制度体系是相对完整并可以正常运行的。

按照目前环评制度改革的精神,规划环评被赋予了更多的时代任务。在中央简政放权和“放管服”改革的顶层设计之下,以往拥有“一票否决权”的建设项目环评开始了一系列的改革,如建设项目环评前置于其他行政审批事项的“串联”审批被改为同步“并联”审批,〔1〕又如对环境影响较小的建设项目可以通过告知承诺制完成环评审批,再如需要履行环评手续的建设项目的环评文件也在不断简化。相应地,规划环评则被要求发挥更为重要的作用,一是符合规划环评的建设项目,其项目环评手续可以相应简化,二是区域规划拟作为规划环评的一种形式纳入立法,三是产业园区环评被定性为规划环评,即对于通过了规划环评的产业园区,凡是符合产业园区布局的建设项目,亦可以简化环评手续,以贴合城市建设中“工业进园区”的发展思路。

因此,在规划环评工作日益强化的情况下,明确其评价对象就显得尤为重要。而规划环评应当适应我国国情发展和规划体制改革的需求。〔2〕由此,我国亟须建成一个可以容纳现行所有规划类型,实现各类规划有机统一,进而直接被规划环评所规制的规划体系。

(二)“多规合一”目标下的国土空间规划改革

承上所述,不仅规划环评的实施受困于“多规”冗杂,长期以来,多规并行还产生了不同规划间的一系列冲突。为此,以“多规合一”为目标的国土空间规划应运而生。所谓国土空间规划,是对国土空间范围内进行各类开发、建设、利用、保护、修复和治理等活动的基本依据,是国家和地方空间发展的指南和蓝图,是目前主体功能区规划,土地利用总体规划,城乡规划以及交通、能源、海洋等各类专项规划的综合体。还需要指出的是,“多规合一”并非简单的规划相加,在一张地图上进行多种规划的重叠覆盖,而是所有规划在编

---

〔1〕 参见田亦尧:《建设项目环评否决权的制度本源与改革路径》,载《现代法学》2016 年第 2 期。

〔2〕 参见徐飞、沈迟、许景权:《国土空间规划环境影响评价编制逻辑和构建要点》,载《城市规划学刊》2022 年第 2 期。

制理念、价值取向、编制方法、编制程序、技术控制、实施监督、责任设置等方面的有机衔接与统一。

从立法层面而言,目前的国土空间规划被以专章的形式写入了《土地管理法实施条例》第二章,而传统的土地利用总体规划、城乡规划、海洋环境保护规划、林地保护规划、矿产资源规划等仍分散于《土地管理法》《城乡规划法》《海洋环境保护法》《森林法》《矿产资源法》等法律当中。2018 年,“国土空间规划法”被列入了第三类立法项目,同时“国土空间开发保护法”被列入了第二类立法项目;随后,这两部立法的主导单位国家自然资源主管部门根据“科学规划在先、开发保护在后”的原则,进行两部立法的准备工作;但由于国土空间规划涉及的部门多,跨学科的规划技术合成尚需研究,短期内立法难度大,所以 2019 年之后历年全国人大常委会立法计划均未再提及“国土空间规划法”;2021 年,因“国土空间开发保护法”被列为党的十八大以来在途立法任务,其立法工作亦暂先于“国土空间规划法”开展,同时考虑到国土空间规划对国土空间开发活动的保护工作之重要性,国土空间规划再次以专章的形式出现在“国土空间开发保护法”中亦是实现“多规合一”的重要立法形式;2023 年 9 月,“国土空间规划法”被列入第一类立法项目。

从规划体系内容而言,国土空间规划体系主要呈现出“五级三类”的样态,即全国、省级、市级、县级和乡镇五级国土空间规划,总体规划、详细规划、专项规划三类规划。其中,“五级”体现一级政府一级事权,并强调各级侧重点不同:全国国土空间规划侧重战略性,是对全国国土空间作出的全局安排,并由党中央、国务院审定后印发;省级国土空间规划侧重协调性,既是对全国国土空间规划纲要的落实和深化,又是编制省级相关专项规划、市县等下位国土空间规划的基本依据;市县和乡镇国土空间规划侧重实施性,是本级政府对上级国土空间规划要求的细化落实。“三类”规划中,“总体规划”是对行政辖区范围内国土空间保护、开发、利用、修复的全局性安排,强调综合性;“详细规划”在市县及以下编制,强调可操作性,是对具体地块用途和强度等作出的实施性安排;“专项规划”可在国家、省、市、县层级编制,强调专业性,是对特定区域(流域)、特定领域空间保护利用的安排。

从国土空间规划的环评任务角度而言。根据《省级国土空间规划编制指南(试行)》,省级国土空间规划可以依据双评价结果,预测规划方案实施后可能产生的环境影响评价,提出拟采取的环境保护对策和措施。根据《市县国土空间总体规划编制指南》,市县国土空间总体规划应当根据国家有关法律法规规定,对规划方案实施后可能造成的环境影响进行评价,提出预防或者减轻不良环境影响的对策措施。但在目前的实践探索中确实在技术、理论和应用层面都缺乏成熟的经验,也缺乏必要的制度支撑。

(三)规划环评与国土空间规划衔接的理论耦合与制度逻辑

做好规划环评与国土空间规划的衔接是国家治理体系及其治理能力现代化目标下构建环境治理体系与空间治理体系的重要任务。而制度的衔接,不仅是法律等规范性文件之间的文字、语句和语义的相同或相似,更重要的是在立法的价值旨趣、权利基础、制度逻辑等方面存在一致性。

首先,环境正义与空间正义都是生态文明背景下人类正义观的集中体现。在人类社会发展的进程中,一方面,向自然索取资源并向环境排放废弃物而产出的社会财富,可以平等地被每一个人享有;另一方面,经济社会发展的不均衡和区域间的客观差异又要求在财富的分配过程中通过制度的设计满足"最少受惠者"的"最大利益"。[1] 在正义价值追求之下,环境正义更加强调环境利益的平等享有,[2] 从公共福利理论保障基本环境权益的本质需求,到全体社会成员面临环境风险变化时共担的环境风险,以及生态环境破坏者在实施损害行为后需承担的法律责任和对环境权益受害者的补偿责任,乃至公民享有的对环境风险的预知权利和平等获得公共决策的机会,都包含在环境正义理论的价值倾向之中。[3] 空间正义是指在空间生产和空间资源

---

〔1〕 [美]罗尔斯:《正义论》,何怀宏等译,中国社会科学出版社2009年版,第8页。

〔2〕 参见蔡守秋:《环境正义与环境安全——二论环境资源法学的基本理念》,载《河海大学学报(哲学社会科学版)》2005年第2期。

〔3〕 参见[美]彼得·S.温茨:《环境正义论》,朱丹琼、宋玉波译,上海人民出版社2007年版,第49页。

配置中的社会正义,[1]空间正义不是去消除一国区域和城乡的多样性和丰富性,而是寻求一种分工合理、功能互补的区域、城乡经济结构。[2] 空间正义作为解决空间问题激化而产生的新的价值诉求,涵盖了社会关系的生产与分配,揭示了生产过程中存在的不同空间尺度和领域的差别及其引发的空间不平等的问题,彰显了保障公民享受空间权益的开放、平等的价值导向。[3] 规划环评所追求的环境正义和国土空间规划所追求的空间正义,其本质上都是让空间之下的公民平等地享有安全、健康、舒适和可持续的资源环境。

其次,新时代环境权作为一项独立的基本人权,[4]与国土空间发展权都是人类命运共同体理念的权利表达。面对当今全球越发突出的环境问题与日益加剧的贫富差距等问题,实现从生存到发展再到高质量可持续的社会进步,已经成为全人类的共同诉求。不同于西方环境权所指的公民有在健康、安全舒适的环境中生存和发展的权利,新时代环境权不仅实现了对国际法中环境权概念的继承与发展,还蕴含着对更高质量的美好生活环境的追求,体现出异于西方传统环境权的价值根基,展现了我国当下所遵循的新发展理念。[5] 国土空间发展权是政府、市场、社会、公民在特定时空下分配空间生产出的社会财富的权利,在不同时期、不同发展阶段的国家,上述任一主体的权利扩张都会带来其他主体利益的贬损,此处利益的修复和维护的主张也是国土空间发展权的权利内涵。从 1972 年联合国人类环境会议通过的《斯德哥尔摩宣言》中"地球上的自然资源,包括空气、水、土地和动植物,尤其是自然生态系统的代表样品,必须为今代和后世的利益,酌量情形,通过仔细的设计或管理,加以保护"这一环境权益的描述和"对于人类集居地和城市化必须加以设计,以免对环境发生不利影响,并为所有人民取得最大的社会、经济和环境利益"这一与规划相关的环境要求;到 1992 年联合国环境和发展会议中通过的

---

〔1〕 参见任平:《空间的正义——当代中国可持续城市化的基本走向》,载《城市发展研究》2006 年第 5 期。

〔2〕 [美]大卫·哈维:《希望的空间》,胡大平译,南京大学出版社 2006 年版。

〔3〕 参见靳文辉:《空间正义实现的公共规制》,载《中国社会科学》2021 年第 9 期。

〔4〕 参见吕忠梅:《再论公民环境权》,载《法学研究》2000 年第 6 期。

〔5〕 参见秦天宝:《论新时代的中国环境权概念》,载《法制与社会发展》2022 年第 3 期。

《里约环境与发展宣言》确认的“发展权利必须实现,以便能公平地满足今世后代在发展与环境方面的需要”,“凡是可能对环境产生重大不利影响的拟议活动,均应进行环境影响评价,环境影响评价是一种国家手段,须由主管国家当局作决定”等原则和《21 世纪议程》中所提出的“制定和支持实行各种改善土地管理措施,这些措施综合全面地处理农业、工业、运输、城市发展、绿化空间、保留区及其他重大需要而可能产生对土地的互相竞争的需求”关于促进可持续的土地利用规划和管理目标;再到 2015 年联合国大会第七十届会议上通过的《变革我们的世界:2030 年可持续发展议程》中提到的关于“采取积极行动应对气候变化及其影响”,“保护和可持续利用海洋和海洋资源以促进可持续发展”,“建设包容、安全、有抵御灾害能力和可持续的城市和人类住区”,“保护、恢复和促进可持续利用陆地生态系统,可持续管理森林,防治荒漠化,制止和扭转土地退化,遏制生物多样性的丧失”的可持续发展目标;在过去的 50 年里,人类对环境权利的认可和对空间发展权利的主张始终并向前行。由此,在规范设计层面,以国土空间发展权为基础的国土空间规划制度的目标,是经过利益衡量后为不同主体在空间中可持续地享有高质量发展权利所作出的科学安排,这不仅是对发展利益的促进,更是对“参与发展资格”的守护。因此它并不排斥甚至欢迎依托新时代环境权而发展的《环境影响评价法》通过制度设计对不当的国土空间规划、开发和利用行为的纠偏。

最后,环境风险预防与空间规划设计都是为特定开发建设活动所作的事前安排。在风险社会的背景下,科学不确定性与经济理性人时常催动着对环境带来不利影响的各类决策,无论是西方的战略环评还是我国立法意欲强化的规划环评,都旨在超脱于孤立的项目环评所带来的环境影响而从更加宏观的层面对区域、流域和领域的战略安排进行评价。于是,国土空间规划当然地成为环境影响评价制度最佳实践的对象。按照规划环评的制度设计,在规划的编制阶段应当编写专门的环境影响评价报告或专章,并由专门的规划环评审查小组对其进行审查。而国土空间规划对城市、乡村和生态区域的功能开发和利用同样站在事前的角度划区设限,其目标也是预防国土空间开发利用过程中所造成的生态环境资源空间的破坏。

二、规划环评与国土空间规划衔接的困境与障碍

虽然规划环评与国土空间规划在理论衔接方面展现出了高度的一致性，但是在具体的实践衔接过程中，始终受制于二者之间存在的诸多分歧因素，难以实现充分衔接。这些分歧因素主要体现在以下几个方面。

（一）规划环评与国土空间规划衔接中的规范空白

1. 实体层面：应做环评的国土空间规划范围有待确定

承上所述，国土空间规划完整对象已经拓展到了全域、全要素和全行动方略，[1] 既然现行规划环评的对象"一地三域十专项"规划已不再符合当前国土空间规划体系的实际，那么将"五级三类"的国土空间规划全部纳入规划环评范围就需要进行审慎的考量。本文认为对体系庞大的国土空间规划全部进行环境影响评价在法的制定和实施层面都将面临困境。

首先，在法的制定层面，将全国国土空间规划作为规划环评的对象写入《环境影响评价法》，难度是巨大的。在《环境影响评价法》立法伊始，起草者曾试图将"政策环评"写入其中，若如其所愿则进步意义无疑是巨大的，然而在立法机关研究期间便有人质疑环评程序中各主体是否有权力对中央出台的各项政策作出评价，以至于"政策环评"制度未能成法。[2] 同样地，全国国土空间规划代表着中央对全国国土空间开发利用和综合治理的战略安排和政策导向，其制定的指导思想必然体现着中央治国理政的基本理念，其宏观性难以评价。再加之作为"五位一体"总体布局之一的"生态文明建议"和作为基本国策之一的"保护环境"都会成为全国国土空间规划制定的重要原则，其对生态环境将呈现着正向积极效应。因此，对全国国土空间规划进行环评不仅徒增修法障碍，且立法效益并不明显。

其次，在法的实施层面，一是对国土空间规划体系进行全面环境影响评价的技术尚不成熟。2002 年至今，规划环评的技术标准围绕着"一地三域十

[1] 参见田亦尧、王爱毅：《国土空间规划立法的法体模式及其选择标准》，载《国际城市规划》2021 年第 3 期。

[2] 参见王灿发：《"战略环评"法律问题研究》，载《法学论坛》2004 年第 3 期。

专项”规划制定,国土空间规划体系建成后,其中或有可以制定环评技术标准但尚需时日的规划,抑或有难以进行环境影响评价的规划,此二者都有待甄别、试错和构建。二是对国土空间规划体系进行全面环境影响评价的专业人员培养难度过大。国土空间规划体系自提出之日起便一直被诟病于学科综合性过强,涉及专业知识面积过大,以至于人才培养难度过大。由此要求规划环评技术人员在掌握环境科学的同时,还要掌握城乡规划、土地管理、地球科学、公共政策等国土空间规划的专业知识,〔1〕实施难度是巨大的,也是违反市场规律的。

2. 程序层面:对国土空间规划进行环评的时机有待确定

国土空间规划的编制从程序层面来说分为规划设计阶段、规划编制阶段和规划审批阶段,其中规划编制阶段又分为名义编制阶段和实际编制阶段。按照《环境影响评价法》第 7 条、《规划环境影响评价条例》第 7 条、《规划环境影响评价技术导则 总纲》4.2.1 的规定,依照早期介入、过程互动的原则,规划编制机关应当在规划编制过程中对规划组织进行环境影响评价,〔2〕这里的“规划编制过程中”指的是所评价的规划在形成初步方案到上报审批前这一阶段。〔3〕那么,形成“初步方案”又是在哪个阶段,目前并无明确解释。由此,目前规划环评的介入与审查普遍存在于规划的名义编制阶段或规划审批阶段,这就意味着“势必拖延文件的正常审批和发布实施,也会使评价工作没有实际意义”。〔4〕为此,规划环评何时介入国土空间规划的编制阶段还需要进行深入研究并以立法的形式予以明确。

---

〔1〕 参见孙施文:《从城乡规划到国土空间规划》,载《城市规划学刊》2020 年第 4 期。

〔2〕 参见蔡玉梅、谢俊奇、杜官印等:《规划导向的土地利用规划环境影响评价方法》,载《中国土地科学》2005 年第 2 期。

〔3〕 参见全国人大环境与资源保护委员会法案室编:《中华人民共和国环境影响评价法释义》,中国法制出版社 2003 年版,第 20 页。

〔4〕 全国人大环境与资源保护委员会法案室编:《中华人民共和国环境影响评价法释义》,中国法制出版社 2003 年版,第 20 页。

（二）规划环评与国土空间规划衔接中的制度冲突与重叠

1. 作为评价依据的“三线一单”与“三区三线”的规范冲突

“三线一单”是规划环评的重要制度工具，“三区三线”是国土空间规划的重要制度手段。其中，“三线一单”工作定位是以改善环境治理为核心，以生态保护红线、环境质量底线、资源利用上线为基础，将行政区域划分为若干管控单元，在一张图上落实生态环境保护的管控要求，并按照环境管控单元编制环境准入负面清单，构建环境分区管控体系。[1] “三区三线”功能定位是以系统构建生态安全格局、优化国土开发为目标，通过划定城镇空间、农业空间、生态空间以及城镇开发边界、永久基本农田红线、生态保护红线三条控制线来实现对城市化地区、农产品主产区和生态功能区的用途管制。从共性上来说，“三线一单”和“三区三线”都是各自制度运用区域管控手段设定行为限制性条件，以实现功能区合理和可持续利用的目标。当“三线一单”和“三区三线”分别存在于各自制度时，其运行是顺畅的，但是，当制度衔接适用时，二者就不可避免地出现重叠甚至冲突。

一是管控范围存在重叠。作为“三线一单”分区管控主要手段的环境管控单元，通过逐级聚类的方法，将自身按要素划分成多种不同类型的分区，其生态空间分区、农用地优先保护区域和农用地重点风险管控区与国土空间规划“三区三线”中的生态空间与农业空间的划定范围相重叠，毋宁说“生态保护红线”既是“三线一单”的“一线”，也是“三区三线”的“一线”，这就造成其划定的主体、监督实施的行政程序、法律责任的落实便被割裂于两个制度当中。

二是主管部门对各制度功能认识不统一。自然资源部门是国土空间规划的主管部门，其管理逻辑是，国土空间规划是国家、区域发展的空间安排，“三区三线”是国土空间规划设定的管理框架，“三线一单”应当依托“三区三线”来制定并实施。与之所不同的是，作为规划环评的主管部门，生态环境部

---

〔1〕 参见秦昌波发、张培培、于雷等：《“三线一单”生态环境分区管控体系：历程与展望》，载《中国环境管理》2021 年第 5 期。

门将“三线一单”的划定作为保障和维护国家生态安全的底线和生命线、环境管理工作的重要空间管控依据和规划环评的重要依据。由此可以发现,究竟是“三区三线”控制“三线一单”,还是“三线一单”评价“三区三线”,是下一阶段制度衔接的过程中必须要解决的问题。

三是目前相关立法、修法工作并未将这一问题作为重难点问题去解决。在目前正在进行的《环境影响评价法》修法工作中,“三线一单”拟写入《环境影响评价法》当中,并将之作为规划环评和项目环评的重要依据;而正在进行的“国土空间开发保护法”立法研究工作中,则将“三区三线”作为国土空间开发保护活动的基础。若此两法继续按照目前的立法进程向前推进,更将导致“三线一单”与“三区三线”再无衔接可能。

2. 国土空间资源环境承载力评价与环境影响评价的内容重叠

根据《资源环境承载能力和国土空间开发适宜性评价指南(试行)》,国土空间资源环境承载力评价(evaluation of the carrying capacity of resources and environment, ECCRE)是基于特定发展阶段、经济技术水平、生产生活方式和生态保护目标,一定地域范围内资源环境要素能够支撑农业生产、城镇建设等人类活动的最大合理规模。而在环境影响评级体系中,同样存在着一项“资源与环境承载力评估”工作,其主要任务是通过分析规划实施支撑性资源可利用上限和主要环境影响因素污染物允许排放量,结合现状,分析剩余可利用的资源量和剩余污染物允许排放量,评估资源与环境对规划实施的承载状态。前者侧重的是对环境容量和资源承载力的测算,是一项“摸家底”的工作;后者侧重的是对拟开展的环境资源利用活动的预测性评价,是一项“做预算”的工作。然而在实际工作中,一是在内容上,二者都要重复测算区域资源环境禀赋与环境条件,还都要进行环境风险评估;[1] 二是在程序上,二者分属于国土空间规划编制的不同阶段,前者在规划设计阶段就要开展,而后者在环评介入后才开始进行;三是在主体上前者由规划设计单位完成,后者

---

〔1〕 参见徐鹏、徐千淇、包存宽:《论国土空间规划的规划环评与“双评价”的整合——基于规划环评技术导则和“双评价”指南的制度文本分析》,载《环境保护》2021 年第 Z1 期。

由规划编制单位组织完成。由此，两个内容相似、程序相近的工作将不可避免地交由不同的单位重复进行两次，徒增制度运行成本（见图1）。

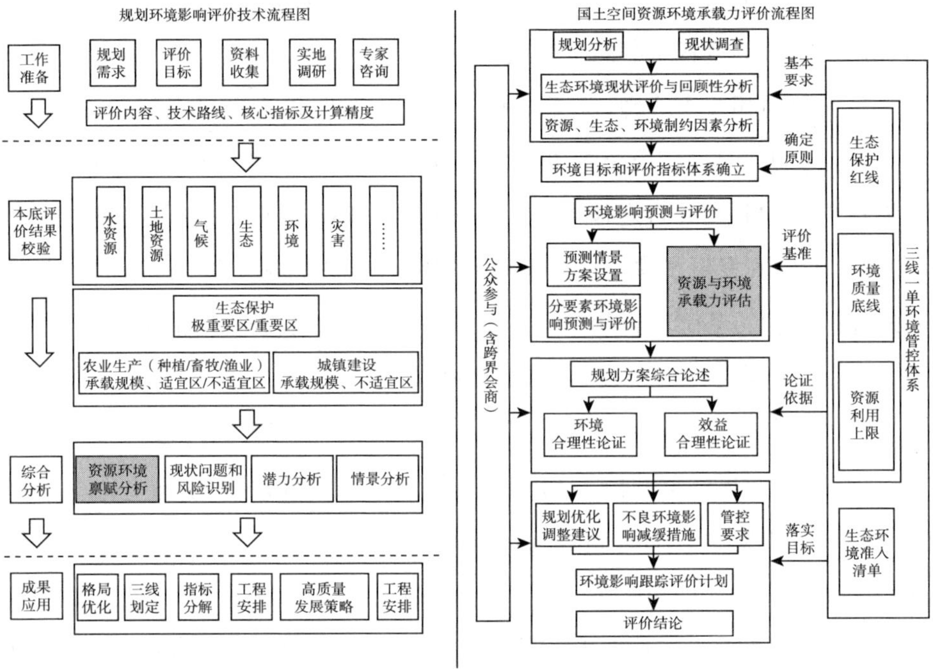

图1 规划环评与国土空间资源环境承载力评价流程对比

（三）规划环评与国土空间规划衔接中的法律效力不彰

从行政法的角度看，目前的规划环评制度并不能够实现对国土空间规划的制约，这种有限性主要表现为以下三个方面。

第一，国土空间规划的法律效力强于规划环评。国土空间规划作为国家空间发展的指南、可持续发展的空间蓝图以及各类开发保护建设活动的基本依据，其本质属于抽象行政行为。而规划环评，不同于建设项目环境影响评价，规划环评中规划主体和审批主体都是政府机关，其编制、审查、实施主要是在政府内部进行，在实践中只能属于行政机关内部审批事项，这种内部行政理论源于德国“机关内部行政行为”之概念，极易引发国家环境主管部门假借内部行政的合法外衣,逃脱外部行政可诉的司法约束。[1]

第二,规划环评的审查效力较低。从主体层面讲,规划环评的审查主体是编制国土空间规划的人民政府指定的生态环境主管部门或者其他部门召集有关部门代表和专家组成审查小组,该审查小组仅是一个临时组成的评审团队,在行政级别、行政权力等方面都远远弱于国土空间规划的编制主体。[2]从权力配置层面讲,规划环评审查小组并无“规划否决权”,根据《环境影响评价法》第 13 条和第 14 条,审查小组所提出的意见未被规划编制机关采纳,只需由规划编制机关说明不采纳的理由即可,即使到了规划的审批阶段,该审查小组提出的审查意见也仅能作为决策参考依据,并不能对规划本身产生实质性的否决效力。

第三,国土空间规划编制相关主体的规划环评法律责任设定不足。从主体责任层面讲,国土空间规划编制的主体主要包括了规划的设计制图单位(各类规划设计机构)、实际编制单位(各级自然资源部门)、法定编制单位(各级人民政府)、规划审批单位(各类规划法定的审批单位)。按照目前《环境影响评价法》和《规划环境影响评价条例》的规定,法律责任主体仅笼统地规定为规划编制机关和规划审批机关,且目前的《环境影响评价法》第 7 条、第 11 条、第 12 条、第 13 条、第 15 条对规划编制机关所设定的义务均没有设定明确的法律责任。同时,对于规划审查小组的法律责任设置,现行《规划环境影响评价条例》仅规定了行政处分和取消入选专家库的资格,相比于其违法行为造成的社会危害性,难以体现罚过相当的法律原则。从行为责任层面讲,《规划环境影响评价条例》中对于规划编制机关的弄虚作假或失职行为、审查小组弄虚作假或滥用职权行为、审批机关“未编先批”和“未审先批”等行为都仅规定了应“依法给予处分”的法律条款,并未对处分的类型等具体法律责任予以明确,且惩罚手段较轻、措施过于单一,无法有效抑制从编制到审

---

〔1〕 参见黄锡生、韩英夫:《环评区域限批制度的双阶构造及其立法完善》,载《法律科学(西北政法大学学报)》2016 年第 6 期。

〔2〕 参见阮丽娟:《规划环境影响评价的独立审查机制研究》,载《政治与法律》2019 年第 12 期。

批间各阶段各类型的违法违规行为。

三、规划环评与国土空间规划衔接的逻辑出路与制度建构

环视规划环评与国土空间规划衔接过程中展现出的多重障碍，为彻底打通妨碍二者顺畅衔接的制度梗阻，本文设计了“规范填补—制度调适—效力补强”的逻辑出路，逐项解决规划环评与国土空间规划衔接中存在的各类问题，进而实现可持续发展的国土空间开发保护新格局。

（一）规划环评与国土空间规划衔接的规范填补

1. 类型化视野下的规划环评范围的确定

类型化作为一种研究问题的方法，相对于抽象概念的同一性、封闭性和可定义性，因其具有的开放性、意义性和整体的直观性，在立法和司法过程中具有概念思维不可替代的功能。[1] 按照国土空间规划的侧重点不同，可以将其解构为以下三种类型，即国家战略规划、区域发展规划和地区建设规划。其中，国家战略规划主要是由全国国土空间规划和专项规划组成；区域发展规划主要是由省级国土空间总体规划和省域内空间区域规划组成；地区建设规划主要是由市、县、乡三级的总体规划、详细规划和专项规划组成。

那么根据上述不同类型国土空间规划的特点和规划环评的制度目的，可以设定规划环评对象范围划定的标准。我国规划环评制度的设计目标是对特定区域、流域或专门领域建设工作进行环境影响评价，并为简化建设项目环评审批提供依据，从制度效果而言，尚不能达到政策环评或战略环评的高度。而国土空间规划编制不可回避的标准是尺度，尺度越大，国土空间规划就越倾向于宏观表达，其战略性就越强，对区域项目环评的约束力就越弱，相应的可评价性就越低；相反地，尺度越小，国土空间规划就越倾向于微观控制，其可操作性就越强，对区域项目环评的约束力就越强，可评价性就越高。

基于此，第一，国家战略规划是统筹推进“五位一体”总体布局，整体指导

---

〔1〕 参见张斌峰、陈西茜：《试论类型化思维及其法律适用价值》，载《政法论丛》2017 年第 3 期。

和管控对国土空间开发、保护、整治的各类活动的宏观战略安排，囊括了全域、全要素、全行动方略的调整对象，从某种意义上讲，该类规划更像是指导全国其他各级各类国土空间规划的政策指引。对此类规划进行环境影响评价不仅成本过高、技术难度大，而且因为国家战略本就重视生态文明建设重要布局而使其显得意义不大。因此，国家战略规划不需要进行环境影响评价。

第二，区域发展规划不仅要向上承接国家战略规划，负责将国家战略规划落到实处，并通过结合自身实际，明确区域内国土空间规划的目标和定位，更重要的是向下指导市、县、乡三级详细规划发展，通过促进区域内空间协同布局，并因地制宜充分体现区域特色，通过发掘地区比较优势，引导省级区域内不同区域实现差异化发展。对此类规划进行环境影响评价不仅可以督促其贯彻中央生态文明建设方向不偏移，还可以有针对性地规范区域各项开发建设活动秩序。因此，可以通过在规划文本中设置篇章或作专门说明来对区域发展规划开展环境影响评价。

第三，地区建设规划是落实国家战略规划和区域发展规划的具体空间安排，是通过依靠精准规划和精细治理的规划技术路线，对建设项目布局影响最直接的规划活动，[1] 这类规划相对比较具体，可以定量评价。因此，对地区建设规划开展环境影响评价应当结合不同层级和类型的规划分别讨论，一是对于市县级国土空间总体规划和详细规划，应当根据其发展目标、空间格局、用途管制、基础支撑体系建设等对环境可能产生的不良影响作出必要评价；二是对于乡镇级国土空间详细规划，因其为非强制性规划，且上位规划的环境影响评价足以涵盖本级规划，故不必再增加制度性行政成本；三是在专项规划中，在空间落地后对环境产生不良影响的专项规划如海岸带、农业、林业草原、基础设施专项规划等可以通过设置篇章或说明的方式对其进行环境影响评价，而对于对环境保护可能产生正向效应的规划如自然保护地规划、

〔1〕 参见刘磊、祝秀莲、仇昕昕等：《关于重构我国规划环境影响评价体系的设想》，载《环境保护》2021 年第 12 期。

文物保护规划等可以不做环境影响评价。

2.建立规划环评全过程参与国土空间规划的机制

国土空间规划编制全过程主要包括准备工作、规划编制、规划多方案论证、成果报批、规划公告等阶段，根据规划环评早期介入、过程互动的原则，本文建议从以下几个方面思考建立规划环评全过程参与国土空间规划的机制。

一是在规划编制前的准备阶段，同步开展规划环评工作，对规划范围内的环境政策、上位规划、“三线一单”成果等几个方面展开资料收集，结合实地勘察得出的环境影响因素，将分析出的评价结果和结论积极反馈给规划编制机关，[1]并且保证公众参与环评结果的编制与审查的权利。[2]二是在规划的编制阶段，完成现状调查与评价，分析、预测和评价拟定规划方案实施的资源、生态、环境影响，并将评价结果和结论反馈给规划编制机关，作为方案比对的参考依据。三是在规划多方案论证阶段，协助建立国土空间规划全流程、多渠道的公众参与和社会协同机制，充分吸收不同渠道对于规划实施可能造成的环境影响的意见与建议，接受社会公众监督。四是在规划的成果报批阶段，根据审查小组提出的修改意见和审查意见对报告书进行修改和完善，并在规划报送审批前，将环境影响评价文件及其审查意见正式提交给规划编制机关。五是在规划公告阶段，对社会关注度较高的公告意见和建议，组织专家学者展开充分分析论证，积极回应社会关切。六是对地方国土空间规划条例的编制，要明确规划环评的最佳介入时机，以环评的标准去规范国土空间规划的编制过程，争取实现规划完成的同时，就能达到规划环评的审批标准。

（二）规划环评与国土空间规划衔接的制度调适

1.明确“三线一单”与“三区三线”的关系

针对“三线一单”分区管控与“三区三线”功能区管制展现出的多方面冲突因素，建议从以下三个切入点推进国土空间规划与规划环评的进一步

〔1〕 参见沈清基：《规划环境影响评价及城市规划的应对》，载《城市规划》2004年第2期。

〔2〕 参见汪劲：《环境影响评价程序之公众参与问题研究——兼论〈我国环境影响评价法〉相关规定的施行》，载《法学评论》2004年第2期。

衔接。

一是要明确二者的功能定位。将“三线一单”分区管控作为国土空间规划制定的外部边界，以“三区三线”功能区管制作为国土空间规划的内在手段。[1] 充分利用好“三线一单”的编制成果，实现对国土空间规划环评的全生命周期把控。进一步强化“三线一单”与“三区三线”的统筹协调，破解管控重叠、条理不清的衔接漏洞，发挥好“三区三线”功能区管制在国土空间规划中重要抓手的作用。

二是要打通部门协作配合渠道。“三区三线”功能区管制与“三线一单”分区管控都是从最初解决某一个问题的功能型政策逐步发展到现在成为解决某一类问题的部门性制度，并在我国生态文明建设和国土空间治理进程中发挥了重要的作用。主导《环境影响评价法》和“国土空间开发保护法”的修法、立法工作的有关部门应清楚地认识到，“三区三线”与“三线一单”并不是某一个部门的制度，而应当成为国家的法律制度。法律层面的“三区三线”与“三线一单”的关系不是简单的谁控制谁的问题，而是协调有关部门制定彼此适应的管制框架，共同为地方各级政府划定“三区三线”与“三线一单”提供指导和依据。

三是要实现法律条文上的衔接。在国家层面上，通过对《环境影响评价法》的修改以及《黄河保护法》和“国土空间开发保护法”的立法，将“三线一单”和“三区三线”的法律地位同时进行原则性确立。[2] 在国土空间规划立法中，明确以“三线一单”作为国土空间规划的基础，将“三区三线”作为国土空间规划的成果，形成二者的制度合力。在地方层面上，通过修订地方环保条例或环境影响评价实施办法，保证“三区三线”与规划环评的顺利衔接。

2. 统一资源环境承载力评价的技术规范

通过统一环境资源承载力评价的技术规范，避免对一个区域进行重复性

---

〔1〕 参见耿海清、陈雷：《试论区域空间生态环境评价如何参与国土空间规划》，载《环境保护》2019 年第 19 期。

〔2〕 参见时进钢、张明博、赵一玮等：《我国规划环评制度的进展、面临的挑战及对策建议》，载《中国环境管理》2020 年第 6 期。

评价，就可以减少国土空间规划与规划环评衔接过程中产生的制度冗余。为此，一是要统一资源环境承载力评价的目标。在避免对同一要素进行重复评价的前提下，将国土空间规划与规划环评中对资源环境承载力评价的范围进行整合：先摸清规划范围内资源环境承载力的整体底数，再对于规划可能造成的污染数据进行预评估，提升评价目标的全面性。

二是要统一资源环境承载力评价的技术路线。规划环评从技术路线上看可以弥补国土空间规划在环境管理方面的不足，故在国土空间规划与规划环评衔接的过程中，既要结合规划环评的评价基准，对国土空间规划的本土结果进行评价并展开综合分析、组织论证，又要引入规划环评中的公众参与程序，增强评价结果的有效性。

三是要统一资源环境承载力评价的法律效果。通过构建国土空间规划的资源环境承载力评价与规划环评间同一评价主体、同一评价程序、同一评价效力的"三同一"资源环境承载力评价体系，减少二者之间因制度不同而产生的不必要的重复评价行为，提升评价结果的符合性。

（三）规划环评与国土空间规划衔接的法律效力强化

针对规划环评在国土空间规划编制中法律效力不彰的现实，有必要强化规划环评与国土空间规划相关衔接程序的法律效力。

第一，明确规划环评作为行政监督的法律性质。政府是环境与发展综合决策的重要主体，当然应当为决策后果承担责任。〔1〕 作为抽象行政行为的国土空间规划，在人大审查和司法审查效果不彰的情况下，通过立法的形式明确规划环评的行政监督性质，在行政主体之间建立监督制约的体制机制。

第二，提升国土空间规划环评的审查力度。一是赋予规划环评审查小组一定程度内对国土空间规划草案的否决权。二是增加公众参与程序，开通针对审查小组的审查结论提出异议的申诉渠道，充分吸收不同渠道对于规划实施可能造成的环境影响的意见与建议，〔2〕引导公众参与规划环评否决权的

〔1〕 参见吕忠梅：《论生态文明建设的综合决策法律机制》，载《中国法学》2014 年第 3 期。

〔2〕 参见郝亮、杨威杉：《公众参与环境影响评价的一个实证研究——基于山东、云南两省的问卷调查》，载《干旱区资源与环境》2018 年第 10 期。

行使过程,[1]以公众参与的有效性为基准对现有规划环评的公众参与行政程序规则和司法审查规则加以重塑和完善,实现政府与公众的协作治理。[2]三是建立规划环评后评价制度,对于规划实施环节进行持续性跟踪监督。四是建立规划重大变更的二次环评制度,对于调整规划过程中对环境可能产生损害风险或不利影响的,应当就规划的变更部分再次组织环境影响评价。

第三,强化规划环评法律责任的法律设置。一是提高国土空间规划设计单位、国土空间规划编制机关因弄虚作假或失职行为导致环境影响评价严重失实的违法成本,对于情节较轻的行为,可以对有关单位及其直接负责的主管人员或其他直接责任人员,依法给予行政处分;造成严重后果的,应当依法追究刑事责任。二是明确规划编制、审批机关相关领导干部的责任设置,充分运用生态环境损害责任追究制度,对领导干部违规编制、审批规划后,规划的实施导致生态环境恶化的,要严肃追究责任。考虑到规划的周期性和潜伏性,可以根据领导干部任期配合《领导干部自然资源资产离任审计规定(试行)》的有关规定,对违法违规行为给予严厉处罚。[3] 三是明确审查小组的相关专业技术人员的法律责任,对于不当运用权力或专业知识,违反职业伦理、执业纪律和法律规定的行为,要严肃追究相关人员的法律责任。

四、结语

就立法活动本身而言,一部法律的起草往往依赖于对该法的调整对象所属领域关系最密切的有关部门主持起草,当然也就会反映该部门及该领域最广泛的利益诉求,而进入立法机关的审议程序后,拥有投票权的代表囿于知识结构与职业背景的限制,难以就该部法律与整个法律体系的相容程度作出

---

〔1〕 参见郑欣璐、李志林、王珏等:《我国规划环境影响评价制度评析——新制度经济学的视角》,载《环境保护》2017 年第 19 期。

〔2〕 参见翁阳、汪坚强、郑善文:《我国内地规划申诉制度建设探讨——基于香港的经验》,载《国际城市规划》2019 年第 2 期。

〔3〕 参见田亦尧:《环境问责归责原则的理论基础与制度思考》,载《河南大学学报(社会科学版)》2020 年第 1 期。

准确判断。正如在“国土空间规划法”的立法过程中，其与《城乡规划法》《土地管理法》等涉及规划的法律制度之间的“立改废释”问题始终是立法研究关注的重点，但上述诸法中并未涉及《环境影响评价法》；而在《环境影响评价法》的修法进程中，国土空间规划改革的重大战略意义和发展趋势亦未得到修法研究的重视；故而二者的真正衔接远不是落实本文所论及之若干要点就可全面实现的。幸赖于生态文明建设业已成为两部立法共同的历史背景和时代命题，二者的顺畅衔接从根本上得到了保障。目前《环境影响评价法》修法工作和“国土空间规划法”立法工作正分别依托国家生态环境部门和自然资源部门进行相关论证研究，部门的协作、信息的互通、立法进程的协调、理论研究的深度等要素都将决定着两部法律最终能否形成合力，为织密扎牢生态文明法治体系筑下坚实的基础。

国土空间规划法律体系:问题检视与框架重构*

王　操**

摘　要:通过对现行空间规划法律规范的体系性检视,发现由于立法策略、部门立法以及规划立法依附性等难题,其存在顶层立法付之阙如、外部结构冗杂扁平、内部规范碎片冲突等问题。遵循领域法、发展法以及体系化逻辑,国土空间规划立法应以现实问题与治理现代化为导向,在突破部门法壁垒的同时注重法制发展的接续性,力求实现国土空间规划法律体系的形式协调与价值融贯。构建国土空间规划法律体系,对内应确立国土空间规划法的基本法地位并辅之以配套立法,对外应注重同国土空间开发保护法等相关立法、国土空间政策与技术标准的衔接,最终构架起一个主轴明确、层次严密、差序有别的圆锥状国土空间规划法律体系。

关键词:国土空间规划　国土空间开发保护　法律体系　领域法　差序格局

国土空间规划法律体系是国土空间治理现代化的规范基础与逻辑起点。随着国土空间规划体系改革的推进,我国国土空间规划法律体系迎来了革新与优化之契机。中共中央、国务院《关于建立国土空间规划体系并监督实施的若干意见》指出:研究制定国土空间开发保护法,加快国土空间规划相关法律法规建设。在立法实践层面,十三届全国人大常委会立法规划正式将"国土空间开发保护法"与"空间规划相关立法"分别列为第二类与第三类立法项目。而自然资源部作为统一行使所有国土空间用途管制和生态保护修复职责的直接主体,更是连续 3 年将"加强(优化)国土空间开发保护"设为本

* 获 2022 年 12 月第四届国际自然资源法治论坛二等奖。
本文已发表于《自然资源学报》2022 年第 11 期。
** 王操:天津大学法学院助理教授,中国绿色发展研究院研究员。

部门立法重点，积极开展两法的论证与起草工作。

源于国土空间规划领域高频度的改革举措，亦是出于对国家立法命题的理论回应，近年来学术界对于国土空间规划法治建设的讨论越发高涨。但或因时间尚短，相关成果难称丰硕。整体来看，多数研究仅停留于对域外国家空间规划立法历程以及法律体系的简单介绍，难以直接且有效地解释中国问题。少数立足本土建构的研究均将视角聚焦于“国土空间规划法”之上，从立法目的〔1〕、调整对象〔2〕、法律关系〔3〕、立法框架〔4〕、立法路径〔5〕以及立法策略〔6〕等多个维度初步勾勒出该法的大致轮廓。然而，此种将宏观的国土空间规划立法问题矮化为“国土空间规划法”具体设计的思路，显然有将复杂问题简单化之嫌。仅有为数不多的研究注意到，国土空间规划立法是一项“立改废”并举的复杂进程，〔7〕具体涉及规范体系的系统性、层次性以及融贯性等多个维度，〔8〕绝非一部法律可得承载的，而须始终置于国土空间规划法律体系的系统思维、整体视角以及全面布局中予以统筹考量。〔9〕然而遗憾的是，上述研究仅是将国土空间规划法律体系作为一个侧面，着墨相当有限，有许多问题未能完全展开。有鉴于此，本文立足于国土空间规划体系改革的现实语境，在对现行空间规划法律规范进行检视与反思的基础上，阐明当下

---

〔1〕参见王操：《“多规合一”视阈下我国空间规划的立法构想》，载《甘肃政法学院学报》2019年第6期。

〔2〕参见李林林、靳相木、吴次芳：《国土空间规划立法的逻辑路径与基本问题》，载《中国土地科学》2019年第1期。

〔3〕参见张彤华：《构建国土空间规划法律制度的一些思考》，载《城市发展研究》2019年第11期。

〔4〕参见严金明、迪力沙提·亚库甫、张东昇：《国土空间规划法的立法逻辑与立法框架》，载《资源科学》2019年第9期。

〔5〕参见张忠利：《生态文明建设视野下空间规划法的立法路径研究》，载《河北法学》2018年第10期。

〔6〕徐玖玖：《国土空间规划的立法统合及其表达》，载《中国土地科学》2021年第3期。

〔7〕参见马永欢、李晓波、陈从喜等：《对建立全国统一空间规划体系的构想》，载《中国软科学》2017年第3期。

〔8〕参见严金明、张东昇、迪力沙提·亚库甫：《国土空间规划的现代法治：良法与善治》，载《中国土地科学》2020年第4期。

〔9〕参见赵垚、叶强、谭春华等：《新时期国土空间安全背景下的空间规划系统思考》，载《自然资源学报》2021年第9期。

国土空间规划立法所需遵循的基本逻辑,进而尝试从内外双重视角描绘国土空间规划法律体系的框架构造,以期为国土空间治理现代化与法治化提供智力支持。

一、现行空间规划法律规范的体系性检视

我国空间规划法制之建设,脱胎于早期国民经济和社会发展计划中对于重大项目布局的空间安排。[1] 以林业长远发展规划等写入《森林法》为肇始,《海洋环境保护法》《草原法》《环境保护法》等环境资源类法律率先确认了本领域空间规划的法律地位。但准确来说,《城市规划条例》与《土地管理法》两部基石性立法的相继出台,方才真正开启了我国空间规划法律体系的构建进程。而后《水土保持法》《公路法》等法律的出台使得空间规划法律体系的涵摄范围进一步横向扩张,《村庄和集镇规划建设管理条例》等行政法规以及《省域城镇体系规划编制审批办法》等部门规章的制定则延长了空间规划法律体系的纵向链条。此外,《全国主体功能区规划》《全国海洋主体功能区规划》作为空间规划的全新序列,亦充实了空间规划法律体系。如此来看,我国空间规划法律体系层次分明、类型丰富、有粗有细,体系框架已然成形。然而,其实际上仅是由一众类型各异、层级不一的零散规范拼凑而成的,内部复杂化与碎片化特征明显。尤其面对国土空间规划体系全面重构的挑战,现行空间规划法律体系的内在缺陷越发凸显,暴露出诸多体系性问题。

(一)系统困境

1. 顶层立法付之阙如

作为现行唯一一部以“规划”命名的法律,《城乡规划法》自颁布之日起即被视为空间规划法律体系的主干。这表现为《城乡规划法》在以相当的篇幅就城乡规划的编制、审批、实施、修改、监督等事项予以详尽规定的同时,也对其他各类空间规划的制定与实施有着明显的规范效力“溢出”。甚至可以

---

〔1〕 参见王磊、沈建法:《空间规划政策在中国五年计划/规划体系中的演变》,载《地理科学进展》2013 年第 8 期。

说,《城乡规划法》在一定程度上代行了本应由“国土空间规划法”所行使的基本引导功能,为相当一部分规范简单或缺少可操作性的空间规划提供了现实参照与依据支撑。但可惜的是,囿于调整对象有限,《城乡规划法》仅对城市规划、镇规划、乡规划、村庄规划等具有规范效力,终究无法成为所有空间规划的上位规范。况且,建立于旧空间规划体系之上的《城乡规划法》因在内容层面与当下实践相脱节,导致其外部合法性遭到侵蚀,存在被“国土空间规划法”取代的可能。

此外,尽管2019年修正的《土地管理法》第18条明确了国土空间规划的法律地位,后续修订的《土地管理法实施条例》更是设专章予以细化规定,但这仅是在“国土空间规划法”迟迟未能出台情况下的权宜之计。毕竟《土地管理法》与“国土空间规划法”的调整内容不同,前者为土地用途,后者为空间秩序,二者虽有交叉,但终究不能互为替代。[1] 况且,国土空间规划仅是《土地管理法》所涉诸多事项的其中一环,《土地管理法》的修改并不能完全实现国土空间规划立法所镝定的目标。综上所述,现行空间规划法律规范中并无一法足以作为国土空间规划领域的基本法。而尽管制定“国土空间规划法”业已成为学术界与实务界的普遍共识,但在其正式出台前,国土空间规划法律体系中顶层立法缺位的状态仍将持续。不过可喜的是,除《土地管理法》及其实施条例外,《乡村振兴促进法》《长江保护法》等晚近立法同样明确了国土空间规划的法律地位,提出了国土空间规划的管控要求。此种“农村包围城市”的推进态势,客观上也形成了“国土空间规划法”立法的倒逼机制。

2. 外部结构冗杂扁平

从整体数量上看,环境资源、交通运输、灾害防治等非规划类法律规范占据了现行空间规划法律体系的“半壁江山”,其基本样态可归结为:以专章的形式规定某一领域的专项规划。例如,《水法》第二章规定了水资源战略规划、流域综合规划、流域专业规划等一系列水资源规划。再如《水土保持法》

---

〔1〕 参见郑磊:《土地行政公益诉讼的类型建构及展开》,载《行政法学研究》2020年第6期。

第三章对水土保持规划作出了详细规定。

客观地说,此种“一规一法”的立法模式可以针对特定对象进行最大限度的精细化、差异化设计,确有其合理性。但也由此导致了空间规划法律规范的冗杂与细碎,此突出表现为空间规划法律体系中立法重叠与立法空白的悖论式并存:一方面,各空间规划法律规范在条文设计上趋于同质化。尽管调整的规划类型不尽相同,但各法中空间规划章节的体例设计却大同小异,即首先规定该类空间规划与国民经济和社会发展规划以及其他相关空间规划间的衔接关系,后逐条对其体系构成、编制审批、实施修改等事项予以细化。虽说此种模板化编排可在一定程度上体现空间规划法律体系内部的统一性,但也使得各空间规划法律规范间“共性有余而个性不足”。另一方面,“点对点”的列举式立法始终无法保障对所有空间规划类型的周延规定。仅以主体功能区规划为例,其虽早已进入空间规划的官方话语体系,却仍未获得正式的规范性认可,至今依旧处于“立法真空”的困局之中。况且,国土空间规划体系并非一成不变,其在演进过程中将不断涌现出一些新的规划类型,〔1〕固守“一规一法”的立法模式或将导致我国国土空间规划立法长期陷入被动追赶的“步伐困境”。

另外需强调的是,将上述非规划类法律规范纳入空间规划法律体系本就略显牵强,毕竟其并非专门为空间规划所设计,也几乎不会针对空间规划事项制定具体的下位规范。可以说,正是因为此种“跑马圈地”式的体系构建方式,导致我国空间规划法律体系的横向扩张有余而纵向延伸明显不足,在外观上呈现为扁平化的“伞状”结构(见图1)。

---

〔1〕 参见曹康、章怡:《空间战略规划与中国规划制度——制度变迁与关键节点》,载《国际城市规划》2020年第4期。

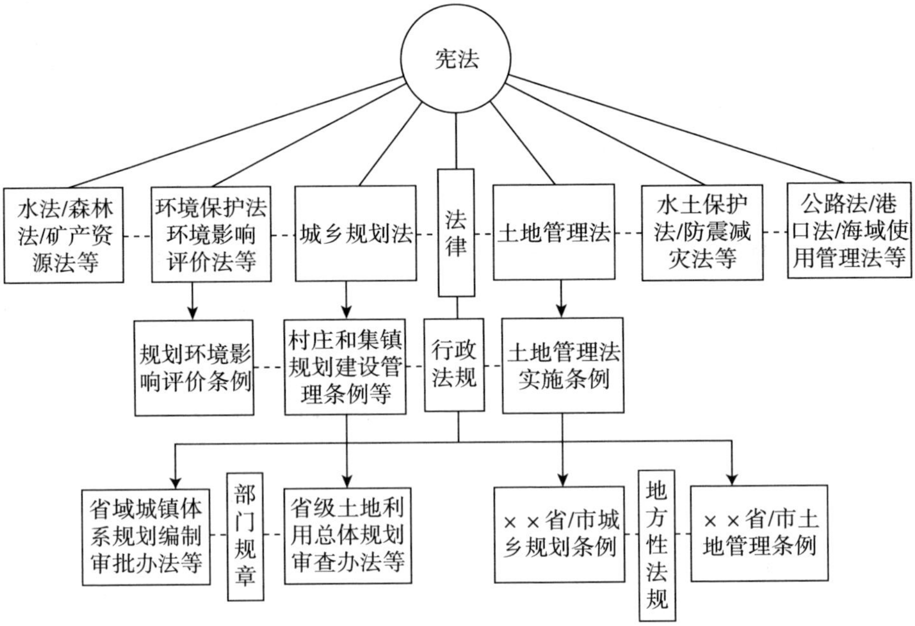

图1　现行空间规划法律体系

3. 内部规范碎片冲突

在现行空间规划法律体系中，国土空间合理利用和有效保护的整体目标是分由诸多类型化的空间规划法律规范所共同推进的。然而，“多规”实际投射的是不同权利主体的治理理念与目标差异。[1] 由于立法目的存在偏差，各类空间规划法律规范间的联系并不如想象般紧密，甚至呈现出明显的碎片化特征。

一是各类空间规划法律规范自成体系乃至自我封闭。“一规一法”的立法模式下，不同空间规划的编制主体各异、技术标准多样、审批流程不一，形成了各具特色的运行机制与话语体系。但这有意无意地构筑了无法逾越的规范壁垒，导致各空间规划法律规范仅能在既定的法律系统内自我强化，成

〔1〕 参见张京祥、夏天慈：《治理现代化目标下国家空间规划体系的变迁与重构》，载《自然资源学报》2019年第10期。

为闭塞的技术体系以及行业内化的过程。[1] 以土地利用总体规划为例，从法律层面的《土地管理法》到行政法规层面的《土地管理法实施条例》，再到部门规章层面的《土地利用总体规划管理办法》（已失效），专业化程度的加深使其逐渐成为一个自我指涉、自我衍生的封闭系统，[2]而这实际上提高了相关空间规划与之衔接的技术门槛。

二是各类空间规划法律规范间的衔接条款形同虚设。基于各类空间规划分散立法之现实以及相互衔接之需要，部分法律法规采用了设置衔接条款的立法技术。即将某一类空间规划的编制应当与另一类空间规划相衔接的内容直接写入法律法规。例如，《城乡规划法》第5条规定了城市总体规划、镇总体规划以及乡规划和村庄规划应当依据国民经济和社会发展规划进行编制，并需要与土地利用总体规划相衔接。但现实情况却是，此类衔接条款由于缺乏必要的细化规范支撑而不具有可操作性，[3]在实践中被长期虚置而处于休眠状态，成为符号化的宣示性条款。

三是各类空间规划法律规范间的冲突矛盾屡见不鲜。法律规范体系内不存在过多明显冲突矛盾乃是其最低层次的形式正义要求。[4] 但松散的法律体系结构下，不同空间规划法律规范相抵触的情况颇为常见。例如，国土空间立体化开发中关于重叠立体空间的范围识别与权属界定，即囿于传统二维权利审批与执行监管法制，[5]时常出现不同规划就同一事项的强制性内容作出矛盾规定，以至于无论实施哪一个规划都将导致另一个规划无法实施的情况。[6] 另一个更为直观的例子是，《土地管理法》、《森林法》及其实施条例中对“林地”这一概念存在着经济物抑或生态物的认知偏差，导致实践中

〔1〕 参见张京祥、陈浩：《空间治理：中国城乡规划转型的政治经济学》，载《城市规划》2014年第11期。

〔2〕 参见严金明、刘杰：《关于土地利用规划本质、功能和战略导向的思考》，载《中国土地科学》2012年第2期。

〔3〕 参见史育龙：《主体功能区规划与城乡规划、土地利用总体规划相互关系研究》，载《宏观经济研究》2008年第8期。

〔4〕 参见雷磊：《融贯性与法律体系的建构——兼论当代中国法律体系的融贯化》，载《法学家》2012年第2期。

〔5〕 参见吕翾：《国土空间立体化开发中的权属界定及管理》，载《法学》2020年第6期。

〔6〕 参见王贵松：《调整规划冲突的行政法理》，载《清华法学》2012年第5期。

同一地块具有双重类型的错乱情形时有发生。

（二）成因剖析

我国现行空间规划法律规范的上述体系性问题是多方原因造成的，其中既有历史进程的客观原因，也受制于空间规划立法的自身局限，还受到复杂的现实因素影响。

其一，立法策略的历史惯性。保守主义与实用主义的指导下，我国长期以来秉持“一事一法”“一类一法”的问题导向式立法策略，旨在根据特定领域的问题为其量身定制最佳的规制方案。[1] 例如，水污染防治规划、大气污染防治规划、土壤污染防治规划之所以分由不同立法规定，不仅是基于空间层次范围、规划体系构成、编制审批方式等方面的差异，还受到立法时序先后以及不同阶段环境保护政策的影响。此外，根据路径依赖理论，立法者出于保持法律秩序稳定性以及立法经济性的考量，在制定新法时会或多或少地模仿同类型旧法的内容与模式。自林业长远发展规划写入《森林法》，确立了在单行法中规定本领域空间规划的立法惯例后，后续立法纷纷效仿。如此也便不难理解，为何我国空间规划法律规范均为“一规一法”的基本样态。

其二，规划立法的依附特征。如前所述，除《城乡规划法》全篇贯穿了对各类城乡规划的规定之外，土地管理、环境资源、交通设施、灾害防治等领域立法均是以某一章节或某些条款的形式片段地规定空间规划事项。换言之，空间规划法律规范通常作为一部分嵌入于相应立法之中。究其原因在于，空间规划对于上述领域活动而言，仅是作为一种工具而非目的而存在，并且空间规划往往需要与其他制度相互配合方能发挥作用。例如，编制防沙治沙规划是为了通过对防沙治沙活动以及在沙化土地范围内从事开发利用活动的合理安排，更好地预防土地沙化、治理沙化土地、维护生态安全，而防沙治沙规划一旦脱离了防沙治沙的整体框架便会丧失其应有价值。这反映到立法之中便表现为，防沙治沙规划法律规范与《防沙治沙法》高度绑定，其作为《防沙治沙法》中的一章，寄生于该法而存在。也正是由于规划立法的强依附

〔1〕 参见宋亚辉：《社会基础变迁与部门法分立格局的现代发展》，载《法学家》2021年第1期。

性,客观上导致我国空间规划法律规范广泛且零散地分布于各类法律规范之中,难以形成空间法治的整体合力。

二、国土空间规划系统立法的逻辑进路

2018 年中共中央《关于深化党和国家机构改革的决定》明确提出“强化国土空间规划对各专项规划的指导约束作用,推进‘多规合一’,实现土地利用规划、城乡规划等有机融合”。后根据《深化党和国家机构改革方案》以及 2018 年《国务院机构改革方案》,将主体功能区规划、城乡规划、土地利用规划等空间规划职能一并划归至新组建的自然资源部,并将“建立空间规划体系并监督实施”作为其主要职责之一。而后中共中央、国务院发布《关于建立国土空间规划体系并监督实施的若干意见》,正式将各类空间规划融合为统一的国土空间规划,实现“多规合一”。至此,关于国土空间规划管理机构与体系构建的顶层设计已初露雏形。

法规政策体系作为空间规划体系有效实施运行的基础,[1] 被列为国土空间规划四大保障体系之一。然而就现状来看,前述空间规划法律规范所面临的体系性问题并未随着规划事权的统一以及规划体系的重构而迎刃而解,国土空间规划法律体系仍处于百废待兴之中。探究原因,一是机构改革的“化学反应”尚待观察,全新的国土空间规划体系也还没有正式落地。二是较之于政策改革,法律的制定与修改具有天然滞后性,其难以在第一时间作出回应也是可以理解的。话虽如此,放任国土空间规划立法存在不完备性与滞后性仍是极不负责任的。是故,国土空间规划立法必须提早设计并抓紧开展,但在此之前,有必要先厘清立法的基本思路。具体而言,国土空间规划立法应遵循领域法、发展法以及体系化的三重逻辑(见图 2)。

---

〔1〕 参见郝庆:《对机构改革背景下空间规划体系构建的思考》,载《地理研究》2018 年第 10 期。

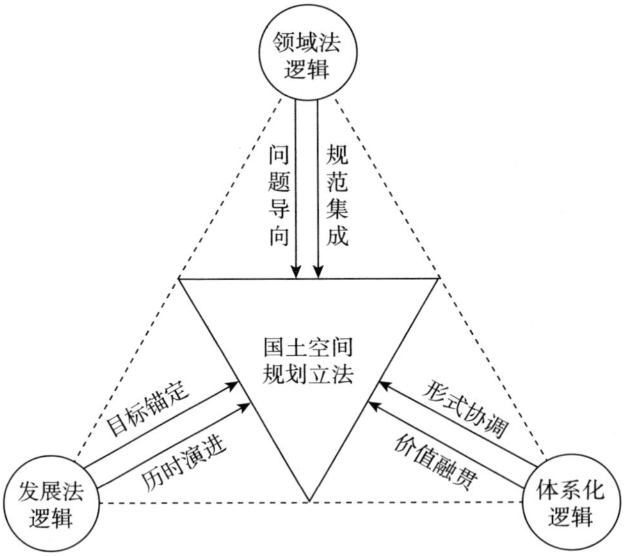

图2　国土空间规划立法的三重逻辑

（一）领域法逻辑：问题导向与规范集成

面对国土空间规划这一关涉人口分布、经济布局、空间利用、生态保护等多要素的复杂命题，传统板块化的部门法已难以有效应对。而“领域法”作为一种立足于新兴交叉领域的思维范式，[1]恰好可以有效纾解现行空间规划法律规范的体系性问题。

一是国土空间规划立法须以空间规划问题为导向。“领域法”是一套以发现问题、分析问题、解决问题为主线的实用主义方法论，坚持问题导向而非类型划分乃是其立论之本。在国土空间规划立法中，即便涉及领域众多、问题构成复杂，但均能涵摄于“空间规划”这一表象问题之中，由此便可在纷繁复杂中寻找到一个标识性基点。换言之，国土空间规划立法以及法律体系的构建能且仅能围绕“空间规划问题”，而非围绕“土地问题”“环境问题”“资源问题”“交通问题”等其他问题展开。对于此点的理解，可具体从立法指向与规范构成两个层面展开。前者意指国土空间规划立法应以解决国土空间规

〔1〕 参见刘剑文：《论领域法学：一种立足新兴交叉领域的法学研究范式》，载《政法论丛》2016年第5期。

划的类型庞杂、内容冲突、流程复杂、朝令夕改等问题为直接导向，以摆脱国土空间结构失衡与无序发展的现实困境[1]为根本目标。后者则要求国土空间规划立法须目光聚焦、主干不偏移。即国土空间规划法律体系的构成应以空间规划专门性立法为主，从而以立法的专业性、独立性、集中性确保“空间规划问题”解决的有效性。

二是国土空间规划立法应突破部门法间的隔阂与壁垒。传统部门法依据调整对象与调整方式划分边界，将同一性质的法律规范集合为一类，以避免彼此间的重叠与交叉。但正如前文所述，部门法范式下的法律规范在面对国土空间规划这一交叉问题时难免陷入各自为政、相互割裂的集体行动困境。因此，“领域法”旨在打破此种类型化的思维桎梏，淡化部门法色彩，力求搭建以问题为中心的对话平台，实现特定领域的“多法合一”。此在国土空间规划立法中表现为对分散的空间规划法律规范进行整合。具言之，基于“空间规划问题”这一基点，可将现行《土地管理法》《环境保护法》等法律规范中与空间规划高度关联的内容抽取出来，并对所网罗的大量法条予以筛选、提炼与概括，进而形成超脱于传统部门法形式要件之上的、属于领域法范畴的“空间规划法”，实现由“部门法”向“领域法”的转型。需特别指出的是，领域法范畴的“空间规划法”并不具有当然的规范意义，其更多的是从学理层面为国土空间规划立法提供一个有益的思考方向。

（二）发展法逻辑：目标锚定与历时演进

从时间维度上来看，国土空间规划是基于当下空间开发、利用与保护现状，对未来一段时间的空间布局与结构作出的总体安排，[2]是一个基于当下且面向未来的发展问题。而所谓“发展法”，即研究如何运用法律解决发展问题，并促进和保障发展的分析视角。[3] 立足于此，国土空间规划立法问题可在“发展法”框架下被转述为应当如何通过立法促进和保障国土空间规划的

---

〔1〕 参见余亮亮、蔡银莺：《国土空间规划对重点开发区域的经济增长效应研究——武汉城市圈规划的经验证据》，载《中国人口·资源与环境》2016年第9期。

〔2〕 参见许景权：《空间规划改革视角下的城市开发边界研究：弹性、规模与机制》，载《规划师》2016年第6期。

〔3〕 参见张守文：《公共卫生治理现代化：发展法学的视角》，载《中外法学》2020年第3期。

发展。

其一，国土空间规划立法需以国土空间治理现代化为发展目标。为解决我国当前存在的发展不平衡、不充分以及不持续的问题，党的十八届三中全会明确全面深化改革的总目标是完善和发展中国特色社会主义制度，推进国家治理体系和治理能力现代化。作为国家治理现代化在国土空间领域的集中投射，国土空间治理现代化自然成为国土空间法治建设所追求的基本目标，[1]而这便需要将国土空间治理现代化的价值取向与发展要求融入国土空间规划立法之中。具体来看，其包括但不限于以下几项：一为空间配置有序。通过对生态、农业、城镇等不同类型空间的准入、退出以及用途转化的管控与引导，推动国土空间要素配置的不断优化，[2]以求达致空间功能结构处于相对均衡的理想状态；二为空间利用高效。依托"双评价"摸清资源环境要素本底和开发利用现状，识别制约区域发展的短板与问题。[3] 对于适宜开发的国土空间保证以最优方式集约、精细地利用；三为空间发展永续。通过编制生态环境保护专项规划，搭建以国家公园为主体的自然保护地体系，实现国土空间开发保护格局的全面优化。

其二，国土空间规划立法应注重法制发展的接续性。面对完全重构的国土空间规划体系，国土空间规划法律体系的推翻再建已是可以预料之事。但法治建设是一个连续发展的过程，国土空间规划立法不仅需要朝向未来，还需妥善处理与过往旧法之间的关系。例如，建立国土空间规划体系后，城镇体系规划、城市总体规划等一系列规划被取缔。调整对象不复存在，《城乡规划法》的存在意义也将逐渐淡化。其或许如当年代替《城市规划法》（已失效）一般，在不久的将来被"国土空间规划法"取代。但需要强调的是，国土空间规划立法绝非对旧法的彻底否定。与之相反，国土空间规划立法应以充

---

〔1〕 参见孙佑海、王操：《国土空间治理现代化及其法治向度》，载《学习与实践》2022 年第 1 期。

〔2〕 参见张晓玲、吕晓：《国土空间用途管制的改革逻辑及其规划响应路径》，载《自然资源学报》2020 年第 6 期。

〔3〕 参见岳文泽、吴桐、王田雨等：《面向国土空间规划的"双评价"：挑战与应对》，载《自然资源学报》2020 年第 10 期。

分尊重现行立法为前提，经过对相关法律规范修订或废除必要性的充分论证，审慎地加以取舍。另就目前形势而言，"国土空间开发保护法"与"国土空间规划法"距离正式出台仍尚需时日，而各地国土空间规划的编制序幕已然开启。如何在过渡期间调和规范供需矛盾，做好新旧立法间的衔接，维护法律秩序的安定性与统一性，这些问题都应当在国土空间规划立法中予以提前考量并充分准备。

（三）体系化逻辑：形式协调与价值融贯

随着《民法典》的编纂与施行，我国正式进入了"法典化时代"。加之"总结民法典编纂经验，适时推动条件成熟的立法领域法典编纂工作"的政治背书，有学者在借鉴域外立法经验的基础上指出，我国国土空间规划立法应坚持法典化立法模式。〔1〕对于这一论断，或许存在着"实质主义的法典化"或"形式主义的法典化"的争论，但无论选择哪一条道路，其均是以实现空间规划法律规范的体系化为目标的。质言之，法典化的本质是法律体系化，而法典化思维下的国土空间规划立法即国土空间规划法律规范的体系化。

所谓法律体系化，是指通过立法、法律解释等手段，使相关法律规范成为由具有内在逻辑联系的法律规范所构成的、具有内在价值融贯的有机整体的过程。〔2〕具体到国土空间规划立法，可从外在形式与内在价值两个层面展开：一方面，应保证国土空间规划立法无相抵触、结构合理。如前所述，分散式立法模式下，现行空间规划法律规范之间的矛盾冲突屡见不鲜。对此需要在国土空间规划立法中，通过统一核心概念、精准语言表达、明确适用规则等手段，从根本上限缩规范之间的冲突空间。然而，确保国土空间规划法律体系内各项法律规范无相抵触仅是最低限度的要求。在此基础上，还需通过对碎片规范进行条理化、序列化与系统化整理，保证法律体系内部层次分明且结构合理。另一方面，应追求国土空间规划立法旨趣一致、价值融贯。源于立法价值层面"开发"与"保护"的矛盾性，以往空间规划立法不得不在经济

〔1〕参见张忠利：《空间规划法的立法进路和体系框架：南非经验及其启示》，载《中国政法大学学报》2020年第3期。

〔2〕参见徐以祥：《论我国环境法律的体系化》，载《现代法学》2019年第3期。

效益与生态效益孰先孰后的两难抉择间作出取舍。这突出表现为现行空间规划法律体系内呈现出“开发导向型”立法与“保护导向型”立法分置并行的双轨形态。鉴于此，国土空间规划立法需发挥价值整合之功能，置于可持续发展的更高站位上，平衡经济利益与生态利益的诉求表达，实现国土空间规划法律体系内在价值层面的协调与融贯。

三、国土空间规划法律体系的框架设计

囿于时代之困，现行空间规划法律规范不可避免地陷入体系性困境，而其在既有框架内实现自我调适的动力与空间均明显不足。加之“多规合一”改革与全新国土空间规划体系的建立，更是对现行空间规划法律规范造成了釜底抽薪式的冲击。如此来看，推动对国土空间规划法律体系的重构已是大势所趋，只是此体系框架究竟如何设计，仍有待进一步讨论。若将国土空间规划法律体系视为一个开放的复杂巨系统，其中复杂性体现于内部规范的多层级性、网状关系性以及功能耦合性，而开放性则指与外界相关规范有信息交互对接。[1] 因此，国土空间规划法律体系的框架可以尝试采用内外双重视角进行搭建。

（一）内部构造

1. 国土空间规划法

“国土空间规划法”是重构国土空间规划法律体系宏观建构的关键。一方面，“国土空间规划法”为构建国土空间规划法律体系奠定根基。某一领域法律体系的生成与构建，往往肇始于该领域基石性立法的出台。但正如前述，现行的《城乡规划法》和《土地管理法》，或与现实脱节，或仅为权宜之计，均难以称得上是国土空间规划领域的基石性立法。相对而言，“国土空间规划法”兼具宽泛的涵摄范围与充足的承载空间，当然地担负起为国土空间规划法律体系奠基的重任。甚至可以说，只有通过制定“国土空间规划法”明确

---

〔1〕 参见钱学森、于景元、戴汝为：《一个科学新领域——开放的复杂巨系统及其方法论》，载《自然杂志》1990 年第 1 期。

国土空间规划的基础性、根本性规则后,后续相关立法方可随之跟进。另一方面,"国土空间规划法"是国土空间规划法律体系差序格局的中心。领域法逻辑指导下的国土空间规划立法旨在打造一个以"空间规划问题"为导向的规范系统。在这一框架下,各类空间规划法律规范并非如以往一样平铺式地松散分布,而是呈现为同心圆波纹式的差序格局。[1] 详言之,可以依照与"空间规划问题"的关联性强弱,由内至外地划分空间规划法律规范的层次序列。其中,"国土空间规划法"居于中心并向外辐射,《土地管理法》等与"空间规划问题"直接相关的法律规范居于内部圈层,而关联较弱的则相对居于边缘(见图3)。

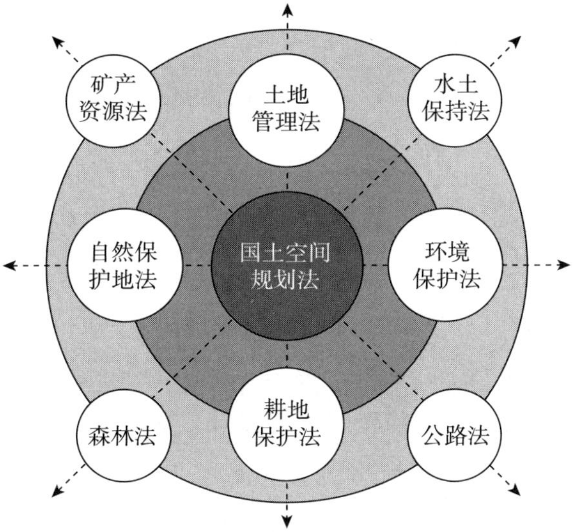

图3　国土空间规划立法的差序格局

具体而言,制定"国土空间规划法"对于国土空间规划法律体系重构的支点作用主要通过以下方面得以彰显:其一,对国土空间规划体系的法律确认。具体可在"国土空间规划法"中设专条或专章规定"五级三类"的国土空间规划体系,明确赋予其规范意义与法律地位。如此既为当下国土空间规划改革实践提供了直接的合法性支撑,也在一定程度上为国土空间规划法律体系的

---

〔1〕 参见费孝通:《乡土中国》,北京出版社2005年版,第29~40页。

重构给予类型化与层次性方面的参照。其二，对国土空间规划基本理念的定位。对此可通过“国土空间规划法”原则条款的设置，表达出进行国土空间规划活动的价值追求以及所遵循的基本理念，以提升国土空间规划法律体系的内在融贯性。就文本而言，“国土空间规划法”的原则条款可设计为：制定和实施国土空间规划，应当遵循生态优先、功能分区、布局优化、国土空间开发与保护相协调的原则。其三，对国土空间规划事权边界的厘清。国土空间规划法律规制的本质与核心是对规划事权进行明确划分。鉴于机构改革后已将原本分散的规划管理职权统一收归于自然资源主管部门，因而关于国土空间规划事权的横向配置已经清晰。与之相比，纵向维度上各级政府间的规划事权划分则相对复杂。毕竟不同层级的国土空间规划尺度各异、目标与重点也不尽相同。对此应按照“一级政府、一级规划、一级事权”的原则，在“国土空间规划法”中依据不同层次国土空间规划的侧重与关切，为各级政府设定与之匹配的规划权责。例如，对于国土空间详细规划，可在“国土空间规划法”中以专条专款的形式分别规定市、县、乡镇三级政府在编制本级详细规划中的具体职权，突出其在编制主体、编制内容、审批流程等方面的差异。引申来看，“国土空间规划法”中对于各级政府间规划事权的划分，间接框定了国土空间规划法律体系内不同位阶法律规范的应然边界，即各级国土空间规划立法应以本级政府的规划事权范围为基准向下兼容。

除此之外，“国土空间规划法”中对规划核心制度的架构同样能体现其支点作用。从发生学上看，制定“国土空间规划法”并非平地起高楼，而是运用“提取公因式”的立法技术，提炼并整合现行空间规划法律规范中共同性、基础性规则而来的。正基于此，“国土空间规划法”对于规划核心制度的规定，在整个国土空间规划法律体系范围内都有着普遍的适用性与广泛的指导意义。具体而言，“国土空间规划法”可在总则与法律责任之外专门设置国土空间规划编制审批、实施以及监督检查三个核心章节。其中，编制审批一章应规定各级各类国土空间规划的编制基础、编制原则、编制要求、编制主体、编制内容以及审批主体、流程等内容；实施一章应涵盖但不限于空间用途管制与转换、生态与农业空间管控、生态保护修复与保护补偿、城乡建设与城市更新、建设项目空间准入、地下空间开发利用等规划等方面的内容；监督检查一章主要就国土空间规划监督检查措施、监测预警、考核评估等一般性内容进行规定，也可涉及国土空间规划修改记录留痕、离任审计、信用惩戒等特殊事项。通过对上述核心制度的规定，"国土空间规划法"的章节编排越发清晰，而国土空间规划法律体系的"四梁八柱"亦在一定程度上得以成形。

2. 下位配套立法

在"国土空间规划法"的顶层设计之下，下位配套立法承载着保障规范实施与完善法律体系的实际功能。一方面，限于篇幅，"国土空间规划法"仅能针对国土空间规划的核心事项作出原则性规定，规范的颗粒度与精细化程度较为有限。而为了保证"国土空间规划法"的落地实施，便需要配套立法予以细化和具体化。另一方面，国土空间规划立法较之于其他立法更具技术含量，所涉及范围也异常庞杂，相应地也给立法者提出了更高的要求。对此，应秉持"专业的人做专业的事"原则，由相应部门在国土空间规划法律体系的框架下，以专项立法的方式有针对性地解决某一领域或某一方面的规划法律问题。

从位阶上看，"国土空间规划法"的下位配套立法应依次涵盖行政法规、部门规章以及地方性法规三个维度。具体来看，行政法规层面理应包括综合性的"国土空间规划法实施条例"，针对国土空间规划具体环节的"国土空间规划编制审批条例""国土空间规划监督管理条例"以及与国土空间规划密切关联的"国土空间调查监测条例""国土空间用途管制条例""国土空间生态修复条例"等专门性配套立法。至于部门规章层面，一方面，应由自然资源部及时清理与"国土空间规划法"不一致的部门规章，并出台"国土空间总体规划管理办法""国土空间规划编制单位资质管理规定""国土空间规划违法违纪行为处分办法"等具体规章；另一方面，依照专项规划由相关主管部门组织编制的安排，可由生态环境、交通运输、应急管理等部门，针对其各自职责范围内的专项规划事务，制定相应的部门规章。另外值得关注的是，国土空间规划地方立法已在实践中先行一步。其中，《大连市国土空间规划条例》与《宁波市国土空间规划条例》已分别于 2021 年初与年末正式施行。可以预见,未来随着"国土空间规划法"的正式出台,将会有一大批国土空间规划地方立法陆续跟进。

(二)外部衔接

仅是完成国土空间规划法律体系"一法多规"的内部设计,尚且无法完全覆盖所有的国土空间规划问题。毕竟,每一部法律、每一类规则均有其无法逾越的功能边界,〔1〕故而有必要在法律系统的整体框架下理顺国土空间规划法律体系外部的上下左右关系。

从纵向维度看,"国土空间规划法"与"国土空间开发保护法"是主从关系。如何妥善处理"国土空间开发保护法"与"国土空间规划法"间的相互关系,乃是构建国土空间规划法律体系所需面临的首要问题。但就目前来看,尽管"国土空间开发保护法"于2021年被列为全国人大常委会立法计划的第二类项目,却远未引起足够关注。当前除了立法名称暂时确定外,该法的功能定位、调整范围、立法体例等方面均不甚清晰。所幸从逻辑层面看,法律名称通常与其调整范围具有高度一致性,后者通常是对前者外延的界定、说明或阐释,〔2〕故而可以依据立法名称推测出该法的大致内容。笼统地说,"国土空间开发保护法"应以国土空间全域、全要素为调整对象,以国土空间"区域—要素"统筹治理为手段,〔3〕建立起协调的国土空间开发、保护、利用、修复法律制度。其中,国土空间规划作为国土空间开发保护活动的重要管理工具,当然地被涵盖于"国土空间开发保护法"之中。如此来看,"国土空间规划法"可被视为是对"国土空间开发保护法"中国土空间规划相关章节内容的延伸与细化,两法虽在法律位阶上可能同属一个层次,却有着明显的主从性。即"国土空间开发保护法"天然地居于高位,而"国土空间规划法"则相应地居于下位。

从横向维度看,"国土空间开发保护法"与土地管理、环境保护等相关立

〔1〕参见刘燕:《新〈公司法〉的资本公积补亏禁令评析》,载《中国法学》2006年第6期。

〔2〕参见胡德胜:《论能源法的概念和调整范围》,载《河北法学》2018年第6期。

〔3〕参见林坚、刘松雪、刘诗毅:《区域—要素统筹:构建国土空间开发保护制度的关键》,载《中国土地科学》2018年第6期。

法的协同关系。如前文所述,在国土空间规划法律体系的差序格局中,以“国土空间规划法”为中心逐层向外辐射,相关立法依照与“空间规划问题”的关联程度的高低被分置于不同圈层。其中,《土地管理法》《环境保护法》等因直接关涉“空间规划问题”而被划分至次级圈层,与“国土空间规划法”保持着最紧密的联系。具体就其相互关系而言,因为“国土空间规划法”本质上是对各类空间规划法律规范中共性内容的提取与整合,故《土地管理法》等相关立法应在不与“国土空间规划法”相重复或抵触的前提下,适当保留本法的特质内容,以凸显其独立性。而通过对“国土空间规划法”与相关立法间规范边界的厘清,可以明确各自的功能定位,有助于其各司其职、各尽其责。从这一意义上来说,国土空间规划法律体系框架下的“国土空间规划法”与《土地管理法》等相关立法之间是一般法与特别法的关系,两者互为补充、结合适用,共同构成国土空间规划法律规范系统。

除此之外,尽管当前学术界对于政策与标准能否成为法的正式渊源存有争议,但仍需充分考虑国土空间规划立法与相关政策文件、技术标准间的互动关系。回顾近年来国土空间治理改革的推进历程,整体上呈现出鲜明的政策驱动特征。从早期的“多规合一”试点工作到现今的建立国土空间规划体系,均是以政策文件而非法律规范的形式推出的。然而,这种“政策先行、立法附随”的策略不仅不利于改革成果的固定,更有损法律的权威性和严肃性。对此,应积极推动国土空间规划政策的法律转化,及时通过立法程序赋予行之有效的政策措施以合法性。另外,科学统一的技术标准体系亦是国土空间规划体系的重要组成部分。正如自然资源部与国家标准化管理委员会联合印发的《国土空间规划技术标准体系建设三年行动计划(2021—2023 年)》中强调的,制定国土空间规划技术标准体系发挥着与构建国土空间规划法律体系同等的基础性、引领性作用。而鉴于当前我国国土空间规划立法与技术标准制定的双轨并行进路,应特别注重两者的适配性与匹配度,充分发挥技术标准延伸规范作用、增强规范实效之功用。

综上所述,可以从内外双重视角搭建国土空间规划法律体系的框架构造(见图 4)。不同于以往的冗杂、分散与扁平,重构后国土空间规划法律体系在整体上呈现为多层级、立体化的圆锥状外观。其中，《宪法》置于顶点，向下依次为法律层面“国土空间开发保护法”与“国土空间规划法”，行政法规层面“国土空间规划法实施条例”，共同构成了法律体系的纵向主轴。具体至每一层级则均以该层的主轴性立法为圆心向外扩展，依照与“空间规划问题”关联程度的高低划分出一圈圈同心圆，进而形成一个远近有序的差序格局。最后将各层级法律规范依位阶堆叠成形，即可完成对国土空间规划法律体系的整体建构。至于国土空间规划地方立法应分散于圆锥状法律体系的底部，而国土空间规划技术标准则可自成体系，与国土空间规划法律体系互为呼应。

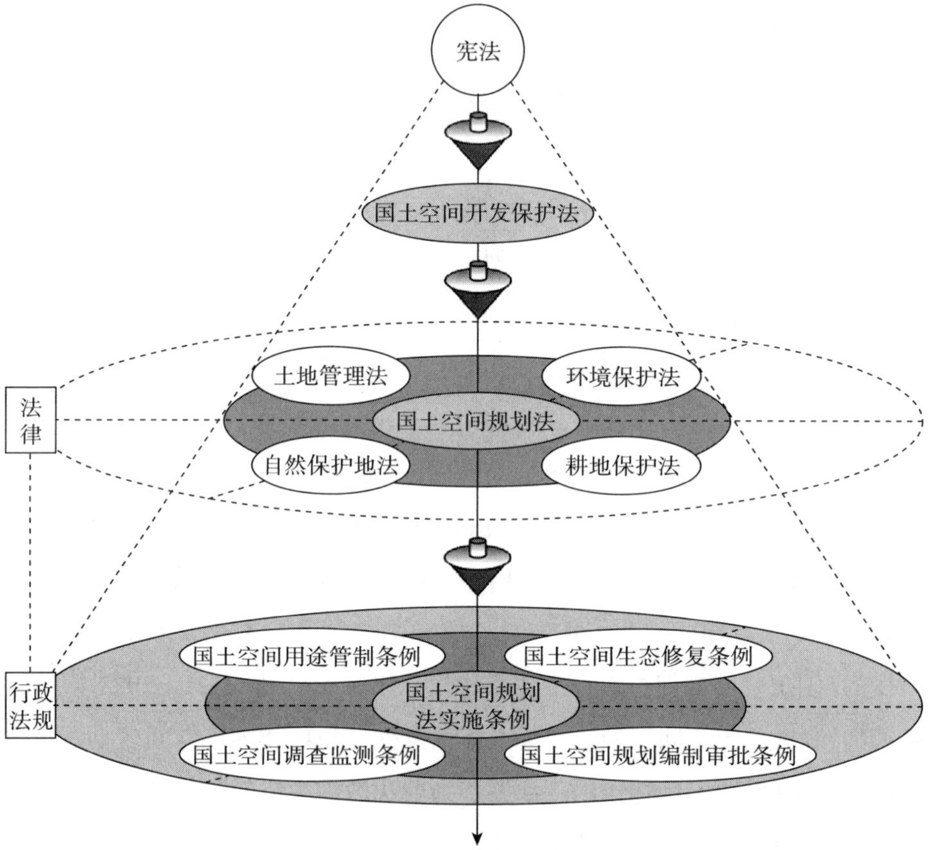

图4　国土空间规划法律体系的框架构造

四、结语

本文通过对现行空间规划法律规范的体系性检视，认为其存在顶层基本立法缺位、外部结构冗杂扁平、内部规范碎片化乃至相互冲突等问题，这主要是“一规一法”的立法策略、规划立法自身的依附特征以及部门主导的立法模式等因素共同作用的结果。基于领域法逻辑，国土空间规划立法应以“空间规划问题”为导向并突破部门法壁垒。在发展法理念的指导下，国土空间规划立法应以国土空间治理现代化为目标，并维持法制发展的接续性。同时，国土空间规划立法体系化应注重法律体系的形式协调与价值融贯。关于国土空间规划法律体系的框架设计，对内应确立“国土空间规划法”的基本法定位，充分彰显其支点作用，并辅之以下位配套立法；对外应把握好与“国土空间开发保护法”的主从关系，与土地管理、环境保护等相关立法的协同关系以及与国土空间政策文件、技术标准的互动关系。各层国土空间规划法律规范以“国土空间规划法”为核心进行堆叠，并形成圆锥状的国土空间规划法律体系。

国土空间规划法律体系的构建，绝非一日之功。在厘清立法基本思路、设计体系框架之后，仍需稳步推进。关于立法策略的选择，应充分考量现实法治需要与现行法制基础之间的张力，按照“先急后缓、先易后难、以主带次”的基本思路，妥善安排立法顺次。对于定位于基本法的“国土空间规划法”，应使用“提取公因式”的立法技术，确立国土空间规划的基础性规则。而对于数量众多的国土空间规划相关法律规范，可采取“包裹立法”的方法一并处理。此外，可借鉴20世纪末《土地管理法》修订之经验，采用政策文件搭配部门规章的方案，以保障立法过渡期间国土空间规划工作的平稳有序。

国土空间规划立法中生态碳汇用地的制度设计*

朱金锦　田亦尧　王佩璇**

摘　要:“双碳”目标实现过程中应当充分发挥国土空间规划的作用。将生态碳汇用地制度纳入国土空间规划立法体系是生态文明建设的必然要求,将生态碳汇用地规划作为规划类型之一纳入空间规划体系是对提升生态系统碳汇功能要求的必然回应。将生态碳汇用地制度纳入国土空间规划立法框架,应从平衡公权力与私权利、国家义务与公民义务以及合理设定法律责任等方面构建。其立法模式借鉴“提取公因式”技术,以实现体系化制度的架构、协调法律冲突和填补法律空白。

关键词:碳达峰　碳中和　国土空间规划　生态碳汇用地

中共中央、国务院《关于完整准确全面贯彻新发展理念做好碳达峰碳中和工作的意见》(以下简称《碳达峰碳中和意见》)要求,要强化国土空间规划和用途管控,严守生态保护红线,严控生态空间占用,稳定现有森林、草原、湿地、海洋、土壤、冻土、岩溶等固碳作用。中央财经委员会第九次会议指出,要把“双碳”目标纳入生态文明建设整体布局,要重点做好强化国土空间规划的工作。根据中央政策精神的指引,“双碳”目标的实现离不开国土空间规划的精准编制与实施:国土空间本身即碳排放和蓝绿碳汇的空间载体,尤其是陆地生态系统,作为显著的碳汇可以部分平衡和抵消人为二氧化碳排放,是最

---

* 获 2022 年 12 月第四届国际自然资源法治论坛二等奖。

基金项目:本文系司法部法治建设与法学理论研究部级科研项目:《双碳目标的国土空间规划法治保障研究》阶段性研究成果。

** 朱金锦:天津大学建筑学院博士研究生;田亦尧:天津大学法学院副教授,院长助理;王佩璇:天津大学中国绿色发展研究院助理研究员。

经济可行和环境友好的减缓大气二氧化碳浓度升高的重要途径之一。[1]在规划的制定环节，国土空间规划作为国家空间发展的指南、可持续发展的空间蓝图和各类开发保护建设活动的基本依据，直接影响着城乡建设、土地利用、生态保护等领域，是控制温室气体排放、实现“双碳”目标的有力政策工具。[2] 在国土空间规划实施环节，需要统筹推进山水林田湖草沙一体化保护和修复，提升生态系统碳汇增量。相应地，国土空间规划与“双碳”目标的天然联结需要通过法制得到保障。法律是治国之重器，国土空间规划必须依靠法的强制力和约束力保障规划实现其引导区域空间资源配置的作用。[3] 若缺乏刚性有力的法律武器、清晰明确的程序规则、民主理性的监管体系作支撑，规划难免会沦为“墙上挂挂、纸上画画”的虚设之物。因此必须将生态碳汇用地相关法律制度纳入国土空间规划立法体系中，依托于国土空间开发保护整体战略，明确其立法的原则和目的，合理选择入法模式，将其以法律形式固定下来，形成具有约束力的法律框架。

为此，本文将探索国土空间规划立法中保障“双碳”目标实现的具体制度与专门条款，通过创新设计“生态碳汇用地”这一土地利用类型，以整合各类碳汇用地，将其作为国土空间的一个组成部分，明确其重要的生态服务功能和保护目标，立足于国土空间开发保护战略，在国土空间规划立法的框架下，确定生态碳汇用地纳入国土空间规划的技术路径，并将其以立法形式固定下来，形成具有法律约束力、保障力、强制力的框架。

一、国土空间规划立法中生态碳汇用地法律概念的提出

（一）生态用地的概念

在国际学术语境中“生态用地”(ecological land)并不是一个规范术语，

---

〔1〕 参见方精云、于贵瑞、任小波等：《中国陆地生态系统固碳效应——中国科学院战略性先导科技专项“应对气候变化的碳收支认证及相关问题”之生态系统固碳任务群研究进展》，载《中国科学院院刊》2015年第6期。

〔2〕 参见熊健、卢柯、姜紫莹等：《“碳达峰、碳中和”目标下国土空间规划编制研究与思考》，载《城市规划学刊》2021年第4期。

〔3〕 参见严金明、迪力沙提·亚库甫、张东昇：《国土空间规划法的立法逻辑与立法框架》，载《资源科学》2019年第9期。

也未作为一种用地类型纳入我国现有的土地利用分类中，但“生态用地”一词在政策文件以及规划理念中却屡见不鲜。学术界对生态用地的概念界定及分类标准尚未达成统一共识，从区域尺度的角度来说主要有两种观点。其一是“生态功能决定论”，即将生态用地界定为具有生态服务功能、能够保护自然生态系统的土地，林地、草地、园地、农田、河流湖泊等都可以划入生态用地范围；其二是“主体功能决定论”，从土地的主体功能角度出发，将以农业生产、经济产出为目的的农用地和承载城乡住宅、公共设施的建设用地排除在生态用地范围外，也就是说生态用地应区别于生产用地、生活用地，三者是相互独立的分类，共同构成了土地资源的功能整体。[1]

在国土空间规划中引入“生态用地”概念的核心目的是落实生态保育，以弥补当前土地规划分类体系（将土地分为建设用地、农用地和未利用地）中重视现状而忽略功能的缺陷，以更加科学和系统的方式服务于土地资源的生态管理。[2] 因而本文认为第二种观点指向性更明确，故将“生态用地”界定为：能够直接或间接地发挥生态系统服务功能，能够发挥维持生物多样性等生物支持功能和进行气候调节、碳封存等生态系统调节功能的各类土地，应区别于生产用地、生活用地。在此基础上，可将其划分为森林、湿地、草地和其他生态用地四类，其中其他生态用地为生态环境脆弱或生态敏感性高的土地，如盐碱地、苔原等，以生态修复为主要任务的土地。

（二）碳汇用地的概念

政府间气候变化专门委员会第五次评估报告中将“汇”定义为：任何从大气中清除温室气体、气溶胶或其前体物的过程、活动或机制。因此“碳汇”可以定义为从大气中清除二氧化碳的过程、活动或机制，既包括自然界自发吸收与固定二氧化碳的机制，也包括人类通过植树造林等措施吸收二氧化碳的过程。陆地生态系统具有强大的碳汇潜力，森林、草地等绿色植被可以通过

---

〔1〕 参见费建波、夏建国、胡佳等：《生态空间与生态用地国内研究进展》，载《中国生态农业学报（中英文）》2019 年第 11 期。

〔2〕 参见管青春、郝晋珉、石雪洁等：《中国生态用地及生态系统服务价值变化研究》，载《自然资源学报》2018 年第 2 期。

光合作用吸收并储存空气中的二氧化碳,土壤微生物可作为碳"捕集器"将大气中的二氧化碳固定下来。与之相对的概念是"碳源",是自然界或人类在生产生活过程中向大气释放二氧化碳的活动。当某个生态系统固定的二氧化碳量大于释放的碳量时,该系统则被称为碳汇,相反则被称为碳源。随着工业化进程的推进和社会经济的快速发展,大量化石燃料的燃烧以及生态空间的过度开发破坏打破了全球碳循环平衡,是引起全球气候变化的罪魁祸首[1]。因此降低碳排放和增补碳汇成了全球各国减缓气候变暖、实现"双碳"目标的共识。

本文将碳汇用地的概念界定为能够将大气中的二氧化碳进行固定或封存在植物或土壤内,具有固碳增汇功能的土地。包括森林、草地、湿地、园林、耕地等非建设用地。碳汇用地广泛分布于生产、生活、生态用地中,如以经济产出价值为主的农田、城市中的绿化带以及大部分生态用地都具有固碳增汇功能,利用科学技术人为进行的碳捕捉碳封存活动用地也可以理解为广义的碳汇用地。防止建设用地蔓延侵蚀碳汇用地,是保障碳汇用地面积不减少、功能不降低的重要措施之一。

(三)生态碳汇用地

"生态碳汇"概念则是对"碳汇"概念的限定,主要强调的是森林、草原、湿地等生态系统对固碳增汇的贡献以及土壤对碳固定的维持作用,强调各类生态系统及其相互作用在维持全球碳平衡、减缓气候变化中的调节功能。在结合"生态用地"和"碳汇用地"两者概念的基础上,本文提出了"生态碳汇用地"这一新土地利用类型,利用"提取公因式"的方法将"生态碳汇用地"的概念界定为:在生态用地中以气候调节、固碳增汇的生态系统服务和生态产品为主要功能的土地,应排除生产、生活用地中具有碳汇功能的土地。主要包括生态用地中的森林、湿地、草地和其他生态碳汇土地。

本文提出生态碳汇用地概念,而没有使用"生态用地"或"碳汇用地"概

---

〔1〕 参见方精云、于贵瑞、任小波等:《中国陆地生态系统固碳效应——中国科学院战略性先导科技专项"应对气候变化的碳收支认证及相关问题"之生态系统固碳任务群研究进展》,载《中国科学院院刊》2015 年第 6 期。

念，主要基于以下原因：首先，生态用地的概念并不完全契合“双碳”目标的实践需求，生态用地中如沙地、冰川等土地的生态碳汇服务功能较低，几乎可忽略不计，因此将诸如这类土地排除在外，对生态用地范围进行限定使其更具有明确的指向性，更有利于服务“双碳”目标；其次，碳汇用地是由森林、农田、草地、公园等构成的全域绿色网络系统，广泛分布于“三生”空间，容易与其他空间规划（如城市群空间规划）的范围重合而导致权责交叉、事务重叠。总而言之，提出生态碳汇用地概念的目的在于对具有重要碳汇潜力并且亟须保护或修复的土地进行空间规划并贯彻落实，在考虑实践中可操作性的基础上强调了其基于“双碳”目标的战略目的。

二、国土空间规划立法中设计生态碳汇用地制度的障碍

自“国土空间规划”理念应运而生以来，空间规划领域的改革创新如火如荼地开展着，一系列以政策为主导的体制革新迅速纵深推进，规划技术手段不断突破，而与之相悖的是，对改革成果进行立法固定的进度却未能跟上趋势。〔1〕全国人大常委会早在2019年就将“国土空间规划法”纳入立法计划当中，然而由于立法技术与法律衔接等诸多问题，其立法工作难以顺利开展并被长期搁置，迄今为止仍未出台专门的国土空间规划基本法以引导和统领空间规划体系的重构与革新，导致法律层面的“多规合一”未能及时跟进。现实情况是，国土空间规划相关法律法规呈现分散林立并且相对混乱的状态，效力各异、层级不一的规范杂糅成了空间规划法律体系，〔2〕并且大多规范采用分散治理模式对类型化的空间单元实施“点对点”的碎片化治理，制度合力难以实现，法律衔接、法律真空等问题为国土空间规划的实施与管控埋下隐患。有鉴于此，依赖于尚处于过渡期的国土空间规划法律体系保障生态碳汇用地不可避免地要直面立法模式、实体层面、程序层面上的障碍与抵牾，本文

---

〔1〕 参见孙佑海、王操：《国土空间治理现代化及其法治向度》，载《学习与实践》2022年第1期。

〔2〕 参见王操：《“多规合一”视阈下我国空间规划的立法构想》，载《甘肃政法学院学报》2019年第6期。

冀望通过梳理国土空间规划立法保障生态碳汇用地之障碍，为良法善治的实现提供思路。

（一）立法模式的选择难题

立法模式即立法体例或立法结构，属于“立法形式”的范畴，是立法者依照该法的目的、理念、内容形成的内在理论逻辑在立法文本之结构上的表现，既包括该法律的框架结构与逻辑体系，也包括与其他相关立法的效力关系。[1]国土空间规划立法的立法体例选择是多样的，既可以通过综合的方式将多规或多法整合为单部法律或法典（如目前多数学者所支持的订立“国土空间规划法”，以作为统领我国空间规划的基本法），也可以将相关要求嵌入现行法律中进行国土空间规划相关制度的表达（如《土地管理法实施条例》第二章寥寥数行即明确了国土空间规划的法律地位和基本要求，奠定了国土空间规划体系构建的基础）。以国土空间规划法律体系保障生态碳汇用地首先要考虑立法模式的选择问题，大致有以下两种路径：一是分散嵌入式，二是单独订立式。

1. 选择分散嵌入式的问题

分散嵌入式是指根据形势对现行法律、法规进行立、改、废、释，以个别条款的形式分别插入到不统一适用的各领域法律法规中，以对普遍存在的某一特定法律事项作出规定[2]。它的主要表现形式为在涉及某一法律事项的各领域单行法或规章制度中修改或新增相应法条以对实际问题给予回应或调节，是一种典型的问题导向式立法模式。如集体林权制度的改革（林权改革）作为解决林业发展动力机制的一项根本性措施，其改革内容包括明晰所有权、开展林权登记、建立林地使用权流转的机制等，涉及物权、土地、合同、资源保护等诸多领域，在《宪法》《森林法》《土地管理法》《民法典》等中均有所体现。因此在国土空间规划语境下，针对生态碳汇用地的分散嵌入式立法，

[1] 参见田亦尧、王爱毅：《国土空间规划立法的法体模式及其选择标准》，载《国际城市规划》2021年第3期。

[2] 参见田亦尧、王爱毅：《国土空间规划立法的法体模式及其选择标准》，载《国际城市规划》2021年第3期。

其具体的实施方式是：无须制定生态碳汇用地的综合性法律规范，而是将相关内容以个别条款的形式嵌入《森林法》、“湿地法”、《草原法》等不同类别的生态碳汇用地所属的专项法律规范中，针对各类区域的空间利用特征进行差异化利用和保护。如在《森林法》中写入针对森林碳汇用地的法律制度，以期在森林的开发保护中考虑到生态系统的碳汇功能，通过强制性法律规范明确相关专项规划在编制、实施、监督中的具体规定和法定程序，明晰在森林用途管制和森林碳汇监管中的权利义务与责任的划分。

选择分散嵌入式具有一定的优势。一是分散嵌入式在技术上来说最为简单易实施，它将保障生态碳汇用地的目标向下分解到各级各类，仅需要在涉及生态碳汇用地的法律法规（如《土地管理法》、《森林法》、“湿地法”、《草原法》）中修改或新增个别条款，而无须另起炉灶进行立法统合，削弱了生态碳汇用地制度在各领域中与其他制度的关联性，即不存在“牵一发而动全身”的情况，在立法进行过程中，可适时地逐个突破，而无须等待完备的法律法规体系成形，能够及时回应对相应制度的需求。二是分散嵌入式中所有规范的立、改、废、释都仅限于其内部，从而避免了不同领域、不同用地类型法律制度之间的天然隔阂，能够直接为相关专项规划编制与实施提供法律依托。三是分散立法模式能够充分发挥针对不同领域立法的专业性和针对性，更加符合“因地制宜”“因材施教”的要求。因此分散立法模式在及时性、调适性、专业性等方面都有较为明显的优势。

然而，选择分散嵌入式面临着一系列的问题。一是分散嵌入式仍旧保守地沿用着以往规划中碎片化、点对点式的解决问题模式，与现代化法治建设下倡导的“多规合一”“区域整体”的理念相违，将会进一步固化空间规划的分散林立、加剧国土空间规划体系的冗杂，[1]随着国家治理体系和治理能力现代化的推进，这种模式的局限性也会越发凸显。二是分散嵌入式未能考虑到各个规划的关联性与国土空间的整体性，生态碳汇用地制度被割裂于不同的法律领域下，以此为法律依据实施的各项规划制度之间易发生矛盾与冲

〔1〕 参见徐玖玖：《国土空间规划的立法统合及其表达》，载《中国土地科学》2021年第3期。

突。三是在此种分散的法群模式下,现有法条无法实现对所有类别的生态碳汇用地的全覆盖,难以根本消除各领域法律法规之间的法律间隙,如何预防和化解规划实施中的法律空白成为一大障碍。

2. 选择单独订立式的问题

单独订立式是指另起炉灶,在现行法律法规体系的基础上,通过整合和提炼使法律法规以单独的形式呈现。它的主要表现形式为形成基本法,基本法又被称为"小宪法",其以抽象的原则性规定为相关立法提供总则式指引,如德国的《空间秩序法》、荷兰的《空间规划法》都是作为空间规划领域的总纲统领规划的编制、实施与监督。具体到生态碳汇用地制度时,单独订立模式的实施需要先吸收分散立法中的共识规则和一般原则形成统领各空间性规范的政策性国土空间规划基本法,再将能够保障各类生态碳汇用地的一般原则和通用性法律制度一并编纂到国土空间规划法中,实现"多规合一"的立法整合。

相较第一种模式,单独订立式具有其独特的优势。一是单独订立式是对"多规合一"理念的响应,符合国际上空间规划法从单行法到基本法再形成完备的法典体系的演进规律。考量到对立法统合的迫切需求和目前国土空间规划立法的现实条件,制定国土空间规划基本法已经成为大势所趋。二是单独订立式能够构建出统一的顶层制度设计,在国土空间规划法中赋予抽象性、原则性规定的条款以统领生态碳汇用地各项法规制度的功能定位,使之成为分散林立的各类规范的聚合点,在配套的单行法律法规出台之前,作为原则性的法律规范可以被适用,从而避免单行法律法规各行其是的弊端,减少单行法间的矛盾与冲突。三是体系性的法律表达能够加强规划间的横向黏性并且有益于规划效力的传导和法律效力的衔接,以相通的规划理念指导不同领域、部门规划的进行。

然而单独订立式也存在着一定的弊端。国土空间规划基本法的订立仍有着较高的难度,短期之内恐难以出台,为此而搁置生态碳汇用地法律制度的构建进度与推进"双碳"目标实现的紧迫性相悖。

综上所述,国土空间规划立法框架下保障生态碳汇用地的立法模式选择既要考虑规范之间的内在联系与统一性，通过优化体系结构填补法律空白，又要考虑可操作性与可实施性。而无论是分散嵌入式还是单独订立式，都存在着该立法模式下的弊端，如何选择行之有效的立法模式仍是一大难题。

（二）实体层面：权（力）利、义务与责任的分配难题

1.（私）权利与（公）权力的分配难题

国土空间规划作为国家意志的体现，需借助政府的公共权威而实现，因而国家通过法律赋予了各级政府对资源环境进行配置与宏观调控的由土地开发许可权、土地征收权等权力束构成的土地管理权，〔1〕而国土空间规划作为一项公共制度，维护和增进公共利益应当是国家政府行使公权力的出发点和落脚点。公权力在行使的过程中，不可避免地要以干预和限制私权利为代价实现公共利益的最大化，〔2〕倘若公权力不加以限制，必将会造成强权对私主体的剥削。国土空间规划法律体系作为行政规划的法律表达，需界定公权力行使边界、明确相关权利的法律性质，使公权力与私权利达到一种平衡状态。

传统的国土空间规划由政府进行统一管控以降低土地的负外部性、维护空间开发的公共利益，然而在市场经济结构下，这种科层式的单一控制的治理方式可能越发难以实现。《土地管理法》《城乡规划法》等都侧重于授予行政机关规划权以实现空间规划和国土空间用途管制，而稍显制约不足，表现在程序监督、公共参与以及法律救济模式等设定不清晰、落实不到位。为适应社会治理的现代化要求，国土空间规划也应顺应多元化治理的发展趋势，将市场、社会公众等主体纳入空间治理中来。〔3〕在多方参与的情况下，权属争议成为公私权利平衡中的一大问题。以森林资源为例，林权改革后，森林资源为国家所有和特别规定下集体所有，而由林业碳汇供给增益者（如林业

---

〔1〕 参见张先贵：《国土空间规划体系建立下的土地规划权何去何从？》，载《华中科技大学学报（社会科学版）》2021 年第 2 期。

〔2〕 参见李林林、靳相木、吴次芳：《国土空间规划立法的逻辑路径与基本问题》，载《中国土地科学》2019 年第 1 期。

〔3〕 参见孙佑海、王操：《国土空间治理现代化及其法治向度》，载《学习与实践》2022 年第 1 期。

碳汇承包经营权人、林业碳汇项目业主）依法享有的专有权利即林业碳汇权，其法律属性界定仍是一大难题。它与矿业权等准物权一样，依附于森林资源和土地资源，林业碳汇权下取得的物——碳汇经核证后可以进入碳汇交易市场流通，因此林业碳汇权具备财产权的属性并独立于其他林权之外，然而碳汇所带来的生态利益却是由社会共享，不具有排他性，属于公共利益的范畴。在林业碳汇权未与林地使用权、林地承包经营权等林权以及土地物权作出区分、明确权利独立性的情况下，政府在行使土地管理权与空间规划的公权力时，易过度干预林业碳汇权的行使，导致林业碳汇的生产经营主体虚置，抑制碳汇项目市场的活跃性。〔1〕因此立法如何将公权力置于权力制衡与外部制约的框架中，使其在规范市场行为的同时避免过度扩张，仍然是另一大难题。

2. 国家义务与公民义务的分配难题

《宪法》要求公民在享有法律赋予的权利的同时也应当承担相应的义务，没有无义务之权利，也没有无权利之义务。然而在公民与国家的法律关系中，此种规定并非绝对化的，如公民在年老、疾病或者丧失劳动能力时，公民享有要求国家提供物质利益的权利而无须承担相应义务；而有时公民不享受权利却必须对国家承担义务，如单向纳税的义务。在环境资源与空间规划领域，国家负有最主要的保护国民环境利益的义务，然而这并不代表着公民环境权利的单向度，〔2〕公民作为最有活力的主体理应参与到多方协同治理中来。现行《环境保护法》中规定一切单位和个人都有保护环境的义务，然而由于其效力位阶和调整范围不足以囊括自然资源与空间规划的各个领域，在某些情况的义务分配上，公民仍旧处于边缘化地带。如在林业碳汇供给中，经营者不存在污染、破坏环境的行为，因而其经营行为并非对环境法律义务的履行，而是在市场激励下自发的行为。在当前碳汇交易市场低迷，碳汇“有市无价”的情况下，此种正向性行为极易受到打击。因此如何协调分配国家义务与公民义务，使公民积极参与到空间治理与减排增汇中来仍旧是国土空间

〔1〕 参见陈英：《林权改革视域下林业碳汇供给增益者权利的法律确认研究》，载《中国政法大学学报》2020年第3期。

〔2〕 参见张震：《公民环境义务的宪法表达》，载《求是学刊》2018年第6期。

规划立法中的一大障碍。

3.法律责任的设定难题

生态碳汇用地法律责任即违反了相关法律制度规定，破坏、污染生态碳汇用地造成其生态功能退化，抑或不履行行政管理职权或环境保护义务所应当承担的法律后果，包括民事责任、行政责任和刑事责任。

首先，《民法典》侵权责任编中规定了因生态破坏和环境污染行为造成生态损害结果的民事侵权责任，并对生态环境损害惩罚性赔偿制度、修复和赔偿规则作出了突破性规定。然而在实际操作中，“企业污染、群众受害、政府买单”的困境一直未得到破解，原因在于：一是生态功能修复成本大，部分责任主体往往不具备修复治理的资质和资金，消极履行赔偿义务和修复义务，使民事诉讼判决难以有效执行，生态的修复治理最终落在政府部门头上；〔1〕二是替代性修复效果差，最高人民法院《关于审理环境民事公益诉讼案件适用法律若干问题的解释》中规定环境污染、生态破坏不可修复或修复成本过于巨大时，可以采取替代性修复方式，然而司法实践中却未能明晰替代性修复的概念外延和适用范围，替代性修复效果无从保障。〔2〕

其次，基于权责统一的理念，国土空间规划中的行政责任可大致定格为公职人员在规划编制、审批、实施、修改过程中因存在违法行为而应当承担的相应法律责任，其落实方式大多为行政内部问责。尽管“党政同责、一岗双责、终身追责”的制度建构已经取得了可观的成效，然而在此种执行落实过程中，或是问责泛滥、简单，甚至成为平息民愤的“遮羞布”，抑或是因为上级主体基于隶属关系的利益考量而流于形式，陷入“问而不责”。〔3〕

最后，环境刑法作为最严厉的惩治手段，在惩罚犯罪和预防犯违法上有

〔1〕参见汪劲、马海桓：《生态环境损害民刑诉讼衔接的顺位规则研究》，载《南京工业大学学报（社会科学版）》2019年第1期。

〔2〕参见王小钢：《生态环境修复和替代性修复的概念辨正——基于生态环境恢复的目标》，载《南京工业大学学报（社会科学版）》2019年第1期。

〔3〕参见王操：《“多规合一”视阈下我国空间规划的立法构想》，载《甘肃政法学院学报》2019年第6期。

着不可替代的作用。[1]《刑法》在第二编第六章中设定了破坏环境资源保护罪一节，包括污染环境罪、盗伐林木罪等，以及在第九章渎职罪中设定了环境监管失职罪等罪名，《刑法修正案（十一）》针对自然保护地专门新增了“破坏自然保护地罪”一罪。二氧化碳并非传统意义上的大气污染物，不符合污染环境罪入罪要求中的“有毒物质”“严重污染环境”，当自然碳汇受到严重干预时，只能着眼于生态碳汇所依附的森林资源、土地资源等本身的破坏程度是否达到刑事犯罪的门槛而提起环境刑事诉讼。并且由于自然环境资源的特殊性，取证和证据审查工作比普通刑事案件更复杂，也更具有难度，导致环境案件持续期限较长，生态破坏难以得到及时修复。须知，生态碳汇用地法律责任并非传统三责任的简单相加，如何设定系统的、有效的法律救济模式仍是值得探讨的问题。

（三）程序层面：规划编制、实施和监督的难题

程序立法中为政府行使职权所设立的必要规则和秩序是避免规划在编制、实施和监督过程中条块之间推责争权、块块之间各自为政、央地利益冲突博弈的关键之一。

1. 规划编制的难题

中共中央、国务院《关于建立国土空间规划体系并监督实施的若干意见》中明确规定了各层级和各类国土空间规划的编制审批主体，如省级国土空间规划由省级政府组织编制，经同级人大常委会审议后报国务院审批。然而现实情况往往不尽如人意，如在规划编制中，理应由人民政府组织的编制工作却被“外包”给分管部门承办，此种做法既与职权法定原则相背离，也难以预防分管部门借机攫取自身利益。[2] 同时，在规划编制阶段，为防止政府圈地运动，注重强调同级人大常委会审议作为间接民主参与的手段，而弱化了公

---

〔1〕 参见汪劲：《论中国环境法典框架体系的构建和创新——以中国民法典框架体系为鉴》，载《当代法学》2021年第6期。

〔2〕 参见王操：《“多规合一”视阈下我国空间规划的立法构想》，载《甘肃政法学院学报》2019年第6期。

众参与程序，易导致与公民权益切身相关的规划内容的合理性与民主性不足。[1]

2. 规划实施的难题

着眼于生态碳汇这一多学科、部门交叉领域，在规划实施过程中还需要考量到部门的协调配合与权责分配的问题。按照设想，基于权责统一的理念，生态碳汇用地应在全民所有的自然资源资产管理体制下由自然资源部实行统一管理，然而由于条块分割的体制运行模式以及“碳汇”的特殊性，其管理职权的行使不仅受到生态碳汇用地范围内各级政府利益博弈的制约，还受到其他部门管理职权的限制。

具体来说，易导致生态碳汇用地规划实施和管理过程中条块推诿扯皮的因素主要有以下几点：一是生态碳汇用地的分布很多时候并非局限于某一辖区，考虑到生态系统的完整性，需要跨区域建立生态碳汇用地保护区，因而涉及不同层级政府之间的管理职权的交叉；二是生态碳汇用地之重要生态产品——“碳汇”的监管属于生态环境部的职责范畴而非自然资源部的自然资源调查监测评价职责；三是在碳交易市场机制下，赋予了“碳汇”特有的经济效益，需要与金融部门进行协同管制。在此种权责交叉、利益博弈的地带，各级政府、不同部门对各类型生态碳汇用地价值的认识不一致，导致统一管理、分工负责体制难以按照预期实行，[2]需要通过程序立法保障规划实施的顺利开展。

3. 规划监督的难题

通过立法设立规划监督程序，是保障规划不偏离愿景和不违背大众利益的重要手段。然而在现有的监督体系下，一方面是由于技术手段的限制，还未建立起生态碳汇动态监测评估体系，导致评估准确性不足和监督效果欠缺；另一方面监督评估的主体、公众参与模式、反馈机制都没有明确的法律定

[1] 参见李扬章：《试论土地利用总体规划编制程序的完善——提高程序的民主性》，载《中国土地科学》2010年第12期。

[2] 参见汪劲、吴凯杰：《〈国家公园法〉的功能定位及其立法意义——以中国自然保护地法律体系的构建为背景》，载《湖南师范大学社会科学学报》2020年第3期。

位，因而很难做到对生态碳汇用地规划的全方位、全过程监督。

三、生态碳汇用地纳入国土空间规划立法的路径

法律需要谨慎地制定，在一项全新的制度写入法律法规体系前，无论是价值取向、立法技术还是制度设计等问题都应当得到回应与解答。在“双碳”目标导向下，国土空间规划立法下生态碳汇用地制度不仅应当符合空间正义和代际公平等“良法”的价值取向，以维护温室效应威胁下的公共利益；更要求制度能够突破当下空间规划领域存在的法律冲突、制度掣肘的桎梏，保障依法治国、依法执政、依法行政的推进和社会公众的广泛参与，达到“善治”的现代化治理目标。

（一）循序渐进的立法模式选择

在科学选择立法模式前，首先，应当考量立法所保护的价值目的。构建生态碳汇用地法律制度的出发点是实现碳中和、碳达峰的迫切愿景，这不仅关系到我们这代人的环境利益，还关系到子孙后代的利益，是实现中华民族永续发展的必然选择。因此“生态优先、绿色低碳”原则应当成为各类空间规划法的共同价值取向，并且值得以立法的形式为各类规划提供法律依据。

其次，应当考量我国当前的空间规划基础立法状态：以《城乡规划法》《土地管理法》两大行政法为主体法律依托，以《环境保护法》《森林法》《水法》等为补充，而国土空间规划相关制度除了写入《土地管理法实施条例》，大多数内容则是以中共中央、国务院名义下发施行的。众多单行法律法规组成的法群内部缺乏协调性，使法律逻辑不周延、法律效力易冲突，因此需要利用“提取公因式”的方法将冗杂的单行法群进行重新编排，如《民法典》总则编以私法原则和一般民事权利规定为“公因式”填充构架并统领各章，〔1〕之后各章不再重申总则内容。以此为借鉴，国土空间基本法应以空间规划法群中共通的基本原则与法律制度作为公因式进行基本法的编纂，通过结构性的

〔1〕　参见汪劲、吴凯杰：《〈国家公园法〉的功能定位及其立法意义——以中国自然保护地法律体系的构建为背景》，载《湖南师范大学社会科学学报》2020年第3期。

框架立法为国土空间开发保护、国土空间用途管制提供体系性、纲领性指引和约束，而无须对具体制度做细致入微的规定。剩下的"多项式"部分则留存于单行法中指导特定领域规划的施行，从而解决效力冲突问题。[1] 将叠床架屋的单行法进行整合是件耗时耗力的系统性工程，这也是国土空间规划立法迟迟未取得实质性进展的原因。因而在国土空间规划基本法真正出台前，必将经历一段长达数年的"立、改、废、释"的过渡期。

因此，在充分考量价值取向和立法现状的基础上，笔者认为不应当被动依赖国土空间基本法的出台再开始全面展开生态碳汇用地制度的构建，而应当以目前我国空间规划体制改革为契机，利用国土空间基本法成熟前"立、改、废、释"的过渡期逐个突破，逐步推出生态碳汇用地制度。在构建过程中，可以先制定法律位阶较低的生态碳汇用地保护条例细化具体实施方法，并在各类相关单行法中加入"生态优先、绿色低碳"的立法原则以及生态碳汇用地的保护目标和规划实施框架，并以此为法律依据指导各类生态碳汇用地专项规划的编制，其作为总体规划和详细规划之间的必要衔接，既能明确地方责任与任务目标，又能够支撑详细规划的编制与实施。即让规划先行于国土空间规划基本法，以此逐步搭建出基本的制度框架。待时机成熟，国土空间规划基本法的出台具备充分条件时，利用提取公因式的方式，将各单行法中生态碳汇用地具有普遍适用性和引领性的规定提取到国土空间规划基本法中，形成体系化的国土空间生态碳汇用地制度框架。

总而言之，就是先采用"分散嵌入式"，制定位阶较低的生态碳汇用地保护条例，并在《森林法》、"湿地法"、《草原法》等单行法中写入相应生态碳汇用地法律制度，并以此为法律依据指导各类规划的编制与实施以应对"双碳"目标的迫切需求，再以国土空间规划体制改革为契机，实施"单独订立式"，在国土空间规划基本法中利用提取公因式的方法写入体系化的生态碳汇用地法律制度规范，以协调法律冲突、填补法律空白。

---

〔1〕 参见田亦尧、王爱毅：《国土空间规划立法的法体模式及其选择标准》，载《国际城市规划》2021年第3期。

(二)科学嵌入"双碳"内容

不同层级、类型的空间规划有着各自的功能定位和内容要素,它们之间互相联系、相互传导,按照"多规合一"的要求共同构成国土空间规划整体系统,以解决空间规划领域现存问题,实现对国土空间有效管控和科学治理、维持开发和保护的平衡。我国国土空间规划体系结构可以表述为"五级三类"。具体来说,"五级"规划对应我国的行政管理体系,按照"一级事权、一级规划"的原则,分为国家、省、市、县、乡五个层级的空间规划(考虑到区域面积以及乡镇政府编制空间规划的能力,可以将市、县级规划与乡镇级规划合并编制),自上而下进行纵向传导,其中下级规划以上级规划为蓝本,不得违背上级规划的强制性内容。"三类"则是按照在战略意义、指导作用、详略程度上的区别,分类为总体规划、专项规划及详细规划,其中,总体规划是详细规划、相关专项规划的基础,专项规划是专项问题、重大领域的实施工具,详细规划在前两者的指导下,制定具体指标与管理要求。中共中央、国务院《关于建立国土空间规划体系并监督实施的若干意见》的出台推动和加速着空间规划体系的重新构建,使国土空间规划居于统领地位,成为各类开发保护建设活动的基本依据。

生态碳汇用地作为空间要素之一,发挥着固碳增汇、调节气候的重要生态服务功能,具有重要生态价值,对"双碳"目标的实现有着举足轻重的推动作用。生态碳汇用地的保护与修复作为一项复杂的系统工程,涉及林业、金融、环境等不同学科和行业,涉及省、市、县、乡等不同行政区域,因此全面推动生态碳汇用地体系建设需要不同职能、层级的部门协调共治以及专家学者、社会公众的共同参与,共同完成空间规划管理的目标。将生态碳汇用地纳入国土空间规划体系可以考虑编制总体、详细、专项规划三种技术路径,三种类型的规划在战略意义和指导作用方面有着各自的特色,合理选择技术路径从而避免权责不清、规划落空,是保障生态碳汇用地、提升生态碳汇的关键一步。

1. 编制总体规划

国土空间总体规划是对一定区域范围内国土空间结构和功能作出的总

体性安排和战略性部署。总体规划是各类空间规划的上位规划，是详细规划、相关专项规划的基础，统筹国土空间开发保护格局，具有战略性、整体性、综合性等特点。在碳达峰、碳中和愿景下，在作为空间整体谋划的国土空间总体规划中纳入保障生态碳汇用地的相关制度设计以及指标体系是题中应有之义。不同层级的国土空间总体规划对应的事权、内容和目标具有差异，因此要以"双碳"目标的实现为战略目的，建立起能够在全国省、市、县乡各层次规划当中都能有所体现的生态碳汇用地规划体系，持续巩固生态系统碳汇能力、不断提升生态系统碳汇增量的任务目标应贯穿整个规划体系。

国家级和省级总体规划是对全国国土空间、大尺度区域的空间管控作出的全局安排，要体现战略性和整体性，从而充分发挥规划的宏观指导作用。其主要任务是制定重大的战略目标和塑造总体开发保护格局。国家级国土空间规划应当贯彻重大战略方针，"双碳"目标作为统筹国内国际两个大局作出的重大战略决策，生态碳汇用地作为"双碳"目标下国土空间开发保护的重点要素，理应在国土空间规划中予以体现。国家级总体规划中：一是应当明确生态碳汇用地治理的总体原则；二是制定管控的底线以及约束性指标，如现行的 18 亿亩耕地红线作为最严格的耕地保护底线切实保障着中国粮食安全，因此可以考虑设置相应碳汇量作为全国范围内生态碳汇用地约束性指标；三是规划重点碳汇区域，统筹推进跨省域的大型生态碳汇用地保护工程。省级国土空间规划是落实和分解上位规划的重要载体，按照实际需求，各省可在生态保护红线一级安全底线上新设生态碳汇保障线作为二级控制线，划定地域功能分区，突出生态系统碳汇功能区域，选择实施具有战略价值的重大工程。

市、县级国土空间规划是对市、县范围内的国土空间开发保护作出的统筹安排，侧重规划可操作性与实施性、强调因地制宜，是对上级规划要求的细化落实，具有承上启下的关键性作用。市、县级国土空间规划应当在摸清区域单元内本底资源的基础上，落实森林、草原、湿地等生态碳汇用地的功能分区，统筹安排空间结构布局和区域规模；明确控制指标并同步搭建空间信息平台，实现碳监督、碳评估、碳预警"一张图"；在碳评估的基础上，以生态保护红线为参考,划定生态碳汇保障线以明确生态碳汇用地范围边界,按照生态脆弱性、生态敏感性和生态功能价值对生态碳汇用地进行分级分类保护,在核心保护区内原则上禁止人为活动。

乡镇级国土空间总体规划则应实现各类生态碳汇用地要素的精确监管〔1〕,通过将上级规划目标分解到各个较小的区域单元中,进行空间单元差异化管控。乡镇级国土空间总体规划应当落实一级、二级控制线,严禁任何单位或个人擅自占用生态碳汇用地或改变其用途,统筹生态保护与修复,因地制宜将每一生态碳汇地块的用途确定下来,如明确实施森林管理或进行植树造林等碳汇项目。

2. 编制详细规划

国土空间详细规划是对某一具体地块或地段的用途和开发建设强度等作出的实施性安排,具有针对性、实施性等特点。详细规划不仅可作为政府的空间治理工具,还是各类开发保护活动、空间用途管制的法定依据,具有在规划中实施法治的重要作用〔2〕。详细规划可以分为控制性详细规划和修建性详细规划,但两类详细规划的研究重点大多集中在城市建设和乡村建设中,对于非建设空间的管控则相对薄弱,往往采取消极的规划保护模式。在全域空间用途管制的背景下,加强国土空间详细规划对生态空间的针对性保护与积极治理,对实现生态文明建设有着重要意义〔3〕。

借鉴国外绿地空间“总体规划+详细规划”的规划方式〔4〕,以及目前我国风景名胜区详细规划编制的成功经验,可以考虑效仿城市控制性详细规划编制方法,在总体规划的要求下,以生态碳汇用地为对象编制控制性详细规划从而规范和控制土地的使用范围、使用界线和使用条件等。编制生态碳汇用地详细规划的意义在于:一是弥补总体规划的宏观性、政策性强的缺陷,形

---

〔1〕 参见金云峰、周艳、周晓霞:《基于国土空间总规专项详规传导的市县级绿地系统专项规划编制研究》,载《园林》2020年第7期。

〔2〕 参见李鹏、马灿:《国土空间详细规划技术逻辑重塑与创新》,载《规划师》2021年第9期。

〔3〕 参见赵广英、李晨:《国土空间规划体系下的详细规划技术改革思路》,载《城市规划学刊》2019年第4期。

〔4〕 参见廖远涛、肖荣波:《城市绿地系统规划层级体系构建》,载《规划师》2012年第3期。

成了从目标到指标的落实；二是由于控制性详细规划具有较强的法律效力，对各行政主管部门均具有约束性，可保证规划内容围绕公共利益开展；三是该规划具有定性、定量、定界的作用，规划内容详细、具体，具有因地制宜的实用性和可操作性。

从生态碳汇用地的规划管理角度出发，国土空间详细规划的控制性内容与指标应包含以下方面：

首先，界定生态碳汇用地范围和划定分区分类的控制线，在划定区域范围时应考虑到生态系统的完整性和连续性。对于不同分区分类界线实施差异化的管控，如核心区界线内禁止任何形式开发保护活动并对人为活动进行严格规制，一般控制区界线内允许适度开展科学考察、游憩等不影响生态功能的有限人为活动。

其次，对具体生态碳汇地块的土地用途作出实施性安排。这些土地利用方式包括部署碳捕获碳封存设施用地、人工经济林用地、森林管理用地等，并对于原住民、游客活动区域内人为活动进行合理引导。

最后，建立生态碳汇用地控制性指标。基于第三次国土调查数据，进行生态碳汇要素识别，开展碳汇空间模拟，通过卫星遥感计算生态碳汇单元的植被净初级生产力指数、生态系统净生产力等数据，形成适用于生态碳汇用地的指标体系与监测体系，并以此为法定依据进行空间管制。

3. 编制专项规划

国土空间专项规划是指在特定区域、特定行业，为体现特定功能，对空间开发保护利用作出的专门安排，是涉及空间利用的专项规划。专项规划是针对总体规划中某一专项问题或重点工程进行的深入探究与谋划，例如，针对某一特定区域进行的城市群专项规划、海岸带专项规划、自然保护地规划，抑或针对某一特定领域、行业开展的生态保育专项规划、风景旅游专项规划、国土整治专项规划等。

生态碳汇用地专项规划是为了体现对生态碳汇用地的特殊保护利用，而对相关国土空间开发保护利用作出的专门安排，它综合了生态学、规划学、地理学等多学科的研究方法，具有专业性和实施指导性，能够有效地确定生态碳汇用地的范围和对应的生态系统修复、保护方案，助力解决资源环境约束突出问题、实现可持续发展与“双碳”目标。首先，从层次定位上看，该专项规划是在总体规划和详细规划层面之间的必要衔接，能够传导落实总体规划战略目标，引导支撑详细规划编制。它与其他相关专项规划是平行关系，应对接融合自然保护地规划、生态保育规划等专项规划。其次，应明确生态碳汇用地专项规划的功能定位：以保障生态碳汇用地不减少、生态服务功能不降低、提高碳汇增量为首要目标。

为实现保护利用目的，生态碳汇用地专项规划重要内容应当包含以下几方面：一是进行生态碳汇用地分类细化。在区域生态碳汇现状调查本底资料的基础上划分出最需要保护的具有碳汇功能的国土空间，引导生态碳汇用地分类细化，并阐明各类型土地的空间布局、土地用途和指标体系。建议将生态碳汇用地划分为：森林碳汇用地、湿地碳汇用地、草地碳汇用地和其他生态碳汇用地，并依据《森林法》、“湿地法”、《草原法》等法规条例逐项编制各类型生态碳汇用地专项规划。二是建立生态碳汇功能现状评估体系与技术体系。对区域生态系统进行现状评估，掌握规划区域内生态系统单元碳汇功能的特征与发展趋势，建立生态碳汇“一张图”信息技术监测平台，对生态脆弱性、生态敏感性或生态服务功能已遭受破坏的单元制定相应预防和修复方案。三是明确规划传导与实施保障等相关内容。发挥专项规划对详细规划的约束和指导作用，解决与自然保护地等相关专项规划的衔接模式问题，明确实施机构主体、职责划分、监督保障措施等，以提高生态碳汇用地专项规划的执行力。

（三）实体层面的入法路径

1. 合理分配（私）权利与（公）权力

私权利涵盖了一切不为法律明文禁止的个人行为，土地利用私权利是权利束集合，包括对土地进行占有、使用、收益等物权及租赁债权。在“公地悲剧”理论下，人们都在追求自我利益的最大化，私权利的恣意行使必然导致权利的混乱与冲突以及对公共利益的损害。在社会契约论下，为维护和实现公共利益，规避市场失灵、土地的负外部性等负面影响，由土地利用私权利的让渡和认可而产生规划公权力,并通过法律赋予行政机关规划权对土地资源进行配置与谋划。[1] 公权力天生具有自我扩张性,在公权力的不断膨胀下,私权利必将受到挤压与侵蚀。因此为保证个人利益和社会利益的最大化,须利用法律的强制力与约束力确认公权力的行使边界,使私权利与公权力维持一定的张力。

着眼于国土空间立法下的生态碳汇用地制度,要想通过法治实现私权利与公权力的相互耦合:一方面是要赋权,即解决权属争议问题。从权利本位理念出发,有必要确认和保障公众的自然资源权利、空间权利。[2] 以上文所讨论的林业碳汇权为例,有必要通过立法确认碳汇增益供给者的法律权利,明晰林业碳汇权之准物权属性,即在碳汇项目中,林业碳汇权利可以基于林地使用权流转并与所有权相分离,可以作为独立权利存在。[3] 确权的目的在于对公民、政府、企业的权利(力)进行合理分配,为权利(力)的行使提供正当依据与保障,当权利(力)发生冲突时,受侵害一方有权得到法律救济与补偿,如生态补偿机制就是针对为国土空间自然资源的开发保护与管理作出"牺牲权利"的相关主体而建立的。具体的林业碳汇权入法路径可以考虑修改《森林法》对其予以确认,并以此为契机,盘活林业碳汇交易市场,推动绿色金融的发展。另一方面要控权,[4] 即设计合理的"制度笼子"对公权力进行制约。公权力行使的合法边界即公共利益,这种公共利益必须能够还原为社会中不特定公民能够享有的共同利益,为此需要制定明确的公共利益判断标准与权利滥用的惩治措施以禁止公权力的无限扩张。长远来看,生态碳汇用地所带来的气候调节功能和环境利益当然属于公共利益范畴,为防止行政机关以公共利益之名过度侵蚀个人权益,此时法律必须起到利益衡量天平的作

---

[1] 参见李扬章:《试论土地利用总体规划编制程序的完善——提高程序的民主性》,载《中国土地科学》2010 年第 12 期。

[2] 参见王向东、刘卫东:《土地利用规划:公权力与私权利》,载《中国土地科学》2012 年第 3 期。

[3] 参见陈英:《林权改革视域下林业碳汇供给增益者权利的法律确认研究》,载《中国政法大学学报》2020 年第 3 期。

[4] 参见吕忠梅:《自然保护地立法基本构想及其展开》,载《甘肃政法大学学报》2021 年第 3 期。

用,因此在国土空间立法框架中应当制定明确的规则,〔1〕如明确规定土地划定为生态碳汇用地的条件、制定多数利益相关人同意原则以及规定相关利益主体补偿救济措施。

2. 明确国家义务与公民义务

借用美国环保领域的公共信托理论,国家与政府作为"受托人"具有对公共属性的自然资源进行管理的权利的同时应当承担的环境保护之义务,公民作为"委托人"在享受环境公共利益的同时,也应当积极履行义务,承担起主体责任。〔2〕行政机关作为国家权力的执行者,是保障碳汇用地生态服务功能最重要的主体,负有依法履行环境职责、编制与实施规划的义务。伴随着现代化法治的发展,社会治理对复合、多层次义务体系的需求逐渐放大,即要求各种社会力量的理性参与,如《土地管理法》中要求使用国有土地和农民集体所有的土地的单位和个人负担"保护、管理和合理利用土地"的义务,《环境保护法》中要求公民"自觉履行环境保护义务",并"采取低碳、节俭的生活方式"。生态碳汇的公共利益属性催生了公众参与制度的应然性需求,通过公众参与打破规划公权力的刚性、单方面的决策模式,使规划从工具理性向民众的认知理性转移,〔3〕是在政府和市场的"双重失灵"状况下维持规划平稳运行的不可或缺的保障。然而由于"搭便车"和"经济人"思想,公众倾向于消极履行环境义务,因此有必要完善公众参与的制度建设以促进多元化主体积极参与到空间治理与减排增汇中来。〔4〕

为回应"双碳"目标对公众参与制度的需求,生态碳汇用地相关条款中应当写入诸如"公民依法享有获取碳排碳汇信息、参与和监督生态碳汇用地保

〔1〕 参见张京祥:《公权与私权博弈视角下的城市规划建设》,载《现代城市研究》2010年第5期。

〔2〕 参见朱道林、张立新、郧文聚:《规划管制的逻辑与规则:公权与私权的制衡》,载《规划师》2021年第15期。

〔3〕 参见李琳莎、王曦:《公共信托理论与我国环保主体的公共信托权利和义务》,载《上海交通大学学报(哲学社会科学版)》2015年第1期;徐瑾、王川、石肖雪:《国土空间规划体系中公众参与的法律制度研究》,载《规划师》2020年第23期。

〔4〕 参见周子航、张京祥、王梓懿:《国土空间规划的公众参与体系重构——基于沟通行动理论的演绎与分析》,载《城市规划》2021年第5期;马波:《论政府环境责任法制化的实现路径》,载《法学评论》2016年第2期。

护的权利”“公众应当采取绿色低碳的生活方式，自觉履行生态碳汇用地保护与监督义务”等内容，并通过设置奖惩机制激励公众自觉履行提升生态利益的义务。

3.法律责任的设定

环境法律关系具有多重性，兼具公法和私法的复合性特征。生态碳汇用地之法律责任包含行政机关、单位、个人多种主体，既包括因生态破坏和环境污染行为而产生的民事侵权责任和生态环境损害赔偿责任，也包括因违法犯罪而受到制裁的刑事责任和行政责任。在生态碳汇用地法律责任设定上，并非三种责任的简单叠加，还需要考虑到与《刑法》《民法典》《行政诉讼法》等多部法律的衔接以及国土空间规划体系法律责任的内部统一性问题。

结合上文对法律责任设定难题的梳理，生态碳汇用地法律责任框架体系可以安排如下：

一是民事责任设定方面。《民法典》创造性地将生态环境损害和一般环境侵权共同纳入侵权责任编，并在《生态环境损害赔偿制度改革方案》指导下，重点推进生态环境损害赔偿制度的构建：明确行政机关作为生态环境损害赔偿的权利人，应当向义务人提起生态损害赔偿磋商和诉讼。其作为一种更加积极的救济制度，能够发挥出落实政府主体责任和弥补环境司法救济缺失的重要作用。在具体入法路径上，一方面生态碳汇用地之环境侵权责任与生态环境损害责任应当通过指引性条款指向《民法典》侵权责任编的规定；另一方面应当对生态环境损害赔偿责任作出补充性规定，如生态碳汇损失的责任主体、赔偿与修复方案规则等。〔1〕

针对上文所述生态功能修复成本大和替代性修复效果差的问题，其一是应当完善生态环境损害磋商程序，以期通过平等洽商达成合议，有利于生态损害者自动履行赔偿或修复义务；其二是建立生态环境损害资金保障措施，如开展环境责任保险，通过转移风险，降低义务人负担，减少政府环境压力；其三是健全生态环境鉴定评估技术政策，包括清晰界定责任主体、明确赔偿

---

〔1〕 参见钭晓东：《论新时代中国环境法学研究的转型》，载《中国法学》2020年第1期。

或修复资金计算规则、替代性修复方案评价体系等。

二是行政责任设定方面。生态碳汇用地之行政责任应当遵循国土空间规划基本法共同性的行政制裁条款。为破解行政问责中的障碍,其一是建立责任清单制度,如针对问责对象的执行义务、管理义务和政治义务建立相应的归责清单,使之更为有效地监督行政机关对职责的履行;其二是拓展司法审查之路径,《行政诉讼法》对规范性文件附带审查制度进行了规定,预示着国土空间规划的合法性也应纳入司法审查的范畴,虽然目前仅限于与具体行政行为直接相关的专项规划,但是今后有希望其拓展至详细规划等更多类型与层级,以弥补事前救济机制的不足。〔1〕

三是刑事责任设定方面。生态碳汇用地的刑事责任应与刑法中破坏环境资源保护罪相衔接,将生态碳汇用地制度法定化后,生态碳汇用地核心区可以作为"重点保护区域"从而得到刑法的有效保障。其次在追究刑事责任方面,应厘清环境民事诉讼与刑事诉讼顺序问题,按照学者观点,采用先民后刑的模式有利于生态环境的及时修复与生态损害人义务的履行。

(四)程序层面的入法路径

在明确生态碳汇用地法律制度的实体性内容后,国土空间规划立法框架中还应当对规划中的程序性内容进行规定,其编制、实施与监督的过程必须符合法定程序。

首先,国土空间规划编制程序中应当兼顾生态碳汇用地。国土空间规划法中应当明确规划编制的原则、主体、流程、重点等制度内容。具体来说:首先,在原则方面,规划应当体现"生态优先、绿色低碳",并且要求在国土空间"双评价"的基础上,体现战略性、科学性、协调性与实施性。考虑到生态碳汇用地规划编制的特殊性,为避免条块分割,其草案的拟定应在人民政府的主导下,由自然资源部会同生态环境部联合起草,一并征询专家建议和公众意见;同时立法中还应当明确总体规划、专项规划、详细规划的控制性指标和基

---

〔1〕 参见曹明德:《〈民法典〉生态环境损害赔偿条款法理辨析》,载《法律科学(西北政法大学学报)》2022年第1期。

本控制线，在市、县级生态碳汇用地规划中划定生态碳汇保障线、分类分区的范围边界并制作生态碳汇用地名录。

其次，应当加强国土空间规划的实施环节中生态碳汇用地保护的监管。生态碳汇用地规划的实施的重点在于明确“谁来管”和“怎么管”两大问题，以厘清部门事权和避免推诿扯皮。一是“谁来管”问题。生态碳汇涉及多机构多学科，既要有土地管理也要有碳汇监测管理，既要兼顾生态碳汇公益林的生态服务功能又要兼顾林业碳汇项目的经济效益。因此需要实行多元联动，立法中应当明确由自然资源部统一行使生态碳汇用地规划职责和生态保护修复职责，包括生态碳汇用地的划定、分区、控制指标以及生态修复等规划性内容，由生态环境部行使生态碳汇用地区域内碳汇监测以及碳交易市场管理职责，包括利用地理信息系统（GIS）等现代化技术建立碳汇基础信息平台、跟踪汇报异常碳汇活动、制定林业碳汇项目准入和退出标准等，同时应会同金融部门共同拟定碳汇价格以及发行相关生态碳汇金融产品。其中跨区域设立的生态碳汇用地应由多辖区行政机关共治。二是“怎么管”问题。生态碳汇用地作为碳汇的载体，属于非建设空间，立法应明确采用“约束指标+分区准入”方式进行管控，并要求及时做好区域内各类自然资源产权的确权登记，并按照载体产权、载体使用权、产品经营权三个环节来开展，〔1〕使碳汇权与其他林权独立开来。

最后，应当建立起全过程多主体合作的国土空间规划监督体系。其中既要依靠行政体系的内部监督，也要依靠公众的外部监督。其一，依托于业已成熟的土地督察制度和环境督察制度，将生态碳汇用地规划纳入督察内容。自然资源部办公厅下发的《关于加强国土空间规划监督管理的通知》中已经明确要求将国土空间规划执行情况纳入自然资源执法督察内容，以及对规划的编制审批与实施、规划许可等内容进行全周期的监督管理，并且第二轮第三批中央生态环境保护督察重点内容中已经纳入了“双碳”目标落实情况，要

---

〔1〕 参见何明俊：《对控制性详细规划司法审查及影响的探讨》，载《城市规划》2020年第11期。

求严控高耗能、高排放项目。在此基础上，应该建立健全碳汇监测核算体系，[1]并在立法中将生态碳汇用地规划执行情况与碳汇监测纳入自然资源与生态环境督察范畴，以规范生态碳汇用地保护督察工作和压实保护责任。同时，应当在规划的全过程中强调党政同责、一岗双责、终身追责，建立考核评价制度和内部激励机制，明确从责任到义务的问责程序，如制定责任清单，并严格按照《党政领导干部生态环境损害责任追究办法（试行）》对失职人员进行环境问责。完善领导干部自然资源资产离任审计制度，以落实"双碳"目标和建设生态文明社会为审计目标，涵盖行政区内的生态碳汇用地管理情况、生态碳汇用地规划落实情况以及生态碳汇存量资源与负债表等相关方面的审计内容，明确审计标准与问责办法。

其二，建立健全信息公开与公众参与制度，赋予公众监督、检举的权利。可以借鉴荷兰《环境与规划法》与《行政法通则》中公众参与制度的有关规定，其明确了在规划全过程中的公众参与前置程序并对公众参与范围进行了限定，同时规定通过环境文件、数字环境与规划法规平台（DSO）等多形式推进政府与社会之间的信息交互。[2] 因此，在立法层面上除了明确公众的知情权、参与权和检举权，引导公众转变角色，还应当进一步明确公众参与的具体程序性内容，包括时间、参与条件、范围、形式和申诉救济机制等。首先应当在立法中明确公众的全过程参与，不仅包括规划的实施与管理过程，还包括前期的调查、规划起草等，适当让公众参与程序前置，此过程中强化信息公开是重要的一步，应当采用更加透明的信息公开方式，如建立数字平台，使公众有权查阅生态碳汇用地相关信息（选址、面积、碳汇核算监测数据等）。其次应根据空间尺度设置不同的公众参与标准与灵活的参与形式，其中包括参与的条件、范围、规模等限制，尽可能纳入多元化主体，包括直接或间接利益相关人、碳交易市场相关负责人、非政府组织等第三方机构。

---

[1] 参见林坚、武婷、张叶笑等：《统一国土空间用途管制制度的思考》，载《自然资源学报》2019年第10期。

[2] 参见张书海、李丁玲：《荷兰〈环境与规划法〉对我国规划法律重构的启示》，载《国际城市规划》2022年第1期。

四、结语

本文立足于“双碳”目标，在国土空间规划立法的框架下，提出了“生态碳汇用地”这一创新概念，阐述了制定生态碳汇用地规划的重要性与迫切性。为了在未来的国土空间规划立法中贯彻落实生态碳汇用地的保护目标，发挥法律制度的保障作用，通过阐释国土空间规划立法保障生态碳汇用地的法理依据与具体路径，以期为立法提供理论支撑。目前“国土空间开发保护法”的立法进程正在有序推进，国土空间规划相关规定大概率将作为专章纳入其中。这也给生态碳汇用地的专项规划与开发保护环节相衔接提供了契机，系统做好生态碳汇用地的规划、保护、开发利用的立法设计应当是“国土空间开发保护法”的一项重点工作。

地上地下空间开发利用法治研究*

毕　健　毕阳东**

摘　要:我国目前地上地下空间开发利用法治体系存在法律位阶过低、内容不完善、可操作性不强、偏重行政管理等缺陷,难以适应社会经济高质量可持续发展的需要。地上地下空间开发利用具有不占耕地提升空间容量、盘活存量资产增加整体效益、改善基础设施缓解交通压力、地上地下空间建成后改建重建成本居高不下、地上地下空间开发利用必须利用地表空间等特点。全国人大应当单独制定一部完整的"地上地下空间开发利用法",同时配套制定单行法规、规章,构建我国的地上地下空间开发利用法治体系;各省市自治区也可先行制定地上地下空间开发利用的综合性地方性法规及其配套的规章、规范性文件,促进地上地下空间开发利用。地上地下空间开发利用法治体系应当主要包括地上地下空间的民事权利制度、行政管理制度、开发利用促进制度、监督检查制度等。

关键词:地上地下空间　开发利用特点　法治体系建设

党的二十大报告强调全方位夯实粮食安全根基,牢牢守住18亿亩耕地红线,确保中国人的饭碗牢牢端在自己手中。[1] 加强耕地保护,地表建设用地资源将日益稀缺,经济社会的迅猛发展对建设用地的需求与供给之间的矛

* 获2022年12月第四届国际自然资源法治论坛三等奖。

** 毕健,贵州贵达律师事务所高级(管理)合伙人、考监委主任,兼任贵州省人民政府立法咨询专家、贵州省司法厅规范性文件审查专家、贵州省法学会能源资源法学研究会副会长兼秘书长等社会职务;毕阳东,上海海事大学法律硕士研究生。本论文在贵州省法学会行政法学研究会"中国式现代化贵州省实践的法治保障"征文活动中荣获二等奖。

〔1〕 参见习近平:《高举中国特色社会主义伟大旗帜　为全面建设社会主义现代化国家而团结奋斗——在中国共产党第二十次全国代表大会上的报告》,载中华人民共和国中央人民政府网,https://www.gov.cn/xinwen/2022-10/25/content_5721685.htm。

盾不断加剧等问题日益突出,社会发展面临越来越大的地表空间制约和挑战,开发利用地上地下空间提升空间容量,已经成为当代社会发展的必然选择。根据中国城市规划学会的《2021 中国城市地下空间发展蓝皮书》[1]报告,截至2020年底,中国(未含香港、澳门特别行政区和中国台湾地区)城市地下空间已累计开发24亿平方米。2020年中国城市地下空间新增建筑面积约为2.59亿平方米,同比增长约为0.78%,新增地下空间建筑面积(含轨道交通)为同期城市规划总建筑面积竣工规模的22%。从历年城市地下空间相关法规政策统计中可以看出,中国城市地下空间法治建设从1997年颁布的《城市地下空间开发利用管理规定》部门规章开始,历经城市层面的规模管理到轨道交通、综合管廊、地下停车等功能设施建设的分类精细化管理,城市地下空间法治体系不断发展完善。但是,我国目前地上地下空间开发利用法治体系建设存在诸多缺陷,难以适应社会经济高质量可持续发展的需要。

一、地上地下空间开发利用法治建设的现状

我国地上地下空间开发利用的法律体系正在趋于完善。1995年原国家土地管理局发布的《确定土地所有权和使用权的若干规定》第54条等对地下设施占用地下空间的土地权属确认问题进行了规范;1996年颁布的《人民防空法》(已被修改)第14条、第15条、第18条和第22条等规定,针对地下人防工程的建设、管理进行了规范;此后,地下空间开发利用的法治建设进入快速发展阶段,《2021 中国城市地下空间发展蓝皮书》将其分为法治初探、探索实践、全面提升三个阶段[2](见图1)。

---

〔1〕 陈嫡:《〈2021 中国城市地下空间发展蓝皮书〉出炉》,载微信公众号"中国城市中心"2022年1月22日,https://mp.weixin.qq.com/s/yzaOErcxM3wUKLpTjcGZ-g。

〔2〕 参见宋嘉淇、朱亚龙:《北京城市总体规划改革研究》,载《城市建筑》2019年第13期。

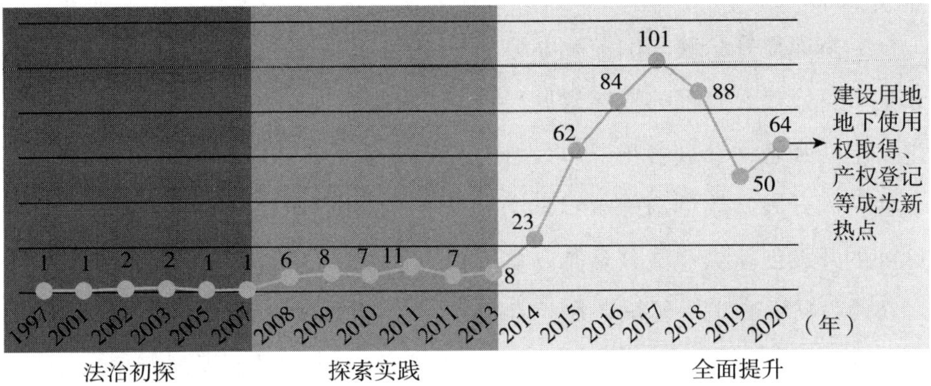

图 1　中国城市地下空间法治建设发展阶段及历年相关法规政策统计

（一）我国地上地下空间开发利用法治建设的三个阶段

1. 法治初探阶段。1997 年原建设部颁布的《城市地下空间开发利用管理规定》较系统地对城市地下空间规划、建设、管理等问题进行了规范，2001 年进行了修正。上海市人民政府于 2006 年 7 月 20 日印发了《上海市城市地下空间建设用地审批和房地产登记试行规定》，其中第 8 条、第 9 条等规定对城市地下空间建设用地使用权的取得及其登记、建筑物所有权的登记等问题进行了规范，探索突破了《确定土地所有权和使用权的若干规定》规定的地下空间建设用地使用权为他项权利性质和地下空间建（构）筑物的所有权性质。

2. 探索实践阶段。2007 年 3 月 16 日第十届全国人民代表大会第五次会议通过的《物权法》（已废止）第 136 条规定了"建设用地使用权分层设立原则"，明确可以设立地上或者地下空间建设用地使用权的用益物权。2007 年 9 月 21 日原国土资源部第 3 次部务会议修订的《招标拍卖挂牌出让国有建设用地使用权规定》第 2 条明确规定了地上或者地下国有建设用地使用权的取得程序。2008 年 1 月 3 日国务院《关于促进节约集约用地的通知》"鼓励开发利用地上地下空间"。我国各地方人大、政府也结合地方制定了一系列有关地下空间开发利用的地方性法规、规章、规范性文件，江苏省苏州市人民政府于 2011 年 6 月 7 日还发布了《苏州市地下（地上）空间建设用地使用权利用和登记暂行办法》，不断探索实践地下空间开发利用的地下国有建设用地使用权、建(构)筑物的所有权的取得登记程序和规划、建设、使用管理等。

3. 全面提升阶段。国务院办公厅于2014年6月3日印发《关于加强城市地下管线建设管理的指导意见》,要求“统筹城市地上地下设施建设,做好地下空间和管线管理各项具体工作”。2015年9月30日国务院《关于苏州工业园区开展开放创新综合试验总体方案的批复》“原则同意《苏州工业园区开展开放创新综合试验总体方案》(以下简称《方案》),请认真组织实施”。2016年11月29日《国务院关于印发“十三五”国家战略性新兴产业发展规划的通知》、2017年1月3日《国务院关于印发全国国土规划纲要(2016—2030年)的通知》、2017年3月22日《国务院关于落实〈政府工作报告〉重点工作部门分工的意见》、2018年6月28日《国务院办公厅关于进一步加强城市轨道交通规划建设管理的意见》,以及2020年5月28日第十三届全国人民代表大会第三次会议通过的《民法典》第345条“建设用地使用权可以在土地的地表、地上或者地下分别设立”的规定,再次明确规定可以设立地上或者地下空间建设用地使用权的用益物权。上海、天津、深圳、武汉、苏州等地纷纷出台和/或修订了与地下空间开发利用相关的地下国有建设用地使用权、建(构)筑物的所有权的取得、登记程序和规划、建设、使用管理等的地方性法规、规章、规范性文件,促进地下空间开发利用。2019年8月26日第十三届全国人民代表大会常务委员会第十二次会议修正的《土地管理法》规定更加严格的耕地保护和征用农用地条件后,根据《2021中国城市地下空间发展蓝皮书》报告,如图2所示:2020年颁布了有关城市地下空间法律法规、规章、规范性文件共64部,较2019年略有上升,增加了14部。

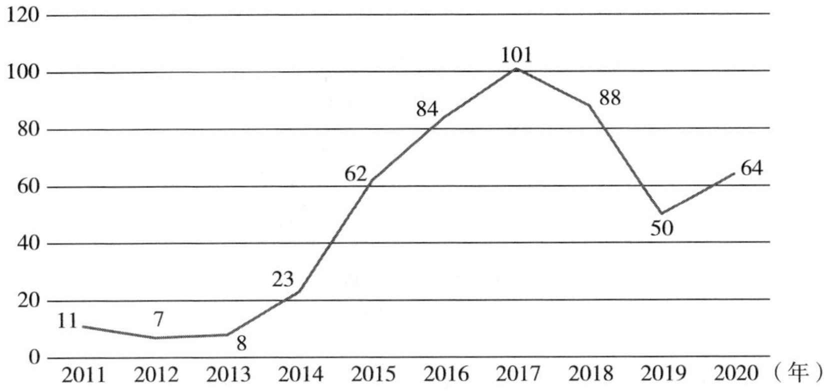

图 2　2011—2020 年中国城市地下空间法治建设相关法规政策统计

（二）2020 年城市地下空间法规政策分析

1. 适用层次分析。如图 3 所示：依据 2020 年颁布的城市地下空间法律法规、规章、规范性文件的适用范围，政策法规适用于全国的共 4 部，约占 6%；适用于直辖市、省、自治区的共 9 部，约占 14%；适用于地级市、州的共 44 部，约占 69%；适用于区、县（县级市）级的共 7 部，约占 11%。

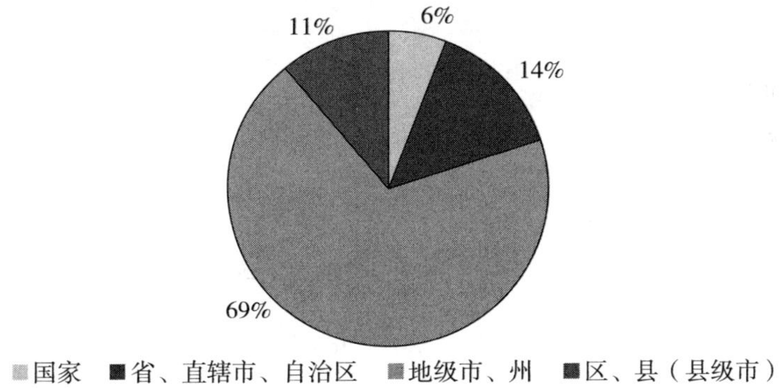

图 3　2020 年涉及城市地下空间的法规政策适用层次分析

2. 效力类型与发布主体分析。2020 年，未出台涉及城市地下空间的法律法规及部门规章；出台的地方性法规 3 部，占总数量的 5%；出台的地方政府规章 17 部，占总数量的 26%；出台的各类规范性文件共 44 部，占总数量的 69%。见图 4：

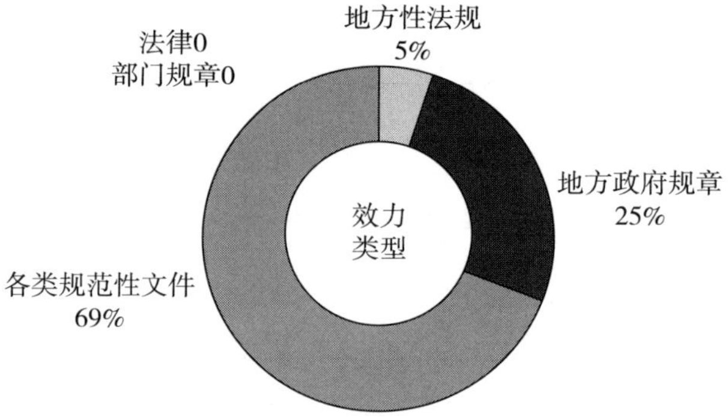

图 4　2020 年涉及城市地下空间的法规政策的效力类型

2020 年有关城市地下空间法律法规、规章、规范性文件的颁布主体分别为国务院各部委、地方人大(常委会)、地方人民政府,其中地方人民政府共颁布 57 部,约占全年颁布总数量的 89%。见图 5:

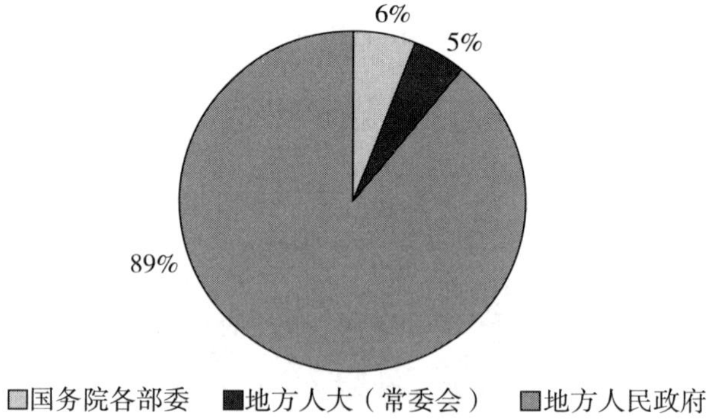

图 5　2020 年涉及城市地下空间的法规政策的发布主体

3. 主题类型分析。如图 6 所示,2020 年颁布的有关城市地下空间的法律法规、规章、规范性文件主题类型可分为四类。其中,直接针对城市地下空间开发利用管理的共 11 部,较 2019 年增加 4 部,主要原因是部分城市对地下空间开发利用管理规定作出了修订。颁布数量最多的类型依然是地下空间设施建设管理,设施类型为轨道交通、综合管廊、地下管线等,数量较 2019 年略有提升,数量占比由 52% 上升到 55%,这与地下市政基础设施政策调控关系密切。

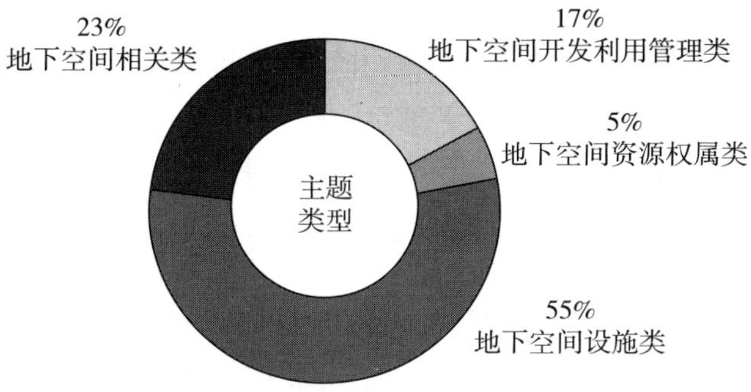

图6　2020 年涉及城市地下空间的法规政策的主题类

2020 年,住房和城乡建设部发布《关于加强城市地下市政基础设施建设的指导意见》(建城〔2020〕111 号),加强了城市地下市政基础设施建设安全管理,明确排查治理安全隐患,健全风险防控机制,同时,制定了开展地下市政基础设施普查,掌握设施实情的任务要求。因此,2020 年地下空间设施建设管理类主题的地下空间的法规政策增多。

(三)我国地上地下空间开发法治体系的不足

在《2021 中国城市地下空间发展蓝皮书》中有关地下空间合理利用法治社会的问题与剖析的基础上进行分析,中央政府以及多数地区均力图颁布合理规范,以推动城市地下空间的合理利用,多带有创造性与探索性特色。大致可分成两种:第一种是关于地下空间利用的各种政府监管方面的规定。这种规定还包括了在地下空间开发利用工程建设过程中所涉及的城市规划、项目立项、施工管理、设施使用维护、政策扶持、行政法律责任等各项内容。第二种为针对地下空间开发利用的民事权利问题的规范。这种规范包括了地下空间的土地所有权的设定、取得、流转、登记,地下空间建(构)筑物所有权的取得、流转、登记,相邻权的取得、保护,以及地下空间建设用地使用权、建(构)筑物所有权使用权的限制、民事法律责任等各项内容。中央各部门和地区政府长期以来围绕着地下空间的利用出台了大量规范性文件,并研究、构建了具有我国特色的关于地下空间利用的法治体系,有力地推动了中国地下空间的综合利用。尽管如此,中国目前地上地下空间开发利用的法治水平与当前中国地上地下空间开发利用实际的法治需要相比,还有着很大差距。但总体来说,中国的地上地下空间开发利用法治体制还有较多缺陷。

1. 我国目前关于地上地下空间利用的法律规范位阶过低。目前仅有的《民法典》和《人民防空法》两部法律对“地上地下空间建设用地使用权”和“地下人民防空工程”两个主要问题作出了原则性规范。其余的地上地下空间开发使用的规范,除了原建设部的《城市地下空间开发利用管理规定》外,都是由地方人民代表大会或当地政府会议通过的地方性法规、条例。中国目前对国土地表的开发利用,已建立比较完善的专门法治体系,国家制定了《民法典》《土地管理法》《城市房地产管理法》《城乡规划法》等一系列法律,但是,各地方在制定有关地上或地下空间开发利用的规范时,往往找不到上位法根据,从而需要进一步探索不违反上位法规定的相应的新规范。这些现象,也就直接造成了目前关于我国地上地下空间开发利用的规范性文件中许多缺乏上位法依据且有利于地上地下空间开发利用的新政策、新标准都无法明确,因而不得不采用模糊、规避的方式,而缺乏可行性。

2. 我国关于地上地下空间开发与利用大多以行政机关制定的相关行政法规为主,而民事法律制度尚不健全。因此地上地下空间开发利用的法制体系分为纵向国家行政管理法治体系和横向民事权利取得、行使法治体系两个方面。由于目前的地上地下空间开发与利用规范多是地方性法规、条例以及有关法律规范性文本,草拟人、制定者也多是当地各级、各地政府机关,行政机关从各自工作实际需要考虑草拟、出台新的有关法律规范性文本以及调整有关内容,所以自然主要侧重于地方政府部门及其机关关于地上地下空间开发与利用方面的行政管理工作。因为地上地下空间使用权又是一项价值巨大的民事财产权利且建设成本较大,所以如果政府要想吸纳大量社会资金进行地上地下空间开发等工程建设,就需要保护社会投资者在地上地下空间的土地使用及其建(构)筑物权利,并制定相应的交易规则。然而地上地下空间土地使用及其建(构)筑物权利和中国现行法律体系中的地表土地使用及其建(构)物权利具有一些差别,并不能简单地适用现有的土地地表使用及其建(构)筑物权益的民事法律规范。例如,地上地下空间多层建(构)筑物的层高是否限制,每层是否像地表建(构)筑物一样分摊土地使用权？在集体所有的土地范围内设立地上地下建设用地使用权是属于集体建设用地使用权还是国有建设用地使用权？如何进行交易？等等。由此，一些地区在开展地上地下空间开发利用过程中，投资方无法确定其土地使用及其建（构）筑物权利的性质，从而无法进行贸易、投资，极大地削弱了民营资金投入地上地下空间开发利用的积极性。

3. 当前各类地上地下空间开发利用法律法规过于模糊，不能契合地上地下空间开发特点，缺少可操作性。如苏州市2011年的《苏州市地下（地上）空间建设用地使用权利用和登记暂行办法》第2条规定，"建设用地使用权根据规划利用空间界限，除设立地表建设用地使用权外，可分层设立地下、地上空间建设用地使用权"。天津、广东、浙江、福建、江苏等省市最新修订的土地管理条例几乎照搬上位法的规定，也都没有就地上地下空间具体如何分层设立建设用地使用权进行规定，仍然过于宽泛模糊，难以适用，导致执行困难。而有些规定："发改、人防、住建、园林绿化、公安、生态环境等有关部门按照各自职责，做好地下、地上空间开发利用相关管理工作。"[1]上述条文使用了"等有关部门""按照各自职责""相关管理工作"等一系列"不确定概念"。还有规定："在土地使用权利用状况复核前，可暂不办理地下空间建设用地使用权首次登记。"[2]"可暂不"是"可"与"不可"之间"模棱两可"的规定。这些"不确定概念"和"模棱两可"的规定，含义模糊而不确定，为相关机关的"不作为"和"乱作为"留下了极大空间。再有规定："独立地下空间项目的地下建设用地使用权的最高出让年限，应当按照土地管理相关规定确定的用途类别分别确定。"[3]造成上述问题的原因，一方面，是相关政府部门没有从实际出发，科学立法；另一方面，也是受制于相关政府部门和各级地方的立法权限问题。地上地下空间开发和当前以地表为中心的土地开发存在较大差异，若

---

〔1〕《苏州市地下（地上）空间建设用地使用权利用和登记暂行办法》（2011年6月7日苏府规字〔2011〕8号文发布　根据2021年7月25日苏府规字〔2021〕7号文修正）第5条第2款。

〔2〕《苏州市地下（地上）空间建设用地使用权利用和登记暂行办法》（2011年6月7日苏府规字〔2011〕8号文发布　根据2021年7月25日苏府规字〔2021〕7号文修正）第14条第2款第2项。

〔3〕《武汉市地下空间开发利用管理暂行规定》（2013年5月8日武汉市人民政府令第237号发布　2021年3月23日第一次修改　2022年10月4日第二次修改）第14条第1款。

想对其进行有效规范则势必需要对现有土地开发的“法律”依法作出具有科学性、可行性的规定。

4. 缺乏对农民集体所有土地地上地下空间开发利用的相关规范。2019年新修正的《土地管理法》和中央政策确保粮食安全对农转用、征用农民集体土地予以更加严格的控制,可开垦土地又极为有限且与促进乡村振兴和城镇一体化建设对建设战略用地的需求之间的矛盾日益突出,加之农民集体经营性建设用地使用权入市的稳步持续推进,加大农民集体所有土地的地上地下空间开发利用已经成为必然趋势,但相关规范却并未涉及这一问题。需要对农民集体所有土地的地上地下空间建设用地使用权的性质进行界定,鼓励、促进农民集体所有土地的地上地下空间开发利用,保障乡村振兴和城镇一体化建设战略的顺利实现。

5. 针对地上空间开发利用的民事、行政管理问题进行规范的法律法规数量少、层级低。苏州市人民政府 2011 年 6 月发布的《苏州市地下(地上)空间建设用地使用权利用和登记暂行办法》创新探索了关于地上空间建设用地使用权利用和登记的规定,南宁市于 2015 年 1 月 1 日正式实施的《南宁市地上地下空间建设用地使用权审批与确权登记暂行办法》和 2021 年 2 月重新制定的《南宁市地上地下空间建设用地使用权开发利用管理办法》均对地上空间建设用地使用权分层设立、登记,以及出让价款评估等进行了规定,其他省市极少对地上空间开发利用的民事、行政管理进行规范。而且,省级的地方性法规几乎没有对地上空间建设用地使用权分层设立、登记以及规划、工程管理等的规范,现有的规范层级都较低,难以适应社会发展对地上空间开发利用权利保护和管理规范的需要。

6. 已有法律法规中针对民事、行政管理问题的内容不完善。已经实施的法律和大部分地方性法规、规章等对已经建设的数以亿万平方米计的地下停车场、商场以及自然存在的溶洞等地下空间,和已经建设的十字路口、横跨道路天桥商场等地上空间很少有制定民事、行政管理方面的规范,致使这些地上地下空间物权的转让、抵押等流转不畅,地上地下空间的物权效用没有很好地发挥出来,使用管理也缺乏规范。

二、地上地下空间开发利用的特点

地上地下空间开发利用具有显著的特点，与地表开发利用迥然不同，科学、全面地认识地上地下空间开发利用的特点对于相关法治体系构建具有决定性意义。

（一）不占地表耕地提升空间容量

人类对美好生活的愿望和不断提高生活质量的追求，导致我们的生活空间不断压缩，特别是在促进城市发展过程中由于城市化不断扩大所引起的人口激增，需要的建设用地数量也同步激增，这导致地表耕地资源逐渐减少，严重影响人类赖以生存的粮食安全，人类生存面临危机。因此，地表耕地减少的问题日益凸显。党的二十大报告强调全方位夯实粮食安全根基，牢牢守住18亿亩耕地红线，确保中国人的饭碗牢牢端在自己手中。[1] 加强耕地保护，既要牢牢守住18亿亩耕地红线，又要促进城乡一体化建设，不断满足人们对美好生活的愿望和不断提高生活质量的追求，其主要矛盾就是地从何处来？诚然，我国的航空航天技术日趋成熟，但是目前距离想要搬迁到月球、火星等其他适宜人类居住的星球的那一天还很遥远。所以我们应该立足脚下，从当下至未来的很长一段时间里只能从地上地下寻找建设用地的空间。在地下空间开发利用方面，从1863年伦敦建成世界上第一条地铁[2]开始，国外地下空间的发展已有150多年的历史，经过一系列探索、研究和实践，发达国家城市的地下空间开发利用已经从雏形发展到相对成熟。在我国，地下空间的开发利用也颇具渊源，东汉永平年间在今陕西褒城采用古老的“火煅石法”凿了长14米、宽3.95~4.25米、高4~4.75米的石门隧洞褒斜道，开发了世界最早人工开凿可通车的地下隧道空间[3]；北京中关村西区营造全国

---

〔1〕 参见史浩明：《我国地下空间开发法制体系的反思与完善》，载《苏州大学学报（哲学社会科学版）》2017年第5期。

〔2〕 陈汝宁：《世界上第一条地铁诞生记》，载腾讯网，https://new.qq.com/rain/a/20200110A032LA00。

〔3〕 参见邵继中：《人类开发利用地下空间的历史发展概要》，载《城市》2015年第8期。

当时最大的立体交通网，创立了“综合管廊 + 地下空间开发利用为商业 + 地下车行环廊”三位一体的地下综合构筑物模式〔1〕；至2020年中国城市地下空间累计建设达24亿平方米，特别是树立地下功能开发样板，将在地上地下打造“两个雄安”〔2〕的地下空间开发利用的探索、研究和实践。无论是规划、施工技术还是管理措施都已经形成了一套相对成熟的体系。由此，充分展现了地上地下空间开发利用的技术成熟，具有不占地表耕地提升空间容量、拓展城乡发展空间的重要意义，是既要牢牢守住18亿亩耕地红线，又要促进城乡一体化建设，不断满足人们对美好生活的愿望和不断提高生活质量的追求的有效途径。全社会都应当高度重视地上地下空间的开发利用，尤其是行政机关，应当换新思维，采取新方法，慎用像以前将耕地规划调整到荒山、高价购买占补平衡耕地指标等方式来换取建设用地指标。

（二）地上地下空间建成后改建重建成本可能居高不下

地上地下空间的开发利用会影响周围的地质环境，如果建成后需要改建重建，可能需要重新设计建设出入口、排风口、安全通道等，可能还会改变承重结构，改建重建的成本可能居高不下。例如，我国在20世纪六七十年代建设了许多地下防空工程，当时主要是为了应对战争防空需求，未考虑其他的社会经济功能。随着战争防空需求的消退，许多地下防空工程由于不能适应其他社会经济需求、再行改建重建的成本巨大等，目前往往处于闲置状态。

（三）地上地下空间开发利用必须利用地表空间

不使用地表空间，地下空间的建设、使用就如同无源之水，无本之木。所以，地上地下空间的建（构）筑物的建设、使用均需要经过地表空间，必须使用地表空间。故，需要科学、合理地规定地上地下空间开发利用过程中如何利用地表空间。

（四）地上地下空间开发利用范围广泛，开发成本和效益不同

地上地下空间开发利用范围可以分为两大类来梳理：

---

〔1〕 参见齐康：《城市地下空间发展》，载道客巴巴2017年3月18日，https://www.doc88.com/p-0651398931739.html。

〔2〕 参见《雄安开展万米地下调查：地上地下将打造两个雄安（2）》，载中华网，https://news.china.com/domestic/945/20170626/30829865_1.html。

1. 存量的地上地下空间开发利用。

(1)已经建成的地下停车场、地下商场、桥上商场等没有进行产权登记的,进行产权登记后,赋予其物权,便于其流转、抵押担保融资;

(2)对地下开采矿产资源的矿井、巷道等,进行产权登记后,赋予其物权,让其便于与采矿权一起流转、抵押担保融资;

(3)已经建成的桥梁进行地上空间产权登记后,在不影响桥梁安全使用的情况下,可释放地表空间供开发利用(见图7、图8);

图7　地上空间桥梁

图8 桥梁下地表空间利用

（4）已经建成的楼顶，设置地上空间产权，在不影响楼房安全使用的情况下，用于绿化、种植；

（5）对天然的溶洞设置地下空间产权，促进其开发利用。

2. 增量的地上地下空间开发利用

（1）新规划建设的城市地下管廊、地下商场等。此类地下空间进行开发的条件较为苛刻，据统计，北京、上海、广州等城市修建的地铁，平均造价为每公里6亿~8亿元人民币，是地面同样长度铁路造价的几倍甚至几十倍〔1〕；在江西南昌，地下空间开发建设成本达到5500元/平方米，而同样地段的地表建设成本一般不超过3000元/平方米〔2〕。此类地下空间开发利用与地表建筑设施相比，地下空间设施建设可能成本较高、利用效益较低。

（2）在新增地表空间建（构）筑物建设时，在楼顶设置地上空间建设用地使用权，进行绿化建设等技术条件是成熟的，如泰国的国立法政大学兰实

〔1〕 参见史浩明：《我国地下空间开发法制体系的反思与完善》，载《苏州大学学报（哲学社会科学版）》2017年第5期。

〔2〕 参见齐康：《城市地下空间发展》，载道客巴巴2017年3月18日，https://www.doc88.com/p-0651398931739.html。

(Rangsit)校区的屋顶就建了农场(见图9),上海长风大悦城高登公园购物中心屋顶跑道(见图10)等。

图9　泰国屋顶农场

图10　购物中心屋顶跑道

(3)对于坡度大于30度的坡地、梯田,建设地下空间用于养殖、仓储、加工房等,将原来耕作层置换于地下空间顶上,现在的技术条件是成熟的(见图

9)，既不减少耕地，又能解决乡村产业用地，促进乡村振兴；

(4)给人流量较大的地表公路十字路口、人行横道位置赋予产权，引入民间资本投资、规划、建设地上地下人行走廊和商场等地上地下建(构)筑物，能够解决行人和行车安全，缓解交通压力，能增加社会和经济效益(见图11)。

图11　地表公路十字路口地上空间

三、我国地上地下空间开发利用法治体系建设的立法路径与主要内容

(一)我国地上地下空间开发利用法治体系建设的立法路径

1. 针对地上地下空间开发利用有些权利，需要“法律”作出规定。虽然我国土地开发利用法治体系较为完备，但这一体系是针对地表土地开发利用进行设计的，并不能完全适用于地上地下空间开发。例如，国务院《城镇国有土地使用权出让和转让暂行条例》规定，现有的建设用地年限为居住用地70年、工业用地50年、商业用地40年等。而地上地下空间建设用地使用权因为在功能、性质、建造成本、重建等方面存在较大特殊性，故建设用地年限应当延长。而对于集体地表建设用地使用权年限，尚没有规定，确定集体所有

土地的地上地表地下建设用地使用权年限没有依据。

2. 制定“地上地下空间开发利用法”及相关单行法规、规章、规范性文件等。我国已经颁布的有关法律规范性文件已达600余部，地下空间建设累计已达24亿平方米，但关于地上地下空间所有权或使用权的设立、取得、登记、交易、保护等诸多民事权利内容的规范尚不充分，针对该问题，全国人大或其常委会亟须单独制定一部新法，即“地上地下空间开发利用法”，同时也应规定地上地下空间开发利用的项目立项、规划、建设、使用、运行监督、政策扶持等行政管理类内容。此外，在制定统一的“地上地下空间开发利用法”的同时，还需要各部门、各地方结合各自身工作实践，制定一些单行法规、规章、规范性文件。实践中，如上海、天津等多个省市都已经制定了有关地下空间规划、建设或开发利用的单行条例。再如，重庆市、贵州省地处山区，利用山体内地下空间的情形较多，与一般平原地区地下空间开发存在较多差异，其地方人大或政府结合地方实践，在符合“地上地下空间开发利用法”立法精神基础上，可以制定单行的地方性法规、规章。

在全国人大制定“地上地下空间开发利用法”前，省、自治区、直辖市的人民代表大会及其常务委员会为了执行《民法典》第345条等规定，可以根据《立法法》第82条第1款“地方性法规可以就下列事项作出规定：（一）为执行法律、行政法规的规定，需要根据本行政区域的实际情况作具体规定的事项……”的规定和本行政区域的实际情况，具体规定国有土地和集体土地范围内的地上地下空间开发利用的建设用地使用权取得、登记、规划、建设、使用管理等的综合性地方性法规“地上地下空间开发利用条例”，提升规范性文件的级别；还没有制定地方政府规章的，也应当尽快依法制定地上地下空间开发利用的建设用地使用权取得、登记、规划、建设、使用管理等的综合性规范，以适应地上地下空间开发利用项目与日俱增的现实发展状况，促进乡村振兴和城乡一体化建设发展。

（二）我国地上地下空间开发利用法治体系建设的主要内容

地上地下空间开发利用法治体系应当是一个内容广泛、逻辑周延、相互匹配的科学的法治系统，各部分内容既统辖于鼓励和规范地上地下空间开发利用的整体指导思想,也应保持相对独立性和可实施性。根据我国已经颁布的有关地上地下空间开发利用的共600多部法律法规、规章、规范性文件和城市地下空间开发利用累计建设24亿平方米的法治实践,我国的地上地下空间开发利用法治建设的主要内容需要包含:

1. 国有土地和集体土地范围内的地上地下空间建设用地使用权分层设立、取得、登记、流转制度。主要包括三个方面,一是增加集体土地地上地下空间建设用地使用权制度;二是增加任何人可以申请设立地上地下空间建设用地使用权及其科学的审批程序;三是强化地上空间建设用地使用权分层设立、取得、登记、流转制度。

2. 地上地下空间建(构)筑物所有权取得、登记、流转制度。主要包括三个方面,一是增加集体土地地上地下空间建(构)筑物权利取得及登记、流转制度;二是增加地上地下空间建(构)筑物所有权具体的"三维"范围制度;三是增加地上地下空间建(构)筑物所有权设立、取得、登记、流转时与相邻权关系的制度。

3. 地上地下空间资源的调查和评估制度。在现有制度基础上,主要增加和强化三方面的制度,一是增加地上空间建设用地使用权设立申请人有权自己或者委托他人进行地上地下空间资源调查和评估及其调查和评估结果的确认制度;二是增加对存量地上地下空间资源调查和评估制度;三是强化地上地下空间资源调查和评估规范制度。

4. 地上地下空间的规划和实施管理制度。主要包括三个方面:一是增加集体土地地上地下空间的规划、实施管理制度;二是增加地上空间规划和实施管理制度;三是增加在没有规划的地上地下空间范围,不实行规划许可、实行建设方案经批准的准入制度。

5. 地上地下空间的建设管理制度。主要包括三个方面:一是增加集体土地地上地下空间的建设管理制度;二是增加地上空间建设管理制度;三是强化地上地下空间建设中每个过程的监督检查制度。

6. 地上地下空间开发利用的质量标准制度。主要包括三个方面:一是增加集体土地地上地下空间开发利用的质量标准制度;二是增加地上空间开发利用质量标准制度；三是强化地上地下空间开发利用的每个环节的质量标准制度。

7. 地上地下空间开发利用与地表土地空间使用权、建（构）筑物所有权及其周边设施协调、补偿制度。在已经有制度的基础上，主要增加三方面的制度，一是增加开发利用地上地下空间取得地表地役权的程序、方式方法的制度；二是增加开发利用地上地下空间取得地表地役权的科学合理的费用标准的制度；三是增加征收地上地下空间建设用地使用权及其建（构）筑物补偿标准制度。

8. 地上地下空间建（构）筑等设施安全使用的管理制度。主要包括三个方面：一是增加集体土地地上地下空间建（构）筑物安全使用管理制度；二是完善地上空间建（构）筑物安全使用管理制度；三是完善相关设施安全使用的各个关键环节的管理制度。

9. 地上地下空间开发利用的促进制度。除了传统的在土地出让金、税收方面的优惠制度外，增加鼓励社会资本以 BOT、TOT、PPP 等方式投资建设地上地下商场、地下平战结合人防综合体和地下基础设施等地上地下工程，以及鼓励金融机构积极为地上地下空间开发项目提供信贷支持，合理确定贷款利率，降低企业融资成本的制度。

10. 地上地下空间建设和使用的信息档案管理制度。主要包括三个方面：一是增加集体土地地上地下空间建设使用信息档案管理制度；二是增加地上空间建设和使用的信息档案管理制度；三是强化地上地下空间建设和使用的信息档案依法查询制度。

四、强化我国地上地下空间开发利用规划的法治化

各地上地下空间开发利用的法律法规均十分重视地下空间开发利用规划的编制，很少有地上空间开发利用规划的编制。在各类规范性文件中，都专章规定了地下空间规划的相关内容，有些地方还出台了专门的地下空间规划类地方性规范，如《上海市地下空间规划建设条例》《天津市地下空间规划管理条例》等。针对我国地下空间开发规划编制过程中的问题，并总结浙江、

江苏、上海、天津、苏州等省市20多年地上地下空间开发利用实践中规划制度的创新经验,我国地上地下空间开发利用规划法治体系建设应当从下列几方面进行强化:

1.健全完善开放、包容的多方协商机制,实现社会公共和私人财产利益的平衡发展。改变由政府单方制定地上地下空间开发利用规划的“自上而下模式”,在制定地上地下空间开发利用规划之前多听取各方意见,多考虑利害关系人切身需求;关于地上地下空间开发利用规划编制主体,除政府、专家外,还应当建立质询听证、异议反馈、信息公开等制度,保证权利人和利害关系人的参与,允许拟投资建设人或者委托有资质的机构编制地上地下空间开发利用方案,经论证没有法律法规的禁止性规定的,相关部门应当编制专项规划,并依照程序快速批准,组织实施;应当尊重私人合法权益,衡平社会公共和私人财产利益,形成政府统筹、市场调节、专家论证、公共参与的地上地下空间开发利用规划编制工作制度。还应当就使用拟投资建设人编制的地上地下空间开发利用方案后,通过招标、拍卖、挂牌,没有取得土地使用权和建设权的情形,建立获得权利人应当给予拟投资建设人合理补偿的制度。

2.强化地上地下空间开发利用规划体系的适度弹性。允许投资人在地上地下空间开发利用过程中根据实际情况,保留自主设计权。规划部门对于地上地下空间的开发利用规划,可以分为“强制性指标”和“指导性指标”。强制性指标是指:地上地下空间用地边界、使用功能、开发面积、容积率、建筑密度、公共连通道、人行过街设施、轨道交通设施、道路、市政综合管廊的控制范围、地上地下空间禁止开口处、防灾设施级别等。指导性指标是指:开发建筑层高、深度与层数、竖向标高、公共开放空间、广场及公厕等其他环境与设施配套要求。强制性指标和指导性指标也需要结合具体情况进行适度的调整和转换,保持地上地下空间开发利用规划体系的弹性,结合具体地块和建设单位情况,适度赋予投资人自由决策的空间,以促进地上地下空间的开发利用。

3.强化农村集体土地范围内的地上地下空间开发利用规划编制的弹性。目前,几乎没有农村集体土地范围内的地上地下空间开发利用规划的制度,应当以不占耕地或者少占耕地、促进乡村振兴和城乡一体化建设为目标,逐步建立农村集体土地范围内的地上地下空间开发利用规划的制度,并保持规划编制的弹性。在没有规划前,应当允许村民和其他人自主选择合适的地方,编制地上地下空间开发利用方案,经相关专家论证评审可行后,报请乡镇或者县级人民政府批准,进而将原来耕作层置换于地下空间顶上或者在地上空间建设建(构)筑物,用于住宅、养殖、仓储、加工房等。在确保建设质量和安全的情况下,可以不限制开发利用的面积。在规划范围外,实行建设方案论证通过而不用规划许可及准入的弹性制度。

五、结语

我国虽然已经颁布了一系列涉及地上地下空间开发利用的法律法规,初步建立了地上地下空间开发利用的法治体系,但是,仍然存在法律位阶过低、偏重行政管理、内容模糊缺少可操作性等缺陷。需要结合地上地下空间开发利用的特点以及我国地上地下空间开发利用法治现状,进一步构建和完善我国地上地下空间开发利用的法治体系:第一,由全国人大常委会制定综合性的“地上地下空间开发利用法”,统筹规范地上地下空间开发利用事项,同时配套制定单行法规、规章,以此构建我国的地上地下空间开发利用法治体系。第二,我国完整的地上地下空间开发利用法治体系应当包括国有土地和集体土地范围内的地上地下空间产权设立和保护的民事制度,地上地下空间资源调查和评估、规划和实施、建设和使用、开发质量标准等行政管理制度。第三,着力强化包括农村集体土地在内的地上地下空间产权的科学设立和权益保护制度;强化开发利用规划法治体系的建设,加强包括农村集体土地在内的地上地下空间开发利用规划强度和弹性,细化规划内容,创新规划实施方式,并在没有规划的范围内,实行建设方案论证审批后准入的制度。第四,在国家未制定综合性的“地上地下空间开发利用法”时,一是国务院应当制定地上地下空间开发利用的行政法规,作出相关规定;二是省、自治区、直辖市应当依法制定综合性的地方性法规“地上地下空间开发利用条例”,同时配套制定规章、规范性文件,以此构建地方的地上地下空间开发利用法治体系;三是省、自治区、直辖市应当尽快制定地上地下空间开发利用的综合性的规章、规范性文件，让地上地下空间的综合性开发利用有据可依，在保障耕地不减少的情况下，促进社会经济高质量可持续发展。

地下空间开发利用法律制度研究*

傅智文　李漠平**

摘　要：地下空间开发利用是解决人民美好生活需要与土地紧缺之间矛盾的必由之路。为促进我国对地下空间普遍性、规模性的开发，需在《民法典》确立的土地建设用地使用权分层设立的基础上，明确界定地下空间权利的性质，确定地下空间建设用地使用权产权制度，分类确定出让规则，对结建的地下空间同地表(上)建筑用地使用权一同取得、一体开发，单建式地下空间享有独立的建设用地使用权，独立开发。以所有权、使用权、管理权和租赁权"四权分置"，构建地下空间产权制度体系。同时完善与之配套的建设管理制度、监督制度等法律体系，为完善我国地下空间开发利用法律制度提出建议。

关键词：地下空间开发利用　地下空间建设用地使用权　产权制度　促进机制

从1863年英国伦敦建成世界上第一条地铁开始，国外地下空间的发展已经历了相当长的一段时间，国外地下空间的开发利用从大型建筑物向地下的自然延伸发展到复杂的地下综合体(地下街)再到地下城(与地下快速轨道交通系统相结合的地下街系统)，地下建筑在旧城的改造再开发中发挥了重要作用。同时，地下市政设施也从地下供、排水管网发展到地下大型供水系统，地下大型能源供应系统，地下大型排水及污水处理系统，地下生活垃圾的清除、处理和回收系统，以及地下综合管线廊道(共同沟)。

我国早期在城市快速扩张发展进程中缺乏节约用地的理念、追求经济效

---

* 获2022年12月第四届国际自然资源法治论坛三等奖。

** 傅智文：贵州民族大学法学院副教授，法学博士，国浩律师(贵阳)事务所兼职律师；李漠平：贵州民族大学法学院硕士研究生。

益和欠缺挖掘技术，致使城市用地紧张，出现各种配套设施不足的局面，导致交通拥挤、停车位紧缺、入院就医难、市政设施负荷过大、环境污染等“城市病”，不能满足人民日益增长的美好生活的需要。土地资源供需矛盾凸显，加之现有挖掘建造技术的大幅提升，土地资源立体开发成为解决用地供需矛盾的首选路径。

目前，我国的地下空间开发主要以与地上建筑物一同开发为主，形成结建地下空间。比如小区、商场地下车库、城市中心分散的小规模的地下商城、人防工程等。而单建式地下空间较少，这也成为老城区改造的困难点和突破点。本文认为，我国应建立完善统一的地下空间开发利用制度，从规划、建设、产权制度、登记制度等方面建立健全地下空间开发利用法律体系，为地下空间开发利用的顺利推进提供法律保障。

一、我国关于地下空间法制现状及问题

（一）我国地下空间法制现状

我国还没有制定地下空间管理方面的专门的法律和行政法规。全国性的地下空间开发利用的规章，是1997年原建设部制定发布《城市地下空间开发利用管理规定》（2001年和2011年进行了修正）。其中分别规定了地下空间开发的规划体系、工程建设、工程管理和惩罚制度。主要是从建设工程的角度，对开发利用管理地下空间进行了规范，对地下空间建设使用权等权利属性、权利设定、转让等没有进行规范，对这些方面进行规范也的确超出了住建部门的权限。

然而，地方立法反倒在对地下空间的探索开发利用过程中进行了较为丰富的立法活动，具有法规总量大幅增加、立法地域范围不断扩大、个别城市已形成系统的地下空间法规体系的特点。[1] 可以从以下几个方面进行总结：（1）综合法规：包括城市地下空间建设条例和管理办法，以地方性法规和地方

〔1〕 参见徐生钰、文乾：《中国城市地下空间立法：近十年以来的进展》，载《中国国土资源经济》2022年第6期。

政府规章的形式颁布，用以指导本地区地下空间规划、建设、管理工作，上海、天津、成都、青岛、贵阳等地制定了综合性的地下空间规划建设（开发利用）的地方性法规。[1] 例如，贵州省贵阳市于2022年1月1日起施行的《贵阳市地下空间开发利用条例》。（2）专项法规：以人防设施、综合管廊、市政设施和轨道交通建设管理为主的专项法规，用以指导具体设施的建设与管理，如国务院办公厅发布的《关于推进城市地下综合管廊建设的指导意见》、贵州省六盘水市出台的《六盘水市城市地下综合管廊管理条例》等。[2] （3）配套法规：围绕土地管理、使用管理、安全管理和建设管理，规定地下空间从供地到安全监管中遇到的细节问题。[3]

（二）我国地下空间法制存在的主要问题

从了解我国地下空间的立法现状可以看出，第一，我国没有高层次的立法对地下空间的开发利用作出明确规定。第二，在现有的制度中，不论是行政规章还是地方性立法，大多是关于管理制度、建设制度等方面的规定。尽管有的地方性法规规定了地下空间的所有权归国家所有[4]，但此种规定未考虑集体对其所有的土地的地下空间权利。此外，对地下空间的权利属性和地下空间的产权制度，属于制度的空白区域。第三，正是由于没有统一的立法规定，才阻碍了地下空间的投资开发进程。

地下空间富含巨大的经济价值，这是世界共识。建立完善的地下空间开发利用法律制度，首先应明确地下空间的权利性质，这是必要前提。其次，在明确地下空间应设立独立的建设用地使用权的基础上，构建权利体系。

---

〔1〕 参见刘荆、邹亮、羊娅萍：《城市地下空间综合管理关键问题研究》，载《地下空间与工程学报》2020年第3期。

〔2〕 参见刘荆、邹亮、羊娅萍：《城市地下空间综合管理关键问题研究》，载《地下空间与工程学报》2020年第3期。

〔3〕 参见刘荆、邹亮、羊娅萍：《城市地下空间综合管理关键问题研究》，载《地下空间与工程学报》2020年第3期。

〔4〕 参见徐生钰、文乾：《中国城市地下空间立法：近十年以来的进展》，载《中国国土资源经济》2022年第6期。

二、地下空间建设用地使用权权利性质辨析

地下空间具有财产性属性,对此学界没有异议。有所争议的是“空间是否是一种独立的物权”。肯定说主张,空间权已经具备了物权的基本特征,可以与建设用地使用权相分离,承认其独立性可以为空间利用权的登记提供法律依据,同时有利于明确权利的归属,强化对空间利益的保护,因此空间权是一项独立的权利。〔1〕 否定说主张,空间权并非一种独立的新型用益物权,而是各种权利的综合,应将其权利分解,分别纳入已有的物权规定体系之中。此处的空间指地表之上与之下的空间整体。

本文认为,否定说未充分认识到空间作为权利客体的必要性与可行性;而肯定说尽管参考了国外的空间权概念与法律制度,充分论证了空间权可以作为物权客体,但是忽略了我国地上空间与地下空间开发利用的差异性。地上空间与地下空间各有其特征,不能笼统地将二者作为整体,进行物权界定。本文将结合借鉴域外地下空间权利制度和理论,结合我国地下空间开发利用实际情况,就地下空间权利属性进行探讨。

(一)域外视野下的地下空间权利

在地下空间开发建设法律制度方面,国外已有成熟的地下空间法律体系。

英美法系国家将空间作为物权的权利客体,并称其上的权利为“空间权”。美国最初通过判例形式确立了空间权制度,随后又通过成文法进行系统规定。以法的形式明确“空间是一种不动产,与其他不动产一样,可以成为所有、让渡、租赁、担保、继承的标的,并且在课税及公用征收上也与一般不动产相同,依同一原则予以处理”〔2〕。

德国是土地私有制国家,其民法没有将他人土地之上下特定范围利用的

---

〔1〕 参见王利明:《空间权:一种新型的财产权利》,载《法律科学(西北政法学院学报)》2007年第2期。

〔2〕 王利明:《空间权:一种新型的财产权利》,载《法律科学(西北政法学院学报)》2007年第2期。

权利单独作为空间地上权规定，而是视为普通地上权的一种特殊形式，在立法上依其使用目的，将其归入土地用益物权中。[1]

日本，使用区分地上权概念，把权利界定为将土地上部未利用空间之一部或全部，从其下的土地地表分离出来而作为单独的权利客体，而由他人以所有建筑物及其他工作物为目的并加以利用的权利。[2]

而我国现行法律未有地下空间之规定，这与实践中对地下空间开发利用的高需求和紧迫性不匹配。正因缺乏法律制度的保障，使得我国地下空间开发工作不能全方位、系统性地顺利进行。

（二）地下空间建设用地使用权的概念界定与基本属性

何谓地下空间权，何谓地下空间建设用地使用权，二者间有何关系，需要进行明确界定。我国不少学者主张"地下空间权"，《民法典》中却没有空间权这一法律概念。曹红冰、李鸿均认为，城市地下空间权是指利用地下空间开发建设建筑物、构筑物及其附属设施并对其占有、使用、收益和处分的一种地下建设用地使用权。[3] 董彪认为，地下空间权不必成为独立的物权类型，特定建筑上同时存在空间权与建设用地使用权时，权利重叠易导致纠纷。[4]

本文认为，地下空间权与地下空间建设用地使用权之间既存在区别也有着密切联系。地下空间建设用地使用权是指对开发出地下空间所依附的土层使用、收益、处分的权利。地下空间权是由地下空间建设用地、建（构）筑物及其附属设施等的所有权、使用权、抵押权等组成的权利综合体。地下空间应与地表及地上空间区分开来，设置独立于地上建筑物、构筑物的建设用地使用权。地下空间的产权体系可以通过以上权利进行构建。原因在于：

第一，地下空间具备物权基本特征。直接支配力和排他性是物权的两大

---

〔1〕 参见胡碧霞、姜栋：《部分国家和地区土地空间利用法律制度比较》，载《中国土地科学》2010年第12期。

〔2〕 《日本民法典》于物权编第四章设置了地上权专章，共有第265条至第270条六个条文，第265条规定："地上权人，因于他人土地上有工作物或竹木，有使用该土地的权利。"此条文是关于普通地上权的规定。

〔3〕 参见曹红冰、李鸿均：《城市地下空间权：内涵、性质及支配范围》，载《湘潭大学学报（哲学社会科学版）》2022年第2期。

〔4〕 参见董彪：《权利分层视角下地下空间利用问题研究》，载《现代城市研究》2021年第5期。

基本特征。地下空间作为一种财产，所有权人可以对其自由支配，使用权人取得后也可以按照自己的意思表示进行建造、使用。我国已有不少地区通过制定地方性法规或者规章的方式，对地下空间的开发利用进行法律规定。其中就有登记制度，可见地下空间同不动产一样，可以通过公示主义保护信赖利益。这也体现了地下空间权利的排他性特征。

第二，可以促进地下空间的开发利用，发挥地下空间的价值。《民法典》在编纂过程中确立了建设用地使用权分层设立制度〔1〕，而非将地下及地上空间划为整体规定为"空间权"。尽管该条文规定笼统，但是为设立独立的地下空间建设用地使用权奠定了上位法基础。魏玛宪法规定，土地、自然资源和生产资料，土地之宝藏及经济上可以利用之天然力等，要么是生存条件，要么是生产资料或对国计民生有重大影响的经济力量。〔2〕 基于土地资源的宝贵性，我国规定城市土地归国家所有，以国家手段对土地资源进行分配。其目的是更好地发挥土地资源的使用价值，更好地建设市政、公益设施，满足人们的生活需求，防止私有化后被滥用。而建设用地使用权是对国家所有的土地享有的建造并保有建筑物、构筑物及其附属设施的用益物权。对地下空间的开发，同样依赖于地下土层，本质上也属于生产资料。由此，可将地下空间使用权利理解为，对地下土层享有的建造并保有建筑物、构筑物及其附属设施的用益物权。只不过因地下空间有其独特的特点，其开发利用范围广，且需要保证地表、地上建筑物的安全，所以不论从制度还是技术层面看要求都较高。因此可以在民法典给出的出口下，设立独立的地下空间建设用地使用权。

第三，将地下空间与地上空间作为整体设立"空间权"，缺乏现实必要性。地上空间与地下空间具有本质上的差别。客观上，地上空间是地表建筑物所延伸到的空间，地下空间则是对地下土层开发出来后所形成的空间。地下空间涉及的权利更为全面、细微和复杂，牵一发而动全身，现有法律制度不足以

---

〔1〕《民法典》第345条："建设用地使用权可以在土地的地表、地上或者地下分别设立。"

〔2〕参见徐祥民：《自然资源国家所有权之国家所有制说》，载《法学研究》2013年第4期。

规制。而对于地上空间的使用,现实中并未爆发无法解决的矛盾,现行法律制度就可处理好地上空间使用权利冲突,如通过相邻关系来解决。

三、完善地下空间产权体系的建议

地下空间产权体系,可以参考农村土地"三权"分置改革,区分所有权、使用权、管理权和租赁权,实行"四权分置",通过明确权利主体、权利范围和权利内容来构建地下空间的产权体系。

(一)地下空间开发产权制度

1. 地下空间土地所有权应归国家所有或者集体所有。《土地管理法》第9条规定了城市土地归国家所有,农村土地归集体所有。[1] 目前,《民法典》将地下空间开发利用的权利纳入土地权利体系中,即地下空间被土地所吸收。[2] 本文认为,地下空间的土地所有权应同地表土地所有权保持一致。有以下原因:第一,地下空间建设用地使用权所依附的土地,是地表土地的立体向下延伸,土地本质属性不变;第二,土地从自然属性上说是一种稀缺资源,从物权法上说是不动产;第三,我国遵循土地公有制原则,并不能因地下空间开发的独特性,就对其摒弃这一原则。尽管我国法律并没有规定土地所有权的纵向范围,但是如果详尽明确土地使用权的延伸范围,那么对非该范围内的土地开发利用会再次因所有权归属问题而引起纷争。因此,根据现有法律的规定以及土地公有制原则,推定国有土地的地下空间土地所有权归国家所有,集体土地的地下空间土地所有权归集体所有,是最为妥当的。

地下空间建(构)筑物所有权应根据性质的公共性与非公共性进行区分。为实现节约高效用地效果,地下空间建(构)筑物布局应该形成同地表(上)一样的综合体和交通网。可分为商业综合体、市政设施、基础设施和民防设施。其中,地下轨道交通、环卫、能源等市政设施与民防设施的所有权应归国

---

〔1〕《土地管理法》第9条:"城市市区的土地属于国家所有。农村和城市郊区的土地,除由法律规定属于国家所有的以外,属于农民集体所有;宅基地和自留地、自留山,属于农民集体所有。"

〔2〕参见才惠莲:《我国城市地下空间立法的特点、问题及改进》,载《安全与环境工程》2022年第1期。

家所有。为充分吸引投资，及时开发利用地下空间，缓解商业设施和停车紧张的问题，单建的商业综合体和在地下空间建设的停车库一般为投资者所有，可以为私人所有，也可以为公有。对于与地表建筑结建或者扩建的地下空间而言，其所有权则一般与地表建筑物的权属归属相同。

地下空间建设用地使用权，则可以从取得方式、权利主体和权利内容三个方面予以确立。首先，结建的地下空间同地表、地上一体建设，其建设用地使用权与地表建设用地使用权一同取得，无须单独设立。单建的地下空间需单独设立建设用地使用权。取得方式与地表建设用地使用权的取得方式别无二致，通过出让和划拨取得。其次，《土地管理法》第54条规定了出让和划拨的建设用地〔1〕。土地空间开发利用，依据有偿或无偿、法定或约定、权利行使为独占或非独占三组影响因素，组合排列出有偿出让的空间建设用地使用权、无偿划拨的空间建设用地使用权。〔2〕 由此可知，划拨取得的地下空间建设用地使用权的主体为军事、公益、基础设施的建设者。通过出让取得的建设用地使用权由建设的自然人、法人、非法人组织享有，即谁出资开发谁享有。最后，就权利内容而言，划拨取得的建设用地使用权不能直接设立担保与流转，出让取得的可以直接设立担保与流转。

2. 地下空间使用权。该权利类似农村土地承包经营权，地下空间开发者或者所有权人（公有或者私有或者共有的主体），可以将地下空间的全部或分割的独立单元长期出让给其他市场主体。该主体享有该地下空间使用权，并将地下空间用于经营活动。

3. 地下空间管理权。该权利是指地下空间开发建设完成后，运营主体享有的管理权。单建的地下空间建筑设施，不论是地下停车场还是商业区，都可以与物业公司合作，签订物业服务合同，明确管理范围、事项、权利义务，由

---

〔1〕《土地管理法》第54条："建设单位使用国有土地，应当以出让等有偿使用方式取得；但是，下列建设用地，经县级以上人民政府依法批准，可以以划拨方式取得：（一）国家机关用地和军事用地；（二）城市基础设施用地和公益事业用地；（三）国家重点扶持的能源、交通、水利等基础设施用地；（四）法律、行政法规规定的其他用地。"

〔2〕参见汪洋：《地下空间物权类型的再体系化　"卡－梅框架"视野下的建设用地使用权、地役权与相邻关系》，载《中外法学》2020年第5期。

物业公司进行管理,包括安全、消防、卫生等内容,创造整洁、优美、舒适的地下空间环境。

4. 租赁权。地下空间构建的建(构)筑物可以依法对外租赁,租赁是地下空间使用权人经营的主要模式。其规则同地表、地上建筑物租赁制度一样,应采用物业登记备案制度。出租人(地下空间所有权人或者使用权人)与承租人签订租赁合同,承租人应在物业处进行登记备案。承租人发生变更后,应在合理期限内到物业处办理变更登记备案手续。实践中,许多承租主体不知道不动产租赁的登记对抗主义,而没有进行物业登记备案。物业登记备案制度,是为了维护租赁秩序,减少如"一物二租"等因手续不全产生的实体纠纷。此外,对承租人与出租人而言,物业登记备案较为便利可行。

(二)地下空间开发产权登记制度

合理的登记体系规则是明晰地下空间各项权利归属和保障权利安全流转的必要程序。地下空间的建设用地使用权、建筑物所有权均应实行不动产登记制度。从1997年以来,我国陆续颁布了一些有关地下空间开发利用的管理办法,但对地下空间的登记制度却规定甚少,仅在2016年原国土资源部制定的《不动产登记暂行条例实施细则》中有所规定。[1] 但是地下空间开发利用的复杂性以及过去开发技术不完善的局限,使制度规定相对模糊,不足以解决实践中的登记难题。

现今,我国对地下空间的开发利用高度重视,在缺乏上位法之具体规定的情况下,各省市不得不出台相应的地方性法规明确地下空间登记规则。从法律体系内部考察,目前我国尚未形成统一的地下空间确权登记规范。[2] 我国关于地下空间登记的法律法规存在层级较低的现象,主要依据各地方的

---

〔1〕 2016年1月1日原国土资源部根据《不动产登记暂行条例》制定的《不动产登记暂行条例实施细则》第39条将城市地下空间理解为具有独立利用价值的特定空间,并规定相关空间权利登记依照房屋所有权登记有关规定办理。

〔2〕 参见方润、陈晓敏:《地下空间确权登记的核心争议与变革路径——以地下停车位为例》,载《山东科技大学学报(社会科学版)》2022年第4期。

地方性法规和部门规章展开登记工作。[1] 虽然各个地方关于城市地下空间权利的登记规定具有某种程度的相似性，登记要素都大致包括地下起止深度、规模面积和地下层数，同时登记形式都采用分层登记且在权利类型标注上都为“地下”，但是没有统一的城市地下空间权利登记机构，具体操作各不相同，在履行登记程序过程中所提交的登记材料也有差别。[2] 除登记管理制度不统一，各管理部门间登记规范不一外，还存在部分地下建筑尚未进行有效登记的情形。[3]

本文认为，由于地下空间是一种不动产，在其登记效力上，可以参照现有不动产登记制度。一是地下空间权利的取得关乎事后的建造、流转等问题，为保证对土地的有效利用和过程中的交易安全，应对地下空间建设用地使用权和抵押权采取登记设立主义。二是登记规则和内容。一方面，在地下空间开发过程中，产权空间通常由建筑空间框定，物理边界与产权边界合一，给产权界定带来极大困难。[4] 地下空间具有三维立体属性，所以除了登记常规的记载事项外，还应增加相邻关系。另一方面，区分结建地下空间和单建地下空间登记规则。结建地下空间由于同地表、地上一同开发，因此，其登记应与地上建筑用地使用权一同登记。三是制定统一的登记标准和登记管理制度。我国各省市已对地下空间权属登记进行实践，可对全国的登记情况进行全面普查，吸收可行的登记管理制度经验，总结不适当的做法并对其进行调整。再结合地下空间普遍性规模性开发利用可能出现的登记难题，实现地下空间登记标准和管理制度的统一。

---

〔1〕 参见方润、陈晓敏：《地下空间确权登记的核心争议与变革路径——以地下停车位为例》，载《山东科技大学学报（社会科学版）》2022年第4期。

〔2〕 参见曹红冰：《城市地下空间权登记制度的现实困境及其破解》，载《法商研究》2022年第5期。

〔3〕 参见董彪：《权利分层视角下地下空间利用问题研究》，载《现代城市研究》2021年第5期。

〔4〕 参见杜茎深、陈箫、于凤瑞：《土地立体利用的产权管理路径分析》，载《中国土地科学》2020年第2期。

四、完善地下空间开发利用相关法律制度的建议

(一)全面深度普查和制定专项规划

普查和规划对地下空间的开发至关重要。只有对地下空间的总量、分布、构成、地质结构等基本情况进行深度普查以及合理规划后,才能得到有效的开发利用。深度普查是全面了解地下空间情况的必然要求,合理规划是安全建造地下空间、防止资源浪费的必经之路。我国许多地区都对本行政区域内的地下空间进行过基本情况普查,党中央也曾就人防工程的需要下达过地下空间普查工作的通知。这为系统开发地下空间的普查工作奠定了标准与基础。但是,对地下空间的开发利用是全国性的,且各区域的标准与技术水平不统一。

具体来说,普查与规划应当以城市为单位,开展"公益性地质勘探"普查,统筹协调通信、水电、公用、抗震等数据信息采集。结合新一轮国土空间规划,建立"相互衔接、分级管理"的规划体系,实现地上地下"一张图",为不同周期的开发、利用打好基础。[1] 要遵循纵向立体综合开发和横向联通的理念,编制建设规划、城市设计、项目方案层面的地下空间规划,[2] 为地下空间开发利用提供指导,为制定统一规范的地下空间开发制度提供经验和依据。

(二)工程建设管理制度

地下空间的地质结构复杂,不同于地表的建设工程,其建设的难度系数高、安全系数低。但现有的地表建设和地铁建设为地下空间的工程建设管理提供了宝贵经验。要在此基础上,完善建设工程制度,明确建设主体及资质、完善许可审批程序、建立安全保障机制、制定竣工验收标准、明确各方主体的责任。

---

〔1〕《民进中央:关于建立健全城市地下空间专项规划体系的提案》,载人民网,http://cpc.people.com.cn/n1/2022/0228/c442045-32361748.html。

〔2〕参见杨华勇、江媛、李喆等:《地下空间开发综合治理发展战略研究》,载《中国工程科学》2021年第4期。

（三）制定配套措施与监管制度

从普查规划到权利之确定与保证，从实体层面到程序性规定，城市地下空间的开发利用内容繁多，涉及众多部门，各部门之间职能分工明确、沟通协调有效是建立起长效工作机制的保障。[1] 这是系统性的工程，需要会同住房建设、交通、生态等有关各部门制定相应的配套措施，配合衔接规划管理、建设和登记制度，建立统筹规划、多头管理的综合管理机制。

监管制度是平衡各方当事人权利义务的必要保障。社会主体在地下空间保有建筑物、构筑物，取得相应权利及对其进行流转时，会存在诸多不合法、有失公平的行为。如对结建的地下车库、车位而言，开发商与交易相对人往往存在经济地位、信息获取不平等等情形。开发商为获取更大经济利益，易违背诚实信用原则，实施抬高销售价格、进行捆绑销售等损害交易相对人的合法权益的行为。因此，需要制定严格的监管措施，对地下空间权利流转中的不合理与不合法行为进行规制。

五、完善地下空间开发促进机制的建议

地下空间由于地质结构复杂，需要先进的开发技术与大量的资本投入，过程中涉及多方主体的安全问题。出于对制度不完备、安全风险等多因素的考量，目前地下空间的开发主要在于地下市政工程的开发，缺乏社会主体的开发主动性与资本注入。因此，集合社会资本对地下空间进行规模化开发利用是必要的。政府可以建立并完善开发促进机制，吸引社会主体的进入和社会资本的注入。从经济理论出发，城市地下空间开发利用融资模式的选择需要基于效率原则。[2] 借鉴地上市政基础设施建设融资模式的经验，结合城市地下空间开发利用的特点，建议重点通过 BOT 模式、TOT 模式和 PFI 模式等进行城市地下空间开发利用项目融资。[3]

---

〔1〕 参见方景：《我国城市地下空间开发利用法律机制研究》，载《上海房地》2021 年第 8 期。

〔2〕 参见王岭：《完善城市地下空间开发利用的投融资监管政策》，载浙江财经大学中国政府监管研究院网 2017 年 1 月 12 日，https://irr.zufe.edu.cn/info/1029/2346.htm。

〔3〕 同上注。

第一,参照地上市政基础设施建设经验,对 PPP 模式、BOT 模式、TOT 模式等进行改良创新,使其适用于公用设施性质的地下空间开发。

第二,与银行等金融机构合作,引导金融资金进入地下空间开发。虽然地下空间开发类似房地产开发,资金需求量大,周期较长,但是城市地下空间开发,尤其是综合商场开发和地下车库开发,地段往往在市中心,盈利能力稳定,收益率高,融资相对安全。所以引导金融资金进入符合融资条件的地下空间项目,可以加快地下空间开发。

六、结语

地下空间规模化开发利用是必然趋势。本文基于我国各省市地下空间开发利用制度不一致、没有统一的标准、针对地下空间开发利用的上位法制度不完备的问题,建议我国在合理的普查与规划基础上,制定独立的地下空间开发利用制度。包括建设工程制度、产权制度、配套政策与监督制度、开发利用促进机制等。在《民法典》确立的建设用地使用权分层设立的制度下,首先明确地下空间的权利性质,应是独立于地上建筑物的地下空间建设用地使用权。其次,对产权制度从所有权、使用权、管理权和租赁权四个方面进行体系构建。最后,与各部门合作制定配套政策与监督管理制度,有效防止开发利用的权利滥用。同时,建立并完善开发利用促进机制以吸引社会资本的投入。总之,地下空间的开发利用是不可逆的,需要有完善的制度保驾护航。期望在制度健全的情形下,地下空间的开发利用能实现土地节约利用、功能化齐全的预期理想目的。

浅论国土空间规划正义与效率价值实现*

叶　轶**

摘　要：国土空间规划作为一项布局和配置国土资源的全局性、宏观性、战略性、前瞻性的综合性规划，其对空间资源开发、利用、保护等行为的调整时刻关涉空间正义、关涉经济社会发展的效率与质量。40 多年改革实践表明，我国国土空间规划存在效率至上、正义缺失等问题，客观上制约了经济社会可持续发展。国土空间规划应以正义作为核心价值追求，把效率价值作为实现正义的基础，在动态运作中不断进行调适，促进正义、效率价值平衡和可持续发展目标的实现。

关键词：国土空间规划　正义　效率　协调

一、引言

规划科学自其创立以来，就将绝大多数精力放在规划编制和实施的技术控制上，走了一条技术理性〔1〕之路。20 世纪 60 年代以来，国土空间规划实践所面临的挑战不仅是技术问题，更多的是利益分配、空间正义及发展效率等问题，这些问题靠技术理性、经济分析无法解决。因为规划不仅是规划一座城市、一块地域、一项事务，而且是规划一个合理化的社会，其对利益分配、发展效率的协调平衡所引起的价值合理性、人文关怀不是技术理性或工具理性所能解决的。工具理性（或技术理性）只能处理“是”的问题，而对伦理学

---

* 本文已发表于《甘肃政法学院学报》2017 年第 5 期。

获 2022 年 12 月第四届国际自然资源法治论坛优秀奖。

** 叶轶：云南财经大学法政学院副教授。

〔1〕 技术理性是人类理性的特殊的、综合的和典型的形式，是人类多种理性的某种合取，是一种追求合理性、规范性、有效技性、功能性、理想性和条件性的人类智慧和能力，是一种扎根于人类物质需求及人对自然界永恒依赖的实践理性和技术精神。参见巨乃岐、邢润川：《试论技术理性及其批判》，载《东北大学学报（社会科学版）》2005 年第 3 期。

上的价值“应该”问题则无能为力。[1] 改革开放以来,我国参考西方空间规划制度,以促进我国经济社会发展高速发展,40 多年发展实践显示,我国确实实现了经济的翻番、跨越,但东中西部、城乡、群体间发展水平、财富拥有、空间权益等差异加大也是不争的事实。国土空间规划应有的功能未能发挥,价值目标未能实现,客观上影响社会和谐稳定、制约中华民族伟大复兴目标的实现。因此,国土空间规划制度必须从过去技术理性的窠臼中走出,更多关注其正义、效率价值的衡平。

二、国土空间规划关涉空间正义和效率

(一)国土空间规划何以关涉正义、效率价值实现

1. 国土空间规划关涉空间正义

(1)国土空间规划关涉代内正义。空间“是行为的场所,也是行为的基础”[2],具有社会性,它不仅是劳动力再生产的物质环境、可以被消费,是消费的对象,而且也是生产的对象;不仅是经济活动(如生产、交换、消费等)的空间,还是社会活动(如居住、日常交往、利益分配等)和政治活动的空间。空间社会性必然产生空间正义问题,而一个合理的社会应该保证收入、财富、商品及服务的公平分配以实现空间正义。[3] 空间正义是存在于空间生产和空间资源配置领域中公民空间权益方面的社会公平与公正,包括对空间资源和空间产品的生产、占有、交换、消费的正义。[4]

40 多年发展也表明,地区、城乡间发展水平差异加大,不可避免地会表现和转换为空间占有权益间的差异。一个原本是同质的城市或地区正在被一个具有“空间差异性”的多样化城市或地区取代。“富人区”和“穷人区”、发达地区和落后地区、城市和农村间差别不断加大,这意味着不同阶层对空

〔1〕 参见侯钧生主编:《西方社会学理论教程》,南开大学出版社 2010 年版,第 77 页。

〔2〕 [美]迪尔:《后现代都市状况》,李小科等译,上海教育出版社 2004 年版,第 70 页。

〔3〕 参见徐震:《关于当代空间正义理论的几点思考》,载《山西师范大学学报(社会科学版)》2007 年第 5 期。

〔4〕 参见任平:《空间的正义——当代中国可持续城市化的基本走向》,载《城市发展研究》2006 年第 5 期。

间规模和形态、空间环境和质量、空间生活形式等空间资源占有差距的扩大。而居住、教育、卫生、环境、生态、公共服务、文化等地区差异必然影响、塑造着不同人群，造成族群差异。因此，国土空间规划作为对国土空间资源进行配置的公共政策，其制定、实施直接或间接地影响不同地域居民的发展权利，关涉代内不同地域间的利益，影响代内正义。

（2）国土空间规划关涉代际正义

首先，由于国土资源是一种不可再生资源，加上其不可移动属性，当代人无节制地利用国土资源必然造成下代人可用国土空间资源的减少；当代人不恰当地利用国土资源，必然造成国土资源的再生能力下降，使下一代人占有、享用国土空间资源数量减少和质量下降。其次，国土空间规划的编制周期一般为20年，有些国家国土空间总体规划编制期为50年，其对区域间生产力布局和资源的配置，短则影响20年，长则达到50年，实际上影响到下一代人对空间资源的占有、使用，因此空间规划关系代际空间利益分配，影响代际正义。

2. 国土空间规划关涉效率增进

在法学领域，效率通常理解为“社会效益”〔1〕，它不仅强调以最小的资源消耗取得同样多的效果，或者以同样多的资源消耗取得最大的效果，而且要求社会资源配置和利用使越来越多的人改善境况且没有人因此而境况变坏。法律制度不直接创造财富、提高经济效率，但可间接地促进创造财富、提高发展效率。法律制度效率价值要体现法律外的效率和法自身的效率。法律外的效率是指法律规则体系所构成的基本制度框架下，人们所从事经济活动的效率；法自身的效率是指法律机制运作中的简便、快捷、省时、省力。〔2〕

国土空间规划制度功能在于对国土空间资源的科学布局和有效配置，通过对当代人和后代人、当代人之间（城乡、区域之间）的发展利益进行协调，保证经济社会与环境资源可持续发展。其制定实施首先要充分调动各类主体

〔1〕 张文显：《法哲学范畴研究》，中国政法大学出版社2001年版，第13页。

〔2〕 参见张恒山：《法理要论》，北京大学出版社2006年版，第274～276页。

积极性、创造性，增进经济社会发展效率；其次，国土空间规划制度实施要坚持简便、快捷、省时、省力，减少其运行成本支出，以实现其自身效率。但40多年来空间规划实践显示，地方政府、有关政府部门编制了大量不同空间尺度、不同类型的规划，看似各自独立，实则互相重叠交叉；看似无所不包，实际操作中则泾渭分明。这些规划表面上高举"公共利益""协调空间发展"大旗，实际上都"各有盘算"，不同程度地存在"地方""部门"保护情结。其追求的是地方或部门利益，地方（部门）经济发展速度和规模，即效率价值，而忽视效率价值大多包含社会效益及生态效益。如城乡规划目标就经历了"经济增长"到"经济增长＋生态环境保护"的改变，相当长一段时期都把解放和促进生产力发展作为规划的核心目标，导致地区间差距加速扩大、城乡关系不断恶化、阶层矛盾凸显；后来提出城乡、区域统筹协调发展以纠正过分关注效率价值带来的负面影响，试图挽回付出的惨重代价。因此，国土空间规划制度的制定实施始终关涉社会效益、生态效益，关涉效率价值的实现。

（二）欧美国家国土空间规划制度价值演进

1. 欧美国家关于国土空间规划制度价值的理论论争

关于国土空间规划制度价值问题，西方学界论争激烈。比较典型的观点有：国土空间规划目标是区域人类活动尤其是经济活动的空间分布及相互关系协调，包括农业区域论、工业区域论、中心地理论、市场区域论；国土空间规划价值追求是减弱乃至消除国土开发利用等经济活动的外部性。从欧美国家国土空间规划制度价值演进看，其一直在不断调整和丰富，先后经历了从效率价值到公平、效率价值再到公平、效率与秩序价值协调平衡的历程；其内容也由相对单一的物质形态规划向综合规划转变，越来越关注规划背后的正义、效率等问题。

2. 欧美国家国土空间规划价值目标的变迁

按照地域空间划分，西方空间规划至少分为三个类型：以促进落后或衰退地区发展，平衡地区发展为目标的区域经济规划；以城市区域分工和产业布局为目标的城市总体规划；跨行政区域的经济社会、环境综合发展规划。第一类区域空间规划追求的核心价值是效率——发展的速度和规模。第二类区域空间规划因各国国土空间规划目标差异，体系存在多样性，[1]所以该类空间规划的价值追求呈现差异性，经济社会发展的效率、规划区内的公平正义和可持续发展都是其价值追求。第三类规划以实现多方共荣为目标——以基础设施一体化为前奏，以市场原则下产业一体化为核心，以利益协调为纽带，主要从物质层面和社会文化层面来推进区域一体化。

三、我国国土空间规划正义、效率价值实现中的问题

（一）国土空间规划正义问题梳理

公共利益是政府存在的宗旨，维护公共利益是一切公共政策的出发点和归宿。[2] 国土空间规划是一项重要的公共政策，是公权力持续介入、干预社会发展的过程，要求其在土地、空间资源分配上体现公正性、有效性，把维护和增进公共利益作为价值追求，但转型期国土空间规划最突出的问题是正义性缺失。[3]

1. 国土空间正义问题突出

（1）代内正义是指同时代的所有人，不论其国籍、种族、性别、经济发展水平和文化等差异，对于利用自然资源与享受清洁、良好的环境享有平等的权利。[4] 在主权国家，代内平等权除某些特殊权利（如选举权、劳动权等）具有一定条件限制外，其不因其性别、年龄、职业、家庭出身、地域等而有所差异。但我国国土空间规划代内正义问题相当突出：不少地方政府通过国土空间规划将土地等资源向城市、向发达地区集中，部分发达地区、中心城市的富裕实际上是以牺牲其他地区、农村利益换来的，损害了农村和经济文化相对落后地区居民的空间权益。国土空间规划如何体现代内正义，在制定实施中纠正

---

〔1〕 参见周干峙：《春日保健争丰收——在2005城市规划年会上的讲话》，载《城市规划》2005年第11期。

〔2〕 参见孙长青：《公共政策的逻辑起点——公共利益分析》，载《河南师范大学学报（哲学社会科学版）》2004年第2期。

〔3〕 参见张庭伟：《城市发展决策及规划实施问题》，载《城市规划汇刊》2000年第3期。

〔4〕 参见王曦：《国际环境法》，法律出版社1998年版，第62页。

空间资源占有、分配的两极分化,使空间资源配置占有、分配得更加均衡,[1]已迫在眉睫。

(2)国土空间规划"代际正义"问题不容小觑。"代际正义"也称"代际公平",是指"在任何时候,每一代既是受后代委托而保管地球的保管人或受托人,也是这种行为结果的受益人,有责任保护地球,以及某种利用地球的权利"。[2] 保存选择原则是代际公平的首要原则,即每一代人应该为后人保存资源的多样性,避免提前使用和限制后代人权利,使前代人和后代人拥有几乎一样的可供选择的多样性,使代际间在享有资源、环境、机会三个方面具有公平性。但一些地方国土空间规划缺乏战略考虑,集中所有资源求一时发展,在"十二五"时期甚至用尽"十三五"时期所有建设用地指标,规划区内农村集体土地甚至被全部征用,一届政府为"经营城市""跨越发展"所欠的债务,几届政府的财政收入也无力偿还。这种不顾未来发展,片面强调发展速度规模,拼命开发利用空间资源的发展模式,既透支了发展基础,也造成后代人资源短缺和生态环境恶化,侵蚀可持续发展根基。这种把当代人幸福建立在对后代人发展能力与机会损毁之上的发展模式,是对子孙后代利益权利的侵犯,其违背了当代人和后代人作为现在和将来地球主人所应享有的平等和公平的发展机会,与代际正义要求相悖。

2. 国土空间规划实施中公共利益泛化

国土空间规划是政府基于公共利益国家发展的整体目标,利用公权力通过法律法规授权范围、条件、程序等对公民私权进行干预的一类行政行为,确保其正当性、合理性至关重要。政府制订规划必须以实现公共利益、社会整体利益为目的,且对公共利益和社会整体利益的界定应明确,并切实保障公众参与权。但我国法规对"公共利益""社会利益"缺乏明确界定,地方政府为实现经济"翻番"、财政收入跨台阶,多抵制法律法规对公共利益边界、范围的界定。改革开放以来,土地征用、房屋拆迁等空间开发利用法规对"公共利

〔1〕 参见李广斌:《利益博弈视角下的区域规划转型》,南京大学出版社 2010 年版,第 11 页。

〔2〕 [美]伊迪丝·布朗·魏伊丝:《为了未来世代的公平:国际法、共同遗产、时代间衡平》,环境科学出版社 1998 年版,第 38 页。

益"的界定多采取模糊处理。《土地管理法》《城市房地产管理法》《城乡规划法》等只作原则性、宣示性规定；《国有土地上房屋征收与补偿条例》[1]虽采取列举与概括兜底方式对公共利益范围作了规定，但对所列事项的细化及程序控制则缺乏具体规定。

3. 国土空间规划实施中，对私权保护不力

（1）相关法规对空间规划实施中私权救济缺乏刚性规定。《行政复议法》《行政诉讼法》均将国土空间规划界定为抽象行政行为，行政相对人不能直接提起复议和诉讼。但地方政府尤其是县、市基层政府制订的国土空间规划确有不少内容直接影响行政相对人权益，如城市控制性详细规划，其管控地域空间小，规制对象明确具体，且多是规划许可的先行行为；如果该规划作为抽象行政行为，一些涉及行政相对人切身利益且与法律相悖的规划许可、处罚等就难以纠正，因为即使行政相对人对具体规划许可、处罚等提出复议或诉讼，也会因为该许可、处罚符合控制性详细规划，从而具有"合规（规划）性"而不会被纠正，这就使土地私权[2]被空间规划"架空"而处于"裸露状态"，保护缺乏刚性。[3]

（2）国土空间规划程序公正性不足，易致私权受损。我国有关国土空间的规划很多，且规划制定者与执行者合二为一，如城市总体规划，住建部门既是城市规划的实际制定者，又是基本建设项目的审批、监管者，这与法治所要

---

〔1〕《国有土地上房屋征收与补偿条例》第8条：为了保障国家安全、促进国民经济和社会发展等公共利益的需要，有下列情形之一，确需征收房屋的，由市、县级人民政府作出房屋征收决定：

（一）国防和外交的需要；

（二）由政府组织实施的能源、交通、水利等基础设施建设的需要；

（三）由政府组织实施的科技、教育、文化、卫生、体育、环境和资源保护、防灾减灾、文物保护、社会福利、市政公用等公共事业的需要；

（四）由政府组织实施的保障性安居工程建设的需要；

（五）由政府依照城乡规划法有关规定组织实施的对危房集中、基础设施落后等地段进行旧城区改建的需要；

（六）法律、行政法规规定的其他公共利益的需要。

〔2〕土地私权指的是与土地有关的除国家财产利益之外的其他主体的财产权利。作为私法上的权利，土地私权的外延包括个人对土地的权利和集体对土地的权利，这些权利既有土地所有权，也有土地使用权以及土地上的不动产权益特别是房屋权利。

〔3〕参见梅夏英：《财产权构造的基础分析》，人民法院出版社2002年版，第293页。

求的“分权制衡”相悖，使不少规划沦为谋取部门利益的工具；也导致在规划决策中权力恣意、寻租等腐败问题滋生。[1]

(二)国土空间规划效率价值存在的问题

1.效率偏好明显，导致经济社会发展不均衡

长期以来，国土空间规划存在“效率至上”倾向，一切工作都围绕经济发展展开。在“发展是硬道理”的大背景下，国土空间规划被要求“以效率为先，以发展为要务，以各项建设项目的快速推进为目标”[2]。规划效率至上，不仅为社会公众、城市管理者所推崇，也为规划专家所默认。各级政府把国土空间规划作为“经营城市”的抓手，编制城镇体系规划和城市总体规划时，“竭尽全力”虚报城市人口总数，从而获得更多建设用地指标；城市控制性详细规划修编某种程度上成为地方政府加快土地批租和强拆的“技术手段”。任何可能限制、延缓项目开发和城市扩张的空间规划，都被视为阻碍地方“跨越发展”，国土空间规划成为逐利的工具。[3] 在“效率至上”思维主导下，城市建得越来越美，但公众对自己居住的城市却越来越陌生，大量进城务工人员只能寄居在脏、乱、差的“城中村”，买不起房、上不起学，成为诸多大、中城市的头等难题。

2.经济、社会和生态效益不统一

(1)国土空间规划对经济增长的速度、经济规模的大小关注较多，而对经济增长的质量关注不够，甚至只考虑经济增长的速度、规模，不考虑生态环境和社会资源的投入。

(2)效益评估核算不科学。在对国土空间规划制度效率价值评估时，仅核算经济效益，对环境生态效益不进行认真评估核算。经济增长率很高、经济总量很大，但其代价是大量土地等资源的投入和生态环境的损害。

(3)对社会效益缺乏应有重视。国土空间规划制度的制定实施没有很好

---

〔1〕 参见仇保兴：《从法治的原则来看〈城市规划法〉的缺陷》，载《城市规划》2002年第4期。

〔2〕 孙施文：《城市规划不能承受之重——城市规划的价值观之辨》，载《城市规划学刊》2006年第1期。

〔3〕 参见何子张：《城市规划中空间利益调控的政策分析》，东南大学出版社2009年版，第31页。

地把社会公益维护作为其效率价值实现的重要指标，[1]不少地方的高速发展是通过暴力征收和拆迁换取，以损害政府信用和破坏法治为代价取得的。

3. 国土空间规划效率增长缺乏可持续性

（1）对国土空间规划制度效率价值的把握，没有坚持动态性、长远性，没有切实通过具体国土空间规划制度的制定实施，保障特定城市、区域合理的发展速度，没有综合评估资源、环境等条件，片面追求高速度；也未妥善处理短期的"慢增长"和长期的"好增长"之间的关系。

（2）没能很好地把握经济增长和社会、生态、环境之间的协调促进关系。

（3）未能保持"效率"和"正义"价值间的协调平衡；城乡间、区域间发展速度、规模，当代人与后代人间发展水平、程度等存在不协调性。

四、国土空间规划正义、效率价值实现的路径

（一）国土空间规划制度的正义价值实现

1. 空间正义实现应坚持的基本原则

（1）促进市场机制发挥原则。由于落后的空间生产能力、有限的空间产品和资源与人民群众日益增长的空间需求间的矛盾仍是我国国土空间现阶段的主要矛盾，所以只有充分促进市场机制的发挥，优化国土空间资源配置，不断提高空间生产能力，才能逐步缩小地区、城乡差距。

（2）坚持基本公平与促进比例公平。首先要确保普通社会公众能公平获得空间资源、均等享受空间权利。根据生产、生活发展水平，人们对空间需要分为基本空间需求和发展性、享受性、成长性空间需求。[2] 基本空间需求属于基本人权范畴，是政府、社会用于满足人们基本生产、生活的必需品。政府特别是城市政府应确保所有公民都不被剥夺取得城镇生活必要条件的权利，能够公平地占有与其生产生活相适应的生存空间——物质空间和精神空间，而不能滥用社会公共利益，通过牺牲、剥夺一部分人的基本权利，去满足另一

---

〔1〕 参见何子张：《城市规划中空间利益调控的政策分析》，东南大学出版社 2009 年版，第 32 页。

〔2〕 参见李广斌：《利益博弈视角下的区域规划转型》，南京大学出版社 2010 年版，第 11 页。

部分人的不当需求。其次,发展性、享受性和成长性空间需求满足需在经济社会条件许可范围内,不能超越经济社会发展水平。再次,空间正义必须承认尊重差别,要使普通群众在现行制度环境中,得其应得。

2. 国土空间规划制度正义的范围

(1)实现“代内正义”(空间正义)。空间正义是规范人与人之间关系的价值准则,其核心是使空间资源在普通公众间进行公平分配。虽然对城镇、区域、城乡空间的认识,学者见智见仁,但对“空间物质属性、社会属性、生态属性等多种属性”[1],及“国土空间规划是调节国土空间生产和利益——不仅指居住环境的生成,还包括其各种要素与环境的互动、分布及利用”[2]——的公共政策的认识是一致的。因此,制定科学公正的国土空间规划以引导和规制空间规划行为,是走向空间正义的不二选择,也是实现代内正义的必然要求。首先,公平合理分配空间资源。必须依照法定程序制定国土空间规划,公平分配资源、有效引导规划主体行为,通过对人们行为的引导,对空间生产中出现的各种利益矛盾进行调解和控制,发挥其利益分配功能。其次,努力促进城乡、区域、人群间空间资源、利益分配的公平性。规划应以其法定强制性,调控、修正有可能危害区域、城乡整体利益和公众利益的空间开发利用行为,以维护公共利益和社会正义。再次,适时修编国土空间规划,提高其引导分配功能。国土空间规划因涉及包括土地资源在内的城市空间资源的配置问题,其本身须以社会公平为导向,根据发展需要适时修编、完善。

(2)实现“代际正义”。国土空间规划作为一项布局、配置国土资源的全局性、宏观性、战略性和前瞻性的综合性规划,其对各类空间资源的配置须从可持续发展的高度来展开,既要满足当代人发展需要又不对后代发展机会和能力造成影响或者损害。其调整国土空间规划及资源开发、利用、保护等行为时,必须坚持节约、集约、循环利用的原则,以最少资源消耗来促进发展质

---

〔1〕 张勇强:《城市空间发展自组织与城市规划》,东南大学出版社 2006 年版,第 203 页。

〔2〕 [美]大卫·雷·格里芬编:《后现代精神》,王成兵译,中央编译出版社 2011 年版,第 157 页。

量的提高，给子孙后代留下足够的发展资源、机会和良好的环境，使其能获得平等发展权，体面幸福地生活，实现代际正义。

3. 正义价值框架下诸正义的协调

从根本上看，城乡正义、区域正义、群体正义以及代际正义具有统一的基础——社会主义制度，也有共同目标——可持续发展。但我国地域广阔，代内正义和代际正义之间，以及代内正义中城乡、区域间在特定时空不可避免地存在矛盾和冲突，如何协调平衡正义间关系成为国土空间规划正义实现必须应对的问题。协调平衡矛盾冲突应：一是坚持相对正义。城乡之间、区域之间、人群之间，在特定时间和空间，其发展水平和程度是有差异的，不存在绝对的公平正义。二是坚持实质公平原则。虽然国土空间规划制度确认了城乡、区域、人群之间的公平发展机会并努力追求之，但是市场配置资源无法避免结果不公平。国土空间规划在协调、平衡正义间关系时要坚持实质正义，对不同区域和群体间利益进行有效调节，努力促进实质正义实现。三是坚持谨慎发展，促进代际公平。由于资源整体上的质、量稀缺及环境、生态本身承载负荷的限制，当代人在开发利用空间等资源，享受发展的成果，实现充分、全面发展时，必须节约、集约利用空间资源，为后代人能够有尊严的发展提供物质基础。

（二）国土空间规划制度的效率价值实现

1. 应遵循的基本原则

（1）效率实现应符合正当目的。一是国土空间规划在追求经济发展时，必须以普通群众全面发展为目标，不能仅为政府财政增长或者变相财政增长而肆意变更规划、征用土地、拆迁房产；更不能为谋取或帮助开发商谋取商业利益，而违法征用集体土地、拆迁公民房产。二是不得违背市场规律，强行分配空间资源，应通过转移支付、生态赔偿等方式对输出供给矿产、水等资源的经济相对落后地区给予公平合理的补偿，纠正空间之间的利益失衡。三是国土空间规划编制实施要坚持"公开"原则，保证公众参与权利落到实处，确保国土空间规划程序正当公正。

（2）坚持经济效益、社会效益和生态效益统一。一是经济效益不仅要关注经济增长的速度、经济规模的大小,而且要特别关注经济增长质量,要严格统计核算生态环境和社会资源投入。二是经济效益增长须尽可能降低资源投入,把发展对生态的影响降到最低限度。三是对效益评估核算时,除经济效益外,还要对环境生态效益进行评估核算,更要对社会效益给予高度关注;如果经济增长率很高、经济总量很大,但是是以大量土地等资源投入和生态环境损害为代价取得的,那么无论经济价值多高,也背离效益原则。四是注重社会效益,把社会公益维护作为国土空间规划制度效率价值实现的重要指标。[1] 切实杜绝通过暴力征收和拆迁取得获得一时发展,因为该发展是以损害政府信用和破坏法治为代价的,该经济效益是"带血"的效益,背离了生态文明发展理念,不是效率价值所追求的。

(3)保持效率价值的可持续性。一是对国土空间规划制度效率价值把握,必须坚持动态性、长远性原则,既要通过具体国土空间规划制度的制定实施,保障特定城市、区域正常的发展速度,又不能无视资源环境条件而追求高速度;要放眼长远,注意处理短期的"慢增长"和长期的"好增长"之间的关系。二是要注意把握经济增长和社会、生态、环境之间的协调促进关系,做好动态平衡。三是实现"效率"价值时,要努力保持"效率"和"正义"间协调平衡,城乡间、区域间发展速度与规模协调,当代人与后代人间发展水平、程度基本平衡。

2. 国土空间规划效率价值实现的重点内容

(1)国土空间规划的制定实施过程要节约成本。在国土空间规划制定中,要在确保公众参与的同时,通过科学的程序设计,以最小成本耗费,高质量地完成规划编制任务。要发挥市场对资源配置的决定性作用,大力鼓励市场主体创造财富,实现经济效益、社会效益和生态效益最大化。对那些通过行政权力垄断空间等资源、妨害市场竞争等行为予以规制制裁,保障市场竞争公平有序,从而间接促进效率实现。

---

〔1〕 参见何子张:《城市规划中空间利益调控的政策分析》,东南大学出版社2009年版,第31页。

(2)始终鼓励财富创造,促进效率实现。社会经济活动在符合“帕累托最优状态”[1]时,是最有效率的,但“帕累托最优状态”所要求的完全自由竞争市场状态是不存在的。资源配置达到最优,需通过科学的制度建构来为“完全自由竞争”创造条件,来保证国土空间规划法律关系主体地位平等。无论是国家所有权人还是集体土地所有权人;无论是空间所有权人还是使用权人,对其合法权益都予以平等保护,不能区别对待;更不能违背市场规律和价值规律,打着“公共利益”旗号,低价甚至无价征收集体土地或房屋等不动产。

(3)节约、集约利用空间等资源。研究表明,到2030年,我国将达到16亿的人口高峰。按照欧美国家完成工业化时,人均粮食占有量500千克左右计算,我国粮食总量最少需8亿吨。另外,随着经济社会发展,对国土等资源需求还会增加,耕地保有量会进一步下降,能否守住18亿亩耕地红线,都将成为考验。粮食不自给必然影响发展根基,不仅不能保障发展的速度和规模,而且会危及人民群众的生存。进行国土空间布局必须考虑资源条件,进行生产力布局时要考虑生态环境影响,少规划或不规划大规模、长距离“调水”“输气”等项目。

(三)国土空间规划正义、效率价值的动态平衡

制度的不同价值间或在同类价值内部发生矛盾时,应根据什么标准进行评价,学者有不同见解。沈宗灵认为,价值协调“应兼顾国家、集体和个人三者利益,多数利益与少数利益,长远利益与眼前利益,整体利益与局部利益”“效率优先兼顾公平”[2]等。郑成良认为,价值协调应坚持“生产力标准和人道主义标准”“现实主义原则和历史主义原则”[3]。胡敏中提出“价值共识和长远原则”“尊重差异,包容多样,平等对待”“互利互惠和共赢”[4]等价

[1] “帕累托最优状态”是指这样一种状态,如果不存在另一种生产上可行的配置能够使该经济中所有的人都感觉同远处的配置相比至少同样好或至少更好些,那么,这种资源配置就是最优的。参见顾海良、郭建青、顾海兵主编译:《简明帕氏新经济学词典》,中国经济出版社1991年版,第167页。

[2] 沈宗灵主编:《法理学》,高等教育出版社1994年版,第46页。

[3] 张恒山:《“法的价值”概念辨析》,载《中外法学》1999年第5期。

[4] 胡敏中:《论价值共识》,载《哲学研究》2008年第7期。

值协调原则。笔者认为胡敏中的观点更具科学性、可行性,该原则实际上追求整体利益与可持续发展,强调制度“效率”价值;“尊重差异、包容多样、平等对待”实际是“正义”价值的核心内涵。正义与效率是辩证统一的,“效率是正义的基础,正义是效率的目标”;在坚持一方面优先的同时,只有使另一方面维持在一个最低限度,才能达到一种社会效益最大化的平衡状态。

1. 正义、效率价值协调、平衡需与时俱进

规划是对不同利益主体在空间资源占用上的一次“再分配”,公平地占有土地等资源是规划的首要和基本原则。[1] 这一观点看到了国土空间规划的分配功能,但如果仅把“公平”作为国土空间规划制度的价值,无视其效率价值,就不能有效地促进经济社会发展,这种公平因缺乏物质基础而难以持久。同样地,如果把国土空间规划制度价值仅定位为效率,当前区域差别、城乡差别就会进一步扩大,区域正义、城乡正义与代际正义就无法实现。因此,国土空间规划必须通过不断改革创新,保障公平分配利益(正义价值),激发人民群众的积极性、创造性,促进经济社会又好又快发展(效率价值)。把正义作为核心价值追求,把效率价值作为实现正义的基础,二者在动态运作中进行不断调适,实现国土空间规划的可持续发展目标。

2. 国土规划制度正义、效率价值协调的具体路径

(1)通过对空间资源的优化配置和高效利用,让高效益者获得更多的实际收益,激发其积极性,进而带来效益的进一步提高,促进生产力快速发展,为正义价值实现提供物质基础。

(2)实现效率不能放任社会财富分配差距无限制扩大,致其削弱经济社会又好又快发展的基础,引发社会无序或动荡;要适当干预市场,进行财富再分配,弥补“效率至上”可能引发的公平问题。

(3)纠正过去资源资本偏重经济发达地区的倾向,制定一些促进老、少、边、穷地区的特殊制度,把更多资源配置到西部、农村、山区、老少边区以及老

---

〔1〕 参见陈清明、陈启宁、徐建刚:《城市规划中的社会公平性问题浅析》,载《人文地理》2000年第1期。

工业区，并把能否促进上述地区的科学发展、和谐发展，作为国土规划制度公平价值实现的重要指标。[1]

（4）要完善国土空间用途管理、土地征用、拆迁补偿等制度，纠正违反市场规律与法定程序的强制征收、拆迁。

（5）严格规制国土空间规划权行使，遏制违法行为对相对人权益的继续侵害，在违法行为人受惩罚的过程中彰显公平正义。[2]

---

〔1〕 参见彭莉、王斌：《我国国土规划法的若干法律问题思考》，载《国土资源》2004 年第 11 期。

〔2〕 参见张晓芝：《试论公平与效率相统一的法律基础》，载《经济管理》2003 年第 9 期。

盐穴地下空间开发利用产权体系探究*

张　惠　侯华丽**

摘　要:建立健全地下空间开发利用中的自然资源资产产权体系,解决权利交叉、缺位等现实问题,是有效推动地下空间开发利用工作的重要支撑。本文以盐穴地下空间为研究对象,基于法理学分析与案例研究方法,解析盐穴地下空间开发利用过程中的自然资源资产产权体系,并从强化土地、矿产、地下空间等多种资源协同利用的角度,在归纳总结我国盐穴储气库建设运营实践三种模式的基础上,针对当前盐穴地下空间开发利用中存在着的产权体系不完整、权利行使无依据、权利类型相冲突等问题,提出相应的制度改进路径:明确盐穴地下空间建设用地使用权独立于采矿权;厘清采矿权人行使地下空间使用权的条件;畅通采矿权转让、租赁、废弃核销等机制;探索盐穴地下空间开发利用改革试点。

关键词:地下空间　产权体系　盐穴　法理

盐穴地下空间是水溶采盐后在地下盐层中形成的空间构造,具有较大的体积和良好的密封效果。在推进实现能源保供、碳达峰碳中和等战略目标的背景下,利用盐穴地下空间实施储气、储油,封存二氧化碳、发展地质碳汇的需求日益增长。中国工程院钱七虎院士团队的测算结果显示,我国盐穴地下空间累计约1.3亿立方米。然而,由于盐穴平均埋深达1000米,属于超深层的地下空间,在开发利用实践中面临着立法与政策相对滞后,自然资源资产产权权属、权能、权益尚不明晰等一系列亟待解决的问题。因此,有必要从地下空间开发利用相关自然资源资产产权的法理基础出发,结合我国已实施的

---

* 获2022年12月第四届国际自然资源法治论坛优秀奖。

** 张惠:中国自然资源经济研究院助理研究员;侯华丽:中国自然资源经济研究院研究员、所长。

盐穴地下空间储气项目管理实践,明晰并构建盐穴地下空间开发利用中的产权体系,以及政府、矿业权人、储气企业等多方主体的权利义务关系,为有效推动盐穴等深层地下空间开发工作,促进土地、矿产、地下空间资源等多种资源协同利用提供理论支撑。

一、地下空间所有权的法理争议

(一)地下空间所有权的"否定说"与"肯定说"

地下空间开发利用实践中,关于地下空间特别是浅层地下空间是否可以与土地相分离、成为独立的权利客体,在学术界一直存在争议。

否定地下空间所有权独立性的理论认为土地上下的空间是土地的必要组成部分,土地所有权的行权范围"上穷天空,下尽地心",地下空间所有权已被土地所有权吸收,所谓的地下空间权实质上是土地所有权派生出的一种用益物权(见图1),纳入土地产权权利束之中。这一立法模式多见于以德国为代表的大陆法系,仅在立法中规定空间利用权,土地所有权人可将其地下空间让渡给他人使用,且地下空间使用权独立于建设用地使用权、地役权等其他权利。

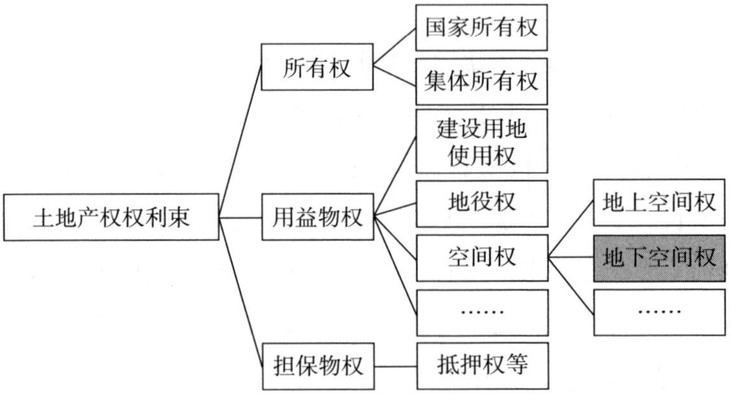

图1 理论下的地下空间权

反之,肯定地下空间所有权独立性的观点(或理论)则认为,现代社会中地下空间利用已逐渐脱离土地表面而单独存在,地下空间不再是土地的必要组成部分,以独立的地下空间所有权为本体,派生出以一定范围地下空间为权利客体的各项地下空间用益物权,地下空间产权体系和土地产权体系并行,有所关联但彼此独立(见图2)。以美国为代表的英美法系立法确认了独立的空间所有权,空间作为不动产的一种,可以成为所有、转让、设定担保、继承和课税的标的。

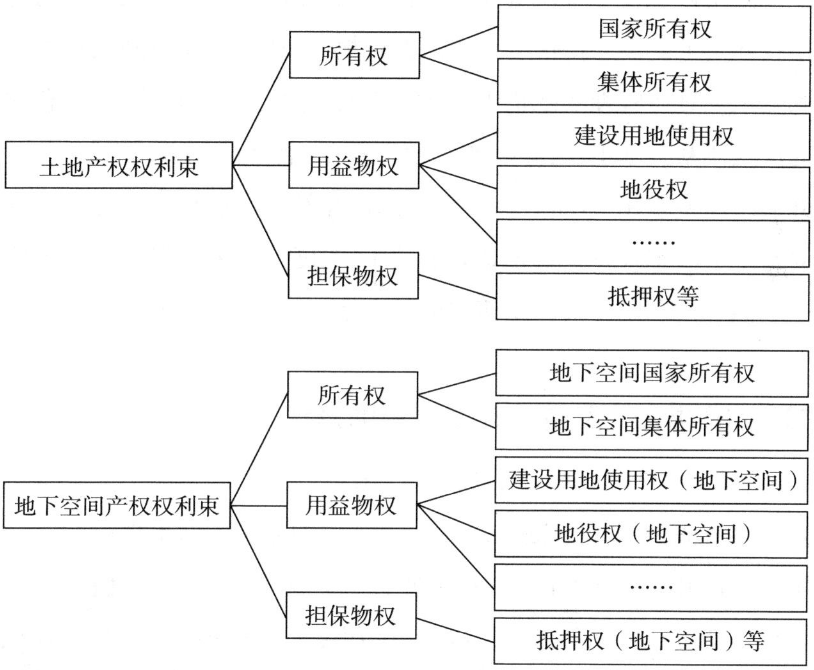

图2　“肯定说”理论下的地下空间权

(二)地下空间的“国家保留深度”制度

由于盐穴等深层乃至超深层地下空间属于脱离于土地表面而形成的独立空间,学术界在其权利客体独立性、所有权独立性、对国家安全和公共利益的重要性等方面观点较为一致,普遍认为基于国家安全和公共利益的考虑,地表以下一定范围之外的地下空间应当界定为属于国家专有。众多国家和地区的立法实践也表明,土地权利人只享有其地下一定深度的空间权利,规定深度之外的地下空间属于国家所有。例如,日本《地下深层空间使用法》明确地下40米以下空间即属于国家所有,政府无须征得土地所有人同意即可进行深层地下空间公共建设活动；新加坡《国有土地法案的修正案》规定地下30米以下优先公共使用，保障地下基础设施的建设；芬兰、丹麦、挪威等国规定，私人土地在6米以下即为公有。

因此，即便是在尚未立法明确地下空间所有权的大陆法系国家，根据“国家保留深度”制度，也可在深层地下空间范围内建立起相对独立的地下空间所有权及其用益物权体系。就我国而言，尽管目前已通过《民法典》为建设用地使用权在地下的设立提供了正式法律依据，但地下空间权利的设立、利用、确权和登记等具体管理实践仍处于地方探索阶段，尚未形成完整、有效的地下空间产权体系。基于此，有必要以地下空间“国家保留深度”制度为支撑，优先开展法律关系相对明确的深层地下空间产权体系研究，进而为全面、系统建立地下空间产权体系奠定基础。其中，深度达千米量级的盐穴即成为深层地下空间开发利用产权体系研究的典型案例。

二、我国盐穴地下空间开发利用的形势与挑战

（一）盐穴地下空间开发利用基本情况

1. 盐穴形成于盐矿开采过程中，具有一定的存量和增量规模

根据盐矿开采实践，开采过程中通过钻井向地下一定深度盐层中注水，利用水循环的方法将盐层溶解形成卤水抽出，而在地下盐层中形成体积较大的空间构造即为盐穴。我国是世界上采盐历史最悠久的国家，近两千年的采盐史中，地下形成了大量盐穴：在存量方面，全国盐穴地下空间存量累计约1.3亿立方米；在增量方面，根据重庆大学资源与安全学院陈结教授团队相关研究成果，仅以当前产量计算的每年新增盐穴地下空间已达到2000万立方米，其中，中国盐业集团有限公司在江苏金坛每年新增盐穴地下空间约220万立方米，该地区也被认为是国内盐穴开发利用条件最好的地区。

2. 盐穴开发利用方式广泛，利用盐穴建设储气库的优势明显

盐岩结构致密、孔隙度低、渗透性低，经采盐形成的盐穴也被公认为是实施地下油气储备、压气蓄能、有害废弃物地质处置、二氧化碳地质封存等最合适的地质载体之一，应用较为广泛。中国工程院杨春和院士针对我国盐穴开

发利用形势,提出“盐穴多能并储”的理念,推进打造我国盐穴存储氢能,压缩空气、天然气、石油等的新格局。

其中,盐穴储气库作为盐穴利用的重要方向,具有多方面的发展优势。工程技术方面,盐穴储气库具有注采气量大、注采转换灵活、气质好、地面工艺流程简单、库容利用率高等突出特点;节地效果方面,1000 万立方米的地下盐穴储气库相当于 100 个 10 万立方米的标准储气罐,相应库容的地面储气罐占地面积 3300 亩左右,而盐穴储气库占地仅 400 亩左右,井场占地不到 100 亩,可节省大量土地资源;建造成本方面,盐穴储气库的单位投资约为 350 元/立方米,仅为建造相同容积地面储气罐投资的 30% 左右,运行过程中的维护成本也比地面储气罐低很多。

(二)盐穴地下空间开发利用面临的形势与挑战

美国和欧洲国家较早开展了盐穴地下空间开发利用工作,目前已在石油天然气储备、压气蓄能电站建设、废弃物处置、氢气储存等方面进行了成功的应用。在我国,盐穴储油尚未实施,储氢、储氨也未形成工业化,盐穴地下空间利用主要实现于储存天然气和压气蓄能发电领域。整体来看,盐穴储气库建设处于重要发展机遇期,未来 10 年将是我国储气库建设的高峰期,除已建成运行的江苏金坛 3 座盐穴储气库外,江苏淮安、湖北江汉以及云南昆明等地的储气库已陆续进入建设施工阶段,另有河北宁晋、山东泰安、河南平顶山等多地正在开展盐穴储气库现场试验或预可研工作,我国盐穴储气库建设工作将进入高峰期。

但是,我国盐穴地下空间开发利用仍面临较大挑战。盐穴储能、储碳等工作尚处于起步探索阶段,在深层地下空间开发利用整体发展格局方面仍然缺少国家战略层面的顶层设计,亟须从法理、技术、管理逻辑等方面对其进行深入研究和清晰厘定,以加强对土地、矿产、地下空间等多种资源的协同利用示范。

三、盐穴地下空间开发利用相关产权的关系辨析

(一)不同产权类型及其权能权益

盐穴地下空间储气库建设运营的过程中,利用盐矿场的地表钻井,实现注采气的目的,因此,在产权方面主要涉及盐穴地下空间的使用权[(地下)建设用地使用权]、盐矿矿业权以及地表的建设用地使用权等权利类型。同时,在盐穴属于独立超深层地下空间的情况下,盐穴地下空间的使用权于矿业权、地表的建设用地使用权相对独立。

1. 盐穴地下空间的使用权

在概念方面,当前地下空间使用权的立法尚不明晰,仅有个别地区规定了盐穴地下空间的使用权。从本质上看,盐穴的开发利用依附于地下盐层中的特定空间范围而存在,实为地下空间的建设用地使用权范畴。类比建设用地使用权,从权利主体看,盐穴地下空间的使用权的权利主体是取得(地下)建设用地使用权的权利人。从权利客体上看,权利人使用的是在权利起止点范围内的地下空间,同时符合一定的建设管理要求。从权利期限看,盐穴类深层地下空间归国家所有,以划拨方式取得使用权的权利人,可以无期限使用地下空间,其他配置方式下的权利人使用地下空间具有一定的年限要求,使用年限届满后,或权利人申请使用权续期,或由行政机关注销使用权,其建设的建筑物、构筑物及其附属设施可被收回。

在权能与权益方面,权利人取得盐穴地下空间的使用权后,享有地下空间的占有、使用、收益和有限制的处分权利,主要是按照特定的用途使用地下空间建设建筑物、构筑物及其附属设施,以满足自身需要。相关行政主管部门在规划管理、建设审批与审查监督等方面应当明确有关要求。同时,权利人在符合规定的情况下,有权将全部或部分地下空间的使用权实施转让等活动,重新配置地下空间使用的权利义务关系。

2. 矿业权

在概念方面,矿业权的本质是矿产资源所有权派生出来的使用权,根据《矿产资源法实施细则》有关规定,探矿权是指在依法取得的勘查许可证规定

的范围内,勘查矿产资源的权利;采矿权是指在依法取得的采矿许可证规定的范围内,开采矿产资源和获得所开采的矿产品的权利。从权利主体看,矿业权的权利主体是符合资质的矿业权人。从权利客体看,探矿权人使用的是具有探矿潜力的空间,采矿权人使用的是埋藏于地下的矿产资源。从权利期限看,矿业权人的勘查、开采活动必须满足许可证有效期限的要求,在许可证废止后矿业权灭失,勘查、开采活动不再具有相关效力。

在权能与权益方面,《矿业权出让转让管理暂行规定》(已失效)首次明确"探矿权、采矿权为财产权",适用于不动产法律法规的调整原则,"矿业权人依法对其矿业权享有占有、使用、收益和处分权"。需要注意的是,采矿权相关权能与权益均围绕矿产资源设置,体现为对矿产资源的占有、使用、收益和有限制的处分,采矿权的转让也是以矿产资源优化配置为目的、通过市场化方式将矿业权全部或部分权利交由他人行使的资源配置制度。此外,矿业权的取得和转让必须履行严格的法律、行政程序,遵循以登记为要件的不动产变动原则。

3.(地表)建设用地使用权

在概念方面,地表的建设用地使用权本质是土地所有权派生出来的使用权。从权利主体看,其权利主体是以划拨、出让、出租、作价出资(入股)等方式取得建设用地使用权的权利人。从权利客体看,地表的建设用地使用权人使用的是土地表面。从权利期限看,以划拨方式取得的国有建设用地使用权或者集体所有土地上公益性质的建设用地使用权是无期限的,其他配置方式下的权利人使用土地则具有一定的年限要求。

在权能与权益方面,根据建设用地使用权取得方式的不同,权利人占用、使用、收益、处分等相关权能有所差异,如划拨取得的国有建设用地使用权在处分时会受到限制。但总体而言,建设用地使用权人均可以按照特定的用途使用土地建设建筑物、构筑物及其附属设施。

表1　盐穴地下空间开发利用的产权类型

权利类型	权利主体	权利客体	权利期限	权能范围
盐穴地下空间的使用权	取得（地下）建设用地使用权的权利人	起止点范围内的地下空间	划拨取得,无限期;其他方式取得,具有使用年限	对地下空间的占有、使用、收益和有限制的处分权利,可以转让全部或部分权利
采矿权	采矿权人	矿产资源	采矿许可证有效期限	对矿产资源的占有、使用、收益和有限制的处分权利,可以转让全部或部分权利
（地表）建设用地使用权	取得（地表）建设用地使用权的权利人	起止点范围内的土地资源	划拨取得,无限期;其他方式取得,具有使用年限	对土地的占有、使用、收益和有限制的处分权利

（二）不同产权类型之间相互独立、不可替代

1. 取得盐矿采矿权的并未当然取得矿区地表的建设用地使用权

矿业权审批与矿业用地使用权审批工作相互独立,矿业权人仍需要单独办理用地审批手续。《国土空间调查、规划、用途管制用地用海分类指南(试行)》规定,采矿用地和盐田同属于一级工矿用地中的二级用地类型,其中,盐田指用于盐业生产的用地,包括晒盐场所、盐池及附属设施用地。可见,盐田一般均为地面生产和附属设施用地,允许矿业权人在矿区一定的地面范围内进行生产建设和附属设施建设。

2. 盐矿采矿权与盐穴地下空间的使用权之间相互独立

盐矿采矿权与盐穴地下空间的使用权是分别以矿产资源和地下空间资源为权利客体的差异化产权类型。尽管采矿权与采矿用地使用权之间存在一定联系,即矿产资源开采活动的开展以取得了相应的采矿用地使用权作为保障,但采矿用地使用权仅作用于地面的生产用地和附属设施用地,与地下空间之间无必然联系,因此,采矿权人不必然取得矿区地下空间的使用权。由于盐穴开发利用属于(地下)建设用地使用权的范畴,与盐矿的采矿权之间存在着本质差异,在权利期限方面也存在不一致的情况。因此,在利用盐穴

进行储气库建造之前，仍需在采矿权之外单独取得地下空间的建设用地使用权。

3. 盐穴地下空间的使用权与地表的建设用地使用权之间不冲突

由于盐穴地下空间的独立性，盐穴地下空间的使用权与地表的建设用地使用权在本质上分别表现为国有地下空间所有权和土地所有权，两者之间相互独立、并无冲突，可在地表和地下同时设立。在地表设立建设用地使用权后再设立地下空间的建设用地使用权，无须经建设用地使用权人同意。同时，考虑到盐穴地下空间的开发利用过程是对盐矿采矿权人采矿作业后所形成的空间构造的再利用，两者之间可能存在一定的役权关系，当盐穴储气库建设运营主体不是盐矿采矿权人时，需要双方就权利义务关系协商一致。

四、当前盐穴储气库建设的主要模式分析

（一）建设时序类型

实践中，由于盐矿开采和盐穴形成具有同步性，因而利用盐穴地下空间建设储气库时，既可以边采盐边建库，也可以采盐完成后再建库，产生了两种类型的储气库建设时序：

1. “采盐建库一体化”

即盐穴形成与盐穴建造同时进行，适用于正在开采盐矿的成形中盐穴。基本步骤是在盐矿水溶开采的过程中，使用特殊的盐穴建造工艺，在地下盐层中建造出一定体积和形状的盐穴腔体，经稳定性评价、密封性试压后进行储气。在该建设时序类型下，盐矿开采、盐穴形成、盐穴利用三种自然资源开发利用状态同时存在，盐穴利用过程与盐矿矿业权存续期间重合。

2. “先采盐、后建库”

即盐穴完全形成之后再进行盐穴建造。基本步骤是对已形成的盐穴进行勘测，筛选出符合储气条件的再实施盐穴改造用于储气，一般适用于历史遗留废弃盐穴或者正在开采盐矿的已成形盐穴的改造项目。在该时序类型下，矿业权具有灭失或存续两种情形：当矿业权灭失时，盐穴处于历史遗留废弃状态，盐穴利用与矿业权的存续期间完全分离；当矿业权存续时，用于建造

储气库的盐穴可能是正在开采盐矿的已成形盐穴，则盐穴利用与矿业权的存续期间相重合。

目前，我国主要按“采盐建库一体化”建设时序对正在开采盐矿的盐穴进行开发利用，但历史遗留废弃的盐穴也是我国宝贵的地下空间资源，也应在“先采盐、后建库”的建设时序下进一步挖掘其储气储能潜力。

（二）主要模式及问题评析

江苏金坛是我国开展盐穴地下空间储能建设的典型地区，已建成投产3座盐穴储气库，因此，本文以江苏金坛为例剖析盐穴储气库的建设运营模式。1988年以来，中国盐业集团公司（以下简称盐企）持续在金坛地区进行盐矿开采，采矿许可证经多次续期一直有效，因而，有储气需求的企业（以下简称气企）在金坛盐矿开展的盐穴储气库建设运营活动均与盐企这一采矿权人有着密切的联系，所利用的或是盐企已成形的盐穴，或是正在形成中的盐穴。从金坛盐矿已建成投产的盐穴储气库运营情况看，可细分三种模式：

1.“气企参与盐企采矿”模式

该模式主要用于盐企正在形成中盐穴的开发利用，由气企直接参与到盐企采盐活动中，构成采盐活动的实质主体。目前，中石油、中石化两家气企均在不同程度上以该模式与盐企开展储气库合作，根据合作协议，由气企按照建设储气库的要求设计盐矿开采方案，并负责盐矿开采和储气库建设，盐企主要对卤水进行消化平衡、制盐销售。

“气企参与盐企采矿”模式可能会产生盐矿采矿权管理秩序的混乱，名义上是由符合资质要求的盐企竞得采矿权，但实际上气企取代盐企负责盐矿的具体开采工作，而盐企只是在工艺末端对接收的卤水进行制盐销售。此外，该盐企和气企的合作模式也难以解释为采矿权的转让行为，如前所述，采矿权全部或部分权利的转让仍需以矿产资源为核心，不能衍生出气企用以建设储气库的地下空间使用权，不符合采矿权转让的制度逻辑。

2.“盐企建设—气企租赁”模式

该模式主要用于盐企已成形盐穴的开发利用，由中盐公司对采盐后的盐穴先行建设储气库，建成后由气企以租赁的方式使用储气库，并向中盐公司交付租金。目前,中石化和港华两家气企的部分储气库通过这一模式取得,气企主要负责天然气的采入和供应。

在“盐企建设—气企租赁”模式中,政策堵点突出表现为在缺乏地下空间开发利用审批管理的情况下,盐企的储气库建设活动已超出了采矿权权能范围。采矿权管理的核心目的在于依法依规开采矿产资源,无论从具体权利实体、还是从审批管理程序来看,采矿权管理均不包含盐穴地下空间开发利用管理的内容,因此,即便盐企取得了盐穴开发利用的相应资质,但是仅依据采矿权自行利用盐穴建设储气库的做法仍缺乏一定的权源基础,后续出租储气库收取租金的行为也不具备相关权能。

3.“盐企移交气企建设”模式

该模式主要用于盐矿已成形盐穴的开发利用,盐企仅实施采盐活动,采盐后形成的盐穴移交给气企,进行储气库的投资建设与经营管理。目前,中石油、中石化、港华三家企业的部分储气库由这一模式建成投产,气企负责整个储气库项目的前期、建设、运行和经营。

“盐企移交气企建设”模式中,盐企和气企在利用盐穴建造储气库方面存在权利分离:盐企只负责依托采矿权开展采盐活动形成盐穴,主要行使采矿权的相应权能;气企负责后续利用盐穴建设运营储气库的工作,相对独立于盐矿开采。因此,两类主体在权利行使上重合度较低,易于划分各主体的行权范围,进而便于独立地实施采矿权和地下空间使用权管理。需要注意的是,该模式下自盐穴形成后、交由气企建设前,气企需要单独向地下空间所有者申请盐穴地下空间的使用权。

五、协调盐穴地下空间开发利用中产权关系的建议

(一)明确盐穴地下空间的建设用地使用权独立于采矿权

开展盐穴地下空间开发利用需以独立于采矿权的地下空间建设用地使用权为前提,特别是在盐穴利用涉及超深层地下空间、集体土地和农用地地下空间的情况下,需要尽快明确盐穴地下空间相关产权制度。参照城市地下空间的有关管理规定,并考虑盐穴地下空间处于超深层地质构造的实际,建

议明确盐穴地下空间归国家所有,与采矿权主体无必然关联,且中央政府可委托地方政府代理履行所有者职责。对于国家重点扶持的储气库项目,可以划拨方式配置盐穴地下空间;对以营利为目的的,应以有偿方式提供盐穴地下空间建设用地使用权。同时,应加快制定地下空间的建设用地使用权管理机构、管理流程、管理要求等有关程序性规定,为盐穴地下空间开发利用工作提供管理依据。

(二)厘清采矿权人行使地下空间使用权的条件

当盐穴地下空间的建设用地使用权独立于采矿权后,盐企和气企以及其他具有盐穴地下空间建设运营资质的社会主体均可就盐穴地下空间的建设用地使用权进行竞争取得,同等条件下,可以适当赋予盐企一定的优先权。此时,在"盐企建设—气企租赁"模式下,盐企需要同时取得采矿权、地表的建设用地使用权及盐穴地下空间的建设用地使用权,才能既实施采盐活动、又实施盐穴储气库建造活动。但是,只有通过出让等有偿使用方式取得地下空间的建设用地使用权并建成储气库的,才可依据(地下)建设用地使用权的相关权能实施转让、租赁等行为并取得相应的收益。

(三)畅通采矿权转让、租赁、废弃核销等机制

鼓励气企等其他非矿权主体参与建设盐穴储气库具有两种模式:一方面,在"气企参与盐企采矿"模式下,气企实施采盐活动的前提在于依法取得采矿权,因此,要求建立健全盐企向气企转让、租赁采矿权的矿业权转让制度及其相关监督管理制度,规范采矿权的管理工作。另一方面,在"盐企移交气企建设"模式下,一般盐企移交的是已成形的盐穴,但是盐企采矿权可能仍处于有效期限,因此,需要配套采矿权的分期或分区废弃核销机制,在采矿权废弃核销的范围内,由气企在取得盐穴地下空间的建设用地使用权后,进行储气库建设活动,同时,也可与盐企就土地利用的相邻关系或地权关系达成协议。

(四)探索盐穴地下空间开发利用改革试点

选择一定数量的已建成盐穴地下空间和在建盐穴地下空间开展改革试点,并在试点中探索创新盐矿采矿权管理制度。其中,针对已建成盐穴地下

空间，主要探索采矿权和盐穴地下空间建设用地使用权的分立模式、已有采矿权范围内新设盐穴地下空间建设用地使用权的补充机制等内容；针对在建盐穴地下空间，主要探索采矿权的转让、租赁、废弃核销机制，采矿权与盐穴地下空间建设用地使用权之间相邻关系、役权关系的管理规定等内容。另外，在试点地区鼓励采矿权人和盐穴地下空间建设用地使用权人以多种方式合作开展采盐以及盐穴地下空间开发利用工作。

表2　正在开采盐矿的盐穴地下空间开发利用模式梳理与改进建议

项目	正在开采盐矿的盐穴开发利用模式（以盐穴储气库为例）		
建设时序	"采盐建库一体化"	"先采盐、后建库"	
时序特征	盐穴形成与盐穴建造同时进行	盐穴完全形成后进行盐穴建造	
适用对象	适用于盐矿正在形成中的盐穴	适用于盐矿已成形的盐穴	
行权期间的关系	盐穴地下空间的使用权与采矿权重合		
建设模式	气企参与盐企采矿模式	盐企建设—气企租赁模式	盐企移交气企建设模式
模式评析	盐企采矿权的不当转让可能导致采矿权管理秩序的混乱	盐企的储气库建设运营活动已超出采矿权权能范围	盐企采矿权与气企盐穴地下空间的使用权相对独立
改进建议	建立健全盐企向气企转让、租赁采矿权的机制	要求采矿权人同时取得采矿权、地表的建设用地使用权及盐穴地下空间的建设用地使用权	要求气企取得盐穴地下空间的建设用地使用权，并配套采矿权的分期或分区废弃核销机制

国土空间规划法的价值目标及其实现路径*

王明东**

摘　要：国土空间规划法的价值是人与法的关系中体现出来的国土空间规划法的意义，是主观性与客观性、应然性与实然性、普遍性与特殊性的统一。对利益调整的复杂性以及需求的多层次性，决定了国土空间规划法的价值是包含国土空间秩序、国土空间安全、国土空间公平、国土空间效率、国土空间民主和国土空间正义等多层次的价值体系。明确国土空间规划法的价值，有利于推动国土空间规划制度的演进、指导国土空间规划法的制定。国土空间规划法价值目标实现的关键环节是推进国土空间规划立法，通过明确人们的国土空间行为规则，构建国土空间"双评价"制度、用途管制制度、生态修复制度，创新利益平衡的国土空间规划法律机制，设定有效配置国土空间资源的规范，完善公众参与、空间权利实现机制，建立国土空间生产、分配和消费利益协调机制，将抽象的价值目标转化为具体的、可操作的法律规范。

关键词：国土空间规划法　法的价值　国土空间规划立法　制度保障

国土是生态文明建设的空间载体，国土空间是开展国家空间现代治理的"权域＋地域"空间，是界定明确的国家主权与主权权利的权域边界和其管辖下的自然、地理环境、经济、社会、文化等全要素所构成的实体空间范围。〔1〕国土空间规划是融合主体功能区规划、土地利用规划、城乡规划等空间规划，对国土空间保护、开发、利用、修复在宏观、中观、微观和长期、中期、短期等空间上和时间上做出的安排和布局。长期以来，我国以单一空间要素为规划对

---

* 获2023年12月第五届国际能源资源法治论坛优秀奖。

** 王明东：重庆大学法学院博士研究生。

〔1〕 参见冯广京、王睿、谢莹：《国家治理视域下国土空间概念内涵》，载《中国土地科学》2021年第5期。

象,形成了由城乡规划、土地利用规划、环境保护规划等组成的空间规划集群;这些空间规划根据作用的空间要素不同有着不同的管理部门;并形成了以《宪法》为核心,以《城乡规划法》《土地管理法》《环境保护法》等为主体,另附相关行政法规所组成的法律集群。[1] 但还原论指导下编制的空间规划以及为其提供保障的分散式立法存在着重叠、冲突、空白、不衔接等问题,与生态文明时代国土空间高质量发展要求不符,亟待迭代重组与转型升级。

当前,国土空间治理在整体系统论指导下正由原来"多规并存、重叠冲突"的空间规划集群、"九龙治水、各自为政"的管理体制、"头痛医头、脚痛医脚"的空间规划法律,向"全国统一、权责清晰"的国土空间规划体系、"统一管理、科学高效"的大部制管理体系和"既见树木、又见森林"的法律体系转变。具体而言,我国在 2014 年、2017 年先后推行市县与省域两次"多规合一"试点改革,对国土空间规划体系进行构建;在 2018 年机构改革中将原相关部委的各类空间规划职能整合到新组建的自然资源部,对国土空间规划管理体系进行构建;为固化"多规合一"重大改革成果、确保融合后的国土空间规划体系于法有据,与之相匹配的、作为顶层设计的国土空间规划法律体系的建构也被提上议事日程,正在紧锣密鼓地推进当中。例如,2019 年中共中央、国务院《关于建立国土空间规划体系并监督实施的若干意见》(以下简称《意见》)明确提出,要"加快国土空间规划相关法律法规建设"。自然资源部 2019 年至 2023 年连续五年的立法工作计划均提出,积极配合立法机关推进"国土空间规划法"等重点立法。2018 年十三届全国人大常委会立法规划将"空间规划法"列为需要继续研究论证的立法项目;2023 年十四届全国人大常委会立法规划将"国土空间规划法"列为条件比较成熟、任期内拟提请审议的法律草案。

然而,理论界目前主要是从技术层面对国土空间规划的改进优化进行了充分深入研究,走了一条技术理性之路,立法层面的研究则相对较少。实质

---

〔1〕 参见严金明、迪力沙提 · 亚库甫、张东昇:《国土空间规划法的立法逻辑与立法框架》,载《资源科学》2019 年第 9 期。

上，国土空间规划是理性决策与利益博弈综合作用的结果，融技术性与法律性于一体。[1] 技术理性只能解决"是"的问题以及技术上的"应该"问题，而对价值上的"应该"问题则无法妥善解决。国土空间规划对利益分配、发展效率、空间正义的协调平衡所引起的价值合理性、人文关怀需要通过立法予以解决。国土空间治理技术只有通过法治手段予以引领与矫正，才能实现法律与技术的嵌合治理，规范化、程序化、制度化是国土空间规划行为的前提和保证。而价值问题是国土空间规划法治化的核心和前置性问题，正如比利时法哲学家契姆·佩雷尔曼（Chaim Perelman）指出："法律基本上是关于各种价值的讨论，所有其他都是技术问题"[2]。因此，在已将国土空间规划法列入立法计划的背景下，需渐次叩问：何为国土空间规划法的价值？为何需要国土空间规划法的价值？如何实现国土空间规划法的价值？只有对上述问题进行探讨并予以明晰，才能够在正当法的价值指导下形成具有内在一致性的国土空间规划制度体系，制定出"良善"的国土空间规划法。

一、何为：国土空间规划法的价值的概念、特征与构成

国土空间规划法的价值有其特定的内涵与外延，是不同于国土空间规划法的本体、法的进化、法的运行、法的主体、法的客体等相对独立的法学基本范畴。科学界定与准确认知国土空间规划法的价值的概念内涵、基本特征、体系构成，是进行国土空间规划法价值研究的逻辑起点，也是必须回答的首要问题。

（一）国土空间规划法的价值的概念

法的价值可界定为"在法（客体）与人（主体）的关系中体现出来的法对于人所具有的意义"[3]。这个释义表明法的价值具有两重内涵：首先，法的价值是一个表征关系的范畴，反映的是作为法的价值主体的人（包括自然人和法律拟制人）和作为法的价值客体的法之间需要与满足的对应"关系"；其

---

〔1〕 参见董祚继：《新时代国土空间规划的十大关系》，载《资源科学》2019 年第 9 期。

〔2〕 吕世伦：《西方法学思潮源流论》，西安交通大学出版社 2016 年版，第 153 页。

〔3〕 卓泽渊：《论法的价值》，载《中国法学》2000 年第 6 期。

次，法的价值是一个表征意义的范畴，表达的是作为客体的法能够满足作为主体的人的需要的“意义”。借鉴法的价值的定义，国土空间规划法的价值[1]可界定为：人与国土空间规划法的关系中体现出来的国土空间规划法对于人所具有的意义。

（二）国土空间规划法的价值的特征

第一，国土空间规划法的价值是主观性与客观性的统一。一方面，由于主体所处的社会物质和精神生活条件不同，国土空间规划法的价值受一定历史时空下不同主体之间的主观需要与认知水平的制约和影响，国土空间规划法是否能够满足人的需要、是否有价值、如何选择国土空间规划法的价值依赖于主体对这种需要的主观体验、认知和评价，不同主体从各自的阶级立场、需求层次出发，对国土空间规划法的价值便会存在不同甚至截然对立的认识、偏好和追求。另一方面，国土空间规划法的价值反映作为客体的法对于作为主体的人的需要的满足，但主体对客体的这种需要不是凭空产生的，而是基于主体在具体的、现实的国土空间活动中的地位，以及主体的国土空间规划实践这一客观实际而形成的，是以人民的利益和需要为客观的价值标准的，且主体的需要只有通过国土空间规划法客观存在的属性和功能而得到满足。

第二，国土空间规划法的价值是应然性与实然性的统一。一方面，国土空间规划法的价值是在先于法、高于法的应然意义上存在的，是人们关于国土空间规划法的崇高理想和永恒追求，指引着人们在国土空间规划法治建设上的发展方向与路径，激励着人们为无限接近国土空间规划法的理想状态而不懈努力。另一方面，国土空间规划法的价值又是具体的、实在的，其需要在立法、执法、司法、守法和监督等法律实践活动中被实现，同时又被用来评价法律实践活动。国土空间规划立法是否体现了、执法是否促进了、司法是否

[1] 本文所指的国土空间规划法的价值显然但不仅是适用于纳入立法计划的、将由全国人大及其常委会制定的、狭义的“国土空间规划法”，还广泛适用于其他法律中的国土空间规划条款、国土空间规划法规、行政规章、规范性文件和技术标准规范等。国土空间规划法律体系的论述可参见方印、王明东：《国土空间规划立法：体系性困境与体系化建构》，载《盛京法律评论》2022 年第 1 期。

保障了、守法是否彰显了、监督是否维护了国土空间规划法的价值，均是在一定的社会形态和发展阶段实际存在的。

第三，国土空间规划法的价值是普遍性与特殊性的统一。一方面，国土空间规划法也是法的一种，国土空间规划法的价值是对一般法的价值的继承，由于法的价值在形式上、内容上的历史传承性和一致性，使得国土空间规划法的价值与一般法的价值之间具有一定的共性，即不同历史时期的空间规划法的价值——如《城市规划条例》（已失效）、《城市规划法》（已失效）、《城乡规划法》的价值，以及同一时期其他部门法的价值在国土空间规划法中均得到了不同程度的体现。另一方面，国土空间规划法的价值又是对一般法的价值的发展和超越，在法的价值体系的位阶上、法的价值内容的侧重点上有其特殊性，较一般法的价值更加彰显了先进的生态文明精神、思想和理念，更加集中地反映了具有中国特色的生态文明法治建设的实践经验，从而与其他一般法的价值相互区别、相对独立。

（三）国土空间规划法的价值的构成

国土空间规划法的价值，是法的基本价值在国土空间规划法中的价值传导。〔1〕由于国土空间规划法对利益调整的复杂性以及需求的多层次性，决定了国土空间规划法的价值是，也应当是由国土空间秩序、国土空间安全、国土空间公平、国土空间效率、国土空间民主和国土空间正义等多种价值“元素”所组成的有机的、多层次的价值体系。

1. 国土空间秩序

秩序是指“在自然进程和社会进程中都存在着某种程度的一致性、连续性和确定性”〔2〕。为着力解决因无序开发、过度开发、分散开发造成的生产空间盲目扩张、农业空间被侵蚀、生态空间被破坏等国土空间结构失调情形，防止国土空间开发保护出现不可控制的混乱现象，人们具有确立适于生产、

〔1〕参见李如海：《国土空间规划立法的价值取向及其实现机制》，载《城市规划》2023年第3期。

〔2〕［美］E. 博登海默：《法理学：法律哲学与法律方法》，邓正来译，中国政法大学出版社2017年版，第233页。

生活的国土空间秩序的倾向。国土空间规划法的秩序价值能够确认国土空间活动中产生的社会关系,提供国土空间冲突、争端解决的途径,保障有条不紊地建立人们安居乐业的国土空间环境。国土空间具有社会空间和自然空间的面向,决定了国土空间秩序包括人与人和谐相处的社会秩序和人与自然和谐共生的生态秩序。其中,由人建构的社会秩序形塑着自生自发的生态秩序,生态秩序反作用于社会秩序。国土空间失序及其影响实质是人的国土空间活动对原有生态秩序的扰动和破坏,生态秩序的破坏反过来又对社会秩序造成危害。

国土空间规划法既是国土空间开发保护所需秩序的一种外在符号和基本象征,也是保障国土空间秩序的重要手段,有良善的国土空间规划法才会有和谐的国土空间秩序。在某种程度上,国土空间规划法就是为了建立、维护国土空间秩序而产生、存在和发挥作用的。国土空间秩序是国土空间规划法的价值体系中基础价值的形式性面向,国土空间规划法的其他价值是以国土空间秩序为基础的追求与企望,国土空间规划法的秩序价值无法体现和实现,必将导致国土空间规划法的公平、效率、民主和正义等价值流于虚妄。

2. 国土空间安全

安全是国土空间发展的底线,安全价值是国土空间规划法的基础价值。从价值内涵看,国土空间安全是指通过法律力求实现的、一国生存和发展所需的国土空间处于不受威胁或者破坏的安定状态,〔1〕国土空间开发利用行为不会突破其承载能力,国土空间资源的数量、质量、结构、功能能满足各种需要。从构成要素看,国土空间安全是以生态安全为基础和重点,以水安全、粮食安全、能源安全、生命线系统安全为支撑,保障经济、政治、文化、社会等安全的系统性安全。〔2〕从体系定位看,国土空间安全不仅是国土空间规划法的其他价值的基础,而且也是法的其他安全价值的基础。

一方面,国土空间安全是国土空间规划法价值体系中基础价值的实质性

---

〔1〕 参见安东:《论法律的安全价值》,载《法学评论》2012 年第 3 期。

〔2〕 参见席广亮、甄峰、钱欣彤:《流动性视角下的国土空间安全及规划应对策略》,载《自然资源学报》2022 年第 8 期。

面向。在国土空间规划法的秩序、公平、效率、民主和正义等价值要素中，都包含有国土空间安全的元素，都离不开国土空间安全的支撑。国土空间秩序表征着某种程度的关系的稳定性及结果的可预测性，倘若国土空间安全受到威胁则表明这种稳定性被动摇，不可预测的因素增加，从而使国土空间有序的状态遭到破坏。国土空间公平存在的基础是国土空间安全，作为起码要求和最低标准的国土空间安全都得不到保障，国土空间公平也就无从谈起。有效率的国土空间必须建立在国土空间安全的基础之上，只有人们普遍感觉到安全，国土空间才会充满效率。人性之中本能地具有对安全生存空间的渴求，正是基于国土空间安全的基本需要，才形成了对国土空间民主的追求。国土空间正义应是安全的正义，国土空间正义的实现需要国土空间安全得到切实的保证，国土空间安全可以被视为国土空间正义中最基本的一部分。

另一方面，国土空间规划法的安全价值的确立是对法的安全价值体系的完善。国土空间系统内自然灾害、生态环境破坏、洪涝灾害、耕地无序占用、突发公共卫生事件、资源能源紧缺等问题频频出现，使得国土空间安全问题日益凸显。国土空间安全得不到保障，又会影响个体权益层面的生命、健康、财产安全；影响企业发展层面的生产、商业贸易安全；影响社会管理层面的交通运输、公共卫生、消防安全；甚至影响国家治理层面的国防、政治、经济安全。因此，必须强化国土空间安全意识，树立国土空间安全理念，提高国土空间抵御灾害、防控风险的能力，确保国土空间开发保护在符合生态规律、国土空间资源发展演变的自身规律和确保国土空间安全的前提下进行，[1]最终建立起以国土空间安全为基石，由国防、政治和经济等其他安全一道构成的牢不可破的国家安全体系。

3. 国土空间公平

在国土空间规划法的多层次的价值体系中，公平是另一种重要的、基本的价值追求。从语义上看，公平中的“公”是指“公正、合理”，“平”是指“平

---

〔1〕　参见方印、王明东：《国土空间规划立法：理念与方法》，载《中国不动产法研究》2021 年第 1 期。

等、平均”。由此可知，“公平”包含有平等之意，但是以“公正”等为前提和中心的，公平反对特权，但公平不是平均主义，公平允许合理正当的差别。对国土空间生产力布局与资源配置有决定性作用的国土空间规划法，其公平价值尤为令人关注。对于作为价值主体的人而言，国土空间具有空间上的广博性、时间上的延续性、种间上的多样性。因此，以公平为“坐标原点”，可以清晰地勾勒出国土空间规划法的公平价值的“三条直线”，包括空间维度上当代人之间的代内公平、时间维度上当代人与后代人之间的代际公平、种间（兼具时空属性）维度上人与国土空间生态系统之间的种际公平。

就代内公平而言，其存在平等性公平、差异性公平和补偿性公平三个面向。平等性公平体现在共时性的代内陆海之间、地区之间、城乡之间、阶层之间的所有公民，不论其民族、性别、年龄、职业、家庭出身、财产状况和教育程度等差异，对必要的空间资源、空间产品能够相对平等、动态地享有、利用、选择、消费的权利公平，对国土空间开发、利用达到相应的初始基准、能力、条件的机会公平，对参与国土空间各项活动所遵守的规则和程序合理的过程公平，对在保障资源可持续利用的条件下享有的空间生存、发展、享用的结果公平；差异性公平体现在关注差距、不同情况不同对待，差异化推进国土空间资源配置，满足落后地区、弱势群体的国土空间需求；补偿性公平体现在获取国土空间利益与承担环境代价、风险上的权利义务对等，在国土空间资源配置上通过利益再分配制度差别化地补偿施益地区、后发展地区。

就代际公平而言，每代人都有平等地利用国土空间资源以生存发展的权利，都希望能继承与之前任何一代人同样地改善美丽国土。但国土空间资源总量有限及生态环境承载负荷限制，国土空间规划法应从绿色、可持续发展的高度来配置各类空间资源，既要满足当代人为实现充分、全面发展而开发利用国土空间资源的基本需要，又不影响或者损害后代人的发展机会和能力，给后代人留下其赖以生存发展所必需的生产、生活、生态空间，确保稀缺的国土空间资源能在历时性的代与代之间进行公允、合理的分配。

就种际公平而言，国土空间规划作为推进生态文明建设的空间落实方案，要树立生命共同体理念，善待国土空间生态系统和生态系统中的动物、植物、微生物等其他非人生命体，在保障人类生存所需国土空间的基础上，尊重、肯定其他多样生物在生态规律、自然法则调整下应有的生存发展权利和存在的价值，给予其基本的生存空间。国土空间规划法应将该价值取向转化为制度机制，确保实现人类自身发展（国土空间开发利用）与国土空间保护之间的公平。

4. 国土空间效率

效率是指投入与产出、成本与收益之间的比值，既是经济活动所追求的价值，也是法律活动所追求的价值。法的效率与法的效益关系紧密，有学者倾向于将二者等同视之。实质上，法的效率侧重于法的目标（预期结果）与法作用的现实结果之间的比值，法的效益则侧重于法作用的正面结果与反面结果的比值，〔1〕背离了效益，国土空间资源的投入便是没有价值的，只能说是无效甚至低效的，故"效率"包含"效益"，更能反映人类对法的价值追求与理想。同样地，国土空间规划法的效率价值则可定义为人们期望通过国土空间规划法所欲实现的目标与国土空间规划法作用的现实结果的比值。由此，国土空间规划法的目标是衡量国土空间规划法的效率的标准，在最一般的层次上，依据国土空间规划法作用的方式，可将其目标划分为功能目标和对象目标，前者规定了国土空间规划法要求人们所做出的行为或不行为，后者关涉由国土空间规划法规定的行为或不行为所造成的社会结果。相应地，国土空间规划法的效率价值应体现法自身效率和法外部效率。〔2〕

法自身效率立足于静态的、规范意义的角度，是指国土空间规划法律机制运作要简便、快捷、省时、省力，减少制度运行成本，确保人的行为符合国土空间规划法的规定与要求。现行空间规划法律自身效率低下，其突出表现为：体制上，已有空间规划管理机构多头设置、职能交叉重叠、权责边界模糊、衔接机制不畅，使得各部门之间相互掣肘与彼此内耗严重；审批上，规划审批流程复杂、周期过长，"马拉松式审批"现象普遍；实施上，规划流于形式、朝令

〔1〕 参见胡卫星：《论法律效率》，载《中国法学》1992 年第 1 期。

〔2〕 参见张恒山：《法理要论》（第 3 版），北京大学出版社 2009 年版，第 272 页。

夕改,“纸上画画、墙上挂挂”“党委和政府一换届,规划就更改”问题严重。

法外部效率立足于动态的、实践意义的角度,是指国土空间规划法要实现立法所期望的目标,即在国土空间规划法律体系框架下,统筹布局生态、农业、城镇等功能空间,优化城镇开发格局、农业生产格局、生态保护格局,做好国土空间开发结构、规模、布局和时序的安排,提高自然、社会和人文空间资源的配置和利用效率,实现经济效率、社会效率和生态效率的最佳统一和整体效益的最大、最优。经济效率要求国土空间规划法使社会投入同样的国土空间资源能够取得更多优质空间产品,创造出更多财富和价值。社会效率要求国土空间规划将维护社会公共利益作为法的效率价值实现的重要追求,使越来越多的人境况改善而同时又没有人因此而境况变坏、空间权益受损,如经济高速发展不是通过暴力征收和强制拆迁取得的。生态效率要求国土空间资源的配置与利用不仅要关注经济增长的速度,还要关注经济增长的质量,更加节约集约利用国土空间资源,尽可能降低对生态环境的污染和土地等空间资源的浪费、效能的抵消,走低投入、低耗费、高产出的国土空间发展道路。

5. 国土空间民主

民主是深刻地体现人的主体性、主动性和积极性的基本价值。国土空间规划具有人民性,表现在国土空间属于人民,要坚持国土空间的交换价值服从于使用价值,如坚持“房子是用来住的、不是用来炒的”定位,合理优化城镇建设的空间布局;国土空间规划必须依靠人民,要实现国土空间规划的公众参与;国土空间规划为了人民,要以人的空间利益为出发点和归宿。同时,国土空间规划具有公共政策属性,是自然资源主管部门基于社会公共利益和国家发展整体目标,行使规划权力对国土空间资源进行合理分配和科学保护的一类行政行为,表现为各级政府及自然资源主管部门按照法律规定的权限和程序对未来生产生活所需要的土地、矿产等空间资源进行综合部署、宏观调控和具体安排,不仅关系到社会公共利益维护,也与公众的日常生活和切身利益息息相关。基于国土空间规划上述属性,国土空间规划法应将体现“人民主体性”的民主价值作为追求的目标。

国土空间民主是国土空间规划法的基本价值之一,是国土空间规划法治的精髓和灵魂。民主价值不仅是实现公众空间权利有效监督和制约政府规划权力的需要,而且能够使不同空间利益主体在国土空间规划中从不同角度提出空间权利诉求、表达空间利益和体现空间意志,集思广益、凝聚共识,找到各类空间利益主体的意愿和需求的最大公约数,增进国土空间规划价值认同。在国土空间规划中将公共住房、教育公平、医疗保险、道路交通、邻避冲突、生态环境、自然资源等重大、实际问题的空间安排纳入民主协商范畴,通过政府、规划师、开发商、公民等多元空间利益主体普遍地、直接地参与讨论、协商,在对话、沟通、交流、博弈中达成共识,有助于提高国土空间规划的科学性与合理性,增加规划方案结果的正当性与可接受性,使得规划决策更能契合多元主体的居住、工作、教育、医疗、游玩、交通、环境等实际需求。

6. 国土空间正义

自"正义"诞生以来,对其的争论从未停止,对其内容和维度的扩充也未停止。随着对资本主义空间生产的批判,法国社会学家亨利·列斐伏尔(Henri Lefebvre)以马克思主义的历史唯物主义思想为视点,较早关注到了空间正义问题,正义获得了空间的维度。[1] 随后,布莱迪·戴维斯(Bleddyn Davies)、大卫·哈维(David Harvey)、曼纽尔·卡斯特(Manuel Castells)、戈登·H. 皮里(Gordon H. Pirie)、爱德华·W. 索亚(Edward W. Soja)等空间理论学者从不同角度对空间正义进行了丰富与发展。结合学界观点,国土空间正义可界定为一种经由正义的空间性与空间的正义性交互、融合、贯通而形成的,在国土空间生产、国土空间资源配置和国土空间产品消费中的综合性社会正义。首先,国土空间也是一种生产力,国土空间规划本质上是一种事关战略发展全局的空间生产,应推动在国土空间中生产转向国土空间本身的生产。国土空间生产正义就是要在各种空间形式的生产(新建扩建)与再生产(改建更新)中,消除空间资本化、身份化生产的非正义现象,凸显人的终极

---

〔1〕 参见倪永贵:《区域协同治理中空间正义偏失及其矫正策略》,载《广西社会科学》2020年第7期。

价值。其次,国土空间是一种公共物品,此类产品的供给和消费不能仅依靠作为基础的初次分配(市场机制主导),对于森林、绿地、公园等生态空间和教育、医疗、养老、住房、交通等生活空间应依靠作为关键的再次分配(政府机制主导)以及作为补充的三次分配(社会机制主导)。国土空间分配正义就是要以社会基本制度的形式兼顾各方空间利益,矫治非正义的分配,保障社会共同体的生存与发展。最后,当生产成为一种空间生产时,国土空间也就从"场所"转换为一种社会资源和产品,成为消费的对象。随着国土空间生产规模的不断扩大,国土空间消费需求也不断被刺激,从城市的高楼大厦到乡村的田园风光,再到保护荒野的国家公园,每一个空间整体都已成为国土空间消费的重要内容。国土空间消费正义就是要反思现存各种国土空间畸形需要与非正义消费行为,树立正确的生活质量观与消费观,正当、合理、适度、可持续地进行空间消费。

国土空间正义是国土空间规划法的根本性价值。正如日本学者川岛武宜指出:"法律所保障的或值得法律保障的价值,我们将其称为'法律价值'。各种法律价值的总体,又被抽象为所谓的'正义'"〔1〕。因此,国土空间正义价值虽然也是国土空间规划法的价值之一,但它与国土空间规划法的秩序、安全、公平、效率、民主等价值是有位次和顺序差别的,是抽象概念与具体标准的关系。国土空间正义价值是对作为具体标准的国土空间秩序、安全、公平、效率、民主各个价值相互交织、辩证综合后的高度抽象、含义丰富的更高层次价值,〔2〕是国土空间规划法的最高价值。从国土空间正义价值能够推导出国土空间秩序等具体标准的价值,国土空间秩序等具体标准的价值是证成国土空间正义的根据。国土空间正义是秩序、安全、公平、效率、民主的正义,国土空间秩序、安全、公平、效率、民主是国土空间正义的内涵与表现。

〔1〕［日］川岛武宜:《现代化与法》,申政武等译,中国政法大学出版社1994年版,第244页。
〔2〕参见胡启忠:《法律正义与法律价值之关系辨正》,载《河北法学》2010年第3期。

二、为何：国土空间规划法的价值的意义

价值问题一直是法律科学和法学研究所不能回避的基本命题。“在法律史的各个经典时期，无论是在古代还是在近代，对价值准则的论证、判断或合乎逻辑的适用，都曾是法学家们的主要活动。”〔1〕从法哲学的理论高度对国土空间规划法的价值进行系统全面的研究，有利于揭示国土空间规划法的本质，树立科学的法律观，为改造旧的空间规划法律制度，建立和不断完善新的国土空间规划法律制度提供指导原则和理想模式。

（一）国土空间规划法演进的动因

国土空间规划法的价值是国土空间规划法演进的动因。任何法律现象的产生、发展都是在某个特定的历史时空中进行的，各种历史类型的法，在产生之初，便包含着当时的合理性和未来的不合理性。〔2〕新法代替旧法的历史演进，有一个重要的根本性因素和强大动力，即法的价值。法的价值是法律制度普遍、永恒的目标、追求与理想，属于“应然”范畴。对国土空间规划法的价值进行研究，以理想结合现实，不仅有助于判别作为实然状态的现行《城乡规划法》、《土地利用总体规划编制审查办法》（已废止）等专门空间规划法律法规，以及《土地管理法》《环境保护法》等立法中有关空间规划的具体规定的优劣、存废，也有助于揭示应然状态的“良善”国土空间规划法所应具备的特质，从而为国土空间规划法的演化、革新、重构指明前行方向和重要任务。

《意见》描绘了一幅宏大的“多规合一”改革图景，它不是既有空间规划的简单相加，而是在生态文明新思想、整体系统新理念指导下建构的全新体系，是对现行各类空间规划的有机融合、创新发展和显著超越。相应地对立法提出了全新的、更高的要求，如何使新建构的国土空间规划法律体系不同于原有空间规划相关法律所构成的集群，是推进国土空间规划法律法规建设

---

〔1〕［美］罗·庞德：《通过法律的社会控制：法律的任务》，沈宗灵、董世忠译，商务印书馆 1984 年版，第 55 页。

〔2〕参见卓泽渊：《法的价值论》（第 3 版），法律出版社 2018 年版，第 69 页。

必须思考的问题。国土空间规划法的价值作为国土空间规划法律及其体系的思想、观念与精神支撑，对国土空间规划法的理论及其实践活动起着观念变革、精神引导与制度创新的作用，提供着伦理正当性与合法性的理性论证。正是对法的价值的追求，才推动着国土空间规划法的发展演进、迭代升级。

（二）国土空间规划法制定的必需

国土空间规划法的价值是国土空间规划立法的思想先导。国土空间规划法是人类社会发展到生态文明这一新的阶段，在人们的国土空间实践中逐渐形成的。国土空间规划法的形成离不开两大因素：一是客观存在的以国土空间利益关系为表现形式的特殊的社会关系，此种社会关系需要强制性的外在规范予以调整；二是人们的国土空间需要、目的、信仰、好恶、观念、情感等主体性变量，此种主体性变量即为国土空间规划法的价值所要研究的应然之域，主要探讨人们之间的国土空间利益关系应该由什么规范、按什么标准、以什么方式来进行调整。国土空间规划立法活动是在一定法的价值统领下的国家行为。国土空间规划法制定的动因、意图、目标均无一例外地由主体一定的价值"需要"所决定并为这一价值"需要"而服务。

国土空间规划法能否成为国土空间规划的制度性保障，取决于主体的国土空间规划的需求是否能载之于实体的国土空间法律规范。国土空间规划法的制定过程就是将主体的需要法律化的过程，立法者在制定国土空间规划法时应当慎重考虑该法的价值取向。国土空间规划法的价值从哲学的高度概括了国土空间规划法的目的与宗旨，体现着国土空间规划法理念与精神，决定了国土空间规划法的调整对象、特征、原则，影响到国土空间规划法的意义和功能、作用的发挥，有利于为国土空间规划立法提供正确的指导思想和行动准则，探明国土空间规划法律制度发展的向度与深度，确保制定出司法主体可遵循、执法主体可操作、守法主体可信仰的"良善"国土空间规划法。

《土地管理法（2019 修正）》首次在法律条文中使用"国土空间规划"这一概念，并对其作了原则性、宣示性规定。随后，《长江保护法》《乡村振兴促进法》《海上交通安全法（2021 修订）》《海南自由贸易港法》《军事设施保护法（2021 修订）》《湿地保护法》《噪声污染防治法》《体育法（2022 修订）》《黑土地保护法》《黄河保护法》《畜牧法(2022 修订)》《反间谍法》《青藏高原生态保护法》等新制定或者新修订的法律,以专章或者条款的形式对国土空间规划的相关内容进行了规定。由于在编制“多规合一”的国土空间规划后,不再编制城乡规划、土地利用总体规划等,这意味着在制定“国土空间规划法”时,必然要考虑《城乡规划法》废除与否、《土地管理法》如何修改、《矿产资源法》《森林法》中的空间规划条款与《国土空间规划法》不协调或者相冲突时如何处理等问题。法的价值目标通过法律规范得以具体化,法律规范只有在统一性、融贯性的法的价值目标统摄下才能避免相互矛盾、冲突。[1] 因此,只有在国土空间规划法的价值目标的统摄下,对现行的空间规划法律法规进行整体评估,并以此为基础统筹考虑法律的立、改、废、释,才能确保制定的“国土空间规划法”与其他空间性法律共同构成国土空间治理领域内在统一和谐的法律规范体系。

三、如何:国土空间规划法的价值的法律实现

国土空间规划法的价值目标的法律实现过程即从应然状态转变为实然状态的过程。这一过程中,国土空间规划法的创制(立、改、废、释)及其实施(执法、司法、守法、监督)是两大必要环节。其中,又以国土空间规划法创制最为关键,其通过在技术理性层面进行制度构建促使国土空间规划法的价值的内容规范化和具体化。同时,鉴于“国土空间规划法”正处于研究起草阶段,故本文将着重探讨如何通过法律创制来促进国土空间规划法的价值目标的实现。

(一)国土空间秩序的法律实现

国土空间秩序从形式合法性层面体现国土空间规划法的强制性作用与功能,是积极行动后的结果。国土空间秩序的建立与维系依赖于规则,尤其是具有外在强制性的法律规则,其能为国土空间秩序提供预想模式、调节机制和强制保证。国土空间规划法应明确人们的可以、应当、不得、禁止行为规

〔1〕 参见黄建武:《法律的价值目标与法律体系的构建》,载《法治社会》2016 年第 2 期。

范，通过法引导、法激励、法约束和法制裁等手段，使国土空间秩序得以创立、维护、保障和实现。

首先，国土空间规划法应合理配置权利与权力。国土空间无序、混乱的出现通常源于国土空间利益归属不清，国土空间规划过程交织着国家意志与个体意志、公共利益与私人利益，国土空间规划法应对各主体的空间利益进行划定、分配、协调，建立国土空间权利与国土空间权力的均衡配置、相互制约、合作运行机制。就权力运行秩序而言，将空间利益上升为受国土空间规划法所保护的空间权利，为私主体规定明确的权利以及权利的边界。就权力运行秩序而言，确定规划权力的界限、范围、关系、组织、协调、协同和行使程序，为政府规划行为提供必要的法律前提。[1] 以此明确国土空间规划引导性要求和预期性指标，以正向激励和引导公、私主体的各种国土空间规划行为，使人口分布、经济发展与资源环境能够相互协调，为国土空间的有序开发提供规范指引。

其次，国土空间规划法应合理配置义务与责任。对公、私主体施加与其享有的空间权利或规划权力相应的义务约束与责任负担，以负向激励（反向惩罚）促使法律关系主体对自身的国土空间开发利用行为加以必要的克制与约束。通过命令型法律规定要求法律主体为或者不为一定的国土空间行为，例如，明确城镇开发边界、永久基本农田、生态保护红线等约束性指标。通过控制型法律规定将法律主体的国土空间行为及其后果控制在一定的范围之内，例如，明确国土空间规划刚性管控要求，创立国土空间准入、建设项目规划许可制度。通过设置责任追究机制，对违反国土空间规划法编制、未批先建、擅自变更、核发许可、监管缺位的行为开展执法督察、依法予以警示和处罚，以此倒逼国土空间的有序开发。

最后，通过国土空间规划立法设定人们国土空间行为必须遵守的规则，为国土空间活动中产生的社会关系提供可以依循的明确界限，经由主体对自

---

〔1〕 参见周宜笑：《德国规划法体系与〈空间秩序法〉简介》，载《国际城市规划》2021 年第 2 期。

己的行为作出预测和调控，自觉努力形成稳定、和谐的国土空间秩序。具体而言，国土空间规划中应坚持“全国一盘棋”，统筹考虑各空间形态的资源禀赋、生态总量、环境承载能力、经济社会基础、区位比较优势和主体功能定位实际，将人民日益增长的各种空间需求以适宜的用途、适宜的规模匹配到适宜的空间位置，使国土空间宜居、宜业、宜游、宜学、宜养，实现国土空间的安定有序、集疏有序、井然有序。

（二）国土空间安全的法律实现

国土空间安全从实质合法性层面体现国土空间规划法的保护性作用与功能，是消极地免于侵害后的结果。国土空间规划法是保障国土空间安全的关键，应强化国土空间规划立法的安全价值。国土空间安全维系于国土空间规划，而国土空间规划长期维护国土空间安全功能的实现有赖于完善的法律体系的保障。[1] 国土空间规划法应坚持底线思维、强化底线约束、做好底线管控，构建国土空间的源头预防、过程管控和退化修复制度体系，从而形成制度合力，全面保障国土空间安全。

首先，建立资源环境承载能力评价与国土空间适应性评价制度（以下简称“双评价”制度）。建立健全“双评价”技术规程，对评价范围、目标、原则、流程以及评价成果的要求、运用等作出明确的制度性规定，规范地开展“双评价”工作。通过“双评价”分析各地各区域资源禀赋与生态环境本底状况，研判、辨识、提示国土空间开发利用可能遇到的资源环境风险类型、原因及其在空间上的分异，为三条控制线划定、规划目标指标确定、主体功能分区优化、资源环境承载能力监测预警奠定坚实的基础。在“双评价”的基础上，建立以城市体检评估与实时体检评估为基础的国土空间规划常态化监测、预警、评估制度，按照监测预警指标体系对超过或接近承载能力的地区，实行预警并采取限制性措施。实现对国土空间规划的实施情况的动态监测、及时预警和定期评估。

---

〔1〕 参见赵垚、叶强、谭春华等：《新时期国土空间安全背景下的空间规划系统思考》，载《自然资源学报》2021 年第 9 期。

其次，建立健全国土空间分区、分类用途管制制度。对管制的依据、主体、范围、重点、目标等内容进行详细的规范，“自上而下”进行刚性管控。就管制依据而言，国土空间规划应以“双评价”结果为依据，科学布局生态空间、农业空间、城镇空间（以下简称“三区”），合理划定城镇开发边界、永久基本农田、生态保护红线（以下简称“三线”），以“三区三线”作为国土空间用途管制的依据；就管制主体而言，由自然资源主管部门统一履行国土空间用途管制职责；就管制范围而言，树立“山水林田湖草沙冰”生命共同体理念，从耕地等农业空间扩展至森林、草原、湿地等自然生态空间以及城乡建设用地等城镇空间的系统化管制，从地表的平面化管制扩展至地下、深海、空域的立体化管制，实现国土空间全领域、全要素、立体化的用途管制覆盖；就管制重点而言，从“总量动态平衡”的数量管控转向“划定区线”的空间管控；就管制目标而言，从粮食安全扩展至生态环境安全、水安全、能源安全等；就管制工具而言，通过建立管控指标体系、制定管制规则、明确空间准入条件、建立负面清单的管控工具组合，确定城乡建设、农业生产、资源开发等国土空间开发活动的规模、强度和环境影响。〔1〕

最后，建立国土空间生态修复制度。理念上，改变传统单一自然要素修复，树立国土空间“整体保护、系统修复与综合治理”理念；标准上，围绕国土空间生态修复的设计、评估、实施、监测的各个阶段构建全面、明确的标准规范；主体上，推动政府、企业、科研机构、规划专业人员、社会团体、公民等多方利益相关主体广泛参与和深度协作；资金上，积极拓展多元融资渠道，建立和完善政府资金为主导、广泛吸引社会资金的多元化投入机制。根据国土空间范围内受损、结构与功能紊乱或缺乏安全性程度不同的各类生态系统，分门别类地进行国土空间生态恢复、生态整治和生态重建，实现国土空间生态系统健康、韧性、安全格局。

（三）国土空间公平的法律实现

国土空间规划法是实现国土空间公平的必要条件、途径和手段。应遵循

〔1〕 参见黄征学、祁帆：《完善国土空间用途管制制度研究》，载《宏观经济研究》2018年第12期。

国土空间公平价值，在立法中全面反映代内公平、代际公平和种际公平的要求，以从根本上“矫治”国土空间不公平问题。

国土空间规划法要保障平等性公平，统筹协调国土空间范围内水、电、气、路、信等重要基础设施与教、科、文、卫、体等基本公共服务设施均等化建设，确保上述设施配置的空间可达性与空间分布的平等性。〔1〕要追求差异性公平，通过合理正当的差别，因地制宜赋予特定国土空间区域特色发展、错位发展的特定资格，加大对老少边穷地区加快发展、资源型地区转型发展的政策、资金、项目、人才、技术和产业等倾斜扶持力度。要注重补偿性公平，从制度上对已有不公平现象进行弥补和矫正，根据“谁受益，谁补偿”原则建立公平的发展权转移制度、国土空间生态系统保护修复补偿制度、税收优惠制度、财政转移支付制度，通过获益地区向提供空间资源和生态资源的施益地区转移支付，先发展地区向为服务全局作出牺牲的后发展地区给予补偿，弥合陆海、区域、城乡、群体之间的发展鸿沟，形成分工明确、结构合理、功能互补、彰显公平的空间一体化协调、均衡发展格局，促进陆海统筹、区域协调、城乡融合，实现共同富裕、繁荣。

国土空间格局一旦形成便很难做出调整和改变，如生态空间转换为生产空间、生活空间，农业空间转换为工业空间、城镇建设空间后，再调整和恢复为原空间形态的难度大、成本高、时间长。代际公平要求国土空间规划法作出更具战略性和长期性的制度设计。首先，建立用途转用许可制度，控制国土空间的利用方向，推动国土空间发展从“增量扩张”转向“存量优化”，使当代人与后代人在资源利用和环境保护方面保持恰当的比例。其次，对于因过度消耗、肆意破坏导致的退化或受损的自然生态空间，按照“谁破坏，谁修复”原则进行恢复、整治和重建，提升国土空间生态系统服务供给与资源环境承载能力，确保国土空间可持续利用和经济社会永续发展。

国土空间规划法应注重消解人类中心主义、肆意消费、经济至上的观念，

〔1〕参见周春山、王婕妤、张国俊：《基于规划公平的共同富裕实现路径研究》，载《规划师》2022年第10期。

建立一套更加公平的生态道德和行为规范，肯定非人物种和整个自然有自身的价值和权利，尊重自然规律，合理确定由重要、关键、潜在生态空间构成的生态源地，具有生物迁移、水源涵养、通风防护功能的生态廊道，以及承担生态连接、旅游休憩功能的生态节点的边界和分布，形成连续、完整、系统的"面—线—点"生态空间网络，维护和保障生物多样性。坚持生态优先，建立"三线一单"生态环境分区管控制度，按照生态保护红线、环境质量底线、资源利用上线的要求，制定生态环境分区管控方案和生态环境准入清单，并与国土空间规划相衔接，以不断改善环境质量和维护生态系统功能。

（四）国土空间效率的法律实现

国土空间效率是国土空间规划改革和国土空间规划法追求的重要价值目标。通过法自身效率和法外部效率的强化，使土地、矿山、水源、森林等自然资源要素和产权、投资、信贷、政策、机会、信息等人文资源要素配置达到"帕累托最优"。

国土空间规划法的自身效率要进行规范上高效、便捷的设定。新制度经济学家指出，交易费用是经济制度的运行费用，要推动和保障制度创新，尤其是法律制度创新，降低交易成本，提高行为效率。国土空间规划法应以效率为中心进行制度改革和建构，通过对权利、权力、义务、责任、法律信息、法律程序等法律资源的合理界定和科学配置，为各类主体设定最经济的行为模式，并引导、预测、评价各种国土空间规划行为，从而降低国土空间规划编制、审批、实施过程中在时间、精力、人力、财力、物力上的耗费，高质量、高效率地完成规划的各项任务。[1] 就管理体制而言，赋予系统专门化的自然资源主管部门以国土空间规划决策权、监督权、协调权和执行权，由其担负起国土空间规划统一管理责任，并厘清央地事权，健全传导和反馈机制，各级自然资源主管部门不得擅自设置、分割或下放规划管理权限。就编制而言，明确各级各类国土空间规划的法律定位、权限与编制要点，对分散的各类空间规划进

〔1〕 参见叶轶：《论国土空间规划正义与效率价值实现》，载《甘肃政法学院学报》2017 年第 5 期。

行整合，在国土空间规划体系之外不再编制其他空间规划，并做好与国民经济和社会发展规划的有机衔接，以“双评价”结果作为基础支撑——“摸家底”，由国土空间规划组织编制机关委托具有相应资质等级的单位进行具体编制——“做预算”。就审批而言，遵循“管什么就批什么”原则，理顺各级政府的规划审批职权，统一国土空间规划审批依据、优化审批流程、精简审批内容、缩减审批期限、完善审批方法、提高审批效率，在“多规合一”的基础上推进“多审合一”，等位规划将传统的串联审批甚至审批互为前置改为并联审批，不等位规划坚持下级规划服从上级规划，自上而下审查报批。就实施而言，经依法批准、备案并公布的国土空间规划是各类开发保护建设活动的基本依据，非因法定事由、未经法定程序不得随意修改、擅自调整，任何组织或者个人都应当遵守，出现确需修改的情形时，由组织编制机关按照规定的权限和程序进行修改，以保证国土空间的基本格局、结构功能处于相对稳定的状态。

国土空间规划法的外部效率应以市场化、信息化与智能化制度保障国土空间各种要素和资源的最大化、最优化配置和使用。市场是有效配置国土空间资源的基本形式，市场化制度的典型为产权制度与交易制度。首先，构建产权制度。“合法权利的初始界定会对经济制度运行的效率产生影响。权利的一种调整会比其他安排产生更多的产值。”〔1〕产权关系明确是解决国土空间资源利益冲突、降低交易成本、提高资源配置效率、外部性内部化的必要条件，应对自然资源进行调查监测，厘清自然资源资产全民/国家所有权、集体所有权与使用权之间的边界，进行统一确权登记、核发权属证书，并处理好自然资源资产管理权与所有权、使用权之间的关系，从而消除影响国土空间规划的资产效应发挥的主要制度障碍，〔2〕使各类主体在最少摩擦和浪费的情况下利用国土空间资源。其次，构建交易制度。国土空间资源配置的效率性不仅要求产权清晰，而且要求具有可转移性，应从自然资源产权交易层次和

〔1〕［美］罗纳德·H.科斯：《企业、市场与法律》，盛洪、陈郁译校，格致出版社、上海三联书店、上海人民出版社2014年版，第92页。

〔2〕参见刘畅、高洁、董珂：《论国土空间规划的资产效应》，载《城市发展研究》2021年第8期。

种类上进行规范和调整，建立健全自然资源及其产品价值形成、实现机制和有偿使用制度，为资源资产权的转移提供保障和便利，这是合理配置和有效利用国土空间资源的充分条件。在实践层面，安徽、浙江等省份增减挂钩、土地整治、占补平衡取得的建设用地、补充耕地指标，可在省级平台上有偿调剂、挂牌交易，极大地推动了资源要素在国土空间内的合理流转和高效配置，可将该有益的经验成果上升为法律规定。最后，构建信息化与智能化制度。该制度为国土空间规划中涉及的数据资料、指标体系、基础信息平台建设等建立相应的标准规范体系，保障时空大数据、云计算、人工智能等信息技术应用于国土空间规划的编制、审批、实施、监督、评估、预警等各环节，使国土空间规划全流程更加科学、高效。

(五)国土空间民主的法律实现

国土空间民主价值普及的必然结果是国土空间规划法的民主化，国土空间规划中的民主手段法律制度化。国土空间民主体现了国土空间规划法“以人为本”的本质特征，其主要内容表现为“自下而上”的公众参与。国土空间民主是公众参与国土空间规划的思想基础，公众参与国土空间规划是国土空间民主的重要表现形式。

首先，制度层面保障公众参与。应对现行空间规划法律关于公众参与制度的既有规定进行整合、创新与完善，丰富国土空间规划语境下公众参与制度的法律内涵。[1] 具体而言，对公众参与国土空间规划的主体范围、适用领域、参与方式等实体性和程序性内容进行更加有创造性的设计。就主体范围而言，确立公众能全程参与国土空间规划的主体地位，并依据程序的“交涉性”特征明确各主体合理的“角色分工”，以保证参与的有效性，如国土空间规划决策的委员会制度、国土空间规划审批的专家参与制度、国土空间规划实施情况定期评估的公众参与制度、国土空间规划修改的征求利害关系人意见制度。就适用领域而言，依据规划的层级，国土空间规划纵向上可细分为

---

〔1〕 参见周子航、张京祥、王梓懿：《国土空间规划的公众参与体系重构——基于沟通行动理论的演绎与分析》，载《城市规划》2021年第5期。

国家、省、市、县、乡（镇）五级；依据规划的类型，国土空间规划横向上可细分为总体规划、专项规划、详细规划三类；依据规划的程序，国土空间规划流程上可细分为规划的编制、审批、实施、监督等阶段。国土空间规划法应明确公众参与国土空间规划的适用领域，确保全程、深度、尽早和持续参与。就参与方式而言，为保证参与方式的多样以及参与渠道的顺畅，国土空间规划法应当规范听证会、论证会、座谈会以及公示、征询、提出意见等多种参与方式，并根据“五级三类”级别、类别对应的空间范围尺度和规划编制实施重点明确公众参与的方式、限度。

其次，权利层面明晰公众权利。国土空间规划涉及对不同主体的利益协调，国土空间规划法作为利益调节的重要方式，应赋予公众在国土空间规划过程中享有空间居住权、消费权、求偿权等实体性权利，以及知情权、参与权、表达权和监督权等程序性权利，并创设相应的制度予以保障落实。如构建国土空间规划信息公开制度，明确信息公开的范围、方式和媒介，将规划权力运行的法律依据，正在进行的规划编制活动，规划中将主要考虑的事项，经依法批准和备案的规划方案成果以及规划实施、监督检查等相关信息、资讯和数据，采用“依职权/依申请”的方式，通过固定场所、公共媒体在一定范围内向公众和相对人公开，增强规划的公开性、透明度；构建保障参与主体的合理意见、建议得到吸收和采纳的制度，确保参与者有机会和条件就规划事项发表意见建议、提出利益诉求，参与者的意见、诉求能够被充分听取、认真考虑、合理吸纳，不予采纳的应以书面形式逐项说明理由；构建公众国土空间规划活动监督制度，赋予公众对违反国土空间规划的行为投诉、举报、控告的权利，对于公众的投诉、举报、控告，规划和自然资源主管部门或者其他相关部门应当及时受理、组织核查、妥善处理，将处置中进度、办结后结果予以反馈，并为其保密；保障公众参与权利的救济制度，当实体性的高质量发展权、高品质生活权，程序性的规划知情权、参与权、方案选择权和听证权等受到侵害时，应赋予行政相对人获得救济的请求权，并明确救济途径和程序。

（六）国土空间正义的法律实现

受社会资本、行政权力主导逻辑驱动的影响，目前存在国土空间异化、分割、侵夺、剥削、排斥、危机转嫁等生产非正义问题,国土空间资源布局不合理、供给不均等、利益分配不均衡等分配非正义问题,国土空间畸形需要、挥霍消费、过度消费等消费非正义问题。国土空间规划法应通过明确的制度设计和安排,确保各类主体在国土空间生产、分配和消费中"得其所应得"。

首先,国土空间规划是带有建构性的,包含国土空间形态构建和国土空间关系塑造,涉及多元利益主体的互动和博弈。国土空间规划法应明确政府、开发商、公众等不同主体的正当角色及其作用范围。重塑政府的空间职能,政府既是国土空间规划的管理服务者,又是土地等国土空间资源的拍卖主体——生产经营者,还是国土空间产品的重要消费者。应规范政府在国土空间生产中的权力,防范规划权力、设计权力与资本勾连,通过设租、寻租的方式干预国土空间的生产与再生产,强化政府在国土空间生产中的"管理服务者"身份,弱化、消除其"生产经营者"身份。[1] 规范开发商(资本)的空间运作,国土空间栖居品质的提升需要作为基础性生产要素的资本的支持和介入,但资本的逐利天性决定了必须有效地规制资本,应明确利用、吸纳资本发挥作用的目标和范围,将资本的运行逻辑及其危机管控限制在公正的范围内,防止公共空间在资本支配和操控下被私有化和商品化。尊重公众的空间权利诉求,应正确处理公众的空间生产主体资质,如引导村民合理进行乡(镇)、村庄的产业、公共设施、公益事业、住宅等建设,改善农村生产生活条件和生态环境质量,增强各方在国土空间生产上的"参与感"。

其次,国土空间规划法应通过分配制度对各种空间矛盾和利益冲突进行调节和公共规制,展现对国土空间利益主体多元化、异质性的包容,在差异化逻辑指导下寻找到各主体国土空间权益的共同点,尤其是处于边缘化、郊区化不利地位的贫困群体、弱势群体,促进多元主体之间的国土空间利益分配均衡和空间发展成果普惠共享。既体现在所占有的国土空间资源、产品、基本公共服务的数量和规模上,也体现在质量和效能上,如通过规划手段避免

---

〔1〕 参见陈忠:《空间辩证法、空间正义与集体行动的逻辑》,载《哲学动态》2010年第6期。

城市内部出现“富人区”与“穷人区”、高端住宅与廉租住房的空间分异,[1]增强各方在国土空间分配上的“获得感”。

最后,国土空间利益相关主体的消费能力与水平参差不齐,决定了不同主体之间涉及消费伦理的权利和义务的性质与表现方式各不相同。对于已经享有高质量物质生活的“有闲阶级”,应引导其合理适度、可持续地进行消费,赋予其追求通过自身个性、独特性所表现出来的精神上自我实现的权利,施加放弃拜物主义的挥霍性、攀比性物质享受的义务,如通过数量限制、累进税率等措施控制购置多套中、高档商品房;对于大多数“刚需”群体,则赋予其继续改善物质生活条件、正当享用与其生活生产相适应的空间资源的权利,如保障经济适用房、限价房的供应。通过国土空间规划更好地供给资源能源、基础设施、服务设施,以及优美的自然环境、舒适的人居环境等物质基础和空间载体,满足不同利益主体的住房、生态观光、休闲度假、远足探险等物质和精神上的多样化空间需求,增强各方在国土空间消费上的“幸福感”。

四、结语

完整意义的法学研究包括对法的必然性、实然性、应然性的研究。[2] 倘若对国土空间规划法的研究仅局限于揭示国土空间规划法的必然性,分析国土空间规划法的实然性,而不触及国土空间规划法的应然性,就不可能真正揭示出国土空间规划法的本质和利益倾向,难以全面反映活生生的国土空间规划法律现实,更不可能在国土空间规划法治化以及“多规合一”改革和发展中发挥应有的理论指导和支撑作用。国土空间规划法的应然性主要研究国土空间规划法的价值,其能为改革和完善国土空间规划法律制度提供指导原则和理想模式。在法的价值指导之下创制一个能对国土空间规划进行有效规约的法规政策体系,通过对国土空间规划的编制、审批、实施、监督、法律责

---

〔1〕 参见李如海、李胜利:《城市治理·空间正义·规划法治——基于国土空间规划法治化的逻辑》,载《学术交流》2021 年第 10 期。

〔2〕 参见张文显:《法哲学范畴研究》(修订版),中国政法大学出版社 2001 年版,第 187～188 页。

任规范和调控，确保国土空间规划能用、管用、好用，实现国土空间开发保护更有秩序、更为安全、更加公平、更有效率、更多民主、更高正义，以良法善治推动美丽中国的理想空间格局实现，为推进中国式现代化提供国土空间保障。

地下空间开发中的生态环境损害赔偿制度研究

——基于公私法的交融视角*

侣耀耀**

摘　要:地下空间开发利用中的生态环境权益救济是当前理论界热议的话题,地下空间开发中的生态环境损害赔偿问题便是其中之一。地下空间开发利用中的生态环境损害基于相对封闭性、不可视性等特征,决定了对于此种生态环境权益的保护需要采取区别于一般意义上的环境权益保护模式。本文通过公法与私法的双重视角审视现行立法中的地下空间开发中的生态环境损害赔偿救济制度,从实体与程序两个维度提出了完善我国地下空间开发中的生态环境损害赔偿制度的对策建议:在实体权利层面,应当进一步扩大公民的实体权利范畴、建立地下生态环境损害社会保险制度;在司法救济程序层面,建立专门化评估机制、完善举证责任分配、专家辅助人等相应的审判规则。

关键词:地下空间　生态环境　损害赔偿　公法私法

一、问题缘起

随着"三步走"战略的推进,经济社会的快速发展极大地推动了我国城镇化的进程。在这一进程中,人与人、人与土地之间的矛盾不可避免地出现,其中较为凸显的一个问题就是地下空间开发中的生态环境损害赔偿问题。

对于城市地下空间开发利用中的生态环境权益保护的问题,我国现行政策与法规并未做出足够的回应。2001 年修正的《城市地下空间开发利用管理规定》指出"城市地下空间的规划编制应注意保护和改善城市的生态环

---

* 获 2022 年 12 月第四届国际自然资源法治论坛优秀奖。

** 侣耀耀:贵州大学法学院硕士研究生。

境”,以及在“城市地下空间的工程管理”“罚则”章节中较为宽泛地规定“地下工程应本着‘谁投资、谁所有、谁受益、谁维护’的原则”“违反城市地下空间的规划及法定实施管理程序规定的,由县级以上人民政府城市规划行政主管部门依法处罚”这种宣示性条款,[1]虽然代表了在实施地下开发行为中的价值取向,但该法在第31条列举式条文中,却未提及城市地下空间开发利用中的生态环境权益保护的问题。

2015年中共中央办公厅、国务院办公厅印发了《生态环境损害赔偿制度改革试点方案》(以下简称《方案》)(已废止),正式提出了生态环境损害赔偿制度的建立。《方案》中对生态环境损害赔偿义务人、赔偿权利人和赔偿范围等问题做出了较为详细的规定,而对于涉及人身伤害、个人及集体的财产损害赔偿划入了侵权责任法规制的范围之内。[2] 整体来看,城市地下空间开发利用中的生态环境权益似乎在民事及行政责任领域得到了完整的保障,但随着中国城市地下开发方式以及技术的发展,地下开发中的生态环境损害赔偿范围、赔偿权利人的主体限定、专项环境影响评价机制等环节都显示出缺少制度性的规范设计,这在实践中对地下空间开发利用中的生态环境权益进行保护造成了不利影响。

因此,开展对城市地下空间开发生态环境权益保障制度研究具有强烈的现实意义。理论界也对这一问题保持着长期的关注,如有学者通过归纳和比较分析的方法总结了现行法律法规中对于地下空间的立法现状,认为现有的规范和约束城市地下空间开发利用的法律法规一般覆盖范围小、法律效力低,而且不同法律法规之间还存在内容上的冲突,影响了城市地下空间权益的保障。[3] 也有学者结合当下我国的实际状况,提出我国应当注重在社会公众中树立大生态损害赔偿观和在城市地下空间开发利用过程中的生态损

---

〔1〕 参见刘能:《地方立法中宣示性条款的价值》,载《人民政坛》2011年第1期。

〔2〕 2020年5月28日,中华人民共和国第十三届全国人大三次会议表决通过了《民法典》,自2021年1月1日起施行,《方案》中相应条款被吸纳进《民法典》。

〔3〕 参见徐生钰、朱宪辰:《中国城市地下空间立法现状研究》,载《中国土地科学》2012年第9期。

害赔偿制度要确立预防为主、全面赔偿的原则。[1] 这些观点具有一定的借鉴意义,但纵观理论界的学术成果,现有研究仍缺乏对地下空间开发中的生态环境损害赔偿制度全面、系统的研究。基于此,本文试图从公私法的交融的双重视角对地下空间开发中的生态环境损害赔偿规则进行审视,在对比域外相关制度的基础上,在实体与程序两个维度提出完善我国地下空间开发中的生态环境损害赔偿制度的对策建议,以期为我国城市地下空间开发利用过程中的生态环境损害的救济提供较为系统、全面的理论支撑。

二、我国地下空间开发中的生态环境权益保障现状分析

(一)公法视角下地下空间开发中的生态环境权益损害的救济制度

借助"北大法宝"法律文本的检索功能,笔者以"地下空间"为关键词,共检索得到357条结果。除去有关批复及地下空间专项立法如《天津市地下空间信息管理办法》等,最终得到21个立法文件。部分详情见表1。

表1 地方立法中地下空间开发利用的生态环境权益损害赔偿条款(节选)

施行时间	制定机关	文件名称	相关条款
2011.01.26	住建部	城市地下空间开发利用管理规定	建设单位或者使用单位应当建立健全地下工程的使用安全责任制度……防范发生火灾、水灾、爆炸及危害人身健康的各种污染
2021.01.01	上海市人大常委会	上海市地下空间规划建设条例	建设单位的通行、通风……应当符合相关法律法规、标准和规范的要求……造成损害的,应当给予赔偿
2018.12.14	天津市人大常委会	天津市地下空间规划管理条例	地下建设项目施工造成……损毁的,当事人应当依法承担相应责任

〔1〕 参见黎桦:《理论突破与制度建构:城市地下空间开发中的生态损害赔偿》,载《武汉理工大学学报(社会科学版)》2012年第2期。

续表

施行时间	制定机关	文件名称	相关条款
2022.06.01	成都市人大常委会	成都市地下空间开发利用管理条例	地下空间开发建设应当遵循绿色和共享发展理念……依法履行有关生态环境保护的义务,接受生态环境……自然资源等部门的监督管理
2022.01.01	贵阳市人大常委会	贵阳市地下空间开发利用条例	因地下空间开发利用造成他人损害的,应当依法承担责任
2020.07.01	青岛市人大常委会	青岛市地下空间开发利用管理条例	建设单位的通行、通风……应当符合相关法律法规、标准和规范的要求……造成损害的,应当依法给予赔偿
2017.01.01	长春市人大常委会	长春市城市地下空间开发利用管理条例	违反本条例及有关……方面规定的,由主管部门依法予以处罚;对已经依法设立的用益物权、建(构)筑物造成妨碍或者实际损害的,应当承担相应的法律责任
2010.11.09	江阴市	江阴市地下空间开发利用办法(暂行)	地下空间建设单位应当采取有效的安全和防护措施……不得对他人建(构)筑物、造成危害
2008.09.01	深圳市人民政府	深圳市地下空间开发利用管理办法	科学合理地协调地表空间和地下空间的承载、震动、污染、噪声及相邻建筑物安全,不得破坏地下市政管线功能……不得对他人建(构)筑物、附着物造成危害
2018.06.11	福州市人民政府	福州市城市地下空间开发利用管理办法(试行)	地下空间应当按照规划……相关设计、建设及使用均应符合环保、消防、安全等相关法律法规及规范……
2011.02.01	郑州市人民政府	郑州市城市地下空间开发利用管理暂行办法(已失效)	基础设施和公共服务设施优先原则,坚持社会效益、经济效益和环境效益相结合;法律法规另有规定的,适用相关法律、法规
2021.04.19	襄阳市人民政府	襄阳市市区城市地下空间开发利用管理办法	建设单位应当……将保护措施告知相关所有人或者管理人,对施工中损毁的地面及附属物及时进行恢复或赔偿
2014.03.01	南昌市人民政府	南昌市城市地下空间开发利用管理办法	建设单位或者使用单位,违反本办法规定及有关国土资源、城乡规划、建设、房产管理、人民防空等方面规定的,由有关部门依法予以处罚

根据以上文本分析可知，我国城市地下空间开发利用有关的立法中对于利用过程中可能产生的生态环境损害问题，相关救济措施与罚则并无十分明确的规定。例如，《长春市城市地下空间开发利用管理条例》第25条第2款规定，地下空间建设项目的施工，应当采取有效措施，防范和减少干扰正常的交通和生活秩序，不得损坏现有建（构）筑物和地表地貌及相关基础设施，如有损坏应当及时恢复。以及《青岛市地下空间开发利用管理条例》第6条规定，地下空间开发利用的环境污染防治的监督管理工作由生态环境主管部门负责，以及第26条第2款规定，地下空间建设的通行、通风、通电等应符合相关法律法规的要求，对相邻建设用地使用权人造成损害的，应当依法给予赔偿。由此可见，我国地方城市地下空间开发利用立法中对可能产生的生态环境权益损害赔偿制度规定得较为笼统。笔者认为，这一点与作为上位法的《城市地下空间开发利用管理规定》中的关于开发过程中的生态环境权益损害赔偿的原则性规定存在着关联。[1] 如《城市地下空间开发利用管理规定》第20条规定，地下工程的施工应尽量避免因施工干扰城市正常的交通和生活秩序，不得破坏现有建筑物，对临时损坏的地表地貌应及时恢复。

而反观与地下空间开发利用过程中有关的单行法，在生态环境损害赔偿这一方面也未建立起完备的生态环境损害赔偿体系。如《水污染防治法》第2条虽然在适用范围上将地下水体的污染防治纳入了本法的调整范围内，但对于第85条第1款第1～9项列举的违法行为，该法仍然以县级以上地方人民政府环境保护主管部门责令停止违法行为、消除污染、限期采取治理措施、处以罚款和代为治理的方式进行救济；《土地管理法》第68条规定县级以上人民政府自然资源主管部门履行监督检查职责时，发现存在着土地违法行为，构成犯罪的，应当将案件移送有关机关，依法追究其刑事责任；不构成犯罪的，应当通过给予行政处罚的形式进行监督管理。

（二）私法视角下地下空间开发中的生态环境权益损害的救济制度

以《民法典》为主要代表的私法领域对我国地下空间开发中的生态环境

---

〔1〕 参见向往：《论地方性法规“不重复上位法”原则的规则化》，载《行政法学研究》2022年第2期。

损害赔偿也缺少相应的制度规范。

自2015年开始,我国在部分省市开展了生态环境损害赔偿制度的改革试点工作,对改革之前生态环境损害赔偿领域存在的法律规定缺失、赔偿主体不明确、评估规范不健全、索赔途径不畅通、资金管理机制未建立等诸多困局进行探索和规制。[1] 在这一时期,对生态环境造成危害的违法行为只需承担行政和刑事责任,囿于请求权主体的特定性,企业的违法行为基本无须承担民事赔偿责任,从而引发了"企业污染、群众受害、政府买单"的境况。[2] 对于这些在地下空间开发过程中的生态环境权益保护工作中的法律依据缺失、违法成本低、难以畅通有效地开展生态环境损害赔偿等事宜,2017年12月中共中央办公厅、国务院办公厅印发《生态环境损害赔偿制度改革方案》,部署自2018年1月1日起,在全国试行生态环境损害赔偿制度。在各方的共同推动下,我国在国家和地方有关立法、技术和资金保障、诉讼规则的完善等方面取得了积极成效,初步构建了生态环境损害赔偿制度。

上述改革试行工作取得了阶段性的进展,生态环境损害赔偿制度也在《民法典》中得到立法的确认。在《民法典》颁布以前,原《侵权责任法》中规定了对于污染环境的损害侵权责任。《民法典》突破我国民事环境侵权责任领域一直坚持的补偿性赔偿原则,[3] 在第1232条规定了"侵权人违反法律规定故意污染环境、破坏生态造成严重后果的,被侵权人有权请求相应的惩罚性赔偿"。《民法典》的这些涉及生态环境治理与资源保护的法律条款,对维护公民平等地享有生态环境权益、保障生态公正、推动社会主义生态文明建设具有重大的现实意义。

作为生态环境保护的要素,地下空间开发的生态环境权益在《民法典》的规定下具有了民法上的实体依据,但与《生态环境损害赔偿制度改革方案》以

---

〔1〕 参见黄润秋:《改革生态环境损害赔偿制度　强化企业污染损害赔偿责任》,载《人民日报》2016年11月9日,第023版。

〔2〕 参见季林云、孙倩、齐霁:《刍议生态环境损害赔偿制度的建立——生态环境损害赔偿制度改革5年回顾与展望》,载《环境保护》2020年第24期。

〔3〕 参见王树义、龚雄艳:《环境侵权惩罚性赔偿争议问题研究》,载《河北法学》2021年第10期。

及公法领域的相关条款结合来看，地下空间生态环境权益损害权利救济力度仍显薄弱，集中体现在以下几个方面：(1)地下空间生态环境权益损害权利救济相关立法不足。当前，国家层面中关于城市地下空间开发利用中生态损害赔偿的立法几乎处于空白状态；地方立法上，也多采用具有号召性的损害救济条款。如上文所述如《城市地下空间开发利用管理规定》"地下工程的施工，应尽量避免因施工干扰城市正常的交通和生活秩序"，地方立法中如《江阴市地下空间开发利用办法(暂行)》中"地下空间建设单位应当采取有效的安全和防护措施""不得对他人建(构)筑物、造成危害"。可见，这些条款在地下空间生态环境损害救济上的规定，并非以生态补偿和生态环境权益赔偿为重点，而是以地下工程施工的安全性作为主要考量的。(2)权利救济的路径不完善。地下空间开发利用中的生态环境损害赔偿虽然可以从侵权责任思路展开，进而通过私力救济与公力救济形成的"二元救济模式"进行规制，但在这种规范径路下存在着以下弊端。一是私主体主张权利的现实困境。地下空间开发利用过程中的生态环境权益在形式具有较大的隐蔽性，被侵权人往往难以感知，从而使得侵权法视野下生态环境损害的被侵权人作为个体缺少主张权利的举证能力。而间接侵权人由于没有意识到自身权利受损或者基于其他因素，也缺少权利主张的意愿。二是政府的监管职能受到弱化。在地下空间开发利用有关立法中，行政机关及有关主管部门的监督管理作用大多体现在工程建设、施工的环节。在当前我国的生态环境权益损害赔偿的体系中，行政机关的监督及管理作用在私主体难以主张权利的情形下，具有重要的意义。如遵义市某环保公司违法排放渗滤液生态环境损害赔偿案、黔西南州某燃气公司油罐车侧翻油品泄漏生态环境损害案件。[1] 当地下空间开发利用中的生态环境损害程度低于公民可以知晓的程度或尚未造成私主体明显损害的，行政机关的救济无疑是唯一的救济途径。行政机关的监管作用发挥不足，会让我国地下空间生态环境权益损害救济陷入被动，亟须在立

---

〔1〕 贵州省生态环境厅：《贵州省发布5起2022年生态环境损害赔偿改革典型案例》，载贵州省生态环境厅官网，https://sthj. guizhou. gov. cn/zwgk/zdlyxx/fgybz/fzjs/202210/t20221010_76925609. html。

法中作出明确的回应。

三、域外地下空间开发中的生态环境损害赔偿模式探究

(一)美国的地下空间生态环境损害救济制度

美国作为典型的英美法系国家,其生态环境损害救济制度由普通法与制定法共同规定。对于生态环境损害的救济,美国最初是依靠普通法赋予公共机构对生态损害的起诉权来实现生态损害赔偿的。直至20世纪70年代才产生了如《综合环境应对、赔偿和责任法案》一类的制定法,形成了普通法与制定法共同规制的保护路径。(1)权利请求主体方面。公共信托原则承认各州的公民对其辖区内的可航水体与土地享有生态环境权益,[1]国家亲权原则则承认国家对辖区内的生态环境权益享有利益损害的赔偿请求权资格。美国环境权益相关立法继承了古罗马法中的信托原则和国家亲权原则,并以此为理论基础制定了公共机构和国家作为生态环境损害原告的资格的规定。(2)生态环境赔偿范围方面。美国在生态环境损害赔偿范围方面确立了全面赔偿原则。具体包括生态环境修复费用、生态环境损害评估费用和过渡期间功能损失补偿费用三大部分。(3)损害认定规则方面。美国《综合环境反应、赔偿和责任法》(CERCLA法案)确立了生态环境损害赔偿专业化评估机制,并在美国内政部规则(DOI规则)中进行了细化,评估程序大致分为预评估阶段、评估计划阶段、评估阶段和评估后阶段。通过设立专业的评估机构以及科学的评估规则,按照特定的生态环境损害评估程序对损害结果进行专业性的评估。

美国的生态环境损害救济制度能够克服对地下空间生态环境损害进行索赔的诸多困境。一方面,地下空间生态环境损害的隐蔽性与专业性使得公民难以便捷、高效的方式主张损害赔偿,赋予公共机构和国家损害赔偿请求权,能够使地下空间开发利用中的生态环境损害造成的公众利益损害得到及时有效的救济;另一方面,专业化的评估机制可以为地下空间开发造成的生

[1] 参见王树义、刘静:《美国自然资源损害赔偿制度探析》,载《法学评论》2009年第1期。

态环境损害修复费用、范围测算等的司法程序提供有力的参考依据，避免了因专业性不足导致的损害难以确定的弊端。

（二）欧盟的地下空间生态环境损害救济制度

首先，《环境民事责任白皮书》和《预防和补救环境损害的环境责任指令》两部法律文件构成了欧盟生态环境损害救济的法律制度框架。欧盟在讨论各国的环境民事责任体制后突破了传统侵权责任法的观念，首次提出了“环境损害”的概念。并且在《环境民事责任白皮书》中，明确将损害划分为环境损害和传统损害，指出“如果损害是通过对环境有危险的活动所造成的，或是通过环境所导致的损害的这种后果所造成的”[1]，法律就应将其纳入环境损害的范围。《环境民事责任白皮书》还确定了环境损害适用的归责原则，即严格责任原则和过错原则。严格责任原则针对的是指对于生态损害具有一般性的行为，即行为人在自然资源开发利用过程中不可避免地会伴有一定的损害风险，此时对于行为人是否有过错在所不问；过错责任原则针对的是行为人实施了非固有的有害活动并造成了环境损害，此时应该由其承担风险责任。其次，在司法诉讼过程中，相关立法还构建了一套环境民事责任诉讼程序的制度。如由法律或法院设立的特定机构作为原告进行诉讼的程序、环境公益诉讼制度、“禁止令”等诉讼辅助程序。最后，欧盟各国还以立法的形式规定了应当采取措施鼓励相关金融经营者发展金融安全保险业务。这种引入市场机制的做法，使经营者能够用金融担保的形式获得环境损害发生时应当承受巨额赔偿费用的资金渠道，后来这种机制发展为了环境保护基金制度和生态环境责任保险制度。

（三）日本的地下空间生态环境损害救济制度

日本地下生态环境立法具有明显的“预防为主”的价值追求。日本环境基本法提出了“公害”的概念，即随着事业活动及其他人的活动在相当范围发生的大气污染、水质污染、土壤的污染、噪声、振动、地面下沉以及恶臭，使人

---

〔1〕 蔡守秋、海燕：《也谈对环境的损害——欧盟〈预防和补救环境损害的环境责任指令〉的启示》，载《河南省政法管理干部学院学报》2005年第3期。

的健康和生活环境发生的受害。[1] 日本的生态环境损害赔偿体系主要是由公害控制法、公害防止事业法、公害救济法三部分组成。其中,公害控制法主要是起到预防的作用,即从源头上降低公害形成的可能,其主要内容为预防公害发生的控制措施的法律。具体包括《下水道法》《水质污染防治法》等。公害防止事业法主要是防止因多次重复生态环境污染造成的复合公害,即防止损害的进一步扩大,来最大限度地减少危害。具体立法有《自然环境保全法》《工厂再配置促进法》等。公害救济法是对地下生态损害进行救济的制度,其主要目的是及时解决因公害而引起的纠纷。具体立法有《煤矿损害赔偿等临时措施法》《矿业法》等。

(四)域外地下空间生态环境损害救济制度借鉴

欧盟及日本地下空间生态环境损害救济体系与我国的现状有所相似,但又存在着不同之处。例如,欧盟在地下空间开发利用中生态环境损害司法程序中设置了诉讼辅助程序、专业化生态环境损害认定机构。除此之外,行政机关参与到环境损害赔偿中,主要是为了化解纠纷而非直接单向地对受害人进行政处罚。这样既能及时有效地化解纠纷,防止损害的扩大,又可以防止因私主体难以主张权利而导致诸多不良后果,这种行政机关在生态环境损害救济中使用的高效的救济手段对我国存在着借鉴意义。

另外,新加坡较为重视社会公众在地下空间开发利用过程中的公众参与环节,在地下空间开发工程建设项目确定后的选址、项目规划等方面均将社会公众的意见作为重要的考量依据。新加坡地下空间开发过程中设立总体规划委员会作为专门的统筹部门,这种借助于第三方协调组织的方式能够加强行政机关主动作为的积极性,还能够避免因忽视群众意见而激发的社会性矛盾。在英国,地下空间工程周围社区公众的态度,能在很大程度上影响到地下空间工程建设能否最终实施。相较之下,我国公众对地下空间开发利用相关内容及自身权益关注较少,在开发利用地下空间的过程中公众的意见极易被忽视,不透明的程序既不利于公众接触了解地下空间规划的情况,还导

[1] 参见王明远:《环境侵权救济法律制度》,中国法制出版社 2001 年版,第 175 页。

致公众在相关权益受损时权利救济渠道的不畅通。

四、地下空间开发中的生态环境权益损害救济的完善路径

基于以上分析，通过公法与私法的双重视角审视现行立法中的地下空间开发中的生态环境损害赔偿救济制度的法律规范，在比较域外相关制度的基础上，本文从实体与程序两个维度提出了完善我国地下空间开发中的生态环境损害赔偿制度的对策建议。

（一）实体层面

1. 扩大公民的实体权利范畴

其一，应当扩大社会公众对于地下空间开发利用中生态环境信息的知情权。地下空间开发利用过程中，即使在行政监管部门的监督下，开发单位受到利益动机的驱使往往会最大限度地保障自身利益，进而较少地披露或者不披露对生态环境造成污染或危害的信息。尽管我国理论界在公民环境权应否在立法中予以明确的问题上尚未达成一致意见，[1]但知情权作为政治民主化的一种必然要求和结果，在地下空间开发利用中应当得到充分的保障。其二，为公民的环境损害请求权提供保障。根据前文所述，地下空间开发利用过程中因涉及地下水、震动噪声、大气污染等生态环境保护问题，具有普通人难以感知和量化的隐蔽性。在这种情形下，受害人所遭受的环境侵害大多是“无形的”和“间接的”。虽然我国通过 2012 年《民事诉讼法》的修订在立法中对环境公益诉讼制度进行了认可，但在实践中因权利客体受到侵害的无形性引起的公益诉讼，面临“受理难”的尴尬境况。笔者认为，可以通过在行政机关主导下设立第三方机构的方式，通过行政许可审批、检测装置、抽样检查等措施进行规制，从而间接地实现对公民及有关社会组织的诉讼请求权的保障。例如，新加坡创造性地建立了地下空间开发利用中的统筹部门——总体规划委员会，来解决地下管理的问题。

[1] 参见于达尔汗：《论大数据时代环境知情权的三方主体责任》，载《人民论坛》2019 年第 28 期。

2. 建立地下生态环境损害社会保险制度

随着经济高速发展，城镇建设的步伐也在逐步加快，我国各地区对地下空间的开发利用进入了新时期。地下街道、地下商场、地下人防工程及军事设施等多种地下空间利用途径不断出现，这在促进城市化发展的同时，也带来严重的生态环境损害问题。[1] 因此，在这样的经济和社会背景下，建立地下生态环境损害社会保险制度将有利于解决因开发行为导致的生态环境损害救济问题。第一，有助于减少地下空间开发过程中生态环境损害的不利影响。地下空间开发利用过程中发生的生态环境损害带来的赔偿责任往往是十分沉重的，一旦赔偿主体无力赔偿其造成的损失，损害的最终结果难免会转嫁到国家和政府身上，由全社会的成员共同承担，而这显然是不公平的。建立地下生态环境损害社会保险制度，在一定程度上可以为开发方减少损害赔偿的负担，也能够及时、有效地对受损的生态环境和被侵权方进行救济。第二，有利于强化地下空间开发利用过程中的监督作用。建立地下生态环境损害社会保险制度，可以将部分地下开发生态环境损害风险转移到保险人，在这种风险分配模式下，保险人必然会对被保险人的施工资质及内容进行必要的审查，从而强化第三方组织在地下空间开发利用过程中的监督作用。正如《海洋石油勘探开发环境保护管理条例》第9条规定，"企业、事业单位和作业者应具有有关污染损害民事责任保险或其他财务保证"，建立地下空间开发利用过程的生态损害赔偿责任保险制度可以参考此项规定。

（二）程序层面

1. 建立地下生态环境损害专门化评估机制

由于地下空间开发利用过程中的生态环境损害不同于一般意义上的污染事件，建立地下生态环境损害专门化评估机制，将有助于环境损害的准确量度，从而为损害赔偿、环境修复等救济提供可靠的数据支撑。在地下空间生态环境损害评估标准方面，实践中主要依据《环境损害鉴定评估推荐方法

---

〔1〕 参见黎桦：《理论突破与制度建构：城市地下空间开发中的生态损害赔偿》，载《武汉理工大学学报（社会科学版）》2012年第2期。

(第Ⅱ版)》和《突发环境事件应急处置阶段环境损害评估推荐方法》等文件,这些文件的规范性引用文件中,多为空气、地表水、地下水、土壤等要素的国家环境质量标准,各地区在实践中并未形成统一的标准。当前行政机关在地下空间生态环境损害处罚过程中主要依靠行政机关自行勘察而做出行政处罚决定,确定处罚数额。但行政机关并非专门化的地下空间生态环境损害专门化评估机构,这种依靠行政机关进行评估的处理方式难以对地下空间生态环境损害赔偿做出精确的量化。另外,行政机关由于缺少法定的评估程序,在生态环境损害评估过程中面临着规范性约束不足的质疑,最终导致产生公平、公正的问题。因此,建立地下生态环境损害专门化评估机制,对地下空间开发利用的生态环境损害进行准确的量化,将有助于地下空间环境权益纠纷的实质性化解。

2. 完善相应的审判规则

除了从实体上扩大公民的实体权利外,还应当从程序上对地下空间开发中生态环境损害赔偿制度进行完善。地下空间生态环境损害具有很强的技术性,私主体由于缺少专业的知识技能往往难以承担这样的举证责任。即使在环境民事公益诉讼中,初步证明基于法律推定的三段论逻辑构造和公益诉讼的特性不仅附加要求原告在起诉时提交污染行为与损害结果之间可能存在因果关系及“社会公益受到损害”的初步证明材料,同时在诉讼程序中负担推定规则适用前提的基础事实与常态关系的证明责任。[1] 对此,笔者认为,可通过以下两种方式进行改善。一是明确私主体作为原告提起诉讼的举证责任范围。如在有关证据的关联性证明上,进一步降低举证责任的证明标准。二是在审判过程中建立地下空间开发“鉴定人+专家辅助人”模式。地下空间开发中的环境侵权具有专业性和复杂性,代理人在诉讼中面临专业知识缺乏的问题,难以为当事人提供充分的协助。建立“鉴定人+专家辅助人”模式,当事人可以就案件的专业性问题申请专家辅助人进行解释说明,从而

---

〔1〕 参见包冰锋:《环境民事公益诉讼中初步证明的理论澄清与规则构建》,载《行政法学研究》2023年第3期。

印证观点的科学性、合理性。同时,扩大专家辅助人的调查阅卷权、质证权,有助于真正发挥专家辅助人帮助查明案件事实,维护当事人合法权益的实际作用。基于地下空间开发过程中生态环境权益损害的救济具有的特殊性,如何合理设置专家辅助人权利及出庭程序等审理规则,是需要深入思考的问题。

五、结语

随着近年来市场经济的快速发展,在地下空间开发利用中加速形成了多种多样的商业形态,这在促进城镇现代化发展的同时,也带来了生态环境的严重损害。规范地下空间的开发利用行为,保障地下空间开发利用中的生态环境权益已成为当务之急。因此,在实体权利层面,应当进一步扩大公民的实体权利范畴、建立地下生态环境损害社会保险制度;在司法救济程序层面,建立专门化评估机制,完善举证责任分配、专家辅助人等相应的审判规则。笔者坚信,随着生态文明建设的持续推进,地下空间开发中的生态环境权益保护制度必将日臻完善。本文抛砖引玉,期待在本领域涌现出更多优秀的理论成果。

城市地下空间产权制度研究

张城俊*

摘　要：随着城市地下空间的逐步开发，城市地下空间产权作为一种新型权利，定将作为指导城市地下空间开发利用、保障各类权利人各项权益的重要工具，城市地下空间产权制度研究对构建我国城市地下空间产权制度具有重要意义。城市地下空间产权的法律特征为约束主体的多重性、参与客体的复杂性、权利使用的特殊性，笔者通过对城市地下空间产权法理的讨论，提出城市地下空间产权支配范围的立法完善、城市地下空间产权的衡量标准、城市地下空间产权的范围建议等。

关键词：城市地下空间产权　产权支配范围　地下空间法律制度

城市地下空间开发作为新型城市开发利用发展的趋势，将成为21世纪城市发展的重要手段。我国在城镇化进程中，城市地下空间的开发与利用也进入了一个快速发展的阶段。从1978年改革开放到2019年末，城镇化比率从17.8%升至60.6%，预计2035年达到75%水平。[1] 城市地下空间产权作为一种新型的权利状态逐渐成为众多学者的研究对象，也取得了一定的研究成果，但在现实的社会发展情况下，土地资源日益稀缺，众多对该产权的解释与研究不尽相同，很难有效统一，笔者认为，相较于其他称谓，"城市地下空间产权"这一称谓具有普遍性，避免了很多语义上的重复，也顺应民法的称谓习惯。基于此，本文采用"城市地下空间产权"这一概念，就城市地下空间产权的法律特征进行评述，并做一个浅显的法理讨论，以期能够正当地使用城市地下空间产权这种新型权利，以此促进我国地下空间产权理论体

---

* 张城俊：贵州省现代城乡经济发展研究院职务院长助理。

〔1〕 参见蓝裕平、张燕：《人口增长、城市化进程与中国经济发展》，载《国际融资》2020年第4期。

系制度的完善。

一、国外城市地下空间产权观点

在当前日益蓬勃发展的经济形势下，地下空间产权作为一个新兴产物，并没有一个统一的概念。

（一）英美法系国家城市地下空间产权观点

尽管英美法系国家对城市地下空间产权的相关概念并没有明确的规定，但不难从其相关立法文件中总结出其地下空间产权的有关制度性安排，美国在过去相关的法律制度中对独立的空间权作了限制性的规定，英国则确定了土地的开发权制度。由此可见，英美法系国家在针对地下空间产权的独特法律体系中，把它作为独立的权利，来加以规制有关行为。

地下空间权是英美法系中运用最广的权利类型，旧有的调整地面权、地下权和地下空间权的普通法规则往往支持土地的“自然”使用而反对新的开发行为。这些传统规则往往无视他人的权益而赋予地面所有人绝对的权利。而自过去的两个多世纪以来，这些规则被不断调整而朝鼓励土地开发的方向发展。由于英美法系并未如大陆法系一样采用一物一权和物权法定原则，因此，将地下空间水平或垂直区分作为权利标的并不存在困难。按照学界的一般看法，对于地下空间权，英美法系国家主要采用了地下空间权专门立法的模式。在此方面的代表，有英国 1947 年《城乡计划法》、美国 1985 年《明尼苏达州地下空间开发条例》等。

（二）德日法系国家城市地下空间产权内涵

德国法律关于地上权的定义为享有在土地的地上或者地下设置建筑物的可转让或者可继承的权利，其权利人是以土地的所有权人为出发点，包括除所有权以外的设定其他权利的人，〔1〕日本学者把地下空间权称为“地中横切立体空间而以之为标的物设定的权利”〔2〕。

---

〔1〕 参见《德国民法典》，郑冲、贾红梅译，法律出版社 1999 年版，第 237 页。

〔2〕 ［日］平松弘光：《日本地下深层空间利用的法律问题》，陆庆胜译，载《政治与法律》2003 年第 2 期。

1. 一般地上权模式

就以德国为代表的大陆法系国家而言,并没有区分地上地下空间产权,则是将地下空间产权作为地上权一种特殊的形态。对于地下空间产权而言,德国1896年颁布的《民法典》中并未明确予以规定,在1919年单独制定的《关于地上权之命令》中明确规定了“地上权是以在土地地面上或地面下,拥有建筑物为内容之可转让并继承的权利”,同时规定在实践中发生的与空间使用有关的问题均须通过该制度加以解决。

2. 区分地上权模式

日本则是典型的区分地上权立法模式的国家。该模式既规定普通地上权,又单独设立法条规定其空间地上权。自第二次世界大战以来,日本经济快速发展,土地资源日益紧张,日本法学界借鉴美国关于地下空间权的理论,在1956年日本私法学会会议集中讨论了地上权的立法修正问题,将以地下、空中为客体而设定的借地权与以地表为客体所设定的普通借地权分别予以规定,并对《日本民法典》进行增补和修订,于1966年新增了有关空间地上权的内容。

二、我国城市地下空间产权内涵

城市地下空间产权的立法,前提是城市地下空间产权内涵的界定,可以说,对城市地下空间产权内涵的界定,就是把握地下空间的这一本质要求。法学意义上城市地下空间的界定需满足三个条件,即空间范围包括地表以下天然形成或经人工开发所形成的空间,依照法律规定能够被人支配并且具有实用性,能够为人们创造利益。[1]

基于我国各省市关于地下空间产权开发利用的相关办法以及对地下空间产权的不同理解,可以发现,地下空间产权的权利性质,无论是用益物权,还是不动产财产权,在法律上都有其权利对应。参照《民法典》第345条之规定,关于建设用地使用权分层设立规定中当事人能够通过设定建设用地使用

---

〔1〕 参见刘湘、祝文君:《城市地下空间的自然资源学基础及其评估》,载《地下空间》2004年第4期。

权等用益物权的方式取得对土地以及上下空间的使用权，笔者认为，城市地下空间产权则是利用地下空间开发建造建（构）筑物及其附属设施，并对其享有占有、使用、收益等权利的一种建设用地使用权。

三、城市地下空间产权的法律特征

城市地下空间产权的法律特征在约束主体、参与客体、权利内容等方面具有其自身特性，即具有约束主体的多重性、参与客体的复杂性、权利使用的特殊性。

（一）约束主体的多重性

国家对城市土地开发管理的有关办法规定，城市土地属于国家所有，这种所有权自然也包含地下空间。当城市地下空间产权作为用益物权出现的时候，国家便作为该权利的主体，即拥有所有权。当城市地下空间产权作为建设用地使用权，通过国家统一的招拍挂等形式获得其使用权后，主体则是建设用地使用权人，建设用地使用权转让到第三人后，主体则是第三人。这自然会存在所有权和使用权分离的情况，但国家并不会丧失对该空间的管理权力。所以，对城市地下空间产权主体的讨论，需要依据现实情况来判断。

（二）参与客体的复杂性

在我国《民法典》第345条与第348条规定中，建设用地使用权的设立及对地下空间的使用两项规定并没有明确城市地下空间产权的客体范围。笔者认为，城市地下空间范围的确定可以参照地表权说，以地表权向地下延伸的某一点作为地下空间范围的界定。除此情况外，还应结合地表建筑的具体情况科学、合理地确定其范围。比如在开发高层建筑、多层建筑或地表无建筑的地下空间时，其范围确定需要依据实际情况做专业测定。

（三）权利使用的特殊性

地下城市空间产权的特殊性在于其权利的使用。当地城市地下空间产权作为建设用地使用权时，对于城市地下空间的使用主要表现在占有、使用、收益这三个方面。但对于这一权利的获得需要经过国家的有关规定才能取得，当然，在实际的城市建设中，城市地下空间产权的权利主体多样，使得权利使用同样具有多样性，或是基于公共利益的大型基础设施建设，或是基于商业开发的地下建（构）筑物，或是在有关使用期限内的权利转让、租赁或抵押等，都有可能成为其城市地下空间产权权利使用的现实情况。

四、城市地下空间产权的权利评述

土地作为人类赖以生存的基础，随着现代社会经济的发展，土地资源日益锐减，土地作为法律上的客体存在是毋庸置疑的，城市地下空间以何种权利性质而存在，法学界仍有较大的分歧，争议无非是其能否作为一项独立的物权类型存在。

（一）城市地下空间产权的权利性质

笔者经过对大量的文献研究总结后认为，城市地下空间产权应是一项独立的权利，应作为一种建设用地使用权看待，对于地下空间产权能否单独作为用益物权，笔者持否定的态度，根据《物权法》（已废止）对用益物权类型的规定，以及《民法典》第345条对建设用地使用权的分层规定，地下城市空间的产权归属应是一种建设用地使用权。所以，城市地下空间使用权界定为建设用地使用权是比较合理的，这样不仅有法可依，同时也明确了使用权的归属问题。

（二）城市地下空间产权的法律依据

首先，对于其权利存在的立法问题立法机关是给予肯定的，这在《物权法》（已废止）第136条之中有相关规定，建设用地使用权分层设立，即可以通过地上、地表、地下三种方式设立，同样在已实施的《民法典》物权编仍旧沿用了《物权法》（已废止）第136条的规定，足以说明我国立法机关承认地下空间产权单独作为一种物权类型。所以作为地下建设用地使用权的存在，采用一般立法模式来进行规范，这是基于成文法的稳定性考虑的，这也为今后的立法，留下了充足的空间。其次，《民法典》物权编中虽然没有明确规定城市地下空间产权的有关条文，但在不少的城市中已经通过有关规章等形式规范其权利形式，如北京、上海等一线城市在对城市进行整体规划时规定的有关城市地下空间利用的管理办法，同样在国务院2015年颁布的《不动产登记暂行条例》中，明确规定空间可作为不动产进行登记。

（三）小结

综上所述，城市地下空间产权从法律依据上看，界定为地下建设用地使用权是较为合理的。权利的存在不仅是在静态的法典中，只有把其价值流通到市场中，才能体现出社会效益，以达到“财富极大化”。[1]

五、城市地下空间产权法理讨论

对于城市地下空间产权界限的确定，因其具有客体的复杂性，应多维度考量。当然，确定城市地下空间产权范围前首先应明确城市地下空间是否属于城市地下空间产权的调整范围，换言之，就是在确定城市地下空间产权的范围得先明确地表与地下空间产权的分界，即地表权利人所享有的地下空间的宽度与深度。

（一）城市地下空间产权支配范围的立法完善

《民法典》在第 345 条规定沿用了《物权法》对于建设用地使用权的分层设立的规定，第 438 条第 2 款规定建设用地使用权出让合同的内容并未明确城市地下空间产权范围的界定标准。在住建部《城市地下空间开发利用管理规定》中，也并未对地下城市空间的范围予以明确。针对实践中的有关问题，原国土资源部在《关于地下建筑物土地确权登记发证有关问题的复函》中做出了指示，虽其对城市地下空间的支配范围有所涉及，但其规定并不完善。由此可见，在我国的国家法律层面中，对城市地下空间权范围界定的立法都是从宏观方面进行规定的，没有明确的内容与具体的说明。所以，在国家层面的立法规定的基础上，我国各地应结合当地的实情、依据现实的需要对本行政区域内的城市地下空间产权的范围作出相关规定。

（二）城市地下空间产权的衡量标准

对于城市地下空间产权的标准衡量，学界仍存在很多不同的看法，或认为土地所有权所涉及的范围应以权利人的利益为限度作为衡量标准，或认为所有权要限于人力所能支配的范围，并以此作为界限来测定，或认为应以满

[1] 参见房绍坤：《民法典用益物权规范的修正与创设》，载《法商研究》2020 年第 4 期。

足实际的需要作为标准来设定范围，或认为应依据有关合同关系与建设规划，参照使用目的及用途来确定产权范围。

以上各种学者的看法都有其可取之处，但也都存在一定的不足。认为土地所有权所涉及的范围应以权利人的利益为限度作为衡量，或认为所有权要限于人力所能支配的范围，并以此作为界限来测定的观点，可能会导致实践中地表范围确定得不统一，使之评估困难，难以适应我国对于地表权范围的界定标准。如果以满足实际需要作为标准来测定范围，在实际操作中会存在诸多困难。如果依据有关合同关系与建设规划，参照使用目的及用途来确定产权范围，在不同的地区也会存在不同情况的问题。

（三）城市地下空间产权的范围建议

在对城市地下空间产权支配范围的确定上，相较于地表的建设用地使用权物理范围的确定，其最大的不同在于从二维确定转换为三维确定，[1]所以，纵向深度是确定城市地下空间产权范围的重要因素之一，其中涉及对城市地下空间深度分层利用等问题。笔者认为，首先，应结合地下空间的特性，针对不同地区的情况，具体分析，充分参考不同地区的地质结构、内外环境等诸多因素，来对地下城市空间进行合理分层，结合建造实践，按照其功能规划合理分布。在满足实际需要的情况下，或依据有关合同关系与建设规划，参照使用目的及用途来确定产权范围。当然，城市地下空间范围的确定不能一概而论，应充分结合我国有关立法及众多学者的合理观点，通过对各类因素的合理分析，综合考量，确保地表权的正常行使。其次，注意相邻关系的地上地下空间的开发利用情况，保证足够的安全距离。所以，城市地下空间范围的确定应综合考虑上述诸多因素。

〔1〕 参见龚亚西、刘皆谊、季翔：《基于分层开发体系的城市地下空间权属制度研究》，载《现代城市研究》2020年第4期。

贵州省地下空间开发利用现状分析与制度构建*

吴俊杰　陈一婷**

摘　要:地下空间开发利用是新型城镇化建设中的应有之义。国外地下空间开发利用已形成多种经典模式,国内深圳、杭州、成都等地也积累了宝贵的先进经验。贵州省在国家政策制度的指导下,针对地下空间开发利用与制度建设的工作均取得了一定成效,但与发达地区相比仍处于滞后之态,因此需要科学规划、完善立法,确立和完善地下空间权,同时制定标准化细则与激励政策,探索地下空间资源的开发利用与制度构建,助推贵州省法治建设与经济建设。

关键词:地下空间　开发利用　制度建设

一、引言

地下空间开发有利于减少环境污染、节地节能和保障城市安全,也同样具备商业价值和文化价值,综合实现城市生态效益、经济效益和社会效益。统计数据显示,"十三五"时期,我国累计新增地下空间建筑面积超过13亿平方米,其中,仅2020年新增建筑面积就超过了2.5亿平方米,同比增长率达到0.78%[1]。就贵州省来看,2022年,重大工程和重点项目共有3347个,计划投资6448.79亿元人民币,新型城镇化项目中的地下空间开发利用工程共有11个,其中,地下空间开发利用工程收尾项目1个,地下空间开发利用工程新建项目4个,地下空间开发利用工程续建项目4个,地下空间开发利用工程预备项目2个(见表1)。

---

* 获2022年12月第四届国际自然资源法治论坛积极参与奖。

** 吴俊杰:贵州贵达律师事务所专职律师;陈一婷:贵州财经大学讲师。

〔1〕 参见《2021中国城市地下空间发展蓝皮书》。

表 1　贵州省 2022 年地下空间开发利用工程一览表

项目类别	项目名称
收尾项目	贵阳市西南商贸服务业聚集区综合管廊及附属配套工程
续建项目	南明区首钢贵钢老区开发棚户区改造道路地下空间项目
	凯里经开区地下综合管廊项目
	三穗县高铁新区地下综合管廊及路网项目
	兴义市城市地下空间综合开发项目
新建项目	六盘水高新区产业园区配套基础设施工程
	钟山区管网提质改造工程
	安顺市红色教育基地若飞故居城市功能更新工程
	三穗县经开区管廊及路网工程
预备项目	遵义市中华路—中山路地下空间开发利用暨平战结合人防工程(一期)项目
	赤水市红军大道地下商业综合开发项目

注:根据贵州省人民政府网站公布资料整理。

这些项目在前期规划和开发建设过程中采用了多样化的融资渠道,如PPP 项目、国有自筹、社会资本等方式,使我省地下空间的开发利用取得前所未有的实质性进展。然而,与其他地区相比,贵州省地下空间的规划、开发和利用等制度仍有较大的发展空间,“十三五”时期,贵州省新增地下空间面积不足 2000 万平方米,远远落后于江苏、广东、湖北等地区,与邻近西南地区如四川、重庆、云南、广西等省市也存在较大差距。因此,对地下空间进行科学规划、有序建设、系统开发、综合利用,进一步探索地下空间资源的开发利用,重塑城市空间结构,并与经济发展高效融合,是贵州省城市发展的必然趋势。

二、城市地下空间的内涵

城市地下空间是指城市规划区内地表以下一定范围,为实现公共利益或商业性质而开发建设的,不妨碍地面建筑的具有长度、宽度、深度的三维空间[1]。

按照地下空间的用途与开发深度，又可细分为不同类型，按照用途可分为交通空间、商业文娱空间、业务空间等七种类别，按照开发利用的深度可分为浅层空间、中层空间和深层空间（见表2）。

表2　地下空间的分类

<table>
<tr><th colspan="2">按照用途分类</th><th colspan="2">按照开发利用深度分类</th></tr>
<tr><th>用途</th><th>介绍</th><th>开发深度</th><th>介绍</th></tr>
<tr><td>交通空间</td><td>地下铁道、地下轻轨交通、地下汽车交通通道、地下停车库和地下步行街等</td><td rowspan="3">浅层空间
（0～30米）</td><td rowspan="3">主要用于商业空间、文娱空间及部分业务空间</td></tr>
<tr><td>商业文娱空间</td><td>地下商业街、地下影剧院、音乐厅和运动场等</td></tr>
<tr><td>业务空间</td><td>办公、会议、教学、实验和医疗等</td></tr>
<tr><td>物流空间</td><td>各种城市公用设施的管道、电缆等所占的地下空间，及自来水厂、污水处理厂和变电站等</td><td rowspan="2">中层空间
（－30～100米）</td><td rowspan="2">主要用于地下交通、城市污水处理厂以及城市水、电、气、通信等公用设施</td></tr>
<tr><td>生产空间</td><td>某些轻工业、手工业的生产，精密生产工业等</td></tr>
<tr><td>仓储空间</td><td>贮存粮食、食品、油类、药品等</td><td rowspan="2">深层空间
（>－100米）</td><td rowspan="2">可用作快速地下交通线路、危险品仓库、冷库、贮热库、油库等，及新技术加持下各种城市服务新系统和新空间</td></tr>
<tr><td>其他空间</td><td>防灾空间、居住空间、埋葬空间等</td></tr>
</table>

注：根据中研普华产业研究院资料整理。

[1] 参见赵士阳：《城市地下空间权利体系及登记研究》，南京师范大学2019年硕士学位论文，第13页。

三、城市地下空间开发利用的主要模式与经验

（一）城市地下空间开发利用的主要模式

就国际和国内经验来看，城市地下空间开发利用的主要模式分为点状、辐射状、脊柱状、网格状、网络状和立体型六种类型（见表3）。

表3　城市地下空间开发利用的主要模式

模式	介绍
点状	城市地下空间形态的基本构成要素，城市功能延伸至地下的物质载体。例如单个的商场、停车场、过街道、地下室等
辐射状	通过大型地下空间的开发，带动周围地块地下空间的开发利用，形成辐射效应，使局部地区地下空间形成相对完整的体系。例如站前广场、市民广场、绿化广场等聚合地
脊柱状	以一定规模的线状地下空间为轴线，向两侧辐射，与两侧的地下空间连通，形成脊状。例如市政基础设施管线、地下管线综合廊道、地下排水（洪）暗沟等，也可能是地下商业街或地下停车系统中的地下车道，与两侧建筑的地下室连通，或与两侧各个停车库连通
网格状	以多个较大规模的地下空间为基础，并将他们连通，形成网格状。例如城市中心区的大型建筑地下室、地铁站、地下商业街以及其他地下公共空间
网络状	以城市地下交通为骨架，将整个城市的若干个地下空间采用各种形式进行连通，使整个城市形成地下空间设施群
立体型	将城市地上、地下空间作为一个整体来综合考虑，形成地上地下一体的完整的空间系统

（二）国外地下空间开发利用的经典模式

根据目前现存的研究成果和实践经验，目前国外地下空间发展主要有四种模式。

1. 以加拿大蒙特利尔为代表的"中心联结"发展模式。加拿大蒙特利尔市是一个多功能性的城市，区域内集中了大量建筑和城市节点，如写字楼、商场、住宅、医院以及地铁等交通线路，人流量巨大，地下步行网络覆盖面积广泛。蒙特利尔地下城源于威力玛瑞规划，以创建三维城市为目标，采取了建

设—拥有—经营—转让(BOOT)模式与“停车 + 乘坐”(“P + R”)模式,有效缓解了中心城区的交通压力,并实现了多头获利、长线收益。其中“P + R”模式自 2009 年起就被上海等多个城市采用。

2. 以美国芝加哥地下步行系统(Pedway)为代表的“整体网络”发展模式。Pedway 始建于 1951 年,是一个覆盖了芝加哥中心区核心地带大部分区域和主要建筑的庞大地下系统,依托地铁的拓展,由地下通道、大厅与楼梯、自动扶梯、电梯串联起写字楼、地铁站、大型购物中心及文化健身中心等各类设施,开发了地下空间的综合性功能,对城市功能产生复合效应。

3. 以日本为代表的“轴向”发展模式。日本东京的主要特征是针对地下空间资源的法规很多,如涉及地下空间权益的《大深度法》,涉及地下空间建设的《都市计通法》、《驻车场法》及《下水道法》等〔1〕。得益于其较为完善的地下空间法律体系、全面的配套或辅助法律、明晰的产权制度和层次清晰的规划设计体系,东京的地下空间已日渐形成综合功能的“地下城”,依托于快速发展的轨道交通体系,将立体城市串联起来。

4. 以法国巴黎德方斯新区为代表的“次聚焦点”发展模式。德方斯新区作为巴黎老城之外的现代化城市副中心,自 1958 年起经历了三个阶段的地下空间开发建设,以地上、地下统一规划为基础,利用地上空间和地下空间竖向分布,优化整合各层功能,以公共交通枢纽和换乘中心为核心,与区内重要的建筑相连接,采取了人车分离、交通地下化、环境友好等一系列现代化城市空间开发利用措施,形成集多功能为一体的综合区域,与巴黎传统风貌形成鲜明对比〔2〕。

(三)国内地下空间开发利用的实践经验

1. 整体开发。例如,深圳市通过效仿土地一级开发模式,对相邻未利用地或成片集中开发区域的地下空间进行预开发;深圳前海综合交通枢纽、杭

---

〔1〕 参见李溪瑞、汤耀琪:《日本地下空间法律体系对我国法律建设的启示》,载《法制与社会》2016 年第 13 期。

〔2〕 参见刘旭旸、邵楠:《地下空间规划案例:巴黎拉德方斯》,载《国土与自然资源研究》2016 年第 2 期。

州西站项目采用以枢纽站为中心的集聚型开发模式。

2. 多元场景。例如,广州市万博商务区从地下连接了 3.56 公里的地下环路,在其建设的粤海·天河城等八大项目中,划分了六大特色分区,引入了水族馆、溜冰场等多元化的消费场景。

3. 因地制宜。例如,成都市创新提出了公共交通导向型开发(TOD)"137"圈层规划模式,以地上公共绿地、地下商业动线为设计思路设置下沉广场,使用镜面反射等方式实现将自然风光水绿引入地下空间。

4. 分层设计。例如,成都市允许需要经过城市道路、绿化等公共空间进行互联互通的项目,实行分层出让利用,建立"地面道路—地下环路—地下车库"三级车行系统,充分释放地面道路空间资源。

5. 技术创新。例如,广州市珠江新城地下空间的设计就消防、人防、爆破、供冷等 11 个问题采取了专题研究的方式,逐一解决新技术新工艺在地下空间建设中的应用问题,起到了良好的借鉴作用。

6. 制度创新。例如,深圳市将地下空间中的规定建筑面积纳入"容积"统一管理,在规划基础上增加城市基础设施、公共空间的情形,实施容积率转移或者奖励、财政补贴、税收减免等奖励措施,并通过"基础修正系数"调节体现对实体经济和民生领域的政策倾斜和支持。再如,武汉光谷中心城以地下空间一体化开发为目标,编制了地上地下一体化的控制性详细规划,结合产权划分研究,在《武汉市地下空间开发利用管理暂行规定》的基础上形成了《光谷中心城地下空间开发利用管理实施细则》[1]。

四、贵州省地下空间开发利用现状——以贵阳市为例

(一)贵阳市地下空间开发利用现状

2009 年至今,贵阳市已完善地下空间用地手续 100 余宗,涉及地下空间建筑面积 740 余万平方米。过去,贵阳市地下空间开发利用主要表现为地下通

---

〔1〕 参见刘卫东、王勇、贺文霞:《地下空间一体化开发产权划分方案的思考——以武汉光谷中心城地下空间为例》,2016 年中国城市规划年会会议论文,2016 年 9 月于沈阳。

道、大型商业中心的地下商业和停车空间，以及大型的集中地下空间（见表4），但存在商业普遍较为低级并出现断裂的问题，影响地下空间的商业价值，同时也造成区域车位较为紧张、地面交通压力较大的问题。

近年来，贵安新区在地下空间的开发利用方面取得了良好的进展。贵阳市现已建成大量人性化的地下公共服务空间（包括综合商业、大型超市等地下综合体），并于2022年1月1日正式实施了《贵阳市地下空间开发利用条例》，完善了地下空间的开发利用制度。目前，贵阳市中心城区内建成运营地下商业空间约40处，共规划地下综合管廊246公里〔1〕，已运营及在建轨道交通线路范围内形成约13万平方米富余地下空间，分布在中山西路、紫林庵—延安路站区间、花果园东站等18个站点内。经过多年的科学规划与积极创新，形成地下商业空间、地下综合管廊和地下隧道三种创新模式（见表4），取得了较好的社会效益、生态效益和经济效益。

表4　贵阳市地下空间开发利用模式

传统模式		创新模式	
地下通道	主要连接车流量较大的十字路口或不适宜架设过街天桥的马路两端，部分地下通道形成了统一业态的商铺。例如贵开路黑马市场地下通道	地下商业空间	以占地面积1800平方米的“十字里”作为典型代表，是涵盖多种业态、服务于周边居民的“一站式”购物休闲体验街区，也是人防工程、地下通道、地下商场三者相结合的典型代表
大型商业中心地下商业和停车空间	通常形成较为独立的地下空间。例如中大国际购物中心的地下空间，有沃尔玛超市和部分小商铺，与大营坡地下通道相连接	地下综合管廊	以轨道交通1号线中山西路站为例，包含建筑面积约为8500平方米的地下空间，集餐饮、时尚零售、休闲娱乐等业态于一体
大型集中地下空间	在广场下方的地下空间开发超市等商业，激发了部分地下空间的商业价值。例如人民广场地下空间	地下隧道	以地下隧道作为数据中心使用，以腾讯贵安七星数据中心为代表

注：笔者整理。

〔1〕　参见《贵阳市中心城区地下综合管廊专项规划》。

（二）贵州省地下空间开发利用的支持政策

自1995年原国家土地管理局公布的《确定土地所有权和使用权的若干规定》中首次对地下空间开发利用使用权能进行阐述开始，我国在探索中持续不断地补充和完善地下空间产权相关的法律法规和政策措施（见表5），这些制度构建为我省地下空间开发利用提供了可操作性，也提出了规范性的要求。

表5 我国地下空间开发利用相关制度

制度	来源
地下空间的权属确认与登记	《人民防空法》（2009修正） 《城市地下空间开发利用管理规定》（2011修正） 2000年国土资源部《关于地下建筑物土地确权登记发证有关问题的复函》
地下空间建设用地使用权的设立	《物权法》（已废止） 2019年修正《节约集约利用土地规定》 2019年《关于统筹推进自然资源资产产权制度改革的指导意见》 2020年《民法典》
地下空间的三维立体属性	2014年《不动产登记暂行条例》（2019修订、2024修订） 2016年《不动产登记暂行条例实施细则》（2024修正）
地下空间的分层开发、立体开发	2022年《“十四五”新型城镇化实施方案》

贵州省经过持续探索取得了部分成果，例如，贵阳市南明区首钢贵州之光地下空间—新时代广场已由社会资本以约1.24亿元竞得项目地下商业、地下停车场用地，这也是贵阳市区第一次挂牌的地下土地使用权，正是与《民法典》第345条“建设用地使用权可以在土地的地表、地上或者地下分别设立”等法律条款的良好契合，对未来贵州省地下用地的出让规划具有极大的参考价值。可见，贵州省地下空间开发利用走上了法治轨道，逐步解决已经和将要开发利用的地下空间的产权登记和流转等问题。然而，贵州省地下空间专业教育资源短缺，从事地下空间领域研究的专业机构也未成气候，相关法律法规、政策制度的建设也较为滞后（见表6）。一方面，贵州省在省级层面上尚未出台进一步促进城镇地下空间开发利用的政策措施；另一方面，贵州省也尚未建立健全地下空间有偿使用、权属登记和产权交易制度，地下空间分层开发、立体化开发的相关细则仍需进一步完善。

表6　贵州省地下空间开发利用相关政策

年份	政策
2020	《贵州省提升城镇品质做强城镇经济推进新型城镇化若干措施》
2022	《国务院关于支持贵州在新时代西部大开发上闯新路的意见》
2022	《贵州省“十四五”自然资源保护和利用规划》
2022	《贵阳市地下空间开发利用条例》

五、贵州省地下空间开发利用制度的建设方向

（一）科学规划

政府首先应通过前瞻性的、科学性的地下空间规划引导地下空间的开发利用，构建城市地下空间三级规划体系，设计分层目标，包括交通目标、功能目标、地面景观目标和效益目标等；其次，细分具体每一步的实施规划，从点状出发、点线结合逐步发展到网状结构，根据地下空间规划的需要对项目进行逐个批准。

（二）完善立法

在地下空间开发利用的立法方面，贵阳市相继出台了《贵阳市人行地下通道管理规定》（已废止）、《贵阳市结建防空地下室维护管理规定》以及《贵阳市地下空间开发利用条例》。为实现地下空间开发利用的总体目标，政府需要遵循国家层面的管理机制，因地制宜设立地方性法规规章或其他规范性文件推进地下空间权利确认、流转和抵押制度，地下空间资源调查和价值评估制度，地下空间规划管理制度，地下空间开发建设促进制度，地下空间权利交易相关细则等具体制度建设工作全面展开；进一步明确地下空间建设用地使用权概念、取得方式、年限、登记方式、内容、租售、抵押与转让、出让金和与其他用益物权并存时的解决机制，从法律法规层面规范地下空间开发利用流程，依法对违反法定程序的变更行为进行惩处〔1〕。

---

〔1〕　参见蔡庚洋、贺俏毅：《创新背景下杭州地下空间产权与管理模式探索》，载《现代城市研究》2018年第1期。

(三)确立和完善地下空间权

考虑地下空间的三维性质,从分层开发的角度出发,引入空间权,有利于解决土地立体利用问题。原国土资源部地籍管理司关于征求《城市地上地下空间土地权利设定与确权登记办法》的讨论稿中明确指出,地下空间土地权利是指以在他人土地的地下建设建筑物或其他工作物为目的而使用其空间的权利。将地下空间权从土地所有权中分离出来,使其成为有独立性和可移转性的财产权,更加有利于空间权制度的扩充与修改,进一步为三维地籍登记工作奠定基础。

(四)建立标准化技术规则

为综合实现地下空间开发利用的社会效益、生态效益和经济效益,应完善设计质量与环境保护指标,明确允许和禁止的土地使用,配套建立土地分层开发实施条例,推动实现分层、分区、分业态的三维地下空间的商业价值最大化。

(五)配套激励政策

政府通过总体规划进行指导,配套激励政策与立法措施,与开发者进行对话与协作。例如,在建设法规、财税政策上给予私人部门积极的引导和奖励,建立行之有效的政企合作模式、投融资和收益分配模式等合作机制,如项目打包、统一招标、规范补贴、让渡收益权等方式,吸引公共、社会资本共同加入,以同时满足收益性和公益性。

城市地下综合管廊权属问题研究*

倪平峰　吴胜蓝**

摘　要:地下综合管廊包含电力、通信、供水等重要基础设施,关系到人民群众的切身利益。建设地下综合管廊可以有效解决"马路拉链""空中蜘蛛网"等易引发安全问题的城市弊病,充分利用地下空间资源,提升城市的公共市政管理能力。从理论和实践来看,地下综合管廊的权属争议是影响其发展的突出问题,而是否转让所有权的考虑因素包括融资和双重征税。在研究地下综合管廊开发经验的同时,应通过立法澄清所有权归属,建立所有权转让标准,允许所有权转让适用于所有政府与社会资本合作(PPP)项目。同时还应完善应收账款质押,实现担保功能,满足融资需求,避免所有权转移带来的一系列问题。研究城市地下综合管廊权属问题,有利于解决地下综合管廊建设中的争议,促进各利益相关方对PPP模式下城市地下综合管廊的开发利用达成共识。

关键词:地下综合管廊　所有权　转让标准

一、地下综合管廊建设的机遇与挑战

(一)地下综合管廊发展的机遇和前景

随着近代社会发展,社会中逐渐产生地下空间权这一概念。19世纪工业革命以前,人类对于土地的利用主要集中于农业用途,鲜有立体分层使用的例子。19世纪工业革命以后,城市化的迅速发展造成土地资源匮乏,以及建筑技术的突飞猛进,人类对土地的利用出现立体化倾向,土地在物理性质

---

* 获2022年12月第四届国际自然资源法治论坛积极参与奖。

** 倪平峰:贵州贵达律师事务所专职律师,兼任贵州省法学会能源资源法学研究会理事、副秘书长;吴胜蓝:贵州贵达律师事务所专职律师,兼任贵州省法学会能源资源法学研究会理事、副秘书长,贵州省法学会绿色发展法治研究会理事。

上被区分为地表、地上和地下三个部分。随着所有权观念的变化，地下空间权不再被涵盖在土地所有权之中，而具有独立性和非凡的经济价值。[1]

进入20世纪后，许多国家都制定了与地下空间开发相关的法律，地下空间资源逐渐得到进一步的开发利用。

地下综合管廊是指在城市地下用于集中敷设电力、通信、广播电视、给水、排水、热力、燃气等市政管线的公共隧道。[2] 地下综合管廊建设象征着城市基础设施建设的现代化，同时属于城市公共市政管理的一部分，可以有效避免现代城市道路的重复挖掘，是一项利国利民的大工程。目前，我国城市化的速度正在加快，基础设施建设的速度也需要加快。在城市规划中重视地下综合管廊的建设和发展是十分必要的。国务院高度重视地下综合管廊的建设和发展，将地下综合管廊建设作为国家支持的民生工程。2022年6月15日，国务院常务会议强调，地下综合管廊是城市的一项重要工程，具有较大的投资潜力，可以有效带动地方经济增长，是一举多得的突出性项目。[3]

地下综合管廊的建设可以有效解决“马路拉链”“空中蜘蛛网”等易引发安全问题的城市弊病，充分利用地下空间资源，提升城市综合管理能力。建设城市地下综合管廊可以产生长期效益。虽然地下综合管廊的建设周期长、投资成本高，但建成后使用寿命长，且维护成本低，可以为城市带来巨大的社会效益和环境效益，也能在一定程度上拉动经济增长。我国正处在城镇化快速发展时期，但是地下基础设施的建设却稍显滞后。统筹各类市政基础设施规划、建设和管理，推进城市地下综合管廊建设，避免反复开挖路面、架空线网密集、管线事故频发等问题，有利于完善城市功能、保障城市安全、美化城市景观、促进城市集约高效和转型发展，提高城市综合管理能力和城镇化发展质量，同时还有利于增加公共产品有效投资、拉动社会资本投入、打造经济

---

〔1〕 参见马栩生：《论城市地下空间权及其物权法构建》，载《法商研究》2010年第3期。

〔2〕 参见《国务院办公厅关于推进城市地下综合管廊建设的指导意见》（国办发〔2015〕61号）。

〔3〕 参见《李克强主持召开国务院常务会议　部署支持民间投资和推进一举多得项目的措施等》，载中国政府网，http://www.gov.cn/premier/2022-06/15/content_5695848.htm。

发展新动力。[1] 我国地下综合管廊建设从 2015 年开始试点,到 2022 年 6 月底,279 个城市、104 个县累计开工建设管廊项目 1647 个,长度达到 5902 公里,形成廊体 3997 公里。住房和城乡建设部又初步梳理出两批重点项目清单,包括已完成开工前期准备的项目和部分在建项目,资金需求量超过 2000 亿元。[2] 总之,大力建设地下综合管廊,将对城市发展、经济增长和人民生活产生深远而积极的影响。

(二)关于地下综合管廊所有权的争议

地下综合管廊在建设过程中会遇到许多问题,如土地问题、管理问题、融资问题、运营问题和技术难题。从法律法规的视角看,土地问题一部分源于《民法典》和《土地管理法》对建设用地使用权的规定不够完善。管理问题更多涉及的是强制性准入问题。我国地下综合管廊建设起步较晚,且仍处于发展初期,各项制度有待进一步完善。建设单位更多考虑的是现有的直接利益,而忽略了长远的发展。此外,地下综合管廊的建设周期长和投入成本高也是实践中的难题。这些问题必须妥善解决,否则将直接影响地下综合管廊的长远发展。城市地下空间开发能否保留独立产权?《土地管理法》没有明确这个问题。《民法典》虽然规定了地下建设用地使用权,但并未细化,仍缺乏具体的实践指导。谁应该拥有地下综合管廊的所有权?特殊目的实体(SPV)公司有什么样的权利?对这些问题法律没有规定。

法治既是实现良好城市治理的重要手段和途径,又是良好城市治理也即城市善治的重要内涵与基本特征。[3] 当城市发展到一定阶段时,法治环境就尤为重要。在现代国家,法治是国家治理的基本方式,是国家治理现代化的重要标志,国家治理法治化是国家治理现代化的必由之路。[4] 公共基础设施建设与城市发展密切相关,同样离不开良好的法治环境。地下综合管廊是公共基础设施建设项目的代表,而其权属直接关系到项目的建设和运营,

---

〔1〕 参见《国务院办公厅关于推进城市地下综合管廊建设的指导意见》(国办发〔2015〕61 号)。

〔2〕 参见亢舒:《地下综合管廊建设提速》,载《经济日报》2022 年 8 月 12 日,第 6 版。

〔3〕 参见肖金明:《城市治理的法治维度》,载《中国行政管理》2008 年第 10 期。

〔4〕 参见张文显:《法治与国家治理现代化》,载《中国法学》2014 年第 4 期。

关系到项目运营的效率、管理方法和风险分配。通过对实践中相关案例进行研究可以发现,地下综合管廊权属转移争议较大,各地做法不一。有些情况下基于融资的需要,所有权的转移方便了 SPV 公司进行抵押;在其他情况下,所有权问题处理得更加谨慎,在施工期间不会转移。地下综合管廊权属问题非常敏感,会影响项目的运营,因此明确其权属问题有利于减少地下综合管廊建设中的纠纷。

二、地下综合管廊的权属分析

在城市地下空间建设中,地下综合管廊的权属问题较为突出,权属问题是当前地下综合管廊遇到的一个难题。本文以 PPP 项目中资产权属问题为出发点,探讨城市地下综合管廊的权属问题的解决方法。

既有相关 PPP 项目案例中,有的 PPP 项目合同直接约定 SPV 公司在一定期限内拥有所有权;而有的约定政府拥有所有权,SPV 公司仅在一定期限内拥有收益权。例如,黄冈市城区地下综合管廊工程 PPP 项目中,SPV 公司在运营期内负责运营、维护管廊,依法向入廊管线单位收取管线入廊费和管廊运营管理费。在特许经营期满后,SPV 公司将所有项目设施无偿完好、无抵(质)押的移交给市政府指定机构。[1]

项目资产权属界定的一般原则为"谁投资、谁建设、谁享有",同时《民法典》第 352 条规定建设用地使用权人建造的建筑物、构筑物及其附属设施归属于建设用地使用权人。然而,在目前 PPP 项目中少有 SPV 公司在约定期限内取得所有权。地下综合管廊的建设需要投入大量资金,许多银行发放贷款的一个先决条件是 SPV 公司需要拥有所有权。一种做法是当事人之间可以约定由 SPV 公司取得项目资产所有权,以便抵押融资,解决资金缺口。另一种做法是 SPV 公司只承担建设和运营项目的义务,并有权获取收益。SPV 公司可以通过质押收益来实现融资需求。

---

〔1〕 参见《黄冈市城区地下综合管廊工程 PPP 项目(典型案例)》,载黄冈市人民政府网,http://www.hg.gov.cn/art/2017/9/8/art_13670_365992.html。

《民法典》第 254 条规定国防资产、基础设施的国家所有权。该条第 1 款规定,国防资产属于国家。国防是国家生存的保障,规定国防资产属于国家符合国家安全利益。该条第 2 款规定,铁路、公路、电力设施、电信设施和油气管道等基础设施,依照法律规定为国家所有的,属于国家所有。除《民法典》关于基础设施所有权的规定外,双重征税也是需要考虑的因素。如果地下综合管廊所有权在建设期内转让给 SPV 公司,到期时转回给政府,那么就将面临重复纳税的情况。正是基于这样的考虑,实践中政府一般不会轻易转移地下综合管廊所有权,而是约定 SPV 公司仅在一定时期内拥有建设和经营的权利。

三、对公用隧道权属的建议

(一)所有权问题的法律分析

《民法典》第 352 条规定建设用地使用权人建造的建筑物、构筑物及其附属设施归属于建设用地使用权人。与实行土地私有制的国家不同,我国实行土地公有制,不允许土地私有,而建筑物、构筑物及其附属设施的所有权相对独立,所有权和使用权可能属于不同主体。建设用地使用权人依法取得土地使用权后,有权建造建筑物、构筑物及其附属设施并拥有其所有权。

《民法典》第 231 条规定了因合法建造、拆除房屋等事实行为设立或者消灭的物权的生效时间。大多数情况下,建设用地所有权人建造的建筑物、构筑物及其附属设施自建造完成时,所有权即成功设立,并归属于建设用地所有权人,这是所有权的一般原则。然而,这种情况也有例外。现代房地产建设中,部分市政公用设施由开发商建设,但所有权属于国家。因为此类基础设施属于公益基础设施,归属需按照事先约定,并不当然属于建设用地使用权人。

《民法典》第 254 条规定国防资产和基础设施的国家所有权,但并非所有的基础设施都是国家所有的。《民法典》中并未对地下综合管廊的所有权进行规定,但对《民法典》第 254 条进行实质理解,可以发现法律明确规定的基础设施属于国家所有,系因这些设施关系到国家发展、社会稳定和人民生命与财产安全，并且规定为国家所有可以提高基础设施的建设速度、使用效率和安全性。比如《电力法》第4条规定，电力设施受国家保护，禁止任何单位和个人危害电力设施安全或者非法侵占、使用电能。地下综合管廊内有电力、通信、广播电视、供水、排水、热力、燃气等市政管线，因此依据建设事实取得地下综合管廊的所有权是不可行的。

SPV公司之所以希望取得项目资产的所有权，是因为其可以将项目资产的所有权作为担保向金融机构融资。〔1〕然而，从融资的要求和规定来看，公共设施一般无法进行抵押、用以拍卖，因此项目资产无法作为担保品进行融资。并且，对融资机构而言，具有担保价值的是权利，包括政府购买服务形成的债权和提前终止时政府补偿形成的债权。《民法典》第399条也将公益基础设施排除在担保范围之外。因此，即使SPV公司拥有地下综合管廊所有权，也无法进行抵押。

可以认为，无论从法律规定来看还是从实践来看，地下综合管廊由SPV公司获得所有权都是不适当的。地下综合管廊是近年来开发的项目类型，其包含电力、通信、供水等与人民群众切身利益密切相关的重要基础设施。基于这样的考虑，资产的所有权应属于国家。

（二）所有权转移的标准

在PPP项目建设中，所有权是直接关系到项目建设的重要问题。地下综合管廊是基础设施领域的一个独立行业，所有权的转让需要相关标准的认定。随着经济的发展，很多原本由国家控制的行业都在慢慢放开市场准入条件，充分引入竞争。但市场准入条件的放开并不意味着所有权的转移，是否转移要看实际情况。目前，地下综合管廊的重要性是不言而喻的，因为管廊里有电力、电信和供热管道。通过对地下综合管廊的法律和经济分析，在地下综合管廊建设中不转让所有权是比较合适的。

此外，很多其他行业，如垃圾处理、水利建设、海绵城市等，应根据行业性

---

〔1〕 参见《PPP法治建设国际研讨会专题研讨系列三：PPP项目资产权属法律问题》，载《中国政府采购》2016年第3期。

质，或者从所有权的整体角度，尽早制定所有权转移标准，解决权属问题，也可以为其他项目中的所有权问题提供参考。

PPP 项目是公私双方基于合同实现的，但是由于 PPP 项目持续时间长、环境复杂多变等原因，该合同天然具有不完全性。[1] 现代产权理论认为，所有权就是在合同对决策权没有规定的时间和地方实施剩余控制权的权利和在合同履行之后取得剩余收益的权利。[2] 因此，权属问题十分重要，拥有"剩余控制权"的一方可以处理项目资产，所有权应给予更关心项目"剩余控制权"的一方。在 PPP 项目中，由于公共利益的特殊性，以及 PPP 合同是一个"不完全合同"，政府拥有所有权有助于公共利益的实现。

（三）应收账款质押的改进与资产证券化

在实践中，采用使用者付费回报方式进行的 PPP 项目融资，通常是项目公司将基于特许经营权而形成的未来应收账款（如高速公路的收费权、景区门票的收费权等）向金融机构质押，金融机构根据此取得担保物权，向项目公司发放项目贷款。不过，很多情况下，金融机构似乎并不愿接受仅依靠未来应收账款质押的增信条件。[3] 根据物权法定原则，并参照最高人民法院的指导案例 53 号，[4] SPV 公司的"未来应收账款"基于基础设施和公用事业特许经营权而形成，是依法可以质押的财产权利。SPV 公司的特许经营权具体来说是对基础设施的运营、维护和获得相应收益的权利，其中运营和维护是义务，收益权是权利。因此，特许经营权的核心是收益权，是属于未来的金钱债权。根据其性质，可以纳入依法可以质押的"应收账款"范围。

此外，应收账款证券化作为资产证券化的重要组成部分，在我国的发展具有良好的前景，能够在一定程度上帮助到我国企业的融资并不断优化资产

---

〔1〕 参见张羽、徐文龙、张晓芬：《不完全契约视角下的 PPP 效率影响因素分析》，载《理论月刊》2012 年第 12 期。

〔2〕 参见高光锐：《论企业的剩余控制权与剩余索取权》，载《经济师》2001 年第 5 期。

〔3〕 参见张继峰：《PPP 项目融资中的未来应收账款质押法律问题研究》，载《宏观经济研究》2018 年第 9 期。

〔4〕 参见福建海峡银行股份有限公司福州五一支行诉长乐亚新污水处理有限公司、福州市政工程有限公司金融借款合同纠纷案，最高人民法院指导案例 53 号（2015 年）。

的相关结构。[1] 资产证券化是以基础资产未来所产生的现金流为偿付支持，发行资产支持证券，实现资金的流动，确保 SPV 公司资金进行有效的运转，进而为项目的发展提供可靠的保障，降低融资成本。通过完善应收账款质押和资产证券化路径，不再单纯依靠传统的不动产抵押实现担保功能，可以有效解决项目融资问题。

（四）地下空间建设法律制度的完善

由于权属问题上现有的规范依据非常有限，直接造成了实践中的困境。对于地下综合管廊等基础设施的建设，需要明确立法，以便政府根据实际情况做出具体规划。从试点城市的成功发展经验来分析，无一例外需要政府合理安排城市发展规划，在建设之前规划和协调各部门之间的关系，制定地下综合管廊建设的规范，为地下综合管廊的发展创造良好的制度环境。哈尔滨、六盘水、包头等地的示范项目，均是先做好城市总体规划，在城市总体规划下编制地下空间利用规划，并将地下综合管廊建设作为城市发展的重点。这些城市非常注重制定规范，各地都制定了与地下综合管廊建设相关的管理办法，涵盖建设规划、运营管理、支付方式等。

《民法典》中关于地下空间建设的规定很少，关于地下建设用地使用权在第 345 条中规定得十分模糊。地下空间建设会随着城市的发展逐渐扩张，如地下人防工程、小区地下车库等，在相应的实践中会出现更多的问题，例如权属问题、登记问题等，需要完善相关法律法规，对地下空间建设做出相应规定。

五、结语

地下综合管廊是市政管理基础设施现代化的重要标志之一。从理论和实践来看，城市地下综合管廊的权属问题是影响其发展的突出问题。地下综合管廊的建设、运营和维护需要国家层面的法律或法规予以保障，目前的法律规定还有很多不完善的地方。我们应该根据自己的实际情况，借鉴其他国

---

〔1〕 参见孙莹莹：《企业应收账款资产证券化问题研究》，载《中国产经》2021 年第 20 期。

家成功经验,制定相应法律法规。地下综合管廊包含电力、通信、供热等重要基础设施,关系到人民群众的切身利益,所以,地下综合管廊的所有权应该属于国家。我国法律将公益性基础设施排除在担保范围之外,但这并不意味着所有项目资产的所有权都不能转让,这需要区分情况,根据土地和相关产业的性质,决定资产的所有权是否可以转让。在法律允许的范围内,SPV 公司可以享有项目资产的所有权。目前,PPP 项目正在如火如荼地进行中,资产所有权问题和转让标准需要进一步加以研究。

中外地上地下空间开发利用制度比较研究*

黄　钺**

摘　要：开发国土范围内的立体空间，完善相应的发展制度，是包括我国政府在内的发达国家和发展中国家共同重视的重要课题。当前全人类面临的城市人口剧增、能源紧张、环境恶化、交通堵塞、土地资源紧缺等问题，迫切需要建立和完善统一的立体空间开发利用制度。对于我国地上地下空间开发利用现状，地表之下部分的发展制度还没有完成统一化、立体化、模式化的立法。相关规定散布于《民法典》《土地管理法》《人民防空法》《城市地下空间开发利用管理规定》《城市规划编制办法》等法律法规、部门规章，本文将重点比较研究中外相关制度，学习国外的经验，结合中国特色社会主义的优秀制度研究空间发展制度。

一、中外国土空间开发利用系统的基本情况

（一）国外开发利用国土空间法律制度概述

1. 独立空间模式

"独立空间"模式认为空间可以作为具有独立经济价值的标志物，拥有独立的所有权和用益物权，将空间作为独立整体单独立法，存在与空间的所有权相关的转让、担保、继承等权利，不局限于土地这一单一标的物。

（1）英国

1587 年英国确定了土地的绝对所有权。也就是说，土地所有者拥有土地表面的同时，还拥有土地的上下空间。1610 年著名的巴特案、1815 年和 1870 年科比特高西尔判例指出，同土地的表面一样，土地所有者也可以拥有所有

---

* 获 2022 年 12 月第四届国际自然资源法治论坛积极参与奖。

** 黄钺：贵州贵达律师事务所专职律师。

土地所关联的全部空间。随着工业革命的到来,城市越来越拥挤,各种工厂、住宅、商店、娱乐设施混杂在一起,城市空间呈现出无序的发展趋势。在此背景下,为了有效规范城市空间的发展,英国于 1947 年颁布了具有划时代意义的《城乡计划法》,明确宣布私有土地的未来发展权属于国家所有。明确表明私主体对土地的权利仅限于现有的土地利用情况,国家对土地的未来开发和利用拥有权利。在此基础上,英国明确了土地开发权的国有化及规划许可制度,为英国现代城市规划体系奠定了坚实的制度基础。这种制度本质上是在对土地所有权的行使进行限制,土地所有权的范围可以根据立体空间分层来区分所有权,也可以根据现有空间和未来空间来划分处分权,也可以由不同的主体享有。因此,空间权可以表现出相对地表的独立性,使空间成为一项整体权利,可以在空间和时间层面进行分割,提高了权利流通在开发利用中的灵活性。

(2)美国

"上达天际、下通地心"是美国土地所有权绝对化的鲜明表现。美国具有土地资源多、自然资源丰富等优点,建国时确定了相对自由的土地制度,土地所有者没有任何权利上的限制或附加义务。确立可用于租赁和转让的空间的第一个判例可追溯到 19 世纪 50 年代。1857 年,美国艾荷华州法院裁定,空间明确可以分离进行流转。1898 年,美国伊利诺伊法院裁定,空间可以作为所有的对象。1927 年,伊利诺伊州制定了关于铁路上空转让和租赁的空间权法案。1958 年,美国国会承认州际高速公路所连接的空间可以作为停车位使用,因此,空间权概念开始被美国社会普遍接受。1962 年,美国联邦住宅局制定的国家住宅法明确规定,空间权可以成为担保权的对象。1973 年,俄克拉荷马州制定了《俄克拉荷马州空间法》(*Oklahoma Air Space Act*),规定:"空间与普通房地产一样,是可以成为所有、转让、担保、继承对象的房地产,征税和公共征收也将按照与普通房地产一样的原则处理。"《俄克拉荷马州空间法》一度也被认为是"对以前的判例和学说在空间权法律问题上的基本立场的总结"。同时,《俄克拉荷马州空间法》第 60 章第 807 节明确了空间划分,"公共机关或个人在行使本法规定的权力、权利或义务时,可以以任何几何形式或设计、水平和垂直方式分割或分配空间。”与上述英国整个空间的概念一样，美国的立法方向也重视整个空间的自由分割，表现出灵活性。

2. 特殊权利模型

以法国和德国为代表的大陆法系国家没有将空间权作为独立的物权类型，而是将空间权视为与普通地面权有所区别的特殊形式，认为其性质上与普通地面权没有本质区别，但只在空间范围上加以区分。

（1）法国

作为西方典型的大陆法系国家，法国于 1804 年颁布了资本主义社会第一部民法典《法国民法典》，对其他许多国家的民法产生了重大影响。这部法典规定“土地所有权包括这片土地和地下的所有权”，同时明确了土地的所有权可以延伸到自然孳息或人工附件。随着社会的发展，土地的绝对所有权阻碍了城市建设和社会发展，法国通过《矿业法》（1910 年）和《航空法》（1924 年）等特别法形式确立了空间权的存在，但未提及独立空间的概念，仅将土地所关联的权利类型做出初步的分类和归纳，也未提及是否可分割土地空间并对其行使权利。

（2）德国

德国是现代大陆法系的主要国家之一。关于空间权，《德国民法典》直接将其归类为“地面权”，改变了现有土地和建筑物的归属不可分割的原则。由于原民法典所涉及地役权一章规定的内容过于简单，无法完全适应时代发展的需要，德国于 1919 年 1 月 5 日制定了《地上权条例》（*Erbbaurechtsverordnung*），取代了民法典所涉及的地役权一章。《地上权条例》的 39 条条文完善了地役权制度，规定了地役权的概念和内容、土地登记部门权责范围、抵押规则、火灾保险具体内容、地役权的消灭规则等。随后，《地上权条例》于 1994 年 9 月 21 日经《物权法修正案》一定程度上的完善，于 2007 年 11 月 23 日更名为《地上建筑权法》。根据《地上建筑权法》，所谓地面建筑权是指以土地表面、上空及附属所有物为客体使用他人土地和空间的权利。

（3）日本

与法国和德国相比，日本采用地上权区分模式，分别规定了一般地上权和单行条文。20 世纪 50 年代末 60 年代初，现代城市的土地问题开始在日本各大城市逐渐显现，城市的土地利用方式开始从原来的平面利用向立体利用转变，空间权的立法问题被提上了议事日程。1966 年，日本立法界对民法典进行了局部修改，修改了“附加”方式，将空间权条款附加到“地上权”一章的最后一项条款后，成为最后一项条款的一部分。在这种情况下，可以通过设定行为限制土地使用来行使地上权。“二战”前后，由于日本对西方法系学习方向的转向，日本的这一规定更加详细和准确，因此并不像德国那样将空间地役权包容为普通地役权之一，而是在普通地役权之外单独专门规定了地下空间地役权。也就是说，除传统的普通地面权外，还有称为空间地面权的特别地面权。为配合空间地面权的实施，日本《不动产登记法》第 111 条对空间地面权的登记作出了特别规定。也就是说，在申请空间地面权登记时，除了设立目的、存续期间、地租和支付时间外，还必须登记地面地下空间的确切范围。

3. 国外立体空间开发利用相关权利制度综述

英美法系国家的立法一般不会否定土地所有权的绝对化，而是通过系统的成文法，在整个空间范围内明确土地所有权的局限性，从而保证建立相对独立的地面空间所有权。相反，大陆法系国家则直接明确土地所有者从表面自上而下对立体空间拥有所有权，另外将与地表以外所关联的空间使用权规定为特别物权，以保证空间的划分利用。由于历史、经济、政治等因素，两大法系对空间权的立法存在一定差异，但当今世界城市化进程加快，土地资源日益紧张，城市开发建设出现立体化趋势，对空间权的规范逐渐趋同。例如，日本在 2001 年新颁布的立法案《大深度地下公共使用特别措施法》中完善了空间权制度，规定私有土地所有权范围为法律及相应规范所指定的有限空间，国家是剩余空间的权利享有者。该法案为日本合理开发大规模地下空间、调整相关机构的职能、发展公共事业提供了强有力的保障，同时对于我们也是一种启发。

(二) 中国立体空间开发利用相关法律制度概述

1. 国土空间法律体系

中国初步形成了以法律、行政法规为核心，较为完善的部门规章和规范性文件为补充的国土空间法律法规体系。《民法典》《土地管理法》等基本法明确了城市土地归国家所有，初步确立了土地所有权和使用权的分离理论，为空间权的设立奠定了法律基础。《民法典》第 345 条："建设用地使用权可以在土地的地表、地上或者地下分别设立。"通过建设用地使用权的分层设计，初步指引了空间资源分层开发利用的基础方向。也就是说，个人主体可以通过分层获得分层建设用地使用权。与大多数英美法系国家不同，我国法律中的空间不是一个整体标的物，而是在法律规范中把土地的权利分别定义为建设用地使用权（地上）和建设用地使用权（地下）。我国行政法规文本中没有提到地下空间，但在《国务院办公厅关于印发体育强国建设纲要的通知》《国务院关于推进国家级经济技术开发区创新提升打造改革开放新高地的意见》等规范性文件中都专门提到了地下空间开发相关问题。初步确定了我国地下空间开发利用管理的原则，明确了地下空间建设的先行程序，规范了地下空间的工程管理。对于空间管理的规范，我国大多数地方已通过设立地方性法律制度的方式确定了相关开发利用规则，如上海、天津、长春等城市颁布了地方性法规，深圳、南京、广州等 16 个城市颁布了地方政府规章，成都、洛阳、长沙等 28 个城市颁布了地方规范性文件，这些地方性规范文件有助于规范城市地下空间开发管理。在大量的城市建设实践里，建设用地"分层"的建立逐渐进入了土地管理的新阶段。目前，我国许多地方规范性文件在立体空间建设用地使用权设立程序过程中主要采取的方式是先实现权利，然后以书面形式正式转让权利，主要就地下建设用地使用权的使用年限、出让金以及程序进行规定。就使用年限而言，为了保持法律的适用性，参照现有土地使用权期限和合法使用规定，不得超过相同用途的土地使用权期限。就土地出让金而言，地下建设用地使用权有偿出让的土地出让金标准，将对应地上基准土地价格作为重要参照，并在相关部门考察后进行一定比例的折算，最终确认实际价格。就出让程序而言，通过划拨方式取得地下建设用地使用权的，法律法规要求载明项目和要求，并通过招标、拍卖、挂牌等方式取得地下建设用地使用权，并不得违反城市的总体规划。

2. 国内空间开发利用制度状况

(1)上海

上海是改革开放以来中国发展最为迅速的城市,经济的高速蓬勃发展给空间的利用带来了巨大的需求。因此,《上海市城市地下空间建设用地审批和房地产登记试行规定》于 2006 年 7 月颁布。这是我国第一个关于地下空间建设用地批准和所有权的规定。同时,上海市人民政府建立了地下空间管理联席会议制度。联席会议负责建立和完善地下空间安全使用管理机制,研究、协调和推进地下空间安全使用管理。联席会议室设在民防办公室,具体负责地下空间管理。上海市民防办公室是上海市地下空间安全使用和管理的综合协调部门,负责建设、交通、公安、消防、水务、规划、国土资源、卫生、环境保护、安全监督、房屋管理、交通港、质量技术监督等部门安全设施的监督管理。

10 多年来,上海通过多次完善相关立法,在 2021 年 1 月 1 日开始施行《上海市地下空间规划建设条例》,确立地下空间开发应遵循统筹规划、综合开发、合理利用、保护安全环境、公共利益优先、地下与地面协调一致的原则。条例还规定市规划资源行政主管部门应当编制本市地下空间总体规划,作为特别规划纳入城市总体规划,并向社会公布。地下空间总体规划的内容应包括地下空间开发战略、总体布局、重点建设范围、垂直层次划分、不同层次的适当建设项目、同一层次其他建设项目的优先顺序、发展阶段、发展目标和保护措施。城市分区规划、郊区总体规划和新城总体规划应当包括地下空间规划的内容,并符合立体空间总体规划。不仅在空间层面细化了发展阶段和顺序,还提出了适应新型城镇化发展的战略方向。

总体来说,条例加强了整体领导,充分发挥了各职能部门的专业优势,融合了现有的地面建筑物管理体制和功能,具有很强的操作性。结合中央发展新农村建设的政策和新型城市化的发展趋势,具体问题进行具体分析,可以说为各地相关的立法提供了很好的研究对象。

(2)成都

成都在制定关于开发和利用地面地下空间的法律规范的过程中也带来

了新的亮点和活力。2022 年 6 月 1 日实施了《成都市地下空间开发利用管理条例》，条例确定地下空间的开发利用管理应遵循规划引领、公共优先、分层利用、共享互联、安全可控、绿色环保的基本原则。将专门的建筑学学科理论引入空间的分类中，分为单式地下空间和结干式地下空间。单式地下空间是指独立开发建设的地下空间。结干式地下空间是指与地表建筑物一起开发建设的地下空间。根据权力和责任的统一原则，进一步细化部门间协调机制，条例要求市、区（市）、县人民政府建立综合协调机制，解决地下空间开发利用的综合问题，协调督促有关部门依法履行监督管理职责。住建主管部门承担地下空间开发利用的综合协调责任，负责地下空间建设监督管理工作，规划和自然资源主管部门负责地下空间的资源调查、规划、土地管理和不动产登记，人民防空部门负责地下空间人防工程的监督管理工作。公安、环境资源、城市管理、交通运输、文物、应急管理等部门根据各自的职责做好相关工作。

同时，条例精神也更加重视经济发展水平，市人民政府根据城市发展的需要，制定了与地下空间有关的土地使用权转让政策和激励措施，鼓励空间的开发和利用，尤其鼓励社会资本依法参与空间的开发和利用。条例指出，凡在工业、商业、旅游、娱乐等经营项目中使用的或在同一土地上有两个以上意向用地的，应采取招标、拍卖、上市等公开招标方式转让地下空间建设用地使用权。符合有关标准的，可以依法采用协商方式转让。积极鼓励地下空间整体沿线开发，进一步探索和开拓以公共交通为中心带动经济发展模式（TOD）综合开发的实践模式。从单一网格周边商业开发向多元混合的功能开发转变，加快政府主导、社会资金积极参与的多元化投资格局。

总体来说，条例的发布与实施，本着科学立法精神，切实吸收了各地相关立法的优点，弱化了各部门之间合作的障碍，明确了权力和责任的范围，结合新时期科学的商业模式促进经济快速发展，亮点诸多。

二、我国立体空间开发利用系统面临的问题和发展方向

(一)我国立体空间开发利用系统存在的问题

1. 相关法律顶层设计不足,产权登记缺乏统一制度指导

首先,不管是已被修改的《物权法》(已废止)或新实施的《民法典》等法律及司法解释,在各地高速蓬勃发展的空间开发利用实践中没有起到良好的主导作用。《民法典》确立了建设用地分层理论,但缺乏具体的推进标准和制度。管理和规划的空间范围定义或红线的划分没有统一标准。相关规划部门在缺乏规范指导的情况下,也无法提供立体层线,同样土地管理部门也面临无法明确立体空间使用权的难题,在处理地面及地下空间开发利用时,存在着"各立门户"的尴尬处境。虽然许多省市颁布和实施了地方性法规、规章等,取得了阶段性发展,但全国范围内的这种发展程度还不够,笔者认为缺乏全国统一的法律指引是引发后续一系列问题的关键所在,比如非常规的空间产权登记这个关键问题在无统一指引的前提下会在全国范围内陷入无序和不统一,继而导致民间资本难以注入这一领域,在数据时代的今天想建立这一领域的统一数据库更是遥遥无期,导致此领域的巨大市场僵化严重影响经济发展。

另外,产权登记实践远远落后于开发利用现状。随着利用需求的膨胀,城市立体开发过程加快,立体空间数量增加,利用类型也变得复杂,立体空间登记仍未全面展开,解决这一问题的关键技术开发和利用仍处于停滞状态。针对此类问题缺乏统一的登记操作规范,对复杂结构产权登记的补充制度不足,限制了登记实践的发展。同时综合性产权范围确定方法尚不明确,致使空间交叉、复杂地块转让困难,操作性受到影响。此外,相关计划的管理归属不明确,立体空间项目审批效率下降,阻碍了立体空间的秩序性发展。

2. 相关地方性法规的缺失和不完善

随着现代化进程的逐步发展,对立体空间利用的需求与日俱增,法律固有的滞后性带来了该领域尚未完成全面统一的立法。在此背景下,各地空间开发利用的规范设计显得尤为重要,科学设计地方制度是地方政府和相关部

门的首要任务。如前所述，空间管理的规范设计虽已经在我国多数地方进行了较完善的设立，但一些地方相关规定过于笼统，实用性不强，合作壁垒高，部门间割裂，权责不清，信息不共享，数据不统一等现象普遍存在。缺乏统一的监管协调机制，监管部门涉及各种利益诉求，难以形成监管合力。同时，安全监管机制不健全，应急管理协调响应难度大。除各地人防工程由人防办管理外，其他立体空间未纳入全市应急管理体系统一考虑，灾害发生时难以高效协调应对。上述问题增加了运营监管成本，降低了监管效率，增加了立体空间权利冲突的可能性，制约了空间资源的有效开发利用。在对几个城市的规范性文件进行比较后，笔者认为，上海在这一具体问题上的立法值得各地借鉴。《上海市地下空间规划建设条例》第 5 条规定："市和区规划资源行政管理部门承担地下空间开发的综合协调职责，负责规划和用地管理。市和区建设行政管理部门负责地下空间开发的建筑活动的监督管理和地下市政基础设施建设管理的协调工作。市和区民防行政管理部门负责民防工程建设的监督管理和地下空间开发兼顾民防需要的监督管理。市和区房屋行政管理部门负责地下建筑物、构筑物的权籍管理和交易管理。其他有关行政管理部门按照各自职责，做好地下空间的相关管理工作。"该内容直接赋予了规划资源管理部门负责地下空间开发综合协调的权力。此外，其他重要任务分工明确，考虑到民防、环境、安全等重要因素。它加强了实用性，削弱了部门之间的壁垒，增进了沟通，极大地促进了立体空间的开发利用。

3. 立体空间资源没有形成统一的数据系统，管理和运营模式亟待改革

立体空间资源的珍贵性在今天似乎还没有得到足够的重视。以中国广阔的陆地表为分界线，地下空间就好比地上空间在镜子里的影像。虽然不像地上资源那么容易获得，但也绝不能忽略和轻视。随着大数据时代的到来，将数据领域与立体空间巨大而宝贵的资源相结合，是立体空间开发利用至关重要的一步。它不仅影响健全相关法律法规所参考的重要数据是否缺失，且对立体空间的宏观经济引导起着决定性的作用。目前，全国大部分城市仍没有进行全面的立体空间资源研究，导致关键数据缺失。即使在有些城市进行过立体空间的研究，也只是针对某个重要项目或领域，立体空间的全面系统

调查依然停滞不前。调查区域不能做到全面覆盖，测量准确标准不一致。另外，由于缺乏统一的牵头单位，内部缺少有效信息沟通，资源共享缺乏，对各单位数据口径的要求也不统一，造成了部分区域立体空间勘测进度缓慢，区域数据也无法全部入库，使得国家和民营资金缺乏数据参考，无法投入这一关键区域，严重影响了立体空间建设效率和协调能力，也导致了信息系统的重复搭建和资金占用，难以顺利开展数据采集、处理、分析和应用的平台建设。立体空间信息数据量大、形式多样、规格多变、分布广，数据资源共享缺失，造成地方信息来源只停留在重点项目信息要求的层次，由有关行政单位采集、保存和利用。信息内容的散乱、单一，导致了数据来源种类和信息缺失，数据范围的不全面，信息资料版权由有关机关或者机构独占经营，出现了不共享、不合作的问题。信息化工作的不健全影响到了城市立体空间的信息化、规范化和精细化水平的提升。

另外，多种人工智能关键技术应用不够，人工智能管理技术水平亟待提高。物联网、虚拟现实、建筑信息模型（BIM）、新一代人工智能、云存储、区块链等新兴科技，在城市立体空间中所应用的深度与广度都值得深挖。多传感器数据整合技术、高精度可靠传感技术、先进的智能传感器技术、自适应和拆除机器人等关键技术以及产业标准尚未推广应用，一些关键技术突破受到国外制约，科学发展观中的技术优势发挥尚不充分。

4. 立体空间开发引发的不良社会问题更加尖锐

在立体空间开发过程中，因土地边界不清、立体空间概念模糊等原因引发的土地出让金、人防工程权属、地下车库权属等纠纷，导致了许多由利益冲突引发的社会矛盾，不利于和谐社会的长远构建。如何防止这种社会矛盾的持续增加，将是立法者未来迫切需要引入的一个课题方向。同时，空间开发利用中的事故和灾害造成的人身和财产损失，使立体空间开发难度加大，如诱发地质灾害、瓦斯事故、建筑坍塌、火灾等重大突发事件，严重侵害人民生命、健康、财产等重要权利，成为影响公共安全的重要因素；此外，在立体空间的开发和利用过程中，由于保护措施不到位而导致的地下和地下水源污染、土壤污染、交通环境阻塞、噪声污染、水土流失等问题，严重违背了青山绿水是无价之宝的重要宗旨。以矿产行业为例,空间资源的开发利用带来了巨大的经济效益,促进了当地的经济发展和就业。然而,井下工人的生命、健康、安全、环保、社会保险等重要问题仍然不容忽视。这既涉及企业内部制度的推动和法律工作者的努力,也需要政府的自然资源、规划、环境、劳动等部门的共同监督和全力配合,进一步规范相关空间科学的开发利用。

(二)对我国立体空间开发利用体系发展方向的建议

1. 构建以"立体空间发展促进法"为核心的法律体系

为解决各地立体空间开发利用缺乏统一法律指导的僵局,促进立体空间开发利用法律制度与时俱进、科学发展,同时,衔接和引导各地立体空间开发利用立法进一步完善,规范统一立体空间开发利用法律制度,也最大限度地衔接《民法典》《土地管理法》等基本法律,避免重复修改。我国应加快制定"立体空间发展促进法",尽快制定一部全国统一的法律,能够引领地上及地下空间开发利用法律制度的发展,详细规范立体空间开发利用所规定的相关产权制度、规划制度、环境制度和管理制度,彻底终结我国立体空间开发利用中存在的混乱。立体空间开发利用过程中的法律对调整整个社会所面临的法律关系起着重要的作用。同时,在《不动产登记暂行条例》《环境保护法》《城乡规划法》等相关法律法规的修订中,应充分考虑立体空间的开发利用,必要时推动相关司法解释的制定。各省市要在国家统一法律法规的指导下,推动相应地方性法规、规章的修改和细化,避免违背上位法的精神,同时要注意内部相关部门的统筹安排。

对于产权登记相关问题,在不改变城市立体空间为国家所有这一基本原则的前提下,应将立体空间权利作为重要的物权加以规范,并重视与现有制度的衔接工作,完善涉及立体空间的相关权利设立、取得、登记、流转等规则,处理立体空间开发利用过程中具体空间确定的规则,积极遵循法律的期待可能性,在之前没有设立立体空间物权的区域保留其现状,对于新设立的区域纳入新的立体空间规则。

在讨论土地资源管理和城乡规划的领域时,应以立体思维对待空间的管理工作,促进土地的整体开发利用。在避免城乡规划弊端的同时,要充分考虑城乡规划的差异性。在制定立体空间规划法律制度时,要充分认识到地下空间的开发利用是为地上发展服务的,是对现有地上空间开发利用制度的重要补充。无论是能源资源、地下商业、地下交通,地下管线,都是为了地面发展的需要。这一目标明确后,要求在管理和规划过程中充分考虑立体空间的协调。

就环境保护方向而言,在生态文明建设越来越受到重视的新时期,修订后的环保法规应加强对立体空间开发利用过程中环境损害的监管,强化公众参与监督,重点关注地下水污染防治和地质环境保护。同时,在立体空间开发利用过程中,还应加强对立体空间环境破坏的监管力度,科学建立立体范围内的监管机制,构建科学的立体生态补偿制度。

2. 坚持科技创新驱动发展,建设立体空间开发利用综合信息平台

构筑军事立体工程装备创新框架,积极推进工程新型装备科技发展,着力推进工程矿产资源采选科技创新,重点推进军事工程特种装备、异形岩石隧道掘进机、千米大立井全段掘进钻机、千米钻机导向取芯钻孔装备、智能注浆设备、高压脉冲挖掘设备、隧道衬砌机安全监测设备等高新装备升级换代。同时,通过构建立体空间开发利用与工程建设科技管理体系,通过革新立体空间勘测设计理论与方式,完善先进立体空间设计施工方式与技能,提升先进立体空间设计工程现代化建设技术水平。通过完善先进立体工程组织管理体系,推动先进立体空间结构工程发展与建设科技现代化,逐步建立符合国情的先进立体工程国家标准体系。通过与多传感器信息技术融合、发展精密安全感知、先进智慧感应器、构建信息模型等先进科学技术。进一步提升先进立体空间设计工程综合管理系统的现代化建设技术水平,完成超级先进立体空间设计的全方位、全寿命动态技术管理体系。搭建采用先进专业信息技术的立体空间综合信息管理平台,进行立体空间开发建设进度信息的可视化管控,以实现集安全隐患管控、工程质量管理、人力资源管控、原物料信息管理、生产成本管控为一体的信息综合应用;构建立体空间创新发展生态,支撑综合开发管理能力跨越。

同时,借助地方政府部门的主导作用,通过空间领域信息技术、人工智能

等综合性技术，打造系统的立体空间综合信息服务。形成一个集决策、支持、管理、预警于一身的空间综合智慧治理系统，提高空间科学与动态治理水平；建设立体空间海量多源异构数据处理系统、专业技术服务系统、地方政府部门决策科学与计算可视化的辅助支撑系统、公共大数据服务平台。支持空间数据一体化展示，提供立体空间数据专项研究、审计、评估，支持一体化的多维空间研究，洞悉立体空间的每一环节；支持对自然资源、水生态和水环境问题的监控与预警；支持对地下轨道交通的决策分析，有效服务于城市地下轨道交通发展，以应对突发事件。实现立体空间数据的动态数据管理、信息更新、多维集成显示、可视化决策分析以及社会化共享业务等，为立体空间规划、建设、经营、安全与管理，提供了全方位有效的信息服务与保障。

第六章　能源资源法治综合研究

【导读】

能源和资源是人类生存、生活、发展的基础，也是国家复兴、安全的保障。能源是指能被转换为其他形式的物质或能量，如电能、热能、化学能、电力、燃气、石油、太阳能等。资源则包括了我们的环境中所有可以被人类用来维持和改善生活的元素。资源中既包括天然资源，如水、土壤、矿石、森林等，也包括人造资源，如园艺产品、建筑、城市等。能源是资源中的一部分，一个子集。在资源中，有些资源是可再生的，如森林、水资源等；但有些资源是不可再生的，如矿产资源。在能源方面也是如此，有的能源是可再生的，如太阳能、风能；有的能源是不可再生的，如石油、天然气等。能源使用常常伴随环境污染，如化石燃料的燃烧会产生温室气体。资源的开采，如矿产，也可能对环境造成较大影响，而且过度开采也可能导致资源枯竭。能源资源的枯竭可能涉及广泛的环境和生态系统的问题，能源资源的保护和开发利用涉及国家安全，还可能对人类的生存、生活、发展环境造成根本性的威胁。因此，各国政府对能源资源综合治理非常重视，均在不断探索、建立和完善能源资源综合治理制度。

本章收录了对蓝碳预防性保护路径研究、人与自然和谐共生视阈下碳达峰碳中和工作法治困境与应对、碳中和背景下保护和发展蓝碳的法治路径、全民所有自然资源损害赔偿的救济属性及构造、生态环境修复的政府责任及其规范构造、全球气候治理机制的困境及其成因与推进逻辑、碳捕获与封存技术适用风险预防原则的理论建构与路径完善等方面的论文和研究成果。供能源资源综合治理的立法、执法、司法、用法工作参考，为人类发展进步事业贡献法治智慧和力量。

碳捕获与封存技术适用风险预防原则的理论建构与路径完善*

张舟航**

摘　要：以碳捕获与碳封存为典型的新兴技术在应对气候变化上降碳功能显著，但该技术颇具不确定性。"决策于未知"成为政府规制技术风险的真实写照，如何在鼓励碳捕获与碳封存技术发展，助力"双碳"目标实现的同时，应对随之而来的风险挑战与安全诉求，既是国家必须肩负的义务，也是回应公众期待的内在要求。应运而生的风险预防原则作为应对气候变化重要举措，为技术风险规制提供了合法性与正当性基础，对碳捕获与实现碳中和目标具有重要现实意义。为此，风险预防原则在技术规制中，应当整体遵循弱风险预防理念，彰显秩序、正义和效率的多元价值诉求，实现科学理性与社会理性的平衡。在此基础上，通过多手段的综合应用、开放的风险决策结构，强化风险管理的动态调试，以预防性环境行政公益诉讼为保障，将风险预防原则融汇于碳捕获与碳封存技术风险规制中。

关键词：碳捕获与封存技术　风险预防原则　风险决策

"这是最好的时代，也是最坏的时代；这是智慧的时代，也是愚昧的时代"〔1〕。工业革命以来，随着生产力不断提高以及技术的进步，人类文明发展进程加快的同时，也不可避免地引发了大量的现代性风险，而以温室效应、全球气候变暖的此类事关全人类的环境风险则是现代性风险的典型代表。1988 年，联合国环境规划署（UN Environment Programme，UNEP）和世界气象

---

*　获 2023 年 12 月第五届国际能源资源法治论坛二等奖，该文章已被中国环境管理期刊刊用。

**　张舟航：中国政法大学民商经济法学院博士研究生。

〔1〕［英］查尔斯·狄更斯：《双城记》，宋兆霖译，国际文化出版公司 2015 年版，第 12 页。

组织（World Meteorological Organization，WMO）联合建立了联合国政府间气候变化专门委员会（Intergovernmental Panel on Climate Change，IPCC），自1990年以来，每5年发布一份评估报告，旨在通过对气候变化的潜在影响进行评估与分析，为195个成员方提供科学的、客观的数据信息。2018年10月，IPCC发布《IPCC全球升温1.5℃特别报告》，报告中指出，人类活动造成全球气温高于工业化前水平约1.0±0.2℃；2006～2015年全球平均表面温度（global mean surface temperature，GMST）比工业化前水平高出0.87±0.12℃，气温正以每10年0.2±0.1℃的速度上升。就全球气候危机而言，人们越发地意识到它早已不是单纯的“生态危机”，而是工业社会本身的一个深刻的制度性危机。对于生态危机的应对和解决，也亟须转变思维方式，从制度的底层逻辑上进行反思和解决。

一、技术应用图景：“缓解温室效应”抑或“新的风险”

造成全球气候变暖、温室效应加剧的罪魁祸首源于人类活动所产生的以二氧化碳为主的温室气体，控制和缓解该问题的关键在于有效控制大气中的二氧化碳含量。随着国际社会对气候变化的广泛关注，在此背景下，逐步从石油采集技术（ERO）应用中受有启发，将能源消耗所产生的二氧化碳进行技术封存，进而推动实现在较短时间内大量减少温室气体排放的目的。1989年，美国麻省理工学院首次发起了碳捕获与封存技术项目，标志着该技术正式在学术领域诞生。[1]碳捕获与封存，其英文全称为Carbon Capture and Storage，简称为CCS。碳捕获与封存技术是一种将二氧化碳从各类工业排放源中进行技术分离，并经过一系列捕集、压缩程序装入密封设施，再运输到特定地点，注入地下或海底进行封存，并以此实现被捕集的二氧化碳与大气长期分离的技术手段。一般而言，碳捕获与封存技术并非单一技术的指称，而是将二氧化碳进行分离、纯化、压缩、运输和封存等一系列技术的总称，被认

---

〔1〕 参见潘晓滨：《碳中和背景下碳捕获与封存技术纳入碳市场的立法经验及中国启示》，载《太平洋学报》2021年第6期，第13～24页。

为是减少二氧化碳排放最为直接且有效的方式。据 IPCC 第 5 次评估报告所言,如不采用碳捕获与封存技术,要实现 21 世纪末全球温升不超过 2℃的减排预期目标,预估整体减排成本将大幅增至 138%。因此,国际社会普遍将其认定为应对温室效应的重要技术手段和解决全球变暖、缓解生态危机的关键路径。

2015 年,包括中国在内的 178 个缔约方共同签署《巴黎协定》,提出各缔约方要实行自主决定、定期报告的"国家自主贡献"模式,呼吁采取措施来减少温室气体排放。2020 年 9 月,国家主席习近平在第七十五届联合国大会一般性辩论阶段向国际社会作出"双碳"目标的庄严承诺,力争在 2030 年之前实现碳排放量达到最高峰的目标,于 2060 年前实现碳中和。中国稳步推进"双碳"目标的同时,仍面临巨大的能源消耗需求。在我国产业结构中,囿于绿色清洁能源的普及在短时间内难以替代传统石化能源,高能耗、高污染、低附加值的产业依然占据主导地位,而这种发展模式决定了我国在未来一定时期内仍将保持较高的能源消耗水平。故而,需要相关政策与法律进一步引导、推动能源开发利用活动低碳化或向零排放转型。而降低碳排放可采取的方式除了形成碳汇市场外,推动碳捕获与封存技术成熟并实现商业化也是实现"双碳"目标的关键。综合考虑 CCS 技术在电力、工业部门的应用及其负排放潜力,研究显示预计到 2050 年,该技术可提供减排贡献为 11 亿~27 亿吨二氧化碳。[1] 从整体上看,该技术不仅能够在较短时间内降低大气中二氧化碳含量,而且也间接推动能源结构的优化升级与绿色低碳市场的发展。

但是,碳捕获与封存技术并非完美无瑕的灵丹妙药。当科学走向实践,科学不仅仅是解决问题的方案,也可能是问题产生的原因。[2] 人们在为技术能在较短时间缓解温室效应的强大功能所惊叹与欢呼的同时,也激发了对项目技术安全问题的普遍担忧与猜忌。具言之,碳捕获与封存技术风险表现为

---

〔1〕 参见张贤:《碳中和目标下中国碳捕集利用与封存技术应用前景》,载《可持续发展经济导刊》2020 第 12 期,第 22~24 页。

〔2〕 See Ulrich beck, *Risk Society: Towards a New Modernity*, London: Newbury Park, Calif. Sage Publications, 1992, p. 126.

以下特点：第一，风险源于技术本身不确定性。在运输、封存环节，技术操作不当或其他非人为因素可能导致二氧化碳突发性高浓度压缩泄漏事故，这将在短时间内向大气排放大量的二氧化碳，对生态环境与公众健康造成不可逆的风险。同时，技术的实施可能给封存的区域（地底、海底）以及范围内的生态系统带来潜在风险，如大量的二氧化碳注入地下将改变地质样态使岩层松动，有诱发地震等次生灾害的可能。第二，信息异化与知识鸿沟，导致公众理性式微。一方面，外部公众安全诉求的介入增大了项目技术被否决的概率，但技术的推广与落地不管是对于当地政府或是项目经营者而言都是利益与政绩的“双层蛋糕”，而且公众风险认知被普遍认为是非理性的，继而被排除于外；另一方面，技术所充斥的晦涩难懂的科学术语，进一步加剧公众对技术应用科学化内涵的广泛质疑。

二、逻辑起点：碳捕获与碳封存技术适用风险预防原则的原因透视

技术在人类文明演进中扮演着重要的角色，影响着人类社会生产方式与认知模式。工业社会的危险源于对科技的绝对信任，人类生产、生活都是围绕科学的脉络展开。但随着社会的发展与认识的提升，我们发现科学在危险和灾难面前常常束手无策，不但无力解决这些危险、灾难，甚至科学本身就是危险的来源。科学在人们眼中失去了毋庸置疑的确定性权威地位。科技理性已然成为范式，然而事故的频发趋势并未褪去，道德和法律正在获得也应当获得一种共享或“瓜分”理性话语的优先权，权力话语也觉察了增进理性和削减“未知”的祈愿，要求植入风险运作过程并将自身置于突出地位，它们都试图挽回渐行渐远的安稳秩序。[1]

（一）现实需要：国家任务目标增进与公众诉求

风险社会中不确定和难以预料的客观结果逐渐成为历史进程与社会发

〔1〕 参见秦天宝：《论风险预防原则在环境法中的展开——结合〈生物安全法〉的考察》，载《中国法律评论》2021年第2期，第65～79页。

展的主宰力量。以碳捕获与封存为代表的新兴技术的应用过程中,风险即使被认为是微不足道的,但也具有威胁性后果,其所具有的间接性、隐蔽性、不可逆性的特征,常常诱发难以预见、不可逆的毁灭性后果。假使仍基于严格的因果论证为前提、以“不充分的”数据而拒绝承认风险存在的实然,这将会是对工业社会惯性模式下所产生的“副作用”极大程度的忽视。因此,技术不确定性不能作为阻碍风险规制的借口,对于碳捕获与封存项目的研发与应用,即使难以准确判断,政府也应当介入予以事前控制。

科学与治理的互动是现代国家治理及沟通能力发达的重要因素。[1]传统环境治理主要依据科学确定性权威与过往经验总结,以危险防卫为主的传统模式在对待公权力的谨慎态度上值得称赞。但诸如碳捕获与封存等技术的应用对生态系统、公众的影响在时空链上呈现出不确定性与隐蔽性,如果严格要求危险确定显现才采取措施可能为时已晚。与此同时,公众面对高度不确定性的技术风险,期盼政府为其提供强有力的安全保障义务,希冀自身诉求在技术风险规制中得以充分考量。如果说工业时代公众所广泛关注的是物质资料的获得,那么,在现代性风险背景下,公众则越发仰赖安全、健康的生存环境,日益觉醒的风险意识渴望国家、政府采取积极行动来控制新兴技术风险的滋生空间。

对于新兴技术应用所引发的生态环境风险、公众健康风险,政府需转变危险防卫、事后救济的模式,加强对技术运用所导致的风险予以持续关注,预先采取规制措施以防止风险演变成实害。故此,国家保障安全的任务目标也逐渐由“末端治理”向“前端预防”迈进,由传统的危险防卫转变为事前的风险预防,成为国家所应履行的义务。

(二)学理基础:风险预防原则的发展

风险预防原则是风险社会治理的必然结果,通过建立风险评估—风险沟通—风险管理—风险救济全链条的规制方案应对不确定的环境风险,能够克服经验法则缺失的规制困境。其中,风险评估是多学科知识综合应用的系统

---

〔1〕 参见俞可平主编:《治理与善治》,社会科学文献出版社2000年版,第127~147页。

性分析过程，主要通过数据计算与模型推导得出风险的辐射范围与影响程度；风险沟通是多元主体意见交互的过程，对于不确定的环境风险，尤其需要民主价值对决策的修正；风险管理是作出风险决策并落实的阶段，在考量风险程度的基础上，结合社会经济、管理成本等因素，选择监管方案；风险救济则是在风险管理失效后的司法救济，以督促公权力机关尽职履责，制约权力的扩张与权力者牟利行为。

法律控制作为风险治理机制的主要手段，在自反性社会与科学发展的交涉影响下，传统的“危险防卫”范式在应对以不确定性、复杂性等为特征的技术风险时捉襟见肘。为避免法律对新兴技术风险规制的无力和失效，内在要求法律规范构建具有解释力的概念，而富有解释力的具体表现则在于法律原则、制度等意义上的指向性与概括性。因而，“风险预防”的内在机理逐渐被法律吸收、归纳并予以系统化表达，转变为具备规范、指引作用的法律原则。风险预防原则最早从德国空气污染控制中的“风险预防行动原则”发展而来。[1]该原则要求国家与社会预先采取相应措施，即使暂无证据表明人类活动确实会引发不可逆风险。1982年，在联合国《世界自然宪章》中，风险预防原则首次出现在国际条约中。此后，《里约宣言》将风险预防原则界定为了进行环境保护，各国应当依照本国的实际能力普遍地采取预防措施，不能因为缺乏充分的科学依据从而推迟采取措施防止环境问题的产生，从而造成严重或者不可挽回的后果。[2]

（三）立法梳理：环境治理的必然趋势

在中国的立法规范中，风险预防原则已然有所体现。《环境保护法》第5条规定了环境治理“预防为主”的原则，蕴含了风险预防的精神内核；第39条规定了健全环境与健康监测、调查与评估，在环境健康领域确立了风险管理制度；第47条规定了政府部门的风险控制职责，并进一步细化了环境影响评

---

〔1〕 See Scott La Franchi, *Surveying the Precautionary Principle's Ongoing Global Development: The Evolution of an Emergent Environmental Management Tool*, Envtl. Aff. L, Vol. 31, p. 679 – 720.

〔2〕 参见彭峰：《环境法中“风险预防”原则之再探讨》，载《北京理工大学学报（社会科学版）》2012年第2期。

价、监测预警、生态红线等制度。《环境保护法》作为生态环境保护领域的基本法，在规范内容上已经体现了我国生态环境治理从损害后果控制到环境风险预防的制度转向。《防沙治沙法》《水污染防治法》明确了预防为主、防治结合的原则，《大气污染防治法》所体现的源头治理理念也是风险预防原则的立法体现。从资源与能源法的角度，《土壤污染防治法》明确规定了预防为主、风险管控的原则，设专章对土壤污染全过程风险管理进行规定；《生物安全法》规定了“生物安全风险防控体制”。可以说，在当前的立法规范中，风险预防原则已经具备了充分的立法基础，这也是环境问题日益复杂化、不确定性日趋突出的必然要求。

由于碳捕获与碳封存技术可能产生的风险，对其加以规制有所必要。明确其规制依据的前提是对二氧化碳的性质进行明确。二氧化碳本身不会产生风险，但经过封存，二氧化碳会带有明显酸性，从表面特征来看，其既可以被理解为工业产品，也可以将其解读成大气污染物，不同的性质界定对应不同的规范依据。如将封存后的二氧化碳定性为工业产品，则其应适用油气相关法律法规；如将封存后的二氧化碳定义为大气污染物，则其属于环境法律法规调整的范围。鉴于《大气污染物综合排放标准》《大气污染防治法》均未将二氧化碳列为污染物，封存后的二氧化碳宜定性为工业产品，但由于其可能产生的环境风险，在制度设计中也要体现风险预防的内容。

（四）规范考察：CCS 技术监管的制度需求

经济增长、环境保护带来的二氧化碳减排压力，促使国家从制度层面做出回应。目前，我国碳捕获与碳封存技术还处于初期阶段，但已经将该技术纳入《中国应对气候变化科技专项行动》、《国家“十二五”科学和技术发展规划》（已失效）、《国家应对气候变化规划》（2014 ~ 2020 年）。由于我国碳捕获与封存的专门法律规定不完善、相关规范松散，我国针对碳捕获与封存的法律框架与政策体系都尚未成型。碳捕获与封存包括捕获、运输和封存 3 个环节，各个环节均可能产生不同类型的风险：在碳捕获阶段，对气体的高浓度压缩潜藏着安全生产事故的风险；在运输环节可能产生气体大量释放危及人体健康与生态环境安全的风险；在封存阶段可能产生强压引发地质结构变化破坏地下层生态的风险。对于上述风险,立法仅从项目运营的“环保准入门槛”予以回应,缺乏碳捕获与封存风险监管的规范。

与碳捕获与封存技术相关的政策文件主要包括国务院发布的《“十二五”控制温室气体排放工作方案》(以下简称《工作方案》)、国家发展和改革委员会发布的《关于加强碳捕集、利用和封存试验示范项目环境保护工作的通知》(以下简称《通知》)以及由原环境保护部办公厅发布的《二氧化碳捕集、利用与封存环境风险评估技术指南(试行)》(以下简称《技术指南》)。《工作方案》指明了碳捕获与封存的发展方向;《通知》从工作落实的角度对碳捕获与封存技术的工作组织与要求进行了规定;《技术指南》明确了二氧化碳捕获与封存环境风险评估的流程与应急措施。可以说,既有政策文件对碳捕获与封存风险管理的工作流程进行了明确的规定,已经体现了风险预防在实际工作中的应用需求。但是由于上述文件的规范层级较低、对风险后果的救济缺失、对风险管理的职权分配不明,导致碳捕获与封存风险预防的实践效果不佳。且碳捕获与封存的风险一旦产生,就会演化成为公共环境风险,多元共治是实现碳捕获与封存风险管理的必然需求,有必要在制度设计中予以确认。

三、法理要求:碳捕获与封存技术中风险预防原则的适用指引

碳捕获与封存技术适用风险预防原则,不但为技术风险管理提供客观事实评估与价值判断,而且是风险决策者采取措施的正当性、合法性来源。使进一步明确碳捕获与封存技术规制所遵循的风险预防类型、价值追求以及平衡要点成为采取风险规制措施的前提与基础。

(一)整体遵循:弱风险预防理念的引入

对风险预防原则的适用主要有“强”“弱”两种版本之分,即强风险预防原则与弱风险预防原则。强风险预防原则指当某项活动对人类健康或环境造成危害威胁时,即使某些因果关系在科学上尚未完全建立,也应采取预防措施。[1]弱

---

[1] See Noah M. Sachs, *Rescuing the Strong Precautionary Principle from Its Critics*, U. Ill. L. Vol 1296:1, p. 389-394 (2011).

风险预防原则，是指在开展一项行动之前，必须提供充足的确定性证明，综合考量成本收益、社会、政治和经济等因素，以证明在采取必要措施后可防止危害的产生或扩大。[1]“强”“弱”两种风险预防原则的划分均旨在应对风险的不可逆性与紧迫性，但二者在适用策略上存在差异。强风险预防原则将风险范围扩张至大多数的威胁，成本收益分析并不是采取预防措施的前提条件，只要具有严重或不可逆的风险就必须采取风险预防措施。而弱风险预防原则要求预防措施应当与风险程度相当，应当从社会可接受程度出发，采取适当的预防措施。因风险预防原则转变了决策与科学间的关系，故风险预防原则适用强度应根据技术风险规制需求进行类型匹配。

风险预防原则的引入使决策与科学间的关系发生转变，为技术风险规制勾勒出相当广阔的适用空间，因而精确的风险预防原则类型是必要的。就强风险预防原则而言，在碳捕获与封存技术规制中欠缺理性。首先，强风险预防原则的非理性表现为不计成本的风险管控。依照强风险预防逻辑，任何拥有不可忽视的损害风险的行为都是严令禁止的，且不管预防措施所耗费的代价是几何。其次，强风险预防原则容易导致“权力肆意”。在强风险预防理念脉络下，公权力获得了比以往更为宽泛的自由裁量空间，通过扩权实现治理，权力的边界被模糊，进而为公权力介入公民、企业的基本权利提供了正当化借口。这将造成十分严重的后果，整体秩序的维持将以牺牲公民、企业正当权利为代价。质言之，国家强预防行为的不断扩张裹挟着私人权利与自由，容易造成对碳捕获与封存企业基本权利的“合法性侵害”。

从弱风险预防原则与碳捕获与封存技术风险规制来看，弱预防性原则要求决策制定者就可接受的人类引起的环境损害的类型和数量进行分析与讨论，弱风险预防原则保留了对剩余风险的合理容忍限度。应用弱风险预防原则所附带的法律程序使谨慎决策得以制度化和程序化，即当有足够的证据表明碳捕获与封存技术可能对环境造成不可接受的损害之虞时，采取成本效益

---

〔1〕 参见朱炳成：《环境健康风险预防原则的理论建构与制度展开》，载《暨南学报（哲学社会科学版）》2019 年第 11 期。

原则、比例原则、最大最小值原则等可操作性和可接受性的举措。碳捕获与封存技术的风险问题包括风险存在和风险范围的科学不确定性、人类可预期的风险程度以及政府的反应能力及其适用成本。在制定有效的技术风险管控政策上,弱风险预防原则足以提供满足该技术风险控制的决策框架。由此观之,弱风险预防原则理念在碳捕获和碳封存技术中具有应用的适配性。许多如碳捕获与封存项目的新兴技术行业是风险与机遇并存,如果只是单纯为了预防风险而施加严格限制,其后果可能是人类因此而丧失更大的发展与受益机会。基于现阶段我国的碳减排压力以及经济发展水平,在技术上施行强风险预防原则存在较大困难。就此而言,在弱风险预防原则指导下,不仅要求政府积极规制技术风险,而且要求规制成本花费处于政府、企业可接受范围内。同时,更加侧重社会可接受的风险程度,通过反复回溯、修正风险评估程序并审查现有的预防举措,使以弱风险预防理念为遵循更为契合现阶段碳捕获与封存技术的适用需求。

(二)价值旨归:秩序、正义和效率的多元诉求

价值作为一种潜移默化的理念指引,是流淌于法治静脉中的血液。[1]碳捕获与封存技术适用风险预防原则的价值遵循,源于应然与实然、理想与现实间的碰撞与对立。风险预防嵌入、归化以碳捕获与封存为典型的新兴技术,是人类法律价值观的理想与追求。技术风险的复杂性、多重性,决定了风险预防原则的适用不可能只具有单一的价值追求,主要表现为秩序价值、正义价值和效率价值。

秩序与正义为碳捕获与封存技术适用风险预防原则所需遵循的核心价值。秩序根植于自然界和人类社会的内部结构中,是在自然进程和社会进程中存在着的某种程度的一致性、连续性和确定性。[2]法律是预防并矫正无序状态的最为重要的手段,以风险预防原则的嵌入实现技术规制的秩序保障,

---

〔1〕 参见秦天宝:《整体系统观下实现碳达峰碳中和目标的法治保障》,载《法律科学(西北政法大学学报)》2022年第2期。

〔2〕 参见[美]E. 博登海默:《法理学:法哲学与法律方法》,邓正来译,中国政法大学出版社2017年版,第234页。

既是法的基本遵循,也是法所力图实现的目标。秩序之核心在于安全的实现,对安全的追求是人类本能使然,秩序价值的实现在于控制、规避技术所带来的"副作用"。碳捕获与封存技术犹如一把"双刃剑",既有降碳减排的积极的一面,也可能造成巨大危害。机遇与挑战并存的双重语境下,技术应用的理想与现实之间容易异化,造成"人类社会"与"自然社会"的对立冲突。秩序价值的追求,致力于剔除技术应用中不利于自然环境与人类文明相和谐的因素,最终目标在于实现"自然社会"与"人类社会"之间的有序样态。正义价值是秩序价值的延伸。一个社会秩序是合乎正义的,意味着这种秩序把人们的行为调整得使所有人都感到满意。〔1〕现实中,诸多打着"最先进的技术"的旗号并号称可以运用该技术来解决环境问题的大型项目难以落地。究其原因,在于这些被专业权威所裹挟的科技在实践中难获公众理解与认同,政府与公众二者间存在难以调和的紧张张力。因而,在正义价值导向下,公众有权要求自身免受技术风险的危害并进行利益表达;有权要求政府进行信息公开与交流;有权监督政府采取风险预防措施的原因并要求予以详细说明。

效率价值是碳捕获与封存技术适用风险预防原则的重要价值。风险预防原则作为调整技术风险的规范建构,理应贯彻效率价值,在保障公众健康、保护生态环境的同时,为技术的健康发展提供制度支持。技术规制适用风险预防原则体现效率的一个重要方面,在于推动成本最小化的同时实现效益的最大化。一方面,技术风险导致的碳泄漏事故对生态系统、公众健康将造成不可逆的损害后果,事后救济需投入大量的人力、物力及财力,修复之效果也不尽如人意。实践表明,这种末端救济是一种不经济、耗费巨大的行为。另一方面,过于严苛的管控措施可能会阻碍新兴技术的投入与研发,技术研发与生产力进步密切相关,成为推动国家经济发展、产业优化整合的关键动因。因而,效率价值导向下,在充分考量公众健康与环境诉求的前提下,将生态风险、环境风险及社会风险控制在可接受的范围内,最大限度实现技术在降碳

〔1〕 参见[奥]凯尔森:《法与国家的一般理论》,沈宗灵译,商务印书馆2013年版,第33页。

减排功能上的发挥，推动碳捕获与封存技术的可持续发展。

总之，在碳捕获与封存技术风险规制中，保障公众健康、维护生态环境更倾向于实现秩序价值与正义价值，是风险预防原则嵌入技术规制的核心所在；推动碳捕获与封存技术可持续发展更倾向效率价值的实现，是推动技术进步、社会前进的基石。秩序价值、正义价值与效率价值的互动，是一种调配适当、协调有序的理想样态，三者共同致力于实现技术风险规制与发展相平衡，助推“双碳”目标的达成。

（三）要点判断：科学理性与社会理性的平衡

科学理性坚持工具主义的风险认知范式，试图透过概率和逻辑两个工具来诠释技术风险，认为碳捕获与封存技术可能产生的风险都能得到解释与控制。〔1〕其所给予人们的是准确性、精确性要求，在高度复杂性和高度不确定性条件下，这种要求是无法实现的，而且也必然会造成各种各样的误导。〔2〕质言之，科学理性秉承“社会需求”导向，强调技术与人类利益紧密结合的价值依归，在对碳捕获与封存技术的财富、优势等的描绘中，试图建构起“技术乐观主义”的话语体系。〔3〕技术乐观主义认为生态危机显现是科学的产物，随着科学技术的更新换代，生态危机也可以通过科学技术来化解。但现实确实，当前科学水平的局限性在客观上限制了作为有效实现“双碳”目标的碳捕获与封存技术在经验法则适用上的判断，在科学不确定上存在“先天不足”。技术所蕴含的高度科学性，并不意味着完全以科学来代替风险决策与管理，而应当是以科学为技术的实施提供可行性指导。但面对高度不确定性技术本身，风险规制者却格外仰赖科学理性的权威，寄希望于科学范式的引入，进而免除向公众解释、说明项目运行是否安全的义务。尽管风险预防原则嵌入碳捕获与封存技术的最终形态是基于规范的技术步骤和客观的数值等方式呈现，但其实质仍是围绕事实、价值衡量而形成的主客观相统一的结果，即技

---

〔1〕　参见王超、李奇伟：《“黄金大米”：风险时代技术理性的失范与规约》，载《华南农业大学学报（社会科学版）》2014 年第 2 期。

〔2〕　参见张康之：《论科学技术进步与风险社会》，载《江汉论坛》2020 年第 6 期。

〔3〕　参见毛新志：《实质等同性原则与“转基因食品”的安全性》，载《科学学研究》2004 年第 6 期。

术自身的不确定性决定了其风险预防过程需经过复杂的认识论与价值论之间的博弈。因此,环境风险的安全边界难以完全通过纯粹的科学理性来建构,为了使规制措施在风险预防中合法化与合理化,现代社会通过引入社会理性来弥合科学理性的不足,通过二者间的双向互动共同实现对风险预防措施的常态化与制度化。

社会理性是一种沿着增加共同体利益值路径,追求主体利益最大化的思维倾向与行动动力,本质上是一种关系理性。[1]风险社会背景下,公权力在面对碳捕获与封存技术所带来的安全秩序诉求和科学不确定性的两方面问题上,处于限权与控权的往返顾盼之境地,尽管保障公众安全、增进民生福祉是国家任务目标,但这并不必然推导出该目标的实现仅由公权力独占行使。囿于技术风险分配不均导致公众与政府之间缺乏信任,在围绕风险预防的环节中引入程序化的社会理性实属必要,用以调和公权力与公众间由"科学迷雾"所引发的一系列不信任关系。当然,科学理性与社会理性二者功能的发挥在风险预防中存在差异。在风险评估阶段,理应由科学理性发挥主要功能,而在风险管理与决策阶段,则应当是社会理性在科学理性的基础上与其共同助推技术风险规制之目标实现。就此而言,科学理性与社会理性在技术风险预防过程中,犹如鸟之双翼、车之双轮,一同推进风险预防目标的顺利实现。

四、路径完善:碳捕获与碳封存技术适用风险预防原则的展开

(一)限制与制约:多手段的综合运用

受时间形式约束的风险为现代社会带来了不可控的因素,这对于法律而言曾经是不可想象的。[2]虽然风险预防原则的启动不以碳捕获与封存技术风险被充分量化、证实为前提,但法律规范也绝不容忍以风险预防之名行权

〔1〕 参见杨发祥、闵兢:《社会理性视角下构建社区治理共同体何以可能?》,载《江苏行政学院学报》2021 年第 5 期。

〔2〕 参见[德]尼克拉斯·卢曼:《风险社会学》,孙一洲译,广西人民出版社 2020 年版,第 3 ~ 7 页。

力肆意之事。故而，法律规范应将其中缺乏客观事实基础、科学来源的纯粹臆测性与假设性的风险猜想剔除出技术风险预防措施的适用范畴，如果不加以甄别而尽数纳入风险预防的范畴，这将扼杀新兴科技的创新与发展。可以说，风险预防原则适用的风险是“纯粹假想的”（mere hypothese）和“完全证实”（fully demonstrated）之间的情形。[1] 由于碳捕获与封存技术风险规制任务由末端的危险防卫向事前的风险预防延伸，权力在技术风险规制中呈现扩张之局面，也面临行政权力日趋中心化所带来的严峻挑战。一方面，权力介入倘若缺乏论证将导致受此波及的公众、技术投入者无法形成稳定的预期，从而对权力介入充满敌意；另一方面，风险预防措施的过度适用将破坏科学应对生态环境危机的能力与期待。

就政府进行技术风险预防而言，政府整个说来只是一个手段，手段的适当性必须依赖于它的合目的性。[2] 为了使公权力的介入符合正当性与合理性的双重要求，政府应当证明其对碳捕获与封存技术风险存在的怀疑是有根据的，且此种怀疑根据是基于知识的动态积累而加以不断补充论证的。当碳捕获与封存技术应用所造成的损害类型通过当前知识的定性或定量分析得以确定，即风险转化为实害的可能造成的影响可以被确定与预估，则预防的手段只需与整体损害预期相适配，这要求预防的方式必须充分的同时，还要避免过度干预。最为关键的是针对不确定的技术风险如何进行规制。因而，行政权力介入技术风险规制的程度、时间及方式等因素均需谨慎对待。

其一，应符合“损害最小”和“确有必要”的比例原则来进行风险权衡。风险预防原则的嵌入，其根本之目的在于使人类所处的环境更为安全，免受技术风险的波及，所以对风险的权衡显得尤为重要，这也反映出整合性风险规制的基本要求。进行技术风险评估与管理时至少应比较不同风险的大小，尽可能量化分析。发挥比例原则在适当性与必要性方面对风险预防原则的补强作用，即将比例原则中蕴含的适当性、必要性与相称性 3 个层次与风险

---

〔1〕 See Elizabeth Fisher, *Risk Regulation and Administrative Constitutionalism*, Hart Publishing, 2007, p. 232 – 233.

〔2〕 参见［英］密尔：《代议制政府》，汪瑄译，商务印书馆 1982 年版，第 7 页。

预防原则相互融合适用，从而实现风险规制措施在符合法律法规的同时，更加与公平合理的内在要求相契合，以实现风险预防原则的应有之义。[1]其二，成本效益的分析。“零风险”绝非风险预防原则所尽力追求的目标，因为这不但不契合实际，而且将严重制约技术的健康发展。在风险预防领域，社会能够向各种风险投入规制的资源是极为有限的，选择关键领域予以规制具有悲剧性特征，也即所有风险都会威胁到人类安全，但由于资源的稀缺性，政府只能被迫选择部分风险进行规制。[2]一方面，大量的资源耗费于技术风险预防措施，可能导致政府在其他领域提供公共服务的能力和水平的骤降；另一方面，大规模的资金投入也将增加企业的成本负担。故此，应在科学研究与客观证据间进行成本收益的考量，在理性选择范畴内施行规制举措，而不是不计成本、代价地对潜在不确定性风险予以规制。

（二）交流与沟通：开放的风险决策结构

碳捕获与封存技术风险本身的不确定性与复杂性加剧了风险预防决策形成的困难。其一，源于现有知识体系还无法对碳捕获与封存技术可能造成的系列风险给出明确的解释；其二，也源于人们对风险这一社会建构性的概念所展现的经济、社会价值认知的差异，而这些认知背后又充斥着复杂的利益关系。面对复杂的现代风险社会结构，由政府作为唯一的风险预防决策者失之偏颇。在此种风险决策范式下，政府处于发布命令的权威地位，缺乏有效限制其行为的监督制衡机制；企业、公众则处于绝对服从地位，缺少一种向上沟通与表达的机制。在风险社会背景下，公众、企业等主体作为风险的直接承担者参与风险预防活动的诉求也越发强烈。质言之，这种参与是建立在一种开放的交流与沟通框架下，要求有效的技术风险规制必须凝聚政府和社会的力量，让碳捕获与封存技术企业、公众都能够真正了解自身的风险角色，并在风险预防活动中做出自身的努力。

一个高度复杂的社会的整合，是无法以系统家长注意的方式，也就是绕

---

〔1〕 参见曾哲、雷雨薇：《比例原则的法律适用评析与重塑》，载《湖南社会科学》2018 年第 2 期。

〔2〕 参见［美］盖多·卡拉布雷西、菲利普·伯比特：《悲剧性选择：对稀缺资源进行悲剧性分配时社会所遭遇到的冲突》，徐品飞等译，北京大学出版社 2005 年版，第 4～11 页。

开公众的交往权力而实现的。[1]面对科学上的不确定性，开放透明的信息沟通将有助于社会公众加强对科技的理解和判断。[2]公众不再满足于“发布—接受”被动式的告知模式，而是以一种更为积极主动的方式去获取有关的技术风险信息。信息在技术风险决策中至关重要，是碳捕获与封存技术风险所涉利益主体形成各自的理性认知，并进行互动、沟通并最终达成共识的前提。为了凝聚风险共识，需要对碳捕获与封存技术风险的相关信息公开提出更高的标准：首先，除了强化政府、碳捕获与封存企业作为信息公开的义务主体外，专家也需承担信息公开的义务，对该技术领域的前沿问题与知识进行公开。一方面，专家承担着向规制机关供给专业知识的责任，担当政府奉行决策的“智囊”；另一方面，专家也承担着向公众进行关于风险知识性输入的责任，很多情形下，专家是引导公众知悉、了解风险知识的启蒙者。[3]其次，公开的风险信息应当是真实有效的，且公众针对风险预防措施的质疑可以得到有效回应。风险信息的公开为风险沟通建立良好的基础，但信息公开并不等于风险的沟通，沟通强调双向交流而非单向度的信息传递。最后，将风险预防原则嵌入碳捕获与封存技术风险管理与决策之中，就意味着对风险预防原则的适用并非只是在政策条例与法律规范中的简单添加，而是对整个决策机制与过程进行相应的调适与改造，此种改造可以体现在将以风险预防原则为基础的商谈融入不同环节的碳捕获与封存技术风险规制之中。而此种商谈应包含公共与私人两个维度，需要风险决策的各方参与者在共同追求达成理解的目标下受到平等原则的约束。

事关风险的沟通过程应是公众表达自身意见的互动过程，通过公众意见的引入弥合政府在技术风险规制上的弊端，也更能彰显风险预防决策的合理性与合法性。在碳捕获与封存项目上，除以法律规制为核心，还需引入经济、

---

〔1〕 参见[德]哈贝马斯：《在事实与规范之间：关于法律和民主法治国的商谈理论》，童世骏译，生活·读书·新知三联书店2014年版，第437页。

〔2〕 参见戚建刚：《食品危害的多重属性与风险评估制度的重构》，载《当代法学》2012年第2期。

〔3〕 参见李永林：《环境风险的合作规制——行政法视角的分析》，中国政法大学出版社2014年版，第212页。

社会的双重约束。总之,在碳捕获与碳封存技术风险预防活动中,决策信息的沟通情况,将直接影响公众能否对风险决策的客观事实形成理性、准确的认知。将国民、地区居民置于环境风险管理的伙伴位置,基于共享信息对话,对风险管理的应有状态形成意见。[1]不然,公众对技术风险的认知或是因为难以理解而置若罔闻,或是因为被误解而惶恐不安,在信息化高度发达的今天容易被误导形成群体性事件,如邻避运动的形成。

(三)整合与调整:风险管理的动态调适

受限于特定时空维度下人类所掌握的知识总是有限的,技术风险所引发的"风险决策于未知",实质是基于有限的知识内无法回应紧迫现实需要的问题。科技风险预防决策最核心的问题是知识,风险问题的根本解决也要求设计有效机制促使各方持续深入研究,通过知识的增进来缩小不确定范围并增加共识。[2]换言之,真正能够应对这种不确定性的,最终只能通过不断的理论研究与经验总结,将"未知"转换为相对确定的"已知"状态。因而,风险预防管理应是一个动态整合与调整的过程,需要知识的不断累积与补充。

碳捕获与碳封存技术适用风险预防是一个反思性、开放性的动态过程,针对具有科学不确定性的技术风险而言,风险决策者所采取的预防措施都具有"自反性"与"暂时性",只是针对当下情况所做的努力。因此,需强化风险预防决策者的持续学习能力,重视风险的后续动态调适。风险规制决策,作为动态调整过程,本身可以持续很长时间,反复进行很多次,直到人类掌握的知识或信息足以将这类决策问题从相对不确定状态转化为相对确定的状态。[3]受制于知识的有限性难以应对风险的不确定性与变动性,所以,在动态风险管理视角下,规制者应在充分衡量现有知识背景下,为应对紧迫的风险作出预防措施的同时,还需不断引入新知识、新信息,继而在后续调整过程

[1] 参见[日]黑川哲志:《环境行政的法理与方法》,肖军译,中国法制出版社2008年版,第80页。

[2] 参见赵鹏:《政府对科技风险的预防职责及决策规范——以对农业转基因生物技术的规制为例》,载《当代法学》2014年第6期,第22~31页。

[3] 参见金自宁:《科技不确定性与风险预防原则的制度化》,载《中外法学》2022年第2期,第504~520页。

中降低技术风险的不确定性。实质上,规制者在技术风险预防中应重视"调整旧决策"与"适应新趋势"两个维度,即要求规制者不仅要适应新的发展趋势并整合优化旧有的风险预防措施,而且规制者还须避免"毕其功于一役"的决策倾向。因为,初次风险预防措施的采用只是整个风险预防过程的开端,是面对紧迫的风险在知识困局下的妥协。面对风险不确定性与调适的可能性,任何决策都是暂时的,为此风险预防原则要求决策者不能固守原有知识而形成的预测结论,而应当采取措施降低不确定性,从而为最终决策创造条件。[1]在这方面美国与欧盟已初步建立碳捕获与封存技术的风险持续管理框架。美国国会分别于2010年和2011年签署的《安全碳储存技术行动条例》与《二氧化碳地质封存井的地下灌注控制计划的联邦要求:最终条例》中规定,联邦政府应强化技术风险管理,并要求运营主体提交持续风险监测计划书。欧盟于2009年通过碳捕获与封存技术指令,指令为了有效地管控技术风险,强调监管机构必须进行不定期检查,要求运营主体针对碳捕获与封存项目的运营和关闭制订相应的计划书。[2]目前,我国环境影响评价制度已初步建立持续、动态的跟踪评价机制,作为现代环境治理从事后救济迈向事前风险预防的重要制度工具,未来可以推动环境影响评价与风险预防的制度性衔接,为碳捕获与封存技术行业的发展提供制度性保障。

当然,基于当前知识所作出的风险预防措施理应为之后的整合与调整预留施展空间。假设在初次风险预防中就要求政府、企业大规模投入资源,所导致的后果可能是经过后续知识沉淀所形成的更优风险预防举措可能因为资金等方面的不足而夭折。因此,规制者需综合考虑,选择更符合当前紧迫性风险规制要求的,但又能在接下来的调适过程中灵活变通的碳捕获与封存技术的风险预防措施,这也符合弱风险预防理念下成本效益的理性选择。

(四)保障与救济:预防性环境行政公益诉讼

因为碳捕获与封存技术存在的高度不确定性,由政府承担主要的风险预

---

〔1〕 See Holly Doremus, *Science Plays Defense: Natural Resource Management in the Bush Administration*, Ecology Law Quarterly, Vol. 32:2, p. 249 – 306 (2005).

〔2〕 参见魏圣香、王慧:《欧盟的碳捕获与封存立法及其启示》,载《江苏大学学报(社会科学版)》2014年第2期。

防措施责任是应有之义。但当行政机关的风险决策不恰当,或是风险决策严重滞后,而无法快速回应急切的风险应对要求时,需要相对应的制度来予以匡正。鉴于此,检察机关可以提起预防性环境行政公益诉讼。其逻辑脉络是基于检察机关对行政机关风险行政的监督,弥补风险行政中的监管漏洞,督促行政机关针对此类风险构建快速反应机制,将审查与监督范围拓展至风险行政过程中,持续监督、预防技术应用可能带来的环境风险。从功能维度视之,预防性环境行政公益诉讼不仅能防止因风险行政而导致的权力无序扩张,而且也能实现技术风险事前预防的要求。

首先,在注重诉前程序的功能发挥上。诉前程序在行政公益诉讼中具有重要和独特的价值。一方面,预防性环境行政公益诉讼的启动是存在技术可能造成环境风险的情形。由于环境风险的紧迫性,检察机关所提出的检察建议应更具有灵活性。在一般的行政公益诉讼案件中,检察建议期限通常为 2 个月,对于紧迫的事项则压缩至 15 天。但这对于严峻且紧迫的技术风险规制而言,在时间限度上可能过长,应当进一步细化检察建议的时间限制,按照应急响应的时间需要,可以要求行政机关于 24 小时内尽快回复或采取应急处置措施。另一方面,积极发挥诉前磋商机制。为了与预防性环境行政公益诉讼启动时风险尚未发生或是实害结果还未显现的前提相适应,需要在针对碳捕获与封存技术相关案件立案后引入磋商程序,通过磋商的时间灵活性,以及充分尊重和监督政府风险行政的前提立场,尽快明确风险规制主体、期限等。

其次,在责任认定上。由于碳捕获与封存技术集风险不确定性与高度科学化于一身,在预防性环境行政公益诉讼中,对行政机关是否"依法履行职责"的判断应采是否"穷尽行政手段"的行为标准而非结果标准,只要行政机关穷尽了行政命令、行政处罚、行政强制等法律赋予的各种行政手段,即使未能有效制止环境违法行为或有效消除环境风险,也不应认为"行政机关不依法履行职责"。[1] 质言之,针对碳捕获与封存技术所提起的预防性环境行政

〔1〕 参见吴凯杰:《论预防性检察环境公益诉讼的性质定位》,载《中国地质大学学报(社会科学版)》2021 年第 1 期。

公益诉讼,对风险行政行为的审查理应贯彻过程性审查的标准,即不仅要审查行政行为的程序性措施的应用,更应当深入审查风险行政行为做出的决策过程是否充分。

最后,在责任形式适用上。当行政机关做出的行为、不作为可能造成不可逆的风险时,检察机关可向法院申请或者依法定职权裁定采取保全措施,而其中比较典型的就是环境保护禁制令。为了有效防范环境风险,当检察机关履行证明责任之后,对于行政机关可能造成不可逆环境风险的行为,检察机关有权向法院申请禁止令,法院也可以依职权自行颁发禁止令。[1]在碳捕获与封存所导致的环境风险即将发生或处于紧急情况下,若以一般的步骤,先发出检察建议,而后提起诉讼,显然早已失去应对技术风险的时间优势。另外,还应建立预防性措施的后期追踪评估机制、调整或恢复执行的动态机制,在诉讼过程中一旦发生情势变化,如新的科学证据出现,经风险评估,环境损害的风险降低,采取预防措施的必要性、紧迫性已不复存在之时,则应当允许被告行政机关申请或者法院主动裁定恢复、部分恢复或者调整行政行为的实施。[2]

---

〔1〕 参见张百灵:《预防性环境行政公益诉讼的理论基础与制度展开》,载《行政法学研究》2021年第6期。

〔2〕 参见吴良志:《论预防性环境行政公益诉讼的制度确立与规则建构》,载《江汉学术》2021年第1期。

刍议全民所有自然资源损害赔偿的救济属性及构造*

叶　铁　郑枫静**

摘　要：全民所有自然资源损害赔偿迥异于生态环境损害赔偿。但司法实践中，存在对自然资源财产价值相对独立性的漠视，试图通过生态环境损害赔偿诉讼实现对自然资源财产性价值的救济，引致自然资源财产性价值与救济途径间的固有张力难以消弭。为提升对全民所有自然资源的救济效果，宜将全民所有自然资源损害赔偿诉讼与生态环境损害赔偿诉讼剥离，独立成一类新型诉讼，明确其私益救济的属性。本文尝试论证全民所有自然资源损害赔偿诉讼独立于生态环境损害赔偿诉讼的必要性及可行性，并遵循自然资源资产委托代理的逻辑进路，初步探讨自然资源损害赔偿诉讼之适格原告、救济范围及其与现有诉讼制度衔接等问题。

关键词：全民所有　自然资源　损害赔偿　救济程序建构

国家对自然资源财产价值享有所有权，同时对自然资源生态环境价值拥有管理权。〔1〕当自然资源受到损害时，国家实际上是可同时针对受损的财产价值和生态环境价值进行救济。〔2〕但《生态环境损害赔偿管理规定》（以下简称《管理规定》）等在周延保护自然资源中，暴露出明显制度供给缺位和错

---

* 原发表期刊：《干旱区资源与环境》2024 年第 3 期。

获 2023 年 12 月第五届国际能源资源法治论坛三等奖。

基金项目：国家社会科学基金重大项目（21ZDA091）；云南省哲学社会科学规划教育学重点项目（BA22001）。

** 叶铁：云南财经大学法政学院副教授；郑枫静：云南财经大学法政学院硕士研究生。

〔1〕　参见刘卫先：《自然资源权体系及实施机制研究——基于生态整体主义视角》，法律出版社 2016 年版，第 232～233 页。

〔2〕　参见竺效、梁晓敏：《论检察机关在涉海“公益维护”诉讼中的主体地位》，载《浙江工商大学学报》2018 年第 5 期。

位问题，司法实践试图通过生态环境损害赔偿诉讼实现对自然资源财产性价值救济是该问题的集中体现。自然资源财产价值并非生态环境损害赔偿救济范围所能涵盖，采用生态环境损害赔偿诉讼一元救济，必然造成对自然资源财产价值救济不力。对自然资源损害救济宜采用“二分法”，准确区分公益和私益，实行两条诉讼轨道，强化其保护。受损的自然资源财产价值由全民所有自然资源损害赔偿诉讼进行救济；受损的自然资源生态环境价值由整合后的环境公益诉讼进行救济。

一、全民所有自然资源损害救济现状及问题检视

（一）全民所有自然资源损害救济现状

以“全民所有自然资源”以及“民事案由”为关键词在中国裁判文书网检索，对检索出的结果进行筛选，剔除与自然资源保护无关及重复的样本，以剩余样本为有效样本。截至 2023 年 5 月底，中国裁判文书网检索出案件共 15 例（见表 1），[1] 主要涵盖土壤、水、森林。从裁判内容看，诉讼主体适格争议最多，共 7 例。

表 1　中国裁判文书网全民所有自然资源相关民事案件

名称	年份	案由	裁判根据	受损自然资源类型	裁判内容
淄博市生态环境局诉山东博汇集团有限公司	2019	侵权责任	《若干规定》	水资源土地资源	判决被告公开赔礼道歉、工业固体废物无害化处理、排除污染环境危险，缴纳生态损害赔偿保证金、律师费用

[1] 注：最高人民法院《关于审理环境侵权责任纠纷案件适用法律若干问题的解释》（以下简称《环境侵权司法解释》）；最高人民法院《关于审理环境民事公益诉讼案件适用法律若干问题的解释》（2020 年修正）（以下简称《环境公益诉讼司法解释》）；最高人民法院《关于审理生态环境损害赔偿案件的若干规定（试行）》（2020 修正）（以下简称《若干规定》）；《生态环境损害赔偿制度改革方案》（以下简称《改革方案》）。

续表

名称	年份	案由	裁判根据	受损自然资源类型	裁判内容
北京市丰台区源头爱好者环境研究所诉瑞安市鑫豪不锈钢制品厂	2019	环境污染责任	《若干规定》	水资源土地资源	原告主张赔偿损失及鉴定费的诉讼请求,均实现,应予以驳回
日照市生态环境局五莲县分局诉万某强、东营西郊公铁联运有限公司	2019	环境污染责任	《若干规定》	土地资源	诉讼主体不适格,驳回原告日照市生态环境局五莲县分局起诉
青岛市李沧区人民政府诉刘某进	2019	侵权责任	《若干规定》《改革方案》《山东省生态环境损害赔偿制度改革实施方案》	水资源	判决被告赔偿生态环境修复费用、专家咨询评估费、案件受理费
青田县船寮镇人民政府诉孟州市泰兴汽车运输有限责任公司、刘某永	2019	环境污染责任	《若干规定》	水资源土地资源	原告非适格主体,驳回青田县船寮镇人民政府起诉
五莲县人民政府诉吴某庆、李某仁	2020	土壤污染责任	《若干规定》《侵权责任法》(已失效)	土地资源	判决被告赔偿生态环境修复费用,支付律师代理费
咸宁市咸安区双溪桥镇李容村村民委员会第二十三村民小组诉咸宁市成功矿业有限公司、湖北咸宁恒大矿业有限公司	2020	环境污染责任	《若干规定》《侵权责任法》(已失效)	水资源	本案属环境侵权责任诉讼,非生态环境损害赔偿诉讼,应由侵权行为地或者被告住所地人民法院管辖
天津市静海区子牙镇人民政府诉刘某松	2020	侵权责任	《若干规定》	水资源土地资源	诉讼主体不适格,驳回天津市静海区子牙镇人民政府的起诉

续表

名称	年份	案由	裁判根据	受损自然资源类型	裁判内容
上海市松江区新浜镇新浜村村民委员会诉上海伟刚疏浚打捞工程有限公司	2020	环境污染责任	《若干规定》	水资源土地资源	诉讼主体不适格，驳回原告上海市松江区新浜镇新浜村村民委员会的起诉
招远市夏甸镇人民政府诉刘某辉	2020	环境污染责任	《若干规定》	水资源土地资源	原告非适格主体、亦不属于本院管辖范围，驳回原告招远市夏甸镇人民政府的起诉
格尔木市林业和草原站诉殷某伟	2021	侵权责任	《若干规定》	森林资源	原告非适格主体，驳回原告格尔木市林业和草原站的起诉
佛山市生态环境局三水分局乐平监督管理局诉植某春	2021	环境污染责任	《若干规定》《环境侵权司法解释》（已失效）	土地资源	判决被告支付环境损害司法鉴定费用，原、被告各负担部分案件的受理费
平度市人民政府诉李某雨	2021	侵权责任	《若干规定》《改革方案》《山东省生态环境损害赔偿制度改革实施方案》《青岛市生态环境损害赔偿制度改革实施方案》	水资源	判决被告赔偿生态环境损害修复费用，支付专家咨询评估费、律师费、案件受理费
上海市奉贤区海湾镇人民政府诉曹某	2021	环境污染责任	《若干规定》	水资源土地资源	原告非适格主体，驳回原告上海市奉贤区海湾镇人民政府起诉

续表

名称	年份	案由	裁判根据	受损自然资源类型	裁判内容
延安市生态环境局诉宿州市腾宇汽车销售服务有限公司	2022	保险纠纷	《民法典》《若干规定》《环境公益诉讼司法解释》	水资源	判决被告赔偿应急处置费、应急监测费及固体废物处置费、案件受理费

(二)全民所有自然资源损害问题检视

1. 自然资源财产价值救济法律适用不统一

法律制度供给的及时、准确及系统性直接影响法律适用结果,关系裁判可接受性、权利救济效果和个案正义实现。最高人民法院《关于统一法律适用加强类案检索的指导意见(试行)》明确要求,司法裁判应实现同案同判。我国自然资源损害救济裁判法律适用中,各地法院大多通过政策性文件对自然资源的损害进行救济(见表1),主要以最高人民法院《关于审理生态环境损害赔偿案件的若干规定(试行)》作为裁判依据。然而,在全民所有自然资源损害救济中,存在法院适用不同裁判依据,造成同案不同判问题。例如,在佛山市生态环境局三水分局乐平监督管理局诉植某春一案中,法院认定该案为普通环境侵权诉讼,以最高人民法院《关于审理环境侵权责任纠纷案件适用法律若干问题的解释》(已失效)第15条为主要裁判依据;而在平度市人民政府诉李某雨一案中,法院认定该案为生态环境损害赔偿诉讼,以《若干规定》第22条为主要裁判依据。通过对样本的研究(见表1),发现生态环境损害赔偿诉讼案件在司法裁判中的案由缺乏一致性,不同受案法院对该类案件的案由归纳存在差异。造成案件案由不一致的原因之一是生态环境损害赔偿诉讼制度的请求权基础在应然层面与实然层面发生冲突。生态环境损害赔偿诉讼在应然层面应以国家对环境的监督管理作为请求权基础,[1]但实然层面生态环境损害赔偿诉讼请求权是以自然资源国家所有权为基础的,应

[1] 参见史玉成:《生态环境损害赔偿制度的学理反思与法律建构》,载《中州学刊》2019年第10期;刘卫先:《论我国生态环境损害索赔主体的整合》,载《中州学刊》2020年第8期。

然层面与实然层面冲突导致各地法院对生态环境损害赔偿诉讼请求权基础把握不一,其结果必然是诉讼案由归纳标准不一,无法准确反映案件本质。

2. 财产价值和生态环境价值混同救济

生态环境和自然资源是密切相关但内涵不同的概念。[1]生态环境指一个特定区域内生物和非生物因子相互作用的过程和系统,包括生物多样性、生态平衡、生态系统功能等方面。自然资源则是指能为人类利用的,与自然环境之间存在生态联系的物质与能量。[2]对自然资源的保护并不会顺理成章地成为对生态环境的保护,反之,对生态环境的保护并不能直接反射为对自然资源的保护。实践中,破坏自然资源会同时导致其财产价值与生态环境价值的损害。其一是自然资源财产价值降低,如自然资源形态破坏或质量降低;其二是自然资源生态效益减弱,如自然资源生态功能丧失或衰退。

对裁判结果(见表1)分析表明,多数受案法院试图通过生态环境损害赔偿诉讼实现对受损自然资源财产性价值的救济。毋庸置疑,该方式有将自然资源财产价值与生态环境价值做混同理解之嫌,存在对自然资源财产价值重要性及其独立救济性的认识缺憾。法院之所以选择生态环境损害赔偿诉讼来保护自然资源,是因为存在"生态环境损害赔偿诉讼能够对自然资源进行完整保护"的误区。事实上,无论是从生态环境损害赔偿制度产生背景和目的,[3]还是从《生态环境损害赔偿管理规定》所列举5类赔偿范围看,生态环境损害赔偿诉讼救济范围主要是围绕污染所导致生态环境价值损失展开。生态环境损害赔偿制度能够实现对自然资源生态环境价值的维护,但却难以实现对自然资源财产价值的救济。受案法院对自然资源财产价值与生态环境价值的差异性缺乏准确理解,导致存在混同自然资源财产价值与生态环境价值的问题。

---

[1] 参见晋海、许正豪:《生态环境损害赔偿诉讼法律性质新论》,载《河海大学学报(哲学社会科学版)》2022年第4期。

[2] 参见邱秋:《中国自然资源国家所有权制度研究》,科学出版社2010年版,第11~18页。

[3] 参见晋海、许正豪:《生态环境损害赔偿诉讼法律性质新论》,载《河海大学学报(哲学社会科学版)》2022年第4期。

二、建构全民所有自然资源损害赔偿诉讼的必要性

（一）实现全民所有自然资源财产价值的周延救济

生态环境损害赔偿诉讼以修复、赔偿生态环境损害，实现生态环境社会公共利益救济为目的。[1]生态环境损害赔偿制度能够维护自然资源生态环境价值，但却难以实现对自然资源财产价值的救济，若要确保自然资源之上所承载的国家利益得到周延救济，建构全民所有自然资源损害赔偿诉讼即成当务之急。目前在涉海领域，我国已经对海洋自然资源损害赔偿诉讼与生态环境损害赔偿诉讼进行“二分法”，其中海洋自然资源损害赔偿诉讼为私益诉讼，旨在维护国家所有自然资源权益；海洋生态环境损害赔偿诉讼则是公益诉讼，旨在保护社会公共利益。[2]

（二）保护对象特殊性要求全民所有自然资源损害赔偿诉讼独立

生态环境损害赔偿诉讼实质上的保护对象为生态环境价值，而全民所有自然资源损害赔偿诉讼的保护对象是自然资源财产价值。保护生态环境并不意味着对每个环境要素或自然资源的保护，而是注重保护整个生态系统及其功能。即当某些自然资源对生态系统的平衡和稳定性产生不良影响时，应从服务于生态系统的整体利益的角度出发，对某些自然资源做出调整或限制。[3]生态环境损害赔偿和自然资源损害赔偿可能指向同一载体，但生态环境损害赔偿注重修复和保护生态系统，以恢复生态环境的功能及其稳定性，而自然资源损害赔偿更关注自然资源财产损失的索赔，以维护全民所有自然资源所有者权益。此外，生态环境价值因其惠及全体社会成员，具备公共性特征，而自然资源的财产价值虽然也追求公共目标，但其财产价值转化

---

〔1〕 参见林莉红、邓嘉咏：《论生态环境损害赔偿诉讼与环境民事公益诉讼之关系定位》，载《南京工业大学学报（社会科学版）》2020 年第 1 期。

〔2〕 参见竺效、梁晓敏：《论检察机关在涉海“公益维护”诉讼中的主体地位》，载《浙江工商大学学报》2018 年第 5 期。

〔3〕 参见晋海、许正豪：《生态环境损害赔偿诉讼法律性质新论》，载《河海大学学报（哲学社会科学版）》2022 年第 4 期。

体现为民法上的自然资源国家所有权，其基础属性是私权。[1]生态环境所体现的社会公共利益与自然资源财产价值作为私益之间具有本质差异。

（三）请求权基础不同要求全民所有自然资源损害赔偿诉讼独立

在我国，自然资源国家所有权到底是"公权"还是"私权"，抑或是"公权私权混合"，学者见仁见智。"公权说"学者认为，自然资源国家所有权不属于民法上的物权，其本质是国家通过立法和行政等手段积极干预资源利用的公权；自然资源所有权应受公法规范，并通过公法手段实施，适用公法原则和规则以确保其合法性和公共利益的维护。[2]"私权说"学者认为，国家所有权在主体、客体、功能等方面具有特殊性，与私人所有权相比受到更多的公法限制，但自然资源所有权本质上仍然是私法上的所有权，除非因其特殊目的和功能而作出特别规定外，自然资源国家所有权应适用私法规则和原则。[3]"公私混合说"学者认为，自然资源国家所有权既有私法性权能，也有公法性权能，国家需要遵守私法规则，以及因需维护公共利益而遵守公法规定。[4]将自然资源国家所有权定位为私权，具有如下优势：其一，为自然资源损害救济提供请求权基础。自然资源国家所有权与其说是强调国家对自然资源占有、使用、收益、处分的权利，毋宁说其为自然资源损害救济提供物权请求权、侵权请求权等基础，保障国家可以对自然资源的损害主体提起诉讼。[5]其二，有助于实现自然资源监管权与所有权分离。国家监管者凭借行政权实现国土空间用途管制，监管自然资源开发与利用。[6]自然资源所有权的私法实

---

[1] 参见竺效、梁晓敏：《论检察机关在涉海"公益维护"诉讼中的主体地位》，载《浙江工商大学学报》2018 年第 5 期。

[2] 参见巩固：《自然资源国家所有权公权说》，载《法学研究》2013 年第 4 期；王克稳：《自然资源国家所有权的性质反思与制度重构》，载《中外法学》2019 年第 3 期。

[3] 参见崔建远：《自然资源国家所有权的定位及完善》，载《法学研究》2013 年第 4 期；朱虎：《国家所有和国家所有权——以乌木所有权归属为中心》，载《华东政法大学学报》2016 年第 1 期。

[4] 参见叶榅平：《自然资源国家所有权的双重权能结构》，载《法学研究》2016 年第 3 期；马俊驹：《国家所有权的基本理论和立法结构探讨》，载《中国法学》2011 年第 4 期。

[5] 参见李兴宇、吴昭军：《全民所有自然资源损害救济的权利基础与实现路径——以国家所有权的私权定位为逻辑起点》，载《华中科技大学学报（社会科学版）》2021 年第 4 期。

[6] 参见张玉梅：《关于完善我国矿产资源资产国家所有者权益管理的思考》，载《国土资源情报》2020 年第 4 期。

现路径是实现政府行使自然资源监管权与所有权分离、理顺自然资源使用权形成机制的关键所在。[1]其三,保证现有所有权理论框架之稳定。立法者选择通过《民法典》对宪法上的“国家所有”具体化,遵循了民法财产权基础理论,无须脱离民法现有所有权理论,再去创建全新的所有权理论和法律制度。[2]“公权说”学者认为《宪法》第9条规定的国家属于公法上的国家,国家对公共资源属于公权性支配,[3]但作为公法上的国家显然不能担任民事主体,国家提起自然资源损害赔偿则需进行系统理论创新,反而不利于自然资源损害救济。

通过对《改革方案》《若干规定》的解读,发现两个文件均肯定生态环境损害赔偿是以全民所有自然资源国家所有权为诉权基础,但自然资源所有权作为特殊的私人财产形式是难以解决生态环境这样的公共环境利益受损问题的。[4]同时,生态环境损害赔偿诉讼以自然资源国家所有权为请求权基础,无疑是与该诉讼的制度定位与发展趋向相违背。[5]首先,生态环境损害赔偿诉讼制度核心在于保护受损的生态环境,其主要是围绕污染所导致生态环境价值损失展开。自然资源国家所有权作为生态环境损害赔偿诉讼的诉权基础将与生态环境损害赔偿诉讼的范围、目的、内容方面产生许多抵牾之处。[6]其次,生态环境损害赔偿诉讼所救济的公共环境利益与环境民事公益诉讼所救济的公共环境利益并无本质差异,[7]将生态环境损害赔偿诉讼中分离出来的普通公共环境利益救济制度与民事公益诉讼相整合是发展趋向。[8]若以自然资源国家所有权作为生态环境损害赔偿的请求权基础,难

---

〔1〕 参见郭志京:《自然资源国家所有的私法实现路径》,载《法制与社会发展》2020年第5期。

〔2〕 参见程雪阳:《中国宪法上国家所有的规范含义》,载《法学研究》2015年第4期。

〔3〕 参见巩固:《自然资源国家所有权公权说再论》,载《法学研究》2015年第2期。

〔4〕 参见刘卫先:《“自然资源属于国家所有”的解释迷雾及其澄清》,载《政法论丛》2020年第5期。

〔5〕 参见张璐:《全民所有自然资源资产损害赔偿机制的法律构造》,载《北京大学学报(哲学社会科学版)》2023年第2期。

〔6〕 参见张宝:《生态环境损害政府索赔制度的性质与定位》,载《现代法学》2020年第2期。

〔7〕 参见李树训:《生态环境损害赔偿诉讼与环境民事公益诉讼竞合的第三重解法》,载《中国地质大学学报(社会科学版)》2021年第5期。

〔8〕 参见郭武:《论中国环境诉讼类型的整合策略》,载《东方法学》2022年第6期。

免阻碍生态环境损害赔偿嵌入环境公益诉讼的路径探索。

而全民所有自然资源损害赔偿则以自然资源国家所有权为请求权基础，且全民所有自然资源损害赔偿诉讼应定性为“私益诉讼”。其主要原因是：第一，国家与受损权益具有直接利害关系。将起诉主体与诉讼对象之间是否存在“直接”利害关系作为认定诉讼类型的标准，当具有直接利害关系应被认为不是公益诉讼。[1]根据《民法典》第250条的规定，自然资源所有权属于国家，国家与受损权益之间存在直接利害关系，提出自然资源财产性索赔是基于国家所有权，其诉讼本质是救济其利益损失，属于私益诉讼。第二，基于自然资源国家所有权具有私权属性，前文已作详细的论述。国家提起全民所有自然资源损害赔偿诉讼的基础在于自然资源国家所有权，而自然资源国家所有权是《民法典》上明确规定的物权类型，具有私权属性。因此，全民所有自然资源损害赔偿诉讼是基于物权损害而提起的私益诉讼，应被归类为特殊的私益诉讼。

（四）索赔主体身份差异要求全民所有自然资源损害赔偿诉讼独立

长期以来，国家所有权与监管权混同导致一系列现实问题。自然资源国家所有权的行使方式主要以审批、许可等行政手段为主，政府部门在行使国家所有权的过程中存在“运动员”“裁判员”混同问题。然而，通过行政手段行使国家所有权的方式明显违背市场经济的平等原则，导致国家所有权行使效率低下等问题。因此，促进国家所有权高效行使，必须实现“两权分离”。[2] 生态环境损害赔偿诉讼旨在对生态系统功能价值的修复，以达到环境公益的救济目的，而公共利益与行政管理、行政权之间具备自然的对应关系，[3]将生态环境损害赔偿权利人定位为行政主体，更能体现行政机关为实

---

〔1〕 参见最高人民法院环境资源审判庭编著：《最高人民法院关于环境民事公益诉讼司法解释理解与适用》，人民法院出版社2015年版，第23页。

〔2〕 郭志京：《穿越公私法分界线：自然资源国家所有权委托行使模式》，载《法制与社会发展》2022年第1期。

〔3〕 参见郭小聪主编：《行政管理学》，中国人民大学出版社2016年版，第6页。

现宪法目标而积极履行义务。[1]生态环境损害赔偿的权利人定位为行政主体,不仅有利于实现国家所有权行使与监管权行使的分离,也进一步为自然资源损害赔偿诉讼独立性提供支持。全民所有自然资源损害赔偿以国家自然资源所有权为请求权基础,把行使自然资源国家所有权主体定位为民事索赔主体是符合法律逻辑的。因此,索赔主体的差异要求全民所有自然资源损害赔偿诉讼须与生态环境损害赔偿诉讼分离。

三、全民所有自然资源损害赔偿诉讼的制度架构

(一)加快全民所有自然资源损害赔偿诉讼法律制度供给

系统完备的法律制度是人民法院正确裁判案件,切实保障当事人权益和实现个案正义的基础。短期内难以通过法律满足构建专门的自然资源损害赔偿制度需求。因此,当前可通过制定全民所有自然资源损害赔偿的环境政策,为环境法律制定进行积极有益的探索。环境法律政策化是实现环境政策与环境法律之间有效衔接和互动的重要途径,[2]环境政策法律化需要环境政策在特定的区域内进行试点改革,在实践中积累成熟经验,不断更新和丰富环境政策的内涵,进而促使环境法律从环境政策中找到思路与方向。

全民所有自然资源损害赔偿诉讼作为一种新型诉讼制度具有一定的前瞻性,有助于应对我国当前环境治理中自然资源损害救济问题,弥补环境法律"刚性有余、弹性不足"的缺陷。[3]全民所有自然资源损害赔偿诉讼可作为一项环境政策在特定区域内进行试点改革,通过试点实践的反馈,及时进行调整和修正,逐渐形成有效的诉讼制度。成熟后的全民所有自然资源损害赔偿诉讼政策能为环境立法提供指导,最终可将全民所有自然资源损害赔偿诉讼政策所体现的环境保护理念、精神、价值目标部分纳入环境立法范畴,将

---

〔1〕 参见梅宏、胡勇:《论行政机关提起生态环境损害赔偿诉讼的正当性与可行性》,载《重庆大学学报(社会科学版)》2017 年第 5 期。

〔2〕 参见郭武、刘聪聪:《在环境政策与环境法律之间——反思中国环境保护的制度工具》,载《兰州大学学报(社会科学版)》2016 年第 2 期。

〔3〕 参见史玉成:《流域水环境治理"河长制"模式的规范建构——基于法律和政治系统的双重视角》,载《现代法学》2018 年第 6 期。

环境政策转化为法律。[1]此外，全民所有自然资源损害赔偿诉讼应在环境法律和环境政策中协同发展，有效地平衡环境法律规范性和环境政策灵活性，以最大限度地保护自然资源。[2]在相关法律实现全民所有自然资源损害赔偿诉讼法定化和明晰化基础上，仍需要环境政策来维系全民所有自然资源损害赔偿诉讼的运行，发挥环境政策灵活性作用，细化法律规范中原则性规定，填补法律在环境治理中的"真空地带"，确保法律实施效果。完善自然资源损害赔偿规范体系，不仅为法院在裁判侵害自然资源案件时提供明确的依据，还有助于同案同判的实现。

（二）明确自然资源部以及受托的地方政府作为诉讼原告

自然资源产权委托代理机制是理论概化的资产管理性问题，涉及上下级政府对自然资源资产产权管理性权能的分配。[3]当前，全民所有自然资源资产所有权委托代理的管理已作出基础性政策安排，即全民所有自然资源资产由国务院代表国家所有，授权自然资源部统一行使所有权。其中，部分由自然资源部直接行使，部分委托省级政府等代理行使，法律已有授权的除外。全民所有自然资源损害赔偿诉讼的适格原告可参考全民所有自然资源资产的制度安排：遵循委托代理制度逻辑，由自然资源部、受托地方政府作为全民所有自然资源损害赔偿诉讼的适格原告，扮演"索赔者"角色。若发生自然资源损害情形，适格原告须及时与损害自然资源国家所有权的主体进行磋商，针对自然资源受损的财产价值等有关问题达成协议，并申请司法确认；若无磋商空间，则自然资源部以及受托地方政府应积极提起全民所有自然资源损害赔偿之诉。为防止自然资源承载的公共目的因未及时启动自然资源财产损害救济程序而受到影响，建议适格原告未能及时救济自然资源财产性损害时，作为法律监督机关的人民检察院可提出检察建议启动督促程序，必要时

〔1〕　参见郭武、刘聪聪：《在环境政策与环境法律之间——反思中国环境保护的制度工具》，载《兰州大学学报（社会科学版）》2016年第2期。

〔2〕　参见史玉成：《流域水环境治理"河长制"模式的规范建构——基于法律和政治系统的双重视角》，载《现代法学》2018年第6期。

〔3〕　参见黄锡生：《论生态文明法律制度体系的现代化建构》，载《学术论坛》2023年第2期。

可提起行政公益诉讼,迫使相关行政主体履行职责。[1]全民所有自然资源损害赔偿诉讼的适格原告在救济受损财产权利的处分权方面,受制于公共目的。虽然民法规定的自然资源国家所有权具有私权属性,但不意味着国家可为自身利益而放弃实现公共利益与福祉的目的。[2]为确保自然资源财产的公共目的,需要将行权机关和监督机关分离,做好监督监管工作(见图1)。以森林资源资产为例,在自然资源管理体系下,自然资源部、省政府、市政府受全民委托行使权利,主要以所有者身份对森林资源资产进行管理与救济。在行使自然资源国家所有权期间,首先,对应级别的人民代表大会需要对部、省、市三级所有者权益代理者进行监督;其次,承担用途管制、执法监察和行业监管等有权部门(如国家林业和草原局)需要对所有者权益代理者的市场活动进行监管;[3]最后,当自然资源部、省政府、市政府作为"索赔者"未能及时救济森林资源资产的财产性损害时,现行社会组织或者检察机关可通过提起行政公益诉讼的方式督促"索赔者"履行救济职责。

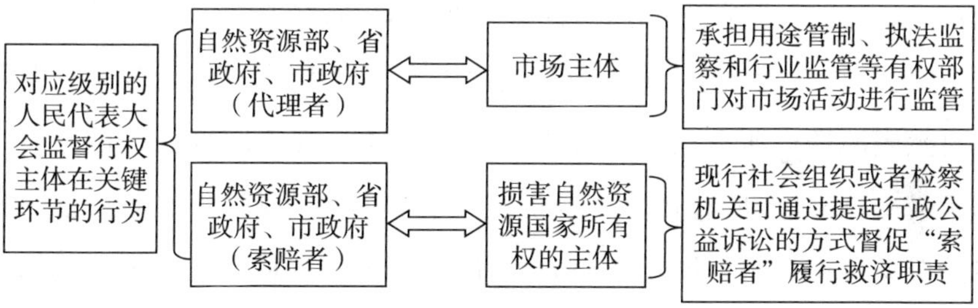

图1　全民所有自然资源保护关系

(三)合理安排原告"索赔"的序位

全民所有自然资源损害赔偿可按照私法基本原理设计国家所有权的行使规则和行使方式。诉讼任务一部分由自然资源部直接执行,另一部分委托地方政府或其他代理机关实施。根据《民法典》第169条的规定,全民所有自

[1] 参见竺效、梁晓敏:《论检察机关在涉海"公益维护"诉讼中的主体地位》,载《浙江工商大学学报》2018年第5期。

[2] 参见叶榅平:《自然资源国家所有权的双重权能结构》,载《法学研究》2016年第3期。

[3] 参见谭荣:《全民所有自然资源资产所有权委托代理机制解析》,载《中国土地科学》2022年第5期。

然资源损害赔偿的过程中，地方政府在获得委托机关同意后，还可以进一步将全民所有自然资源损害赔偿诉讼任务转委托给下级政府或相关部门，以便提高索赔效率。但代理权行使不宜过于分散，设定以省级和州市两级政府作为自然资源部的复代理人为宜。代理机关有权以自身名义向侵权行为人提起自然资源损害赔偿诉讼，委托机关对代理行为负有责任，需督促代理机关在国家所有的自然资源财产权益受到损害后积极、规范行使救济工作。如果代理机关怠于或不当履行赔偿职责，委托机关有权介入，可直接向侵权主体提起自然资源损害赔偿诉讼。

（四）准确划定全民所有自然资源损害赔偿诉讼适用范围

从中共中央办公厅、国务院办公厅印发的《关于统筹推进自然资源资产产权制度改革的指导意见》《全民所有自然资源资产所有权委托代理机制试点方案》等文件可看出，国家强调自然资源的资产属性，对自然资源价值认知不再仅限于生态环境价值领域。其中，“自然资源资产”作为自然资源下位概念，旨在以自然资源资产化方式，促进自然资源高效利用；“产权”作为经济学概念，转化至法学领域应为所有权，包含占有、使用、收益和处分4项基本权能。自然资源资产所有权行权履职的具体方式和管理制度在当前已有一定的政策基础，而全民所有自然资源资产损害赔偿环节却未得到重视，全民所有自然资源资产损害等同于生态环境损害的问题客观存在。为有效保护自然资源资产，推进全民所有自然资源损害赔偿诉讼的发展至关重要。全民所有自然资源损害赔偿诉讼制度适用于自然资源，而自然资源资产作为自然资源下位概念同样也适用。全民所有自然资源损害赔偿诉讼制度不仅为所有权行权主体履行所有者职责提供支撑，提高全民所有自然资源资产损害救济水平，还有助于全民所有自然资源资产管理体系的完善。

（五）积极促进全民所有自然资源损害赔偿诉讼与现有环境诉讼的衔接

环境侵权的具体原因既包括污染环境，也包括破坏生态环境。[1]而产生

---

〔1〕　参见吕忠梅、窦海阳：《以“生态恢复论”重构环境侵权救济体系》，载《中国社会科学》2020年第2期。

全民所有自然资源损害赔偿的具体原因是自然资源形态破坏或质量降低。为了与《民法典》第1235条规定相适应,全民所有自然资源损害赔偿诉讼与环境侵权衔接可作以下安排:当损害自然资源的行为已达到污染环境、破坏生态环境的程度时,被侵权人可提起环境侵权诉讼,以维护其人身权、财产权或环境权益;具体行使自然资源国家所有权机关可提起全民所有自然资源损害赔偿之诉,以救济受损全民所有自然资源;其他适格主体提起环境公益诉讼维护生态系统功能价值,以达到环境公益救济目的。当损害行为导致自然资源形态破坏或质量降低,但未达到污染环境、破坏生态环境程度时,自然资源形态破坏或质量降低会导致使用权人的生产经营利益受损,也会导致自然资源财产价值遭受损失。[1]因此,权利人可向侵权主体提起侵权之诉;具体行使自然资源国家所有权的部门可向侵权主体提起全民所有自然资源损害赔偿之诉。需要注意的是,权利人提起的侵权之诉与适格主体提起的全民所有自然资源损害赔偿之诉虽然都是私益诉讼,但代表国家行使相关职权的机关在行使救济权时,其重大处分权受公共目的的约束,当国家所有的自然资源财产权益受到损害后,相关行政机关必须行使救济权,不得不作为或怠于作为,这是其与使用权人的处分权的本质区别。

自然资源生态环境价值所体现的公共利益与自然资源财产价值所体现的私益有着根本区别,对自然资源造成的损害应当采用"二分法",实行公益和私益诉讼两条轨道分别保护。具体而言,应将自然资源损害赔偿诉讼从生态环境损害赔偿诉讼中予以剥离,打破自然资源损害赔偿诉讼与生态环境损害赔偿诉讼"同质化"假象,通过全民所有自然资源损害赔偿诉讼实现自然资源财产性索赔,维护所有者权益;针对自然资源生态环境价值的救济,基于生态环境损害赔偿诉讼和环境公益诉讼在本质上具有同一性,应把从生态环境损害赔偿诉讼剥离的普通公共环境利益救济制度与民事公益诉讼相整合,[2]受损的自然资源生态环境价值由整合后的环境公益诉讼进行救济。把全民

〔1〕参见张璐:《全民所有自然资源资产损害赔偿机制的法律构造》,载《北京大学学报(哲学社会科学版)》2023年第2期。

〔2〕参见郭武:《论中国环境诉讼类型的整合策略》,载《东方法学》2022年第6期。

所有自然资源损害赔偿诉讼与环境公益诉讼置于相同体系位阶，不仅有利于划清自然资源所涉及的两种价值、减少适用上的冲突，还有利于解决当前全民所有自然资源损害赔偿司法救济路径不清晰问题。建议国家行政机关在穷尽行政救济仍无法弥补生态环境损害的情形下，可以提起环境公益诉讼对自然资源生态环境价值进行救济。〔1〕此外，全民所有自然资源损害赔偿诉讼与环境民事公益诉讼的衔接过程，可能会出现行政机关在救济自然资源财产价值的同时实现对生态环境价值的救济，在该情形中，自然资源的生态环境价值损害赔偿诉讼已无须重复提起。反之，鉴于自然资源国家所有权是专属性权利，其他主体以环境公益诉讼对生态环境价值进行救济时，不能越权对自然资源财产价值进行救济。〔2〕即当自然资源财产价值和生态环境价值同时受到损害时，现行社会组织或者检察机关可通过环境民事公益诉讼的方式救济自然资源生态环境价值部分，而针对自然资源财产价值部分，只能由具体行使自然资源国家所有权的部门提起全民所有自然资源损害赔偿之诉进行救济。

四、结语

我国目前存在的自然资源财产价值和生态环境价值混同救济困境，既有对全民所有自然资源财产价值关注与重视不够的原因，也有相关法律制度供给缺位、错位的原因。本文关于全民所有自然资源损害赔偿救济独立为一类新型诉讼、适格原告、适用范围以及其与现有环境公益诉讼衔接的论述是对制度创新的初步探索，可视为“抛砖”之举。关于该制度建构、完善，期望更多学者参与进来，进行长期的、系统的跨学科研究。

---

〔1〕参见阮丽娟：《环境公益诉讼原告资格的司法实践分析》，载《江西社会科学》2013 年第 12 期。

〔2〕参见竺效、梁晓敏：《论检察机关在涉海“公益维护”诉讼中的主体地位》，载《浙江工商大学学报》2018 年第 5 期。

生态环境修复的政府责任及其规范构造*

何家骆**

摘　要：立法、行政与司法三维视角下生态环境修复责任的分配模式存在显著缺陷，侧重于生态环境损害行为人的责任追究，严重忽视了政府责任之承担。责任分配失衡，在一定程度上损害了生态环境修复责任"修复"与"衡平"功能的发挥，与生态环境修复目标之实现相悖。政府为人民谋利益的本质决定了其天然负有修复责任，人民对美好生活之追求及生态文明战略定位是生态环境修复的政府责任产生的现实动因，国家环境保护义务则为政府承担修复责任提供了理论依据。政府生态环境修复责任的确立应采用"生态环境法典＋单行法"的构造路径，核心是明确其责任形态、范围、目标等内容，使政府负有更具确定性、强制性的法律责任，进而推动生态环境修复责任的合理分配。

关键词：生态环境修复　责任分配模式　政府责任　国家环境保护义务　立法路径

生态环境修复责任作为环境法律责任实现的重要形式，是构建中国式现代化，"实现美丽中国目标"的关键一环，[1]近年来受到各界广泛关注与议论。目前有关生态环境修复责任的成果颇丰，从责任内涵、性质辨析到生态环境修复司法适用案例的不断涌现，充分展现了当代环境法治思维和法治方式的运用与发展。生态环境修复责任的立法进程也不断加快，已有多部法律通过不同形式规定了"生态环境修复责任"。尤其是2020年5月颁布的《民

---

* 获2023年12月第五届国际能源资源法治论坛三等奖。

** 何家骆：中国海洋大学法学院博士研究生。

〔1〕 参见林潇潇：《体系化视角下民法典环境损害责任条款的规范定位》，载《南京工业大学学报（社会科学版）》2023年第1期。

法典》在侵权责任编明确提出了生态环境损害的修复与赔偿规则，首次以私法形式为生态环境损害救济提供了实体法依据，这一具有鲜明中国特色与创新意涵的做法，契合了“生态文明建设”与“美丽中国建设”的时代需求，极大地推动了“国家治理能力的现代化”。[1] 但梳理现有生态环境修复责任的研究成果：无论是环境执法领域的生态环境修复，抑或是以生态环境损害赔偿诉讼为代表的环境司法修复，针对的追责主体均是造成生态环境损害的行为人和组织，相对忽视了政府所应承担的修复责任。这种责任分配上的结构性失调，将会影响生态环境损害救济的成效，进而阻碍生态文明建设之推进。

“政府责任作为现代民主政治产生与发展的必然结果”[2]，逐渐成为当代社会治理最重要的价值追求。当前，环境问题越发严峻，政府身为社会治理之主体，在环境保护中起着举足轻重的作用，无疑对生态环境修复负有重要之责任。只是，目前学界对政府生态环境修复责任问题的研究相对较少，[3] 尚处于探索阶段的生态环境修复政府责任在责任形态、责任范围、责任追究等方面存在诸多尚未厘清的问题，这些问题的解决与生态环境修复高效、有序运行息息相关。基于此，本文首先结合相关立法与实践情况，探讨当前生态环境修复责任如何分配，其次立足现实与法理明晰生态环境修复政府责任确立之依据，最后以立法为视角提出生态环境修复政府责任的规范构造路径，进而构设了政府担责的核心规则，以期推进生态环境修复责任的合理分配。

一、当前生态环境修复责任分配模式的结构性失衡

立法、行政与司法三大国家权力架构体系共同构成了生态环境修复责任

---

〔1〕 参见彭中遥：《〈民法典〉中生态环境损害代修复制度之探析》，载《中国高校社会科学》2022 年第 1 期。

〔2〕 朱艳丽：《论环境治理中的政府责任》，载《西安交通大学学报（社会科学版）》2017 年第 3 期。

〔3〕 近年来，学界关于政府生态环境修复研究主要有任洪涛：《生态修复法律责任主体社会化研究》，刘静然：《论污染者环境修复责任的实现》，吴鹏：《生态修复法律责任之偏见与新识》，刘长兴：《生态环境修复责任的体系化构造》。

分配的制度支持,三维视角下生态环境修复责任的分配在政府与其他生态环境损害行为人之间呈现出两极分化的特点,侧重于对生态环境损害行为人的责任追究,相对忽视了政府责任的承担。现有分配模式的缺陷一定程度上模糊了政府权责界限,阻碍了生态环境修复责任的制度化、体系化,削弱了生态环境修复责任的“修复”与“衡平”功能。

(一)生态环境修复责任分配模式失衡之表现

生态环境修复领域法律责任的现行立法可直观反映出生态环境修复责任分配中政府与环境污染者、破坏者之间的结构性失衡问题。社会责任机制的形成诞生于其本身所不能克服之问题,法律责任作为一种否定性的社会评价或某种必须履行的法定义务需要以法律规范形式予以明确。2013 年 11 月中共十八届三中全会首次明确提出“完善环境治理和生态修复制度”,此后法律文件中关于生态环境修复的内容开始逐渐增多。随着《环境保护法》《长江保护法》《黄河保护法》等一系列涉及生态环境修复规范性文件的制定与修改,可以初步梳理出我国“生态环境修复法律责任的分配模式”,该模式主要有以下特征:

第一,以损害担责原则为核心,以追究生态环境污染者和破坏者的法律责任为重点。2014 年《环境保护法》的修订标志着损害担责原则的正式确立,作为环境法的重要原则之一,为我国后续环境立法和环境法律制度的创设提供了重要依据。[1]生态环境修复作为环境法律制度的重要组成部分,其责任分配规则同样要受损害担责原则之约束。目前国内尚未制定系统的生态环境修复法律法规,生态环境修复法律责任单一、分散地分布在诸多环境单行法中,如《黄河保护法》(2022 年通过)第 44 条、第 115 条和第 119 条;《草原法》(2021 修正)第 69 条;《长江保护法》(2020 年通过)第 62 条和第 93 条;《固体废物污染环境防治法》(2020 修订)第 4 条及第 86 条;《大气污染防治法》(2018 修正)第 7 条;《水污染防治法》(2017 修正)第 76 条;等等。从具体规则设计来看,一是自 2014 年以来一系列涉及生态环境修复的环境单

---

〔1〕 参见丁存凡:《损害担责原则的内涵及支撑》,载《环境法评论》2020 年第 2 期。

行立法均以损害担责原则为指引,确立了环境的污染者、破坏者的生态环境修复责任。二是这些主体大多是“土地使用权人、企事业单位、生产经营者”,其本身具有一定的经济实力,让其承担生态环境修复法律责任有助于及时修复受损的生态环境。此外,从环境公平角度看,让损害者担责符合环境利益分配的正义价值,有助于生态环境修复法律责任的法治化、体系化。[1]

第二,政府应对环境质量负责,特殊情形下需承担生态环境修复的行为责任。“生态文明建设离不开政府的推动”[2],2014 年修订通过的《环境保护法》第 6 条规定了地方政府的环境质量保障责任,要求政府提升区域内的环境质量,它是对宪法第 9 条以及第 26 条国家环境保护义务的积极回应,宣告了政府环境保护职责,同样这一原则性规定为政府承担生态环境修复责任提供了可能。[3] 有学者认为,虽然法律规定政府需对环境质量负责,但是并不意味着政府必须承担生态环境修复责任,[4]也有多数观点均认为,某些情形下政府应承担生态环境修复责任。[5]那么何种情形下,政府要承担生态环境修复责任呢?对此,现有立法规定已作出初步规定,为使政府承担生态环境修复责任的情形呈现得更加直观,笔者对相关环境立法关于“政府承担生态环境修复责任的条款”作出梳理(见表 1)。

类型化思维作为法学最核心的思维方式,最早是由拉德布鲁赫引入法学

---

[1] 参见莫张勤:《生态保护红线修复机制法治化:定位、困境及其出路》,载《生物多样性》2019 年第 3 期。

[2] 徐祥民:《地方政府环境质量责任的法理与制度完善》,载《现代法学》2019 年第 3 期。

[3] 参见姜渊:《政府环境法律责任的反思与重构》,载《中国地质大学学报(社会科学版)》2020 年第 2 期。

[4] 参见李义松、杨子欣:《论污染场地修复行政责任的认定》,载《行政与法》2017 年第 5 期。

[5] 例如李挚萍认为,特定区域生态环境质量恶化以及责任主体不存在、灭失或丧失责任能力时,政府有责任进行生态环境修复;刘超认为,由于政府的管理、规划或引资等行为给环境造成重大影响,政府应承担修复责任;任洪涛认为,生态环境修复是实现国家环境保护义务的重要方式,政府作为生态环境修复的主要类型应当承担相应的法律责任。参见李挚萍:《环境修复法律制度探析》,载《法学评论》2013 年第 2 期;刘超:《环境修复审视下我国环境法律责任形式之利弊检讨——基于条文解析与判例研读》,载《中国地质大学学报(社会科学版)》2016 年第 2 期;任洪涛:《生态修复法律责任主体社会化研究》,载《贵州大学学报(社会科学版)》2018 年第 2 期。

领域,[1]它旨在将实践中的复杂的法律现象进行有序整理、归类,得到一般性的规律为后续的法学研究奠定基础。通过对环境立法中“政府承担生态环境修复的具体情形”予以类型化处理可得到以下一般性的规律:情形一,自然原因造成的生态环境损害、环境退化。“生态环境损害既可能是人为原因造成,也有可能是自然原因造成”[2],如山洪、海啸、酸雨等。由于损害产生具有“自然性”,不存在损害行为人,此时应由政府承担修复责任。情形二,生态环境的损害行为人无法确定、灭失或丧失责任能力,政府具有责任承担的“兜底性”。生态环境损害主要是人为原因导致,但无法利用“损害担责原则”追责,政府在国家环境保护义务的要求下成为责任承担的最终者。情形三,出现了突发性环境污染破坏事件,损害可能继续扩大,并会对周边公众生命健康产生威胁,具有修复之“迫切性”。政府具有“危险防御义务”,对具有直接、明显环境危害性的“危险”,政府应采取措施干预排除。

表1　政府承担生态环境修复责任的条款

法律法规名称	具体条文	具体担责情形	类型划分
《青藏高原生态保护法》(2023年制定)	第23条第2款	草原退化	情形一
	第34条	历史遗留矿山	情形二
《黄河保护法》(2022年制定)	第44条	历史原因、自然灾害损毁和历史遗留矿山	情形一 情形二
《湿地保护法》(2021年制定)	第37条第2款	自然湿地破碎化严重、功能退化	情形一
	第44条第2款	重大自然灾害造成湿地破坏、修复责任主体灭失或无法确定	情形一 情形二
《长江保护法》(2020年制定)	第57条	天然林、草原退化和湿地受损	情形一
	第61条第3款	防止土地石漠化蔓延	情形一

---

〔1〕 参见丁凤玲、彭建:《还数于民:实现个人数据自决的“新”数据中介》,载《华中科技大学学报(社会科学版)》2023年第4期。

〔2〕 南景毓:《生态环境损害:从科学概念到法律概念》,载《河北法学》2018年第11期。

续表

法律法规名称	具体条文	具体担责情形	类型划分
《固体废物污染环境防治法》(2020 年修订)	第 87 条	发生危险废物污染环境、威胁居民生命财产安全	情形三
《土壤污染防治法》(2018 年制定)	第 44 条	发生突发事件造成土壤污染	情形三
《水污染防治法》(2017 年修正)	第 76 条	突发水污染事故	情形三

第三,生态环境修复政府责任内部分配不均,侧重于政府第一性环境责任(义务)之履行,相对忽视第二性环境责任的追究。法律责任有两层含义:一是法定主体负担的与其本色相应的义务,主要是法定的作为或不作为义务,即第一性法律责任。二是由于违反前述义务所应承担的不利法律后果,即第二性法律责任。〔1〕 由表 1 可知,现有环境立法着重设置政府第一性责任(义务),表 1 较为详细地列举了政府承担生态环境修复第一性责任(义务)的具体情形。并且由《青藏高原生态保护法》第 53 条、《黄河保护法》第 108 条、《长江保护法》第 83 条等一系列条款可发现,现有立法基本以追究政府相应公职人员的责任(党纪政纪处分)代替对政府第二性法律责任的追究,相对忽视了地方政府所应承担的整体环境责任。〔2〕如果说政府第一性法律责任(义务)的规定是由国家环境保护义务决定的,那么第二性的法律责任是由其本身所维护的秩序价值所决定的。从生态环境修复内在本质来看,第二性法律责任与第一性法律责任(义务)同等重要,如果缺乏第二性的环境责任之约束,政府也未必能有效地履行其法定义务,受损生态环境可能难以得到有效修复。因此,当务之急,应当确立起对政府第二性责任的追究制度安排,以保证政府对受损生态环境的修复是及时、有效的,符合生态修复的价值目标。

除在立法维度上可直观感受生态环境修复责任在政府和环境污染者、破坏者之间的分配不均外,以我国现有生态环境修复责任追究的实践为视角,

〔1〕 参见张文显:《法理学》,中共中央党校出版社 2006 年版,第 155 页。

〔2〕 参见陈海嵩:《证成与规范:地方政府生态修复责任论纲》,载《求索》2023 年第 4 期。

一般来说也不会涉及对政府修复责任的追究，担责主体限于造成生态环境损害的损害行为人或组织。现有生态环境修复责任的实现采用“公私并行”模式，存在行政和司法两种不同的实现机制。

生态环境修复的司法追责机制由 3 种追责方式构成：一是，政府提起生态环境损害赔偿诉讼。依据 2017 年制定的《生态环境损害赔偿制度改革方案》，省级、市地级政府可作为生态环境损害赔偿权利人直接向法院提起生态环境损害赔偿诉讼。另外，依据《宪法》第 9 条，政府作为自然资源所有人，由其提起生态环境损害赔偿诉讼亦符合法律体系的内在逻辑。〔1〕二是环保组织、检察机关提起环境民事公益诉讼。依据《环境保护法》第 58 条、《民事诉讼法》第 58 条第 2 款、《人民检察院提起公益诉讼试点工作实施办法》（已失效）第 1 条以及相关司法解释可知，基金会、社会团体等符合条件的环保组织无须提前告知环境污染者、破坏者和负有监管责任的行政机关，可直接提起环境民事公益诉讼追究生态环境损害行为人的责任；检察机关提起环境民事公益诉讼则受到法律限制，仅在“没有适格主体”或“适格主体不提起诉讼”的情形下，才有权以诉讼形式追究相关主体的修复责任，表现出“兜底性”。三是检察机关提起环境行政公益诉讼。与前述追责方式不同，检察机关提起环境行政公益诉讼并非直接追究行政机关的生态环境修复责任，而是通过判决促使行政机关积极履行法定监管职责，督促或责令违法行为人继续履行生态环境修复责任。

同时，我国也构建起了生态环境修复“行政磋商 + 行政责令 + 行政代履行”的行政追责机制。〔2〕(1)行政磋商修复。为实现行政目的，现代行政法并非局限于传统行政手段，〔3〕行政磋商作为一种柔性执法行为是现代行政管理行为创新的典型表现，其非强制性、选择接受性的特点，易促使生态环境损害行为人积极履行修复责任。(2)行政责令修复。它是指通过行政命令的

〔1〕 参见吕梦醒：《生态环境损害多元救济机制之衔接研究》，载《比较法研究》2021 年第 1 期。

〔2〕 参见彭中遥：《生态环境损害救济机制的体系化构建——以公私法协动为视角》，载《北京社会科学》2021 年第 9 期。

〔3〕 参见李洪雷：《中国行政法（学）的发展趋势——兼评“新行政法”的兴起》，载《行政法学研究》2014 年第 1 期。

形式要求违法行为人修复受损的生态环境，被广泛用于环境修复实践，突出体现了行政追责的及时性、高效性。（3）行政代履行修复。作为行政强制执行方式之一，一方面其能够确保违法行为人履行修复责任，维护行政决定之权威；另一方面其引入环境私权主体，实现了环境私权对环境公权的制衡。与司法救济手段相比，上述3种行政追责方式均体现出生态环境修复行政追责的及时性、高效性，契合受损生态环境修复之紧迫需要，具有更强的正当性。

总之，对我国现有生态环境修复行政与司法追责机制进行考察，可知实践中仍以“生态环境的损害行为人”为责任追究的主要对象，政府本身不承担修复责任，尚未构建起政府责任追究机制，环境行政公益诉讼的主要目的仅是确保政府有效履行其基于自然资源所有者的身份而承担的对生态环境损害行为人的监管责任（见图1）。

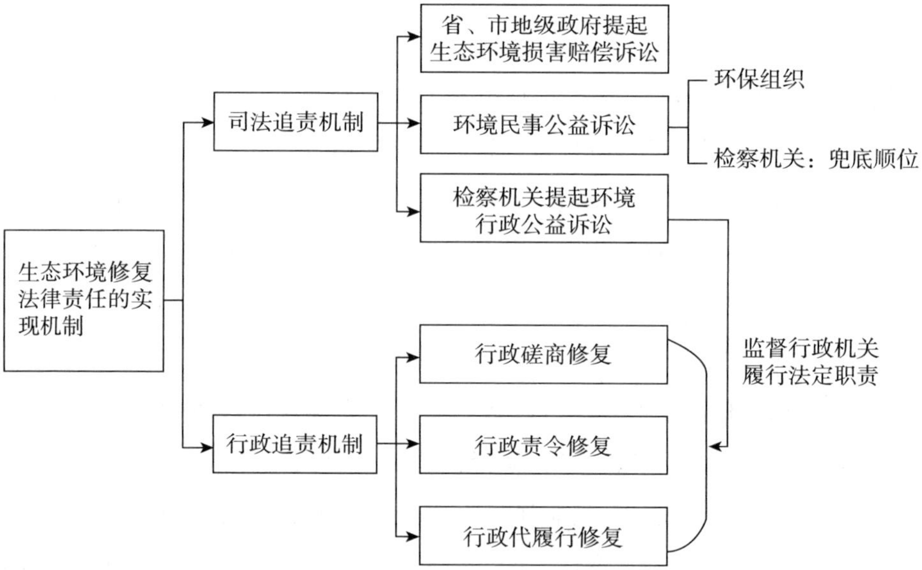

图1　生态环境修复责任的实现机制

（二）生态环境修复责任分配模式失衡之影响

责任是人类社会的基本价值取向，建立权责一致、职责分明的责任政治形态,是国家治理现代化的重要原则及核心目标。[1] 政府在国家环境义务和政府环境质量保障责任的要求下具有了承担生态环境修复责任的可能,但在现行生态环境修复责任分配模式下,立法并未明确政府责任的责任形态和适用范围、条件等具体内容,致使政府承担责任之界限模糊不清,严重影响生态环境修复责任的制度化、体系化进程,最终削弱了生态环境修复责任的"修复"与"衡平"功能。

首先,现有生态环境修复责任分配模式重视损害行为人责任追究,立法和实践相对忽视了政府责任的承担,阻碍了生态环境修复法律责任制度化、体系化。从现有国家政策、法律和修复实践来看,我国确立起了以"生态环境修复责任"推动生态环境修复目标实现的基本治理思路,也大致建立起了生态环境修复责任的制度框架。[2] 但是,现有生态环境修复责任制度是以"损害担责原则"为核心,围绕着"损害行为人"构建,责任分配上过度重视环境污染者、破坏者的责任,相对忽视了政府修复责任的制度安排。从法律责任制度构造来看,现有责任分配模式的结构性不均容易导致不同类型责任之间关系模糊,影响法律责任的制度化、体系化进程。政府作为责任主体之一,与之相关的行政法律、法规尚不完善,政府生态环境修复责任的责任形态、成立条件、追责方式等具体规则尚不健全,无法为生态环境修复责任的制度化提供有效的规则供给。

其次,法律制度的内部组成决定着制度功能的发挥,在现有法律规范体系下生态环境修复责任以追究"损害行为人"的责任为核心,缺乏政府责任承担的规则设计,制度内部的抵牾,将会影响生态环境修复责任的"修复"与"衡平"两大功能有效发挥,与生态环境修复目标之实现相悖。

我国生态环境修复责任的分配一直都呈现出"重企业环境责任追究而轻政府环境责任追究"与"重政府第一性责任而轻政府第二性责任"的特点。虽然企业是主要的生态环境损害主体,但这并不代表着生态环境的损害产生

〔1〕 参见马雪松、程凯:《国家纵向治理体系建设的责任意蕴、制度优势及治理效能》,载《探索》2022年第6期。

〔2〕 参见刘长兴:《生态环境修复责任的体系化构造》,载《中国法学》2022年第6期。

与政府毫无关联。近期各地公开的第二轮中央生态环境保护督察移交反馈的问题清单反映出，“一些生态环境损害案件的发生，往往来自地方政府和其他主体有意或无意的‘合作’”〔1〕，如山东省宁阳经济开发区管委会违法铺设直排暗管，泰安市生态环境局宁阳分局发现水质超标问题后上报不及时。〔2〕湖南省邵阳县新联环保砖场长期非法开山毁林、排污，邵阳市县委、县政府等相关部门对此置若罔闻，不予处置。〔3〕因此，政府在一定情况下也应承担一定的生态环境修复责任，但现有法律并未明确政府造成生态环境损害后是否应承担修复责任，生态环境修复的效果也就难以得到保障。同时，生态环境修复工程具有规模庞大、涉及面广等特点，修复需要巨额的资金支持，仅由单一的个人或企业进行修复，难免捉襟见肘、力不从心。责任分配以责任承担能力为前提，若不考虑现实情形，仅由损害行为人进行修复，极有可能导致生态环境损害落入无人修复的境地，致使生态环境修复责任的修复功能难以有效发挥。

生态环境修复的另一价值内核在于对环境正义的追求。生态环境修复不仅为了重建和恢复受损的生态环境本身，更重要的是维护环境利益的分配正义。〔4〕生态环境修复责任的衡平功能要求包括政府在内所有造成生态环境损害的行为人均要为其行为付出相应代价，进而衡平生态环境损害下各方利益。因此，公平地划分生态环境修复各主体的权利义务，构建合理的生态环境修复责任分配机制有助于衡平功能的充分实现，但现有责任分配模式下，极易引发不公平因素的出现，政府责任规则的缺失意味着可能出现一部分本应由政府承担的责任转嫁企业、个人等其他主体身上或者政府承担了本不应该承担的责任的情形。

---

〔1〕参见陈海嵩：《证成与规范：地方政府生态修复责任论纲》，载《求索》2023年第4期。

〔2〕参见《山东省通报第二轮中央生态环境保护督察移交问题追责问责情况》，载山东省人民政府网，http://www.shandong.gov.cn/art/2023/2/10/art_94237_10335250.html.

〔3〕参见《湖南省通报第二轮中央生态环境保护督察移交问题追责问责情况》，载湖南省人民政府网，http://www.hunan.gov.cn/hnszf/hnyw/sy/hnyw1/202204/t20220414_22735904.html.

〔4〕参见吴鹏：《论采煤塌陷区生态修复法律制度的完善——以淮南市采煤塌陷区为例》，载《资源科学》2013年第2期。

概言之,若要化解生态环境修复责任分配不均衡、责任承担错位等问题,当务之急是在立法上确立生态环境修复的政府责任,同时对其担责的条件、范围、目标等内容予以明确,使政府负有更加确定性、强制性的法律责任。

二、确立政府生态环境修复责任之依据

“责任的逻辑起点是角色,角色是个体或组织在特定社会关系的坐标”〔1〕,可以说政府为人民谋利益的本质决定了其对生态环境的修复具有天然的义务和责任。人民对美好生活的追求及生态文明战略定位是生态环境修复政府责任产生的动力源泉和必然结果。环境保护义务的国家化为生态环境修复治理能力之国家化提供了理论依据,而政府作为国家公权力行使的重要主体,必然受到国家环境保护义务之约束。

(一)政府承担生态环境修复责任的现实依据

近年来,我国环境危机频发,“资源环境约束趋紧,环境污染等问题突出”〔2〕,严重阻碍了生态文明建设的进程,影响人民对美好生活的追求。与之前相比,政府被迫承担生态环境修复责任,担负着稳定社会秩序与保障公民生命安全的使命,扮演着生态文明可持续发展的维护者角色,需守住环境承载力这一底线,修复受损生态环境,维持生态环境的绿色、可持续发展,最终实现人与自然的和谐共生。

第一,人类的生存发展与生态环境保持着密切的联系,人们对美好生活的需求是生态环境修复政府责任产生的动力源泉。生态环境修复逐渐成为全球共同关注的话题,作为生态环境损害救济的重要方式,它为生态环境的可持续发展与美好生活的实现提供了可能。近年来,“发展的异化”问题频发,当发展超过一定的生态界线,物质财富的充盈就不能充实人们对美好生活的需求,此时以为人民谋福祉为目标的政府,则应负担起生态环境修复的

〔1〕 程东峰:《责任伦理导论》,人民出版社2010年版,第23页。

〔2〕《习近平:高举中国特色社会主义伟大旗帜　为全面建设社会主义现代化国家而团结奋斗——在中国共产党第二十次全国代表大会上的报告》,载中央人民政府网,https://www.gov.cn/xinwen/2022-10/25/content_5721685.htm.

法律责任。

第二,建设生态文明注定是整个社会整体性行动,它要求政府承担起组织整体行动的使命,[1]生态文明建设的战略定位决定着政府在生态环境修复中必须有所作为。改革开放以来,我国长期坚持"先污染后治理、边消耗边开发"[2]的发展路径,创造了诸多物质财富,但这种将自然内在价值排除在人类道德关怀之外的工具理性,加剧了人与自然的矛盾。党的二十大明确指出"尊重自然、顺应自然、保护自然,是全面建设社会主义现代化国家的内在要求"[3],这是新征程上对生态文明建设的新要求。生态环境修复是生态环境治理的重要内容,关乎生态文明建设的成败;政府作为经济发展的推动者、规划者,需策应国家生态文明建设战略之需求,主动承担起对自然生态系统、农田生态系统、矿山生态环境等重点领域的修复责任。

(二)政府承担生态环境修复责任的法理依据

"国家应当承担环境保护义务已经成为社会共识"[4],这一观点可从不同角度予以佐证。首先,作为人类的生存栖息地,与"公地悲剧"中的公共牧场类似,生态环境表现出鲜明的公共物品属性。[5] 环境领域的基本利益冲突,本质是一种个体权利与公共环境利益的冲突,是个体基于经济理性在追求自身利益的最大化过程中所产生的一种集体的非理性。因此,基于生态环境的公共物品属性,为平衡不同主体与环境公益、生态公平之间的冲突,国家适当介入自然不可避免。其次,从各国的立法实践来看,"在宪法中以环境基本国策条款明确国家的环境保护义务已经成为比较普遍的选择"[6],我国

---

〔1〕 参见张红杰、徐祥民、凌欣:《政府环境责任论纲》,载《郑州大学学报(哲学社会科学版)》2017年第3期。

〔2〕 郭武、李璨:《协同治理:我国流域环境司法的理念更新与制度建构》,载《河南理工大学学报(社会科学版)》2022年第6期。

〔3〕 《习近平:高举中国特色社会主义伟大旗帜 为全面建设社会主义现代化国家而团结奋斗——在中国共产党第二十次全国代表大会上的报告》,载中央人民政府网,https://www.gov.cn/xinwen/2022-10/25/content_5721685.htm.

〔4〕 参见吕忠梅主编:《环境法(第2版)》,高等教育出版社2017年版,第71~72页。

〔5〕 基于萨缪尔森对公共物品概念的系统阐述,一般认为,公共物品是由公共部门所生产、提供的,并由全体社会成员免费使用的产品,其在消费层面上具有非排他性和非竞争性。

〔6〕 刘长兴:《环境保护的国家义务与政府责任》,载《法治论坛》2018年第4期。

《宪法》第26条第1款规定“国家保护和改善生活环境和生态环境”，这是对国家环境保护义务的庄严宣誓，明确将保护环境确定为国家使命和国家前进的方向。最后，如果说宪法规定仅是简单地明确了国家环境保护义务的存在，那么“社会契约论”解释了国家义务存在的必然逻辑性，为证成国家环境保护义务提供了坚实的理论依据。17世纪社会契约论被广泛地用于论证“统治的正当性”，并逐渐成为现代社会统治正当性的基础。〔1〕 国家诞生于社会成员一定权力的让渡，其存在意义在于保护个体权利，国家义务是国家存在之前提基础；现代社会个体环境权利作为让渡给国家权力的组成部分，意味着国家有必要承担起环境保护之义务。

环境保护义务的国家化为生态环境修复治理能力的国家化提供了理论依据，政府作为国家公权力行使的重要主体，必然受到国家环境保护义务之约束。有学者认为，政府环境义务被认为是国家环境义务的具体化，政府在特定情形下直接承担生态环境修复责任是国家环境保护义务的具体表现形式。〔2〕还有学者指出，我国《环境保护法》第28条表明政府是环境保护的主要主体，将环境法上的环境做扩大解释，显然包含着生态系统要素维护之内涵，维护生态系统之平衡便成为国家环境保护义务的重要内容之一。“生态环境修复”是维系生态环境平衡的重要措施之一，政府有必要承担起环境修复的“元治理”责任。〔3〕 虽然论证角度有所差异，但上述观点都将国家的环境保护义务作为政府生态环境修复责任的法理基础。笔者认为，在生态环境修复领域，政府的环境保护义务则具体体现为采取措施排除让环境受到损害的环境“危险”，将已受损的生态环境恢复至原本或期待的状态。一般情况下政府是通过追究生态环境损害行政相对人的责任，让其修复受损的生态环境；但从实践来看，存在生态环境损害行为人能力不足的问题，此时为排除危险，修复受损生态环境的责任应由政府承担。此外，国家环境保护义务也约束政府自身的行为，使其不能作出污染或破坏生态环境的行为。

---

〔1〕 参见金观涛：《论社会契约论的起源和演变》，载《中国法律评论》2014年第1期。

〔2〕 参见刘长兴：《生态环境修复责任的体系化构造》，载《中国法学》2022年第6期。

〔3〕 参见吴鹏：《生态修复法律责任之偏见与新识》，载《中国政法大学学报》2017年第1期。

三、政府生态环境修复责任规范之构造

以法律逻辑结构而言,有法律之存在,方有法律责任的产生。政府生态环境修复责任的确立与实现,离不开与之相适应的法律规范支撑。

(一)构造之思路:生态环境修复政府责任立法路径的选择

生态环境修复立法契合生态环境修复与再生的时代要求,在破解环境问题、促进可持续发展方面起着不可或缺的作用。自20世纪70年代以来,环境问题和生态修复逐渐得到国际社会的重视,域外生态环境修复的立法呈现出以下特点:起初立法主要出现在诸如土地开垦法、采矿法等环境单行法中,随着条件之成熟,大多以环境基本法对生态环境修复作出原则性规定。[1]当前,我国尚未制定专门且系统的生态环境修复法律法规,亟须以立法确立政府的生态环境修复责任。借鉴域外立法经验,同时结合环境修复的特殊性及我国法律实践的经验,今后可考虑采用"环境法典+单行法"的立法路径,一方面在环境法典制定时明确规定"政府的生态环境修复责任",并结合行政管理制度对政府开展生态环境修复的条件、范围、程序等原则性或宣示性内容作出规定,突出环境法律责任的专门性、独立性;另一方面在环境单行法中细化、明确不同领域中政府承担生态环境修复责任的具体情形。

首先,环境单行法属特别法,作为一般法的补充形式而存在,具有专、精、细的特点,可有效规范处于复杂、变动状态的局部环境。因而不同领域政府承担生态环境修复责任的条件、范围设置可以有所不同,但必须非常明确。

其次,环境法典重视生态环境的整体性,作为基础性规定或者说一般法,对特殊领域的具体规范有着重要的指导作用。[2] 在当前生态文明体制改革背景下,为防止单行立法冗杂、法治破碎问题,[3]以法典化的立法模式确立生态环境修复的政府责任,可促进该制度内容全面和逻辑自洽。2021年4月

〔1〕 参见李挚萍:《环境基本法比较研究》,中国政法大学出版社2013年版,第144~147页。

〔2〕 参见吕忠梅:《中国环境法典的编纂条件及基本定位》,载《当代法学》2021年第6期。

〔3〕 参见吕忠梅、田时雨:《环境法典编纂何以能——基于比较法的背景观察》,载《苏州大学学报(法学版)》2021年第4期。

我国正式开启环境法典的编撰工作，有学者明确指出，应“建立生态环境修复的一般规则”，“明确环境行政主体的生态环境修复责任”，对环境行政主体的生态环境修复条件程序等内容予以规定。[1]

此外，有必要探究现有条件下是否可制定“生态修复法”，对此曾有学者主张环境影响评价制度应对生态环境修复进行专门立法。[2]2022 年有政协委员向中华人民共和国自然资源部提出了《关于制定〈中华人民共和国生态修复法〉的提案》，相关部门对其作出了较为积极的答复。但笔者认为当前立法条件尚不支持直接制定“生态修复法”，主要基于以下几点考虑：一是我国生态环境修复的立法起步较晚，开展专门立法的经验积累不足。二是将环境问题限定于生态修复，这种单一处理的方式与贯穿于水、土壤、大气的生态过程不符，缺乏对其他方面可能产生的负面影响之认识，极易引发新的环境问题。[3] 三是从《十四届全国人大常委会立法规划》来看，三类项目中并未找到“生态修复法”的身影，换言之其立法条件尚不具备，仍需研究论证。

（二）构造之重心：生态环境修复政府责任核心规则的设计

1. 政府生态环境修复责任形态之划分

侵权责任形态是指在侵权法律关系中，根据不同的侵权行为类型要求，侵权责任在不同当事人之间进行分配的表现形式，[4] 其重在解决侵权责任在两个或多个责任人之间如何分配的问题。侵权理论中一般将侵权责任形态分为几类：[5] 单一责任和大规模责任、自己责任和替代责任、单独责任和多数人责任等，且多数人责任又可具体划分为按份责任、连带责任、补充责任等。鉴于所属领域不同，侵权责任形态理论无法直接适用于生态环境修复中，但二者本质都在解决责任如何分配问题，故对生态环境修复政府责任形

---

〔1〕 参见刘长兴：《论环境行政法律责任的创新及专门化发展》，载《环球法律评论》2022 年第 6 期。

〔2〕 参见王江、黄锡生：《我国生态环境恢复立法析要》，载《法律科学（西北政法大学学报）》2011 年第 3 期。

〔3〕 参见李挚萍：《环境基本法比较研究》，中国政法大学出版社 2013 年版，第 144 ~ 147 页。

〔4〕 参见杨立新：《侵权责任法（第 3 版）》，法律出版社 2018 年版，第 103 页。

〔5〕 参见王利明：《侵权责任法》，中国人民大学出版社 2016 年版，第 13 ~ 20 页。

态之划分同样具有重要意义。生态环境修复中，政府同时扮演着“所有者、监管者以及管理者”的多元角色，因此其责任形态划分之关键在于明确政府在不同角色下的责任分配问题。

(1)所有者身份的单独责任

生产资料公有制背景下，我国《宪法》规定自然资源存在国家所有和集体所有两种形式，且多数自然资源属国家所有。[1] 不同于私人所有权，自然资源国家所有的目的是充分有效地实现全民利益，宪法规定蕴含着实现共同富裕与保障合理利用的价值理念。[2] 政府作为国家权力的执行者，一定意义上代表国家行使其自然资源所有权，为实现自然资源的经济、社会价值，推进全体人民的共同富裕，其行为必然伴随对自然资源的开发、利用。为限制政府的环境行为，要求国家不得以其行为危害生态环境，但实践中仍极易出现政府环境行为失当的情况。损害担责原则下，虽然政府是公共利益的代表者，国家是自然资源的间接所有权人，但其生态环境损害行为仍应受到法律约束，承担生态环境修复责任。单独责任意味着生态环境损害是因政府单独的行为而造成的，行为人自负其责，为最大限度地维护公共利益，此时应以无过错原则作为政府单独责任的归责原则，不论主观过错如何，均应承担生态环境修复责任。

(2)监管者身份的共同责任

监管责任是法律赋予政府的一项重要责任。我国《环境保护法》因设置了大量政府监管责任而长期被视为“监管者监管之法”[3]，此外《湿地保护法》《长江保护法》等诸多环境单行法均将政府的监管责任作为法律制定的核心内容。

政府因法定的监管职责而具有了监管者之身份，负有对企业等主体开发利用自然资源行为的监管责任，生态环境损害的出现在一定程度上意味着政

---

〔1〕 参见《宪法》第9条。

〔2〕 参见许瀛彪：《迈向共同富裕：自然资源国家所有权权利行使的公益性面向》，载《西北民族大学学报（哲学社会科学版）》2022年第6期。

〔3〕 吕忠梅：《监管环境监管者：立法缺失及制度构建》，载《法商研究》2009年第5期。

府监管职责的不完全履行，此时有必要明确政府的生态环境修复责任形态。笔者认为，企业等主体作为生态环境的破坏者、污染者理应承担生态环境修复责任，政府基于监管者身份负有对前者的监管职责，因其作为或者不作为等不当履职行为导致监管失效的，应承担一定的生态环境修复责任，可借鉴侵权责任相关理论，以因果关系、意思联络〔1〕为标准判断其具体责任形态。

第一，政府与企业等主体有意思联络。个别政府出于“政绩”需要，片面追求 GDP 的增长，不惜损害地方长远利益，在一定程度上参与企业环境违法行为，最终引发生态环境损害。根据意思联络的强度具体又可分为两种情形：一是政府和企业等主体存在事实上的帮助和实际实施等双向的意思联络，由此造成生态环境损害。此类型与侵权行为中“一因一果”数人侵权行为相似，二者的行为上存在共同的“合意”，可将二者行为看为一个整体。因此，具体担责规则的构建上，由于二者对双方的合意环境违法行为及结果有着合理预期，政府和企业等主体均应承担连带的生态环境的修复责任。二是单向的意思联络，政府存在片面、含蓄的帮助行为。具言之，政府有意帮助或纵容企业等主体的环境违法行为，但违法主体并不知情，其行为造成了生态环境损害。侵权行为领域，帮助行为可与被帮助行为构成共同侵权的因，同样生态环境领域可将政府的帮助或纵容行为与企业的污染破坏行为视为造成生态环境损害的因，因此政府与企业共同承担连带的生态环境修复责任。

第二，政府与企业等主体无意思联络。此种情形下，出现生态环境损害主要是由于政府不作为或监管失职而未察觉到企业等主体的环境违法行为，为企业生态环境损害提供了机会，如“武穴市对湖北祥云集团轮镜塘磷石膏库初期渗漏污染问题失察失管，以罚代管代治，导致污染问题长期未解决”〔2〕。换言之，政府如果积极履行监管职责，多数的环境问题均可避免。此时，生态环境损害主要是由企业等主体造成，政府与其不存在意思联络，那

〔1〕　参见陈海嵩：《证成与规范：地方政府生态修复责任论纲》，载《求索》2023 年第 4 期。

〔2〕　中共湖北省委湖北省人民政府：《湖北省通报第二轮中央生态环保督察移交问题追责问责情况》，载中华人民共和国生态环境部网，https://www.mee.gov.cn/ywgz/zysthjbhdc/dcjl/202301/t20230110_1012143.shtml.

么对政府的惩罚就减轻许多。笔者认为,政府可承担一定的补充修复责任,并以过错推定原则为归责原则。政府若能证明自己积极履行了监管职责,便不用承担补充修复责任;若无法证明,在企业等违法主体无法完全修复的情况下,未适当履职的政府便负有补充修复责任。

(3)管理者身份的兜底责任

兜底责任类似于法律上的填补义务,并不以违反某种法定义务为前提,是基于社会安全保障等公共利益考量为特定主体设置的法律责任。生态环境修复中政府兜底责任源于国家环境义务的要求,与其监管者、所有者角色所承担的责任不同,属于第一性法律责任。由于生态环境修复的技术性、复杂性,并非所有生态环境损害都能得到及时修复,若出现生态环境损害无人修复、环境公益无法得到救济的情形,政府理应扮演"最后出场人"的角色。既然兜底责任属第一性法律责任,由上文对我国生态环境修复政府责任立法梳理可知,现有立法已对此种责任形态作出较为明确的规定(见图2),因而此处不再赘述。

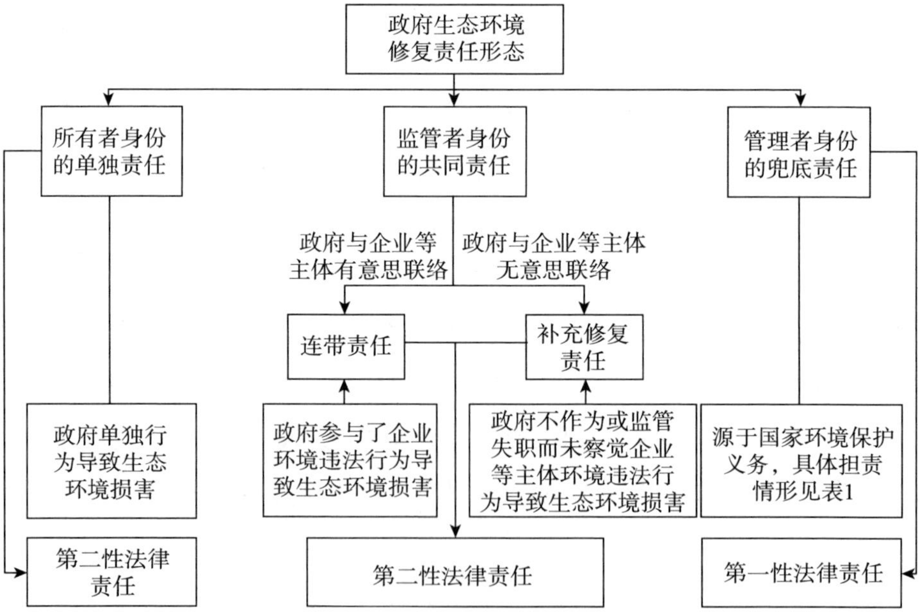

图2 政府生态环境修复责任形态

2. 政府生态环境修复责任范围之明晰

界分政府与企业等环境违法主体的生态环境修复责任范围是有效实现环境公平、构建责任型政府的关键，一方面可有效避免政府越位替行为人承担修复责任，陷入“企业污染——群众受害——政府买单”困境；另一方面可减少政府责任缺位，避免出现生态环境损害无人修复之情形。那么应以何种方式确定该范围？民法上各国为判断侵权责任范围确立了不同标准，但通说为“相当因果关系说”〔1〕，近年来我国司法实践中，部分判例认为侵权责任范围应结合相当因果关系与合理预见范围共同确定，〔2〕表现出客观因果关系和主观有责性的亲密互动。笔者认为，可借鉴司法实践中的做法从主客观两方面判断政府生态环境修复责任的范围。

首先，政府单独责任形态下，责任主体只有一个，责任范围明确，无讨论之必要。其次，政府监管者身份下存在“连带责任”与“补充责任”两种责任形态。一是当政府与违法行为主体存在意思联络时，二者共同承担连带责任，因此政府需对生态环境损害承担全部的修复责任。二是当政府与违法行为主体不存在意思联络时，政府对生态环境损害承担补充责任，其范围需具体分析，应当从政府主观上的过错程度及行为对生态环境损害结果提供的原因力两方面确定。补充责任意味着政府只在一定限度内承担修复责任，超出范围将不承担修复责任，这是实现生态环境修复责任衡平功能与环境正义的关键所在。最后，政府管理者身份下的兜底责任，由于产生原因不同其承担责任范围也会发生动态变化。自然原因造成的生态环境损害或生态环境损害行为人无法确定的情况下，政府需承担全部的生态环境修复责任；存在损害行为人但其行为人无力承担修复责任时，政府的兜底责任由损害行为人无力承担的部分责任决定其范围；突发性环境污染破坏事件中，由事件的紧迫性、危险性决定政府修复责任范围，其修复之目的是降低突发问题对公众的危险性。

---

〔1〕 王冠玺、张慧：《论精神控制或情绪勒索的民事损害赔偿责任——以中日比较为基本路径》，载《学术交流》2020年第11期。

〔2〕 参见山东省青岛市中级人民法院民事判决书，(2019)鲁02民终10785号。

3. 政府生态环境修复责任目标之确定

当前我国生态环境修复的设置并不合理，呈现出"重政绩"的特点，修复目标单一，急于解决典型、重点环境问题。实践中部分裁判修复目标设置缺乏系统性，虽明确了较为具体的修复目标，但是忽视了生态系统的整体性与流动性，只重视受破坏部分环境要素的修复而导致整个生态功能受到更大的破坏。笔者认为，生态环境是一个有机整体，各生态要素之间互相联系，单一的修复目标可能无法应对复杂的环境问题，政府生态环境修复目标的确定应以整体主义为视角，从以下两方面入手确立起双重修复标准：

第一，应确立一个基础性、原则性的修复目标，可将"生态环境修复能够达到的最高水平作为修复标准"[1]。当前我国生态环境修复实践中已经出现了类似的概括性修复目标：一是《环境民事公益诉讼案件适用法律若干问题的解释》第20条确定了被告需将生态环境修复到损害发生前的功能状态标准，即"恢复原状"。但严格来说，损害具有一定的不可逆性，恢复原状仅为一种假设的理想状态，"恢复至损害发生前的状态几无可能，功能也只能尽可能地接近"[2]。并且生态环境的整体性、系统性决定了"恢复原状"难以通过某一环境要素的达标修复而简单认定。因此，该标准在实践中易引发误解，可操作性较低。二是2014年原环境保护部制定的《环境损害鉴定评估推荐方法（第Ⅱ版）》（以下简称第Ⅱ版方法）第4.14条及第4.11条[3]根据不同的状况和目标设置了"可接受风险水平"与"基线状态"两类修复标准。前者呈现出"应急性"，意图减少已排放到环境中的过剩物质，防止污染物积累损害人体健康，重在降低污染程度，后者表现出"基础性"，注重生态系统的整体稳定与平衡性恢复。较之"恢复原状"，第Ⅱ版方法在生态环境修复目标的

---

〔1〕 毛清芳、刘诗琪：《生态环境责任编中生态环境修复责任的确立和完》，载《重庆交通大学学报（社会科学版）》2023年第3期。

〔2〕 吕忠梅、窦海阳：《修复生态环境责任的实证解析》，载《法学研究》2017年第3期。

〔3〕 参见《环境损害鉴定评估推荐方法（第Ⅱ版）》第4.11条规定，生态恢复指生态环境损害发生后，为将生态环境的物理、化学或生物特性及其提供的生态系统服务恢复至基线状态，同时补偿期间损害而采取的各项必要的、合理的措施。第4.14条规定，可接受风险水平指综合考虑科学、社会、经济和政治因素，依据危害性和脆弱性分析、成本效益分析、技术手段的可行性分析等确定的人体健康或生态系统的可容忍的风险水平。

设置上侧重于整体主义视角,更具系统科学性,但由于其规范层级较低,无法为生态环境修复提供更严格的规范保障,未来亟须通过更高位阶的立法予以确定。

第二,个案中无须划定统一的修复目标,但针对不同环境要素受损情况需制定具体修复目标。生态环境具有多样性、复杂性,各地生态环境的实际情况存有差异,受损情形复杂,可修复至何种程度需因地制宜地考量。具体修复目标制定时需综合考量以下几种因素:(1)受损生态环境的种类。有的受损环境要素主要是经济资源,如鱼或鸟等野生动物;有的受损环境要素主要提供生态服务功能,如自然保护区土地;后者在修复标准上自然要高于前者。(2)当前技术水平和行为人经济状况。生态环境修复的成本应当与修复效果相对应,尽可能使有限资金技术效率最大化,避免社会资源的浪费。(3)社会意见。要善于听取公众、专家、学者等意见;修复目标要便于量化评估,保护公众健康且易于各方接受。

4. 政府生态环境修复责任履行之监督

生态环境修复政府责任之实现,离不开对政府责任履行的监督。有效监督是责任得以实现的基础,"如果没有健全的监督机制对政府履责情况进行监督,责任政府的建设只能是空中楼阁"[1]。威尔逊在《国会政体》中明确指出:"对政府的监督是和立法同样重要的事。"可见,生态环境修复中也应确立起"信任不能代替监督"的基本原则,通过立法建立起制度化的监督体系从而实现对政府生态环境修复责任的全覆盖、无死角监督。具言之,应从确立生态修复考评与问责制度强化环境行政公益诉讼督促政府履责的司法保障监督作用,从畅通公众、媒体的监督渠道入手,构建起多元主体参与、内部与外部相结合的监督体系。

一是建立生态环境修复考核评价与问责制度。我国已通过《环境保护法》第26条建立起"环境保护目标责任制和考核评价制度",该制度对于督促地方政府及其负有环境保护监管职责的部门和负责人积极履行"对本行政区

---

〔1〕 王春英:《人大监督与责任政府构建的地方实践》,载《社会科学战线》2022年第2期。

域的环境质量责任”起到重要作用。[1] 有学者也认为，考核评价制度同样适用于生态环境修复领域，吴鹏教授提出，为监督各级政府履行自然修复责任，应建立“官员生态考评机制”，将生态政绩作为官员升降考核的标准之一；幸红教授认为，土壤污染修复中，可以《土壤污染防治法》为基础，建立起对地方政府土壤污染修复责任履行的考评机制。[2] 此外，需建立起对生态环境修复不利的问责机制，这关键在于明确政府与政府工作人员之间的责任，二者是不同层面上的问题，现有环境立法中政府责任条款侧重于对单位负责人等公职人员的责任追究，政府本身所应承担的责任被弱化，因此立法上应将两者做出区分，避免二者错位担责。

二是强化环境行政公益诉讼督促政府履责的司法保障监督作用。环境行政公益诉讼旨在督促而非代替行政机关履行责任，具有监督行政的功能，实质为司法权对行政权的监督。[3] 在具体制度设计上，一方面应加快行政诉讼的生态化转型，应赋予检察机关针对生态环境退化、恶化问题提起诉讼的职权；另一方面应避免检察权对行政权的过度介入，相关主体在起诉过程中应恪守监督界限。

三是畅通公众、媒体的监督渠道。社会公众作为生态利益的相关者，享有对政府修复责任履行情况的监督权。知情权是保证公众有效监督的前提，政府应依靠网上意见箱、政府服务大厅等现代网络信息工具及时公开生态环境的受损情况、修复方案、修复结果等资料，增强修复工作的透明度，让公众在生态环境修复各个阶段都能畅通无阻地表达自己的建议和意见。此外，素有“第四权力”之称的媒体，具有灵活性、及时性的优势，可实时追踪报道修复过程和效果，如果允许媒体对政府修复行为进行追踪报道，将形成一种强有

---

〔1〕 参见吕霞：《我国〈环境保护法〉中的政府环境质量责任及其强化》，载《法学论坛》2020年第5期。

〔2〕 参见幸红、林鹏程：《浅析土壤污染修复治理中的地方政府责任之立法完善》，载《政法学刊》2020年第1期。

〔3〕 参见张鲁萍：《检察机关提起环境行政公益诉讼功能定位与制度建构》，载《学术界》2018年第1期。

力的约束力，倒逼修复机关合法履行生态环境修复责任。[1]

四、结语

基于国家环境保护义务，特定情形下政府承担生态环境修复责任实为必要，然而目前我国立法与实践侧重于对生态环境损害行为人责任的追究，相对忽视了政府责任之承担。修复责任分配失衡导致生态环境修复责任的功能难以有效发挥，相关规则缺失，亟须立法者积极作出表率。但仍需注意，生态环境修复责任的实现不仅需要良法，更需要良法得以有效实施的外部条件，只有突破各种障碍才能实现生态环境修复领域的良法善治。

---

〔1〕 参见郭武、李璨：《协同治理：我国流域环境司法的理念更新与制度建构》，载《河南理工大学学报（社会科学版）》2022年第6期。

碳中和背景下保护和发展蓝碳的法治路径*

韩立新　逯　达**

摘　要:为了应对全球气候变化,我国力争2030年前实现碳达峰、2060年前实现碳中和。增加海洋碳汇是实现碳中和与有效缓解全球气候变暖的手段之一。"蓝碳"指的是海洋生物捕获的碳,其包括海岸带红树林、海草床、盐沼以及海洋微型生物等捕获的碳。保护和发展蓝碳的目的是应对全球气候变化,而加强海洋生态保护是保护和发展蓝碳的保障。保护、发展蓝碳与实现碳中和主要体现的法理有实现环境权、环境公平与正义、环境法学中的环境利益理论等。然而,在蓝碳保护领域,我国相关法治建设存在欠缺。为了形成较为完备的保护和发展蓝碳法治体系,应建立健全保护和发展蓝碳的法治路径:从行政法、私法、社会法维度出发,构建保护和发展蓝碳法律体系;从蓝碳生态系统污染与破坏行为的行政规制、蓝碳交易市场的监管、蓝碳生态监管与海洋生态监管的协调角度出发,完善保护和发展蓝碳执法监管体系;分析有关蓝碳案件可诉性,建立健全蓝碳损害民事公益诉讼、蓝碳交易纠纷产生的私益诉讼、蓝碳行政公益诉讼等司法机制;从政府及其官员守法机制、企业守法机制、公众守法机制角度出发,推动形成良好的保护和发展蓝碳守法体系。

关键词:碳中和　蓝碳　法律体系　监管　司法　守法

为了应对全球气候变化,我国力争2030年前实现碳达峰、2060年前实现

---

* 本文已发表在《西北民族大学学报(哲学社会科学版)》2022年第1期。

获2022年12月第四届国际自然资源法治论坛优秀奖。

[基金项目]2018年度国家社科基金"新时代海洋强国建设"重大研究专项项目"中国参与全球海洋生态环境治理体系研究"(18VHQ015)的阶段性研究成果。

** 韩立新:大连海事大学法学院教授;逯达:山东社会科学院法学研究所助理研究员,博士后。

碳中和。为了实现碳达峰碳中和,我国有针对性地作了一系列政策部署。《中华人民共和国国民经济和社会发展第十四个五年规划和2035年远景目标纲要》提出努力争取2060年前实现碳中和,积极采取相关政策和措施。国务院于2021年2月发布的《关于加快建立健全绿色低碳循环发展经济体系的指导意见》将实现碳中和作为发展绿色低碳经济的目标之一。国家发展和改革委员会、国家能源局于2021年7月发布的《关于加快推动新型储能发展的指导意见》指出将实现碳中和作为发展目标,新型储能成为能源领域实现碳中和的关键支撑之一。教育部于2021年7月发布《高等学校碳中和科技创新行动计划》,目的是为实现碳达峰碳中和目标提供科技支撑和人才保障。在实现碳中和背景下,应加强相关实现路径研究,为应对气候变化做出贡献。

我国日益重视蓝碳在应对气候变化和改善海洋生态环境等方面的作用,认识到增加海洋碳汇是实现碳中和与有效缓解全球气候变暖的手段之一。在保护和发展蓝碳方面,我国作了一系列重要政策部署。《生态文明体制改革总体方案》指出要建立增加海洋碳汇的有效机制。"十三五"规划纲要提出加强海岸带保护与修复,实施湿地修复工程与"蓝色海湾"整治工程。《"十三五"控制温室气体排放工作方案》提出了探索开展海洋等生态系统碳汇试点。《完善主体功能区战略和制度的若干意见》提出探索建立蓝碳标准体系及交易机制。在蓝碳交易领域,广东湛江红树林造林项目于2021年6月交易完成,系我国首个蓝碳交易项目。另外,《关于加快推进生态文明建设的意见》《全国海洋主体功能区划》《"一带一路"建设海上合作设想》等政策文件均提出加强海洋碳汇建设。我国先后提出"21世纪海上丝绸之路蓝碳计划"以及"全球蓝碳十年倡议",充分利用蓝碳应对气候变化。然而,在蓝碳保护领域,我国相关法治建设存在欠缺。加强蓝碳保护法治建设可以从蓝碳保护法律体系、蓝碳监管执法体系、蓝碳司法体系以及蓝碳守法体系等方面入手,构建蓝碳保护法治路径。

一、研究起点:全面理解“蓝碳”

(一)“蓝碳”:海洋生物捕获的碳

作为碳捕获的一种,“蓝碳”指的是海洋生物捕获的碳。实现碳中和既可以从减少碳排放入手,也可以从加强碳的捕获来实现。由化石燃料、生物燃料和林木燃烧产生的“褐碳”和“黑碳”是造成全球气候变暖的最大元凶。因此,实现能源转型及完成能源清洁化是实现碳中和目标的有效手段。加强碳捕获的途径主要包括“绿碳”和“蓝碳”。经过光合作用吸收并储存在植物与土壤里的碳称为“绿碳”,是缓解全球气候变化的重要途径。而“蓝碳”指的是海洋生物捕获的碳,由联合国环境规划署、粮农组织和教科文组织及政府间海洋学委员会于2009年发布的《蓝碳:健康海洋对碳的固定作用——快速反应评估报告》(以下简称《蓝碳报告》)提出的。《蓝碳报告》指出在世界上每年通过光合作用捕获的碳,55%由海洋生物捕获。“蓝碳”包括海岸带红树林、海草床、盐沼以及海洋微型生物等捕获的碳。现阶段,陆地增加碳汇已被纳入国家战略规划并取得一定的成效,而海洋增加碳汇正处于起步与探索阶段。

(二)保护和发展蓝碳的保障:加强海洋生态保护

健康的红树林、海草床及盐沼等海洋生态系统是保护和发展蓝碳的基础与保障。蓝碳包括海岸带红树林、海草床、盐沼以及海洋微型生物等捕获的碳。而加强海岸带红树林、海草床、盐沼等海洋生态系统的保护是海洋生态环境保护的重要方面。为了有效保护海洋生态系统,《海洋环境保护法》明确加强保护红树林、滨海湿地、海岛等具有典型性、代表性的海洋生态系统,对于具有经济、社会价值但遭到破坏的海洋生态系统,应对其进行整治和修复,体现了污染防治与生态建设并重,[1]这与保护和发展蓝碳不谋而合。因此,保护和发展蓝碳需要健康的海洋生态系统作为保障,而加强海洋生态保护有利于蓝碳的保护与发展。

---

[1] 参见马英杰、何伟宏主编:《中国海洋环境保护法概论》,科学出版社2018年版,第23页。

海岸带生态保护是保护和发展蓝碳的关键。海岸带生态系统蕴藏着巨大的碳库,其固碳量远远高于深海的固碳量,[1]是蓝碳的重要组成部分。其中,盐沼、海岸带红树林和海草床等生态系统具备很高的单位面积生产力和固碳能力,[2]其碳汇能力分别是亚马孙森林碳汇能力的10倍、6倍和2倍,是海岸带蓝碳的主要贡献力量,在实现碳中和与应对全球气候变化方面发挥着重要作用。海岸带植物生物量虽然只有陆地植物生物量的0.05%,但每年的固碳量却与陆地植物大体相当。海岸带蓝碳生态系统可以有效去除大气中的二氧化碳。海岸带生态系统凭借光合作用将二氧化碳以有机物的形式固存,从而去除大气中的二氧化碳。海岸带红树林、盐沼和海草牧场富余的有机碳产量埋藏在沉积物中,可存千年,是一种强大的自然碳汇。然而,人类活动以及气候变化带来的海平面上升、温度升高等一系列效应对海岸带蓝碳生态系统造成了严重破坏,影响蓝色碳汇。[3] 保护和发展海岸带蓝碳既要对现有海岸带蓝碳生态系统区域保护和管理,又要修复受损的海岸带蓝碳生态系统。[4]

保护和发展蓝碳将有效改变现有海洋生态保护的模式,实现从点状保护到全面保护转变。蓝碳生态系统关系着海洋生态系统的健康和稳定,是生态文明建设的重要内容,也是建设美丽中国的重要载体。发展蓝碳将催生海洋生态工程、生态养殖、生态旅游等新型发展,将创造出更为宜居优美的生存环境,促进经济可持续发展,实现海洋生态保护与发展海洋经济的协调。

(三)保护和发展蓝碳的目的:应对全球气候变化

全球气候变暖已成为事实。政府间气候变化专门委员会(IPCC)第六次评估报告第一工作组报告《气候变化2021:自然科学基础》显示,自1850~

---

〔1〕 参见章海波、骆永明等:《海岸带蓝碳研究及其展望》,载《中国科学:地球科学》2015年第11期。

〔2〕 参见李捷、刘译蔓等:《中国海岸带蓝碳现状分析》,载《环境科学与技术》2019年第10期。

〔3〕 参见王秀君、章海波等:《中国海岸带及近海碳循环与蓝碳潜力》,载《中国科学院院刊》2016年第10期。

〔4〕 参见周晨昊、毛覃愉等:《中国海岸带蓝碳生态系统碳汇潜力的初步分析》,载《中国科学:生命科学》2016年第4期。

1900年以来，全球地表平均温度已上升约1.1℃，并提出从未来20年的平均温度变化来看，全球温升幅度预计将达到或超过1.5℃。该报告提出除非立即、迅速以及大规模地减少碳排放，否则将升温限制在接近1.5℃或甚至是2℃将难以实现。有证据表明，虽然其他温室气体和空气污染物也能影响气候，但二氧化碳仍然是导致全球气候变化的主要元凶。

为了应对全球气候变化，国际社会制定了一系列国际条约。大气环境作为公地，且碳减排与其他环境问题不同，无论气候变化灾难的发生，还是碳减排效应的发生，都具有全球性。因此，相较于其他环境问题，应对全球气候变化的全球合作是极为迫切的。当前，有关应对气候变化的国际条约主要是在联合国气候大会组织下开展，形成了以《联合国气候变化框架公约》及其议定书、协议为主的框架。首先，于1992年通过的《联合国气候变化框架公约》，作为应对全球气候变化的主要国际公约，其目的是控制温室气体排放，促进全球气候相对稳定。其次，《京都议定书》《巴厘岛路线图》《哥本哈根协议草案》《德班协议》等都是国际社会为了应对全球气候变化而制定的国际规范性文件。最后，《巴黎协定》明确提出将全球平均气温升幅控制在工业化前水平以上低于2℃以内，并努力将气温升幅限制在工业化前水平以上1.5°C之内。

保护和发展蓝碳有助于减缓气候变化带来的负面影响。海洋是全球最大的碳汇体，发展蓝碳增加海洋碳汇是实现《巴黎协定》温控目标的重要途径之一。蓝碳生态系统具有有效提高沿海地区适应气候变化不利影响的能力。发展蓝碳不占用耕地资源，碳汇渔业可以通过减碳增汇的方式提供优质的食物，符合《联合国气候变化框架公约》提出的确保粮食生产免受威胁并促进经济可持续发展的目标。

二、保护、发展蓝碳与实现碳中和主要体现的法理

（一）实现环境权

环境权指的是自然人享有在良好生态环境中生存和发展的权利。[1] 环

---

〔1〕 参见邹雄：《论环境权的概念》，载《现代法学》2008年第5期。

境权具体包括:清洁空气权、采光权、宁静权、清洁水权、眺望权等。[1] 环境权主体具有代际性,即环境权不仅关注当代公民的环境利益,还关注后代人的环境利益。环境权是公共性与个体性的有机统一,即环境权具有公共利益性,但可以为个人享有并由个人行使。[2] 环境权具有全球属性,某些生态环境破坏引发的后果在时间和空间上具有持续性,导致环境问题不只是与某个或某些国家公民利益息息相关,而是与全人类环境利益关系密切。[3] 因此,个人享有的环境利益既要国家在国内相关主体间进行调整,也要通过国家合作在国际主体之间协调,如应对气候变化,必须要加强国际合作才能实现,否则各国家公民的环境权无法得到根本保障。[4]

保护和发展蓝碳与公众实现环境权休戚相关。首先,保护和发展蓝碳最终目的是为人们提供一个气候相对稳定的生存与发展环境,这与实现环境权具有一定契合性,属于实现环境权的一个方面。其次,保护和发展蓝碳与实现碳中和是对人们气候生态利益的保护,而实现环境权则是对公众生态利益的保护。环境权保护的是环境要素与环境生态系统为人们提供的生态利益,[5]而气候环境要素也被包含其中。最后,保护和发展蓝碳具有非排他性,需要加强合作共享。由于海洋、森林、大气等环境要素对全人类开放且不可或缺,环境权所保护的生态利益具有非排他性和共享性。[6] 为了实现碳中和与应对气候变化,推动将蓝碳纳入全球气候变化治理体系,革新全球气候治理理念以及完善发展蓝碳的制度体系,实现保护和发展蓝碳全球合作机制。总之,保护与发展蓝碳目的是为人们提供气候适宜的生存与发展环境,保障公众实现环境权。

---

〔1〕 参见杨朝霞:《论环境权的性质》,载《中国法学》2020 年第 2 期。

〔2〕 参见吴卫星:《环境权的中国生成及其在民法典中的展开》,载《中国地质大学学报(社会科学版)》2018 年第 6 期。

〔3〕 参见郭杰、张桂芝:《生态文明视域下环境权的内涵拓展》,载《东岳论丛》2020 年第 10 期。

〔4〕 参见肖峰:《论环境权的法治逻辑》,载《中国地质大学学报(社会科学版)》2020 年第 2 期。

〔5〕 参见赵明霞:《我国环境权实现问题探讨》,载《理论探索》2019 年第 3 期。

〔6〕 参见蔡守秋:《环境权实践与理论的新发展》,载《学术月刊》2018 年第 11 期。

（二）环境公平与正义

环境公平指的是人们享有生活在环境适宜而不受不利环境伤害的权利，包括代内公平、代际公平和种际公平等。环境公平将人作为价值主体，要求环境破坏的责任与环境保护义务相对应。[1] 在环境法律、法规和政策的发展、实施和执行方面，环境公平要求所有人均被公平对待和有效参与其中。[2] 实现环境公平可以通过加强环境公平的法治建设、构建环境公平的制度体系、推动生态文明建设和促进国际环境公平等方式来实现。[3] 气候环境公平属于环境公平的一方面，也可通过上述方式实现。

应对全球气候变化有助于实现气候环境代内公平与代际公平。首先，国际社会在应对气候变化方面存在气候环境代内不公平现象。由于大气的温室气体容量属于公地，本应由温室气体排放者所承担的治理责任和支付费用转由其他国家和其他社会成员承担，责任的被迫转嫁，造成了社会成员间在利用大气温室气体容量方面存在严重的不公平。其次，若当代人不能及时采取措施缓解全球变暖，国际社会同样会存在气候环境代际不公平现象。本应由当代人承担的治理责任却转嫁给后代人来承担，使当代人与后代人在利用大气的温室气体容量方面存在严重的不公平现象。由于应对气候变暖是一个复杂而长期的过程，随着全球气温的持续增高，后代人治理全球气候变化的投入也相继增加。因此，为了实现气候环境代内公平与代际公平，应充分考虑当代人和后代人的气候环境利益，加强保护蓝碳生态系统，合理开发利用蓝碳资源，防治蓝碳生态系统污染，满足当代人与后代人对相对稳定气候环境的需求。

正义属于一种形式上的平等，即同一范围或同一阶层的人受到同样的对待。正义是一种体制，需要用法治来维护。美国法学家庞德认为，正义意味着一种体制，是满足人类对享有某些东西或实现各种主张的手段，使大家尽

---

〔1〕 参见姜素红、杨凡：《环境公平涵义探析》，载《湖南社会科学》2011 年第 6 期。

〔2〕 参见曹明德：《环境公平和环境权》，载《湖南社会科学》2017 年第 1 期。

〔3〕 参见郑汉华：《论环境公平及其实现途径》，载《高校理论战线》2012 年第 11 期。

可能在最少阻碍和浪费的条件下得到满足。[1] 正义可以分为分配正义、矫正正义等。分配正义关注的是社会成员或群体成员之间权利、权力、义务和责任配置的问题；而矫正正义则在分配正义的规范被一个社会成员违反时开始发挥作用。[2] 气候环境正义也是如此，即人类平等地享有在气候相对稳定的环境中生存的权利；为了实现气候环境正义，应加强相关法治建设，满足人类对气候适宜环境的追求；气候环境分配正义同样关注社会成员或群体成员气候环境权利、权力、义务与责任配置，尤其是气候环境责任分配需符合公平、正义原则；若法律主体存在违法排放温室气体或不承担应对气候变化的义务等情形，矫正正义便能发挥作用。

保护和发展蓝碳有助于实现气候环境正义。保护和发展蓝碳作为应对气候变化的手段之一，能够促进气候环境正义的实现，保障人类生存在气候相对适宜的环境之中。为了实现气候环境正义，发展蓝碳与应对全球气候变化应加强国际合作，原因有：其一，从“公地悲剧”理论角度，大气的温室气体排放容量作为环境公地，任何人都可以进入，任何人都无法阻止资源浪费和破坏行为。其二，蓝碳是应对全球气候变化、生物多样性保护和可持续发展等全球性治理热点问题的汇聚点，发展蓝碳符合《联合国气候变化框架公约》《保护生物多样性公约》等多项国际公约的基本原则。其三，国际对蓝碳的作用和重要性已经达成共识，意识到蓝碳是应对全球气候变化的有效途径，能够保障人们生存环境气候适宜，进而推动实现气候环境正义价值。

（三）环境法学中的环境利益理论

在学界，环境利益的概念未形成统一认识。从本质上看，环境利益是环境对人类的有用性，是人们享有环境的天然功能。[3] 环境利益的实现方式之一是防治环境损害。[4] 保障环境利益的重任主要由环境法来完成，而环

---

〔1〕 参见张文显：《法哲学范畴研究》，中国政法大学出版社 2001 年版，第 203 页。

〔2〕 参见[美]E·博登海默：邓正来译：《法理学：法律哲学与法律方法》，中国政法大学出版社 1999 年版，第 267 页。

〔3〕 参见徐祥民：《论维护环境利益的法律机制》，载《法制与社会发展》2020 年第 2 期。

〔4〕 参见徐祥民、朱雯：《环境利益的本质特征》，载《法学论坛》2014 年第 6 期。

境法律的本质特征表现在对环境利益的直接、积极保障。[1] 保护和发展蓝碳是为了维护气候环境利益、维护气候环境公共利益以及保护生态环境利益。

首先,保护和发展蓝碳是为了维护气候环境利益。保护和发展蓝碳是应对全球气候变化的重要手段,也是维护气候环境利益的途径之一。蓝碳是利用海洋活动及海洋生物吸收大气中的二氧化碳,并将其固定在海洋中的过程。而二氧化碳是影响全球气候变化的最大因素,是引发一系列气候灾害的罪魁祸首。因此,保护和发展蓝碳的目的是为人们提供气候相对稳定的生存环境,维护气候环境利益。

其次,保护和发展蓝碳是为了维护环境公共利益。环境公共利益具有主体抽象性、利益普惠性、内容不确定性、易受侵害性等特征。[2] 气候环境利益作为环境公共利益的一种,也有上述特征:享有气候环境利益的主体具有不确定性;气候环境利益是由人类共享,具有非排他性;气候环境利益内容存在变数且难以确定;气候环境利益较为脆弱,易受到侵害。作为生态环境保护的一部分,保护气候环境利益需要充分考虑环境公共利益,避免出现“公地悲剧”。若对有关蓝碳的法律权利没有明确规定,蓝碳的产权等权利可能流于“国家所有,人人所有,又人人没有”以及“人人所有,人人没有;谁都应负责,谁都不负责”的状况。因此,保护和发展蓝碳的目的是维护环境公共利益,同样可能出现“公地悲剧”问题。

最后,保护和发展蓝碳与保护生态环境利益密不可分。保护和发展蓝碳不仅可以保护气候环境利益,而且可以保护其他相关生态环境利益,如海岸带红树林生态系统保护、盐沼生态系统保护等。保护和发展蓝碳不仅可以为人类生活提供物质资源,还可以为人们提供舒适的气候环境。清洁的空气和水是人类可持续发展必备要素,也是人们健康生活的基本需求。总之,保护和发展蓝碳与保护生态环境利益休戚相关。

---

〔1〕 参见何佩佩:《论环境法律对环境利益的保障》,载《广东社会科学》2017 年第 5 期。

〔2〕 参见朱谦:《环境公共利益的法律属性》,载《学习与探索》2016 年第 2 期。

三、保护和发展蓝碳的法治路径选择

为了形成较为完备的保护和发展蓝碳法治体系，从相关法律体系、监管执法体系、司法体系、守法体系角度出发，提出保护和发展蓝碳的法治路径建议。

（一）构建保护和发展蓝碳法律体系

目前，我国关于保护和发展蓝碳的法治建设处于起步阶段。在现有法律体系当中，保护和发展蓝碳没有直接的法律规定，但可以参考《海洋环境保护法》《环境保护法》《大气污染防治法》等法律。与一般环境保护法律规定不同，保护和发展蓝碳法律在立法目的、调整方式、调整对象等方面有自身特点。因此，构建保护和发展蓝碳法律体系是实现蓝碳立法专门化的需要，也是实现蓝碳法治化的基础，我国应从行政法、私法、社会法维度出发，构建保护和发展蓝碳法律体系。

1. 行政法维度：实现保护和发展蓝碳行政法律体系化、专门化

我国可以采用应对气候变化综合型立法模式〔1〕，其特征是将应对气候变化的基本目标和原则、管理机构、相关制度、法律责任等内容统一地规定在一部法律之中。〔2〕进而，建立以"应对气候变化法"为主导，以《行政处罚法》《行政许可法》《行政强制法》《行政复议法》《重大行政决策程序暂行条例》等为支撑，以《环境保护法》《海洋环境保护法》《大气污染防治法》《森林法》《自然保护区条例》《防治海岸工程建设项目污染损害海洋环境管理条例》《海岛保护法》《渔业法》《碳排放权交易管理办法（试行）》等为重要依托，以其他有关法律、法规、规章以及国际条约为重要补充的保护和发展蓝碳行政法律体系。为了实现保护和发展蓝碳行政法律体系化，从立法理念、行

〔1〕综合型立法模式是指在一国立法体系内，由国家最高立法机关制定的，对应对气候变化基本目标、温室气体减排量、基本原则、基本制度、监督管理以及法律责任等内容作总括性规定的法律文件。

〔2〕参见王灿发、刘哲：《论我国应对气候变化立法模式的选择》，载《中国政法大学学报》2015年第6期。

政法主体、行政行为、行政程序、行政监管以及相关蓝碳行政法律制度等角度出发，建立蓝碳行政法规制体系。

其一，立法理念：生态保护与环境义务。保护和发展蓝碳立法内容与一般生态保护立法内容具有一定的共通性。蓝碳生态系统保护是蓝碳立法关注的重点，包括海岸带红树林、海草床、盐沼等海洋生态系统保护。环境法中的环境义务主要表现为：通过规定环境义务性规范与违反这些义务规范需要承担相应的不利后果，以达到限制和约束对生态环境产生损害的人类活动，实现人与自然和谐共处的目标。[1] 我国《环境保护法》《海洋环境保护法》《大气污染防治法》等环境法律均采用了环境义务理念为立法主线，将环境义务作为保护和发展蓝碳行政立法理念，规定法律主体保护蓝碳的法律义务以及违反这些义务的不利法律后果。

为了应对气候变化与加强蓝碳保护法律更加专门化和精细化，我国应制定“应对气候变化法”，填补立法空白。将生态保护与环境义务理念作为“应对气候变化法”的立法理念，注重法律主体需承担应对气候变化与保护蓝碳的义务，形成以环境义务为主线的蓝碳保护行政法规制模式。

其二，行政法主体：行政主体与行政相对人。保护和发展蓝碳行政法主体包括行政主体和行政相对人。对于行政法主体的称谓，我国《行政诉讼法》第25条采用了“行政行为的相对人”，可以得出“行政相对人”是“行政行为”针对或指向的“相对人”，同样地，“行政主体”不是“行政相对人”的主体，而是“行政行为”的主体。[2] 如果要成为保护和发展蓝碳行政法的法律主体，必须满足参与蓝碳保护行政关系以及该行政关系受法律调整两个条件。可以将保护和发展蓝碳的行政主体定义为依法履行保护和发展蓝碳行政职能、可以独立完成保护和发展蓝碳行政任务、能依法作出影响行政相对人权利与义务的行政行为，并承担相应法律后果的组织。而保护和发展蓝碳行政相对人可以被定义为行政主体针对保护和发展蓝碳作出的行政行为影响其权益

〔1〕 参见唐绍均、蒋云飞：《环境法“义务重心”的理论证成与立法回应》，载《重庆大学学报（社会科学版）》2016年第2期。

〔2〕 参见曾祥华：《中国行政主体理论再评析》，载《甘肃政法学院学报》2019年第1期。

的组织和个人。

其三,行政行为:具体行政行为与抽象行政行为。环境行政行为是环境行政法律秩序的核心。因此,强化保护和发展蓝碳行政行为的规制是蓝碳行政法律体系建设的重要方面。行政行为可以分为具体行政行为和抽象行政行为。保护与发展蓝碳的具体行政行为可以定义为具有保护和发展蓝碳行政职权的机关、组织及其工作人员作出的对公民、组织的权益产生实际影响的行为以及相应的不作为。而保护与发展蓝碳抽象行政行为的含义是为了保护和发展蓝碳,在有关蓝碳规制领域确有必要且不违背法律法规的情况下,蓝碳行政机关可以制定针对不特定的人和事的、普遍适用的规范性文件。为了实现保护与发展蓝碳具体行政行为法治化,在"应对气候变化法"中,应明确规定蓝碳行政机关针对有关违法行为可以采取的具体行政措施包括:对于违反法律法规规定的排放污染物的组织,造成或者可能造成蓝碳生态系统污染破坏,可以对有关设施、设备、物品采取查封、扣押等行政强制措施;对污染蓝碳生态的行为,采取责令限期改正、罚款等措施,拒不改正的,责令停产整治;对于实施严重污染蓝碳生态行为的组织,采取责令停业、关闭等措施;没收违法所得等。

其四,行政程序:行政法治实现的保障。正当行政程序对行政机关行政权力起到事中控制的作用,相较于立法的事前控制以及司法事后控制更加直接有效。因此,为了实现蓝碳行政法治化,构建通过正当行政程序约束权力的机制是行政行为科学性、合理性的保障。保护和发展蓝碳行政程序正当性的制度设计可以包括:政府蓝碳信息公开和告知机制;决策者保证中立性;听取意见或者听证制度;蓝碳行政决策说明理由;将专家论证、合法性审查、风险评估、公众参与和集体讨论决定作为重大事项行政决策的必经程序;[1] 相关蓝碳行政执法环节和步骤;有关蓝碳保护的行政指导、行政调解、行政资助、行政合同、行政服务、行政奖励作为行政管理程序重要部分等。

---

〔1〕 参见莫于川:《通过完善行政执法程序法制实现严格规范公正文明执法》,载《行政法学研究》2014 年第 1 期。

注重权利制约权力的作用。拓宽公民参与蓝碳保护行政事务的渠道是权利制约权力的有效途径。公众参与制度是公众通过发表意见、评论、表明利益诉求等方式参与并对公共政策和公共治理产生一定影响的制度,其实质是一种协商性民主。[1] 后工业社会环境下的行政管理者对公共事务的管理是开放合作的,需和其他社会治理主体加强合作,履行治理公共事务的职责。[2] 因此,为了充分保障公民参与蓝碳行政监管,应保护和发展蓝碳公众参与制度建设。具体公众参与制度可以包括:制定环境行政管理领域公众参与详尽的适用细则[3],维护公众的环境参与权;加强蓝碳保护行政信息公开;拓宽公众参与蓝碳行政决策与监管的渠道等。将公民环境权法定化亦是权利制约权力的途径之一。赋予公民公民环境权能达到限制和抵御国家权力可能带来的环境侵害的目的。[4] 通过法定程序保障公民充分参与到保护与发展蓝碳行政监管当中,达到维护公民程序性环境权的目的。蓝碳保护程序性环境权主要包括蓝碳行政公众参与决策权、蓝碳事务参与权、公众蓝碳知情权、公众监督权等。

其五,行政监管:建立健全蓝碳监管机制。蓝碳监管机制的主要内容包括:第一,蓝碳监管的主要立法内容。为了实现蓝碳监管机制法治化,在“应对气候变化法”之中,应规定蓝碳监管主体、监管方式、监管程序、监管责任、公众参与监管机制、监管范围等事项。第二,蓝碳监管内容。蓝碳监管内容主要包括:对蓝碳生态有影响的项目,应当依法进行环境影响评价;建立排污许可制度,按照规定在蓝碳保护区域设置排放口;实施海草床、海岸带红树林、盐沼等典型蓝碳生态系统碳储量调查评估;建立和完善蓝碳污染损害评估制度;蓝碳生态系统修复制度;拓宽公众参与蓝碳监管的民意渠道;蓝碳生

---

[1] 参见周珂、史一舒:《环境行政决策程序建构中的公众参与》,载《上海大学学报(社会科学版)》2016 年第 2 期。

[2] 参见王锋:《行动者:治理转型中的行政主体》,载《行政论坛》2018 年第 5 期。

[3] 参见于晶晶:《行政正当程序视角下环境公众参与制度的规范与完善》,载《中国环境管理》2021 年第 1 期。

[4] 参见谢海波:《论我国环境法治实现之路径选择——以正当行政程序为重心》,载《法学论坛》2014 年第 3 期。

态区域定期检查制度等。

其六,保护和发展蓝碳的主要行政法律制度。保护和发展蓝碳的主要行政法律制度包括:新建项目蓝碳生态环境影响评价制度;保护和发展蓝碳规划制度;对严重污染蓝碳生态的工艺、设备和产品实行淘汰制度;蓝碳保护区域相关企业污染物与温室气体排放报告制度和政府蓝碳生态系统污染源清单编制制度;海洋蓝碳交易机制;尝试综合性生态补偿机制运用于蓝碳保护领域。

新建项目蓝碳生态环境影响评价制度。在蓝碳生态保护和应对气候变化方面,"应对气候变化法"应规定蓝碳保护事前预防制度,评估新建项目对蓝碳生态环境的影响,设定相关项目蓝碳保护的门槛。因此,将《环境影响评价法》中建设项目环境影响评价制度应用于蓝碳保护领域,达到事前预防蓝碳生态污染破坏的效果。参照《环境影响评价法》,对新建项目蓝碳生态环境影响评价制度实行分类管理,可分为可能造成重大环境影响、可能造成轻度环境影响、对环境影响很小三类。新建项目蓝碳生态环境影响评价工作可以分为规划和建设项目实施后两个阶段,对可能造成的蓝碳生态环境影响进行分析、预测和评估,提出预防或者减轻措施并进行跟踪监测。

保护和发展蓝碳规划制度。在我国提出实现碳达峰、碳中和的背景下,我们应充分认识到保护和发展蓝碳对实现碳中和的重要作用,科学合理规划保护和发展蓝碳的近期及中长期措施和预期目标,为应对全球气候变化提供中国方案。为了保护与修复蓝碳生态系统,生态环境部门规划好所需的科学技术、人才支撑、政策法规、保护和发展蓝碳的试点工作以及与海洋生态保护的衔接、调整等措施。制定政府、企业、公民等主体保护与发展蓝碳的具体措施,形成长效蓝碳保护行动规划机制。

对严重污染蓝碳生态的工艺、设备和产品实行淘汰制度。建立严重污染蓝碳生态的工艺、设备和产品黑名单,适用于蓝碳重点保护区域,逐步淘汰老旧且严重破坏蓝碳的生产工艺、设备与产品。对严重污染蓝碳生态的工艺、设备和产品实行淘汰制度不仅有利于应对全球气候变化,而且有利于海洋生态保护,尤其是对海岸带红树林、海草床、盐沼等生态系统的保护。

蓝碳保护区域相关企业污染物、温室气体排放报告制度和政府蓝碳生态系统污染源清单编制制度。在蓝碳保护区域,建立相关企业污染物与温室气体排放报告制度有利于生态环境部门实时了解蓝碳污染重要来源的动态,并据此作出科学合理的行政决策。相关企业将污染物与温室气体排放的具体数据报告到监管机关之后,蓝碳监管机关将这些数据整理汇总,进而编制蓝碳生态系统重要污染源清单,形成蓝碳生态系统污染源大数据分析机制,为科学行政提供数据支撑。

海洋蓝碳交易机制。海洋蓝碳交易领域主要涉及渔业碳汇与沿海生态系统碳汇。在沿海生态系统蓝色碳汇领域,国际社会出台的规范性文件包括:国际碳减排核证机构出台的《创造沿海湿地方法学》和《修复潮汐湿地与海藻方法学》(2014年)、联合国环境规划署制定的《沿海蓝碳的碳储存与排放因子计算方法手册》(2014年)、联合国政府间气候变化专门委员会出台的《国家温室气体排放清单湿地增补指南》(2014年)等。包括美国在内的一些国家也在蓝碳交易领域出台了一系列政策与法律。然而,在蓝色碳汇交易领域,我国相关法律制度建设处于空白。因此,我国应加快海洋蓝碳交易法律制度构建,其制度设计主要包括:引入蓝碳项目环境影响评价制度,原因是蓝碳项目为了应对全球气候变化以及实现最优经济生态价值,可能忽略相关项目实施损害其他环境效益;制定蓝碳的核算与核证方案,可以在不同沿海地方进行试点,沿海地方政府制定本地区的蓝色碳汇核算标准,如广西于2016年制定的《红树林生态系统固碳评估章程》;建立蓝碳产品交易与市场监管机制,通过专门机构进行蓝碳市场运行管理,监管市场准入、碳抵消信用产品的公平竞价等,推动建立蓝碳市场信息披露规则。[1]

尝试综合性生态补偿机制运用于蓝碳保护领域。[2] 2014年修订的《环境保护法》首次纳入生态补偿制度,为综合性生态补偿机制运用于蓝碳保护领域奠定基础。建立蓝碳生态补偿机制应包括:加强蓝碳储量的监测、蓝碳

---

〔1〕 参见潘晓滨:《中国蓝碳市场建设的理论同构与法律路径》,载《湖南大学学报(社会科学版)》2018年第1期。

〔2〕 参见林婧:《蓝碳保护的理论基础与法治进路》,载《中国软科学》2019年第10期。

价值评估及蓝碳领域固碳增汇技术运用，规定蓝碳补偿主体、监测评估、补偿对象、资金来源、补偿方式、补偿标准、监管考核等。

2. 私法维度：健全蓝碳保护私法规制体系

《民法典》中的绿色原则与分编的绿色条款以及形成的绿色规则共同组成“绿色规范”体系。〔1〕《民法典》是我国蓝碳保护私法规制主要法律依据，其规定的绿色原则、规则为私主体参与生态保护提供法律依据。其中，作为《民法典》调整民事活动与民事关系的基本原则，绿色原则具有价值引领功能、法律教化功能与裁判指引功能。〔2〕而绿色规则是通过“绿色物权”一系列制度确立对环境私益与公益的双重保护；通过“绿色合同”规则规定合同履行需要尽到的环保义务；通过“绿色责任”进一步提升环境污染违法成本。〔3〕《民法典》的绿色条款本质上是私主体需要遵守法律规范，并不能认为其具有环境公法性质。因此，相关民事主体实施民事活动仍需遵循意思自治原则，但要履行生态环境保护的注意义务。在蓝碳保护领域，私主体从事民事活动需尽到蓝碳生态保护的注意义务，尽量减少温室气体的排放，保护蓝碳生态环境。

为了加强蓝碳私法保护，我国应加强《民法典》绿色条款的解释工作以及解决如何将《民法典》绿色条款与其他环境保护法律衔接，提高《民法典》适用于蓝碳保护领域的效用，形成蓝碳私法规制适用体系。

其一，为了明确蓝碳私法保护外延，应加强《民法典》绿色条款的解释工作。加强《民法典》绿色条款的解释，树立习近平生态文明思想，发挥绿色原则引领环境法律规制的作用，把握立法原意与精神，推动《民法典》效用最大化。〔4〕解释《民法典》绿色条款可以通过归纳总结近期法院审判环境案件的

---

〔1〕参见吴良志：《我国〈民法典〉“绿色规范”之解释：“绿色原则”类型化及其展开》，载《中国地质大学学报（社会科学版）》2021 年第 3 期。

〔2〕参见吴勇：《民法典的绿色特质与未来意义》，载《湘潭大学学报（哲学社会科学版）》2020 年第 4 期。

〔3〕参见吕忠梅：《实施〈民法典〉绿色条款的几点思考》，载《法律适用》2020 年第 23 期。

〔4〕参见陶凯元：《以习近平生态文明思想为指引切实贯彻实施〈民法典〉绿色条款》，载《法律适用》2020 年第 23 期。

实践经验，整合最高人民法院制定的有关环境公法保护与环境私法保护的司法解释，实现从实践探索到理论归纳，进而出台贴合实践的相关司法解释。[1] 例如《民法典》在合同履行过程、生态损害民事赔偿、用益物权人行使权利、设立建设用地使用权等方面仅规定的是原则性规范，需要结合司法实践与立法原意出台司法解释。在蓝碳私法保护领域，私主体在履行相关合同时应尽到哪些蓝碳生态保护的注意义务，在蓝碳生态保护区域设立建设用地使用权需明确尽到哪些环境保护义务以及违反国家规定造成生态环境损害的修复与赔偿如何适用于蓝碳保护领域等都需要作进一步的解释适用。

其二，为了实现蓝碳保护公法与私法的有效衔接，制定司法解释实现《民法典》绿色条款与环境公法的衔接与适用是关键。然而，对于《民法典》绿色条款与环境公法的衔接问题，我国至今未出台有关司法解释进行明确。出台该司法解释不是改变上位法的实质性内容，而是解决有关环境保护私法与公法衔接与适用问题。在蓝碳保护领域，对现行有关蓝碳生态保护的法律进行系统梳理，并按照从“功能协同”到“权利协同”的思路构建蓝碳保护民事权利体系，实现蓝碳生态公法保护与私法保护的有效衔接。例如在蓝碳生态保护区域设立建设用地使用权之时，司法解释可以规定《民法典》的调整外延以及相关民事主体需明确尽到哪些环境保护义务，规定哪些情形由相关环境公法规制。事实上，由于《民法典》本质上是私法，其调整的是私主体的民事活动与民事关系，《民法典》的绿色条款是私主体从事民事活动之时所需要尽到的环境保护注意义务，并非具有公法性质的条款。例如，绿色原则条款规定的“民事主体从事民事活动”表明受该条款调整的主体和客体具有民事属性，不能对该条款进行公法上的评价。[2] 因此，因民事主体从事民事活动造成了蓝碳生态污染破坏，有关违法行为仍受到环境公法的规制。

其三，“应对气候变化法”中蓝碳保护条款对《民法典》绿色规则的回应。《土壤污染防治法》第 96 条、《固体废物污染环境防治法》第 5 第、第 123 条、

---

〔1〕 参见吕忠梅：《〈民法典〉“绿色规则”的环境法透视》，载《法学杂志》2020 年第 10 期。

〔2〕 参见巩固：《〈民法典〉绿色原则司法适用初探》，载《法律适用》2020 年第 23 期。

《大气污染防治法》第125条等环境法均规定了环境污染造成他人人身与财产损害的依法应当承担不利后果,而所依照的法律为民事或刑事有关规定。[1] 在蓝碳保护领域,“应对气候变化法”应规定公众参与原则,注重个人参与蓝碳保护的作用,明确个人蓝碳生态保护义务以及违反蓝碳保护法律规则所要承担的民事责任,回应《民法典》的绿色条款。

3.社会法维度:建立健全蓝碳保护社会法保障体系

对于社会法的概念,学界与实务界未达成共识,但社会法是调整政府与社会之间和不同社会部分之间的法律,其最终目的在于保障民生,提升大众幸福感。[2] 社会法的价值取向为追求公平正义,重点内容为改善民生,根本目标为实现社会和谐。[3] 近年来的社会法主要突出国家与社会承担帮扶义务,履行教育促进、社会维权、社会扶持等社会性质的义务。[4] 鉴于我国已有社会法体系以及未来规划,社会法体系包括劳动法、社会保障法和特殊群体权益保障法等方面的法律体系。[5] 如今,我国已经制定了《社会救助暂行办法》《自然灾害救助条例》《清洁生产促进法》等社会性质的法律法规。然而,在蓝碳保护领域,我国未出台相关社会性质的法律法规。为了保障民生以及人民福祉,我国应建立蓝碳保护社会法体系,加强蓝碳保护宣传教育立法、保护与发展蓝碳项目促进立法等。

其一,蓝碳保护宣传教育立法。为了加强蓝碳保护宣传教育,可以以部门规章的形式出台蓝碳保护宣传教育法。蓝碳保护宣传教育法的主要内容包括:一是立法目的为应对全球气候变化,保护蓝碳生态环境,利用蓝色碳汇的作用,增强人们蓝碳保护意识,实现全民低碳生活。二是蓝碳保护宣传主体为生态环境部门、环境保护公益组织、官方媒体、基层自治组织等。三是蓝

---

〔1〕 参见张式军、田亦尧:《后民法典时代民法与环境法的协调与发展》,载《山东大学学报(哲学社会科学版)》2021年第1期。

〔2〕 参见栗燕杰:《论社会法与其他法律部门的关系》,载《内蒙古社会科学》2020年第3期。

〔3〕 参见杨思斌:《社会法的概念辨析与体系框架》,载《学习论坛》2020年第8期。

〔4〕 参见汤黎虹:《社会法的本质:“扶权论”的理论视角》,载《江淮论坛》2015年第5期。

〔5〕 参见汪敏:《中国社会法体系的内部结构:规划与梳理》,载《内蒙古社会科学》2020年第3期。

碳保护宣传内容主要有蓝碳对应对气候变化的作用、蓝碳包括哪些海洋生物碳汇、全球气候变暖带来的危害、企业与个人蓝碳保护的具体措施、低碳生活的形成方式等。四是蓝碳保护宣传方式应多样化，包括开设蓝碳保护课程，设计并推广蓝碳宣传标语，有关媒体宣传等。

其二，保护与发展蓝碳项目促进立法。我国制定了《环境保护法》《海洋环境保护法》《防治海岸工程建设项目污染损害海洋环境管理条例》《渔业法》等法律法规，可作为保护海岸带红树林、盐沼、海草床等生态系统保护的法律依据。但对于保护和发展蓝碳项目促进领域，我国尚未出台相关法律法规。因此，为了保护和发展蓝碳及应对气候变化，保护和发展蓝碳项目促进立法势在必行，其立法内容主要包括：一是立法目的是应对全球气候变化，发展蓝碳项目，利用海洋碳捕获的高效作用，实现经济效益和生态效益。二是保护和发展蓝碳项目规划和实施主体主要是政府有关部门、企业等。三是保护和发展蓝碳具体项目包括海洋生态渔业、海岸带红树林生态旅游区建设、盐沼生态保护区建设、海草床生态经济建设等。

（二）完善保护和发展蓝碳执法监管体系

2018 年，国务院机构进行改革，组建生态环境部，将应对气候变化和碳减排职责统归到生态环境部。现阶段，全国各省级单位均成立了以省级行政首长为组长的应对气候变化领导小组，建立了省内部门分工协调机制。保护和发展蓝碳作为应对气候变化的重要途径之一，其监管执法机关主要是生态环境部门。根据相关法律规定，相关部门可通过蓝碳生态系统污染与破坏行为的行政规制、蓝碳交易市场的监管、蓝碳生态监管与海洋生态监管的协调等对蓝碳进行执法监管。

其一，蓝碳生态系统污染与破坏行为的行政规制。生态环境部门可以通过行政处罚、行政强制执行、行政监督检查等方式对蓝碳生态系统污染与破坏行为进行行政规制。一是行政处罚。行政处罚主体主要是生态环境部门；处罚对象是对蓝碳生态系统实施污染与破坏行为的企业与个人；处罚方式有对有关设施、设备、物品采取查封、扣押等行政强制措施，对污染蓝碳生态的行为责令限期改正、罚款等措施；行政处罚的处罚程序可以参照《行政处罚法》以及“应对气候变化法”等法律、法规和规章。二是行政强制执行。环境行政强制执行是环境行政管理相对人故意不履行环境义务之时，环境行政机关采取的必要强制措施。[1] 当行政相对人不执行蓝碳保护义务或者不履行蓝碳污染处罚决定之时，生态环境部门可以采取法律明确规定的强制措施，具体包括：对蓝碳生态造成污染的设施强行拆除、强行停产、强制关闭等；因蓝碳污染破坏行为处罚款，但期限内无正当理由未缴纳，进行强制扣缴等措施。三是行政监督检查。行政监督检查主要针对的是守法与环境执法监督检查。在蓝碳生态保护区域，对重点企业和重点污染源进行定期监督检查，对行政处罚决定的执行情况进行定期抽查。

其二，蓝碳交易市场的监管。讨论监管蓝碳交易市场之前，需明确建立蓝碳交易市场的可行性。在碳排放权交易领域，全国碳排放权交易已于2021年7月16日正式开市。然而，我国现阶段未建立蓝碳交易市场，其中一个重要原因是蓝碳的产权未得到明晰。蓝碳产权能否买卖交易以及能否对其行使抵押、质押的权利；作为特殊的财产权利标的物，蓝碳产权属于“用益物权”还是“准物权”，这些问题在学界存在较大争议。[2] 我国正处于蓝碳交易市场试点阶段，并积累了一定经验。2021年6月，广东湛江红树林造林项目交易完成，系我国首个蓝碳交易项目，其符合核证碳标准（Verified Carbon Standard，VCS）和气候社区生物多样性标准（Climate，Community and Biodiversity Standard，CCB）。建立蓝碳交易市场监管体系可以从以下方面着手：一是蓝碳交易的初始分配与交易方式。目前，碳排放权初始分配包括无偿和有偿，而碳排放权交易包括交易和拍卖。蓝碳交易也可采取上述初始分配和交易方式。二是蓝碳交易监管机制的立法确认。在“应对气候变化法”之中，应规定建立蓝碳交易市场及相关监管机制，原则性规定蓝碳保护的相关事项。尝试出台蓝碳交易监管机制的部门规章，专门规定蓝碳交易实体性和程序性条款，作为蓝碳交易市场的主要法律依据，为出台全国统一碳排放

---

〔1〕 参见周珂主编：《环境与资源保护法》，中国人民大学出版社2015年版，第87页。

〔2〕 参见白洋、胡锋：《我国海洋蓝碳交易机制及其制度创新研究》，载《科技管理研究》2021年第3期。

权交易监管法律法规奠定基础。三是蓝碳交易监管机制的内容。监管机构可以由行政机关专门设立机构担任也可授权其他组织担任。为了蓝碳交易更加市场化和避免行政过多干预,可以授权有资质的组织作为蓝碳交易市场的监管机构。〔1〕监管内容主要包括蓝碳项目的市场准入、实物交割、碳抵消信用产品的公平竞价等。此外,为了蓝碳交易过程透明化,应建立健全蓝碳市场信息披露制度。

其三,蓝碳生态监管与海洋生态监管的协调。《海洋环境保护法》(2023修订)规定,为了对特殊海洋生态区域进行严格保护,在生态环境敏感区、重点海洋生态功能区和脆弱区等海域划定生态保护红线。《海洋环境保护法》(2023修订)规定的重点海域排污总量控制制度、引入新物种严格科学论证制度以及防治海岸工程建设项目对海洋环境的污染损害等均适用于蓝碳生态保护区域。这一系列海洋生态保护制度为蓝碳监管划定了界限,在制定蓝碳监管法律法规之时,应避免跨越生态红线,避免蓝碳建设项目对海洋环境的污染损害,引入蓝碳新物种应严格进行科学论证,实现海洋生态价值、应对气候变化的环境利益以及经济利益的协调。

（三）健全保护和发展蓝碳司法体系

健全保护和发展蓝碳司法体系首要解决有关蓝碳案件可诉性问题,进而提出建立健全蓝碳案件诉讼机制的建议。

1. 有关蓝碳案件可诉性分析

建立健全保护和发展蓝碳司法体系的首要问题需讨论有关蓝碳案件的可诉性。有关蓝碳案件主要包括直接针对蓝碳生态污染破坏提起诉讼、蓝碳交易纠纷产生的诉讼以及有关蓝碳的行政诉讼等。首先,直接针对蓝碳生态污染破坏提起诉讼。蓝碳生态污染破坏案的诉讼标的为海洋生物的蓝色碳汇功能受到减弱,其诉讼目的是缓解全球气候变暖。显然蓝碳生态污染破坏诉讼维护的是全球气候环境利益,属于公共利益的一种。因此,蓝碳生态污

〔1〕参见潘晓滨:《中国蓝碳市场建设的理论同构与法律路径》,载《湖南大学学报(社会科学版)》2018年第1期。

染破坏诉讼应当认定为环境公益诉讼的一种。其次,蓝碳交易纠纷产生的诉讼。此时,蓝碳交易纠纷主要发生在私主体之间,维护的是私主体的利益。将蓝碳当成一种商品进行交易,因此此种诉讼应当被认定为民事诉讼。最后,有关蓝碳的行政诉讼。有关蓝碳的行政诉讼主要包括一般行政诉讼和行政公益诉讼。关于前者,《行政诉讼法》第 2 条第 1 款规定,法院受理公民、法人或其他组织认为行政机关的行政行为侵犯了其合法权益的诉讼。此时,蓝碳监督管理机关的行政行为侵犯的具体法律主体的合法利益,不涉及公共利益,属于一般行政诉讼。关于后者,参照《行政诉讼法》关于一般行政公益诉讼的规则,人民检察院有权提起诉讼,但需要履行前置程序。[1] 此时,蓝碳监督管理机关的行政行为侵犯的是国家利益和社会公共利益。

2. 建立健全有关蓝碳案件诉讼机制

首先,蓝碳损害民事公益诉讼。参考一般环境公益诉讼制度规定,将蓝碳损害民事公益诉讼制度规定在"应对气候变化法"之中。具体制度包括:原告主体范围为行使蓝碳生态监督管理权的机关以及依法在设区的市级以上人民政府民政部门登记,专门从事环境保护公益活动连续 5 年以上且无违法记录的环境公益组织;蓝碳损害民事公益诉讼的索赔范围为损害发生到修复完成期间的生态服务功能损失、生态环境功能永久性损害的损失、损害调查评估费、清污费、修复费用、防止损害发生和扩大的费用等;蓝碳生态污染损害民事公益诉讼程序可参照《民事诉讼法》等法律法规;行使蓝碳生态国家监督管理权的机关诉权可主要由设区的市级生态环境部门行使。其次,蓝碳交易纠纷产生的私益诉讼可参照一般民事诉讼的规定。最后,有关蓝碳的行政公益诉讼。检察机关应当积极发现蓝碳监督管理机关的违法行为和不作为,为了维护国家利益和社会公共利益,提出检察建议,当蓝碳监管机关不履行职责时,人民检察院应当依法提起蓝碳行政公益诉讼。

---

〔1〕 参见《行政诉讼法》第 25 条第 4 款规定,人民检察院在履行职责中发现生态环境和资源保护、食品药品安全、国有财产保护、国有土地使用权出让等领域负有监督管理职责的行政机关违法行使职权或者不作为,致使国家利益或者社会公共利益受到侵害的,应当向行政机关提出检察建议,督促其依法履行职责。行政机关不依法履行职责的,人民检察院依法向人民法院提起诉讼。

3. 蓝碳民事、行政公益诉讼与一般海洋生态环境民事、行政公益诉讼的协调

蓝碳公益诉讼与海洋生态环境公益诉讼避免不了出现适用与协调问题，需要应对与解决。首先，蓝碳损害民事公益诉讼与一般海洋生态环境民事公益诉讼的协调。由于蓝碳吸收二氧化碳的载体是海岸带红树林、盐沼、海草床等海洋生态系统，当这些海洋生态系统受到污染破坏之时，不可避免的蓝碳也受到损害，海洋生态环境公益诉讼适用于该海洋生态环境损害案件，而蓝碳民事公益诉讼也同样适用于该案，这时如何协调二者之间的关系是需要解决的。值得注意的是，二者不存在案件重复处理问题，因为诉讼标的和诉讼目的均不重合。一个解决方案为将蓝碳民事公益诉讼与海洋生态环境民事公益诉讼合并审理，将原告适格范围尽量调整一致，二者索赔范围分别计算索赔。其次，蓝碳行政公益诉讼与一般海洋生态环境行政公益诉讼的协调。同理，二者相关诉讼标的和诉讼目的均不重合，检察机关可分别针对蓝碳损害和一般海洋生态环境提出检察建议，蓝碳监督管理机关不履行职责时，向人民法院提起诉讼。解决方案同样为将二者合并审理，两者索赔范围分别计算索赔。

（四）形成良好的保护和发展蓝碳守法体系

环境守法主体包括政府、企业、其他组织、公民等。而在保护和发展蓝碳领域，我们主要讨论与蓝碳保护密切相关的政府、企业和公民。

1. 政府及其官员守法机制

一是将包括蓝碳保护在内的生态环境法律法规纳入其守法范围。有关政府机关及其工作人员在行使权力时要遵循有关蓝碳保护法律规范。积极引导政府工作人员遵循蓝碳保护法律规范，减少蓝碳污染和破坏，开展绿色低碳政府评价。二是确保有关蓝碳行政的程序化、法治化以及透明化。为了实现蓝碳行政的合法化与正当化，加强蓝碳行政政务信息公开，发挥社会监督的作用，确立蓝碳行政决策的公众参与机制。三是政府蓝碳保护守法要坚持党政领导以及注重生态环境部门公务人员守法。在生态守法层面，加强生态守法的有效途径之一是将生态保护守法作为政府职责的一部分，建立跨行

政区、跨部门生态环境守法协作机制。[1] 在蓝碳保护领域,负有监管职责的生态环境部门应当将蓝碳保护作为其职责之一,积极建立跨区域以及与其他部门蓝碳守法的合作与协调机制。强化生态环境部门服务行政,积极指导公民和企业蓝碳保护守法也应是生态环境部门的职责之一。四是生态环境部积极制定蓝碳守法导则。我国环境保护守法导则主要涉及环境治理技术指南、环境法律与政策要求、企业内部的环境管理制度等。[2] 为了保障相关主体蓝碳守法,制定蓝碳生态区域治理技术指南、蓝碳保护法律与政策要求、相关企业内部的蓝碳保护管理制度以及公众蓝碳守法具体途径等。

2. 企业守法机制

引导并形成良好的蓝碳企业守法机制可以从加强行政监管、经济激励、企业自律以及社会监督等方面着手。一是加强行政监管促进企业守法。通过加强保护和发展蓝碳立法、实施、检查和各种行政措施相配合,达到监控企业破坏蓝碳生态的目的,从而促使企业成为蓝碳保护的守法者。运用行政权强制企业成为良好的守法者是环境法的传统途径,也是我国最为主要的监管企业守法的方式。[3] 二是通过经济激励手段促进企业守法。经济激励手段主要包括:税收优惠、技术援助、绿色信贷、财政补贴、环保奖励等。运用经济激励手段,推动企业主动提供保护和发展蓝碳的守法积极性,激发企业承担蓝碳保护环境责任。三是企业自律守法。加强企业蓝碳保护意识宣传教育,建立企业内部蓝碳保护制度体系,积极进行蓝碳保护相关培训。四是社会监督。社会监督包括环保组织、社会媒体以及公众等主体的监督。在蓝碳保护领域,环保组织、公众、媒体等主体应积极行使监督权利,运用外部监督的督促作用,推动企业主动规范有关蓝碳的行为以及积极承担蓝碳保护的社会责任。

---

〔1〕 参见肖爱:《生态守法论——以环境法治的时代转型为指向》,载《湖南师范大学社会科学学报》2020 年第 2 期。

〔2〕 参见邓可祝:《环境合作治理视角下的守法导则研究》,载《郑州大学学报(哲学社会科学版)》2016 年第 2 期。

〔3〕 参见陈瑾、程亮等:《关于构建企业环境守法引导机制框架的思考》,载《中国环境管理》2017 年第 5 期。

3. 公众守法机制

公众主体可能成为蓝碳生态系统的破坏者,也可能成为蓝碳生态系统的守护者。若公众主体要成为积极的蓝碳守法者,政府与社会需对公众进行积极引导和教育,培养公众自身环保意识。健全公众蓝碳保护守法机制可以从以下方面入手:一是加强蓝碳保护相关法治宣传教育,达到引导、教育公众积极守法的目的;二是政府和环保公益组织积极组织蓝碳保护的公益活动,借助媒体、网络等平台宣传蓝碳保护守法实践方式;三是公众通过积极参与蓝碳保护立法、行政决策、公益诉讼等活动,深入了解蓝碳保护的重要性和法治路径,进而增强蓝碳守法意识,做一个积极的守法者。

四、结语

全球气候变化是当今人类社会共同面临的巨大挑战。因此,人类应共同应对气候变化,构建人类命运共同体,实现经济社会可持续发展。而海洋是地球上最大的碳库,在应对气候变化方面具有举足轻重的作用。我国应积极发展蓝碳事业,拓展面向海洋的蓝色碳汇空间,增强我国在国际应对气候变化领域的话语权。在法治领域,加强保护与发展蓝碳法治路径的探索,建立符合我国国情的蓝碳法治体系。此外,探索保护和发展蓝碳的有效路径,加强科技、教育、经济、财政等领域的支撑,形成全方位、多路径、共努力的保护和发展蓝碳治理体系。

蓝碳预防性保护路径研究*

徐榕苑**

摘　要:“双碳”目标下的蓝碳保护体系呈现出规制不健全、涉足不周延的现状,现行生态保护视域下,司法事前防控主要依靠公益诉讼、事后救济和预防功能、把控“上游”利益链条民商事风险等手段达成法益的圆满性维护,但目前法院对蓝碳救济与各污染既成前防控路径结合之必要性觉察程度不足,并且囿于“重大风险”的认定依据单一、因果链条窄短等原因,无法完全扩张预防性司法的适用范围,因此可对事前保护制度内容再解释,强调情感价值的导向作用,借助执法协同内含的防控效能,期冀通过糅合体现硬性规则与柔性价值的最大功效,体现环境司法以预防为主的基本理念。

关键词:蓝碳　预防性措施　重大风险　因果链条

一、蓝碳预防保护之国内静态规范维度

(一)梳理立法突出蓝碳保护重要性

为了促成“双碳”目标,国内从法律、规范性政策等多维度分别作出系列规定。2013 年修正的《渔业法》指出对渔业碳汇重要性的分级保护。2016 年修正的《水法》指出对于水生生物保护的重视。2020 年发布的《长江保护法》鼓励绿色金融运行并引入水资源发展中专家技术咨询机制。2021 年发布的《海南自由贸易港法》提出对碳衍生品交易的倡导性支持。2021 年发布的《湿地保护法》突出分级管理模式,加大对红树林与泥炭地保护力度。值得注意的是,我国现行法律当中并未直接提到蓝碳保护,也未针对蓝碳出台专门性法律,其中有重要参考价值的《水污染防治法》《海洋环境保护法》(以下简

---

* 获 2022 年 12 月第四届国际自然资源法治论坛优秀奖。

** 徐榕苑:贵州大学法学院 2021 级法律(法学)硕士研究生。

称《海保法》）等主要从规制水资源使用、海洋保护方面对蓝碳重要性予以间接回应。

在“应对气候变化法”尚未对蓝碳作出领头规制的前提下，域内各类规范性文件数量庞大，但梳理后不难发现，各文件当中涉及水资源、海洋环境管理等有关规定呈分散状态，虽有涉猎蓝碳现有保护但未形成周延体系，针对未来发展方面虽有展望但不足以支撑其前行。

（二）解析规范强调事前保护应受关注

现代风险社会下，衍生出了更多具象化、针对不同对象的事前规制。通过以国际作为观察窗口可知，关于“风险预防原则”能否成为海洋习惯国际法的内容之一已讨论多时。利用追溯国际条约、协定可窥出其发展倾向，在1992年签订的《里约宣言》第15项原则中既已提出各国应当在自身能力范围内采取预防性措施保卫海洋生态环境。〔1〕 1972年的《防止倾倒废物及其他物质污染海洋公约》〔2〕与1973年《国际防止船舶造成污染公约》〔3〕提及国家应当承担事前防治的主要义务。2011年，国际海洋法法庭以《多金属硫化物勘探规章》施加成员国的最佳环保措施义务回应各国对海洋生态环境均有预防保护责任。〔4〕 将视角置于国外法律，英国《环境损害预防和救济法》第13条〔5〕、美国《加利福尼亚州民法典》第3420条〔6〕、法国《环境法典》第6编〔7〕、德国《环境责任法》第1条〔8〕等法律条文均直接规定权利受即将发生的危险损害的保卫路径或方法。将视角置于国内法律，《海保法》第71

〔1〕 See FRANCK. T. M, *Fairness in International Law and Institutions*, Oxford University Press, 1995, p. 402 –404.

〔2〕 See LOUKA. E, *International Environmental Law: Fairness, Effectiveness and World Order*, Cambridge University Press, 2006, p. 30 –39.

〔3〕 See JIN. A. T. K, *The Regulation of Vessel-Source Marine Pollution: Reconciling the Maritime and Coastal State Interests*, Singapore Journal International and Comparative Law, 1997, p. 358.

〔4〕 参见邹克渊、王森：《人类命运共同体理念与国际海洋法的发展》，载《广西大学学报（哲学社会科学版）》2019年第4期。

〔5〕 See The Environmental Damage（Prevention and Remediation）Regulations 2015, No. 153.

〔6〕 See California Code, Civil Code_ CIV § 3344.

〔7〕 参见吕忠梅总主编：《法国环境法典》，莫菲等译，法律出版社2018年版，第320页。

〔8〕 参见李昊：《危险责任的动态体系论》，北京大学出版社2020年版，第72页。

条、《大气污染防治法》第 7 条、《土壤污染防治法》第 3 章、《环境保护法》第 4 章、《青藏高原生态保护法》第 4 章、《黄河保护法》第 77 条等规范均使用防治、预防、防控等词强调应增强对潜在风险的管理意识。相关法规也作出预防性规定辅助调整环境风险,以《防治海洋工程建设项目污染损害海洋环境管理条例》《防治船舶污染海洋环境管理条例》《防治海岸工程建设项目污染损害海洋环境管理条例》为例,从防污角度对海洋生态环境做出事前保护性规定。但可从总体把握中得知我国有关蓝碳事前保护的法律法规数量略显单薄。

二、蓝碳预防保护之动态适法维度

(一)司法领域下的预防取向

1. 预防性价值理念沿革

早在古罗马时期就存在以预防性司法为核心的民事预防救济路径,其依托"有权防止未实际发生损害之诉"[1]和"有权排除现有侵害之诉"[2]两类诉讼,维护即将受潜在风险影响以及已受实际危险侵害的法益。[3] 就国内蓝碳司法回应,最高人民检察院与最高人民法院相关发言负责人在最高人民法院、最高人民检察院《关于办理海洋自然资源与生态环境公益诉讼案件若干问题的规定》出台后,强调充分利用其规定中相关减缓海洋生态环境损害或污染程度加深的预防性措施。[4] 在第十三届全国人大常委会第七次会议第三次全体会议上,全国人大常委会副委员长就《海洋环境保护法》的实施情

---

〔1〕 H · Stoll, *Consequences of Liability*: *Remedies*, International Encyclopedia of Comparative Law, Martinus Nijh of Publishers, 1983, p. 160.

〔2〕 参见费安玲主编:《学说汇纂》(第 3 卷),知识产权出版社 2009 年版,第 43 页。

〔3〕 参见曹明德、马腾:《我国生态环境民事预防性救济体系的建构》,载《政法论丛》2021 年第 2 期。

〔4〕 参见《两高"相关部门负责人就关于办理海洋自然资源与生态环境公益诉讼案件若干问题的规定答记者问》,载最高人民法院 2022 年 5 月 13 日,https://www.court.gov.cn/zixun/xiangqing/420232.html。

况指出，应当增强司法机关风险防控警觉性，加强对海洋生态环境的严密保护。[1] 以上均对“双碳”阶段应放大司法的事前把控提出要求。

2. 蓝碳司法作业实证探究

(1)蓝碳事后补救过程中的事前保护抽析

《环境保护法》所规定的预防原则具有内容上的抽象性、方向上的模糊性特点，借助司法能动将其内容具象化、方向明确化是必要之选择。[2] 通过分析海洋救济案件，易发现事后救济过程与预防为主理念交融下此类司法能动的充分适用。

第一，法院把握个案曝光生态危险问题点时机，依托“公益诉讼+部门会谈+顽疾整治”系列模式，多元化采用各种形式的机关协作方式消除海域范围潜在威胁。以如东县人民检察院诉如东县某船舶修造企业危废处置污染环境行政公益诉讼案[3]为例，各单位成立专项小组制定相关整治方案，针对案涉海域内长期以来固废堆积突出问题，约谈相关企业负责人，利用固废平台申报服务跟进相关企业垃圾处理后续，还原未来案涉海域原有清洁卫生美观局面。类似事后救济交融事前预防处理模式的司法能动性，从法院对案件把握的不同方面切入，通过不同方式，常被发现于案涉区域为陆海交融、河海汇合处的审判中。在重庆市人民检察院第一分院诉重庆市昆仑化工有限公司水污染责任纠纷环境民事公益诉讼案[4]中，法院在各机关会谈后，依法审查原告方诉讼请求是否能够达成社会公益既成损害的救济与未来风险的消除，据以作出生态环境最大利益化判决。在湖北省宜昌市长江码头船舶污染

[1] 参见刘泽：《十三届全国人大常委会第七次会议举行第三次全体会议审议海洋环境保护法执法检查报告、代表提出的议案审议结果的报告、备案审查工作情况报告等栗战书出席会议》，载最高人民法院 2018 年 12 月 25 日，https://www.court.gov.cn/zixun/xiangqing/137261.html。

[2] 参见胡卫：《重金属环境污染损害赔偿法律机制研究》，中国法制出版社 2020 年版，第 140 页。

[3] 参见《“守护海洋”检察公益诉讼专项监督活动典型案例》，载银川市人民检察院网 2020 年 5 月 12 日，http://www.nx.jcy.gov.cn/ycsy/ycajjj/202005/t20200512-627882.html。

[4] 参见重庆市第一中级人民法院民事判决书，(2018)渝 01 民初 669 号。

治理行政公益诉讼案[1]中，司法机关则基于对长期重点污染源头的调查，积极引导各机关建立长江船舶污染防治长效联动协作机制，加强将来污染源头控制力。

第二，司法机关通过考量不同案涉行为引发的风险程度，借支持行政机关同案不同罚，以配合生态保护案件高预警期待要求。在陈某某诉中国海监渔政宁波支队、宁波市海洋与渔业局渔业行政处罚与行政赔偿案[2]中，原告方提出被诉行政机关对先前类似案件处罚弱于本案，疑不符合同案同罚，法院针对此诉求，基于当地生态环境越发恶化的现实情况，考量有必要打击本地猖獗的非法渔业活动，通过支持行政部门的处罚措施，利用个案表明国家对破坏生态环境行为给予重罚的态度，突出司法对潜在违法的预警功能。

第三，法院针对环境破坏既成后的预防损害扩大作出相应适变。实操层面，司法部门受制于中立角色引发的不告不理掣肘，难以在诉前主动介入案涉污染源管理过程，但以江苏省睢宁县检察院督促处置危险废物行政公益诉讼案[3]为例，法院借助检察机关对行政部门监督管理的职能辅助达成司法目的，或借助江西省武宁县人民检察院诉陈某、杨某非法捕捞水产品案[4]中体现的禁止令，适用非刑罚处罚措施预防二次环境损害。

第四，司法在事后救济措施的选择上，常体现出环境预防理念。其中，以惩罚违法行为兼维护既成损害后的生态环境为目的，采用巡海护航、印发海洋保护宣传单等处罚方式，其行为发展路径与核心作用力均面向未来。

类似上述司法创新性模式的适用，以一套招数、两类功效的连击拳，使法院多元化发挥事后救济本职工作的同时，主动承担相应范围内的环境防控责任，从而促成受损生态利益再平衡的全阶段把握。

---

[1] 参见蒋长顺、王青：《湖北省宜昌市葛洲坝检察院办理长江码头船舶污染治理行政公益诉讼案侧记》，载最高人民检察院网 2021 年 1 月 28 日，https://www.spp.gov.cn/spp/zdgz/202101/t20210128_507911.shtml。

[2] 参见浙江省高级人民法院行政判决书，(2018)浙行终 1135 号。

[3] 参见夏禹玮：《睢宁县检察院督促行政机关处置危险废物行政公益诉讼案》，载江苏检察网，http://www.jsjc.gov.cn/lagk/202112/t20211217_1322080.5.html。

[4] 参见江西省武宁县人民法院刑事判决书，(2020)赣 0423 刑初 380 号。

(2)蓝碳救济的专门化路径问题梳理

从审判实践观察可以得出,现阶段各区域司法机关在处理涉海环境案件过程中,基于海洋特殊环境的影响,对待相关案件,高度依赖特殊法——《海保法》的规定,缺乏推陈出新、先破后立的经验与勇气,这也引发了破坏海洋环境案件处理方面的共性问题。

在事前预防方面,存在公益组织针对海洋环境存在风险隐患的情况提起诉讼的先例,但由于《海保法》对公益组织提起海洋环境民事公益诉讼诉权的排除,案涉海域无法得到完全司法保障。例如,北京市朝阳区绿家园环境科学研究中心与大连船舶重工集团有限公司环境污染责任纠纷案〔1〕,司法机关在认定公益组织不具备海洋环境公益诉讼资格的基础上,对其提出的风险预防主张亦未加以审查。以此类案例为代表,在公益组织不具备诉权的前提下,单纯依靠国家公权力机关的监督保障,恐难以达成特定法律全面保护生态环境的立法目的。〔2〕另外,司法机关在说理部分常通过阐述《海保法》第114条第2款的规定,梳理各海洋监督管理部门,以陈列具体诉权主体,这同时引发了检察机关提起海洋环境公益诉讼的资格认定问题。值得注意的是,同样依据《海保法》可知,海洋环境受损可诉程度被限缩至“重大损失”。以北京市朝阳区自然之友环境研究所与荣成伟伯渔业有限公司、王某某、何某某破坏海洋生态责任纠纷案〔3〕为例,公益诉讼人主张“重大损失”的受诉规定垫高了海洋利益保护的法律门槛,针对此点,法院方并未予以回应。诸如上述的审判结果反映了环境司法保护贡献力尚未被穷尽。

(3)“上游”活动引发“下游”污染风险说理

环境污染在民商事活动中呈现出向下流动的线性发展,如利益链前端订立的固废处理合同内容将对后端垃圾转运、集中填满和焚烧产生实质影响,若当事人双方约定环保方式操作,则可小化后续阶段环境受污染面积、受破坏程度与因环境受污染产生的违法可能性。《民法典》总则编作为统领各编

---

〔1〕参见大连海事法院民事裁定书,(2021)辽72民初91号。

〔2〕参见胡卫:《环境侵权中修复责任的适用研究》,法律出版社2017年版,第87页。

〔3〕参见山东省高级人民法院民事裁定书,(2018)鲁民终1334号。

的概括性规定，其第9条绿色原则的确立也对后续各部分民事法律关系的订立等变动产生方向性指引。[1]

以《民法典》合同编以及相关合同类案例作为观察对象。在规范层面，《民法典》合同编中可见对绿色原则的细化规定，如《民法典》第509条对合同的履行提出了绿色化要求。在实操层面，也可见法院要求合同当事人履行某类特定绿色义务，湖北省人民检察院武汉铁路运输分院诉阳新网湖生态种养殖有限公司海上、通海水域污染损害责任环境民事公益诉讼案[2]的审理法院提出被告养殖公司在依合同进行生产养殖的同时，也应当在合同约定水域内负有防止水体被污染义务。除此之外，"上游"合同订立过程未把握绿色要求而导致"下游"履行出现环境污染的情形同样屡见不鲜，以固废处理类合同为典型，出现了未慎重审查合同订立对象从而引发危险废物污染[3]，未审慎约定垃圾处理内容引发环境受损[4]，而海洋因其独特的强自净力特点，招致的非法排污、非法填埋事件也时常发生。

以其他类型法律关系作为调查窗口。从物权编以及相关物权类案例视角切入。从立法维度出发，《民法典》第326条提出对于用益物权人行使权利应当遵守保护生态环境的要求。从司法运行维度出发，未尽到物权的合理管控、维护义务与环境受污染的结果之间存在可能性。[5] 从商事法律关系着手，某法院在处理公司解散纠纷时，考虑到解散行为及继发效应会降低污染治理的效益，据此作出驳回诉讼请求的决定。[6]

（二）执法协同下的事前效能

有学者认为，在效率上，行政救济具有先天优先性。[7] 有学者指出，纯粹单一司法制度对救济生态环境损害的间接性渐现，因此强调具有直接补偿

[1] 参见胡卫：《重金属环境污染损害赔偿法律机制研究》，中国法制出版社2020年版，第140页。

[2] 参见武汉海事法院民事判决书，（2019）鄂72民初1220号。

[3] 参见安徽省安庆市中级人民法院民事判决书，（2020）皖08民终2186号。

[4] 参见江苏省苏州市中级人民法院民事判决书，（2020）苏05民终7291号。

[5] 参见贵州省遵义市中级人民法院民事判决书，（2020）黔03民初391号。

[6] 参见贵州省贵阳市中级人民法院民事判决书，（2020）黔01民初2927号。

[7] 参见吕梦醒：《生态环境损害多元救济机制之衔接研究》，载《比较法研究》2021年第1期。

性质的行政执法具有可行性。[1] 尤其在蓝碳保护领域,法治规范未成体系化、司法救济尚在摸索中,在当前预防性救济体系下,行政部门可发挥其协助的作用,既要符合顶层设计趋势使权力运行在现有轨道上,又要摸着石头过河利用自身容易启动与方便执行的优势,创新补正司法不足。

在实践过程当中,行政部门的监管行为在海洋生态环境预防保护方面发挥不可替代的作用。第一,各部门聚焦归口管理,专业化地对生态环境修复进行严格监督,构建以"公益诉讼+协助与监督修复"为代表的生态环境修复跟踪联动机制,对海洋既成污染进行控制的前提下,预防再污染的发生,司法与行政联合确保被告履行生态环境修复义务[2]。在诉讼过程中,常见海洋部门辅之以认购海洋碳汇的方案,渔业部门提供增殖放流技术指导等。执行进展下,存在以上述部门为例行政机关辅助司法机关监督验收修复成果的惯例。但效能往往与问题相伴而生。首先,各部门联动有效促成生态义务人通过履行生效裁决修复环境的背后,隐藏着修复实效下单一司法手段的不足的问题,长此以往,将使司法裁决逐渐形骸化。除此之外,行政执法的运行空间与司法权的运行范围不当重叠,行政与司法界限模糊促使二者职能错位,很大程度上影响执法无力的间接结果产生。[3] 同样基于此错位,也反映出单一司法运行不足以驱动义务人补偿受损生态的落实。第二,行政机关在生态环境损害救济体系下兼具民事索赔权利人与督促修复责任人二重身份,其可选择性地行使司法救济权或行政强制执法权。据此,在公益义务下存在被动能动与主动能动竞合,主动执法消极化下,行政机关往往通过选择被动能动起诉维护公共利益,以此逃避主动诉前履责。[4] 但除了强制命令型执法之外,软执法也具备实际运用价值。2022年3月,生态环境部针对现行法律未能追责的第三方碳排放权监管机构伪造、篡改碳排放数据案面向社会公

---

〔1〕 参见徐以祥:《论生态环境损害的行政命令救济》,载《政治与法律》2019年第9期。

〔2〕 参见江西省武宁县人民法院刑事判决书,(2020)赣0423刑初380号。

〔3〕 参见徐以祥、马识途:《生态环境损害预防与救济中的行政代履行:功能定位与规范调适》,载《中南大学学报(社会科学版)》2022年第2期。

〔4〕 参见吕梦醒:《生态环境损害多元救济机制之衔接研究》,载《比较法研究》2021年第1期。

开。[1] 这体现了通过非行政处罚等强制方式达成敲打违法行为人的特殊预防效果与警醒潜在违法行为人的一般预防效果。可见，强制型行政命令以外的行政管理可为秩序稳定发力。除此之外，正如有的学者所提，以行政约谈为代表的协商式治理手段可作为关键一环衔接后续司法救济。[2] 此类协商式治理手段的司法协同性已经被予以认同，但囿于对待软执法的不重视，其并未能够发挥应有的作用。

三、拓宽现有路径探索

（一）强调以司法为主，补足现有缺口

从“两高”对海洋环境损害救济制度的回应入手，继2017年发布的最高人民法院《关于审理海洋自然资源与生态环境损害赔偿纠纷案件若干问题的规定》施行后，最高人民法院《关于审理环境民事公益诉讼案件适用法律若干问题的解释》、最高人民法院、最高人民检察院《关于检察公益诉讼案件适用法律若干问题的解释》分别于2020年进行统一修正，用以弥补因当时规范滞后所带来的调节不足。在此基础上，2022年发布的最高人民法院、最高人民检察院《关于办理海洋自然资源与生态环境公益诉讼案件若干问题的规定》（以下简称《两高文件》）施行，加之《环保法》《海保法》等各法律，可看出国家层面对现有海洋环境救济路径在海洋公共利益保护方面发挥的最大功效报以充足期待。但从上述司法领域内含问题可以看出，基于海洋环境损害特殊的性质，单一放大事后救济，强调对环境圆满性“重补轻防”，最终恐怕无法发挥现有救济措施的最大价值。正如有学者认为，环境救济关注点应从后果修复转向风险预防。[3] 预防性救济体系在环境保护方面值得投入与事后救济同等的重视。

---

〔1〕 参见生态环境部行政复议决定书，环法〔2022〕23号。

〔2〕 参见徐登峰：《行政约谈适用的困境与路径选择》，载《天水行政学院学报》2016年第1期。

〔3〕 参见吕忠梅：《从后果控制到风险预防　中国环境法的重要转型》，载《中国生态文明》2019年第1期；于文轩：《生态文明语境下风险预防原则的变迁与适用》，载《吉林大学社会科学学报》2019年第5期。

1. 基于保护目的，再解释规范内容

（1）公益组织诉权正当性审视

其一，以其他法律为视角，佐证环保组织具有独立合法诉权。《民事诉讼法》第58条、《环境保护法》第58条、最高人民法院《关于审理环境民事公益诉讼案件适用法律若干问题的解释》第1条、最高人民法院《关于适用〈中华人民共和国民事诉讼法〉的解释》第282条，均认可在发生环境污染时，公益组织可以自己的名义提起诉讼。其二，以时间为尺，追踪国家动态意志。从效力角度着手可发现，依据新法优先于旧法的原则，《环境保护法》《民事诉讼法》的规定更应值得重视。全国人民代表大会常务委员会于2012年修正发布《民事诉讼法》、2014年修订发布《环境保护法》，其二者规定的环境公益诉讼条文系国家跟进实践抽象化问题后作出的慎重决定之具象化表现，相比于1999年既已存在的《海洋环境保护法》第89条，其二者的规定更能体现国家对此焦点的具体偏向。其三，尊重实践先行，补足规范缺口。实务中存在法院承认社会组织诉权个例，以镇江市渔政监督队诉韩国开发银行投资公司通海水域环境民事公益诉讼案〔1〕为典型，法院说理指出，起诉人非法律规定有海洋环境监督管理权的部门，也非法律规定可提起环境民事公益诉讼的社会组织，因此，提起环境公益诉讼于法无据，并裁定不予受理其诉讼。尽管结果上同样显示出海洋公益诉讼的难以启动性，但也可从中窥出某些地方司法机关支持社会组织提起涉海公益诉讼的主观倾向。追踪其他相关案件可发现，其中不乏司法机关利用《海保法》第114条规定否认公益组织诉讼主体资格的情形，即此条文仅承认海洋监督管理机构的诉权，并据此剥夺其他公权力机关与环保组织的诉讼提起权益，但以广州海事法院审理的广东省广州市人民检察院诉李某某污染海洋环境责任纠纷民事公益诉讼案〔2〕、广东省广州市人民检察院与王某某污染海洋环境责任纠纷民事公益诉讼案〔3〕为代表，可知已存在法院认可检察机关诉讼主体资格之先例，除此之外，2022年5

〔1〕 参见武汉海事法院民事裁定书，（2015）武海法立字第00001号。

〔2〕 参见广州海事法院民事判决书，（2017）粤72民初431号。

〔3〕 参见广州海事法院民事判决书，（2017）粤72民初432号。

月10日发布的《两高文件》对于检察机关提起环境民事公益诉讼的资格再次呈肯定态度。依据以上可说明司法视域下,《海保法》对该类案件启动主体的规定并不具有排他性,而是基于生态利益保护目的下的可借外法补充性。据此,囿于无原告资格而被“拒之门外”的“海洋重大风险诉讼案”[1]应值得重新商榷。

(2)案涉要素再涵括

司法作业在海洋环境保护中展现出依法实操下的创新性,从陈某某诉中国海监渔政宁波支队、宁波市海洋与渔业局渔业行政处罚与行政赔偿案[2]中体现出的秉持全面生态保护目的,遵循“预备工作—违法既遂”的进程具有递进性,扩大案涉违法行为追踪链条,将为实施违法行为的预备工作扩大至可被法律追责的范围,充分发挥司法对法律的“再解释”,利用个案严惩对潜在破坏行为的预防功能,减少当地类案破坏海洋生态案发率。类似再解释规范要素并据此达成司法目的的案件在实践过程中并不具备偶发性,中国生物多样性保护与绿色发展基金会诉福建省平潭县流水镇人民政府、福建省平潭县龙翔房地产有限公司生态破坏环境公益诉讼案[3]中,法院依靠《土地管理法》等法律合理化《海保法》对案涉区域——滩涂的法律认定,通过重新考量环境要素司法定位标准,以促进受损滩涂的生态保护。在当前“司法实践先行”的现状下,类似审判方法的适用或能为海洋碳汇保护提供助力支持。

2. 完善专门化预防性救济体系

(1)适用长链条追责,固化预防功能

剖析实证案件可知事后救济体现出全链条追踪趋势,其中以“鳗鱼苗案”[4]作为典型代表,法院认定捕捞者、恶意收购者形成共同侵权,须共担受

[1] 参见大连海事法院民事裁定书,(2021)辽72民初91号。

[2] 参见浙江省高级人民法院行政判决书,(2018)浙行终1135号。

[3] 参见最高人民法院民事裁定书,(2020)最高法民再260号。

[4] 江苏省泰州市人民检察院诉王某某等59人生态破坏民事公益诉讼案,江苏省高级人民法院(2019)苏民终1734号民事判决书。

损的生态环境修复责任。无独有偶，继“鳗鱼苗案”后，“收购并销售珊瑚案”[1]法院以追责珊瑚活石及水生野生动物珊瑚中间商的方式，认可长链条追踪与公益诉讼的适配性。然而，由于因果关系的链条尚未得到统一长度量化，实践中存在法院坚持“谁直接实施，谁直接负责”的情况，否定污染间接实施方的应被追责性。在“弃风弃光案”[2]中，体现出环境侵害因果受限导致追责乏力，受诉一审法院认为，被告方电力公司所实施行为与污染结果之间因果链条过长，无法将损害后果归责于被告方，据此认定本案不符合环境民事公益诉讼的起诉条件，驳回原告方的起诉，二审法院对此并未表示不同的意见，但法院对案件中以二氧化硫、氮氧化物为主的空气污染物现实威胁的存在，并且具有破坏大气生态的严重危险性并未加以否认。同样的污染行为与结果之间必要性的难证明特点在绥中县止锚湾安得水产品养殖场诉秦皇岛经济技术开发区港务有限公司等海上污染损害责任纠纷案[3]中同样得以体现。因果链条一溯再溯的认定尚未受到普遍接纳，全链条或长链条的追责方式与环境公益诉讼渐行融贯的桥梁暂未得到完全搭建，通过典型案例的积极引导，实践中表现出逐步认可并适用该做法的态度。但可发现因果链条适用面被聚焦至事后救济点，事前司法救济暂未突破直接因果关系，更未借此追究因环境污染、生态破坏受利益方的修复责任。碍于生态修复难度高、周期长、代价大的特性，司法应借鉴事后救济成功经验，发挥“能防则防”的管控功能。

（2）突破科学判断，囊括特殊价值

最高人民法院《关于审理环境民事公益诉讼案件适用法律若干问题的解释》第1条规定，可以针对具有损害社会公共利益重大风险的污染环境、破坏生态的行为提起诉讼，自此之后，预防性公益诉讼在我国展开序幕，现有的典

---

〔1〕 海南省海口市人民检察院诉黄某某破坏生态公益诉讼案，海口海事法院（2020）琼72民初316号民事判决书。

〔2〕 北京市朝阳区自然之友环境研究所诉国网甘肃省电力公司环境民事公益诉讼案，甘肃省高级人民法院（2018）甘民终679号民事裁定书。

〔3〕 参见辽宁省高级人民法院民事判决书，（2017）辽民终350号。

型预防性公益诉讼案件主要有:“绿孔雀案”[1]、“五小叶槭案”[2]、“小黑江流域热带雨林植被与珍稀鱼类案”[3]。三个案件均提出污染行为与环境破坏之间的科学“重大风险”证明材料,但同样引发深思——环境类侵权案件中被侵害环境要素受到的污染往往具备长期积累性,在短时间内无法证明其已经达成具有环境破坏的“重大风险”基线标准,量变最终会引发质变,在“重大风险”受案要求达成后很可能会导致本因预防性诉讼可拯救的环境整体趋于发生不可修复的后果,该类诉讼受到“重大风险”单一硬性指标的限制,实质上疑似不符合“保护优先、预防为主”的司法理念。

实践中对威胁社会公共利益的“重大风险”司法判定过于单一,在缺乏统一规范性尺度的前提下,各地法院仍停留于依赖环评意见与专家鉴定意见的阶段,现状反映了目前主要从环境损害破坏可能性、生态失衡危险性来判断是否存在符合“重大风险”,认定手段高度依赖科学评估。[4] 但科学的不确定性延伸至确定性期间具有滞后延时特点,如 1968 年日本水俣病的科学因果关系认定距离该病首次正式认定晚了 12 年,由此引发的新泻水俣病诉讼与熊本水俣病诉讼距离首次病症正式确立也相应地晚了 7 年与 5 年,环境“重大风险”的认定仅凭科技判断略显草率。[5] 并且,科学定论并不完全等同于价值判断,预防性救济体系下的生态环境保护应奉行法律视野下的价值认定。[6] 参考最高人民法院《关于审理生态环境损害赔偿案件的若干规定(试行)》第 11 条、最高人民法院《关于审理环境民事公益诉讼案件适用法律

---

[1] 北京市朝阳区自然之友环境研究所诉中国水电顾问集团新平开发有限公司、中国电建集团昆明勘测设计研究院有限公司环境污染责任纠纷案,云南省高级人民法院(2020)云民终 824 号民事判决书。

[2] 中国生物多样性保护与绿色发展基金会诉雅砻江流域水电开发有限公司生态环境保护民事公益诉讼案,四川省甘孜藏族自治州中级人民法院(2015)甘民初字 45 号民事判决书。

[3] 北京市朝阳区自然之友环境研究所诉云南华润电力(西双版纳)有限公司、中国电建集团昆明勘测设计研究院有限公司环境民事公益诉讼案,云南省玉溪市中级人民法院(2018)云 04 民初 15 号民事调解书。

[4] 参见曹辰:《预防性环境民事公益诉讼“重大风险”的认定与适用》,载《环境污染与防治》2022 年第 5 期。

[5] 参见刘明全:《中国环境法预防原则的实质阐释》,载《清华法学》2022 年第 5 期。

[6] 参见曹明德、马腾:《我国生态环境民事预防性救济体系的建构》,载《政法论丛》2021 年第 2 期。

若干问题的解释》第18条，其中均有提及可要求被告方因破坏生态环境赔礼道歉的民事责任。这从一定程度上体现了规范性文件认可社会公共利益中环境情感的存在，明晰环境情感的定义过程可知，其作为不明确的法律概念，外延处于流动状态，需要经过相应解释方可适用。[1] 尽管司法实践中（见表1）对于情感价值、景观美观价值、历史价值等特殊利益，更倾向将其囊括进社会公共利益中呈现，而不是将其单列阐述，并且法院多借公共利益说明案件所具特殊价值，同样体现了案涉保护客体内涵之公共性、确定性、外延流动性以及需经解释性，根据其上述特征，可为司法能动性提供裁判思路，助力处理相关环境案件。

表1　司法实践中的特殊利益体现

案名、案号/发布单位、案件类型	义务承担/诉讼请求	法院判决说理	特殊利益体现
新郑市薛店镇人民政府、新郑市薛店镇花庄村民委员会与中国生物多样性保护与绿色发展基金会及新郑市林业局、新郑市旅游和文物局、新郑市教育体育局环境民事公益诉讼案(2018)豫民终344、行政公益诉讼	原审判决认定上诉人支付服务功能损失3616818.9元的赔偿没有法律依据，上诉人请求改判服务功能损失费用	法院判决驳回，并认为新郑是我国的红枣之乡，本案涉及枣树树龄较长，承载着当地群众的记忆和乡愁。当地政府和村委会未按照程序办理相应手续，违法移栽枣树的行为，对社会公共利益造成了损害，应当赔偿生态环境受到损害至恢复原状期间服务功能损失	环境情感利益
贵州省生态环境厅诉遵义茅台机场生态环境损害赔偿诉讼案，贵州省遵义市中级人民法院，生态环境损害赔偿诉讼	调解协议明确由遵义茅台机场承担生态景观视觉影响损害价值1111.67万元	无	环境景观美观利益

[1] 参见[德]卡尔·恩吉施：《法律思维导论》，郑永流译，法律出版社2004年版，第133页。

续表

案名、案号/发布单位、案件类型	义务承担/诉讼请求	法院判决说理	特殊利益体现
北大师生等诉中国石油天然气集团公司、中国石油天然气股份有限公司、中国石油天然气股份有限公司吉林石化分公司侵权案，黑龙江省高级人民法院，民事侵权诉讼	原告方要求被告赔偿100亿元人民币，用以保障鲟鳇鱼的生存权利、松花江和太阳岛的环境清洁的权利以及自然人原告旅游、欣赏美景和美好想象的权利	无	环境景观美观利益
凤冈县人民检察院诉凤冈县文化旅游局怠于履行玛瑙山营盘遗址文物保护监管职责行政公益诉讼案，贵州省遵义市中级人民法院，行政公益诉讼	请求被告方行政机关履行文物保护监管职责	判决责令被告依法全面履行文物保护监管职责。凤冈县人民法院认为，玛瑙山营盘遗址作为凤冈县唯一的全国重点文物保护单位，具有重要的历史价值、科学价值和社会价值，依法应当受到法律保护	历史价值利益

注：数据来源于北大法宝。

环境向人类提供生态服务功能与人类修复已受损生态的双向流动过程需要规则引导的同时也需要情感软和，仅放大科学的刚性评断，忽略价值指向，则无法兼顾人类对环境承载的主观利益追求。已有的生态环境特殊价值损害的司法先例，可为社会公共利益的“重大风险”扩展实体保护公益范围提供可行参照，力争做到环境保护以预防为先、以全面为主。

（二）借力执法功效，突出预防适配

不同于传统侵权的救济以差额填补为导向，环境侵权弥补更多地体现了生态恢复。[1] 以受损的环境是否进行修复以及修复实效性为考量因素，执行困境主要可分为形式意义上的执行难和实质意义上的执行难。形式意义

〔1〕 参见吕忠梅、窦海阳：《以“生态恢复论”重构环境侵权救济体系》，载《中国社会科学》2020年第2期。

上的执行难是指判决结果无法得到落实，司法程序由于该不足而被架空。实质意义上的执行难则是表现为尽管法院的司法判决实现了应然到实然的转变，但由于法院判决的责任承担方式未强调受损生态的修复实效，同样导致了司法程序的资源浪费。形式上的执行难问题可通过监督是否结案来判断，而实质上的执行难却需要检视已承担的责任是否作用于受损生态环境、施加的修复影响力是否针对多种生态功能全方位补偿、兼具特殊生态或人文等价值的生态环境是否得到完全弥补。在公益诉讼作为行政执法的补充性维权路径情形下，若行政执法能兼顾恢复实效，则可分流诉讼执行压力。参考我国学者主张，环境修复领域形成多元化发展在加强修复实效方面具有现实可操作性。[1] 因此，以求环境保护周全性，着眼于行政规范体系，具有实际意义。其中可选取执法中最常用的违法改正行为与行政处罚行为进行剖析。第一，可从违法改正行为切入。我国民法中的“恢复原状”在行政领域具体表述为“责令改正”“限期改正”，但忽略表述用语，指导具体行为指向可知，主要是以重归原有未违法状态作为违法主体承担责任形式。对比域外经验，域外的补救性行政命令在用语与域内不同的情况下，也保留以“责令恢复原状”为核心，其中以欧盟作为代表，欧盟的《关于预防和补救环境损害的环境责任指令》中第5条、第6条都要求了社会主体在即将发生环境损害情形下需采取相关预防措施控制、抑制、移除或管理既已造成的污染，[2] 体现了行政预防手段的适用。我国的“责令改正”“限期改正”也可借鉴欧盟针对潜在的环境风险采取预防性控制的域外经验进行环境保护。第二，可从行政处罚入手。纵观美国生态环境救济体系，其倾向于以行政处罚作为重要救济路径之一，与我国行政罚款相比较，在命令下达模式上有所不同，美国选择行政机关起诉被告人，司法机关借以该诉讼对违法人作出罚款，行政部门直接下达罚款的行政行为受到了严格的“特殊情形”限制。[3] 而我国的行政罚款则是与司法救济路径完全独立的行政执法组成部分之一。但行政处罚本质核心体

---

〔1〕 参见胡卫：《我国环境修复司法适用的特色分析》，载《环境保护》2015年第19期。

〔2〕 参见沈四宝、王军主编：《国际商法论丛》（第9卷），法律出版社2008年版，第407页。

〔3〕 参见徐以祥：《论生态环境损害的行政命令救济》，载《政治与法律》2019年第9期。

现了惩罚性,而不是救济性与恢复性,惩罚性质要求主管机关审慎核实,因此在我国若将行政处罚作为行政预防性救济措施恐怕有失斟酌。除上述两种强制性手段的适用以外,行政约谈作为协商式治理的典型代表,可将其与司法风险防控相结合,力争为后续司法压力分流的同时,兼顾生态维护实效。

蓝碳认购作为替代性修复方式的司法拓展*

唐寅智**

摘　要:司法实践已开始探索适用碳汇认购作为新型生态环境替代性修复方式。受制于理论阙如,当前碳汇认购适用范围过分收束,局限于森林碳汇损失与救济并以刑事诉讼形式集中呈现。替代性修复方式在实践中面临"无法可依"与"自由裁量空间过大"两极化窘境,亟待规范化。碳汇认购与替代性修复方式价值高度契合,其恢复性责任方式属性应被厘清,碳汇认购既能弱化专业性、关联性要求,又能实现对传统修复方式的有效补充,具备极强的适用便利性。虽各级规则设计中逐渐显现涉碳内容,引导适用碳汇认购,呈现向好态势,但标准缺位仍易招致任意化风险。为科学适用,碳汇认购核证要求呼之欲出,计算方法更应标准化。环境侵权案件以环境污染和生态破坏二分,应区分讨论评估标准,无限逼近真实的环境损失。碳汇认购在具体适用上,刑事案件中的量刑偏差需要统一标尺规制,与附带民事公益诉讼形成"组合拳"更是应有之义,检察公益诉讼中,碳汇认购足以稀释专业性难度,破解诉请不清、执行困难的困境。基于海洋、湿地、土壤等碳汇类型更具潜力,适用环境要素应以林业碳汇为原点依托技术发展逐步扩展。

关键词:碳汇认购　替代性修复方式　范围拓展　科学计算　标准

替代性修复方式在传统环境修复方式遭遇挑战的背景下应运而生,其指无法或没有必要在原地原样对受损生态环境进行修复的情况下,合理采取异地和(或)他样方式进行生态环境治理、建设,保障受损生态环境在区域性或

---

* 获2022年12月第四届国际自然资源法治论坛优秀奖。

** 唐寅智:中南财经政法大学、法学院博士研究生。

流域性范围内得到相应补偿的修复方式。[1] 作为对国家“双碳”目标之回应,碳汇认购——“双碳”与环境修复方式的结合之一,开始被探索适用,指向具备实施碳汇补偿行为资质的机构(以下简称碳汇机构)缴纳认购金,由碳汇机构实施碳汇补偿行为,以增加生态环境碳汇量。而蓝色碳汇,[2] 即是其中极具潜力的类型之一。作为新兴方式,碳汇认购创新性衔接货币责任与行为责任,初步取得良好效果。但同时其司法适用存在任意化风险,部分已初现端倪。为规范化适用碳汇认购,应厘清责任性质、拓宽适用范围、科学计算核证。

一、价值契合:碳汇认购与替代性修复方式存在高度趋同

(一)碳汇认购归属于恢复性责任方式

《环境保护法》第64条将环境责任承担转置《侵权责任法》(已废止,现对应《民法典》侵权责任编)的规定,则基本可推断,侵权责任相关规定至少部分适宜规制环境损害。侵权责任承担方式根据功能可细分为预防性责任方式、恢复性责任方式和赔偿性责任方式,厘清碳汇认购之责任性质是必须回应的前提。作为承担司法责任方式的碳汇认购带有价值补偿性,与预防性责任边界明晰,即关键在于鉴别其与恢复性和赔偿性责任方式的适配性。碳汇认购的履行包含给付货币的行为,容易陷入承担货币责任而非行为责任的“非此即彼”的传统二元对立认识,但应意识到碳汇认购还包含碳汇补偿行为的实施,是一个“两步走”的过程。有学者指出,环境修复责任是恢复原状的生态化表达,同时也提出修复责任产生并逐渐分化出传统民事责任之“恢复原状”。[3] 从传统民法原理看,与恢复原状相对的是价值赔偿,而不是金钱

---

〔1〕 参见江苏省高级人民法院《关于生态环境损害赔偿诉讼案件的审理指南(一)》第39条规定。

〔2〕 蓝碳(Ocean Blue Carbon, OBO),又称蓝色碳汇、海洋碳汇,是指利用海洋活动及海洋生物吸收大气中的二氧化碳,并将其固定、储存在海洋中的过程、活动和机制,以滨海盐沼湿地、红树林和海草床三类海岸带蓝碳为主。

〔3〕 参见胡卫:《民法中恢复原状的生态化表达与调适》,载《政法论丛》2017年第3期。

赔偿,[1]在环境领域应当对侵权责任的生搬硬套纠偏,看到货币责任与行为责任结合的可能性。最高人民法院《关于审理环境民事公益诉讼案件适用法律若干问题的解释》(以下简称《环境民事公益诉讼司法解释》)第 20 条第 2 款规定,“人民法院可以在判决被告修复生态环境的同时,确定被告不履行修复义务时应承担的生态环境修复费用;也可以直接判决被告承担生态环境修复费用”,可见环境修复费用被理解为修复责任而非价值赔偿。以当然解释视之,碳汇认购更适宜被理解为“恢复原状”的变形,区别于直接修复时修复费用的承担,其切实在客观不能的情形下作用于环境,其替代性修复方式地位应被强化。

（二）碳汇认购契合替代性修复方式的理论基础

1. 生态总量平衡理论和整体主义环境观

生态总量平衡理论被认为是替代性修复的重要理据,[2]得到了学界的普遍认同。生态系统中物质循环链条和能量流动链条几乎串联起所有的环境要素,[3]这表明自然实践的真正对象不是一盘散沙式的孤立要素,而是诸多要素经由自然规律的内在联结所构成的系统整体。[4] 放在环境修复语义项下,如果针对某一种环境要素的行为对该环境要素产生了不利影响,则补救措施的采取也必须从生态系统整体的角度进行,[5]通过对环境价值利益的保护,保持生态环境总量平衡、实现环境保护的根本目的,这也从侧面印证了当环境无法修复时采取“替代性修复”“异地修复”的合理性。[6] 普利高

---

〔1〕 参见张宝、殷佳伟:《替代性修复责任司法适用的反思与调适》,载《南京工业大学学报(社会科学版)》2022 年第 4 期。

〔2〕 参见徐本鑫:《民事司法中环境修复责任的选择性适用》,载《安徽师范大学学报(人文社会科学版)》2019 年第 5 期。

〔3〕 参见薄晓波:《论环境法的生态系统整体保护原则》,载《吉首大学学报(社会科学版)》2014 年第 1 期。

〔4〕 参见巩固:《山水林田湖草沙统筹治理的法制需求与法典表达》,载《东方法学》2022 年第 1 期。

〔5〕 参见薄晓波:《论环境法的生态系统整体保护原则》,载《吉首大学学报(社会科学版)》2014 年第 1 版。

〔6〕 参见程飞鸿、吴满昌:《论环境公益诉讼赔偿金的法律属性与所有权归属》,载《大连理工大学学报(社会科学版)》2018 年第 3 期。

津(Prigogine)的“耗散结构理论”指出,“生物群落不可能永远保持一种‘平衡态’,而恰恰是远离平衡态的非平衡态”[1],呈现出生态系统动态交互特征。而碳汇恰是环境要素的重要连接点。固碳增汇在生态系统中动态开展,如通过林木、植被固定的碳经由根茎运输或腐败过程汇集至土壤,完成森林碳汇向土壤碳汇的转化,表明环境并非割裂状态,也证明通过认购碳汇可以实现环境要素之间的交叉补偿,对环境容量的日趋饱和起到缓解效果。在泰州市环保联合会诉泰兴锦汇化工有限公司等环境污染侵权赔偿案[2]中,法院指出:环境容量有限,若不及时修复,污染的累积必然会超出环境的承载能力,最终造成不可逆转的环境损害。这也恰恰证明,不秉持整体主义,不关照其他扩散性损害,聚合因果将会累积,并将成本溢向社会。砍树者种树、非法捕捞水产品者放生鱼苗、毁损房屋者原地重建等,这是“法律填空”式的简单思维,以“替换原物”的方式来置换了“恢复原状”。[3] “头痛医头、脚痛医脚”的传统修复观展现出还原论倾向,然而生态系统具有强整体、弱个体的特征,这要求从机械论思维向整体论思维跃升。

2. 恢复性司法理念和“应修尽修”原则

恢复性司法源于刑罚功能的变迁和被害人保护运动的兴起,核心要素之一是恢复损害,[4]其认为恢复损害要比纯粹的惩罚更有价值,[5]这与环境损害“应修尽修”的原则相契合。一方面,在环境犯罪中更应关注修复被损害的生态环境;另一方面,恢复性司法理念的适用应继续拓展至其他类型环境案件,实现环境案件全覆盖。令被告承担恢复性责任将会一劳永逸地解决生

[1] 参见赵绍鸿:《关于“生态平衡”的哲学思考》,载《北京林业大学学报》1987年第4期。

[2] 参见最高人民法院民事裁定书,(2015)民申字第1366号。

[3] 参见赵卫民:《建立环境恢复责任制度的若干思考》,载《人民司法》2010年第3期。

[4] 参见王树义、赵小姣:《环境刑事案件中适用恢复性司法的探索与反思——基于184份刑事判决文书样本的分析》,载《安徽大学学报(哲学社会科学版)》2018年第3期。

[5] 参见刘东根:《赔偿影响刑事责任的平等性问题研究——恢复性司法的基础理论问题之一》,载王牧主编:《犯罪学论丛》(第5卷),中国检察出版社2007年版,第126页。转引自王树义、赵小姣:《环境刑事案件中适用恢复性司法的探索与反思——基于184份刑事判决文书样本的分析》,载《安徽大学学报(哲学社会科学版)》2018年第3期。

态环境受到损害的问题，也符合恢复性司法理念的目标。[1] 恢复原状代表了微观、具体的观察角度，能够保障受害人的完整利益；价值赔偿则代表了宏观、抽象的观察角度，只能保障受害人的金钱价值利益。[2] 两者形成了功能上的反差，从而使恢复原状更能有效地适用于环境损害的救济，[3] 恢复性责任方式优先于赔偿性责任方式成为共识，从欧盟《环境责任指令》将经营者采取行动列为主要责任，承担费用列为次要责任中可见一斑。[4] “双碳”目标被提到战略地位后，固碳端被充分重视，其中，碳汇与各环境要素的紧密联系被发掘，碳汇认购的“恢复性”呼应了“应修尽修”的方式创新。替代性修复方式自产生之际即冲破了“要么原地修复要么金钱赔偿”的司法困境。而碳汇认购给永久性损害和期间损害的修复提供了一种全新的可能性，代替了传统司法中赔偿责任的“统治性”地位，树立起整体主义视域下一切环境皆可修复的理念，符合恢复性司法的价值导向。“坚持保护优先，自然恢复为主”要求尽量依靠生态系统的自我净化及恢复能力，[5] 但这里的“自然恢复为主”之前提不应当包括因环境侵权招致的环境修复责任。诚然，环境具备相应自净能力，但生态学研究也指出，现代人类造成环境破坏的时空尺度要超过自然恢复能力的2～3个数量级，[6] 图1可分明显示人工修复能有效减少期间损害。基于此，“应修尽修”原则不仅局限于必须借由人工修复的情形，即使环境可以实现自体恢复，依旧应以适当的人工手段介入以控制并缩小实际损害。此时的“应修尽修”依托于替代性修复方式。

---

〔1〕 参见最高人民法院环境资源审判庭编著：《中华人民共和国环境保护法条文理解与适用》，人民法院出版社2014年版，第311～315页。

〔2〕 参见李承亮：《侵权责任法视野中的生态损害》，载《现代法学》2010年第1期。

〔3〕 参见胡卫：《重金属环境污染损害赔偿法律机制研究：Ⅰ重金属环境污染法治与人身损害赔偿》，中国法制出版社2020年版，第336页。

〔4〕 See Nicolas D. Sadeleer, *Preliminary Reference on Environmental Liability and the Polluter Pays Principle*: *Case C-534/13*, *Fipa*, 24 RECIEL Journal, 2015, p. 232.

〔5〕 参见关凤峻、刘连和、刘建伟等：《系统推进自然生态保护和治理能力建设——〈全国重要生态系统保护和修复重大工程总体规划（2021—2035年）〉专家笔谈》，载《自然资源学报》2021年第2期。

〔6〕 参见李文华主编：《当代中国生态学研究：全球变化生态学卷》，科学出版社2013年版，第8页。

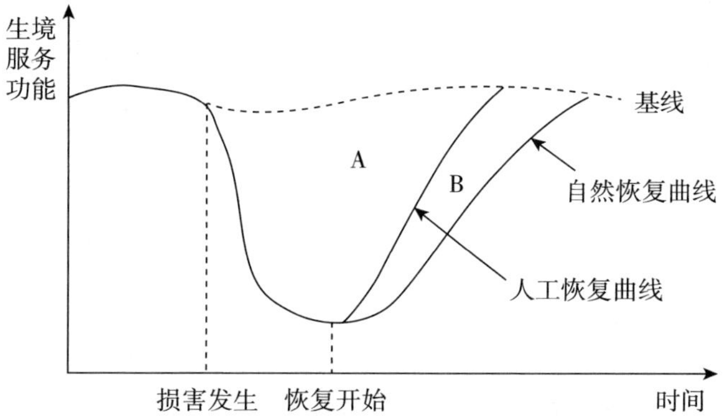

图1　生态环境恢复过程

资料来源:《生态环境损害鉴定评估技术指南总纲和关键环节第1部分:总纲》附录B,图B.1。

二、实践审视:碳汇认购作为替代性修复方式的司法观察

(一)碳汇认购司法适用的规则现状

1.各级规则设计中开始出现涉碳内容

碳汇认购作为司法"实践先行"的产物,历经探索期后呼吁规则出台以实现理性回归。"山水林田湖草沙统筹治理"的提法已屡见不鲜,其强调站在全局角度系统治理,国内从顶层设计到具体规则制定皆不断强化生态系统整体性,如《长江保护法》所提倡的以流域为单位对长江进行保护恰巧体现了整体主义环境观向立法的渗透,打破了长久以来区分环境要素和部门立法的藩篱。[1] 着眼于碳汇,《贯彻实施〈长江保护法〉工作推进会会议纪要》提及"探索通过认购碳汇等方式对被破坏生态环境进行替代性修复,有效恢复自然生态系统,提升土壤、植被、海洋等生态系统碳汇能力";最高人民法院《关于为加快建设全国统一大市场提供司法服务和保障的意见》提出"研究适用碳汇认购、技改抵扣等替代性赔偿方式";最高人民检察院《关于支持和服务保障贵州在新时代西部大开发上闯新路的意见》强调"支持贵州检察机关围

〔1〕　参见周小琪:《〈长江保护法〉整体性保护规范检视——与利奥波德的生态整体主义相对照》,载《环境与发展》2022年第6期。

绕服务保障低碳循环发展探索建立碳汇补偿等生态检察机制”。司法界已充分意识到碳汇之于环境修复的重要性，也说明依托现有技术，碳汇认购能基本达到司法应用条件。从地方规定来看，2022 年 4 月，龙岩市中级人民法院、龙岩市林业局在省内出台首个森林碳汇补偿机制工作指引，即《龙岩市关于在刑事犯罪案件中开展司法修复森林碳汇补偿机制工作指引（试行）》（以下简称《司法修复森林碳汇补偿机制工作指引》），计量方法结合福建省林业实际状况，参照国家相关林业碳汇方法学，提出林业碳汇损失的计量类型、计量方法及主要树种相关参数，完整涵盖了森林生态系统中乔木（含竹子）、灌木、草本、枯落物、枯死木、土壤等碳库，并结合破坏森林资源的不同犯罪行为类型及犯罪事实，计算受损林业碳汇量。同年 9 月福建省高级人民法院与省林业局联合制定下发省级文件，包括附件《福建法院刑事司法林业碳汇损失量计量方法（试行）》，对林业碳汇损失赔偿机制的基础前提、适用范围、适用条件、工作原则、实施流程、碳汇损失计量方法、碳汇损失赔偿方式等主要问题予以明确和细化。

2. 修复标准不明、针对性不强的问题依旧突出

我国已出台针对个别环境要素修复的行业标准，即自然资源部《矿山生态修复技术规范 第 4 部分：建材矿山》，TD/T 1070. 1—2022；生态环境部《建设用地土壤修复技术导则》，HJ 25. 4—2019；生态环境部《污染地块地下水修复和风险管控技术导则》，HJ 25. 6—2019，无针对水环境和大气环境的修复标准。鉴于标准并无法律的规范效力，被吸纳进法律条文方能产生刚性，则需对法律规范进行检视。目前我国顶层设计缺乏相应内容，《环境保护法》中涉及国家环境质量标准，《固体废物污染环境防治法》规定“保证处理后的污泥符合国家有关标准”，《土壤污染防治法》涉及土壤污染风险管控标准、土壤污染防治标准，《大气污染防治法》《水污染防治法》涉及环境质量标准、污染物排放标准，但均未明确修复标准。直接以“修复”为关键词在北大法宝进行检索共 14 个地方性法规，除《宿州市采石场修复条例》第 14 条概括性规定采石场修复不得低于相关标准外，并未引入任何标准。在各省市“污染防治条例”中虽涉及部分环境修复内容，但并未引入修复标准。

(二)碳汇认购司法适用的问题显现

1. 刑事案件中泛用碳汇认购招致“认购刑罚”质疑

近年来,“碳汇认购”频频出现在刑事诉讼中,案由涉及故意毁坏财物罪、盗伐林木罪、滥伐林木罪、非法采矿罪、非法狩猎罪以及危害国家重点保护植物罪等,部分正是最高人民法院强调坚持以最严法治观依法惩处的。〔1〕以中国裁判文书网、北大法宝、各地法院、检察院微信公众号为检索源,通过适用“认购碳汇”为条件共筛选出25个案例,其中24个为认购林业碳汇,认购海洋碳汇的案例仅1个。经观察可知,首先,现有适用“碳汇认购”作为替代性修复方式之案例多出自刑事领域,且公诉人均未提起刑事附带民事公益诉讼。其次,被告人行为模式高度统一,多为未经许可采伐林木。〔2〕经由被告人“认购碳汇”呈现出普遍的“轻刑化”特征。25个案例中,22个案例判决缓刑,包括2个共犯部分获得缓刑判决的案例,且判决中皆提及“依法从轻”。适用条件不明晰以致“认购刑罚”之嫌。例如有法院在被告已进行补植复绿的情况下,仍将被告自愿认购碳汇作为酌定从轻量刑的情节。〔3〕再次,绝大多数判决书中未列明碳汇认购金的确定依据。部分案件中,碳汇认购金额可能来自同一量刑幅度的财产性价值标准;〔4〕也有法院概括被告认购经林业部门测算的林业碳汇量;〔5〕大多数案件中未进行详细说明。〔6〕而龙岩市新罗区人民法院在陈某某滥伐林木案中的判决可圈可点。依托于《司法修复森

---

〔1〕参见最高人民法院《关于为黄河流域生态保护和高质量发展提供司法服务与保障的意见》第4条。

〔2〕参见顺昌县人民检察院指控宋某某犯滥伐林木罪案,福建省顺昌县人民法院(2020)闽0721刑初170号刑事判决书。

〔3〕参见顺昌县人民检察院指控赖某某犯滥伐林木罪案,福建省顺昌县人民法院(2020)闽0721刑初207号刑事判决书。

〔4〕参见建瓯市人民检察院指控魏某某犯故意毁坏财物罪案,福建省建瓯市人民法院(2021)闽0783刑初193号刑事判决书。参见福建省高级人民法院、福建省人民检察院、福建省公安厅《关于修改故意毁坏财物(林木)案件数额标准的意见》第1条。

〔5〕参见贵州省高级人民法院发布2021～2022年环境资源审判十大典型案例之二:被告人罗某某滥伐林木案。

〔6〕参见将乐县人民检察院指控黄某某犯危害国家重点保护植物罪案,福建省将乐县人民法院(2021)闽0428刑初106号刑事判决书;光泽县人民检察院指控李某犯盗伐林木罪案,福建省光泽县人民法院(2021)闽0723刑初14号刑事判决书;顺昌县人民检察院指控许某某犯滥伐林木罪案,福建省顺昌县人民法院(2020)闽0721刑初216号刑事判决书。

林碳汇补偿机制工作指引》的存在，新罗区人民法院明确“据森林碳储量公式：碳汇价值量 = 碳汇量 × CER 碳价，计算出陈某某滥伐林木的碳汇量约为 55.18 吨，CER 碳价取 35.7 元/吨，故陈某某滥伐杉木的损失碳汇价值为 1966.99 元”，并出具《碳汇价值损失评定意见书》。[1] 最后，生物资源受损案件中适用碳汇认购展现出不确定性。在叶某某非法狩猎案中，被告通过认购 1000 元碳汇量用于代偿其造成的野生动物生态价值损失，司法任意化浮现。替代物种修复过度扩大了替代性修复概念的外延，很容易导致偏离生态环境恢复目标。[2]

2. 民事案件中鲜见认购碳汇司法适用

碳汇认购的日益发展逐渐在民事案件领域显现端倪。福建省顺昌县人民法院创造性地将碳汇运用延伸至诉讼后阶段，在被执行人祝某某与多人的民间借贷合同纠纷案中法院判决拍卖、变卖被执行人祝某某名下上述林权及自造林至今已产生的林业碳汇量，[3] 认定其财产性价值。在北京市朝阳区自然之友环境研究所与山东某汽车制造有限公司大气污染责任纠纷案[4] 中，鉴定机构出具的鉴定评估报告第五部分提及“被告提出开展碳汇造林项目，通过其产生的碳汇量及其他生态收益来抵消超标排放的影响。结合专家意见，碳汇造林除具有提升碳汇等多效益之外，本身也具有一定的辅助滞尘及减轻雾霾作用，可作为弥补或折抵措施选项之一”，本质上可以看作认购碳汇的变形。纵观现有判决、裁定、调解书，碳汇认购的民事司法适用依旧显得保守，尤其其本应在公益诉讼中大量运用，现实却恰恰相反。“双碳”目标 2020 年被提到战略地位，碳汇自此伊始得到重视，也恐因此，探索期审慎的态

[1] 参见《全省首例森林碳汇补偿刑事案件宣判!》，载微信公众号“福建高院”，https://mp.weixin.qq.com/s?__biz=MzA3NTIzNjgzMg==&mid=2712399557&idx=1&sn=fe8f593dd54536eb7dbff3aa1f07254a&chksm=bb2cda4a8c5b535ccc1702b800b2878545e33802f5ce10e6b6a36a81524ba4e665f08b85b258&scene=27。

[2] 参见王小钢：《生态环境修复和替代性修复的概念辨正——基于生态环境恢复的目标》，载《南京工业大学学报（社会科学版）》2019 年第 1 期。

[3] 参见祝某某与吴某某民间借贷纠纷案，福建省顺昌县人民法院（2022）闽 0721 执 916 号执行裁定书。

[4] 参见北京市朝阳区自然之友环境研究所诉山东某汽车制造有限公司大气污染民事公益诉讼案，北京市第四中级人民法院（2016）京 04 民初 73 号民事调解书。

度使司法机关对碳汇功能损失及救济的认识仍处于不断加深阶段,进一步因关联性要求而否认适用可能性。

(三)碳汇认购司法适用的功能凸显

1.弱化专业性要求,便于司法适用

一方面,适用“碳汇认购”在环境侵权人履行环节仅需其缴纳认购金,履行成本低,受监督环节极少。监督过程中需关注两个行为:一是认购金缴纳行为,应通过监督确保环境侵权人及时、足额缴纳;二是碳汇补偿行为。从环境修复能力的角度,尤其是生态破坏类案件,环境侵权人本身具备修复能力概率较小,修复效果在实效和时间成本两个维度难达预期,并很可能进一步扩大期间损害,形成恶性循环。而碳汇机构经过行政审批确认其具备修复能力,能降低方案评估困难和节省成本,并可发挥聚合效应,有选择性实施补偿行为,通过推广使用拓宽覆盖面积,有助于实现更好的整体生态效果。且环境行政管理部门的职责之一是对碳汇机构的日常经营活动和资质进行定期或不定期检查,这将极大减轻法院的监督负担,弱化法院环境专业化要求。

另一方面,尽管司法实践中已出现针对环境资源案件集中管辖的实践,如“三审合一”“四审合一”环境资源案件归口审理模式[1],但对于环境修复效果评估、修复方案选择、修复效果监督等,法官专业化水平尚欠。环境修复对于技术性要求极高,认定法院实际具备高专业化水平恐怕系过分乐观。司法实践中出现的大量只概括提出支付生态环境修复费用、未附加具体修复方案的判决即为此背书,而此类判决客观制造了执行障碍。此时,适用碳汇认购能有效利用专门化社会分工规避专业化困境:其一,碳汇认购作为替代性修复方式的可行性可得到充分论证,且资金用途明确,法官能够在判决中较好地说理;其二,碳汇认购实施效果可以被充分量化,不具备较高环境专业性的法官得以客观评价其生态效果;其三,借由分工科学化司法能动,削减“案多人少”现状负担,法官得以聚焦于法律问题作出兼具法律效果和社会效果

---

[1] “三审合一”环境资源案件归口审理模式指刑事、民事、行政案件的集中管辖;“四审合一”环境资源案件归口审理模式指刑事、民事、行政、执行(环境民事公益诉讼)的集中管辖。

的判决。

2. 传统责任方式之补充，实现有效适用

司法实践中，碳汇认购现阶段主要在刑事诉讼中作为酌定从轻量刑的情节适用。然而在环境犯罪中，刑罚的“无力感”凸显。从主刑角度，威慑和惩罚作用对生态环境损害修复几乎无贡献力，甚至存在对被告人单处刑罚不能阻止其再次实施相同环境犯罪之尴尬局面，[1] 这令威慑作用存疑。从附加刑角度，虽环境犯罪法定刑中多包含罚金刑，但未明确罚金的数量和用途。甚至在实践中，犯罪行为造成的损害不一，而罚金数额却被简单确认为与犯罪人退赔的违法所得数额相等。[2] 可见现有刑事制度的环境修复效果远不及设想。传统替代性修复方式尝试至今已有初步成效，然而部分替代性修复方式适用面逐步缩减，其科学不充分性被逐步发掘。如在罗某某滥伐林木罪一案中，鉴于案涉区域森林覆盖率极高，补植复绿难以发挥功效。又如因过度增殖放流导致水质下降，甚至可能造成外来物种入侵。[3]

碳汇认购可作为传统责任方式的有效补充。其一，碳汇认购能弥补传统修复方式不足，确保被告人缴纳的认购金用于环境修复，修复范围能涵盖功能损失，并且能够缩短履行期间，减少期间损失进一步产生；其二，碳汇认购使刑事被告实际承担环境修复责任，有助于发挥特殊预防功能，缓解刑事诉讼规制环境犯罪有效性不足之困境；其三，碳汇认购能破除碍于关联性要求导致的无法修复局面。关联性的紧密程度与替代性修复方案选择面呈负相关，[4] 紧密程度过高将导致替代性修复方案选择陷入有限性僵局。而碳汇

---

[1] 参见福建省将乐县人民检察院指控王某某、张某1、谢某某、张某2、胡某某犯盗伐林木罪案，福建省将乐县人民法院（2021）闽0428刑初88号刑事判决书。

[2] 参见顺昌县人民检察院指控高某某犯滥伐林木罪案，福建省顺昌县人民法院（2020）闽0721刑初225号刑事判决书；顺昌县人民检察院指控赖某某犯滥伐林木罪案，福建省顺昌县人民法院（2020）闽0721刑初207号刑事判决书；顺昌县人民检察院指控宋某某犯滥伐林木罪案，福建省顺昌县人民法院（2020）闽0721刑初170号刑事判决书；顺昌县人民检察院指控陈某某犯滥伐林木罪案，福建省顺昌县人民法院（2020）闽0721刑初99号刑事判决书。

[3] 参见易艳刚、韩振、王贤、董雪、回晓男：《长江增殖放流，关键要“精准放流”》，载新华每日电讯网，http://www.news.cn/mrdx/2021-10/26/c_1310269525.htm。

[4] 参见何勤华、靳匡宇：《行政和司法衔接视域下长江环境替代性修复方式研究——以美国替代环境项目为镜鉴》，载《法治研究》2020年第2期。

认购之对象即是碳汇,无疑能解决关联性问题。

三、路径探索:“碳汇认购”之适用规则考察

(一)案件范围拓展:从主要适用于刑事领域到多元案件类型扩展

碳汇认购在司法实践中多用于刑事领域。作为一种便利性极强的替代性修复方式,碳汇认购向其他案件类型延伸适用尚存空间。最高人民法院《关于为黄河流域生态保护和高质量发展提供司法服务与保障的意见》指出应“充分发挥刑事审判震慑和教育功能、行政审判预防和监督功能、民事审判救济和赔偿功能、公益诉讼裁判评价和指引功能”,[1]差异化制度的功能配合将作用于环境修复。但鉴于私益诉讼目的在于填补私益损失,责任承担方式具有可选择性;[2]且生态系统服务功能的所有权权属问题存在较大争议,请求权主体难以确定,碳汇认购应限制在私益诉讼中适用。以下讨论将围绕公益诉讼展开。

1. 从普通刑事案件到刑事附带民事公益诉讼案件组合适用

(1)普通刑事案件:关联认罪认罚,统一量刑标准

刑事诉讼中碳汇认购适用空间相当狭窄。现有司法实践基本上将其用作酌定从轻量刑情节,既为酌定,意味着自由裁量空间较大,法官的先验知识差异极易导致量刑偏差,且碳汇认购与环境损害的等值性难保证。环境犯罪中的罚金刑设计看似提供了可行的缺口,然而仔细研究,以碳汇认购金等量折抵罚金不具备可行性。理由有二:其一,罚金刑属于刑罚,适用必须严格遵照罪刑法定原则;[3]其二,罚金和认购金适用标准不一,直接相抵恐怕难以实现罚当其罪。学术界偶有提及的非刑罚性处置措施独立化,因其和刑罚形成“双轨制”模式,在缺乏惩罚性赔偿的环境犯罪领域略显刚性不足。以解释

---

〔1〕 参见最高人民法院《关于为黄河流域生态保护和高质量发展提供司法服务与保障的意见》。

〔2〕 参见胡卫:《环境侵权中修复责任的适用研究》,法律出版社2017年版,第84页。

〔3〕 参见最高人民法院《关于充分发挥环境资源审判职能作用　依法惩处盗采矿产资源犯罪的意见》第10条,以及《生态环境损害赔偿管理规定》第10条第3款规定。

论审视,替代性修复本质为恢复性责任方式,无法解释纳入《刑法》第37条规定的"赔偿损失","双轨制"模式可被证伪。从刑罚种类说切入,修复生态环境不具有与现有刑罚种类相匹配的适用对象,可考虑将其升格为附加刑,[1]且碳汇认购作为替代性修复方式,是市场工具与司法手段的结合,存在对合性,与刑罚之强制性显然存在冲突。有学者认为,将修复生态环境引入社区矫正方案是对恢复性司法理念的深入贯彻,[2]但社区矫正之目的在于降低被告社会危险性,偏重教育意义,与环境修复理念匹配错位。着眼于刑事和解制度,破坏环境资源保护罪位于《刑法》第六章,且主观方面仅污染环境罪可能包含过失,二者无交叉点。现行刑罚体系下,碳汇认购与认罪认罚制度尚存同步空间。《人民检察院刑事诉讼规则》第276条第1款规定,人民检察院应当将犯罪嫌疑人是否自愿承担公益损害修复、赔偿责任,作为提出量刑建议的重要考虑因素,但应以量刑标准对法院自由裁量权进行适当限制。放眼现有判决,虽在说理部分提及酌定情节包含被告认罪认罚,但未对该条款进行援引,容易引起"积极司法"的错觉。

(2)刑事附带民事公益诉讼:与普通刑事诉讼形成"组合拳"

正因替代性修复在刑事司法路径不畅,附带民事公益诉讼的价值才更应彰显。附带民事公益诉讼本质上属于民事诉讼,而修复责任难以脱离民事性质,二者内在联系明显。刑事附带民事公益诉讼作为刑事诉讼与民事公益诉讼的复合之诉,兼具刑事诉讼与民事诉讼的共性特点,[3]是对原有制度的超越。作为民事、刑事责任的链接,其与环境问题相呼应——由一个违法行为同时引起民事、刑事责任的发生。附带民事公益诉讼的双重价值切合题意。在实体价值层面,一方面附带民事公益诉讼有效弥补了公益诉讼执行乏力的

---

〔1〕 参见梁云宝:《民法典绿色原则视域下"修复生态环境"的刑法定位》,载《中国刑事法杂志》2020年第6期。

〔2〕 参见梁云宝:《民法典绿色原则视域下"修复生态环境"的刑法定位》,载《中国刑事法杂志》2020年第6期。

〔3〕 参见张佳华:《刑事附带民事环境公益诉讼的经验反思与重塑》,载《学术界》2022年第6期。

缺陷;[1]另一方面附带民事公益诉讼缓和刑事司法对环境损害救济不足的窘境,有利于贯彻恢复性司法理念。程序价值层面,一体两面的诉讼程式能有效降低诉讼成本、提高诉讼效率为其一;在"机关主导"[2]的诉讼主体模式中能活用检察职权拓宽证据搜查面为其二。提起附带民事公益诉讼较之刑事判决后单独提起民事公益诉讼能有效避开检察公益诉讼诉前公告前置程序要求,亦能避免巨额罚金充入国库后责任人完全丧失承担民事责任的财产基础。[3] "刑民结合"将强化被告修复积极性,若进一步突破,采取"先民后刑"的审判顺序,[4]结合认罪认罚制度,更有助于全面评价被告主观转变、平衡刑事量刑幅度。附带民事公益诉讼作为刑事诉讼的有效补充,将协助刑事司法突破"瓶颈"。

从共性到个性,碳汇认购作为替代性修复方式之一植入附带民事公益诉讼,既能与环境案件中碳汇功能的损失建立关联性,也能提示司法机关在审判中强化对期间损失的关切,可谓"一石二鸟"。然而,现有规则缺位,有学者指出刑事附带民事公益诉讼的赔偿范围基本沿用刑事附带民事诉讼有关规定。[5] 对此笔者不敢苟同。附带民事诉讼的赔偿范围被严格限制为犯罪行为直接造成的物质损失,无法涵盖期间损失等间接损失。如若因此"一刀切"排除附带民事公益诉讼纳入间接损失的可能性,那么"公益"二字形同虚设,并可能以赔偿范围有限为由,使当事人转向另诉,既增加额外成本,也可能架空附带民事公益诉讼制度。

---

[1] 参见张佳华:《刑事附带民事环境公益诉讼的经验反思与重塑》,载《学术界》2022 年第 6 期。

[2] 2018 年最高人民法院工作报告显示,检察机关提起的环境公益诉讼案件达 1383 件,社会组织提起的环境公益诉讼案件达 252 件,后者仅占总数的 15.4%。目前符合法定起诉条件的社会组织有 700 多家,但从以往的经验来看,真正能够在案件处理中承担起该职能的组织数量仅占总数的 4%。参见王社坤:《环保组织会不会力不从心?》,载《环境经济》2014 年第 9 期。

[3] 参见程啸:《侵权责任法》(第 3 版),法律出版社 2021 年版,第 34 页。

[4] 参见庄玮:《刑事附带民事公益诉讼制度理论与实践问题研究》,载《中国应用法学》2021 年第 4 期。

[5] 参见蔡虹、王瑞祺:《刑事附带民事公益诉讼惩罚性赔偿之否定与替代方案》,载《山东社会科学》2022 年第 1 期。

2. 应在环境民事公益诉讼和生态环境损害赔偿诉讼中应然适用

自生态环境损害赔偿诉讼产生以来，受制于法律位阶依据的缺失，其性质饱受争议，包括“私益诉讼说”“混合诉讼说”“特殊的环境民事诉讼说”“公益诉讼说”和“特殊的环境民事公益诉讼说”等。[1] 从《生态环境损害赔偿管理规定》（以下简称《管理规定》）和最高人民法院《关于审理生态环境损害赔偿案件的若干规定（试行）》（以下简称《若干规定》）中可看出，生态环境损害赔偿诉讼展现出强烈的公权力色彩，赋予行政机关巨大的选择空间且缺乏监督。对比最高人民法院《关于审理生态环境损害赔偿案件的若干规定（试行）》，二者从诉权主体、受案范围、举证责任、执行方式等方面存在决定性的不同，且从《若干规定》第 17 条将生态环境损害赔偿诉讼和民事公益诉讼并列来看，二者在语义上明显是相互独立的两种制度。然而从实践角度审视，二者的判决内容通常是趋同的，[2] 故本文将其归为一类，强调实践适用。从责任性质上看，生态环境损害赔偿责任是一种防御责任，[3] 而非民法上的填补责任，当前由于沿用民事损害赔偿中“填补损害”之逻辑而呈现出“追求完全赔偿、舍弃惩罚性赔偿、生态修复与金钱赔偿相结合”的特征，致使无法实现规制损害生态环境行为的制度功能。[4] 2021 年最高人民法院工作报告提及“审结环境公益诉讼案件 3557 件，同比增长 82.1%”，使“聚光灯”转向“执行难”问题出现。实践中，由于民事公益诉讼案件的判项往往没有具体期限、

---

〔1〕 参见王树义、李华琪：《论我国生态环境损害赔偿诉讼》，载《学习与实践》2018 年 11 期；宋丽容：《生态环境损害赔偿与社会组织公益诉讼之衔接》，载《中国环境管理干部学院学报》2018 年第 5 期；罗丽：《生态环境损害赔偿诉讼与环境民事公益诉讼关系实证研究》，载《法律适用》2020 年第 4 期；林莉红、邓嘉咏：《论生态环境损害赔偿诉讼与环境民事公益诉讼之关系定位》，载《南京工业大学学报（社会科学版）》2020 年第 1 期。

〔2〕 参见重庆市第二中级人民法院（2016）渝 02 民终 77 号民事判决书；江苏省高级人民法院（2017）苏 12 民初 51 号民事判决书；江苏省徐州市中级人民法院（2018）苏 03 民初 256 号民事判决书；湖南省高级人民法院（2020）湘民终 1862 号民事判决书；山东省济南市中级人民法院（2021）鲁 01 民初 1557 号民事判决书；福建省漳州市中级人民法院（2021）闽 06 民终 3933 号民事判决书。

〔3〕 参见李彪、吕忠梅：《建立生态环境损害赔偿制度，降低公益诉讼门槛》，载每日经济新闻网，http://finance.jrj.com.cn/2018/03/13003124229639.shtml。

〔4〕 参见蔡守秋、张毅：《我国生态环境损害赔偿原则及其改进》，载《中州学刊》2018 年第 10 期。

修复标准、监督机构等，在“案多人少”矛盾日益严峻的当下，可执行性不强。[1] 据相关统计，2021 年具有执行内容的民事案件生效判决书、裁定书、调解书、支付令执行完毕的仅 1959248 件，仅占收案比例的 28.84%，相比 2020 年的 30.19%[2]有所下降，可见执行挑战之险峻，尤其在民事公益诉讼案件执行难度远胜于传统民事诉讼的前提下。

此时，碳汇认购适用于环境民事公益诉讼和生态环境损害赔偿诉讼应是从应然到实然的过程。环境民事公益诉讼和生态环境损害赔偿诉讼对环境修复责任的因应实则顺应发展态势，而适用碳汇认购则是契合精细化演变走向。恢复性司法理念的普及，使环境修复责任在公益诉讼中逐渐被确认其核心地位。[3] 公益诉讼中，“当事人选择主义”因环境利益的公益属性、环境损害的潜伏性和环境问题的不确定性产生动摇。公益诉讼不能像私益诉讼那样允许当事人为自己利益计算最大化、多选择赔偿而不顾及公共利益的“个人理性”。[4] 环境民事公益诉讼和生态环境损害赔偿诉讼以救济环境公益为制度目的，且最高人民法院《关于审理生态环境损害赔偿案件的若干规定（试行）》和《管理规定》均对替代性修复方式的适用可能性予以明确，认购碳汇能够实现整体视阈下的环境修复效果，拓展适用与丰富多元化修复责任方式之提倡步调一致。另外，《民法典》第 1234 条对环境修复之行为责任作出规定，第 1235 条明确货币责任承担范围涵盖生态环境功能损失，碳汇认购实为结合货币责任和行为责任之方式，具有复合型给付义务的特征，却并未携带该类义务附随的执行屏障，且与环境碳汇功能损失存在直接关联性，可探索典型化适用。

3. 从行政处罚、行政诉讼到环境行政公益诉讼间接适用

碳汇认购解能从中观维度实现环境修复，这决定了其多元法律性质的适配性。以微观职责框定，行政处罚种类依法不得随意创设，故需探求变通适

---

〔1〕 参见吕凤国、苏福：《论环境民事公益诉讼案件执行制度的建构》，载《法律适用》2019 年第 1 期。

〔2〕 参见《2021 年全国法院司法统计公报》《2020 年全国法院司法统计公报》。

〔3〕 参见胡卫：《环境侵权中修复责任的适用研究》，法律出版社 2017 年版，第 94 页。

〔4〕 参见胡卫：《民法中恢复原状的生态化表达与调适》，载《政法论丛》2017 年第 3 期。

用路径。以与碳汇认购货币责任性质相似的罚款为联结点，采取等额抵扣的方式间接适用浮现出可能性。根据《行政处罚法》第32条第1款第1项规定，碳汇认购的绿色功能所能带来的责任减轻效果将对当事人起到显著的激励作用。若行政相对人不服行政机关作出的碳汇认购决定，除以重大程序瑕疵为由诉诸法院外，法院可通过支持行政机关行政决定之方式促进碳汇认购间接适用。

环境行政公益诉讼的适用对象为涉及环境资源的具体行政行为和行政不作为。行政机关“不依法履行”的职责可细分至监督职责和具体微观的管理职责。〔1〕通过检察机关起诉，由法院责令行政机关及时、符合规定地履职，即为环境行政公益诉讼实现生态修复效果之机理。就监督职责的履行而言，行政机关应监督原有碳汇认购协议及时、现实、有效履行；具体微观的管理职责项下，实则在行政处罚中适用碳汇认购，故不赘述。需认识到，检察机关和审判机关在环境技术层面面临共同的难题，这即意味着，检察机关对于行政机关是否积极履职的判断很大程度上取决于行政机关的“积极行为”。即使行政机关在对检察建议的回复中提及履职计划，检察机关对其效益仍难以衡量。有学者对行政公益诉讼进行实证分析，发现高胜诉率促使检察机关的主导作用不断强化，而理论发展受限，容易形成“检察机关主导—理论依据薄弱—诉请内容粗放—法院支持率高—检察机关主导”的悖论逻辑闭环。〔2〕然而即使胜诉率足够高，督促行政机关履职依旧会受到诉请不具体的局限，导致执行困难。碳汇认购的适用便捷性和监督弱专业性一定程度可稀释这种难度。另，若存在专业事务预见之可能性〔3〕——在适用碳汇认购的语境时，即应预见受损环境可以实现自体修复或不具备修复可能性时，却未主张

〔1〕参见谢玲、车恒科：《环境行政公益诉讼中“不依法履行职责”认定的三重维度》，载《中国地质大学学报（社会科学版）》2022年第4期。

〔2〕参见田亦尧、徐建宇：《环境行政公益诉讼的诉讼请求精准化研究——基于540份裁判文书的实证分析》，载《南京工业大学学报（社会科学版）》2021年第5期。

〔3〕参见王清军：《环境行政公益诉讼中行政不作为的审查基准》，载《清华法学》2022年第2期。

替代性修复，则应当判断行政机关具备履职可能性。若逾期[1]仍未履行，检察机关可依法提起环境行政公益诉讼，要求行政机关履职。检察机关可建议行政机关改变原定修复方式，促成碳汇认购协议的达成并监督履行。鉴于履行碳汇认购的义务主体是环境侵权人，而环境行政公益诉讼的被告为行政机关，故通过环境行政公益诉讼适用碳汇认购亦是以间接方式。

（二）环境要素覆盖：从单一森林碳汇向多种环境要素拓展

碳汇可根据环境要素分为森林碳汇、土壤碳汇、冻土碳汇、湿地碳汇、海洋碳汇等。现有司法实践中，"碳汇认购"的适用局限于森林碳汇，然而，湿地、土壤、海洋碳汇等具有更大潜力的碳汇类型未被考虑或考虑甚少：研究表明，泥炭地（湿地的一种）是最大的天然陆地碳库，其储碳量大于世界上所有其他植被类型的总和；盐沼湿地具有很高的固碳能力，同时土壤能够捕获和储存大量的碳，其土壤碳埋藏速率比森林生态系统高 40 倍左右。[2] 全球自然生态系统通过光合作用所固定的碳中约 55% 为"蓝碳"。[3] 法律的保护对象和目标应从单一要素扩展到系统整体。[4]

坚持关联性要求，之所以现有司法实践集中于森林碳汇，恐怕因碳汇测量技术掣肘。实践中，森林碳汇功能被明确肯定，鉴定机构在鉴定报告中针对林木或者植被生态破坏均会列明固碳释氧的损失；损害由污染行为造成的，部分鉴定机构会评估碳汇损失。而其他环境要素暂未纳入考量。[5] 究

---

〔1〕 逾期包括程序性期限和实体性期限的届满。程序性期限指基于检察建议产生的履职期限；实体性期限指行政法规定的履职期限。若行政机关无履职行为则直接计算两个月的程序性期限；两者并存时，应直接计算后届满的期限。参见谢玲、车恒科：《环境行政公益诉讼中"不依法履行职责"认定的三重维度》，载《中国地质大学学报（社会科学版）》2022 年第 4 期。

〔2〕 See McLeod E, Chmura GL, Bouillon S, Salm R, Björk M, Duarte CM, Lovelock CE, Schlesinger WH, Silliman BR, *A Blueprint for Blue Carbon: Toward an Improved Understanding of the Role of Vegetated Coastal Habitats in Sequestering* CO_2, Frontiers in Ecology and the Environment, 2011, p. 552 – 560. See Macreadie PI, Anton A, Raven JA, Beaumont N, Connolly RM, Friess DA, Kelleway JJ, Kennedy H, Kuwae T, Lavery PS, Lovelock CE, Smale DA, Apostolaki ET, Atwood TB, Baldock J, et al. *The future of Blue Carbon science*, Nature Communications, 2019, p. 3998.

〔3〕 参见潘德炉、李腾、白雁：《海洋：地球最巨大的碳库》，载《海洋学研究》2012 年第 3 期。

〔4〕 参见巩固：《山水林田湖草沙统筹治理的法制需求与法典表达》，载《东方法学》2022 年第 1 期。

〔5〕 参见尤明青、罗念：《论生态系统碳汇功能损失的司法救济机制——基于〈民法典〉第 1235 条适用的路径》，载《理论月刊》2021 年第 12 期。

其原因，现有技术难以计量评估环境要素本身的碳汇功能，监测多依附于生态系统为其一；某些环境要素碳汇功能难以分割为其二，如砍伐树木导致土壤固碳释放。现有蓝碳测量技术针对生态系统整体，如碳通量测量——密闭箱法、涡度相关法；碳库测量——通过总碳分析仪测定等，难以精细测量以归因单个环境侵权行为。从"绿贝"案〔1〕中可得出结论：单纯的环境要素碳汇功能损失测量不具备交换价值，在现有技术无法准确衡量其本身的碳汇损失时，因其无法量化为经济价值，进而导致虽可进行定性描述，却无法准确定量损害。于是在评估报告中针对其碳汇功能损失多避而不谈。〔2〕但其他类型碳汇功能损失认定困难与在多要素案件中适用碳汇认购并不矛盾。环境违法行为造成的生态系统服务功能损失不仅局限于碳汇功能损失，还包括调节气候、保护生物多样性、涵养水源、保持水土、防风固沙等功能损失，〔3〕故在认定具体损失时，可与其他服务功能共同认定，即使存在误差，也能期待在技术更迭中逐步得到解决。技术革新与日俱增，政策的要求和支持力度也正持续深化，如我国多个省级《碳达峰实施方案》已提及依据国家关于森林、湿地、海洋、土壤等碳汇监测核算标准及体系，开展森林、湿地、海洋、土壤等碳汇本底调查、碳储量估算、潜力分析；〔4〕2021 年 9 月，生态环境部发布《碳监测评估试点工作方案》，选取盘锦、南通、深圳和湛江作为海洋试点城市，开展盐沼、红树林、海草床和养殖海藻碳汇监测评估；境外如澳大利亚已在通过使用研究和发展基金机制为土壤碳汇机制提供支持，包括土壤碳汇测量等。〔5〕精准定量之前的定性判断将有效引导意识的形成。

---

〔1〕 参见江苏省灌南县人民检察院诉周某某附带非法捕捞水产品民事公益诉讼案，江苏省灌南县人民法院(2019)苏 0724 民初 4631 号民事判决书。

〔2〕 参见福建省绿家园环境友好中心诉鼎昱建材（漳州）有限公司侵权责任纠纷环境民事公益诉讼案，福建省漳州市中级人民法院(2021)闽 06 民终 3933 号民事判决书。

〔3〕 参见最高人民法院《关于审理森林资源民事纠纷案件适用法律若干问题的解释》第 19 条规定。

〔4〕 参见《天津市碳达峰实施方案》《江西省碳达峰实施方案》《自治区碳达峰实施方案（征求意见稿）》。

〔5〕 See Australia's Long-term Emissions Reductuon Plan, 5. 2 Multilateral initiatives and institutions.

(三)精确核算需求:借力标准实现碳汇认购金的科学计算

在立法、执法和司法过程中,特定事实需要借助标准予以重构或建构后,方能以可接受的成本为法律所识别,标准是经验事实的“裁剪器”:对边界不确定的生活事实进行切割、容纳,形成边界确定的标准化事实。〔1〕 碳汇认购金额的计算即属于标准问题,应主要参照环境损害鉴定评估,并纳入勘查、鉴定、评估费用等。为保障评估真实性和可信度,需要对鉴定主体作出资格限制,即需经核证,以及需统一计算方法。将碳汇认购推广适用,必须保证稳定同一的计算尺度。碳汇认购归于替代性修复方式项下,统一碳汇认购金额计算方法等同于统一生态环境损害的计算方法。

1. 认购碳汇需经核证

核证包括两个方面内容:一是认购方案须经司法审查;二是认购的碳汇本身须经核证。首先,司法实践中法官出于环境科学知识受限,将事实认定、因果关系、赔偿数额等核心问题的司法裁量权“让渡”给鉴定专家,对鉴定报告展现出高度依赖性,则鉴定专家的专业性会很大程度左右生态环境损害的救济充分性。〔2〕 这是法官环境专业性限制的必然,但并非无改良空间。以合议庭审判为前提,人民陪审员即可成为突破口。针对专业性问题,可以引入“专家陪审员”介入调查。将环境领域专家纳入人民陪审员,单列技术调查官一栏,在环境案件审理中即可从统一专家库中选择陪审员参与审判,对专业问题进行判断和表决,〔3〕在最高人民法院《关于充分发挥环境资源审判职能作用依法惩处盗采矿产资源犯罪的意见》中已有体现。〔4〕 现实中也已有

〔1〕 参见陈伟:《作为规范的技术标准及其与法律的关系》,载《法学研究》2022年第5期。

〔2〕 参见尤明青、罗念:《论生态系统碳汇功能损失的司法救济机制——基于〈民法典〉第1235条适用的路径》,载《理论月刊》2021年第12期。

〔3〕 第一审生态环境损害赔偿诉讼案件、检察公益诉讼案件适用人民陪审制。参见最高人民法院《关于审理生态环境损害赔偿案件的若干规定(试行)》第4条;最高人民法院、最高人民检察院《关于检察公益诉讼案件适用法律若干问题的解释》第7条规定。

〔4〕 参见最高人民法院《关于充分发挥环境资源审判职能作用依法惩处盗采矿产资源犯罪的意见》第18条规定。

法院和高校专家合作建设环境审判专家库的初步探索。[1]

其次，为保证客观性和权威性，认购的碳汇本身需经专门机构核证。最高人民法院《关于审理森林资源民事纠纷案件适用法律若干问题的解释》第20条规定，法院可以支持当事人以认购经核证的林业碳汇的方式替代履行森林生态环境损害赔偿责任的诉请。核证意味着碳汇认购金额与碳汇补偿行为带来的碳汇效益具有大体上的等价值性。目前，国家发改委备案的林业碳汇类项目核证机构主要包括中国林业科学研究院林业科技信息研究所、中国农业科学院、中国质量认证中心、中环联合（北京）认证中心有限公司、广州赛宝认证中心服务有限公司。其他碳汇形式可以此为借鉴指定、认证具备资质的机构，助力碳汇认购适用范围的拓宽。

2. 科学计算需规范计算方法

司法实践中存在两种主要的评估方法。其一为基于生态环境恢复成本理论的评估方法（以下简称恢复成本法）。恢复成本法补偿范围包括修复费用和期间损失，实质为采取基本恢复措施和补偿性恢复措施的成本，以此确定替代性修复方案费用。鉴于该方法并非随意对生态环境或其服务功能价值评估，[2]具备实质正当性，在环境损害鉴定评估中应当被优先适用。其二为虚拟治理成本法。该方法采用环境价值评估方法计算生态环境损害。基本计算方法为以单位治理成本、损害数量与调整系数的乘积作为生态环境损害数额。

无论是理论界还是实务界，皆认可对环境侵权案件采用环境污染和生态破坏二分法，基于分别特点以区分评估方法值得讨论。《生态环境损害鉴定评估技术指南总纲》（以下简称《总纲》）明晰适用范围包括因污染环境或破坏生态导致的生态环境损害的鉴定评估，在附件《关于虚拟治理成本法适用情形与计算方法的说明》（以下简称《说明》）中列明虚拟成本法的适用范围，

---

〔1〕 湖北省高级人民法院组建湖北法院环境资源及公益诉讼审判咨询专家库，首批吸收中科院水生生物研究所、长江水利委员会、武汉大学、华中科技大学等单位34名环境科学、环境法方面专家助力审判工作。

〔2〕 参见王小钢：《〈民法典〉第1235条的生态环境恢复成本理论阐释——兼论修复费用、期间损失和永久性损失赔偿责任的适用》，载《甘肃政法大学学报》2021年第1期。

阐明恢复成本法优先。这与国外立法例方向一致，如欧盟《环境责任指令》规定应主要以等量分析方法决定补充性和赔偿性补救措施，以替代评估技术为补充。但《总纲》属于推荐性标准，作为技术规范其并不产生法律规范效力，这也导致实践中泛用虚拟成本治理法进行评估。[1] 综合考虑技术发展导致的标准变化，避免陷入机械司法僵局，在相关法律规范中概括性引用标准至关重要，这将使环境修复真正能以标尺丈量，最大化保护效应。生态破坏类案件的损害后果通常为原有环境要素不复存在，损害的辐射效应较小，往往需要较为漫长的周期才会对周围生态系统造成明显影响。因此，量化损害并制定修复方案具备可行性，应适用恢复成本法。相对复杂的是环境污染类案件损害评估。从《建设用地土壤修复技术导则》中可获悉，结合目标污染物形态与迁移转化规律等，可合理提出土壤目标污染物的修复目标值，即较为准确地给出修复方案以评估成本是可能的。然针对水体、大气这类扩散性极强的介质，仅对排放点进行检测难免由于流动性引致"欠保护"窘境，有违"污染者担责原则"，略显偏颇，采虚拟成本治理法更能与损害建立等值联系。当然《说明》中也指明，在污染物排放量难以获取的情形下，直接采用受污染的河流湖库水量进行治理成本的计算，即采环境恢复成本法。二者共同架构起评估体系，呈"并轨制"，并在不同案件类型中有相互关照之趋势。

---

〔1〕 参见厦门市同安区人民检察院指控张某某犯污染环境罪案，厦门市同安区人民法院(2018)闽0212刑初665号刑事判决书。附带民事公益诉讼原告主张经福建历思司法鉴定所鉴定评估，张某某表面处理厂排放的废水对杏林湾水库的地表水环境造成了损害，根据虚拟成本治理法计算，本案的环境损害数额为55212.3元，获法院支持，但并未明确符合无法通过恢复成本法评估等适用虚拟成本治理法的实质条件。

“一带一路”气候合作：国际法困境及其应对*

毛成毅**

摘　要：气候变化已成为影响高质量共建“一带一路”的重要因素。国际法在推进“一带一路”气候合作中具有重要的理论、实践和现实价值。全球气候治理面临着主体、价值、责任以及机制等方面的挑战，这成为“一带一路”气候合作的现实挑战。为此，推进“一带一路”国际气候合作必须以国际法为遵循，以“人类命运共同体”与“生态文明”理念为指引、维护联合国在气候合作中的核心地位、坚持应对气候变化与人权保护并重的原则、构建碳市场机制的国际法路径。作为最大的发展中国家，我国应当在以联合国为中心的全球气候治理格局下推动全球气候治理秩序转型、深化“一带一路”气候合作、健全国内气候治理法律体系，为构建“一带一路”气候命运共同体贡献中国智慧和中国力量。

关键词：“一带一路”　国际气候合作　国际法　人类命运共同体

一、问题的缘起

气候变化事关整个生态系统和人类社会的安危，是当今世界面临的最大风险之一。“一带一路”气候合作是中国携手共建“一带一路”国家应对气候变化的重大战略，为国际社会合作应对气候变化提供了新的机会。2015 年国家发改委、外交部、商务部共同发布《推动共建丝绸之路经济带和 21 世纪海上丝绸之路的愿景与行动》，作为推动“一带一路”建设的框架性文件，突出了生态文明理念的重要性，号召各国加强应对气候变化，共建绿色丝绸之

---

* 获 2022 年 12 月第四届国际自然资源法治论坛优秀奖。

** 毛成毅：中南大学法学院 2021 级博士研究生。

路。[1] 2017年原环境保护部、外交部、国家发展改革委和商务部共同发布了《关于推进绿色"一带一路"建设的指导意见》、原环境保护部发布了《"一带一路"生态环境保护合作规划》,两份文件进一步强调了"共建绿色丝绸之路"的目的之一就是要有效防范气候变化引发的气候安全风险。[2]

"一带一路"气候合作不仅是实现碳达峰碳中和目标的内在需要,同时也是推动实现尊重和保障人权的实践路径。碳达峰碳中和目标已经在世界范围内达成了共识,相当一部分国家业已通过国内立法的形式为气候中和目标的实现提供了规范性指引和程序性保障[3],成为国际气候行动的重要内容[4]。作为重要的发展中国家和温室气体排放群体,"双碳"目标于共建"一带一路"国家而言,既是机遇也是挑战。一方面,共建"一带一路"国家可以通过协调国内气候治理与区域气候治理实现低碳转型,避免走发达国家"先污染、后治理"的老路,实现气候与其他要素的高质量协同发展;另一方面,共建"一带一路"国家面临着迥异的国情和外部压力,"双碳"目标的推进将会加深共建"一带一路"国家发展权与环境权之间的矛盾。申言之,如何在平衡经济社会发展与环境保护的基础上深度参与全球气候治理是共建"一带一路"国家面临的共同困境。

本文以国际法要义为根本遵循,基于"双碳"目标的实现,系统探索"一带一路"气候合作的国际法逻辑证成、现实机遇与挑战、国际法路径审思等内容,以期为共建"一带一路"国家和我国参与全球气候治理以及构建人类命运共同体提供更多的理论供给。

---

〔1〕 参见国家发展改革委、外交部、商务部:《推动共建丝绸之路经济带和21世纪海上丝绸之路的愿景与行动》,载《人民日报》2015年3月29日,第4版。

〔2〕 参见徐新良、王靓、蔡红艳:《"丝绸之路经济带"沿线主要国家气候变化特征》,载《资源科学》2016年第9期。

〔3〕 参见李晓琼、董战峰、李晓亮:《碳中和立法的国际经验与启示》,载《环境污染与防治》2022年第2期。

〔4〕 参见张雅欣、罗荟霖、王灿:《碳中和行动的国际趋势分析》,载《气候变化研究进展》2021年第1期。

二、国际法与"一带一路"气候合作的逻辑证成

(一)理论逻辑:推动理论供给

首先,国际法为"一带一路"气候合作提供理念支撑。就本质而言,国际气候合作是国际气候治理体系下的法治合作。[1] 中世纪以来,法治成为主权国家治国理政的核心观念,而国家主权则成为国际关系的核心原则,后者推动了国际社会的组织化进程并促进无政府状态下国际关系的制度化。[2] 当前以现实主义和新现实主义理论为基础的国家领导下的利益分配与责任承担,在气候治理体系中主张权利的核心地位并嵌入其价值主张,与国际社会多样化的气候利益诉求特别是发展中国家的利益诉求背道而驰,引发规则失灵和秩序失调等问题。国际法为各国合作应对全球多边问题提供了框架。[3] 以人类命运共同体理念为核心的新一代国际法治观,以马克思主义法学为理论根基,坚持共商共建共享的全球治理观,恪守共区原则的正义价值,发挥大国的核心担当作用,充分照顾和协调不同国家特别是小岛屿国家和最不发达国家的利益诉求,构建气候利益共同体、命运共同体和责任共同体,弥合西方价值体系下零和博弈思维短板,彰显了国际气候合作的法理和道义基础。

其次,国际法为"一带一路"气候合作提供规范指引。法律是一种关于规范的科学。[4] 建构主义学者认为,国际规范形成于行为体之间的互动之中,反过来又建构了行为体的利益、身份和偏好。[5] 国际法的规范功能可以有效增加合作后果的预测,实现更大范围的"合作博弈",保障国际社会和平与

[1] 参见高翔:《论全球法治治理与中国和平发展战略》,载《学术交流》2007 年第 3 期。

[2] See Bernhard Zangl, *Is There an Emerging International Rule of Law?*, European Review, Vol. 13:1, p. 73 – 79(2005).

[3] See Erkki J. Hollo, Kati Kulovesi, Michael Mehling, *Climate Change and the Law*, *Ius Gentium Comparative Perspectives on Law and Justice Volume 21*, Springer, 2013.

[4] See Malcolm. N. Shaw., *International Law*, Cambridge University Press, 2021, p. 461.

[5] 参见[美]彼得·卡赞斯坦、罗伯特·基欧汉、斯蒂芬·克拉斯纳编:《世界政治理论的探索与争鸣》,秦亚青、苏长和、门洪华、魏玲译,上海人民出版社 2018 年版,第 9 页。

稳定目标的实现。[1] 国际法是以体系的形式存在和发展的,形态结构、部门结构和板块结构构成了国际法规范的体系。[2] 传统的国际法框架是将气候变化置于国际环境法的范式中予以考量的,[3] 缺乏合乎自身需要的体系和范式[4]。国际法在气候变化领域的延伸和适用有效推进了国际气候治理规范体系的建构。在形态结构方面,国际法具有多元化特征,[5] 包括了条约规范与习惯规范、一般规范与特殊规范等国际层级的规范形态,还实现了国际法和国内法二元分立的融合,建构了国际气候合作的体系框架。对部门结构而言,以《联合国气候变化框架公约》《巴黎协定》为核心的国际气候法律文件,建构了国际气候治理的规范基础。国际气候变化法的板块构成既涵盖了联合国框架下的制度安排,也囊括了双多边协议与安排,[6] 成为国际气候合作的平台基础。

最后,国际法为"一带一路"气候合作提供价值导航。国际法价值是国际社会的最高追求,是国际法合法性的体现,是国家从事国际交往的最高行为准则。[7] 尊重和保障人权以及实现人民福祉是国际法的目的性价值,是一切国际法治行动的总纲领。[8] 气候变化带来的不利影响极大地削弱了各国可持续发展能力并对人的权利享有构成了极大的威胁。国际社会尚未通过一个详细的、有约束力的框架来促进全球气候合作,而是接受了一般性的政治声明,该声明不仅赋予国家特权,还贬低了国际法的作用。[9] 当前全球气

〔1〕 参见江海平:《现实主义状态下国际法"规范功能"刍议》,载《现代国际关系》2004 年第 1 期。

〔2〕 参见古祖雪:《国际法体系的结构分析》,载《政法论坛》2007 年第 6 期。

〔3〕 参见王曦编著:《国际环境法》,法律出版社 2005 年版,第 17 页。

〔4〕 See James Gustave Speth, International Environmental Law: Can it Deal with the Big Issues?, 28 VT. L. REV. 779(2004).

〔5〕 See Kati Kulovesi, *Exploring the Landscape of Climate Law and Scholarship: Two Emerging Trends*, *Climate Change and the Law*, Ius Gentium: Comparative, 2013, p. 36 – 38.

〔6〕 参见卢静等:《全球治理:困境与改革》,社会科学文献出版社 2016 年版,第 126 ~ 131 页。

〔7〕 参见高岚君:《国际法的价值论》,武汉大学出版社 2006 年版,第 43 页。

〔8〕 参见马忠法、谢迪扬:《论人类命运共同体理念下的国际法价值构造》,载《武大国际法评论》2022 年第 2 期。

〔9〕 See David Hunter, *Implications of the Copenhagen Accord for Global Climate Governance*, Sustainable Development Law & Policy, 2010, p. 4 – 15.

候治理成败的关键不在于技术和制度的精良与否,而在于意识形态的博弈。[1] 气候政治化忽视了气候变化问题的本质属性,始终未跳出国家利益和权力争夺的巢穴,导致气候公共资源内耗和治理失序。[2] "一带一路"气候合作基于人类命运共同体理念所蕴含的人本价值,深入审视气候问题,不仅将人类共有的尊严和价值作为发展的核心关切,有效推进了减缓、适应、资金、技术与能力建设以及透明度机制等方面的人权标准化建设和均衡发展,同时,还强化了国家和企业在人权方面的义务与责任,充分关注并照顾到受气候变化影响的弱势群体,致力于推动环境正义与实质性的平等。

(二)实践逻辑:促进气候善治

一方面,国际法为实现"双碳"目标提供了法律保障。碳达峰、碳中和是在原有全球气候谈判格局土崩瓦解以及新一轮科技和绿色革命基础上应运而生的,体现着国际社会对绿色低碳转型以及构建新型气候治理格局的共同期许。"双碳"目标具有多重的国际法性质,不仅以国际条约的形式成为国家自主贡献的重要内容,而且以条约下的"双碳"目标作为国家自主贡献项下的原则性规定,具有形式上的条约属性;"双碳"目标的实质性内容依赖各国提交的贡献方案以国内法形式予以界定,具有单方面国家行为的属性。[3] 国际软法规范的达成不仅表达了国家的政治意愿,同时国际法治的共益性和利导性的价值和目的也将使法治参与主体从中受益,主体在吸收国际法治有益因素的基础上实现法律政策的完善和法治水平的提高。[4] 此外,国际法的不成体系性决定了良法和善治成为国际法治同时追求的目标。[5] "一带一路"气候合作既是落实"双碳"目标的应有之义,也是协同推进国际气候善治

---

[1] 参见赵斌:《全球气候政治的现状与未来》,载《人民论坛》2022 年第 14 期。

[2] 参见马建英:《从科学到政治:全球气候变化问题的政治化》,载《国际论坛》2012 年第 6 期。

[3] 参见柳华文:《"双碳"目标及其实施的国际法解读》,载《北京大学学报(哲学社会科学版)》2022 年第 2 期。

[4] 参见赵骏:《全球治理视野下的国际法治与国内法治》,载《中国社会科学》2014 年第 10 期。

[5] 参见何志鹏:《"良法"与"善治"何以同样重要——国际法治标准的审思》,载《浙江大学学报(人文社会科学版)》2014 年第 3 期。

和国际气候良法出台的重要平台，反过来，随着《巴黎协定》实施细则的进一步落实，国际法又为"双碳"目标的实践推进提供了良法保障。

另一方面，国际法为气候命运共同体建设提供了制度保障。国际制度对国际行为体的作用在于塑造角色、确定行动和提供预期。[1] 基欧汉指出，霸权合作依赖的是非对称的合作，而霸权后的合作是未来经济政治格局的主要形式，它对解决国际社会共同面临的全球治理问题起着关键作用。[2] 国际法的基本原则就在于维护人类共同利益。[3] 当前气候问题的全球性和紧迫性反映了国际社会相互依存的基本特征，全球性问题的解决需要国际社会协调行动实现共同利益的融合，构建与超越国界行为相适应的国际机制[4]。气候问题的解决不仅是一个法律问题，其具有强烈的溢出效应，呈现出与其他领域日益紧密且偶然性较高的议题耦合[5]，实现彼此之间的稳定与和谐并非一蹴而就，需要优良的顶层设计和高超的管理艺术加以系统化和制度化推进才能达至相互耦合状态[6]。作为唯物辩证主义的认识论和方法论，系统方法是"一带一路"气候合作的基本思路。"一带一路"气候合作是一个复杂的系统，国际法为国际主体的气候治理实践提供了制度逻辑和行动逻辑，即为相关主体统筹推进和系统布局气候与人权、安全等议题提供了理性选择和利益偏好，以制度化方式减少合作的不确定性、降低交易成本、加强信息交流，促进气候集体行动以克服"囚徒困境"。

---

〔1〕 See Robert Keohane, *International Institutions and State Power Boulder*, Westview Press, 1989, p. 3.

〔2〕 参见[美]罗伯特·基欧汉：《霸权之后：世界政治经济中的合作与纷争》，上海人民出版社2006年版，第58页。

〔3〕 参见许健：《论国际法之"人类共同利益"原则》，载《北京理工大学学报（社会科学版）》2011年第5期。

〔4〕 参见[美]罗伯特·基欧汉、约瑟夫·奈：《权力与相互依赖》，门洪华译，北京大学出版社2012年版，第13~16页。

〔5〕 See Johanna Coenen, Simon Bager, Patrick Meyfroidt, Jens Newig, Edward Challies, *Environmental Governance of China's Belt and Road Initiative*, Environment Policy and Governance, 2021, p. 3 – 17; Erkki J. Hollo, Kati Kulovesi, Michael Mehling, *Climate Change and the Law*, Ius Gentium Comparative Perspectives on Law and Justice Volume 21, 2013, p. 3 – 8.

〔6〕 参见闵家胤：《什么是系统观念？》，载《系统科学学报》2023年第2期，第4页。

（三）现实逻辑：推进国内法治与国际法治的良性互动

坚持统筹推进国内法治和涉外法治，协调推进国内治理和国际治理，更好维护国家主权、安全和发展利益。推动国内法治与国际法治的良性互动不仅是顺应法律全球化的时代选择，也是推动“两个大局”建设、实现全球治理变革的现实逻辑。

国家间相互依赖关系的深入发展拓展了国际社会与国家的原有边界。伴随全球化不断向纵深推进，国家间关系由传统的以高级政治为核心内容向以高级政治和低级政治协同并进的模式发展且不同项下的要素之间呈现出复合性和交叉性的特征，国家间关系日益呈现出相互依赖的性质。[1] 这种相互依赖性催生和强化了国际社会的组织化趋势，在全球气候治理领域集中展现为跨国主体增多、议题迅速拓展、治理不断扩大。马克思认为，每一种既定社会的经济关系首先表现为利益。[2] 国家间的气候复合相互依赖关系的确立，表现在国家利益与人类共同利益的一致性与冲突性。国内法和国际法都是以调整利益关系为客观条件的，实现二者的共同利益最大化需要实现彼此的协调配合。国际气候治理新格局呼唤法治成为协调利益、解决冲突的重要手段和工具，实现气候收益上的帕累托最优，推进国家个体和国家社会集体理性选择的协同发展。

全面依法治国推进了国内法治与国际法治的协调发展。党的二十大提出，中国式现代化既是全面依法治国的法治现代化，也是人与自然和谐共生的生态现代化。中华民族伟大复兴，是统筹国内国外的整体性思维。国家间合作当然是必要的，但任何国际协议的实施和大部分工作都需要在一个国家内完成。国内治理是国际治理的核心部分，而国际治理是国内治理在全球化时代的延伸，[3] 当国内治理的治理成效外溢到国际层面，将会有效地推动全球治理的发展和进步。治理的核心问题是依法治理，中央全面依法治国工作

---

〔1〕 参见［美］罗伯特·基欧汉、约瑟夫·奈：《权力与相互依赖》，门洪华译，北京大学出版社2012年版，第23～35页。

〔2〕 参见中共中央马克思恩格斯列宁斯大林编译局编：《马克思恩格斯选集》（第3卷），人民出版社1972年版，第209页。

〔3〕 参见陈承新：《国内“全球治理”研究述评》，载《政治学研究》2009年第1期，第120页。

会议指出,构建中国特色社会主义法治体系。气候变化是一场全球危机,需要各国在国内和国际层面采取行动。[1] 当前全球治理议题呈现出整体性特征,全球治理的有效性需要在以民族国家为核心的世界秩序内进行,[2] 而国内治理主体在实现国内治理成效、具备全球治理能力之时,又会在全球治理进程中扮演着"元治理"的基础性作用。[3] 目前,全球气候规范和标准的模糊等问题亟待国际社会在整合不同国家国内法共同价值和目标原则的基础上予以规范化和具体化。国内法的反馈过程不仅是不同主体协调利益、交流能力、实现法治协同化的过程,同时,也是国际治理向集体气候利益深度推进和规范化的过程。

三、"一带一路"气候合作的现实机遇与挑战

(一)主体失位

就纵向维度而言,发达国家的疲软、联合国领导力不足等气候领导力赤字问题突出。美国气候政策的周期性和易变性[4]、欧盟的单边主义气候倾向[5]等,西方国家试图以自身标准和利益取向建立符合西方式的全球气候治理规则,这不仅将气候政策与人权、贸易和劳工标准相挂钩进而剥削发展中国家的发展权[6],更是阻碍了全球气候治理进程、破坏了全球气候治理秩序。发达国家非但未承担起应有的气候领导责任,反而成为国际规则的破坏者和践踏者。国家间气候治理的疲态尽显,治理赤字和规则倒退等问题突出。气候领导力赤字问题深刻反映了当前全球气候治理主体间存在着不对称性的问题,发达国家凭借其在经济、政治上的巨大优势,掌握着全球气候治

---

〔1〕 See Lauri Peterson, Domestic and international Climate Policies: Complementarity or Disparity? *International Environmental Agreements*: *Politics*, Law and Economics Vol. 22, p. 97 – 118 (2022).

〔2〕 See Lauri Peterson, Domestic and international Climate Policies: Complementarity or Disparity? *International Environmental Agreements*: *Politics*, Law and Economics Vol. 22, p. 86(2022).

〔3〕 参见郁建兴、徐越倩:《全球化进程中的国家新角色》,载《中国社会科学》2004 年第 5 期。

〔4〕 参见于宏源:《特朗普政府气候政策的调整及影响》,载《太平洋学报》2018 年第 1 期。

〔5〕 参见陈红彦:《欧盟碳边境调整机制的合法性考辨及因应》,载《法学》2021 年第 12 期。

〔6〕 参见曹慧:《欧盟碳边境调节机制:合法性争议及影响》,载《欧洲研究》2021 年第 6 期。

理的制度性话语权和科学性话语权[1]。与此同时，非国家行为体作为气候变化的直接贡献者和气候治理的直接参与者，强势崛起，但缺乏相应的规范加以引导。

横向维度而言，国家集团呈现出碎片化特征，离散了全球气候治理合力。国际法的碎片化是主权国家之间政治、经济、意识形态等领域博弈和竞争的反映。[2] 具体到国际气候谈判进程中，碎片化现象摆脱了个体国家的束缚，更多的是以不同国家利益集团之间对立的形式出现的，并随着气候利益的尖锐化而呈现出更加复杂化的趋势。气候集团以《联合国气候变化框架公约》京都议定书和《巴黎协定》等气候治理进程为主导，不断演变并趋向碎片化。气候主体碎片化的根源在于全球经济体系的重构和气候机制自身的负外部性。[3] 不同国家集团基于自身利益考量，在气候规则的适用和解释中选择符合自身利益的行为方式和应对策略。《巴黎协定》不仅未能缓和这种局面，反而加剧了气候集团分化趋势。表现在：小岛屿国家基于气候变化引发的国家生存和安全需求，主张更为激进的方案；新兴经济体处于经济快速发展阶段，主张较为缓和的减排方案，以保障其发展权；欧盟面临东西欧分化、英国退出以及欧债危机等困扰，试图通过重整国际气候治理秩序脱离困境，提出富有雄心的减排方案；美国、日本等国家以国内利益集团的需求实行相应的气候治理方案。气候主体的碎片化，不仅损害了全球气候治理体系的权威性和合法性，同时，也加剧了国际法律规范的分裂和碎片化倾向，消磨了法治固有的稳定性特征[4]。

（二）价值失范

当前，全球气候价值失范导致了气候治理行为的失范。而当前全球气候

---

〔1〕 参见李强：《"后巴黎时代"中国的全球气候治理话语权构建：内涵、挑战与路径选择》，载《国际论坛》2019年第6期。

〔2〕 参见古祖雪：《现代国际法的多样化、碎片化与有序化》，载《法学研究》2007年第1期。

〔3〕 参见赵斌：《全球气候政治的碎片化：一种制度结构》，载《中国地质大学学报（社会科学版）》2018年第5期。

〔4〕 See Julien Chaisse & Jamieson Kirkwood, *Adjudicating Disputes Along China's New Silk Road: Towards Unity, Diversity or Fragmentation of International Law?*, Netherlands International Law Review, Vol. 68, p. 219 – 247 (2021).

治理赤字的根源在于价值失范，气候价值失范主要表现在理念赤字、信任赤字和行动赤字，三者相互影响，共同造就了全球气候价值失范问题。

首先，理念赤字。其突出表现在发达国家奉行国家主义的理念推进气候治理行动。国家主义的概念呈现出不同的发展路径，较为权威的理论认为国家主义指的是国家在参与国际事务和处理国际关系时坚持以民族国家利益为标准和尺度的价值理念。〔1〕全球应对气候变化问题长期停滞不前的重要原因在于，气候资源的负外部性导致国家个体在追求自身利益时对公共利益的漠视。不可否认的是，国家依旧是最基本的行为主体和国际关系的主角，国家主义在维护发展中国家的主权和国家利益等方面有着广泛的影响力。〔2〕基于国家主义的理念以及受国家理性选择的影响，部分国家更多的是考虑本国利益而回避国家责任，虽然这会使这部分国家在短期内受益，但是长远而言，这缺乏对当代和未来社会的责任感。从气候效益来说，当共同行动带来的直观收益小于个体的气候效益时，国家通过选择合作应对气候变化的概率就会减少。

其次，信任赤字。全球化潮流下，信任赤字既推进了国际社会之间的联系，同时也推动了逆全球化的潮流。当前，以美国为首的国家推行气候治理的单边主义和保护主义，以期重新领导世界应对气候变化，并试图与所谓“共同价值理念的民主盟友”通过制定严格的投资与财政补贴标准等恢复其在全球环境议题上的领导地位。这些强化的单边行动不仅加剧了全球气候治理的政治互信，造成了“信任赤字”，使全球气候治理进程陷入停滞和困境，同时，也将让世界错失应对气候危机的最后窗口。

最后，行动赤字。作为人类历史上最大的排放源，发达国家是气候变化的“罪魁祸首”，理应成为当前气候行动的主要参与者和行动者。然而当前以美国为首的发达国家减排行动却不尽如人意，主要表现在政策不持续、减排

〔1〕 See Glenn Hastedt, Donna L. Lybecker and Vaughn P. Shannon, *Cases in International Relations: Pathways to Conflict and Cooperation*, CQ Press, 2015, p. 249 – 251.

〔2〕 参见张胜军、郑晓雯：《从国家主义到全球主义：北极治理的理论焦点与实践路径探析》，载《国际论坛》2019 年第 4 期。

力度不够，同时发达国家也未承担起应有的资金和技术援助义务，反而是言胜于行，同时借气候治理之名行地缘政治之实，始终以维护自身的主导地位为目标。

（三）责任失衡

自 1992 年《里约环境与发展宣言》正式确立共区原则以后，共区原则为国际社会处理全球环境问题尤其是应对气候变化提供了基本的准则。该原则主要包括两个方面的含义：一是强调了国家不分大小、贫富等因素，皆负有应对气候变化的义务；二是强调了国家应当根据历史排放和现实经济技术等因素承担不同减排义务的区别责任，该责任是国家法“衡平原则”的重要体现。

一方面，区别责任趋于淡化。《联合国气候变化框架公约》京都议定书明确了南北缔约方之间两极分化的气候治理责任，成为非附件一国家维护自身权益的关键性成果。具言之，以减排主体的分类为基准划分减排责任是气候治理条约的“惯例”。《巴黎协定》虽然依旧在条文中明确规定了共区原则，其内涵却发生了重大变化。《巴黎协定》第 2 条规定了共区原则，并在其后增加了考虑不同国情的表述，语词的增加突出了共同责任的地位，表明了减排责任的划分将不再仅依靠历史排放和自身能力等因素，而是进行综合研判。这一表述的变化，是对减排责任分配标准的重大修改，一定程度上动摇了共区原则的理论根基。〔1〕各国提交的自主贡献方案也体现了该变化，几乎很少有国家在其自主贡献方案中提及历史排放等传统标准，而是更加突出现实排放等综合性因素。

另一方面，发展中国家的重新定位。国际减排机制历来都是以南北国家之分来划分减排责任，是共区原则的具体应用，但这样的划分标准饱受发达国家的批评。主要原因在于新兴经济体的快速崛起造成了温室气体排放量的大量增加，发达国家认为若无法将这些国家纳入减排的主体，则自身的气

〔1〕 参见陈贻健：《国际气候法律新秩序构建中的公平性问题研究》，北京大学出版社 2017 年版，第 144 页。

候治理行动会因新兴经济体的现实排放而抵消，无助于减排目标的达成。《巴黎协定》摒弃了传统二元划分的做法，明确了发达国家继续在减排行动上的表率责任，并指出除最不发达国家和小岛屿发展中国家可酌情提交减排计划以外，其他发展中国家都应当提交各自的自主贡献方案并加强气候治理的行动措施和力度。这实际上就是变相地要求所有国家都承担减排责任，意味着发达国家和发展中国家的减排责任逐渐由对立走向统一，南北国家的减排责任界线日益模糊。[1] 甚至有学者提出，减排主体的重新洗牌，表明共区原则已经缺乏实质性的内容，而更多体现的是程序上的规定。[2] 区别责任的逐步弱化将使发展中国家处于不利的境地，将严重威胁到其排放权和发展权。模糊处理区别责任、重新定位发展中国家减排责任的做法不仅对发展中国家的发展权构成了巨大的威胁，而且发达国家欲借此规避历史责任，对气候正义理念构成了巨大的破坏，进而影响国际气候治理成效。

（四）机制失调

全球气候治理是涵盖了世界上所有主权国家的集体气候行动。不同国家之间利益的多元化和理性选择的倾向，导致国家往往在集体行动中追求自身利益最大化而忽视整体气候利益，产生搭便车现象、造成公地悲剧。同时，气候治理机制自身的缺陷阻碍了集体目标的实现。

其一，全球气候治理成果属于典型的公共物品，无法避免搭便车行为的发生。所谓公共物品，是指任何人对该物品享有的权利都不会排斥他人同样的权利，而收益则是由全体成员共同享有的物品。[3] 地球大气系统是一个无法分割的整体，是一般共有物在时空上的拓展和延伸，具有全球性、代际性的特征，气候效益和负担作用于整个国际社会，任何国家和个人都不能置身其外。大气系统属于国家管辖之外的人类公共环境资源，自然无法成为国家

---

〔1〕 See Lavanya Rajamani, *Differentiation in the Emerging Climate Regime*, Theoretical Inquiries in Law, Vol. 14 (1), 2016, p. 151.

〔2〕 See Anna Huggins, Saiful Karim, *Shifting Traction: Differential Treatment and Substantive and Procedural Regard in the International Climate Change Regime*, Transnational Environmental Law, Vol. 5(2), 2016, p. 427 – 448.

〔3〕 参见蔡守秋主编:《环境资源法教程》(第3版)，高等教育出版社2017年版，第359页。

权利的客体，难以为其设定相应的权利和义务。[1] 尽管缺乏超国家行为体的存在，国际社会探索在国家自我设限理论的指导下建立调整国家间合作关系的国际法律规范，以此协调国家绝对主权和国际规则之间的关系。[2] 在追求气候协同治理的过程中，国际社会的集体理性和国家个体理性并非总是相向而行，趋利性的个体可以通过无成本的搭便车行为，实现成本效益的最优化组合。[3]

其二，激励机制的不健全造成了行动的有效性不足。国家减排目标完全依赖缔约方的自主意愿，履行机制的运行缺乏必要的程序性规定。一方面，相当数量的自主贡献方案的顺利实现是以相关条件的达成为前提的。梳理不同的贡献方案可以发现，发展中国家普遍面临着经济发展水平低、资金技术缺乏等问题，其自主贡献方案的最终实现有赖于发达国家的资金和技术支持。然而，部分发达国家极力撇清历史责任、否认现实能力，其减排承诺并未体现出进步性，也缺乏资金和技术内容的规定。另一方面，当前全球自主贡献行动难以弥补实现全球温控目标的巨大缺口。联合国环境规划署于2021年发布的《2021年排放差距报告》指出，现有的全球气候治理方案将导致全球气温在21世纪末仍然可能上升3.2℃，如果想要升温控制在既定的1.5℃范围内，则全球必须在2030年前将减排量降至250亿吨当量，在2030年全球碳排放量预计为560亿当量，几乎为当前目标水平的两倍。[4] 可见，目前的全球贡献目标与减排机制所确定的气候目标仍然存在着巨大的悬殊和不足。

---

〔1〕 参见曹明德：《中国参与国际气候治理的法律立场和策略：以气候正义为视角》，载《中国法学》2016年第1期。

〔2〕 参见［英］哈特：《法律的概念》，许家馨、李冠宜译，法律出版社2019年版，第291页。

〔3〕 See Rebecca M. Bratspies, *Global Public Goods: An Introduction*, American Society of International Law Proceedings, Vol. 104, 2010, p. 147.

〔4〕 See UNEP UNEP Copenhagen Climate Centre (UNEP-CCC), *Emissions Gap Report 2021*, UN environment programme (Oct. 26, 2021), https://www.unenvironment.org/resources/emissions-gap-report-2021.

四、"一带一路"国际气候合作的国际法路径审思

碳达峰碳中和全球共识以及高质量共建"一带一路"的大背景下，推进国际气候合作应当立足两方面的基本原则：一是以国际法为根本遵循，坚持按照国际法原理和规则调整国际气候合作关系，以区域气候法治建设推动完善全球气候法治，构建更加公正合理的全球气候治理秩序；二是以"一带一路"原则要求为基本要义，服务于高质量共建"一带一路"的总体目标和方针政策，为"一带一路"高质量发展增添成色和底色。

（一）以"人类命运共同体"和"生态文明"为基本理念

"一带一路"气候合作应当以人类命运共同体理念为理论基础。习近平总书记在2018年全国生态环境保护大会上强调要实施积极应对气候变化国家战略，推动和引导建立公平合理、合作共赢的全球气候治理体系，彰显我国负责任大国形象，推动构建人类命运共同体〔1〕。人类命运共同体理念系统回答了"建设什么样的世界以及怎样建设世界"这一时代之问，为国际关系发展和国际问题解决提供了理念支撑。〔2〕 建立在国际法基础上的"一带一路"气候合作为国际气候合作关系提供了法律规则和制度规范。二者皆以处理国际关系为对象，但是人类命运共同理念属于理念范畴，而应对气候变化合作属于具体规范范畴，前者为后者提供了理论渊源。人类命运共同体理念以持久和平、普遍安全、共同繁荣、开放包容、清洁美丽为基本内涵，主张相互依赖的国际社会只有建立在可持续发展的基础上才能实现共生共荣。"一带一路"气候合作只有以人类命运共同体为理念遵循，不断求同存异，以人类社会整体利益和共同命运为依归，才能实现可持续发展。

"一带一路"气候合作应当以生态文明理念为价值基础。党的二十大报告指出，人与自然是生命共同体，必须尊重自然、顺应自然、保护自然。习近平在2021年领导人气候峰会上强调了推动构建人与自然生命共同体的现实紧

〔1〕《深刻认识加强生态文明建设的重大意义——论学习贯彻习近平总书记全国生态环境保护大会重要讲话》，载《人民日报》2018年5月20日，第1版。

〔2〕 参见徐宏：《人类命运共同体与国际法》，载《国际法研究》2018年第5期。

迫性和重要性。[1] 在狭义上,生态文明理念主张摒弃人类中心主义和生态中心主义的观念,追求人类与生态环境的和谐共生。在广义上,生态文明理念除了人与生态环境之间的关系之外,更强调的是人与人之间关系的可持续性。马克思认为,人对自然的关系就是人对人的关系。[2] 本质上而言,当前面临的人与生态环境关系问题实则是人与人关系问题的外在表征,而人与人之间关系集中表现在社会生产关系之中,气候问题产生于工业文明模式下不可持续的生产生活方式。生态文明理念倡导的是绿色、低碳、循环、可持续发展的发展范式,将低碳元素融入经济社会发展的全要素全过程,实现的是人的本质的复归和公平正义的彰显,为"一带一路"气候合作提供了源源不竭的动力。

人类命运共同体、生态文明与"一带一路"气候合作是辩证统一的,三者相互促进、一体发展。[3] 首先,三者的逻辑起点是生命共同体。无论是人类命运共同体、生态文明还是气候合作,最终都是以实现人与自然、人与人之间的和谐共生为目标。其次,人类命运共同体为生态文明和气候合作提供了共生共赢的理论基础。再次,生态文明理念是人类命运共同体和气候合作的价值取向。最后,"一带一路"气候合作是人类命运共同体和生态文明的具体表现。"一带一路"气候合作只有始终坚持人类命运共同体和生态文明理念,才能创造出良好气候的全球公共产品,才能为实现人类命运共同体理想构筑生态基础。

(二)维护联合国在气候合作中的核心地位

联合国作为当今世界最重要的政府间国际组织,在全球环境治理中扮演着不可或缺的角色。长达40年的全球气候合作历史塑造了联合国在全球气候治理体系中的主导地位。随着国际社会组织化趋势的持续增强,联合国气

〔1〕 参见《习近平出席领导人气候峰会并发表重要讲话》,载《人民日报》2021年4月23日,第1版。

〔2〕 参见本书编写组:《马克思恩格斯列宁经典著作选读》,高等教育出版社2018年版,第9~10页。

〔3〕 参见戴铁军、周宏春:《构建人类命运共同体、应对气候变化与生态文明建设》,载《中国人口·资源与环境》2022年第1期。

候治理体系的主导地位既面临着被分化的风险，同时也面临推进改革加以提升的机遇。如此背景下，通过“一带一路”气候合作的区域力量巩固和维护以联合国为核心的气候治理体系显得尤为紧迫。

一是坚持以联合国为中心的多边进程。作为全球最大和最有影响力的国际组织，联合国在国际法治建设中具有难以替代的作用。[1] 联合国气候治理体系在议题设置、规则制定、条约遵守、凝聚国际共识等全球气候法治建设中担负着不可替代的作用。当前联合国体系下的全球气候治理改革逐渐进入深水区，在纵向上面临与主权国家的利益冲突和分歧，在横向上面临着其他气候机制的挑战，这加速了联合国气候治理体系逐渐被边缘化的趋势。[2] 《格拉斯哥气候公约》强调了以《联合国气候变化框架公约》为核心的多边主义在可持续发展和消除贫穷以及合作应对气候变化的重要性。维护联合国在气候治理中的核心地位就是要在“一带一路”气候合作中坚持多边主义的立场，即坚持以联合国为主导力量的气候治理多边进程，充分发挥联合国在气候治理进程中的统筹协调作用，维护联合国在气候治理体系中的权威性和合法性。

二是推动健全联合国气候治理机制。维护联合国核心地位的应有之义也在于推动健全联合国气候治理机制。联合国内部并不存在一个独立的、专门处理全球气候治理的特定机构，而是众多国际组织和机构都参与到气候治理进程之中，各个组织之间缺乏明确的分工和足够的协调，难以形成气候治理合力。[3] “一带一路”气候合作应坚持以联合国为核心，加强同国际组织之间的协调与合作，明确组织之间的分工与责任，深化与经济组织的气候治理联系，整合松散的气候治理架构，解决结构繁杂、权力分散、运行不畅、效率低下等问题。建立纵横双向协调的遵约机制，在尊重贡献方案自主性、促进平权主体相互配合的基础上加强国际组织的监督职权。同时推动联合国加

---

〔1〕 参见曾令良：《联合国在推动国际法治建设中的作用》，载《法商研究》2011 年第 2 期。

〔2〕 参见石晨霞：《联合国在全球气候变化治理中面临的困境及其应对》，载《国际展望》2014 年第 3 期。

〔3〕 See Thomas G. Weiss, David P. Forsythe, Roger A. Coate, and Kelly-kate Pease, *The United Nations and Changing World Politics*, Seventh edition, Boulder: Westview Press, 2013, p. 298.

大规范供给，加快对相关领域的立法补充，充分借用软法规范弥补规则模糊缺陷，以加强缔约方的履约能力和形成对缔约方自由裁量权的制衡。

三是补足联合国气候治理体系。“一带一路”气候合作应当立足于补充和完善联合国框架体系的基本定位，而非取代。联合国框架下的全球气候治理体系面临着南北国家利益冲突、权力真空等固有缺陷，短时间内难以实现有效的弥合。“一带一路”气候合作在平衡国家主权利益和气候共同利益以及协调国际气候权力等方面具有独特的优势，通过细化全球气候治理主体的权利与义务，能够有效弥补全球气候治理体系的不足。

（三）坚持共同但有区别的责任原则

作为全球气候法治的基石原则，共同但有区别的责任原则旨在明确不同国家集团的减排责任和义务。[1]《巴黎协定》以动态化的方式解释和适用了共区原则，在一定程度上缓和了不同国家间的利益冲突，然而愈加抽象化的区别责任在一定程度上动摇了共区原则的根基。“一带一路”气候合作应当在坚持共区原则基础地位的基础上增强其适用性，维护气候正义的基石。

一方面，推动共区原则模糊性条款的具体化。《联合国气候变化框架公约》京都议定书规定了共区原则适用于两类国家，这种传统的二分法是以不同类别国家之间的差异性和同类别国家内部之间的同质性为基础的。随着新兴经济体排放量的迅速增加，二元区分模式已经不再适应发展中国家内部日益差异化的国情，《巴黎协定》明确提出将“根据不同的国情”作为划分区别责任的依据，但却未对“国情”的内涵和外延予以界定。鉴于国情是一个动态发展的概念，需要综合考量政治能力、经济条件、环境状况等因素，《巴黎协定》将国情纳入责任区分标准，展现了对气候脆弱国家利益的维护和关切。坚持差异化的国情标准，既反映了国际气候治理体系固有的正义性特征，也为新兴经济体参与减排提供了规范，但同时也进一步淡化了发达国家的历史责任和模糊了南北之间的责任界线。“一带一路”气候合作在界定“国情”范

〔1〕　参见吕江：《〈巴黎协定〉：新的制度安排、不确定性及中国选择》，载《国际观察》2016 年第 3 期。

围时既不能过于宽泛,而纳入与气候治理关联性不强的因素,也不能过于狭窄,而为相关国家逃避责任提供依据,应当着重考虑历史排放、现实排放和经济发展水平等因素,同时进行阶段性的评估和修正,以适应气候治理的实践需要。

另一方面,适当扩大共区原则的适用范围。《巴黎协定》不仅强调了减缓的重要地位,同时突出了其他气候要素的重要作用,如资金、技术、能力建设等要素,这些减排要素共同铸就了应对气候变化国际制度的磐石。[1] 具体到全球气候治理实践层面,共区原则重点适用于减缓领域,且有被发达国家篡改以规避责任之嫌,在资金、技术等领域的适用更是由于不同国家的利益考量而举步维艰。实现《联合国气候变化框架公约》和《巴黎协定》所需的减排力度不仅包括目标承诺的力度,还必须包括行动落实的力度和支持保障的力度,尤其是为发展中国家提供支持保障的力度。[2] 就经济发展水平较低的国家来说,目前缺乏资金和技术应对减排目标。相反,其减排实践的推进取决于自身能力和发达国家的援助。根据"污染者付费"原则,发达国家作为既得气候利益的享有者,理应承担气候治理的责任和履行恢复气候变化所需要的经济援助和技术支持,但发达国家的实际行动与条约义务之间具有明显的差距。"一带一路"气候合作应在不同领域适用共区原则,同时通过外交等途径督促发达国家落实气候资金和技术义务,推动实现全球气候正义。

(四)坚持应对气候变化与人权保护的协同路径

应对气候变化和人权保护属于不同的领域和范畴,但两者是辩证统一的。一方面,气候变化影响着人权的享有和实现,应对气候变化是对享有人权的保证;另一方面,保护人权是应对气候变化的重要维度,人权保护将会推动应对气候变化目标的实现。本质而言,气候与人权的关系归属于环境权与发展权的权利范畴,坚持应对气候变化与保护人权的协同路径即坚持环境权

〔1〕 参见李威:《从〈京都议定书〉到〈巴黎协定〉:气候国际法的改革与发展》,载《上海对外经贸大学学报》2016 年第 5 期。

〔2〕 参见樊星、高翔:《国家自主贡献更新进展、特征及其对全球气候治理的影响》,载《气候变化研究进展》2022 年第 2 期。

与发展权的协同治理路径。“一带一路”气候合作只有协同推进应对气候变化与保护人权，才能在绿色发展的基础上增进《联合国宪章》之人权及基本自由之尊重的宗旨。

一方面，坚持以人权标准和规范推进“一带一路”气候合作。国际法的最高价值目标是实现和保障人权，该目标已经成为国际法的价值基准，尤为展现在生态环境领域。〔1〕从某种程度而言，气候变化的安全问题正在发生，人权决定了人类对气候变化的反应。〔2〕合作减排一直是国际气候谈判的目标，但目前更多的是以政治共识的形式体现在气候治理机制之中。〔3〕坚持人权标准推进应对气候变化合作就是要运用人权的规范和标准处理碳排放问题，在基于正义的基础上实现国家的平等发展权。〔4〕一是在“一带一路”气候合作中，构建人权评价标准至关重要，将人权促进与保护融入气候治理各环节，有效应对片面追求碳排放效果而忽视人权保障的问题。同时人权标准也应当贯穿国家自主贡献的全过程，即“双碳”目标的制定与实施、全球盘点和遵约机制等环节，以此强化气候治理主体的气候合作力度。二是将人权的实体性和程序性规范纳入应对气候变化合作。共建“一带一路”国家应当积极推进生存权、发展权、居住权、健康权、环境权等人权的法律化和制度化，同时气候问题的全球性和人权的特殊性要求共建“一带一路”国家在尊重其他国家主权的基础上推进气候问题的国际合作。此外，环境人权最狭义但最核心的问题不在于环境质量，而在于程序性权利。〔5〕应对气候变化合作应当加强信息公开、公众参与、气候诉讼等司法救济和程序保障，让成熟的人权

---

〔1〕 参见何志鹏：《国际法治论》，北京大学出版社 2016 年版，第 275 ~ 278 页。

〔2〕 See Timo Koivurova, SØbastien Duyck, and Leena Heinämäki, *Climate Change and Human Rights*, Part of the Ius Gentium: Comparative Perspectives on Law and Justice Book Series Vol. 21, p. 325 (2013).

〔3〕 参见周立波：《气候变化与人权保护——基于环境法与人权法的理论考察》，载《云南师范大学学报（哲学社会科学版）》2011 年第 5 期。

〔4〕 参见郭新政：《国际人权法视角下碳排放权问题与解决》，载《西南政法大学学报》2022 年第 2 期。

〔5〕 参见［英］帕特莎·波尼、埃伦·波义尔：《国际环境法与环境》，那力、王彦志、王小钢译，高等教育出版社 2007 年版，第 251 页。

程序性原则在气候制度中发挥更大的作用。[1]

另一方面，坚持在“一带一路”气候合作中尊重和保障人权。《坎昆协议》率先强调了缔约方在所有气候行动中应充分尊重人权，随后人权理事会督促各国制定环境政策时应考虑人权，人权理事会和联合国大会相继通过了健康环境权是一项基本人权的决议。良好的气候和适宜的生态环境是人权的物质和生态基础，也是人权保护的应有之义，只有建立在此基础上的人权才能持久和稳定。当前气候变化造成的流离失所是国际社会面临的最大人权威胁之一，气候变化对生存权、发展权、健康权等人权的实现产生了负面影响，同时构成了对经济、社会和文化权利的威胁。由气候变化引发的人权问题具有不同的面相，但归根结底属于发展问题[2]，而气候变化问题本质也是发展问题，两者具有共同的源头指向，聚焦和落脚于发展问题的国际气候合作推进了彼此的融合发展。全球发展倡议提出要坚持以人民为中心，在发展中保护和促进人权。[3] 人权、气候等非传统安全问题与发展问题相互交织、相互依存，任何一部分的变化都会产生牵一发而动全身的效果，统筹推进彼此之间的关系尤为紧迫。“一带一路”气候合作应当坚持可持续发展的人本主义倾向，维护和保障气候治理的人权价值，实现绿色发展与人权保障的互利共赢。

（五）构建碳市场机制的战略构想

市场机制是推进碳达峰碳中和目标的基础[4]。作为兼顾多元主体与复合价值取向的气候治理模式，“一带一路”碳市场机制推进的国际法进路是以法治方式规范和调整不同碳要素关系的思维范式，应当重点围绕“政策＋市场”的双核推进模式，以“战略＋软硬法”的协同互动方式，为碳市场机制建

---

〔1〕 See Siobhán McInerney-Lankford, Mac Darrow, and Lavanya Rajamani, *Human Rights and Climate Change: A Review of the International Legal Dimensions*, The World Bank Study, 2011, p. 32－36.

〔2〕 参见杨泽伟：《碳排放权：一种新的发展权》，载《浙江大学学报（人文社会科学版）》2011年第3期。

〔3〕 参见李志伟：《“全球发展倡议契合各方需要”》，载《人民日报》2022年4月19日，第3版。

〔4〕 参见邹乐乐、王溥、孙翊：《实现碳中和的市场机制与争取国际话语权重点方向》，载《中国科学院院刊》2022年第4期。

设提供规范保障。

在政策层面，推进政治共识和顶层设计。当前，“一带一路”沿线国家碳市场建设处于早期阶段，实现不同碳市场的对接和协调存在较大的难度，应当以推进基础性工作为主攻方向。一方面，推进绿色发展的政治共识。国际法是国际政治的规范性表达，政治共识是国际关系体系化的前提。〔1〕以绿色发展为核心的碳中和国际共识为“一带一路”双多边协议的有效达成提供了政治基础，反过来，国际协议又以具体行动的形式落实了政治共识。“一带一路”绿色发展的国际共识应当更多地通过集体行动加以推进。当前，分化的碳市场桎梏了发展中国家的话语权，不利于发展中国家整体气候利益的形成以及气候话语权的传播。推进政治共识应当借助“一带一路”绿色发展国际联盟、绿色“一带一路”发展伙伴倡议、G20、上合组织等域内外平台，通过多元主体广泛参与、议题设置和塑造等途径，加强融资、技术、基础设施等方面的合作，争夺碳中和话语权。另一方面，推进法律政策的对接。法律政策的对接并不意味着将不同国家的政策进行简单相加和排列，而是在共商共建的前提下，以《联合国气候变化框架公约》《巴黎协定》为基础，不断协调各方气候利益，以备忘录、联合声明、合作文件等形式，充分发挥软法弥合利益分歧、弥补制度漏洞等方面的作用，形成软法和硬法共建共治共享的法律规制格局。

在市场层面，推进制度和规范建设。制度化是碳市场有效性、合法性、公正性的基础，也是碳市场行稳致远的关键。根据科斯定理，法律和制度干预经济运行的前提取决于其带来的效益是否超过了交易成本。〔2〕当前碳市场运行无法规避交易成本的情况下，市场制度能够有效克服经济行为的负外部性问题，实现资源和环境要素的优化配置，进而提升经济效益。换言之，“一带一路”碳市场机制的规范化就是要借助气候有益技术、大数据、区块链等技术以及碳金融等工具，发挥法律制度在规避碳泄漏、破除邻避现象以及建立

〔1〕 参见[美]路易斯·亨金：《国际法：政治与价值》，张乃根、马忠法、罗国强、叶玉、徐珊珊译，中国政法大学出版社2005年版，第5页。

〔2〕 参见张文显：《二十世纪西方法哲学思潮研究》，法律出版社2006年版，第182页。

监测、报告和核查体系等方面的作用,推动不同碳要素和碳资源的理性选择和协同增效。同时,碳市场的制度化建设既需要科学统一的战略部署,也需要因地制宜、寻求渐进的推进思路,通过区域碳市场试点,以点带面推进统一市场建设,在推进之中统筹考量与碳税、用能权交易等其他市场机制的相互关系。

五、"一带一路"国际气候合作的中国因应

我国致力于将应对气候变化工作置于国家发展的重要位置,积极为推进全球气候治理作出中国贡献。应对气候变化既关系到我国持续稳定的国内发展大局,也关系到"一带一路"高质量发展。随着"双碳"目标的实施以及绿色"一带一路"的稳步推进,国际社会对我国引领未来气候治理进程抱有较大的期待,我国同时也面临着复杂的国内发展压力。如何利用法治手段保障"双碳"目标和绿色"一带一路"顺利推进的同时实现我国经济社会的可持续发展,是当前我国推进国内外"两个大局"建设的现实机遇和挑战。

(一)国际层面——推动全球气候治理秩序转型

中共中央政治局第三十六次集体学习时强调,我国要积极参与全球气候谈判议程和国际规则制定,推动构建公平合理、合作共赢的全球气候治理体系。一般而言,国际秩序由国际规则制定权分配,国际制度和国际观念构成。[1] 掌握规则制定权的国家往往在国际关系体系中占据有利位置,而制定权的获得除了经济和政治实力外还取决于各国是否顺应了时代潮流并率先作出贡献。

第一,提升国际气候规则制定权。国际规则作为约束国际行为主体的原则、制度和规范,不仅保障着国际秩序的稳定与和谐,同时,也对国家利益的界定和维护起着重要的作用。[2] 相较于军事、政治等传统安全领域,气候变化等非传统安全领域成为推动国际秩序转型的着力点,也为发展中国家提升

---

〔1〕 参见李慧明:《全球气候治理与国际秩序转型》,载《世界经济与政治》2017年第3期。

〔2〕 参见潘忠岐:《广义国际规则的形成、创制与变革》,载《国际关系研究》2016年第5期。

国际规则话语权提供了可能的场域。国际规则制定权的大小取决于国家实力、领域优势和创制能力等综合因素。[1] 基于此，一方面，我国应当摒弃以实力界定规则的西方式做法，致力于追求以共同利益为导向、以提供公共气候产品为基本目标的规则形成机制；另一方面，尽管调整国家间行为的权利和规则不同程度地依赖于意见一致和相互利益，但是它们的主要根据还是一个社会体系中居支配地位的集团或国家的权力和利益。[2] 我国应当在全球绿色低碳发展潮流之中抢夺碳政治、碳经济、碳文化、碳技术等碳要素高地，为碳规则制定权的分配争取有利的领域优势和创新能力。

第二，推动国际气候制度的变革和调整。如前所述，气候变化问题与其他议题存在着相互耦合性，国际气候制度与其他国际制度同样具有相互耦合性，国际制度之间相互渗透相互影响的特征越发明显。在推动国际气候制度变革的同时，协同推动国际人权制度、国际能源制度、国际经贸制度以及政治和外交行为国际规则的绿色化和气候化。在缺乏世界政府来实施和执行全球最优气候政策的情况下，迫切需要采取雄心勃勃的气候目标的先行者的领导。我国应当充分发挥长期积累的负责任大国的国际声誉优势，在尊重国家主权和公平原则的基础上展现方向型领导力的引领和带头作用。[3]

第三，坚持正确的义利观。正确的义利观是新时代我国对外关系的基本准则之一，也是马克思国际关系理论的当代表达。正确的义利观蕴含了人类命运共同体理念的价值取向，[4] 同时也为生态文明理念提供了理论内涵，能够有效避免我国落入修昔底德陷阱和修正主义的大国圈套。在生态环境影响全球化的背景下，我国在国际交往中应当遵循义利兼顾、以义为先的环境义利观，自觉地超越西方狭隘的民族主义生态理论，融合现实主义与理想主义主张的有益内核，既要保障国家主权的利，也要维护人类共同气候的义，推

---

〔1〕 参见潘忠岐：《广义国际规则的形成、创制与变革》，载《国际关系研究》2016 年第 5 期。

〔2〕 参见［美］罗伯特·吉尔平：《世界政治中的战争与变革》，北京大学出版社 2005 年版，第 42 页。

〔3〕 参见汝醒君、刘峰：《欧盟气候变化领导力研究及对中国的启示》，载《国家行政学院学报》2013 年第 3 期。

〔4〕 参见尚伟：《正确义利观：构建人类命运共同体的价值追求》，载《求是》2018 年 5 月 15 日。

动构建生态文明传播体系。

（二）区域层面——深化“一带一路”气候合作

深化“一带一路”气候合作、打造绿色“一带一路”是高质量共建“一带一路”的题中之义。当前“一带一路”合作已经进入深水区，碳约束环境的要求愈发趋于严格，碳中和目标成为气候治理的必选项。与之相随，我国综合实力的提高以及大国责任意识的逐步提升，在“一带一路”气候合作中扮演着更加重要的角色。[1]

首先，推进绿色标准和规则体系建设。《关于推进绿色“一带一路”建设的指导意见》指出，我国将积极参与国际绿色标准制定，推动“一带一路”绿色标准共建与对接。不同经济体之间的制度协调和信息交流将提高政策的有效性，并有助于为可持续发展奠定基础。[2] “一带一路”绿色标准和规则体系建设既能实现与《联合国2030可持续发展目标》和《联合国气候变化框架公约》的融合，推动全球气候治理目标的实现，又能以制度规范保障各方利益，降低合作的预期风险，提升合作的合法性和参与性。具言之，一方面，规则和标准建设应当确立适宜的基准线，基准线的确立应当保持弹性、互通性、衡平性的基本特征，既能保障全球碳竞争力，又能满足沿线国家发展权的实现；另一方面，规则和标准体系的建立需要完整的市场激励和保障措施。

其次，规范企业境外环境行为。《关于推进绿色“一带一路”建设的指导意见》指出，要压实境外企业的主体环境责任，鼓励企业开展高标准的环境保护工作。中欧投资协定、《区域全面经济伙伴关系协定》(Regional Comprehensive Economic Partnership，RCEP)、全面与进步跨太平洋伙伴关系协定(Comprehensive and Progressive Agreement for Trans-Pacific Partnership，CPTPP)皆强调了经济社会发展与环境保护之间相互依存和相互促进的特

---

〔1〕 参见2022年3月，国家发展改革委、外交部、生态环境部、商务部联合发布的《关于推进共建“一带一路”绿色发展的意见》为“一带一路”生态文明实践提供了决策依据。

〔2〕 See Muhammad Waqas Akbar, Peng Yuelan, Adnan Maqbool, Zeenat Zia & Muhammad Saeed, *The Nexus of Sectoral-based CO_2 Emissions and Fiscal Policy Instruments in the Light of Belt and Road Initiative*, Environmental Science and Pollution Research, 32493(2021) 28.

征，并对企业投资行为设立了高标准的环境准则。[1] 企业境外环境行为与国际投资行为密切相关，规范企业境外环境行为不仅能发挥环境行为的示范作用，还能倒逼东道国建立高标准的环境规则和投资准则。具体到“一带一路”，我国应积极推动在双多边投资协定中纳入与上述区域协定相协调的环境保护条款，推动国际经贸规则的生效与实施。同时加强程序性保障，对境外投资企业开展投资前以及透明度审查，审查应遵循比例原则和非歧视原则。

最后，提高环境风险预防能力。《关于推进绿色“一带一路”建设的指导意见》指出，通过正面引导、跟踪服务等多重措施，完善境外项目环境风险支撑保障体系。“一带一路”成功的关键在于利益的最大化和风险的最小化，无论是中国还是参与“一带一路”倡议的东道国都需要努力实现利益最大化并最大限度地降低新冠时代的风险。[2] 风险预防虽然未被《联合国气候变化框架公约》确定为基本原则，但其明确了防止人为危险干预气候系统的国家主权责任，以降低环境损害的发生。风险预防要求我国应当以总体国家安全观为理念指引，以全球发展倡议和全球安全倡议下的发展与安全为重要抓手，推动建立全过程全要素的环境风险保障体系，强化环境风险的识别、防范和管控能力，以制度型的合作为气候治理提供更多的确定性。

（三）国家层面——健全国内气候治理法律体系

第一，推动应对气候变化立法。目前生态文明建设的立法取得了长足的进步和发展，但应对气候变化和“双碳”方面的专门性立法仍然缺位，其他生态环境类的法律体系也缺乏有关气候变化和低碳发展的统筹性考虑，支撑“双碳”目标实现的法制体系依然处于较为薄弱的状态，不利于我国生态文明建设的系统化推进，更对我国参与国际气候合作造成了法律依据不足的困境。为此，一是以“双碳”目标为导向，尽快出台应对气候变化综合性立法。

---

〔1〕 参见曾文革、刘叶：《〈中欧全面投资协定〉与 CPTPP 环境保护条款的比较及启示》，载《国际商务研究》2022 年第 1 期。

〔2〕 See Kevin Gallagher, *The Belt and Road Initiative and the Sustainable Development Goals*, One Earth 3, 2020 p. 267.

纵观国外气候立法经验,综合性立法受到越来越多国家青睐。[1] 我国也应当构建起具有中国特色的应对气候变化综合性法律,对气候治理基本目标、原则、制度、部门职责、国际合作等内容作出一般性规定。二是统筹考虑碳中和部门法体系化建设。一方面,要推进应对气候变化框架性立法下的碳中和部门法建设,对"双碳"目标峰值、碳排放强度、碳排放权属性等予以法律界定,明确碳技术、碳金融、能源消费和利用等内容的发展方向,并对监督管理、政绩考核以及国际体系融合与对接等作出法律安排;另一方面,统筹考虑与应对气候变化相关的法律,通过立改废释等法律程序推动形成协调一致的气候治理法律体系。

第二,加强程序性法治保障。法律的生命在于实施。[2] 有关法律权利和义务的程序性安排为法律的实施提供了制度化保障,也是法律从纸面真正实现落地的现实化过程。一是完善信息披露机制。正当法律程序的应有之义在于信息交流的充分和对等。[3] 一方面,扩大环境信息公开范围。我国亟需以法律形式将温室气体纳入环境信息公开范围,使之与国家自主贡献机制所要求的透明度相适应。另一方面,增加温室气体控制范围。我国可以根据国情适时地扩大碳排放领域和温室气体种类的控制范围,加强过程和范围管理。二是加强公众参与。一方面,要加强法律制度安排,将企业、城市、社会团体等非国家行为体纳入气候治理法律调整范围之内,赋予其明确的法律地位、权利义务以及法律责任等内容,为其参与减排实践提供规范性保障。另一方面,出台非国家实体参与碳排放交易的规则体系,明确减排行为的运行模式。

第三,推进碳市场规范化建设。我国目前已经基本形成了"1 + N"碳达峰碳中和政策体系,为碳市场的规范化运行提供了顶层设计,也为推进全国统一生态环境市场建设提供了政策导向。但当前碳排放权交易市场实践中依然存在着市场参与主体有限、市场监管效率低下、激励机制不足等问题,推

[1] 参见罗丽:《日本应对气候变化立法研究》,载《法学论坛》2010 年第 5 期。
[2] 参见张文显主编:《法理学》(第 5 版),高等教育出版社 2018 年版,第 241 页。
[3] 参见张文显主编:《法理学》(第 5 版),高等教育出版社 2018 年版,第 271 页。

进规范化建设已经刻不容缓。一是要建立立体化的分级参与机制，明确不同主体的准入标准；二是要建立专业化的第三方监管机构，提高市场监管质量和效率；三是要健全以碳税为主要手段的激励机制，利用市场运行规律合理调整税率、财政政策等内容。

六、结语

面对气候变化等非传统安全问题，我国坚持高质量共建“一带一路”，合作应对气候变化，推动构建新型国际关系，构建人类命运共同体。在当前《巴黎协定》实施细则的国际谈判陷入僵局、“一带一路”气候合作存在风险和不确定性的情况下，我国更要坚定地立足发展中大国的定位，切实加强同发展中国家的团结合作，努力扩大发展中国家的气候话语权，同时又要肩负起大国责任，在自身主动减排、自觉实现国家自主贡献目标的情况下，积极参与最不发达国家以及其他气候脆弱国家的资金和技术援助。为构建国内国际双循环相互促进的气候治理新发展格局，我国应当始终在以《巴黎协定》为核心的全球气候治理协定的指引下推进“一带一路”气候治理，既要坚决维护我国核心利益，也要做到对他国利益的合理关切，不断扩大利益交汇点，打造相互依存的利益共同体；既要构建区域联动的融合发展格局，也要促进互联互通网络的有效连接，打造水乳交融的命运共同体；既要担负起全球气候治理的使命，也要协调好主权与人权的关系，打造富有担当的责任共同体。共建“一带一路”为人类命运共同体理念的落地生根提供了重要的实践平台，也为我国统筹区域气候治理与自身可持续发展开辟了新路径。“一带一路”气候治理深刻体现了区域命运与全球命运息息相关、休戚与共，将会有效地扩大发展中国家在国际气候治理中的话语权，促使推动构建更加普惠、公平、均衡的全球治理格局。

人与自然和谐共生视阈下
碳达峰碳中和工作法治困境与应对*

梁阿敏　龙　灼**

摘　要：人与自然和谐共生理念是中国生态文明建设的重要内容，它所蕴含的系统性治理理念、共建美丽清洁世界愿景以及环境人权理念是气候应对变化法的应有之义。以人与自然和谐共生理念观之，碳达峰碳中和存在理念更新相对滞后、法律制度体系化不充分以及法律制度构建逻辑不严密等问题。为更好地发挥人与自然和谐共生理念对碳达峰碳中和工作的指引作用，需要建立完备的碳达峰碳中和法律规范体系、实施体系与监督体系，以期共建一个美丽清洁世界。

关键词：人与自然和谐共生　碳达峰　碳中和

党的二十大报告明确提出"人与自然和谐共生"命题，认为大自然是人类赖以生存发展的基本条件，应当尊重自然、顺应自然、保护自然，站在人与自然和谐共生的高度谋划发展。早在党的十九届五中全会习近平总书记就强调，我国建设社会主义现代化具有许多重要特征，其中之一就是我国现代化是人与自然和谐共生的现代化。人与自然和谐共生理念包含3个层次：自然之间的和谐共生、人与自然之间的和谐共生以及人与人之间的和谐共生，三者相互融合，相互依存。自然之间的和谐共生是人与自然和谐共生的前提，人类命运共同体是人类追求的终极目标，而人与自然和谐共生是沟通两者的桥梁，它将自然的规律与人的追求联通，消解自然有限性和人类追求无限性

---

* 获2022年12月第四届国际自然资源法治论坛积极参与奖。

** 梁阿敏，贵州财经大学副教授；龙灼：贵州贵达律师事务所专职律师、贵州省法学会能源资源法学研究会副秘书长。

之间的矛盾。

人与自然和谐共生理念有着丰富的环境法蕴含，推动绿色低碳发展，将“绿色原则”贯穿到各类法律法规中。党的十八大以来，多部法律已将生态文明建设纳入其中，融入低碳发展理念。《宪法》在序言中增加了“新发展理念”。《民法典》中特别引入“绿色原则”作为其基本原则。《环境保护法》第1条提到“推进生态文明建设”，第6条倡导采取低碳方式。《大气污染防治法》第2条、第7条、第32条均提到了碳减工作，并推动清洁能源的使用。此外，《节约能源法》《可再生能源法》《清洁生产促进法》《循环经济促进法》等明确提到低碳生活、减排、清洁能源等绿色生态发展的内容。此类立法均将人与自然和谐共生的理念具体化。

法治是现代国家治理的基本方式，碳达峰碳中和工作正在逐一从单一治理方式转向综合治理方式，人与自然和谐共生理念对推动碳达峰碳中和工作具有重要的指引作用，有助于实现碳达峰碳中和工作的法治化。在推进碳达峰碳中和工作中，应将人与自然和谐共生理念融入气候变化法律体系中，以最严法治观来促进人类的可持续发展，以最严密法治应对气候变化，以碳达峰碳中和法律破解大气污染难题，持续推进生态文明建设。

一、人与自然和谐共生理念下气候变化法意蕴

人与自然和谐共生的内涵十分丰富，包括“绿水青山就是金山银山”，加大大气污染力度，打好蓝天、碧水、净土保卫战等。事实上，其回答了推动碳达峰碳中和工作如何与最严格的制度联结。人与自然和谐共生理念蕴藏着丰富的法治理念，其对推动碳达峰碳中和工作具有重要意义。

（一）人与自然和谐共生理念下强调系统性治理

人与自然和谐共生理念突破了传统的“主客二分”的治理模式，其主要强调“主客一体”的治理模式。“主客二分”的治理模式关注人的主体性，以人类发展为中心势必会破坏生态环境，此类方式导致了人与自然之间的关系急剧恶化。生态文明时代，在人与自然和谐共生理念下，“主客一体”的综合治理模式考虑了自然之间、人与人之间、人与自然之间的多重关系，其中特别关

注到人与自然之间的共生共荣。尊重自然、顺应自然、保护自然成了新的治理模式下的基本遵循,人类作为自然的一部分,理应在顺应自然规律的基础上,谋求发展。这要求“我们要站在对人类文明负责的高度,尊重自然、顺应自然、保护自然,探索人与自然和谐共生之路,促进经济发展与生态保护协调统一,共建繁荣、清洁、美丽的世界”〔1〕。

(二)人与自然和谐共生追求共建清洁美丽世界

2022年1月24日,中共中央总书记习近平在主持中共中央政治局第三十六次集体学习时提出:“实现碳达峰碳中和,是贯彻新发展理念、构建新发展格局、推动高质量发展的内在要求,是党中央统筹国内国际两个大局作出的重大战略决策。”推进碳排放碳中和工作建设美丽清洁世界已经成为各国一致追求的目标。人与自然关系的冲突主要在于变异的消费观与价值观,粗放的生产方式下已形成环境灾难。中国作为负责任的世界大国,始终秉持人类命运共同体理念,共同建设清洁美丽的世界。习近平总书记指出:“人类应该尊重自然、顺应自然、保护自然,推动形成人与自然和谐共生新格局。”〔2〕这表明人类社会的一切发展均离不开自然,人类负有与自然和谐共生的责任,其中则包括使用清洁能源、促进绿色低碳生产生活方式共建美丽清洁世界。

(三)人与自然和谐共生维护环境人权

2022年7月28日,联合国大会以161票赞成,8票弃权的结果通过了一项历史性决议,宣布享有清洁、健康和可持续的环境是一项普遍人权。至此,环境人权正式成为一项重要的人权。在联合国人权理事会第49届会议上,与享有安全、清洁、健康和可持续环境有关的人权义务问题特别报告员在其报告中指出:“世界受到不合理的环境不公正问题的困扰,包括‘牺牲区’,那里的社区面临着极端程度的污染和有毒污染”。污染和有害物质对健康、人

〔1〕 参见习近平:《在联合国生物多样性峰会上的讲话》,载《人民日报》2020年10月1日,第3版。

〔2〕 参见《习近平向巴基斯坦世界环境日主题活动致贺信》,载《人民日报》2021年6月6日,第1版。

权和生态系统完整性造成的惨重损失在很大程度上仍被忽视。然而，污染和有毒物质造成至少900万人过早死亡，是COVID－19大流行头18个月造成的死亡人数的两倍。这意味着在世界范围内，所有人都承受着环境污染的侵扰。相关数据表明，污染正在发生在已经遭受贫穷、歧视和系统性边缘化的个人、群体和社区肩上。人与自然和谐共生理念正是维护环境人权的体现，其关注受到环境污染的个体，认为其应当得到救济。同时也要求人类维护好和自然的关系，与自然和谐相处。

二、人与自然和谐共生理念下碳达峰碳中和法治困境

碳达峰碳中和工作法治化作为实现气候变化治理体系和治理能力现代化重要方式，是实现气候治理领域“良法善治”的关键。在人与自然和谐共生理念下，低碳法治的治理理念、治理方式及法律制度亟须变革和创新。然而，目前的碳达峰碳中和工作问题依然存在，其法治化进程仍需进一步推进。

（一）碳达峰碳中和法治理念更新滞后

享有清洁、健康和可持续的环境是一项普遍人权，满足人民对清洁空气的享有成为碳达峰碳中和工作的主要目标。首先，当前我国的碳达峰碳中和立法理念还未随着社会变化发生转变。新时代应对气候变化法治理念尚未确立，还没有完全从单纯的考虑生存权和发展权，转向兼顾考虑经济、社会、文化权利，碳达峰碳中和工作法治化需要进一步完善，碳达峰碳中和工作立法方向仍需进一步细化。其次，碳达峰碳中和法律整体性治理理念缺乏导致执法可操作性不足。“以政府为主导的‘命令—控制’型环境行政管理模式依然影响着当下环境治理效率”。[1] 碳达峰碳中和目前采用的依然是政府部门作为主要执法主体，通过采用行政命令、行政处罚等方式实现减排目标。特别是在地方上的碳达峰碳中和工作中，缺乏公众参与，整体性治理不足，并未从实际意义上体现人与自然和谐共生的理念。

---

〔1〕 参见王干、林家鑫：《人与自然生命共同体视域下的环境法治困境与应对》，载《学习与实践》2022年第6期。

（二）碳达峰碳中和法律制度体系化不足

建立碳达峰碳中和法律制度体系化是推进环境法律制度体系绿色化的前提，也是实现人与自然和谐共生的客观要求。通过梳理党和国家的政策可以发现，为实现人与自然和谐共生，目前出台了一系列适应气候变化方面的法律与政策，这类环境治理文件对碳达峰碳中和理念产生了重要影响。由于中国有关环境的立法主要受到还原主义的影响，未能从整体主义考虑，环境法律呈现碎片化趋势，碳达峰碳中和法律也不例外。这导致碳达峰碳中和法律未形成完整法律体系，规范"碎片化"难以形成合力。目前，全国范围内涉及碳排放管理的文件仅有《碳排放权交易管理办法（试行）》（以下简称《管理办法（试行）》），该办法对碳排放的各个交易环节作出了较为详细的规定，但是涉及内容范围狭窄、法律层级较低，其规范作用十分有限。2018 年修正的《宪法》在序言中增加了"新发展理念"，第 26 条鼓励植树改善生态环境。《环境保护法》第 6 条、《大气污染防治法》第 7 条规定了公民应当采取低碳方式生活。《节约能源法》《可再生能源法》《清洁生产促进法》《循环经济促进法》《煤炭法》《电力法》要求能源结构改善、清洁生产、利用可再生能源推动低碳发展。尽管此类法律文件众多且均提到通过各类方式促进经济社会绿色低碳发展，但仍然缺少直接针对"碳减排"的具体内容。法律规则的不足，严重限制了环保法在应对气候变化中的作用。事实上，目前有关气候变化的法律种类众多，但存在碎片化，且缺乏对碳达峰碳中和直接具体的规定，各类法律之间难以形成制度合力。

（三）碳达峰碳中和法律制度构建逻辑不严密

首先，碳达峰碳中和法律制度既应有全国层面的顶层设计，也应有地方性的具体探索。2011 年，山西省出台了地方性的《山西省应对气候变化办法》，规定了温室气体的排放与管理，并确定了考核体系和监督检查的制度。然而，地方性的立法具有较大局限性，主要集中于绿色低碳生产、绿色低碳出行、植树造林、能源结构优化等方面。对于温室气体排放的总量、碳排放交易环节以及具体责任制度这些涉及国家顶层设计的事项目前则没有上位法的规定。因此，全国层面的应对气候变化法应纳入碳排放碳中和工作的进程中。

其次,碳达峰碳中和法律制度是一个涉及多学科领域的制度体系。应对气候变化法的现实需要则应当从物理规律与经济规律中探寻,因此,温室气体控制在法律制度中的体现要综合各学科确定。目前,碳达峰碳中和法律价值、法律关系尚未通过其他学科论证其科学性。

最后,碳达峰碳中和法律制度体系缺乏协调和融通。以碳排放权交易法律制度为例,大部分地区的立法缺乏可操作性,仅具有宣示意义,甚至出现地方政府规章与上位法冲突的情况。以未按时足额清缴碳排放配额的处罚条款为例,《管理办法(试行)》第40条采取的是"限期改正+罚款"的处罚方式,在罚款幅度上设置了2万~3万元的处罚额度,《湖北省碳排放权管理和交易暂行办法》采取了"倍比罚金+最高罚款额度"方式,超过了《管理办法(试行)》规定的处罚幅度。

三、人与自然和谐共生视域下的碳达峰碳中和法治路径

当前,我国在推进碳达峰碳中和工作中取得重大成就,数据显示,2021年,全国地级及以上城市空气优良天数比率达到了87.5%,PM2.5平均浓度比2015年下降了34.8%。新的发展时期,要想完成碳达峰碳中和这一长期目标,则需要在全面依法治国的总体要求下,推进碳达峰碳中和法律制度体系。

因此,为了深入贯彻落实习近平生态文明思想,以法治引领低碳发展新格局,以制度形成绿色发展之路,应当从以下几个方面为实现碳达峰碳中和目标提供制度支持。

(一)建立完备碳达峰碳中和法律规范体系

首先,更新立法理念。如《贵阳市建设生态文明城市条例》就明确规定"推进绿色、循环、低碳发展"。以发展与减排并重为立法出发点,是提升自然生态系统质量立法科学性,推进低碳循环发展的行动指南。立法者须恪守现代法治理念,通过明确碳补给、碳封存、碳汇等各个环节,加强碳排放的规范性,破除当前法律仅对单一碳排放行为规制的难题。

其次,科学制定法律规范。制定碳达峰碳中和法律规范,既关系到人类命运共同体,又关系到社会经济发展与生态文明建设的协调平衡。因此,须寻求短期利益与长期利益的统一,既能促进大气环境保护又不限制社会公众享受经济发展的权利。同时,各类地方性法规、规章等均应当衔接中央立法并在中央的立法下具体规定。此外,各类法律规范的制定要考虑现阶段的碳达峰碳中和治理能力,对碳排放科学评估,对国外先进的碳排放碳中和法律借鉴,因地制宜地充分考虑中国行政区域内国土空间规划、国民经济发展规划,在反复比较,在周密论证的基础上,配合利用其他法律的制度原理或吸收借鉴其他法律的体系化经验。

(二)建立碳达峰碳中和法律实施体系

首先,多元主体保障实施。法律实施是指各类法律规范被各责任主体实施贯彻、有效执行的活动过程。碳达峰碳中和法律的实施既要求企业与个人履行相应义务,遵守碳达峰碳中和的法律规范,又要求行政机关、司法机关以及执行法律的公职人员依照法律程序严格执行法律规范。这都决定了应当将碳达峰碳中和责任主体界定为与《宪法》《民法典》《环境保护法》《大气污染防治法》等相一致,包括主管生态环境部门以及各级政府、行政执法部门、司法机关、企业、个人及其他组织等。事实上,实现"双碳"目标需要社会系统性支持,离不开交通、金融、司法以及群众各类主体的参与。如2022年贵州省江口县人民法院、江口县人民检察院创新设立"碳达峰碳中和"司法实践教育基地,这是司法机关推动"双碳"工作产学研融合的重要例证。因此,建立政府主导、社会协同、公众参与的多元保护格局,使治理大气污染责任主体多元协同,促进碳达峰碳中和法律规范有效实施。

其次,强调行业自治。各环保产业协会、节能协会、企业联合会以及相关能源协会等,既能制定相关碳达峰碳中和行约行规,实现行业共同利益的优势,又能形成保护环境的合力。因此,应充分利用各行业协会优势依法自治,将碳达峰碳中和法律中遵守自然规律、人类伦理道德、技术标准等规则适当地引入行业自律条款中,依法实现各行业协会自我管理、自我约束。同时,行业自治组织可以发挥舆论监督作用,对有关违反碳达峰碳中和的企业或者个体通过新媒体形式予以谴责，加大对大气污染防治政策、法律的宣传，提高环境保护水平，在贵州建立起较为完善的生态文明制度体系。

（三）建立严密环境保护法治监督体系

首先，强化法律监督。对现行地方性法规、政府规章、行政规范性文件中与碳达峰碳中和工作不相适应的内容全面清理。在各类规范中应明确政府在碳排放管理过程中的执法权限和执法程序，细化执法流程，依法纠正不正当的执法行为。同时，纪检监察部门应推进纪检监察体制，定期对“双碳”工作开展行政执法检查。

其次，提升监督能力。增强法治意识，强化“双碳”工作法治思维是提高监督主体依法监督“双碳”工作执法活动的能力和水平的关键。监督能力的提高是保障“双碳”工作公权力机关正确行使权力的有效途径，应大力培养精通碳减排、碳管理、碳交易规则、熟悉技术并具有国际视野的专业化法治人才。在司法实践中通过对司法工作人员法律运用能力、决策能力、科技应用等能力进行考察，识别专业化人才，并加大与专业法治院校、“双碳”技术部门、科研机构互动交流力度，形成各领域人才培养与合作机制。

最后，完善社会监督和舆论监督。畅通社会监督与舆论监督的渠道，政府部门应当及时公示“双碳”工作的执法记录，主动接受公众与媒体监督。对于媒体报道中有关“双碳”工作的热点问题和政策应当及时解读与回应。充分发挥传统媒体以及政务微博、微信等新媒体的作用，对不遵守碳达峰碳中和法律的企业与个人进行曝光，并纳入社会信用监督体系。

后　　记

国际能源资源法治论坛已经历经5年，从论坛筹备、召开、评选再到正式汇编熟路成熟历经良久，几经易稿，现终编辑成集，诚挚感谢所有参与本次论坛的专家、学者以及各界人士的鼎力支持。

能源与资源是人类生产、生活和社会发展必要的物质基础，与社会发展密不可分，如何更合理地开发利用和保护能源与资源是人类社会发展的亘古不变的议题。我国正处于全面建设社会主义现代化国家新征程的路程中，对能源资源进行更为规范和有效的管理，是当代社会所面临的时代任务。

党的二十大报告中对"绿色发展"赋予高度重视与很高的战略地位。本书以时代发展潮流为背景，以切实承担起时代赋予的责任为使命，旨在探索能源与资源法治新的科学发展思路，贯彻落实"绿水青山就是金山银山"的发展理念，为促进能源与资源的开发利用和相关产业持续跨越发展贡献智慧与力量。本书收录了"第四届国际自然资源法治论坛、第五届国际能源资源法治论坛"中诸多专家、学者的智力成果，有关专家、学者就能源与自然资源当前面临的挑战和实践难题进行分析研究并提出了解决对策，对我国乃至世界能源与资源的发展与法律制度建设有着重大意义。

我们希望通过各位专家、学者的竭诚努力和交流研讨，向读者传递对世界能源与资源法治建设的思考；通过汇编《能源与资源法治研究》（第三辑）为法学法律工作者和自然资源保护及开发利用者提供理论和实践的指导与参考。

在此，诚挚感谢所有作者、评委和参办单位，为能源资源法治交流平台建设、能源资源法治建设研究以及研究成果巩固所作出的辛苦付出和贡献。希望所有读者通过这一平台能有所裨益，共同推动自然资源法治事业的进步。

第四届、第五届国际自然资源法治论坛参加论文评选的评委简介

（按姓氏笔画排序，系担任评委时的简介）

王占霞：贵州省法学会专职副会长兼秘书长。

王占洲：贵州警察学院马克思主义教学研究部主任，贵州省刑法学会常务副会长，教授，博士。

朱　山：贵达律师事务所主任，十三届全国政协委员，十四届全国人大代表、贵州省法学会副会长，贵州省法学会矿产资源法学研究会副会长。

阮志群：贵州大学法学院副教授，贵州省法学会国际法学研究会常务副会长兼秘书长，贵州省法学会矿产资源法学研究会副会长，法学博士。

杨　琴：贵州大学马克思主义学院教授，博士后，贵州省企联维权工作委员会副主任委员。

吴大华：贵州省社会科学院党委书记，双博士，贵州省法学会副会长兼学术委员会主任。

吴俊珈：贵州省人民检察院第八检察部副主任、三级高级检察官。

宋帮俊：贵州师范大学副教授，博士研究生、硕士生导师。

武鸿麟：贵州省法学会矿产资源法学研究会会长，十二届全国政协委员，贵州省政协原副主席，贵州省企业联合会、贵州省企业家协会荣誉会长。

赵燕华：贵州省法学会四级调研员、研究部负责人。

徐文山：中共贵州省委政法委员会副厅长级干部。

高　峰：中共贵州省黔西南州委常委、政法委书记。

彭燕辉：贵州省自然资源厅法规处干部、法学博士。

贵州省法学会能源资源法学研究会
征稿启事

为继续发挥法治智库作用,促进能源资源法治建设,推进能源资源新质生产力发展。贵州省法学会能源资源法学研究会与相关单位每年定期举办“国际能源资源法治论坛”。

现特向社会各界人士征稿,请相关专家学者、各界人士围绕能源资源类相关主题积极研究,踊跃撰文投稿,投稿论文可参与当年研究会举办的论坛征文评选活动,论文作者享有其论文的使用和许可他人使用权以及署名权。

获奖论文经研究会统一汇编出版,论文作者可获得相应稿酬,论文请按要求格式以 Word 电子文档附件形式发送至电子邮箱:kczyfxyjh@ 126. com,邮件主题标明为“贵州省法学会能源资源法学研究会”投稿,附件文件名“论文题目(姓名 + 单位名称 + 职务 + 联系电话 + 投稿日期)”,论文原稿恕不退回,请作者自留文稿。投稿长期有效。

1. 附件:《论文格式要求》。

2. 联系方式:联系人,莫婷婷,电话/微信,18685041949。

贵州省法学会能源资源法学研究会

2024 年 10 月 20 日

附件：

论文格式要求

一、论文篇幅

论文篇幅为6000~20000字。

二、标注

正文首页页头左上角标注“国际能源资源法治论坛”字样。在论文标题之后、正文之前，注明作者的姓名，并在首页页脚注明作者简介（包括工作单位、职务、职称）及联系方式（联系电话、电子邮箱）。

三、体例

（一）标题

正文文章标题采用宋体三号，正文用宋体四号；文中各级标题按“‘一、’‘（一）’‘1.’‘（1）’……”规则排列。

（二）关键词

关键词是标示文献关建主题内容，但未经规范处理的主题词。关键词是为了文献标引工作，从论文中选取出来，用以表示全文主要内容信息款目的单词或术语。一篇论文可选取3~8个词作为关键词，之间用空格隔开。如：矿产资源　能源资源　矿产压覆

（三）正文

中文可以有引言部分也可以没有，如果有引言文末需要有结语想对应，注释请采用中文文献注释格式，具体可参考本书，参考文献不需要。

四、查重率

作者须在提交论文同时提交该论文的具备资质的机构的查重报告一份，重复率应保持在30%以下。